IT-Projektmanagement als kybernetisches System

Lizenz zum Wissen.

Sichern Sie sich umfassendes Technikwissen mit Sofortzugriff auf tausende Fachbücher und Fachzeitschriften aus den Bereichen: Automobiltechnik, Maschinenbau, Energie + Umwelt, E-Technik, Informatik + IT und Bauwesen.

Exklusiv für Leser von Springer-Fachbüchern: Testen Sie Springer für Professionals 30 Tage unverbindlich. Nutzen Sie dazu im Bestellverlauf Ihren persönlichen Aktionscode C0005406 auf *www.springerprofessional.de/buchaktion/*

Jetzt 30 Tage testen!

Springer für Professionals.
Digitale Fachbibliothek. Themen-Scout. Knowledge-Manager.

- Zugriff auf tausende von Fachbüchern und Fachzeitschriften
- Selektion, Komprimierung und Verknüpfung relevanter Themen durch Fachredaktionen
- Tools zur persönlichen Wissensorganisation und Vernetzung

www.entschieden-intelligenter.de

Springer für Professionals

Bogdan Lent

IT-Projektmanagement als kybernetisches System

Intelligente Entscheidungsfindung in
der Projektführung durch Feedback

Bogdan Lent
Bern, Schweiz

ISBN 978-3-8348-2511-7   ISBN 978-3-8348-2512-4 (eBook)
DOI 10.1007/978-3-8348-2512-4

Die Deutsche Nationalbibliothek verzeichnet diese Publikation in der Deutschen Nationalbibliografie; detaillierte bibliografische Daten sind im Internet über http://dnb.d-nb.de abrufbar.

Springer Vieweg
© Springer Fachmedien Wiesbaden 2013
Das Werk einschließlich aller seiner Teile ist urheberrechtlich geschützt. Jede Verwertung, die nicht ausdrücklich vom Urheberrechtsgesetz zugelassen ist, bedarf der vorherigen Zustimmung des Verlags. Das gilt insbesondere für Vervielfältigungen, Bearbeitungen, Übersetzungen, Mikroverfilmungen und die Einspeicherung und Verarbeitung in elektronischen Systemen.

Die Wiedergabe von Gebrauchsnamen, Handelsnamen, Warenbezeichnungen usw. in diesem Werk berechtigt auch ohne besondere Kennzeichnung nicht zu der Annahme, dass solche Namen im Sinne der Warenzeichen- und Markenschutz-Gesetzgebung als frei zu betrachten wären und daher von jedermann benutzt werden dürften.

Gedruckt auf säurefreiem und chlorfrei gebleichtem Papier

Springer Vieweg ist eine Marke von Springer DE. Springer DE ist Teil der Fachverlagsgruppe Springer Science+Business Media.
www.springer-vieweg.de

Meinem lieben Sohn Marvin,
dass er sein größtes Projekt, sein Leben, erfolgreich meistern wird.

Vorwort

Warum dieses Buch?

Im Laufe meiner Tätigkeit als Leiter zahlreicher erst kleinerer, dann großer Projekte hatte ich oft den Eindruck, dass Projekte doch anders funktionieren als es die einschlägige Literatur beschreibt. Es fehlten mir das zyklische Prozessdenken in Projekten, der Umgang mit komplexen, nicht algorithmisierbaren Vorgängen, die Intuition, die tatsächlich benötigten Kompetenzen und der Fokus auf das, was sich in der Praxis als entscheidend erweist.

Man kann es kaum besser als DeMarco und Lister auf den Punkt bringen: „Sie sind wie ein Komödiant, der auf einer dunklen Straße seine Schlüssel verliert und sie auf der Nachbarstraße sucht, weil – wie er erklärt – ‚das Licht dort besser sei.'" (DeMarco und Lister 1999).

Heute bin ich sowohl für mein eigenes kleines Team von Führungskräften als auch für mittlerweile Tausende von Studenten auf zwei Kontinenten verantwortlich. Deshalb fühle ich mich dazu verpflichtet, den Schlüssel dort zu suchen, wo er verloren gegangen ist.

Angesichts der Komplexität von Projekten erachte ich den kybernetischen Ansatz als vielversprechend. Wir können nicht alles planen und vorhersehen, können aber mit Erfolg die Rückkoppelung auf vielen Ebenen meistern: Projekt, Prozesse, Entscheidungen.

Eine der Schlüsselerkenntnisse und infolgedessen ein maßgeblicher Bestandteil dieses Buches ist die Bedeutung der Persönlichkeit des Projektleiters für den Verlauf eines Projekts. Sein erfolgreiches Selbstmanagement sehe ich als ebenso wichtig an wie die Bewältigung all der anderen Aufgaben und Herausforderungen.

Dieses Buch versucht realitätsnah der tatsächlichen Situation eines Projekts gerecht zu werden und orientiert sich an der vor kurzem erst erschienenen Norm ISO 21500:2012. Berücksichtigt wird ebenfalls der gerade publizierte Standard HERMES 5 (2013) der Schweizerischen Eidgenossenschaft. Das Buch zieht die besten der weltweit veröffentlichten Beiträge zu diesem Thema heran und stellt dem Leser ein knapp formuliertes und doch effizientes Werkzeug zur Verfügung. Sehr einfach in der Anwendung unterstützt es den Projektleiter in der intuitiven Wahrnehmung seiner Aufgaben. Der bisherige Erfolg dieser Methode spricht für sich.

Vorwort

Was ist neu?

Auf Basis professioneller Praxiserfahrung in Projekten wurden alle relevanten Beiträge (und das waren eine ganze Menge!) den entsprechenden Bereichen zugeordnet. Nur sehr wenige deckten die ganze Bandbreite des Managements ab, so wie ich es jeden Tag sehe und erlebe.

Daher bietet dieses Buch eine Reihe innovativer, bisher nicht publizierter Methoden und Verfahren, die realitätsnah und von hohem praktischem Wert sind:

- Projektführung in diesem Buch versteht sich gemäß ISO 21500:2012 als ein Gefüge von in ein kybernetisches System eingebunden Prozessen.
- Anders als in der ISO Norm, welche diese Prozesse nach Phasen (Initiierung, Planung, Umsetzung und Abschluss) ordnet, werden alle diese Prozesse nebeneinander gestellt und gleichwertig behandelt. Die Projektführung setzt die Prioritäten und aktiviert sie.
- Die 2013 veröffentlichte HERMES 5 Projektmanagementmethode wird angemessen berücksichtigt.
- Der Projektleiter sollte handeln und nicht eine Bibel voller guter Ratschläge unter dem Arm herumtragen. Deswegen wird hier auf die simple Systematik einer Uhr zurückgegriffen. Das mentale Modell des L-Timers® hat zur Aufgabe, das richtige Handeln zur rechten Zeit zu lancieren und alle kybernetischen Prozesse zweiter Ordnung ununterbrochen am Laufen zu halten.
- Der Faktor Mensch, maßgeblich entscheidend für den Erfolg eines Projekts, hat in diesem Buch eine zentrale Bedeutung. Er wird in mehreren Prozessen behandelt und ist damit den administrativen Prozessen ebenbürtig. Diese Sichtweise macht es dem Projektleiter möglich, die richtigen Prioritäten zu setzen und damit eine höhere Effizienz des Teams zu bewirken.
- Die kulturellen Einflüsse müssen beim Aufbau eines Teams über gemeinhin anerkannte Regeln des sogenannten wissenschaftlichen Managements hinaus gehen.
- Der Projektleiter muss in den Beschaffungsprozess eingebunden werden. Die breit abgestützten WTO/GPA Regeln bieten auch für die Privatwirtschaft eine ganz hervorragende Grundlage.
- Integration bedeutet Vernetzung. Drei „P"s müssen zusammenkommen: Das Produkt, der Prozess und die Personen.
- Das Wissensmanagement eines Projekts wird gemäß Nonaka und Takeuchi gehandhabt und die operativen Teilprozesse werden auf wirksame und effiziente Unterstützung des Wissenstransfers zwischen allen Projektstakeholder hin optimiert.

- Eine neuartige Methode der Erstellung eines Projekthandbuches wird eingeführt. Ihre Neuartigkeit drückt sich darin aus, dass die Anforderungen an das Projektmanagement auf Grundlage von Kundenbedürfnissen zu erstellen sind.
- Mitarbeiter werden nach dem MBTI (Myers-Briggs Typenindikator) auf ihre Eignung für ihre Aufgaben hin überprüft. Vielleicht unterziehen Sie sich selbst oder ihre Teammitarbeiter einmal diesem Test (Achtung: Es ist nur ein Indikator!). Berücksichtigt wird ebenfalls der Einfluss von informellen Rollen (ebenfalls mit Testmöglichkeit, beispielsweise nach Belbin) auf die Effizienz des Teams und später auch auf die Kommunikation innerhalb des Teams.
- Es gibt kaum ein Vorhaben, bei dem nicht früher oder später Konflikte auftauchen. Deshalb ist ein Projektleiter gut beraten, sich darauf vorzubereiten. Die kreative und wirksame Technik PACTAR (span. verhandeln) für Konfliktlösungen wurde speziell für Konflikte in Projekten konzipiert.
- Kommunikation ist ein Schlüsselfaktor für den Erfolg eines Projekts. Ein innovatives Kommunikationsmodell, basierend auf der Transaktionsanalyse von Eric Berne, setzt die Persönlichkeiten nach MBTI und ihre informellen Rollen im Projekt in Beziehung zueinander.
- Alle Projektstakeholder haben den Projektleiter im Blick. Sein Selbstmanagement beeinflusst das Projekt und auch die Art und Weise, wie Projektstakeholder das Projekt wahrnehmen. Sein kybernetisches, auf dem Wertesystem Max Schelers basierendes Denken fördert die Fähigkeit, sinnorientierte Entscheidungen zu treffen.
- Ein holistischer Führungsansatz, welcher auch das Inventar der leistungsbeeinflussenden Motivatoren umfasst, wird im LEAD-Modell des Autors zusammengefasst: Launch (Start), Engage (Engagement des Teams), Act (Handeln) und Deliver (Liefern).
- Das Buch zeichnet sich durch eine sehr transparente, klare und nachvollziehbare Gliederung aus. Alle Kapitel sind nach Uhrzeiten geordnet und beginnen mit 07:00 Zielverwirklichungsmanagement. Am Anfang eines jeden Kapitels finden Sie einen kurzen Überblick, dann folgen Ablauf, Methoden, Techniken und Werkzeuge, Vorlagen und Checklisten.
- Hervorzuheben ist auch die umfassende Literaturliste mit über 400 hochaktuellen Titeln. Sicher können auch Sie Nutzen aus dieser „Schatzkiste" ziehen!

Sind das nicht bereits Gründe genug, um sich eingehender mit diesem Buch zu befassen?

Vorwort

Wer sollte dieses Buch lesen?

Projektleiter, die oft mit komplexen und schwierig zu kalkulierenden Unternehmungen konfrontiert werden, finden in diesem Buch geprüfte Werkzeuge. Die logischen, verständlichen Vorgaben und Checklisten umfassen alle Vorgänge in einem Projekt. Die Einschätzung von Komplexität und Risiko ist jedoch stark persönlichkeitsabhängig – deshalb kann jeder die passenden Maßnahmen, Methoden und Techniken für das eigene Projekt selbst zusammenstellen, maßgeschneidert auf die jeweiligen Möglichkeiten und Fähigkeiten. Die nötige Balance zwischen den Bereichen wird dabei durch ein wohldurchdachtes Gewichtungsschema sichergestellt. So kann mittels der Anleitung in diesem Buch ein Projektführungshandbuch erstellt werden, das ganz speziell auf Ihr Projekt zugeschnitten ist.

So handele ich bei all meinen Projekten - und ich habe bis heute nichts vermisst.

Die Sichtweisen eines **Projektleiters auf Seiten des Zulieferers** oder auf Seiten des Abnehmers unterscheiden sich voneinander. Ersterer muss sich beim Aufbau seines Projekts an technologischen und produktionstechnischen Möglichkeiten orientieren. Für den letzteren steht die Anwendung der Projektergebnisse im Vordergrund. Trotzdem finden sich beim **Projektleiter auf Seiten des Abnehmers** in den meisten Fällen auch Verflechtungen mit Gebieten des Projektleiters auf Seiten des Zulieferers. Demnach muss er sich auch den Herausforderungen sowohl technologischer und organisatorischer als auch sozialer Art stellen, ja manchmal über den üblichen Rahmen des Projektmanagements weit hinaus. Auch in solchen Fällen findet der Projektleiter speziell auf ihn abgestimmte Hilfe in diesem Buch. Die Probleme werden angesprochen und mit sorgfältig ausgewählten Methoden und Verfahren effizient angegangen. Ein ganzes Kapitel ist der Vernetzung gewidmet, ein anderes den WTO Beschaffungsregeln, die von der Mehrheit der nationalen Rechtssysteme übernommen werden. Das Planungs-, Kontroll-, Risiko- und Änderungsmanagement sowie noch einige andere in diesem Buch behandelte Themen sind zweifellos für beide Sichtweisen relevant.

Projektleiter, die bereits einige Erfahrung auf ihrem Gebiet haben, werden die Kapitel über den Faktor Mensch besonders aufschlussreich und auf ihre Bedürfnisse zugeschnitten finden. Vom Umgang mit informalen Rollen in Projekten bis hin zur Entscheidung, einem Mitarbeiter mehr Verantwortung und auch Führung zuzugestehen, werden alle relevanten Themen der Mitarbeiterführung behandelt.

Die schrittweise Erklärung der Projektmanagementprozesse und die verständliche Navigation durch die Materie (die Kapitel weisen alle die gleiche Gliederung auf) macht das umfassende und trotzdem leicht verständliche Werk auch für **Studierende** und allgemein für diejenigen interessant, die sich Basiswissen über Projektführung aneignen möchten.

Basierend auf dem kybernetischen Ansatz, der methodischen, in diesem Buch präsentierten Aufarbeitung einzelner Themen und einem andragogischen, d. h. auf Erwachsenenbildung ausgerichteten Lehrkonzept sind eine ganze Anzahl von Lehrgängen entwickelt worden, die an verschiedenen Universitäten in Europa und Asien angeboten werden. Hierzu können von der Webseite www.l-timer.com englischsprachige PowerPoint-Präsentationen heruntergeladen werden. Auch **Pädagogen** werden hier effiziente Unterstützung finden.

Ich kenne etliche erfolgreiche **Projektleiterinnen**, die hier natürlich nicht übergangen werden sollen. So gilt etwa meine Bewunderung Frau Angelika Gifford, Microsoft EMEA Enterprise Services Head of Public Sector, die mit dem prestigeträchtigen Preis „Managerin des Jahres" ausgezeichnet wurde. Nach der Überzeugung des Autors kommt dem Faktor Mensch im Rahmen des Projektmanagements eine ausgesprochen große Bedeutung zu und Frau Gifford verkörpert durch ihren Führungsstil genau diese Überzeugung. Folglich soll eine Fotografie von Frau Gifford am Anfang des zweiten, den Prozessen rund um den Faktor Mensch gewidmeten Teils dieses Buches sinnbildlich für diese Überzeugung stehen. Aus Gründen der besseren Lesbarkeit wird zwar stets die männliche Form verwendet, doch liegt es in der Absicht des Autors, seinen Leserkreis geschlechtsunabhängig anzusprechen.

Dank

Dieses Buch greift die L-Timer® Methode meiner früheren Werke auf. Ich möchte all jenen danken, die geholfen haben, meine früheren Bücher zu verwirklichen. Sie haben den Grundstein für meinen weiteren Werdegang gelegt. Mein Dank gilt insbesondere der Geschäftsleitung der Wistar Informatik AG in Bern, Herrn Jörg Schildknecht und Frau Beatrice Wälti.

Mein englischsprachiges Buch, welches wesentlich die Inhalte dieses Buches geprägt hat, haben sehr kompetent und rasch Frau Sandra Liisa Hint und Herr Daniel Wylegala (Philipps-Universität Marburg) übersetzt und editiert. Die zahlreiche Fachdiskussionen haben die Inhalte dieses Buches maßgebend geprägt.

Danken möchte ich auch dem Verlag Springer Vieweg für das mir entgegengebrachte Vertrauen. Ferner möchte ich mich in diesem Zusammenhang insbesondere bei Herrn Dipl.-Ing. Bernd Hansemann und bei Frau Maren Mithöfer für die exzellente Zusammenarbeit bei der Veröffentlichung des Werkes bedanken.

Die Person, die mich von Anfang an unermüdlich unterstützt und meine Motivation stets gestärkt hat, war mein Vater.

Ihnen allen möchte ich meine tiefe Dankbarkeit ausdrücken.

Inhaltsverzeichnis

Einführung 1
    Wozu Projekte? 1
    Was ist ein Projekt? 2
    Was ist Projektmanagement? 3
    Was ist IT-Projektmanagement? 4
    Vorteile des Projektmanagements 5
    Risiken des Projektmanagements 6
    Methode des Projektmanagements 7
    Die Kybernetik des Projektmanagements 8
    Der L-Timer® 11
    Nutzen und Vorteile des L-Timers® 17
    Ablauf der L-Timer®-Prozesse 17
    Aufbau dieses Buches 18
    Literaturverzeichnis 21
Teil 1 – Administrative Prozesse 23
07:00 Zielverwirklichungsmanagement ZVM 25
    07:10 Ziel des Zielverwirklichungsmanagements ZVM 27
    07:20 Methoden 27
        07:21 Zielsetzung und Ziele des Projekts 28
        07:22 Strukturierung von Produkt und Projekt 34
        07:23 Konzeptionelle Methoden zur Planung von Projektaufgaben 39
        07:24 Aufgabenplanung 47
        07:25 Projektkostenplanung 50
        07:26 Kosten-Nutzen-Analyse 51
    07:30 Techniken und Werkzeuge 53
        07:31 Projektzielfindungstechniken 53
        07:32 Strukturierungstechniken 55
        07:33 Planungstechniken 57

07:34 Kostenschätzung	60
07:35 Der Geschäftsfall des Projektes	62
7:40 Vorlagen	68
7:41 Projektmanagementbezogene Dokumente	68
7:42 Produktbezogene Dokumente	69
07:50 Phasenaufgaben und -ergebnisse	71
07:51 Initiierungsphase	71
07:52 Planungsphase	71
07:53 Umsetzungsphase	72
07:54 Abschluss- und Bewertungsphase	72
Literaturverzeichnis	73
08:00 Organisationsmanagement OM	77
08:10 Ziel des Organisationsmanagements OM	79
08:20 Methoden	79
08:21 Identifikation von Zielen und Stakeholdern	80
08:22 Prozessabhängige Organisation	85
08:23 Kulturelle Anpassung	86
08:24 Teamerweiterung	91
08:25 Ressourcenzuordnung	92
08:26 Management komplexer Projekte	93
08:27 Bewertung des Reifegrades der Organisation	95
08:28 Projektcoach	97
08:30 Techniken und Werkzeuge	99
08:31 Techniken zur Rollenidentifizierung und zur Erstellung der Organisationsstruktur	99
08:32 Beschreibung der Projektrolle	100
08:33 Techniken zur Analyse der Auswirkung von Ziel und Lösungsweg auf die Projektstruktur	104
08:40 Vorlagen	105
08:41 Projektbezogene Dokumente	105
08:42 Produktbezogene Dokumente	107
08:50 Phasenaufgaben und -ergebnisse	107
08:51 Initiierungsphase	107

08:52 Planungsphase 108
08:53 Umsetzungsphase 108
08:54 Abschluss- und Evaluationsphase 109
Literaturverzeichnis 109
09:00 Beschaffungsmanagement BM 113
09:10 Ziel des Beschaffungsmanagements BM 115
09:20 Methoden 115
09:21 Beschaffungsprozess und Vertragsmanagement 116
09:22 Beschaffungsplan 117
09:23 Lieferantenauswahl 129
09:24 Vertragsdurchführung 132
9:30 Techniken und Werkzeuge 134
09:31 Inhalt einer Ausschreibung oder Bekanntmachung 134
09:32 Evaluierungsmaßstäbe 136
09:33 Preis/Kosten-Kalkulationsspektren 137
09:34 Vertragsbestandteile 137
09:40 Vorlagen 139
09:41 Projektdokumente 139
09:42 Dokumentation der Projektergebnisse 140
09:50 Phasenaufgaben und -ergebnisse 141
09:51 Initiierungsphase 141
09:52 Planungsphase 141
09:53 Umsetzungsphase 141
09:54 Abschluss- und Evaluierungsphase 142
Literaturverzeichnis 143
10:00 Management von Ergebnissen, Terminen, Kosten ETKM 145
10:10 Ziel des Managements von Ergebnissen, Terminen, Kosten ETKM 147
10:20 Methoden 147
10:21 Wechselbeziehung zwischen den Projektzielgrößen 148
10:22 Die Erfassung des Ist-Standes 149
10:23 Prognoseerstellung 151
10:24 Bewertung von Abweichungen 151

Inhaltsverzeichnis

- 10:25 Vorbeugende Maßnahmen ... 151
- 10:30 Techniken und Werkzeuge ... 152
  - 10:31 Basisdaten ... 152
  - 10:32 Projektstandsbewertungs- und Prognosentechniken ... 154
  - 10:33 Verfahren zur ergebnisbezogenen Ist-Situationserfassung bzw. zur ergebnisbezogenen Abweichungsanalyse ... 159
  - 10:34 Verfahren zur zeitbezogenen Ist-Situationserfassung bzw. zur zeitbezogenen Abweichungsanalyse ... 160
  - 10:35 Verfahren zur kostenbezogenen Ist-Situationserfassung bzw. zur kostenbezogenen Abweichungsanalyse ... 166
  - 10:36 Simulationsverfahren ... 170
  - 10:37 Entscheidungsverfahren ... 171
- 10:40 Vorlagen ... 173
  - 10:41 Projektmanagementbezogene Dokumente ... 173
  - 10:42 Produktbezogene Dokumente ... 174
- 10:50 Phasenaufgaben und -ergebnisse ... 176
  - 10:51 Initiierungsphase ... 176
  - 10:52 Planungsphase ... 176
  - 10:53 Umsetzungsphase ... 177
  - 10:54 Abschluss- und Evaluationsphase ... 178
- Literaturverzeichnis ... 179
- 11:00 Qualitätsmanagement QM ... 181
  - 11:10 Ziel des Qualitätsmanagements QM ... 183
  - 11:20 Methoden ... 183
    - 11:21 Qualität im Unternehmen ... 183
    - 11:22 Qualität im Projekt ... 183
    - 11:23 Verantwortlichkeiten für das Qualitätsmanagement im Projekt ... 184
    - 11:24 Qualität und Ergebnisbewertung ... 187
    - 11:25 Qualitätssicherungsplan ... 189
    - 11:26 Methoden der Qualitätskontrolle ... 190
    - 11:27 Verankerung in den Normen und Richtlinien ... 190
  - 11:30 Techniken und Werkzeuge ... 191

      11:31 Qualität im Projektmanagementsystem 191

      11:32 Qualitätsmanagement im Projekt 193

  11:40 Vorlagen 197

      11:41 Projektmanagementbezogene Dokumente 197

      11:42 Produktbezogene Dokumente 200

  11:50 Phasenaufgaben und -ergebnisse 201

      11:51 Initiierungsphase 201

      11:52 Planungsphase 202

      11:53 Umsetzungsphase 202

      11:54 Abschluss- und Evaluationsphase 202

  Literaturverzeichnis 203

12:00 Problemmanagement PBM 205

  12:10 Ziel des Problemmanagements PBM 207

  12:20 Methoden 207

      12:21 Fokus des Problemmanagements 207

      12:22 Problemlösungsverfahren 208

  12:30 Techniken und Werkzeuge 211

      12:31 Verfahren zur Informationsbeschaffung 212

      12:32 Verfahren zur Lösungsfindung 215

      12:33 Verfahren zur Bewertung 216

  12:40 Vorlagen 219

      12:41 Projektmanagementbezogene Dokumente 219

      12:42 Produktbezogene Dokumente 220

  12:50 Phasenaufgaben und -ergebnisse 221

      12:51 Initiierungsphase 221

      12:52 Planungsphase 221

      12:53 Umsetzungsphase 222

      12:54 Abschluss- und Evaluierungsphase 222

  Literaturverzeichnis 222

13:00 Risikomanagement RM 225

  13:10 Ziel des Risikomanagements RM 227

  13:20 Methoden 227

Inhaltsverzeichnis

- 13:21 Begriffe 228
- 13:22 Einleitende Risikoanalyse, Planung und Systeme der Risikofrüherkennung 228
- 13:23 Bewertung von Wahrscheinlichkeit und Einwirkungsrisiko 229
- 13:24 Erarbeitung von Gegenmaßnahmen 231
- 13:25 Verfahren zur Bewertung der Effizienz von Gegenmaßnahmen 233
- 13:26 Risikofrüherkennungssystem 233
- 13:27 Vorgehensweise bei der Handhabung von Risiken 234
- 13:30 Techniken und Werkzeuge 236
  - 13:31 Risikoidentifikation 236
  - 13:32 Verfahren zur Risikobewertung 237
  - 13:33 Bewertung vorbeugender Maßnahmen 238
- 13:40 Vorlagen 242
  - 13:41 Projektmanagementbezogene Dokumente 242
  - 13:42 Produktbezogene Dokumente 243
- 13:50 Phasenaufgaben und -ergebnisse 244
  - 13:51 Initiierungsphase 244
  - 13:52 Planungsphase 244
  - 13:53 Umsetzungsphase 244
  - 13:54 Abschluss- und Evaluationsphase 245
- Literaturverzeichnis 245

- 14:00 Änderungsmanagement ÄM 247
- 14:10 Ziel des Änderungsmanagements ÄM 249
- 14:20 Methoden 249
  - 14:21 Organisation des Änderungsmanagements 249
  - 14:22 Handhabung der Änderungsanträge 250
  - 14:23 Phasen der Bearbeitung von Änderungsanträgen 250
- 14:30 Techniken und Werkzeuge 252
- 14:40 Vorlagen 254
  - 14:41 Projektmanagementbezogene Dokumente 254
  - 14:42 Produktbezogene Dokumente 256
- 14:50 Phasenaufgaben und -ergebnisse 257

14:51 Initiierungsphase ... 257
14:52 Planungsphase ... 257
14:53 Umsetzungsphase ... 258
14:54 Abschluss- und Evaluationsphase ... 258
Literaturverzeichnis ... 259

15:00 Integrationsmanagement IM ... 261
15:10 Ziel des Integrationsmanagements IM ... 263
15:20 Methoden ... 263
15:21 Einführung der neuen Projektprodukte ... 265
15:22 Migration vom Ist-Zustand in den Soll-Zustand ... 266
15:23 Fallbackszenarien ... 267
15:24 Testszenarien ... 268
15:25 Systemumgebungen ... 269
15:26 Sicherstellung des Betriebs ... 269
15:30 Techniken und Werkzeuge ... 270
15:31 Produktintegration ... 270
15:32 Verfahren zur mitarbeiterbezogenen Integration ... 272
15:33 Verfahren zur prozessbezogenen Integration ... 274
15:40 Vorlagen ... 275
15:41 Projektmanagementbezogene Dokumente ... 275
15:42 Produktbezogene Dokumente ... 277
15:50 Phasenaufgaben und -ergebnisse ... 278
15:51 Initiierungsphase ... 278
15:52 Planungsphase ... 278
15:53 Umsetzungsphase ... 278
15:54 Abschluss- und Evaluationsphase ... 279
Literaturverzeichnis ... 279

16:00 Wissensmanagement WM ... 281
16:10 Ziel des Wissensmanagements WM ... 283
16:20 Methoden ... 283
16:21 Was ist Wissen? ... 283
16:22 Implizites und explizites Wissen ... 284

Inhaltsverzeichnis

16:23 Implizit-Explizit Wissensmanagement-Modell 285
16:24 Struktur der Wissensmanagementebenen 286
16:25 Betriebsbedingtes Wissensmanagement 286
16:26 Externalisierung 288
16:27 Kombination 289
16:28 Internalisierung 290
16:29 Sozialisierung 291
16:30 Techniken und Werkzeuge 292
    16:31 Datenstrukturierung und -markierung 293
    16:32 Werkzeuge zur Datenaufbewahrung und zu ihrer Extraktion .. 294
    16:33 Werkzeuge zur Wissensevaluation 295
    16:34 Werkzeuge zur Unterstützung des Arbeitsflusses 296
    16:35 Projektmanagementbüro (Project Management Office, PMO) .. 296
    16:36 Das Projektmanagementhandbuch 297
16:40 Vorlagen 300
    16:41 Projektmanagementbezogene Dokumente 300
    16:42 Produktbezogene Dokumente 301
16:50 Phasenaufgaben und -ergebnisse 302
    16:51 Initiierungsphase 302
    16:52 Planungsphase 302
    16:53 Umsetzungsphase 303
    16:54 Abschluss- und Evaluationsphase 303
Literaturverzeichnis 303
17:00 Dokumentationsmanagement DM 305
17:20 Methoden 307
    17:21 Ausarbeitung der Dokumente 307
    17:22 Servicebezogene Dokumente 308
    17:23 Betreiberbezogene Dokumente 309
    17:24 Anwenderbezogene Dokumente 309
    17:25 Effizienz- und Qualitätskriterien 309
    17:26 Dokumentationsmanager 311
    17:27 Anwendung der Dokumentationsmanagementsysteme 311

- 17:30 Techniken und Werkzeuge 311
  - 17:31 Dokumentstruktur und Markierung 312
  - 17:32 Datenaufbewahrungs- und Abrufwerkzeuge 312
  - 17:33 Datenverwaltungssysteme 312
  - 17:34 Wiki-Systeme 312
- 17:40 Vorlagen 313
  - 17:41 Projektmanagementbezogene Dokumente.................................313
  - 17:42 Produktbezogene Dokumente 314
- 17:50 Phasenaufgaben und -ergebnisse..315
  - 17:51 Initiierungsphase 315
  - 17:52 Planungsphase 316
  - 17:53 Umsetzungsphase..316
  - 17:54 Abschluss- und Evaluationsphase 317
- Literaturverzeichnis..317

18:00 Gesamtprojektbewertung GPB..319
- 18:10 Ziel der Gesamtprojektbewertung GPB 321
- 18:20 Methoden 321
  - 18:21 Konzept der Gesamtprojektbewertung 321
  - 18:22 Evaluation im Prozess der Gesamtprojektbewertung 322
  - 18:23 Die Gesamtprojektbewertung von Kaplan und Norton 322
  - 18:24 Project Excellence Modell 326
  - 18:25 Wechselbeziehungen zwischen der Gesamtprojektbewertung von Kaplan und Norton und dem Project Excellence Modell 326
- 18:30 Techniken und Werkzeuge 329
  - 18:31 Techniken und Werkzeuge für die Kundenperspektive 329
  - 18:32 Werkzeuge und Techniken der finanziellen Perspektive............329
  - 18:33 Techniken und Werkzeuge der Prozessentwicklungsperspektive 330
  - 18:34 Techniken und Werkzeuge der Personalentwicklungsperspektive 330
  - 18:35 Einsatzbeispiel von Techniken und Werkzeugen 331
- 18:40 Vorlagen 333
  - 18:41 Projektmanagementbezogene Dokumente.................................333

18:42 Produktbezogene Dokumente ... 334
18:50 Phasenaufgaben und -ergebnisse ... 335
    18:51 Initiierungsphase ... 335
    18:52 Planungsphase ... 336
    18:53 Umsetzungsphase ... 336
    18:54 Abschluss- und Evaluationsphase ... 336
Literaturverzeichnis ... 336

Teil 2 – Der Faktor Mensch ... 339

20:00 Human Ressource Management HRM ... 341
  20:10 Ziel des Human Ressource Managements HRM ... 343
  20:20 Methoden ... 343
    20:21 Human Ressource, HRM und HR-Systeme ... 343
    20:22 Rollenzuteilung ... 344
    20:23 Rekrutierung und Evaluation ... 346
    20:24 Verbesserung der individuellen Leistungen der Rolleninhaber 350
    20:25 Anpassung formaler und informeller Rollen ... 352
    20:26 Zufriedenstellung des Rolleninhabers ... 356
  20:30 Techniken und Werkzeuge ... 357
    20:31 Verfahren bezüglich der Personalauswahl ... 358
    20:32 Anforderungsprofil ... 359
    20:33 Techniken der Bewerberevaluation ... 360
    20:34 Interne Anwerbung ... 363
  20:40 Vorlagen ... 364
    20:41 Projektmanagementbezogene Dokumente ... 364
    20:42 Produktbezogene Dokumente ... 365
  20:50 Phasenaufgaben und -ergebnisse ... 366
    20:51 Initiierungsphase ... 366
    20:52 Planungsphase ... 366
    20:53 Umsetzungsphase ... 367
    20:54 Abschluss- und Evaluationsphase ... 367
  Literaturverzeichnis ... 367

22:00 Teammanagement TM 371
    22:10 Ziel des Teammanagements TM 373
    22:20 Methoden 373
        22:21 Soziale Netwerke, Gruppe und Team 374
        22:22 Integrationsphasen im Team 376
        22:23 Teambildungsprozess 377
        22:24 Teambildende Maßnahmen 380
        22:25 Veränderungen in der Teamkultur 383
    22:30 Techniken und Werkzeuge 385
        22:31 Das Johari-Fenster 385
        22:32 Maßnahmen bezüglich der Teamintegration 386
    22:40 Vorlagen 389
        22:41 Projektmanagementbezogene Dokumente 389
        22:42 Produktbezogene Dokumente 391
    22:50 Phasenaufgaben und -ergebnisse 392
        22:51 Initiierungsphase 392
        22:52 Planungsphase 392
        22:53 Umsetzungsphase 392
        22:54 Abschluss- und Evaluationsphase 393
    Literaturverzeichnis 393
00:00 Konfliktmanagement KFM 395
    00:10 Ziel des Konfliktmanagements KFM 397
    00:20 Methoden 397
        00:21 Definition des Konflikts und Indizien für einen Konflikt 397
        00:22 Potentielle Konfliktursachen 398
        00:23 Auswirkungen der Konflikte auf die Leistung 400
        00:24 Methoden der Konfliktlösung 402
        00:25 Konfliktlösungsprozedur 404
        00:26 Management von Krisensituationen 409
        00:27 Konfliktprävention 410
    00:30 Techniken und Werkzeuge 412
        00:31 Techniken zur Prävention von Konflikten 412

Inhaltsverzeichnis

- 00:32 PACTAR ... 412
- 00:33 Feedback im Konfliktmanagement ... 416
- 00:34 Konstruktiver Disput ... 416
- 00:35 Verhandlungen ... 417
- 00:40 Vorlagen ... 417
  - 00:41 Projektmanagementbezogene Dokumente ... 417
  - 00:42 Produktbezogene Dokumente ... 418
- 00:50 Phasenaufgaben und -ergebnisse ... 419
  - 00:51 Initiierungsphase ... 419
  - 00:52 Planungsphase ... 420
  - 00:53 Umsetzungsphase ... 420
  - 00:54 Abschluss- und Evaluationsphase ... 420
- Literaturverzeichnis ... 421
- 02:00 Kommunikationsmanagement KOM ... 423
  - 02:10 Ziel des Kommunikationsmanagements KOM ... 425
  - 02:20 Methoden ... 425
    - 02:21 Kommunikationsmodelle für das Projektteam ... 426
    - 02:22 Dynamisches Modell der Transaktionsanalyse ... 429
    - 02:23 Senderprioritäten im Kommunikationsmanagement ... 432
    - 02:24 Sendernetzwerk ... 433
    - 02:25 Medienkanaltypen ... 435
    - 02:26 Umfeld des Medienkanals, kulturelle Auswirkung ... 436
    - 02:27 Transitionsmodell des Empfängers ... 437
    - 02:28 Verzerrungen der empfangenen Information ... 437
    - 02:29 Besondere Kommunikationsprozeduren ... 438
  - 02:30 Techniken und Werkzeuge ... 438
    - 02:31 Sender-MBTI-orientierte Kommunikation ... 439
    - 02:32 Visualisierungstechniken ... 440
    - 02:33 Verbalisierungstechniken ... 441
    - 02:34 Mündliche Kommunikation: Kontrollierter Dialog ... 442
    - 02:35 Mündliche Kommunikation: Verhandlungen ... 443
    - 02:36 Mündliche Kommunikation: Moderation ... 443

Einführung

Wozu Projekte?

Projekte als eigenständige, zielgerichtete Unternehmungen charakterisierten unsere Natur seit der Entwicklung unserer Fähigkeit auf Ereignisse in unserem Lebensraum zielgerichtet zu reagieren.

Zwar gibt es keine nachweisbaren Belege, doch bezeugen die Leistungen an sich bereits ihre Projektnatur: Pflanzen und Tiere verfolgten Projekte, um sich Nahrung zu sichern. Menschen erkannten den Vorteil der Gemeinschaft und unternahmen zahlreiche Projekte auf den unterschiedlichsten Gebieten des Zusammenlebens. Immer jedoch waren solche Unternehmungen auf das Erreichen eines Ziels gerichtet – je eher, desto besser, solange die entsprechenden Mittel zur Verfügung standen. Der Preis dafür war oft erschreckend hoch: 14.000 Leben während des Baus der altägyptischen Großen Pyramide (10% von ca. 137.000 Arbeitskräften (Rohmer 2007), die zu dieser Zeit aufgeboten wurden (Sweeney 2007)).

Mit zunehmender Konkurrenz schließlich wurde auch der Preis nicht gleichgültig.

In einer typischen Organisation, die den üblichen Wettbewerbsstrukturen unterliegt, wird der Auftrag in der einen Abteilung bearbeitet und die Ergebnisse werden dann zur nächsten übergeben. Der Abteilungsleiter kümmert sich um seinen Zuständigkeitsbereich. Hat er seine Arbeit getan, ist die Sache für ihn erledigt. Das Endprodukt hat normalerweise mehrere Abteilungen durchlaufen und das ist nicht nur bei der Fertigung so: Auch Veranstaltungsorganisation, Gesetzentwürfe oder Organisationsanpassungen unterliegen diesem Prozess.

Die Möglichkeiten der Prozessoptimierung innerhalb einer Abteilung sind in der heutigen Zeit weitgehend ausgeschöpft. Die weltweite Informations- und Güterverfügbarkeit reduziert den möglichen Wettbewerbsvorteil auf ein Minimum. Weitergehende Optimierung von Gesamtkosten und Effizienz kann nur mehr durch bessere Kooperation zwischen den Abteilungen sowie zwischen Kunde/Projektsponsor, den ausführenden Einheiten und den Abteilungen erreicht werden.

Immer einfacher zu handhabende globale Logistik führte dazu, dass Abläufe optimiert wurden und Operationen eine größere geographische Ausdehnung erfuhren. Teiloperationen werden dorthin verlegt, wo die Ausführung vorteilhaft und näher am Markt ist. Kooperation und Kommunikation allerdings sind schwieriger geworden: Sprachbarrieren und kulturelle Unterschiede fordern ihren Tribut.

Die Anforderungen an das Management quer durch die Abteilungen und Kontinente, die Granulation und Fertigung nach speziellen Kundenvorgaben und die mittlerweile allgemein anerkannte Einsicht, dass gesteigerte Motivation wesentlich zur Effizienzsteigerung beiträgt (Mary Parket Follet 1920 in Graham 1995, 2003), wirkten wie Katalysatoren für zeitgemäße Projekte und brachten sie an die Grenzen ihrer Wettbewerbsfähigkeit (Rollwagen 2010).

Rollwagen spricht von einer projektgetriebenen Wirtschaft in Deutschland mit einer Wachstumsprognose für zusätzliche Wertschöpfung von 2% im Jahre 2007 auf 15% für 2015 und einem kontinuierlichen weiteren Anstieg bis 2030 (ebd.).

Projekte erzielen aber auch Erfolge jenseits materieller Gestalt. Nicht messbare Aspekte des volkswirtschaftlichen Gewinns oder Benefizmanagement, das Projekte als Träger seines Erfolgs sieht, seien hier genannt (Zwikael und Smyrk 2011; Bradley 2010; OGC 2006).

Was ist ein Projekt?

Viele Jahre lang wurde ein Projekt der Deutschen Industrienorm 69901 (DIN 69901:2009-01 2009) folgend so definiert, dass die Einzigartigkeit der Unternehmung im Vordergrund stand.

Die neuste ISO 21500:2012 bezeugt die Richtigkeit der seit langer Zeit vom Autor dieses Buches vertretene Position und definiert ein Projekt nun völlig unmissverständlich als eine Menge von Prozessen.

Die vollständige Definition des Projektes nach dieser Norm lautet folgendermaßen (ISO 21500:2012 2012):

> Ein Projekt bezeichnet eine einzigartige Menge von zielgerichteten Prozessen, die aus koordinierten und kontrollierten Aktivitäten mit definierten Anfangs- und Endzeiten bestehen. Die Zielerreichung erfordert spezifischen Anforderungen genügende Ergebnisse und kann mehreren in der Norm unter P.3.11 beschriebenen Einschränkungen (z. B. Fristen, Kosten, Ressourcen usw.) unterliegen.

Die Ergebnisse eines Projekts werden durch den Geschäftsfall bestimmt, durch die Projektführung gestaltet und dann über das Projektumfeld an die betreibende Organisation übergeben.

HERMES 5 definiert den Begriff des Projekts nicht. Die Ergebnisse werden dort z. T. auch als Produkte bezeichnet (Mourgue d'Algue et al. 2013).

Die Einzigartigkeit eines Projekts ist gegeben durch unterschiedliche:

- Ergebnisse
- Projektstakeholder
- benötigte Ressourcen

- angewandte Produktionsverfahren

Ein Projekt mit hoher Komplexität ist (Pfetzing und Rohde 2001):
- neuartig
- bereichsübergreifend (viele Beteiligte)
- interdisziplinär (viele Spezialisten)
- risikoreich
- aufwendig (Zeit, Kosten, Ressourcen)
- meist strategisch bedeutend
- dringlich
- außergewöhnlich, speziell, besonders

Aufgrund Ihrer Komplexität erfordern viele Projekte ganz spezielle, für konkrete Probleme und Aufgabenstellungen geeignete Regelungen und Verfahren. HERMES 5 bietet dazu eine Reihe von Modulen, welche in diverse Szenarien zusammengesetzt werden können (Mourgue d'Algue et al. 2013).

Das Projektumfeld ist die Summe verschiedener Faktoren (ISO 21500:2012 2012):
- innerhalb organisatorischer Grenzen des Projekts, z. B. Strategien, Technologien, Termine und Unternehmenskultur
- und außerhalb dieser Grenzen, z. B. Sozioökonomie, Politik, Geographie

Die Richtlinien des Projektmanagements, zusammengefasst in Projekt Governance definieren Rahmenbedingungen für die Lenkung und Steuerung in allen projektrelevanten Bereichen (ISO 21500:2012 2012):

Was ist Projektmanagement?

Die Lebenszyklen eines Projekts werden durch eine Menge von Prozessen dargestellt, die zwischen Projektbeginn und -ende verschiedene Phasen durchlaufen.

Projektmanagement wird nach der DIN-Norm definiert als Menge von Führungsaufgaben, -organisation, -techniken und -mitteln für die Abwicklung eines Projekts (DIN 69901:2009-01 2009). HERMES 5 gibt keine Definition vor. Es werden lediglich Beispiele einiger Aufgaben aufgelistet (Mourgue d'Algue et al. 2013).

Management bedeutet in diesem Kontext die Steuerung der verschiedenen Einzelaktivitäten in einem Projekt in Hinblick auf das übergeordnete Projektziel (Fresk 1971). Die geltende ISO Norm sieht dies ebenso und definiert Projektmanagement wie folgt (siehe ISO 21500:2012 2012):

> Projektmanagement bezeichnet die Anwendung von Methoden, Werkzeugen, Techniken und Fähigkeiten in einem Projekt. Es umfasst die Vernetzung der verschiedenen Projekt-

Einführung

> phasen des gesamten, separat in der Norm beschriebenen Lebenszyklus eines Projektes und wird durch die Prozesse umgesetzt.

Besonders relevant aus der Sicht dieses Buches ist der zweite Teil der Beschreibung des Projektmanagements in der Norm:

> Die im konkreten Fall des Projektmanagements ausgewählten Prozesse sollten in einer systemischen Ansicht zusammen gebündelt werden. Jede Phase im Projektlebenszyklus sollte konkrete Ergebnisse liefern, welche periodisch auf die Erfüllung der Anforderungen des Sponsors, der Kunden und der weiteren Projektstakeholder überprüft werden sollten.

Genau dies wird dem Leser vom vorliegenden Buch geboten. Nach Auffassung des Autors dieses Buches reflektiert die Bezeichnung „Projektführung" besser als „Projektmanagement" die nötige Orientierung der Projektbeteiligten an den Projektzielen und den geplanten Projektergebnissen. Die Einmaligkeit der Projekte beschränkt deren Messbarkeit und damit im Sinne von Norton und Kaplan zugleich auch die Möglichkeit diese zu managen. Messbar sind dagegen die sich wiederholenden Prozesse. In den folgenden Kapiteln wird daher der Ausdruck Management mehr im Kontext der einzelnen Projektprozesse verwendet. Diese bestehen aus periodisch wiederkehrenden Aufgaben, die auf diese Weise iterativ optimiert und effektiv bewältigt werden können (siehe Kapitel 18:00 Gesamtprojektbewertung GPB). Da die ISO-Norm zwischen Prozess- und Projektmanagement keinen Unterschied macht, sollen bei diesen Begriffen auch hier keine allzu strengen Maßstäbe angelegt werden.

Was ist IT-Projektmanagement?

Konsequent leiten wir daraus die an die ISO 21500:2012 angelehnte Definition des IT-Projektmanagements wie folgt ab:

> IT-Projektmanagement bezeichnet die Anwendung von Methoden, Werkzeugen, Techniken und Fähigkeiten in einem Projekt, dessen Ziele in der Erstellung und/oder Anwendung von Informatiklösungen liegen. Es umfasst die Vernetzung der verschiedenen Projektphasen des gesamten, separat in der Norm beschriebenen Lebenszyklus eines Projektes und wird durch die Prozesse umgesetzt.

> Die im konkreten Fall des Projektmanagements ausgewählten Prozesse sollten in einer systemischen Ansicht zusammen gebündelt werden. Jede Phase im Projektlebenszyklus sollte konkrete Ergebnisse liefern, welche periodisch auf die Erfüllung der Anforderungen des Sponsors, der Kunden und der weiteren Projektstakeholder überprüft werden sollten.

Vorteile des Projektmanagements

Projektmanagement beweist heute bereits ihren Nutzen und stellt ein geeignetes Werkzeug dar, um Herausforderungen auch in der Zukunft zu meistern (Rollwagen 2010). Dieser Nutzen, definiert als Strömung von Werten, die zunimmt, wenn die Zielsetzung eines Projekts erreicht wird, geht über materielle Gewinne hinaus (Zwikael und Smyrk 2001).

Der positive Effekt des Projektmanagements, welches auch das IT-Projektmanagement umfasst, wurde durch verschiedene Studien belegt. Das folgende Beispiel betrifft Projekte zur Planung und Konstruktion neuartiger Produkte (Platz 1987).

> In einem Unternehmen, in dem ca. 95 Projekte mit einem jährlichen Gesamtbudget von ca. 35 Mio. DM (ca. 17 Mio. Euro) realisiert wurden, wurde eine Untersuchung durchgeführt.
>
> Eineinhalb Jahre nach der Einführung der planmäßigen Projektführung war zu erkennen, dass:
>
> - Terminüberschreitungen um ca. 60% reduziert wurden
> - Kosteneinsparungen von ca. 30% durch Qualitätssteigerung erreicht wurden
> - Produktionskosten um ca. 11% gesenkt werden konnten
>
> und all das bei hoher Zufriedenheit des Projektleiters.

Brandt wandte das IDEA Konzept (Impact Detection and Assessment = Einflussermittlung und -bewertung) an, um den Nutzen des zeitgemäßen, lokal und sequentiell organisierten und auf Wertzuwachs ausgerichteten Projektmanagements zu bewerten (Brandt 2004) und zwar geordnet nach:

- direkten Auswirkungen
- indirekten (Sekundär-)Auswirkungen auf beteiligte Prozesse
- weiteren (Tertiär-)Auswirkungen auf andere Prozesse

Nach Brand, Rollwagen und anderen (z. B. Newell 2005, Kerzner 2009) sind die direkten positiven Auswirkungen des Projektmanagements:

- effiziente Berücksichtigung von Kundenwünschen durch verbesserte Kommunikation zwischen Produktionsteam und Kunde
- positive Auswirkungen auf die Bestimmung der Zielsetzung und höhere Planungsqualität (Reduzierung von Planungsfehlern, späteren Korrekturen und Verzögerungen)

- Transparenz der Bearbeitungsabläufe (Verantwortlichkeiten und Abläufe werden klarer und verständlicher und erhalten in der Folge größere Akzeptanz)
- Straffung der Entscheidungsprozesse (Auswirkungen verzögerter Entscheidungen im Projektverlauf werden deutlicher)
- Vermeidung von Personalüberhängen und Redundanzen in der Aufgabenverteilung
- persönliche Entwicklung der Mitarbeiter zu aktiven Mitgestaltern

In zweiter Linie (indirekter Einfluss):
- verbesserte Qualität durch engere Kooperation der Abteilungen
- Zeitgewinn (schnellere Projektabwicklung, besseres Zeitmanagement)
- besserer Informationsaustausch und effektive Nutzung von Netzwerken
- wirksamere Kontrolle in Sicherheitsfragen

Tertiärer Einfluss auf die Organisation:
- Wirtschaftliche Rentabilität (schnellerer Anlageertrag, Kosteneinsparungen, niedrigere Kapitalbindung) bei Umsatz, Marketing und Kundendienst. Der Umsatz von Projekten erhöhte sich um 2,5% pro Jahr, die jährliche Rendite auf Anlagekosten betrug 25% (Brandt 2004)
- Steigerung des nichtlinearen, fraktalen und dezentralen Wertzuwachses (Rollwagen 2010)
- Bessere Handhabung von Unternehmungen mit schwierig zu kalkulierenden Risiken (ebd.)
- Entwicklung von kontextsensitiven Managementinstrumenten (ebd.)

Risiken des Projektmanagements

Es wäre traumhaft, hätte Projektführung nur nützliche Seiten. Leider gibt es auch negative Aspekte, die hier ebenfalls angesprochen werden sollen.

Die Ursache für Komplikationen ist in den meisten Fällen in der Struktur des Projektmanagements selbst und im Bereich des Faktors Mensch zu suchen (Baker 2010; Kerzner 2009; Schelle 2003; Kloppenborg 2009):

- Die Anzahl von Führungspositionen steigt, dies führt in der Regel zu einer höheren Bruttogehaltssumme.
- Projektstrukturen existieren in vielen Fällen als Parallelwelt zu funktionalen Strukturen, was Unklarheiten hinsichtlich der Verantwortung sowie der Entscheidungsbefugnis erzeugen kann.
- Die einzelnen Projektleiter und Linienvorgesetzten mit den passenden Befugnissen auszustatten und sie zu effektiver Kooperation zu bewegen, kann zu einem regelrechten Balanceakt ausarten.

- Ein Projektmitarbeiter hat üblicherweise mehrere Vorgesetzte, dies erschwert die psychische Orientierung.
- Konflikte wegen der Verantwortlichkeit, der Rangfolge und bei Entscheidungen mit mehreren Entscheidungsträgern.
- Ausufernde und sich widersprechende Kontroll- und Führungsstrukturen innerhalb der Organisation.
- Auseinanderklaffen von funktionalen und Projektkulturen.
- Vorhandenes Wissen wird nicht genügend weitergegeben und genutzt.

Einen kritischen Faktor stellt auch die Arbeitsleistung innerhalb eines Projekts dar. Auch wenn Projektmanagement verantwortungsvoll gehandhabt wird, erhöht sich die erbrachte Arbeitsleistung – besonders bei intellektuellen Projekten wie gerade auch für IT-Projekte – ungeachtet aller Messungen über die Jahre kaum, so dass der Anteil der Projekte, die Terminsetzung und Budget einhalten, bei 30-40% stagniert (The Standish Group 2010). Auch dieses Problem soll später hier aufgegriffen werden.

Methode des Projektmanagements

Eine Methode ist eine standardisierte Vorgehensweise und kann folgendermaßen definiert werden (Jenny 2001):

> Methoden sind planmäßig angewandte, begründete Vorgehensweisen zur Erreichung von festgelegten Zielen.

Paris definiert eine Managementmethode wie folgt (Paris 1990):

> Eine Managementmethode ist ein hierarchisches Netzwerk von Führungsaufgaben.

Dieses Netzwerk entsteht durch sorgfältige Ausarbeitung eines gedanklichen Modells.

Wysocki hat sechs Fragen zusammengestellt, die eine Methode des Projektmanagements beantworten sollte (Wysocki 2011):

- Welche Art von Unternehmung soll vorgenommen werden?
- Was ist zu tun?
- Was soll tatsächlich getan werden?
- Wie ist vorzugehen?
- Wie kann man sicherstellen, dass erforderliche Aufgaben erledigt wurden?
- Wie gut wurden sie erledigt?

Fassen wir alle Gesichtspunkte nun in einer einzigen Definition zusammen:

Einführung

> Eine Methode des Projektmanagements ist ein sorgfältig ausgearbeitetes hierarchisches Netzwerk von Führungsaufgaben, das Wysockis sechs „W"s berücksichtigt.

Zur Durchführung einer Methode des Projektmanagements werden Verfahren und Techniken benötigt.

> Projektmanagementtechniken sind Verfahren zur konsequenten Anwendung, Unterstützung und Umsetzung von Methoden des Projektmanagements (Jenny 2001).

Alle obigen Definitionen behalten im vollen Umfang ihre Gültigkeit für das IT-Projektmanagement.

Die Kybernetik des Projektmanagements

Bei der Projektführung geht es um Kontrolle und Informationsaustausch hinsichtlich eines mehr oder weniger exakt definierten Ziels. Wiener nannte dieses Theoriefeld Kybernetik „von Technik oder Lebewesen", nach dem griechischen Wort χυβερνήτης für „Steuermann" (Wiener 1948, 1961).

Ein allgemeines kybernetisches System mit Rückkopplung durch das Umfeld wird in Abb. E-1 veranschaulicht:

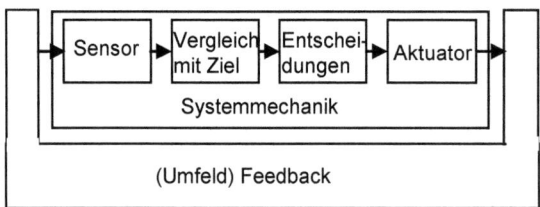

Abb. E-1 Allgemeines kybernetisches System

Dieser androgyne, also Technik wie zugleich auch Lebewesen berücksichtigende Ansatz passt hervorragend zu den Vorgängen im Projektmanagement: Menschen bemühen sich, ein Vorhaben mit Hilfe von technischen Mitteln zu einem definierten Ergebnis zu führen. Das Umfeld, das für Feedback sorgt, entspricht dem Projekt, die Systemmechanik stellt das Projektmanagement dar, das Ziel ist die Zielsetzung des Projekts. Wiener versuchte, sein kybernetisches Modell in eine mathematische Gleichung zu fassen. Für logische Variablen mag das möglich (wenn auch komplex (Lent 1989)) sein, für Variablen jedoch, die mannigfach besetzt werden können, erhält man eine komplexe, nichtlineare Beziehung (Wiener 1948, 1961; Kaplan 1984, 1991). Komplexe Systeme haben keinen stabilen Zustand, lösen sich jedoch genauso wenig in Chaos auf. Sie speichern Information und tauschen sie aus. Komplexe Systeme sind spontan, anpassungsfähig und lebendig (Waldrop 1992). In der Regel sehen Systemtheorien kybernetische Systeme als geschlossene Systeme an, deren Gleichgewicht in guter Annäherung durch eine begrenzte Anzahl möglicher Zustände prognostizierbar ist.

Die nichtlineare Struktur jedoch reagiert ausgesprochen empfindlich auf die jeweiligen Anfangsbedingungen und ist zu multiplen Gleichgewichtszuständen fähig.

Während in der allgemeinen Kybernetik das Umfeld oftmals als konstant oder sich sehr langsam wandelnd betrachtet wird, so ist dies für Projekte leider nicht zutreffend: Jedes Projekt mitsamt Projektumfeld ist ein Fall für sich.

Im Endeffekt sind dynamische Systeme nur begrenzt vorhersehbar, was unvermeidlich zu Ungenauigkeiten führt. Das Phänomen Zufall hat hier seine Hand im Spiel. Aufgrund dessen ist eine Prognose an Wahrscheinlichkeiten gebunden und in solchen Systemen nur schwer zu erstellen (Stewart 2002). Auf kurze Sicht jedoch ist eine Annäherung machbar (Bousquet 2009), weshalb Projektmanagement mit einer absehbaren Perspektive auch durchaus einen Sinn ergibt.

Von Foerster führte 1974 die Rückkopplungsschleife zweiter Ordnung ein: Sein Beobachter (die Systemmechanik in Abb. E-1) ist selbst ein kybernetisches System mit eigener Rückkopplungsschleife (von Foerster 2002). Durch den Einsatz mehrerer solcher kybernetischer Systeme zweiter Ordnung soll versucht werden, das System erster Ordnung durch einen Filter von besonderen Sensoren der zweiten Ordnung zu sehen, wie in Abb. E-2 dargestellt. Es findet eine Linearisierung aller äußeren Variablen statt, nur die Variablen der inneren Systeme wie ZVM (Zielverwirklichungsmanagement) oder F (Führung) sind davon nicht betroffen.

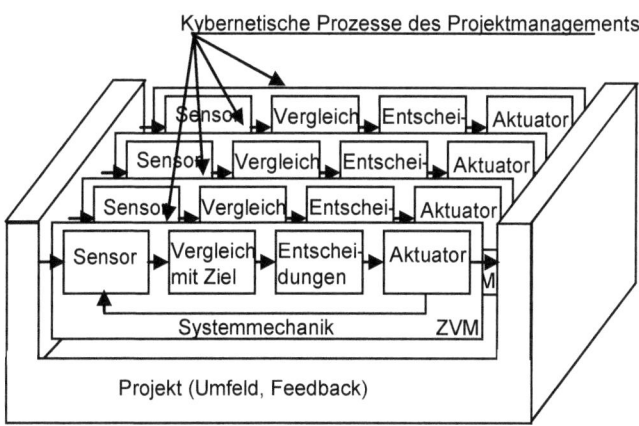

Abb. E-2 Kybernetisches Modell des Projektmanagements

Einführung

Die Prozessgruppen nach ISO 21500:2012, die in diesem Kapitel bereits vorgestellt wurden, stellen die Kybernetik zweiter Ordnung dar. Initiierung, Planung, Umsetzung und Abschluss sind die Prozesse der Projektführung, die Kontrollprozesse entsprechen der Systemmechanik (siehe Abb. E-3).

Die ISO 21500:2012 sieht keine Rückkopplungsschleife für die Prozessgruppe Initiierung durch die Kontrollprozessgruppe vor. Da die Initiierung jedoch auch länger dauern und Ressourcen beanspruchen kann, ist es entgegen der Norm zweckmäßig, die Prozesse der Initiierung einer Kontrolle zu unterwerfen. Schließlich kommt auch der allererste Anstoß, der das Projekt in die Wege leitet, aus dem Projektumfeld – ein „Input" also. Demzufolge hat die Prozessgruppe Initiierung, genau wie alle anderen Prozessgruppen auch, Informationseingänge aus dem Projekt selbst bzw. aus dem Projektumfeld kontrolliert zu verarbeiten.

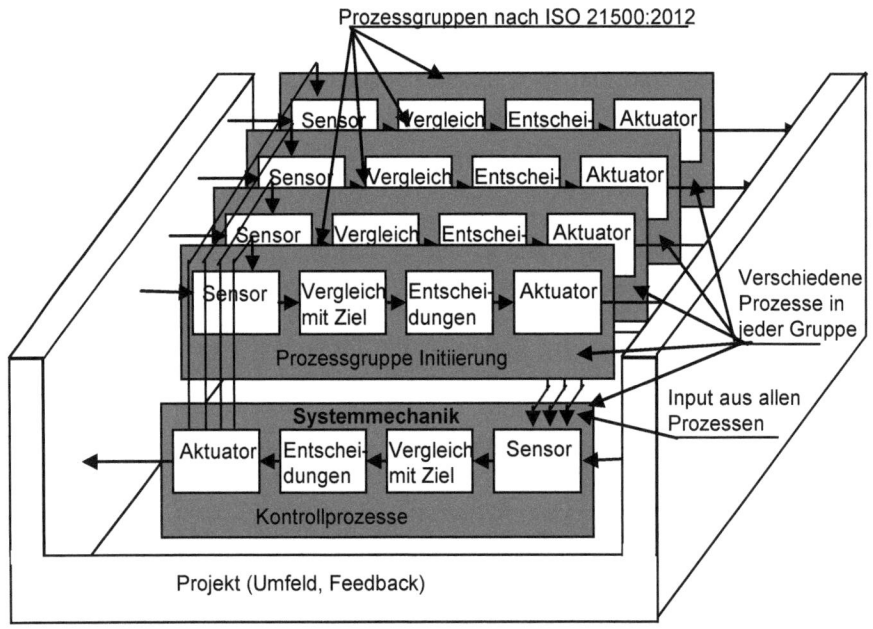

Abb. E-3 Kybernetisches Modell des Projektmanagements nach ISO 21500:2012

In Abb. E-3 ist zu erkennen, dass bei diesem Ansatz der Kontrollprozess selbst nicht dem Kontrollmechanismus unterliegt, was nicht ganz der Realität des Projektmanagements entspricht. Die Kontrollvorgänge, auf die bei den einzelnen Prozessen wie z. B. Management von Ergebnissen, Terminen, Kosten, Qualitätsmanagement oder Gesamtprojektbewertung noch näher eingegangen werden soll, unterliegen wie alle anderen Prozesse des Projektmanagements auch einer geschlossenen Rückkopplung.

Die Bezeichnungen der einzelnen Prozessgruppen könnten den Eindruck erwecken, dass sie nur zeitweise oder in bestimmten Projektphasen aufträten. Die Beschreibung der einzelnen ISO-Prozesse erlaubt jedoch direkt oder indirekt, diese in jeder Projektphase erneut ablaufen zu lassen. Genau deshalb charakterisiert das kybernetische Modell mit seinem Prinzip der Rückkopplung und der darauf aufbauenden, sich durch kontinuierliche Wiederholungen iterativ optimierenden Prozesse das Wesen des Projektmanagements und der Linearisierung ihrer Aufgaben in idealer Weise. Die Kybernetik macht also Prozesse mit ihren Zusammenhängen im Projektmanagement verständlicher und infolgedessen unkomplizierter in der Durchführung.

Der Projektleiter selbst ist bei von Foerster der Beobachter (Rückkopplungsschleife dritter Ordnung) in der Schleife zweiter Ordnung, die wiederum die Projektführung darstellt (von Foerster 2002). Die kybernetische Rückkopplungsschleife des Projektleiters, in der eigene Erfahrungen die Systemmechanik ersetzen, wird in Abb. E-4 veranschaulicht. Sie ist Grundlage aller Entscheidungen, die vom Projektleiter im Führungsprozess getroffen werden.

Details und weitere Betrachtungen des kybernetischen Systems dritter Ordnung behält sich Kapitel 06:00 Führung F vor, das den Führungsaufgaben gewidmet ist. Die dem IT-Systembau sehr nahe liegende Konzeption der Kybernetik erster (das Projekt selbst) und zweiter (Projektführungsprozesse) Ordnung werden gemeinsam behandelt, die beteiligten Prozesse werden im nächsten Kapitel vorgestellt und in den darauf folgenden weiter ausgearbeitet.

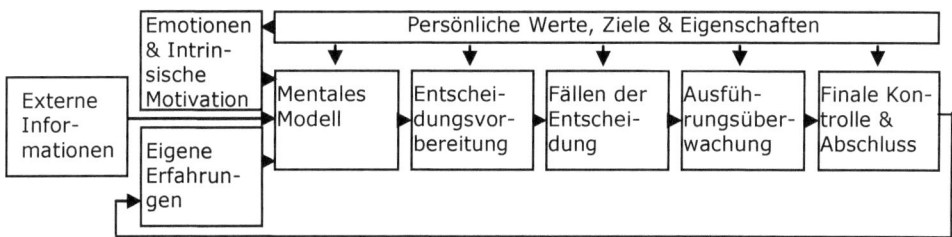

Abb. E-4 Entscheidungsprozess

Der L-Timer®

Die Suche nach einer übersichtlichen Darstellungsmethode und einem einfachen mentalen Modell für den komplexen Aufgabenbereich eines Projektleiters im Sinne der von der ISO 21500:2012 geforderten Systemik der Prozesse ließ schließlich die vertraute Systematik der Uhr als besonders eingängiges Modell in den Vordergrund rücken. Jeder vollen Stunde wurde ein Prozess zugeordnet. Für die Anzahl der Prozesse gab es anfangs noch drei verschiedene Optionen: 12, 18 oder 24.

Eine Auswertung des umfangreichen Tätigkeitsprofils eines Projektleiters ließ bis zu 800 verschiedene Einzelaktivitäten mit zahlreichen linearen und nichtlinearen Verbindungen untereinander erkennen (Rufenacht 2005). Nach sorgfältiger Auswertung der Verknüpfungen fiel die Wahl auf 18 zu unterscheidende Prozesse. Die Auswahl erfolgte heuristisch und auf der Basis eines reichen Erfahrungsschatzes, sorgfältigen Literaturstudiums und einer exakten Analyse aller Zusammenhänge. Das Ergebnis wurde seit 2003 in verschiedenen Studien und auch im praktischem Einsatz bei der täglichen Routine der Projektführung verifiziert (Rufenacht 2005).

Die regelmäßige Wiederholung des Stundenzyklus sorgt dafür, dass die Sensibilität jedes Prozesses für die Veränderungen im Umfeld zumindest in einem minimalen Umfang gewährleistet wird. Die 24 Prozessstunden stellen keine Aussage über die tatsächliche Dauer des Ablaufs dar. Der Projektleiter kann gedanklich die einzelnen Prozesse in wenigen Minuten durchgehen, der gesamte Vorgang kann sich aber auch über Wochen hinziehen oder sogar in zufälliger Reihenfolge ablaufen. Der entscheidende Punkt hierbei ist die Wiederholung.

Das L-Timer®-System unterscheidet zwölf administrative Prozesse (auch Verfahrensprozesse oder Verwaltungsprozesse genannt) im Verlauf eines „Arbeitstages": Ein Prozess stündlich, in logischer Folge und auf makrolinearer Interrelation basierend. Die makrolineare Interrelation meint in diesem Zusammenhang, dass in einem Prozess werden die Ergebnisse der Durchführung der in der L-Timer® Logik vorangehenden Prozesse direkt oder über das Projekt und sein Umfeld (Kybernetik 1. Ordnung) berücksichtigt werden. Darüber hinaus werden ferner sechs zweistündliche Prozesse unterschieden, die sich mit dem Faktor Mensch befassen (Abb. E-5).

Die Prozesse, die sich mit dem Faktor Mensch beschäftigen, sind mit den relevanten administrativen Prozessen (z. B. 20:00 Human Ressource Management HRM mit 08:00 Organisationsmanagement OM) durch Verweise verknüpft.

Die IT-Projektmanagementmethode nach dem L-Timer® (Lent Projekt Management Uhr LPMU®) ist ein mentales Modell miteinander über kybernetische Rückkoppelungsschleifen verknüpfter und im Rahmen einer Management-Uhr abgebildeter administrativer und dem Faktor Mensch gewidmeter Prozesse, den dort definierten Aktivitäten und auf deren Ausübung ausgerichteten Methoden, Techniken, Vorlagen und Checklisten.

Der L-Timer®

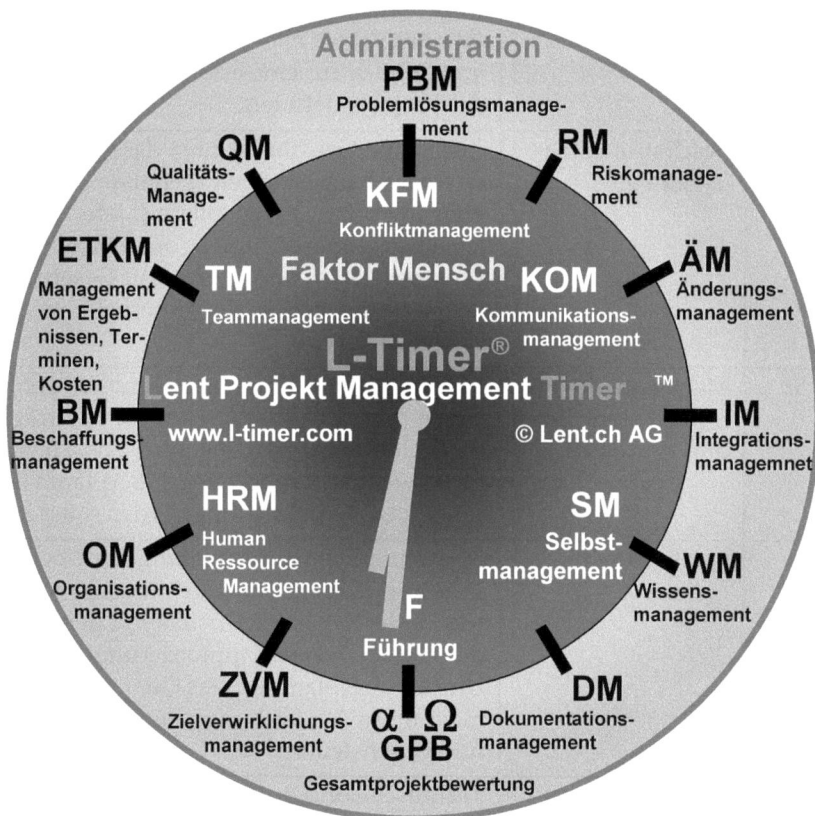

Abb. E-5 Das System der kybernetischen L-Timer®-Prozesse

Zur besseren Übersichtlichkeit sind die administrativen Prozesse auf die Tabellen E-1 und E-2 aufgeteilt. Tabelle E-3 veranschaulicht die Prozesse, die sich mit dem Faktor Mensch beschäftigen.

Tabelle E-1 Administrative Prozesse des L-Timer®, Teil 1

Prozess	Prozessname	Ziele
ZVM	Zielverwirklichungsmanagement	Ausarbeitung, Strukturierung und Planung der Ziele. Quantifizierte Ziele werden auf Vorgaben des Kunden und übergeordnete Unternehmensstrategien ausgerichtet. Sie behalten ihre

13

		Gültigkeit für die gesamte Laufzeit des Projekts.
OM	Organisationsmanagement	Funktionen, Verantwortlichkeiten und Organisationsstruktur aller Projektstakeholder werden im Hinblick auf eine erfolgreiche Durchführung des Projekts definiert.
BM	Beschaffungsmanagement	Ziel ist die Gewährleistung, dass Vorgehensweise und angestrebte Ergebnisse im formalen Umgang mit den Herstellern (Lieferanten) über alle Projektphasen hinweg auf eine optimale Projektzielerreichung sowie auf Gesetzmäßigkeiten und Auflagen des Unternehmens ausgerichtet sind.
ETKM	Management von Ergebnissen, Terminen, Kosten	Kontrolle aller Vorgänge in Hinblick auf Vorgaben für Ergebnisse, Fristen und vertraglich geregelter Ausgaben, die unter ZVM ausgearbeitet wurden, wobei auch außerplanmäßige Ereignisse berücksichtigt werden müssen.
QM	Qualitätsmanagement	Kontinuierliche Sicherstellung der Übereinstimmung von Projektergebnissen, Prozessen und anderen Charakteristika mit den Vorgaben der Projektziele und -anforderungen und deren Umsetzungsplanung. Das Qualitätsmanagement muss Abweichungen sofort bemerken und gegensteuern.
PBM	Problemlösungsmanagement	Technische und organisatorische Probleme beim Kosten- oder Zeitplan werden mit zweckmäßiger Methodik im Team gemeistert.

Tabelle E-2 Administrative Prozesse des L-Timer®, Teil 2

Prozess	Prozessname	Ziele
RM	Risikomanagement	Minimierung des Gesamtrisikos durch permanentes, kreatives und zeitgerechtes Erkennen potentieller Risiken, ihrer Analyse und der Entwicklung von geeigneten Gegenmaßnahmen.
ÄM	Änderungsmanagement	Systematische Vorgehensweise zur Erfassung, Bewertung und Entscheidung über die Umsetzung von notwendigen Veränderungen im Projekt. Änderungen im geplanten Projektablauf

		sind zu minimieren und aktualisierte Systemkonfigurationen ständig zu kontrollieren.
IM	Integrationsmanagement	Sicherstellung, dass im Projekt erarbeitete Lösungswege in die bestehende Systemumgebung (Organisation, menschliche Aspekte, Anwendungsmöglichkeiten, Maschinen) eingebettet werden und mit deren Einführung hohe Zufriedenheit aller Projektstakeholder erreicht wird.
WM	Wissensmanagement	Erfassung der Prozesserfahrungen im Projektverlauf zur Verwendung beim weiteren Vorgehen sowie optimale Nutzung der in früheren Projekten gewonnenen Erkenntnisse.
DM	Dokumentationsmanagement	Dokumentation und Archivierung aller projektbezogenen Ergebnisse zur unkomplizierten Wiederauffindbarkeit im Projektverlauf. Alle Daten sollen effektiv bei Durchführung und Präsentation des Projekts genutzt werden können, insbesondere in Hinblick auf Aufwandsminimierung und Kundenzufriedenheit.
GPB	Gesamtprojektbewertung	Bewertung der Projektergebnisse durch international anerkannte, integrale und umfassende Methoden. Zielsetzung ist, einen positiven und nachhaltigen Beitrag zur Umsetzung der Unternehmensstrategie zu leisten.

Tabelle E-3 Die den Faktor Mensch betreffenden Prozesse des L-Timer® Teil 3

Prozess	Name	Ziele
HRM	Human Ressource Management	Sorgfältige Besetzung der formalen und informalen Funktionen nach Fähigkeiten und Erfahrung, persönliche Weiterentwicklung der Mitarbeiter wird im Sinne der Unternehmensstrategie gefördert.
TM	Teammanagement	Maximierung der Gruppeneffizienz, ausgerichtet nach Ergebnissen, Zufriedenheit aller Projektstakeholder und Prozessoptimierung.
KFM	Konfliktmanagement	Möglichst frühzeitiges Erkennen von Konfliktpotentialen innerhalb des Teams und im Gesamtumfeld des Projekts, deren effektive

		Bewältigung und die Prävention für die Zukunft.
KOM	Kommunikationsmanagement	Erfolgreiche Kommunikation zwischen allen Projektstakeholdern. Innerhalb des Projekts und auch nach außen hin sowie beim Marketing, immer darauf ausgerichtet, gesetzte Ziele zu erreichen.
SM	Selbstmanagement	Auch Ihre persönliche Zufriedenheit und Entwicklung sind sehr wichtig, effektive Selbsteinschätzung und ein verantwortungsvoller Umgang mit den eigenen Stärken und Schwächen gehören dazu.
F	Führung	Gekonnte und gewissenhafte Mitarbeiterführung im Hinblick auf das Erreichen der Projektziele.

Es ist kein Zufall, dass die Zeiger des L-Timers® auf 6:30 zeigen.

Die Ergebnisse des vorangegangenen Tages, der um 18:00 mit der Gesamtprojektbewertung abgeschlossen wurde, bilden zusammen mit den Ansätzen aus dem Führungsprozess 06:00 eine ideale Grundlage, um sich wieder mit der Projektstrategie auseinanderzusetzen, bevor wir den Tag dann um 07:00 mit dem ZVM (Zielverwirklichungsmanagement) wieder neu beginnen.

Aus kybernetischer Sicht sind die Prozesse nicht an Projektphasen gebunden (wie das in den meisten anerkannten Normen wie PMI (PMI 2008), IPMA (Caupin et al. 2006) der Fall ist), sondern laufen kontinuierlich ab und unterliegen hierbei dem ständigen Zusammenspiel von kontrollierender und ausführender Einheit. Die verschiedenen Projektphasen treten mit jedem Prozessdurchgang deutlicher zu Tage. Dies soll später durch das Rubikonmodell der vier Phasen veranschaulicht werden (vgl. 07:00 Zielverwirklichungsmanagement ZVM, 07:23 Konzeptionelle Methoden zur Planung von Projektaufgaben).

Charakteristisches Merkmal der L-Timer® Methode – und hierin unterscheidet sie sich signifikant von anderen Modellen - ist die systematische Verknüpfung der einzelnen Projektmanagementprozesse mit dem Faktor Mensch.

Der Faktor Mensch definiert die Wechselbeziehungen und das Verhalten aller Beteiligten eines Projekts in bestimmten Prozessen, die mit den administrativen Projektmanagementprozessen in kybernetischen Rückkopplungsschleifen im Projekt interagieren.

Der Faktor Mensch ist ein zentrales Element in der Betrachtungsweise des L-Timers®. Er stellt einen entscheidenden Faktor für den Erfolg des Projektmanagements und der Umsetzung von Projektaufgaben dar. In der Praxis wird dies jedoch immer noch zu wenig berücksichtigt.

Nutzen und Vorteile des L-Timers®

Projektführung profitiert von der Anwendung des L-Timers® auf unterschiedliche Weise:
- Die Projektleitung kann als kybernetisches System dritter Ordnung mit integrierten Rückkopplungsschleifen und klarer Unterscheidung betroffener Ebenen gesehen werden. So wird das Verständnis für Wiederholungen und wechselseitige Einflüsse gefördert und der Umgang mit den einzelnen Prozessen erleichtert.
- Alle Projektmanagementprozesse werden als kybernetische Systeme zweiter Ordnung betrachtet, so dass Kontrolle und Führung bei jedem Prozess zum Einsatz kommen. Dies steht im Gegensatz zur ISO-Norm 21500:2012, in der Kontrollprozesse nur als Feedback existieren, sich selbst aber jeder Überprüfung entziehen. Durch die „Kontrolle der Kontrolle" jedoch steigt die Effizienz bei der Durchführung.
- Alle ISO-Prozesse sind in die L-Timer®-Prozesse integriert. Das Vokabular der Norm findet auch im vorliegenden Buch Anwendung.
- Zentrales Element der Methode ist die systematische Unterstützung von Führungsprozessen durch Einbeziehung des Faktors Mensch sowie durch Motivationssteigerung und Mitarbeiterförderung. Dadurch wird eine ausgewogene Betrachtungsweise erreicht.
- Das Prozesssystem ist orthogonal: Jeder Vorgang wird nur ein Mal darin behandelt, das Prozessziel ist klar definiert. Damit wird der Forderung der ISO 21500:2012 nach einer Systemik voll Rechnung getragen.
- Der L-Timer® ist praxisorientiert und baut auf Erfahrungen auf. Er konzentriert sich auf Schlüsselfaktoren innerhalb eines Projekts.

Ablauf der L-Timer®-Prozesse

Die L-Timer®-Prozesse werden – wie bereits angesprochen – in aufeinander folgenden Zyklen kontinuierlich wiederholt, in Analogie zu allen Vorgängen, die jeden Tag wiederkehren, wie z. B. tägliche Arbeit, tägliches Mittagessen u. ä.

So wie der Tag seinen Anfang nimmt, beginnt auch ein Projekt um 07:00 mit dem Zielverwirklichungsmanagement ZVM und der Aufgabe, sich die Strategie des Unternehmens wieder ins Bewusstsein zu rufen. Um 18:00 schließlich fassen wir den Tag zum Abschluss der Verfahrensprozesse mit der Gesamtprojektbewertung GPB zusammen, die wiederum aus der Strategie heraus entstanden ist. Nun stehen noch die Prozesse an, die sich mit dem Faktor Mensch beschäftigen. Am Ende der

Einführung

kybernetischen Schleife erster Ordnung im Projekt steht dann um 06:00 die Führung F mit der strategischen Ausrichtung des Teams. Nun kann der gesamte Zyklus mit dem ZVM wieder neu beginnen.

Grundlegender Vorteil dieses mentalen Modells ist die Ausführung eines Vorgangs im dazugehörigen Prozess während jeder Phase des Projekts. Eine Änderung des Aufgabenbereichs während der Umsetzung landet wieder im 07:00 Zielverwirklichungsmanagement ZVM, ganz im Gegensatz zum Wasserfallmodell, bei dem dieser Vorgang an ganz anderer Stelle behandelt wird, wo natürlich das Know-how des ZVMs fehlt.

Es kommt nicht darauf an, wann und in welchem Abstand die kybernetischen Schleifen praktiziert werden, ob täglich, unregelmäßig oder sporadisch: Der Schlüssel liegt in ihrer vollständigen und immer wiederkehrenden Ausführung.

Das Buch ist konsequent und übersichtlich nach dem Ablauf, welcher im Vorwort auch vorgestellt wurde, aufgebaut.

- Durch Verlagerung der Vorgangsgewichtung kann der L-Timer® an die speziellen Anforderungen eines jeden Unternehmens und jeden Projektes angepasst werden (z. B. Unternehmen mit öffentlicher Auftragsvergabe).
- Durch systematische Gliederung der einzelnen Prozesse, besonders in Hinblick auf angewandte Methoden und Techniken, findet der Anwender immer das gleiche Schema bei der Beschreibung der Prozesse.

Aufbau dieses Buches

Die Einführung bietet fundierte Begriffsdefinitionen, die, soweit vorhanden, der ISO 21500:2012 entnommen wurden. Sie geht auf das grundlegende Konzept kybernetischer Rückkopplungsschleifen ein und stellt Projektführung als kybernetisches System dritter Ordnung dar. Die konsequente Rückkoppelung wird als absolut notwendig und gleichzeitig als Erfolgsfaktor betrachtet.

Weiterhin wird die Struktur kybernetischer Prozesse zweiter Ordnung erklärt. Je einfacher und verständlicher das System der Speicherung im menschlichen Gedächtnis ist, desto einfacher ist es auch in der Verwendung. Daher wurde mit Bedacht die vertraute und eingängige Systematik der Uhr gewählt – das Konzept des L-Timers® wurde für den Aufbau dieses Buches verwendet.

Die folgenden Kapitel sind jeweils einem Prozess der Projektleitung gewidmet. Sie sind sequentiell geordnet. Sie beginnen mit den administrativen Prozessen um 07:00 Uhr, gehen ab 20:00 Uhr über in die dem Faktor Mensch gewidmeten Prozesse und enden um 06:00 Uhr. Alle Prozesse weisen den gleichen Aufbau auf:

XX:00 **Der Prozess** („XX" bezeichnet die Stunde, „:00" die Minuten, hier: 00):

Der Prozess steht für eine bestimmte Stunde, der ein Prozess und folglich ein Kapitel zugeordnet sind. Anschaulich erklärt wird der Prozess durch die Darstellung seiner kybernetischen Rückkopplungsschleife mit Hinweisen auf entsprechende Unterkapitel.

Ein kurzer Überblick am Anfang jedes Kapitels (jeweils über einen Prozess) erklärt auf einer Seite des Buches:

- Worum geht es?
- Wer ist gefordert?
- Welche Bedeutung hat der Prozess?
- Wie geht man vor?
- Wo liegen die Herausforderungen?
- Was entscheidet über den Erfolg?

XX:10 **Prozessziel**

Das anvisierte Ziel wird kurz und prägnant formuliert.

XX:20 **Methoden**

Hier nun werden die schlanken und wirksamen, an vielen Stellen innovativen und einmaligen Methoden aufgeführt, die nötig und hilfreich sind, um den Prozess im Griff zu haben und durchzuführen. Wechselbeziehungen mit und Abhängigkeiten von anderen Prozessen werden zweckmäßig durchleuchtet. Hier finden Sie auch Empfehlungen für besonders geeignete Methoden. Vorgänge nach der ISO 21500:2012 werden benannt und anschließend ausführlich erläutert.

XX:30 **Techniken und Werkzeuge**

Abgestimmt auf die Methodenwahl werden die Umsetzung und Anwendung dieser Methoden sowie die sie unterstützenden Techniken und Werkzeuge vorgestellt. Hier wird ebenfalls auch eine der Effizienz und Wirksamkeit gewidmete Auswahl getroffen.

XX:40 **Vorlagen**

Hier finden Sie Beispiele für Protokolle, Berichte und Checklisten. Sie basieren auf den vorgestellten Methoden und Techniken und können in der vorliegenden Form direkt im Projektalltag eingesetzt werden.

Die Vorlagen lassen sich in projektmanagementbezogene und produktbezogene Dokumente einteilen:

XX:41 **Projektmanagementbezogene Dokumente (Datengrundlagen)**

Projektmanagementbezogene Dokumente beschreiben den Ablauf des Projekts in Form von Besprechungsprotokollen, Projektorganigrammen

Einführung

usw. Sie dokumentieren die Projektleitungsprozesse, stellen dazu erforderliche Informationen bereit und erfassen Ergebnisse und Erkenntnisse.

Eine projektbezogene Zusammenstellung der nötigen operativen Dokumente finden Sie in Kapitel 16:00 Wissensmanagement WM.

XX:42   Produktbezogene Dokumente

Diese Dokumente erfassen und beschreiben die Projektergebnisse. Sie sind sowohl für Wartung und Pflege als auch für Anwender relevant und haben eine ergebnisspezifische Struktur.

Ausführlich werden sie in Kapitel 17:00 Dokumentationsmanagement DM behandelt.

XX:50   Phasenaufgaben und -ergebnisse

Hier finden Sie Checklisten, anhand derer Sie die Aufgaben und Ergebnisse der vier Projektphasen:

- Initiierung
- Planung
- Umsetzung
- Abschluss

überblicken und auf ihre Vollständigkeit hin überprüfen können.

Die Prozesse der L-Timer® Methode werden in jeder Phase ein Mal oder mehrere Male durchlaufen (eine Phase kann auch mehrere L-Timer® Tage dauern). Dabei ist es gut möglich, dass während des Projektverlaufs wieder in eine vorhergehende Phase zurückgewechselt werden muss, weil es beispielsweise umfangreiche Änderungen in der Planung gibt. Dann kann es sinnvoll werden, die Planungsphase erneut zu durchlaufen. Die Möglichkeit, dass praktisch alle Prozesse während des gesamten Projektlebenszyklus jederzeit erneut durchlaufen werden können, sieht auch die ISO 21500:2012 Norm voraus. Dies ist sicher ein Novum in der bisher starren Projektleitungsdoktrin.

Entspricht 07:00 Uhr dem Zielverwirklichungsmanagement (wie in der Realität; frühmorgens beginnt man damit, den Ablauf des Tages zu planen) oder 20:00 Uhr dem Human Ressource Management, dann folgen z. B. beim Zielverwirklichungsmanagement zuerst ein kurzer Überblick über den Prozess, anschließend um 07:10 die Zielsetzung, um 07:20 die ausgewählte Methoden des Zielverwirklichungsmanagements. Wobei in der Auseinandersetzung mit allen Prozessen dort, wo die ISO 21500:2012 Normen tangiert werden, zuerst um 07:20 die hier abgedeckten Prozesse der Normen aufgelistet werden. Um 07:30 folgen die Techniken und Werkzeuge, um 07:40 die Vorlagen und abschließend um 07:50 die Phasenaufgaben und die -ergebnisse zur effektiven Unterstützung des Zielverwirklichungsmanagements.

Das Literaturverzeichnis am Ende eines jeden Kapitels gibt nähere Auskunft über alle in dem jeweiligen Kapitel behandelte Quellen.
Ein sorgfältig ausgearbeiteter Index schließt das Buch.

Literaturverzeichnis

Baker, D. (2010): Multi-Company Project Management. Maximizing Business Results through Strategic Collaboration, Ford Lauderdale.

Bousquet, A. (2009): Scientific Way of Warfare. Order and Chaos on the Battlefields of Modernity, New York.

Bradley, G., (2010): Benefit Realisation Management. A Practical Guide to Achieving Benefits Through Change, Farnham.

Brandt, T. (2004): Erfolgsmessung im Projektmanagement. Wirkung und Nutzen sicher beurteilen, Düsseldorf.

Caupin, G. et al. (Hrsg.) (2006): ICB – IPMA Competence Baseline, Version 3.0, Nijkerk.

DIN 69901:2009-01 (2009): Projektmanagement – Projektmanagementsysteme, in: DIN, Deutsches Institut für Normung e.V.: Projektmanagement. Netzplantechnik und Projektmanagementsysteme; Normen, Berlin.

Frese, E. (1971): Ziele als Führungsinstrumente – Kritische Anmerkungen zum „Management by Objectives", in: Zeitschrift für Organisation, Jg. 40, S. 227-238.

Graham, P. (Hrsg.) (1995, 2003): Mary Parker Follet. Prophet of Management. A Celebration of Writings from the 1920s, Boston.

ISO 21500:2012 (2012): Guidance on Project Management, ICS 03.100.40, Genf.

Jenny, B. (2001): Projektmanagement in der Wirtschaftsinformatik, Zürich.

Kaplan, F. (1984, 1991): The Wizards of Armageddon, Stanford.

Kerzner, H. (2009): Project Management. A System Approach to Planning, Scheduling and Controlling, Hoboken.

Kloppenborg, T. J. (2009): Contemporary Project Management, Mason.

Lent, B. (1989): Dataflow Architecture fo Machine Control, Taunton.

Mourgue d'Algue, H. et al. (2013): Hermes 5: Projektmanagementmethode für alle Projekte. Referenzhandbuch., Bern.

Newell, M. W. (2005): Preparing for the Project Management Professional Certification Exam (PMP), New York.

OGC (2006): Business Benefits Through Programme and Project Management, Norwich.

Paris, J. (1990): Goal Oriented Decomposition – Its Application for Process Modelling in the PIMS Project, in: F. Long (Hrsg.): Software Engineering Environments. International Workshop on Environments, Berlin/Heidelberg, S. 69-78.

Platz, J. (1987): Projektmanagement erfolgreich einführen. Überlegungen und praktische Erfahrungen beim Aufbau eines Führungskonzeptes, Zeitschrift für Führung und Organisation, Jg. 56, S. 217-225.

Pfetzing, K./Rohde, A. (2001): Ganzheitliches Projektmanagement, Zürich.

PMI (2008): A Guide to the Project Management Body of Knowledge (PMBOK Guide), Newton Square.

Rollwagen, I. (2010): Projektwirtschaft und Management neuer Geschäftskulturen, in: B. Sandrino-Arndt et al. (Hrsg): Handbuch Project Management Office. Mit PMO zum strategischen Management der Projektlandschaft, Düsseldorf, S. 23-53.

Romer, J. (2007): The Great Pyramid. Ancient Egypt revisited, Cambridge.

Rufenacht U. (2005): Projektschlussbeurteilung P05/ProCur, Bern.

Schelle, H. (2003): Nutzen und Erfolgsfaktoren von Projektmanagement, Berichtswesen und Projektsteuerung, Benchmar-king, Lehrveranstaltung Projektmanagement, Universität der Bundeswehr München (unveröffentlichtes Manuskript).

Sweeney, E. J. (2007): The Pyramid Age, New York.

Stewart, I. (2002): Does God Play Dice? The New Mathematics of Chaos, Oxford.

The Standish Group (2010): CHAOS Summary 2010, Boston.

Foerster, H. von (2002): Understanding Understanding. Essays on Cybernetics and Cognition, New York.

Waldrop, M. M. (1992): Complexity. The Emerging Science at the Edge of Order and Chaos, New York.

Wiener, N. (1948, 1961): Cybernetics or Control and Communication in the Animal and the Machine, Massachusetts.

Wysocki, R. (2011): Executive Guide to Project Management. Organizational Processes and Practices for Supporting Complex Projects, Hoboken.

Zwikael, O./Smyrk, J. (2011): Project Management for the Creation of Organizational Value, London.

Teil 1 – Administrative Prozesse

Die folgenden Prozesse implementieren die kybernetischen Systeme zweiter Ordnung im Projektmanagement.

07:00	Zielverwirklichungsmanagement ZVM
08:00	Organisationsmanagement DM
09:00	Beschaffungsmanagement BM
10:00	Management von Ergebnissen, Terminen, Kosten ETKM
11:00	Qualitätsmanagement QM
12:00	Problemlösungsmanagement PBM
13:00	Risikomanagement RM
14:00	Änderungsmanagement ÄM
15:00	Integrationsmanagement IM
16:00	Wissensmanagement WM
17:00	Dokumentationsmanagement DM
18:00	Gesamtprojektbewertung GPB

07:00 Zielverwirklichungsmanagement ZVM

Kurze Übersicht

Worum geht es?

Das Zielverwirklichungsmanagement ZVM definiert Projektergebnisse, teilt diese in realisierbare Einheiten auf (Work Breakdown Structure WBS), definiert die zur Ausführung notwendigen Aufgaben, erstellt Zeit- und Kostenpläne, führt die Kosten-Nutzen-Analyse durch. Zyklisch wird die Einhaltung geprüft und ggf. angepasst.

Wer ist gefordert?

Hier sind Planer und Controller zuständig. Da die Projektergebnisse später vom Projektleiter zu verantworten sind, sollte dieser eingebunden werden.

Welche Bedeutung hat der Prozess?

Das Zielverwirklichungsmanagement ist eine tragende Säule des Projekts. Die Produktstruktur entscheidet über die Verwendbarkeit der Projektergebnisse, der Projektstruktur und des Terminplans über die Gesamtkosten. Das Kosten-Nutzen-Verhältnis bestimmt das Schicksal des Projekts.

Wie geht man vor?

Das Ziel des Projekts wird gemäß Kundenerwartungen und Unternehmensstrategie entlang der SMART-Kriterien bestimmt, in umsetzbare Einheiten aufgeteilt, geschätzt und auf Kosten-Nutzen hin bewertet. Nötigenfalls müssen einzelne Schritte wiederholt oder weitere Prozesse initiiert werden. Der gesamte Vorgang ist periodisch zu wiederholen.

Wo liegen die Herausforderungen?

Ziele sind oft zu allgemein, quantifizierte Ziele trotz aller Bemühungen nicht präzise genug. Eine Erarbeitung von Produkt- und Projektstrukturen ist mühsam und muss meistens in mehreren Iterationen durchgeführt werden, bis für alle Stakeholder die Produktstruktur, Ressourcen, Zeit-, Kosten- und andere Berechnungen akzeptabel sind. Der Aufwand für die Projektleitungsprozesse und die notwendige Disziplin bei der Änderungsumsetzung werden häufig unterschätzt.

Was entscheidet über den Erfolg?

Die Methoden und Werkzeuge, die zum Charakter des Projekts passen, müssen ausgewählt werden. Ausreichende Ressourcen müssen für alle Projektaufgaben eingeplant werden: Projektergebnis (Produkt), Kontrollen, Integration, Faktor Mensch. Korrekte Ausführung und eine sorgfältig erstellte Kosten-Nutzen-Analyse zahlen sich spätestens in kritischen Phasen des Projekts aus.

07:00 Zielverwirklichungsmanagement ZVM

Prozess

Zielsetzungen und Ziele des Projekts bestimmen Produkt- und Projektstruktur (Abb. 07:00-1). Es werden Zeitaufwands- und Kostenschätzungen sowie die Kosten-Nutzen-Analyse erstellt. Bei Bedarf werden Probleme, Änderungsanträge und Erkenntnisse an die entsprechenden Prozesse weitergeleitet. Der Prozess wird zyklisch wiederholt. Der Anstoß für einen erneuten Durchlauf kann auch von einem anderen Prozess kommen.

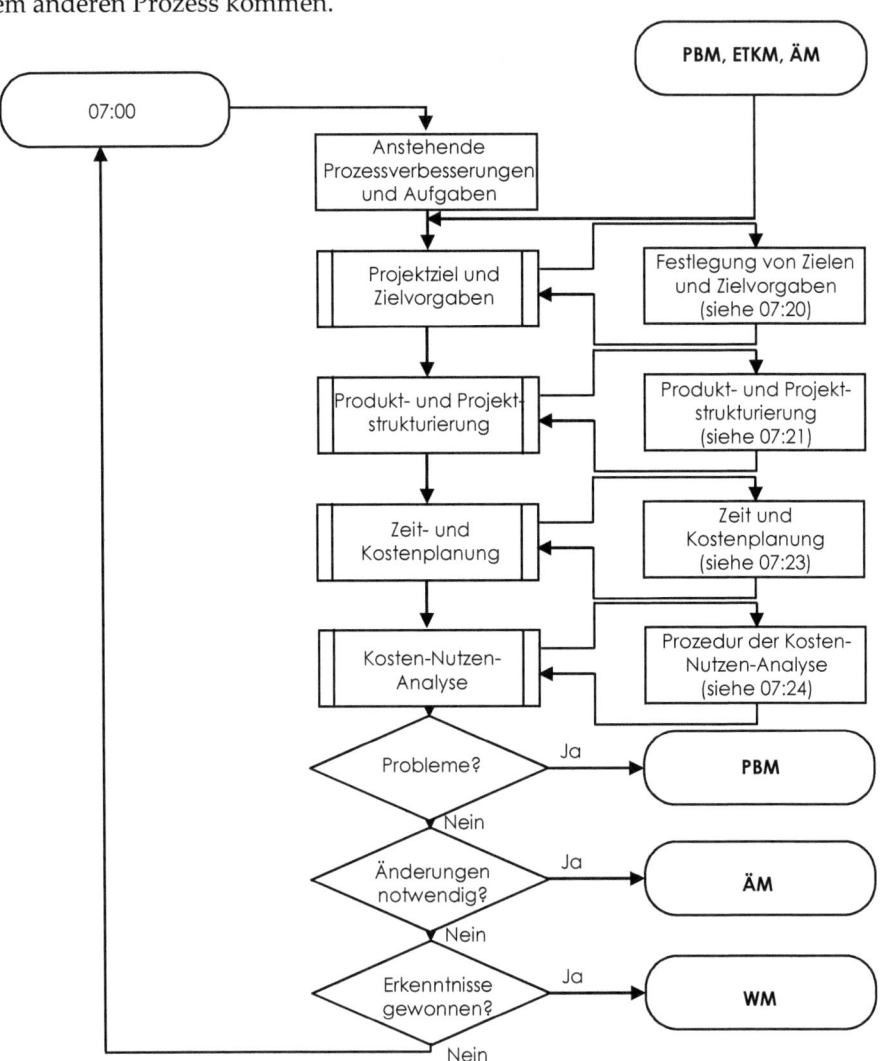

Abb. 07:00-1 Der Zielverwirklichungsprozess

07:10 Ziel des Zielverwirklichungsmanagements ZVM

Der Zielverwirklichungsprozess ist darauf ausgerichtet, die sechs „W"s
- Was?
- Warum?
- Wer?
- Wann?
- Wo?
- Wie? (Anforderungen, Beschränkungen, Methoden)

zu beantworten und auf dem aktuellsten Stand während des gesamten Projektverlaufs zu halten.

07:20 Methoden

Die ursprünglich fünf „W"s – später auf fünf „W"s und ein „H" erweitert – wurden von Toyota im Hinblick auf das Problemmanagement konzipiert (Kato und Smalley 2011). Das „H", das für „How?" steht, wird hier durch das sechste „W" für „Wie?" ersetzt.

Die Antworten auf die sechs „W"s sind nicht orthogonal: Manche Aufgaben erfordern parallele Antworten auf mehrere „W"s. Umgekehrt kann eine umfassende Antwort auf jedes „W" mehrere verschiedene Aufgaben nach sich ziehen. Deshalb werden die Vorgänge im Zielverwirklichungsprozess als Basis für die folgenden Betrachtungen gesehen, die stets alle Antworten auf die sechs grundlegenden „W"s präsent haben.

Die Zielverwirklichung in der Initiierungsphase erstellt die Grundzüge des Projekts, in der ISO 21500 Norm „Projektauftrag" (engl. Project Charter) genannt, und entspricht dem Prozess 4.3.2 Erstellung des Projektauftrages. In der Planungsphase wird dieses Dokument dann als Basis für die Erarbeitung der Projektpläne dienen (4.3.3 Erstellung des Projektplans). Weitere dem Planungsprozess 4.3.3 nach ISO 21500:2012 folgenden und in dem hier betrachteten Zielverwirklichungsprozess beinhaltete ISO 21500:2012 Prozesse sind (ISO 21500:2012 2012):

- 4.3.11 Definition der Aufgabe
- 4.3.12 Erstellung der Struktur von realisierbaren Einheiten (WBS)
- 4.3.13 Definition der Aufgaben
- 4.3.16 Schätzung der Ressourcen
- 4.3.21 Sequenzierung der Aufgaben
- 4.3.22 Schätzung der Aufgabendauer
- 4.3.23 Ausarbeitung des Zeitplans

- 4.3.25 Schätzung der Kosten
- 4.3.26 Erstellung des Budgets
- 4.3.32 Qualitätsplanung (Anfangsforderungen)
- 4.3.35 Planung des Beschaffungswesens

HERMES 5 fasst die Ergebnisse dieser Prozesse im Rahmen des Projektmanagementplans zusammen und geht über in diverse Vorgaben, welche hier getrennt als Projektmanagementhandbuch (siehe Unterkapitel 16:36 Projektmanagementhandbuch in Kapitel 16:00 Wissensmanagement WM) betrachtet werden (Mourgue d'Algue et al. 2013). Gleichzeitig werden dort die Projektergebnisse in einem Produktkonzept beschrieben.

07:21 Zielsetzung und Ziele des Projekts

Die Begriffe wie Zielsetzung, Ziel, Planziel, Produkt, Ergebnis und Sollwerte in Bezug auf den Ablauf eines Projekts werden in der Literatur sehr unterschiedlich definiert. Wir sehen von den zahlreichen Referenzen hier ab.

In diesem Buch werden die Definitionen weiter wie in Tabelle 07:00-1 verwendet.

Zielvorgaben, (Projekt-)Ergebnis, Zeit und Kosten können zwar unabhängig voneinander bestimmt werden (Grau 1999), deren Verflechtung untereinander spricht jedoch eher für deren gemeinsame Betrachtung. Verändert sich eine von ihnen, zieht das unweigerlich die Veränderung von ein oder zwei anderen Zielvorgaben nach sich. Verkürzt sich z. B. die Laufzeit des Projekts, so wird seine Durchführung teurer oder aber die Leistungen werden reduziert. Diese Wechselbeziehung, „Eisernes Dreieck" genannt, wurde nach Weaver 1969 von Dr. Martin Barnes für den Lehrgang „Zeit und Geld im Beherrschungsvertrag" konzipiert und war bis zur dritten Auflage eine feste Komponente des PMBOK (PMI 2004). Die Originalquelle von Barnes' Eisernem Dreieck ist nicht zu ermitteln, doch indirekte Literaturhinweise geben Weaver und Lock an (Weaver 2007; Lock 2007). Während einige Quellen 1969 als Entstehungszeit angeben, schreibt Lock das Eiserne Dreieck den 80er Jahren zu. Grund dafür könnte sein, dass der Autor selbst eine Veränderung daran vorgenommen hat, indem er 1969 als viertes Ziel neben Ergebnis, Zeit und Kosten die Qualität stellte, die zusammen über die Ausführung zum Endprodukt führen.

Tabelle 07:00-1 Begriffe bei der Planung eines Projekts

Begriff	Beschreibung	Beispiel
Ziele	Beschreibt das „Warum?", manchmal noch zusätzlich das „Was?". Es entsteht aus der Nennung von Möglichkeiten (ISO 21500:2012 2012). Bezeichnet eher eine Richtung der erwarteten Ergebnisse, neigt dazu, allgemein und unspezifisch zu sein. Nicht zu verwechseln mit dem Prozessziel.	Ein Projekt sollte zur Kommunikationsverbesserung beitragen.
Quantifiziertes Projektziel	Präzise Ausformung der Projektziele, gerichtet auf „Was?", „Wo?", „Wann?", „Wie?", und indirekt „Wer?" (SMART-Präzisierung, siehe Tabelle 07:00-2 SMART-Projektziele weiter unten)	Mit einem Budget von 20 Millionen soll die Stadt mit ihren 100.000 Einwohnern innerhalb von zwei Jahren flächendeckend mit einem 10MB Datennetzwerk versorgt werden.
Produkt	Projektergebnis, Endprodukt, „Output", vorgegeben durch die Aufgabe und die Qualitätsanforderungen oder Sollvorgaben des Unternehmens (DIN 69901:2009-01 2009). Gerichtet auf „Was?" und „Wie?"	150 Meilen Cat7-Verkabelung und 120 aktive Komponenten mit einer durchschnittlichen Abdeckung von 98 %.
Ergebnis	Leistungen, Auflagen und Abgrenzungen der Projektresultate, welche über das Produkt hinaus gehen können und durch die Qualitätsanforderungen bestimmt werden (Abb. 07:00-2), (ISO 21500:2012 2012). Gerichtet auf „Was?"	150 Kabelmeilen und 120 aktive Komponenten
Sollwert des quantifizierten Ziels (Zielwerte)	In Zahlen ausgedrücktes Ziel: Ergebnis, Zeit und Kosten. Gerichtet auf „Was?", „Wann?", „Wo?", „Wie?" und indirekt „Wer?"	Das Projekt wird innerhalb seines Budgets von 20 Mio. Dollar und seiner Durchführungszeit von 2 Jahren abgeschlossen.

Abb. 07.00-2 veranschaulicht die Beziehungen zwischen den in Tabelle 07:00-1 genannten Begriffen.

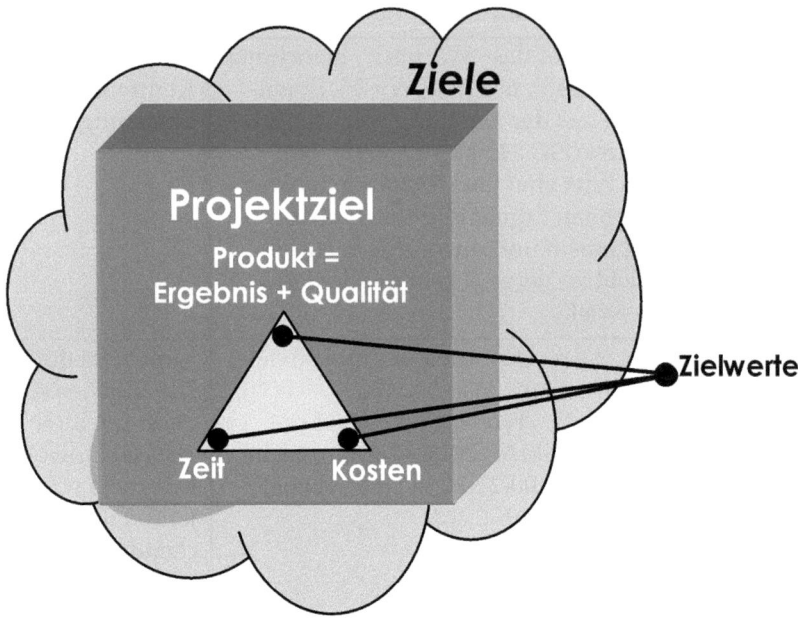

Abb. 07:00-2 Beziehungen zwischen Ziel, Zielvorgaben und Zielwerten

Grau ordnet Ziele und Sollvorgaben sowie Produkte, Zeit und Kosten nach prozessbeschreibenden Kategorien (Grau 1999). Das später in Kapitel 18:00 Gesamtprojektbewertung GPB vorgestellte Projektbewertungsschema Project Excellence verwendet die gleichen Kriterien (Project Excellence 2013).

Neben der Aufgabe, das Projektziel zu definieren, erfüllen die Ziele weitere, nicht weniger wichtige Funktionen (Grau 1999):

- Kontrolle
- Orientierung
- Kommunikation
- Koordination
- Selektion

Das Projektziel sollte SMART sein. Es gibt eine ganze Menge von Möglichkeiten, dieses Akronym zu deuten. Hier wird die Bedeutung favorisiert, die Philips und Gordon ihm zugeschrieben haben. Siehe Tabelle 07:00-2 (Phillips 2010; Gordon 2003).

Tabelle 07:00-2 SMART-Projektziele

Abkürzung	Beschreibung	Beispiel
S	Spezifisch	Mit einem Budget von 20 Mio. wird die Stadt mit ihren 100.000 Einwohnern innerhalb von 2 Jahren komplett mit einem 10 MB Datennetzwerk versorgt sein.
M	Messbar	Netzwerk: 10MB Datennetzwerk Budget: 20 Mio. Erfassung: die ganze Stadt, 100.000 Einwohner Zeitrahmen: 2 Jahre
A	Ausführbar	Das Budget wird durch die Stadt abgesichert, die Technik ist verfügbar, der Versorger besitzt die technischen Kapazitäten zur Vertragserfüllung, von Seiten der Bewohner sind keine Widerstände zu erwarten.
R	Relevant	Die Projektziele leisten einen Beitrag zur Zielsetzung des Projekts, nämlich die Kommunikationsmöglichkeiten in der Gegend zu verbessern, was sich wiederum positiv auf die örtliche Wirtschaftslage auswirken wird.
T	Termingebunden	Alle Projektergebnisse müssen innerhalb von 2 Jahren vorliegen.

Nach Pfetzing und Rohde müssen Ziele redundanzfrei, widerspruchsfrei und lösungsneutral sein und dürfen der Unternehmensstrategie von Hauptsponsoren und -kunden nicht widersprechen (Pfetzing und Rohde 2001).

Um Konformität mit Strategie und Möglichkeiten der Projektstakeholder (ISO 21500:2012 2012) zu erreichen, sollten Ziele nach den vier Bewertungskriterien der Gesamtprojektbewertung GPB (Kapitel 18:00) eingeordnet werden:

- Kunde
- Mitarbeiter
- Prozesse und
- Unternehmensentwicklung (u. a. Wirtschaftlichkeitsziele)

Lock erweiterte das Eiserne Dreieck von Barnes um die Komponente „Mensch" in der Mitte zwischen allen anderen Zielen und machte damit die auf dem Dreieck basierenden Ziele und Richtwerte kompatibel mit der Gesamtprojektbewertung (Lock 2007).

Die Berücksichtigung der Normen und Richtlinien in der Ausarbeitung von Zielen erhöht die Wahrscheinlichkeit der erfolgreichen Umsetzung durch Minderung der unbekannten Projektrisiken. Es ist zweckmäßig, vor allem die folgenden Normen zu berücksichtigen:

- Unternehmensrichtlinien
    z. B. ISO 9001:2008 Qualitätsmanagementsysteme – Anforderungen (ISO 9001:2008 2008)
- Technische Richtlinien
    = ISO 10006:2003 Qualitätsmanagementsysteme – Richtlinien für das Qualitätsmanagement in Projekten (ISO 10006:2003 2003)
    = ISO 10007:2003 Qualitätsmanagementsysteme – Richtlinien für das Konfigurationsmanagement (ISO 10007:2003 2003)
    = ISO/IEC 27003:2010 (BS/ISO/IEC) Informationstechnologie Sicherheitstechniken. Anleitung zur Systemimplementation für das Informationssicherheitsmanagement
    = ISO/DIS 31000 (2009) Prinzipien des Risikomanagements und Anleitung zur Implementation (ISO 31000:2009 2009)
- Richtlinien zur Projektführung
    = ISO 21500:2012 Anleitung zur Projektführung (ISO 21500:2012 2012)
    = IPMA Kompetenzbasis (ICB) (Caupin et al. 2006)
    = Guide to the Project Management Body of Knowledge, PMBOK Guide (PMI 2013)
    = ISO 15504:2004 (2004): Information technology -- Process assessment -- Part 1: Concepts and vocabulary (ISO 15504:2004 2004)
    = DIN 69900:2009-01 Projektmanagement – Netzplantechnik, Beschreibungen und Begriffe (DIN 69900:2009-01 2009)
    = DIN 19246:1991-06 (1996) Messen, Steuern, Regeln; Abwicklung von Projekten; Begriffe (DIN 19246:1991-06 1991)
    = DIN 69901:2009 (2009) Projektwirtschaft, Projektmanagement, Begriffe,
    = DIN 69901:2009-01 (2009) Projektmanagement – Projektmanagementsysteme (DIN 69901:2009-01 2009)
- Umweltrichtlinien
    z. B. ISO 14000: 2004: Umweltmanagementsysteme – Anforderungen mit Einleitung der Verwendung (ISO 14001:2004 2004)
- Bauart- und Erschließungsrichtlinien, z. B.:
    = CMMI Integrierter Maturitätsmodell der Unternehmensfähigkeiten, z. B. für die Entwicklung, V.1.3 (SEI 2010)

- = ITIL (ISO/IEC 20000-1:2011): Management des Informatikbetriebs – Teil 1: Anforderungen an das Betriebsmanagementsystem (ISO/IEC 20000-01:2011 2011)
- Ethische Empfehlungen
  - = EU-Ethikcharta (EU 2013)
  - = PMI-Ethikkodex (PMIe 2013)

Zum projektspezifischen „Wie?" gehört z. B. der Wunsch des Kunden, Projektergebnisse in bestimmter Form zu präsentieren usw.

Ob nun die Ziele und das Projektziel in direkter Form vom Kunden und/oder Auftraggeber im Rahmen des Projektauftrages definiert oder ob lediglich Zielsetzungen vorgegeben wurden, die vom Projektteam erst zu quantifizierten Zielen ausgearbeitet werden müssen: In jedem Fall ist es sinnvoll, die Ziele und das Projektziel mit dem Team explizit zu besprechen. In Anlehnung an Pfetzing und Rohde wird das in Tabelle 07:00-3 veranschaulichte Vorgehen vorgeschlagen (Pfetzing und Rohde 2001).

Tabelle 07:00-3 Zielfindungsprozess

Schritt	Vorgang
1	**Zielideen suchen** – Brainstorming – Analyse der wesentlichen Beteiligten
2	**Zielstruktur aufbauen** – Zielkatalog lösungsneutral formulieren – Trennung der Ziele („Was?") von Restriktionen /Rahmenbedingungen („Wie?") – Kongruenz mit Projektzielen verifizieren – Zielkonflikte bereinigen – Redundanzen eliminieren – Passende Oberbegriffe suchen – Verifikation und evtl. Ausweitung der Oberbegriffe
3	**Projektziel ausformulieren** – Ausarbeitung von SMART-Charakteristiken – Festlegung angestrebter Ergebnisse, Kosten und Termine
4	**Ziele operationalisieren**
5	**Quantitäts- und Qualitätsbestimmung der Ziele** – Ausarbeitung der Sollwerte – Aufteilung in MUSS- und KANN-Ziele

6	Ausarbeitung eines Zielkataloges
	– SMARTe Projektziele mit einzelnen Zielen in Einklang bringen – Prioritäten setzen und Ziele exakt ausarbeiten – Terminplan erstellen („Wann?")
7	Dokumentation
	– Endgültige Zusammenfassung aller Ergebnisse, wenn nötig, mit Begründung
8	Verifikation der erreichten Ergebnisse
	– Zusammenfassende Betrachtung von Zielsetzungen, dem Projektziel und den einzelnen Zielen des Projekts sowie möglichen Richtwerten – Akzeptanz durch alle Teammitglieder

07:22 Strukturierung von Produkt und Projekt

Die Strukturierung von Barnes' „Output", hier „Produkt" genannt, und des Projekts gliedert das Vorhaben in kleinere Aufgaben und Tätigkeiten mit sinnvollen und überschaubaren Verflechtungen (Caupin et al. 2006).

Produktstruktur

Die Produktstruktur (HERMES Produktkonzept (Mourgue d'Algue et al. 2013)) reflektiert die technisch bedingten Abhängigkeiten zwischen den erkennbaren einzelnen Komponenten (siehe Beispiel Abb. 07:00-3). Diese Baumstruktur ist besser bekannt als Work Breakdown Structure WBS und wird in Prozess 4.2.12 Erstellung der Struktur von realisierbaren Einheiten ausgearbeitet (ISO 21500:2012 2012). Die englische Bezeichnung „Work" impliziert den irreführenden Gedanken, dass hier Aufgaben gegliedert werden sollen – dies ist aber Thema der Projektstrukturierung. Die Kriterien für diese zwei Arten der Strukturierung sind grundverschieden: Produktstrukturierung ist bestimmt durch technische Aspekte, während Projektstrukturierung organisatorisches und betriebliches Leistungsvermögen betrifft. Um jedoch Konformität mit der ISO 21500 zu erreichen, wird hier weiter die Bezeichnung WBS verwendet.

Projektstruktur

Die Projektstruktur wird nach DIN 69901 definiert als die Menge der wesentlichen Beziehungen zwischen den Elementen eines Projekts (Aufbau- und Ablaufbeziehungen) (DIN 69900:2009-01 2009). Die ISO 21500 bezeichnet dies als 4.3.13 Definition der Aufgaben (ISO 21500:2012 2012). HERMES 5 sieht dies als Teil des Projektmanagementplans (Mourgue d'Algue et al. 2013). Ein Beispiel einer Projektstruktur für die Produktstruktur aus Abb. 07:00-3 zeigt Abb. 07:00-4.

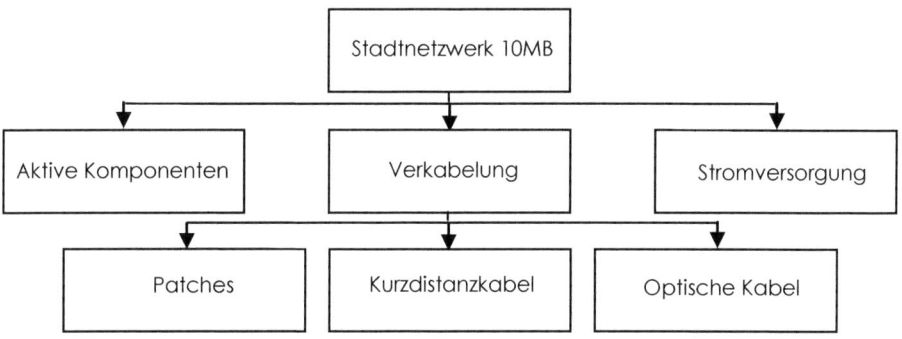

Abb. 07:00-3 Beispiel einer Struktur von realisierbaren Einheiten (WBS)

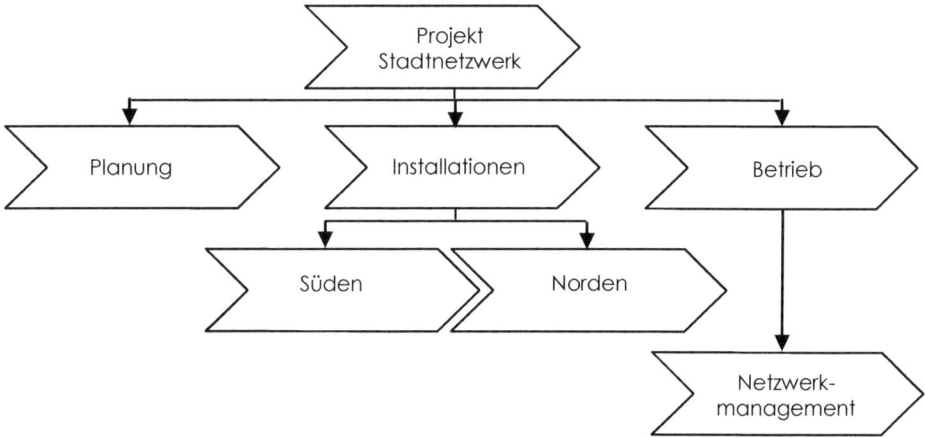

Abb. 07:00-4 Beispiel für eine Projektstruktur

Projektstrukturplan

Nach DIN 69901 ist der Projektstrukturplan PSP die hierarchisch über verschiedene Gliederungsebenen aufgebaute Darstellung eines Projekts. Der PSP gibt Antwort auf die Fragen „Was?", „Wer?", „Wann?", „Wo?" und indirekt auch „Wie?".

Jede Aufgabe enthält Schlüsselwörter, Anhaltspunkte für zu erzielende Ergebnisse, eventuell auch Ziele sowie Fristen, Dauer, nötige Ressourcen, Vorarbeiten und Kosten (Lewis 2011; Caupin et al. 2006).

Der PSP kann produkt- (wie im Beispiel in Abb. 07:00-3) oder projektorientiert (Abb. 07:00-4) sein. Eine Kombination von beidem führt meist zu Kompetenzunstimmigkeiten und Mängeln bei der Prozessumsetzung und ist daher nicht zu empfehlen.

Im Projektstrukturplan PSP werden die Aufgaben hierarchisch geordnet, d. h. die Summe der Aufgaben einer niedrigeren Ebene bildet die Aufgabe einer höheren Ebene, die wiederum zusammen mit anderen Aufgaben die nächste Ebene der Arbeitssumme bildet usw. Die ISO 21500:2012 bezeichnet diesen Prozess als Sequenzierung von Aufgaben.

Abhängig von den Anforderungen werden die kumulierten Aufgaben in einzelne Tätigkeiten gegliedert, für die der Zeit- und Kostenrahmen in guter Nährung eingeschätzt werden kann (Lewis 2011). Der kritische Pfad (der längste Weg) hilft dabei, die Laufzeit eines Projekts abzuschätzen (Kelley und Walker 1959). In der ISO 21500 wird dieser Prozess als 4.3.22 Schätzung der Aufgabendauer bezeichnet.

Die Unterebene, bis zu der die Aufgaben aufgegliedert werden müssen, ist relativ und hängt vom Wissen und von der Erfahrung des Teams ab, dem die Strukturierung untersteht. Gute Erfahrungen wurden gesammelt, wenn iterativ und gleichzeitig an die Produkt- und Projektstrukturierung herangegangen wurde. Jeweils eine Ebene auf beiden Seiten, auf Seiten des Produktes und der des Projektes, sollte ausgearbeitet werden, bis man sich an die Ebene herangetastet hat, die einer heuristischen Schätzung von Komplexität, Zeit- und Arbeitsaufwand und geeigneten Methoden entspricht. Die Strukturierung eines Produkts erlaubt es, Meilensteine zur Markierung von Teilzielen einzusetzen. Abb. 07:00-5 veranschaulicht diesen Vorgang.

Erstellung des Projektstrukturplans

Die Erstellung des Projektstrukturplans PSP findet während der Planung des Projekts statt. Der erste Ansatz dafür liegt jedoch bereits bei der Zielsetzung in der Phase der Initiierung (Projektauftrag). Der PSP muss kontinuierlich auf dem neuesten Stand gehalten und den aktuellen Anforderungen jeder Phase des Projekts angepasst werden.

Nach der ISO 21500:2012 ist dies die Aufgabe des Prozesses 4.3.3 Erstellung des Projektplans (ISO 21500:2012 2012). Prozessoptimierung und Reduzierung der Schnittstellen auf ein Minimum sind die entscheidenden Kriterien bei der Ausführung.

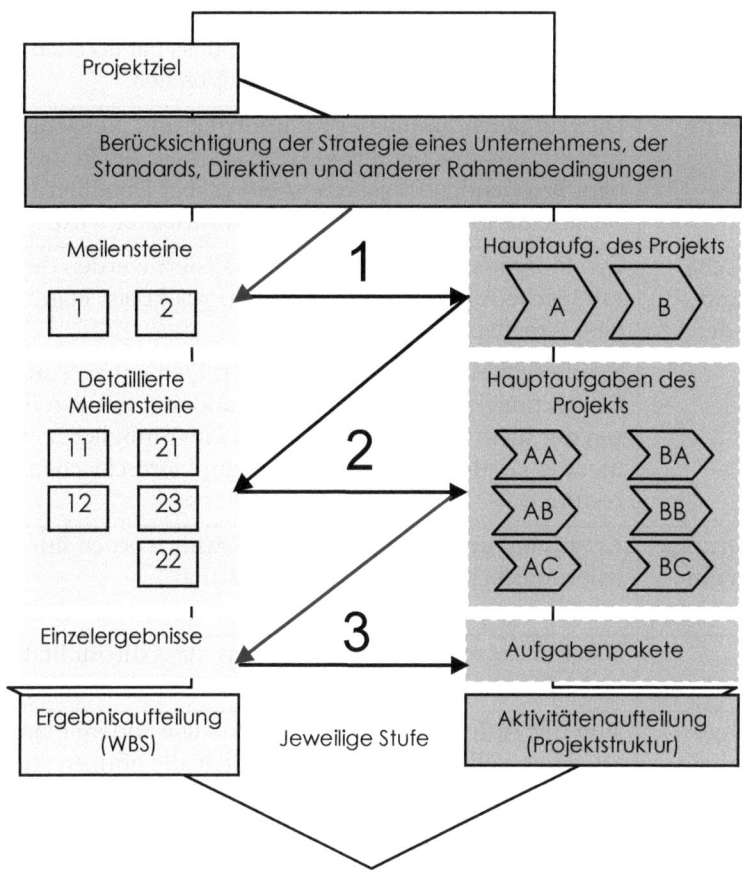

Abb. 07:00-5 Beispiel für empfohlenes Vorgehen bei der Projektstrukturierung

Tabelle 07:00-4 erläutert einige praxiserprobte Regeln, die bei der Erstellung des Projektstrukturplans zweckmäßig sind (Pfetzing und Rohde 2001).

Tabelle 07:00–4 Praktische Regeln zur Erstellung eines Projektstrukturplans

Pragmatische Strukturierung	Die Aufgaben werden hierarchisch geordnet und in kleinere Einheiten zerlegt. Dabei müssen das Projektziel, die Ziele, Rahmenbedingungen und Erfahrungen der Beteiligten berücksichtigt werden.

Personelle Ressourcen berücksichtigen	Arbeitspakete müssen so abgegrenzt werden, dass sie einzelnen Personen oder Gruppen zugeordnet werden können. Die Mitarbeiter sind so zu wählen, dass Fähigkeiten und Professionalität den Aufgaben entsprechen.
Angemessene Tiefe	Die Aufgaben sollten der Komplexität und Neuartigkeit des Projekts entsprechend gegliedert werden. Bei innovativen, bahnbrechenden Projekten ist ein grober Detaillierungsgrad ratsam, da so mehr Flexibilität gewährleistet wird.
Hierarchische Analyse und Synthese der Elemente	Das PSP muss kontinuierlich aktualisiert werden durch hierarchische Analyse der Aufgaben (Projektziel, Hauptaufgaben, Arbeitspakete) Synthese von nicht systematisierten Elementen (Aufgaben, Restriktionen, wesentliche Informationen) mit den Ergebnissen der hierarchischen Analyse zu einer möglichst zusammenhängenden Struktur, die aus der hierarchischen Analyse resultiert.
Visualisierungstechniken einsetzen	Kreativität und Kooperation des Teams werden durch Visualisierungstechniken effektiv unterstützt.
Innerer Zusammenhang	Das Projekt sollte so gegliedert sein, dass die Einheiten nicht zu viele Schnittstellen nach außen haben.
Vollständige Aufgabenliste	Von der Aufgabenplanung hängen viele andere Planungen ab, daher sollten so früh wie möglich alle nötigen Aufgaben berücksichtigt werden.
Aufgabenziele	In jeder einzelnen Aufgabe sollten Ziele definiert werden, die sich an den SMART-Kriterien orientieren.
Periodische Überprüfung des PSP	Das PSP muss regelmäßig verifiziert und auf den neuesten Stand gebracht werden, z. B. mit Hilfe eines L-Timer®-Triggers.

Erstellung des Projektstrukturplans

Die Strukturierung eines Projekts erfolgt in fünf Schritten.

Im ersten Schritt werden die Aufgaben entsprechend ihrer funktionalen Abhängigkeiten gegliedert – schon ist die erste Skizze für den PSP entstanden. Im zweiten Schritt betrachten wir

- menschliche Ressourcen
- notwendige Werkzeuge
- technische Gegebenheiten

07:20 Methoden

mit Blick auf den ersten Durchlauf (Prozess 4.3.16 Schätzung der Ressourcen nach ISO 21500). Der dritte Schritt (siehe auch 11:00 Qualitätsmanagement QM) legt Wert auf die Qualität (Initialisierung des Prozesses 4.3.32 Qualitätsplanung nach ISO 21500:2012), der vierte auf Risikoeindämmung (siehe auch 13:00 Risikomanagement RM, Prozesse 4.3.28 Risikoidentifizierung und 4.3.29 Risikobewertung) und deren Einfluss auf den PSP. Im fünften und letzten Schritt verifizieren wir, dass die beiden Strukturen des Endproduktes, also Projektstruktur und PSP, zueinander passen (Prozess 4.3.3 Erstellung des Projektplans nach ISO 21500). Die Abfolge der Schritte wird in Abb. 07:00-6 noch einmal dargestellt.

07:23 Konzeptionelle Methoden zur Planung von Projektaufgaben
4 Phasen Rubikon Meta-Modell der Handlungsphasen

Es sind verschiedene konzeptionelle Methoden zur Planung von Projektaufgaben im Umlauf. Ihr gemeinsamer Nenner ist das motivationspsychologische Metamodell der vier Handlungsphasen, in der Psychologie als Rubikon-Modell bekannt (Cadle und Yeates 2008; Heckhausen und Gollwitzer 1987).

Veni, Vidi, Vici: Ich kam, sah und siegte

Gaius Iulius Cäsar (100–44 v. Chr.)

©bpk / Antikensammlung, Berlin, SMB / Jürgen Liepe

49 v. Chr. weilte Gaius Julius Cäsar in der Provinz Gallia Cisalpina (dem heutigen Norditalien), während in Rom Pompeius als Alleinherrscher regierte – eine Stellung, die nach Cäsars Ansicht eigentlich ihm selbst zustand. Der Fluss Rubikon war eine natürliche Grenze zwischen Gallia Cisalpina und dem damaligen Italien.

Gaius Julius Cäsar war sich bewusst, dass ein Überqueren des Rubikon als Angriff auf Rom und Pompeius gewertet würde, und dass es dann kein Zurück mehr gäbe. So versammelte er seine Legionen und fragte jeden Einzelnen, ob er den Rubikon wirklich überqueren wolle. Diese objektive Art der Entscheidungsfindung ließ alle Optionen offen. Die Entscheidung selbst erzeugte hohe intrinsische Motivation, die für eine erfolgreiche Operation unabdingbar ist. Die Initiierungs- oder Abwägephase (später nur Initiierungsphase genannt) wurde damals mit dem berühmten „Alea iacta est!" (Der Würfel ist gefallen!) abgeschlossen. Die darauffolgende Planungsphase war dann subjektiv: Alle wollten den Rubikon überqueren und Rom erobern, die Frage war nur „Wie?", „Welcher Weg ist der beste?" Die auf objektiven Überlegungen basierende Motivationsbildung im Gegensatz zur subjektiven, erfolgsorientierten Planung ist der Schlüsselfaktor bei der ganzen Sache und lässt den entscheidenden Unterschied zwischen Initiierungs- und Planungsphase erkennen. Mit der Überquerung des Rubikon schließlich begann die Umsetzungsphase.

Und von jener Zeit an trugen alle Herrscher des Römischen Reiches den Titel „Cäsar"...

07:00 Zielverwirklichungsmanagement ZVM

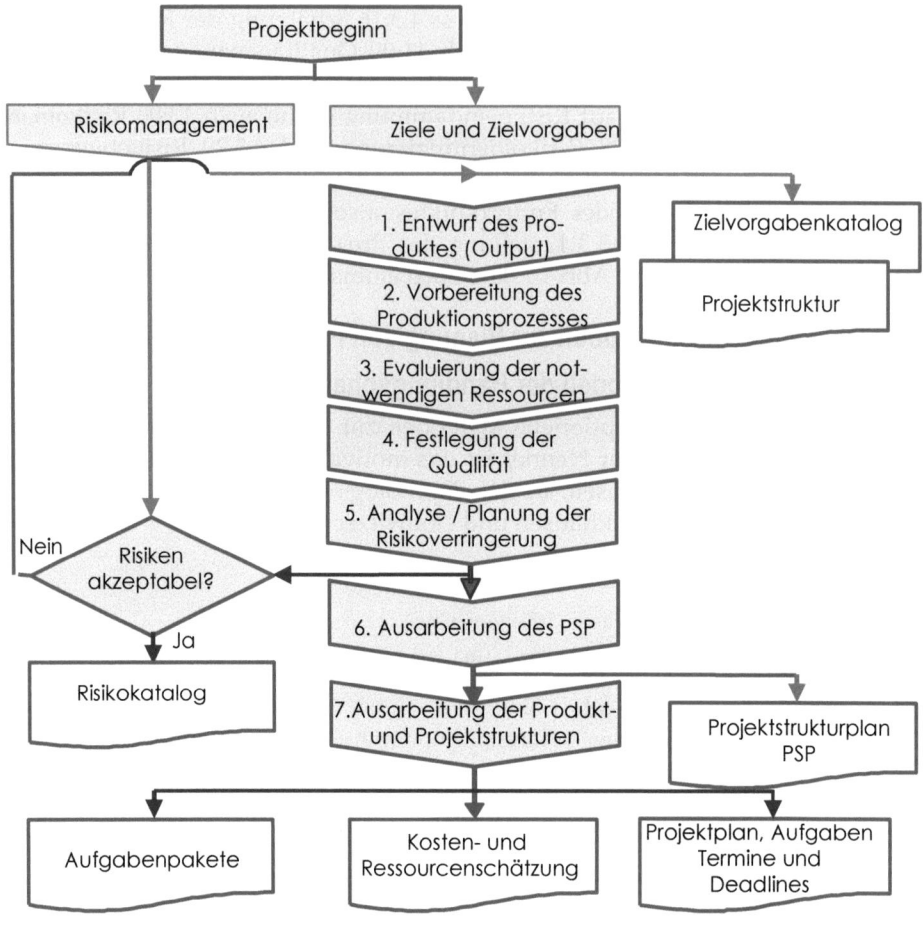

Abb. 07:00-6 Projektstrukturierung

Handlungsschritte werden hierbei in vier formale Phasen eingeteilt:
- Initiierungs- oder Abwägephase
- Planungsphase
- Umsetzungsphase
- Abschluss- und Bewertungsphase

Ganz bewusst wurden hier und im Fortgang des Buches mit den Prozessgruppen in den ISO 21500:2012 Normen identischen Bezeichnungen gewählt (ISO 21500:2012 2012).

Jede Projektphase unterscheidet sich deutlich von den anderen und ist charakterisiert durch (Caupin et al. 2006):

- ihre Realisierungszeit
- die Phasenaufgaben
- die Phasenergebnisse

Die einzigen wesentlichen Unterschiede zwischen den einzelnen Planungsmethoden sind:

- die Granulation des Meta-Modells
- die Ebene, auf der die Wiederholung stattfindet und
- die Anzahl der Iterationen

Die Auswahl der Planungsmethode ist projektzielabhängig: Für die Konstruktion wird man ein anderes Modell wählen als etwa zur Entwicklung von Software. Sehen wir uns einige gängige Methoden an.

Wasserfallmodell

Das gebräuchlichste Modell zur Planung von Projektaufgaben ist das sequentielle Wasserfallmodell (Boehm 1981). Bei dieser Methode muss eine Phase nicht unbedingt abgeschlossen sein, wenn die nächste beginnt, sie können sich auch überlappen wie in Abb. 07:00-7. HERMES 2003/2005 spaltet die Planungsphase in Voranalyse und Konzept resp. Evaluation (HERMES 2003 2003; HERMES 2005 2005). HERMES 5 versteht unter der Initialisierung auch weitestgehende Teile einer Voranalyse (Schutzbedarf, Rechtsgrundlage, Projektmanagementplan bis hin zum Projektauftrag), gefolgt von der Konzeptphase (Mourgue d'Algue et al. 2013).

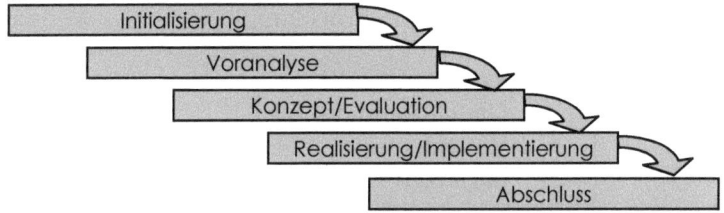

Abb. 07:00-7 Wasserfallmodell

Die Realisierung/Implementierungsphase ist im HERMES 5 in Realisierung und Einführung aufgeteilt. Die Abschlussphase fehlt in HERMES 5. Die Aufgabe der Vorbereitung des Projektabschlusses findet demnach nur implizit gegen Projektende statt.

Tabelle 07:00-5 Charakteristika des Wasserfallmodells

Granularität	Einsträngige Phasenkette
Ebene der Wiederholungen	Auf der obersten Ebene, oft schrittweise praktiziert
Anzahl der Iterationen	Keine auf höchster Ebene, manchmal einige kleinere Iterationen in der Realisierungsphase (selten bei der Implementierung im Falle einer Adaptation (HERMES 2005 2005)
Initiierung	Initialisierung (in HERMES 5 teilweise auch Voranalyse)
Planung	Voranalyse und Konzept resp. nur Konzept
Umsetzung	Realisierung/Implementierung und Einführung
Abschluss- und Bewertungsphase	Abschluss (in HERMES 5 ist diese Phase nicht vorhanden)
Eigenschaften	– Einfach, verständlich – Sequentielle Vorgehensweise – Grundsätzlich sollte jede Phase abgeschlossen sein, bevor die nächste beginnt – In jeder Phase gibt es definierte Phasenergebnisse, die aufeinander aufbauen – Keine Phasenrückkopplung – Statisch – Keine Berücksichtigung von Veränderungen des Umfelds und der Ziele – Veränderungen im Laufe des Projekts erhalten einen negativen Touch
Anwendung	HERMES 2003, HERMES 2005 und HERMES 5 Projektmanagementmethoden, Bauprojekte, IT-Projekte usw.
Risiken	– Aufbau auf eventuell falschen Zwischenergebnissen – Änderungsmanagement sehr aufwendig, Änderungen können nur schwer umgesetzt werden – Späte Verfügbarkeit von Ergebnissen beeinflusst Benutzerakzeptanz

V-Modell

Das V-Modell (Abb. 07:00-8, Tabelle 07:00-6) trennt konstruktive von kontrollierenden Aufgaben (Jenny 2001; Cadle und Yeates 2008).

07:20 Methoden

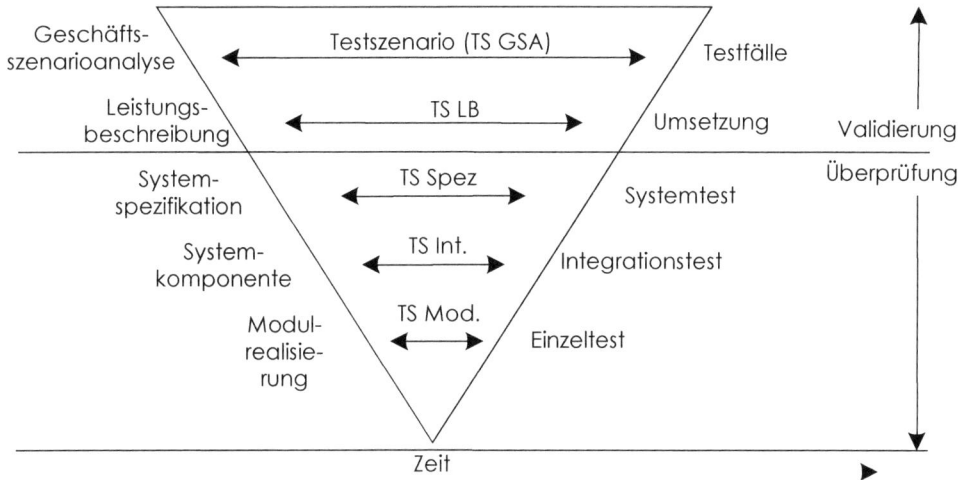

Abb. 7:00-8 V-Modell

Tabelle 07:00-6 Charakteristika des V-Modells

Granularität	Einsträngige Phasenkette
Ebene der Wiederholungen	Auf der Ebene der Systemkomponente und darunter werden mehrere Iterationen durchgeführt, um positive Testergebnisse zu erhalten
Anzahl der Iterationen	Keine auf höchster Ebene, die Anzahl der Iterationen steigt, je niedriger die Ebene liegt
Initiierung	Systemdurchführbarkeitsstudie
Planung	Gutachten, Anforderungsdefinitionen
Umsetzung	Spezifikation der Systemkomponenten und -module, Ausarbeitung, Tests, Einführung und Betrieb (erste Phase des produktiven Einsatzes)
Abschluss- und Bewertungsphase	Abschluss
Eigenschaften	– sequentiell, eher statisch, vielfältige Iterationen – auf Subsystemen und Modulebenen – Jede Planungs-/Ausführungsphase beinhaltet Testfälle zur Validierung und Überprüfung (Verifikation) – Zu jeder Anforderung werden Qualitätskriterien definiert

43

07:00 Zielverwirklichungsmanagement ZVM

	– Auf unterer Ebene gewonnene Erkenntnisse erhöhen die Effizenz der Tests auf höherer Ebene. Keine Berücksichtigung von Veränderungen des Umfelds und der Ziele – Veränderungen im Laufe des Projekts erhalten einen negativen Touch
Anwendung	– Fertigungssysteme – Massenproduktion – Systeme mit hoher Zuverlässigkeit – V-Modell/XT (BBI 2013)
Risiken	– Späte Erkennung von Fehlern im Systemdesign – Aufwendige Korrektur von Systemfehlern – Mangelnde Bereitschaft zu Verbesserungen

Agile Modelle

Bemühungen, Unwägbarkeiten bei Projekten und ihrer Ausführung zu eliminieren, führten zu einer ganzen Reihe von sogenannten „agilen Modellen" („agilis" (lat.): schnell, gewandt), die auf effizientere Realisierung von Projektanforderungen und -ergebnissen zielen (Beck 2001/2013; Jenny 2001; Cadle und Yeates 2008; Pressman 2005).

Diese zahlreichen Ansätze werden aus Sicht des Autors durch das Spiralmodell am besten wiedergeben, das bisherige Ergebnisse des Projekts wesentlich besser einfließen lässt als z. B. das SCRUM-Modell, das den Eindruck erweckt, als würde nur der aktuelle Sprint ausgearbeitet und geprüft. Tabelle 07:00-7 und Abb. 07:00-9 geben einen Überblick über agile Modelle.

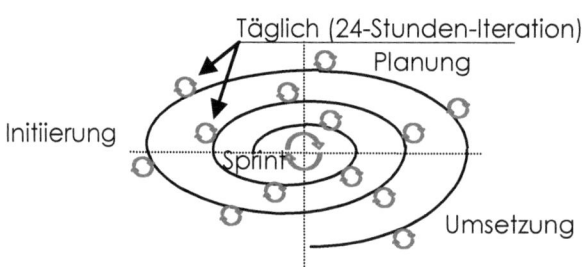

Abb. 07:00-9 Agiles Modell

HERMES 5 sieht das Modul „Entwicklung agil" als Ergänzung zur Projektführung vor. In keinem der Szenarien, Ergebnisdiagram oder in keiner Aufgabenliste, nicht mal in der IT-Individualanwendung kommt aber dieses Modul vor. Die der Realisierungsphase zugeschriebenen Detailspezifikationen und Änderungsanträge widersprechen dem agilen Ansatz (Mourgue d'Algue et al. 2013). Wegen der eindeutigen Vorteile der agilen Modelle ist eine diesbezügliche Nachbesserung absolut ratsam.

Tabelle 07:00-7 Charakteristika des agilen Modells

Granularität	Sehr hoch, bis zu allen Metaphasen an einem Tag
Ebene der Wiederholungen	Sehr niedrig, manchmal nur ein Durchlauf am Tag
Anzahl der Iterationen	Sehr hoch, 30 für einen 30-Tage-Lauf, zahlreiche Abläufe in einem Projekt
Initiierung	Ausarbeitung des Produkt-Backlogs
Planung	Ausbau des Backlog-Sprints durch alle nötigen Hilfsfunktionen
Umsetzung	Tägliche Initiierung, Planung, Umsetzung inklusive der Einführung des Sprints. Bei jedem Sprint werden neue Funktionen hinzugefügt
Abschluss- und Bewertungsphase	Abschluss
Eigenschaften	– Produkt wird evolutionär in Versionen entwickelt – Kurzfristige Planung der nächsten Sprint-Inhalte – Jeder Zyklus durchläuft vier Phasen – Die Risikoeindämmung wird in kurzen, täglichen Zyklen optimiert – Hochflexibel, liefert brauchbare Resultate, die durchaus stark von der ursprünglichen Planung abweichen können – Erkenntnisse aus Prototyping fließen in die nächste Iteration ein – Änderungen fließen sofort ein
Anwendung	– Softwareentwicklung – Änderungsintensive Vorhaben – Wegweisende, innovative Projekte – XP, ASD, DSDM, SCRUM, Crystal, FDD, AM (Pressman 2005)
Risiken	– Immer höhere Anforderungen – „Never Ending Story" – Kostenexplosion, zeitlich unkalkulierbar – Sehr hohe Anforderungen an die Projektführung

Aktivitäten/Rollen-Modell

Beim Aktivitäten/Rollen-Modell werden alle Vorgänge, die in einem Projekt vorkommen, in der Projektstruktur berücksichtigt und spezifischen Funktionsbereichen zugewiesen. Planung und Umsetzung inklusive der Inbetriebnahme sind bei diesem Modell nicht strikt getrennt (Abb. 07:00–10, Tabelle 07:00-8). Abhängig von der Größe des Projekts kann ein Teammitglied eine oder mehrere Funktionen besetzen.

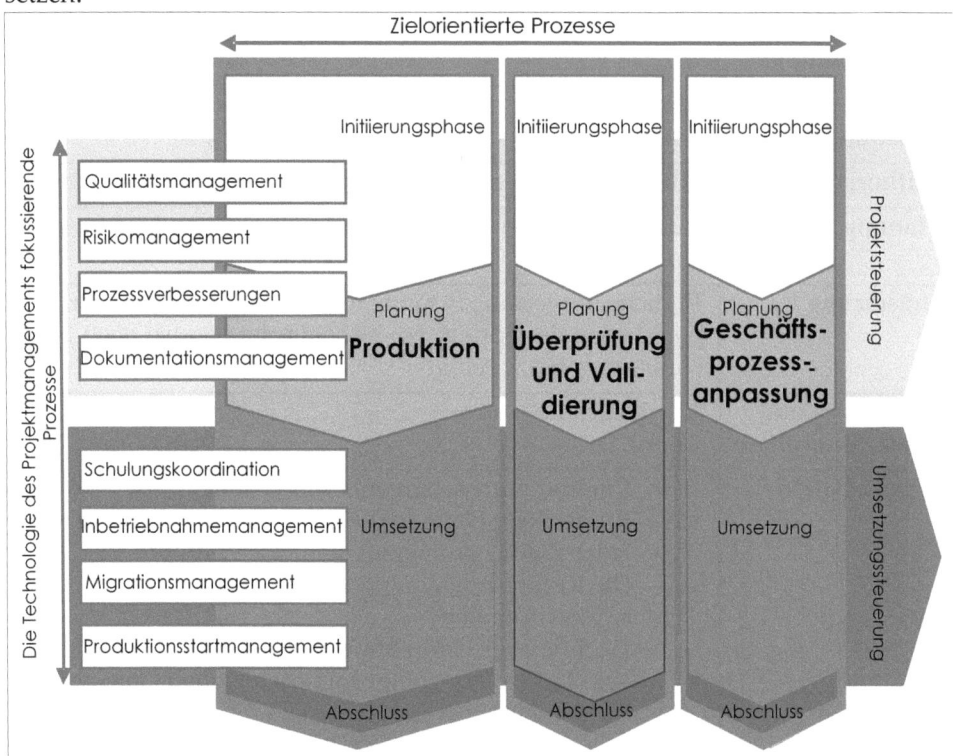

Abb. 07:00-10 Das Aktivitäten/Rollen-Modell

Tabelle 07:00-8 Charakteristika des Aktivitäten-/Rollen-Modells

Granularität	Einsträngige Phasenkette, Planung und Realisierung können wiederholt werden
Ebene der Wiederholungen	Auf der Ebene der Systemkomponente und darunter werden mehrere Iterationen durchgeführt, um positive Testergebnisse zu erhalten (agile Näherung)
Anzahl der Iterationen	Keine auf höchster Ebene, die Anzahl der Iterationen steigt, je niedriger die Ebene liegt.

Initiierung	Initiierung
Planung	Analyse, Konzept und Ausschreibungen umfassende Planung
Umsetzung	Umsetzung inklusive der Einführung
Abschluss- und Bewertungsphase	Abschluss
Eigenschaften	– Das Modell reflektiert das gesamte Projektgeschehen – Der Vorgang ist in fünf funktionsorientierte parallele Prozessgruppen gegliedert (Produktion, Überprüfung und Validierung, Geschäftsprozessanpassung sowie Projektsteuerung und Umsetzungssteuerung) – Jeder Prozess hat mehrere funktionsorientierte Rollen – Agilität der Planung und Umsetzung – Jeder Prozess kann für sich realisiert werden – Jede Phase ist abgeschlossen, bevor die nächste beginnt, zumindest die Basisplanung hat Vorrang vor dem Beginn der Umsetzung – Änderungen im Verlauf des Projekts werden in asynchronen Prozessen abgehandelt
Anwendung	– Beste Methode für größere, umfangreiche Projekte – Vorhaben mit signifikanten Veränderungen in Geschäftsprozessen – Vorhaben, dessen Integration in das bestehende Umfeld besonders sorgfältig erfolgen soll – L-Timer®-Methode
Risiken	– Gefährdete Kunden-/Auftraggeberakzeptanz bei nicht produktorientierten Projekten – Desynchronisierung von schlecht kooperierenden Teammitgliedern

07:24 Aufgabenplanung

Kriterien der Aufgabenplanung

Produkt- und Projektstrukturierung haben logische Module und Aufgaben mit eindeutigen wechselseitigen Abhängigkeiten geschaffen (siehe Kapitel 07:22 Strukturierung von Produkt und Projekt). Zur Zeitplanung (4.3.23 Ausarbeitung des Zeitplans nach ISO 21500:2012) und Bewertung des kritischen Pfades (des längsten Weges) müssen folgende Fragen beantwortet werden (Jenni 2001):

- Welche Aufgaben können unabhängig voneinander durchgeführt werden?
- Gibt es Vorgänger/Nachfolger-Beziehungen?

- Welche Aufgaben folgen direkt aufeinander?
- Welche Aufgaben können gebündelt werden?
- Welche Aufgaben können zu Teilprojekten zusammengefasst werden?

Der resultierende, modifizierte Projektstrukturplan PSP kann noch weiter nach ausgewählten Kriterien optimiert werden (Pfetzing und Rohde 2001). Die gebräuchlichsten sind:

- **Fristen:** Der kritische Pfad (engl. Critical Path Method CPM) ist darauf ausgerichtet, die Einhaltung von Terminvorgaben sicherzustellen. Kosten und Ressourcen spielen hierbei eine untergeordnete Rolle. Die minimal mögliche Zeit der Umsetzung, welche sich aus einer nicht mehr optimierbaren Kette der Aufgaben ergibt, bestimmt den sogenannten kritischen Pfad.
- **Wirtschaftlichkeit:** Materialkosten und Gesamtinvestment werden minimiert und optimiert, um die Produktionskosten so niedrig wie möglich zu halten.
- **Optimale Nutzung der Ressourcen:** Die Abläufe im Projekt werden nach Materialverbrauch und Personalressourcen ausgerichtet.

Ausarbeitung des Zeitplans

Der modifizierte PSP wird erneut bewertet. Mit der Unterstützung von Techniken aus Unterkapitel 07:30 kann nun die Terminplanung in Angriff genommen werden (4.3.23 Ausarbeitung des Zeitplans nach ISO 21500:2012; Klose 2002; Lewis 2011). Das Vorgehen besteht aus folgenden Schritten:

- Ablaufplanung von Aufgaben und Arbeitspaketen ausarbeiten
- Dauer der Aufgaben bestimmen
- Parallele Durchführung von Aufgaben einplanen, soweit dies die Ressourcenauslastung zulässt
- Wurde ein anderes als das Rollenmodell gewählt, müssen für administrative Tätigkeiten 10-20 % an Zeit- und Personalaufwand zusätzlich eingeplant werden
- Termine festsetzen
- Erste Ablaufpläne von Aufgaben und Arbeitspaketen skizzieren und Zeitrahmen in Hinsicht auf die ersten Teilergebnisse überprüfen
- Zeitpuffer von 10-15 % einplanen
- PSP anpassen, falls zur Fristeinhaltung Reserven mobilisiert oder neue Termine festgesetzt werden müssen
- modifizierten Aufgaben- und Terminplan ausarbeiten
- Meilensteine zur Messung des Projektfortschritts setzen

Abb. 07:00-11 veranschaulicht den Ablauf.

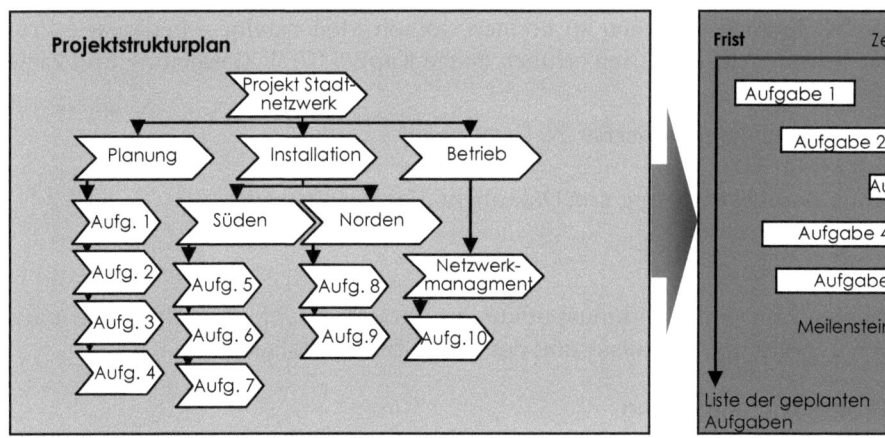

Abb. 07:00-11 Vom PSP zum Terminplan

Meilensteinorientierte Planung

Der Meilenstein markiert das Erreichen eines wichtigen Teilziels des Projekts. Er wird durch Termine oder Ressourcenverbrauch definiert. Dessen Erreichung ist von wesentlicher Bedeutung für das Projekt (Lewis 2011; Klose 2002; Caupin et al. 2006; Lock 2007).

Charakteristische Merkmale von Meilensteinen:
- Ereignis von besonderer Bedeutung
- Beginn oder Abschluss einer Projektphase, einer Aufgabe oder eines Arbeitspakets, relevantes Ereignis mit bedeutenden Auswirkungen auf den Projektverlauf
- eindeutig messbar
- feste Terminvorgabe
- klare Definition
- begrenzte Anzahl (meist zwischen 4 und 20)

Ziele von Meilensteinen sind:
- Kontrolle von Projektaufgaben, Lösungswegen und Ergebnissen
- Messen des Projektfortschritts
- Strukturierung des Ablaufs
- Dokumentation von Ergebnissen
- Selbstkontrolle
- Hilfe bei Entscheidungen in Hinsicht auf:
    = die Initiierung der nächsten Phase
    = Wiederholung der letzten Phase(n) oder
    = Abbruch des Projekts

Um diese Ziele auch erreichen zu können, sollten Meilensteine – genau wie Projektziele – die SMART-Kriterien erfüllen (siehe Kapitel 07:21 Zielsetzung und Ziele des Projekts) und

- auf Grundlage realistischer Zielsetzungen
- mit festen Terminen
- unter Berücksichtigung von Dokumentationszeiten und
- in klarer Systematik

eingesetzt werden.

Meilensteine sind Entscheidungspunkte im Projektverlauf, deshalb sollte nach Erreichen immer eine Aktualisierung des Ablaufplans erfolgen.

07:25 Projektkostenplanung

Die Projektkosten stellen die dritte Dimension der Projektziele dar.

Relativ bald, in den meisten Fällen vor Initiierung eines Projekts, muss eine erste Aufwandsschätzung vorgenommen werden (Prozess 4.3.25 Schätzung der Kosten nach ISO 21500). Kosten entstehen in erster Linie durch die Geschäftsziele und die erwartete Rentabilität des Projekts. Ihre Kalkulation basiert meist auf Vergleichsmodellen, um den notwendigen Aufwand vollständig zu erfassen (Lock 2007). Solche Schätzungen werden üblicherweise als ROM bezeichnet (engl. Rough Order of Magnitude, Grobe Größeneinschätzung oder Ballpark-Schätzung) und können von den tatsächlichen Aufwendungen um etwa 50-100 % abweichen (Schwalbe 2010).

Genauere Aufwandsschätzungen durch die Bottom-up Kostenschätzung werden normalerweise in der Initiierungsphase vorgenommen und im Verlauf des Projekts weiter präzisiert. Diese sogenannten Plankosten basieren auf WBS, PSP und dem Zeitplan (Prozess 4.3.26 Erstellung des Budgets nach ISO 21500:2012) und sollten von den tatsächlichen Kosten um nicht mehr als +/- 20 % abweichen.

Projektkostenkomponenten

Die Aufwendungen für ein Projekt bestehen aus verschiedenen Komponenten:

Materieller (finanzieller) Aufwand

Materieller Aufwand kann in Geldwert ausgedrückt werden:

Direkter Aufwand

> Eine grobe Schätzung der finanziellen Aufwendungen geschieht mit Hilfe von Aufwandserfassungen für jede einzelne Aufgabenstellung. Die Arbeitsstunden werden mit dem Stundensatz multipliziert und alle nötigen Aufwendungen hinzuaddiert. Hierbei muss der Zinssatz über die Jahre hinweg in die Berechnungen einbezogen werden.

Erfahrung der Projektmitarbeiter kann sich ausgesprochen positiv auf die Kosten auswirken, umgekehrt können unbekannte oder unvorhersehbare Faktoren den Aufwand auch in die Höhe treiben.

Es ist auf jeden Fall sinnvoll, sich nicht auf Spekulationen zu verlassen. Besser ist es, sich Kenntnisse darüber anzueignen, wie ein Projekt nach festen, katalogisierten Gesichtspunkten beurteilt werden kann.

Indirekter Aufwand

Neben den direkten sind auch indirekte Kosten, wie etwa Stromkosten, Aufwendungen für Reinigungspersonal und Dritte zu berücksichtigen.

Immaterieller Aufwand

Ein Projekt hat immer auch eine andere, immaterielle Seite. Damit gemeint sind Auswirkungen, die nicht in harter Währung ausgedrückt werden können, wie etwa Imagegewinn oder -verlust, höhere Motivation oder gar Demotivierung. Es ist sinnvoll, auch diese „Kosten" in den Katalog einzubeziehen, da sie die finanziellen Aufwendungen in erheblichem Maße beeinflussen können.

Reserven

Welche Methode für die Aufwandsschätzung auch gewählt wird (siehe Kapitel 07:30 Techniken und Werkzeuge), es besteht immer ein gewisses Restrisiko, dass Unwägbarkeiten die positiven Effekte in der Lernkurve wieder zunichte machen. Auch wenn es ausgesprochen schwierig ist, ist es absolut empfehlenswert, bei Projektsponsoren und Kunden eine Sicherheitsreserve von mindestens 5 % der Kosten zur flexiblen Verwendung durchzusetzen. Eine Analyse von 200 Projekten in den frühen 1990er Jahren ließ als zweiten Hauptgrund für massive Kostenüberschreitung eine zu knappe Aufwandskalkulation erkennen (Kendrick 2009).

Phasenbezogene Kostenzuordnung

Die Aufgliederung des Aufwands in Projektphasen wird als phasenbezogene Kostenzuordnung bezeichnet. Dieses zeitbestimmte Budget bietet eine ausgezeichnete Kostenkontrolle bei der Durchführung eines Projekts (Schwalbe 2010).

07:26 Kosten-Nutzen-Analyse

Ein Investor erwartet materiellen oder immateriellen Nutzen von dem Projekt, das er finanziert. Als Faustregel gilt: Je höher der zu erwartende Nutzen, desto höher die Wahrscheinlichkeit, dass das Projekt durchgeführt und zu Ende gebracht wird – zumindest von der finanziellen Seite her.

Aufgrund dieser Überlegungen ist es empfehlenswert, eine profunde Zusammenstellung aller möglichen Nutzeffekte eines Projekts auszuarbeiten und so die Wertschätzung des Projekts durch Projektsponsoren und Kunden zu erreichen. Ganz besonders, wenn es um Projekte geht, die allem Anschein nach materiellen Nutzen versprechen. Je niedriger die Gewinnerwartung, desto höher die Gefahr, dass das Projekt bei erstbester Gelegenheit wieder fallengelassen wird.

Eine besondere Verantwortung in diesem Zusammenhang übernehmen als Projektsponsoren Staaten und lokale Behörden sowie zunehmend auch die Privatwirtschaft. Allein auf materiellen Nutzen ausgerichtete Projekte hatten in zahlreichen Fällen bedeutende negative Auswirkungen auf Gesellschaft und Umwelt. Seit einigen Jahren – zuletzt 2012 in Brasilien – strebt die Staatengemeinschaft nachhaltige, über den materiellen Nutzen hinausgehende Entwicklung an. Die Vernetzung wirtschaftlicher, gesellschaftlicher und ökologischer Prozesse, das Nord-Süd/Ost-Gefälle, die Bedürfnisse der heutigen Generation gegenüber den Bedürfnissen zukünftiger Generationen werden im Rahmen des Drei-Dimensionen-Konzeptes (Abb. 07:00-12) des Schweizerischen Bundesamtes für Raumentwicklung ARE (Bundesamt für Raumentwicklung ARE 2013) behandelt. Dieses Konzept wird in den nach HERMES 5 geführten Projekten vorbildlich berücksichtigt und hat demnach einen grundlegenden Einfluss (Mourgue d'Algue et al. 2013).

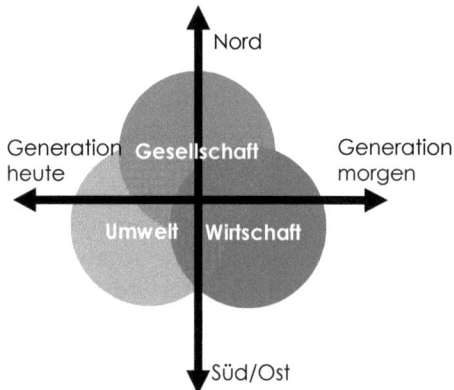

Abb. 07:00-12 Drei-Dimensionen-Konzept (Bundesamt für Raumentwicklung ARE 2013)

Für die Kosten-Nutzen-Analyse stehen diverse Indikatoren und Verfahren zur Verfügung (siehe Kapitel 07:30 Techniken und Werkzeuge), deren jeweilige Anwendung von der Strategie des Investors abhängt. Aus diesem Grund kann hier keine allgemeingültige Lösung angeboten werden.

07:30 Techniken und Werkzeuge

07:31 Projektzielfindungstechniken

Auf jeder Ebene der Zielfindung ist Kreativität gefragt. Einige der gebräuchlichsten Verfahren sollen hier vorgestellt werden. Wird weiterführende Literatur gesucht, so seien Ninck et al. empfohlen (Ninck et al. 2004).

Intuitive Verfahren

Brainstorming

Das Verfahren wurde von Osborn eingeführt, um die Ideenfindung anzuregen (Osborn 1957). Der mögliche Nutzen des „Brainstorming" liegt darin, eine große Anzahl kreativer, manchmal überraschend unorthodoxer Lösungsansätze für die verschiedenartigsten Probleme durch gegenseitige Anregung zu finden. Nach Osborn sind im Idealfall vier bis fünf Beteiligte in einer 30- bis 60-minütigen Sitzung in der Lage, 50 bis 100 neue Ideen zu produzieren.

Zu Beginn der Sitzung wird ein Moderator bestimmt, der zur Aufgabe hat, den kreativen Prozess anzuregen, die Beiträge der Teilnehmer zu moderieren und die vorgebrachten Ideen zu sammeln. Eine wichtige Verhaltensregel ist, dass weder der Moderator noch ein anderer Teilnehmer versuchen sollten, diese zu bewerten. Die Ideen sollten einfach nur auf einer Tafel o. ä. skizziert und so visualisiert werden. Der Moderator kann einige abstrakte, doch reale Zielvorgaben benennen, um so die kognitive Kreativität der Teilnehmer anzuregen.

In der zweiten Phase führen dann der Moderator und die Teilnehmer gemeinsam eine Analyse der zusammen vorgebrachten Ideen durch. Mehrfachnennungen werden eliminiert, Ideen strukturiert und auf ihre Anwendbarkeit hin untersucht (Schnitker 2008; Mindtools 2013).

Brainstorming in Gruppen sollte folgenden Regeln folgen:

- Ein Moderator leitet das Geschehen in der Art, dass die Teilnehmer den Zielbezug nicht verlieren und sich nicht zu lange mit demselben Gedankengang beschäftigen. Der Moderator soll motivieren und so sicherstellen, dass der kreative Gedankenfluss in Gang bleibt.
- Um möglichst viele, unterschiedliche Ideen zu gewinnen, sollte die Gruppe aus Mitgliedern verschiedener Fachrichtungen zusammengesetzt sein.
- Es muss Wert darauf gelegt werden, Kreativität nicht bereits im Keim zu ersticken. Entsprechend sinnvoll ist es, Bedingungen zu schaffen, in denen sich die Gesprächsteilnehmer aufgrund bestehender Dominanzen in ihrer Kreativität nicht gegenseitig hemmen. Zudem darf „Brainstorming" durchaus auch Spaß machen!

- Es dürfen nicht nur neue Ideen vorgebracht, sondern auch bereits bestehende aufgegriffen und weiterentwickelt werden.
- Oft ist es hilfreich, Ideen zu visualisieren. Die Aufzeichnungen des Moderators und der Teilnehmer, z. B. Notizen oder Tonmitschnitte, können dabei als Protokoll verwendet werden.

Methode 635 Brainwriting

Die Methode 635, auch Brainwriting genannt, wurde 1969 von Rohrbach vorgestellt (Rohrbach 1969). 635 funktioniert ganz ähnlich wie „Brainstorming". Die Ideen werden hier allerdings nicht mündlich, sondern in Form von Notizen eingebracht und genau aus diesem Grunde passt die Methode so gut in die heutige vernetzte Gesellschaft. Sie funktioniert folgendermaßen (MethoDe 2013):

- Sechs Teilnehmer schreiben je drei Lösungsansätze für ein Problem auf ein Blatt Papier.
- Das Blatt wird weitergereicht und jeder der Teilnehmer versucht, die Ideen seines Vorgängers zu konkretisieren.
- Das Ganze wird wiederholt, bis jeder wieder seine ursprünglichen Notizen in den Händen hält.
- Anschließend werden die Ideen analysiert und die besten werden ausgewählt.

Damit dieses Verfahren funktioniert und die Kreativität stets angeregt bleibt, sollten folgende Punkte berücksichtigt werden:

- Während der Sitzung wird nicht gesprochen. Die Teilnehmer sollten angehalten werden leserlich zu schreiben, um störende Rückfragen zu vermeiden.
- Es muss ein Zeitrahmen vorgegeben werden, um Wartezeiten und damit eine Unterbrechung des kreativen Flusses zu vermeiden.
- Zum Entwurf der drei Lösungsansätze werden ca. drei bis vier Minuten angesetzt. Bei der Weitergabe werden noch zwei Minuten zusätzlich gegeben, weil die Notizen der Vorgänger durchgelesen werden müssen. Dieser straffe Zeitrahmen hilft dabei, insbesondere das Kurzzeitgedächtnis besser zu nutzen.

Diskursives Verfahren

Morphologischer Kasten

Der Schweizer Astronom Zwicky entwickelte den „Morphologischer Kasten" zur systematischen Problemlösung (Zwicky 1948).

Für Probleme, deren Lösung sich aus der Lösung ihrer Teilprobleme zusammensetzen lässt, von denen wiederum jedes unterschiedlich in Art und Umfang ist, ist diese Methode ganz besonders zu empfehlen.

Zwicky teilt sein Konzept in vier Schritte auf:

1. Formulierung des Problems

Hier wird das Projektziel oder ein Teil davon genannt. Das nachfolgende Beispiel „Städtisches Netzwerk" wurde am Anfang dieses Kapitels bereits verwendet.

2. Schematische Darstellung der Möglichkeiten

Alle möglichen Alternativen einer Komponente werden aufgelistet und sinnvolle Kombinationen werden gebildet, z. B.: Kabel – zentrale Stromversorgung – Maschennetz – strukturiert (siehe Tabelle 07:00-9).

Tabelle 07:00-9 Morphologischer Kasten des städtischen Netzwerkes

Stadtnetzwerk	Energiequelle	Netzwerkdesign	Struktur
Kabel	Verteilt	Stern	1 Ebene
Radio	Zentralisiert	Netz	Viele Ebenen
Satellit	Redundant		Strukturiert
			Gemischte Struktur

3. Leistungsanalyse der ausgewählten Kombinationen

Nach dem gewählten Bewertungsschema werden alle Kombinationen beurteilt und die beste Kombination wird ausgewählt.

4. Direkte Handlung

Aus der Entscheidung in Punkt 3 werden Konsequenzen gezogen.

07:32 Strukturierungstechniken

Projektstrukturplan PSP

Der Projektstrukturplan (PSP) gibt einen systematischen Überblick über alle wesentlichen Vorgänge in einem Projekt. Er kann in Textform vorliegen, wird aber oft auch graphisch realisiert.

Als wesentliche Vorgänge werden dabei diejenigen definiert, die dem Erstellen oder Erreichen der Projektziele dienen.

Abb. 07:00-13 zeigt ein Beispiel eines Projektstrukturplans, angelehnt an Heeg und Friss (Heeg und Friss 1999).

Kriterien bei der Erstellung eines PSP können sein:
- Die Produktstruktur
- Wesentliche Aufgaben
- Projektphasen

Die Strukturierung des PSP auf Grundlage der WBS Produktstruktur ist typisch für ein agiles Modell. Hierbei besteht allerdings die Gefahr, dass ergänzende, für die Umsetzung des Projektes aber notwendige Vorgänge übergangen werden.

Ein nach Projektphasen strukturierter PSP ist üblich bei sequentiellen und V-Modellen.

Dieses Buch bevorzugt das Aktivitäten/Rollen-Modell sowie ein Vorgehen nach der L-Timer®-Methode aufgrund ihrer vollständigen Erfassung von Aufgaben.

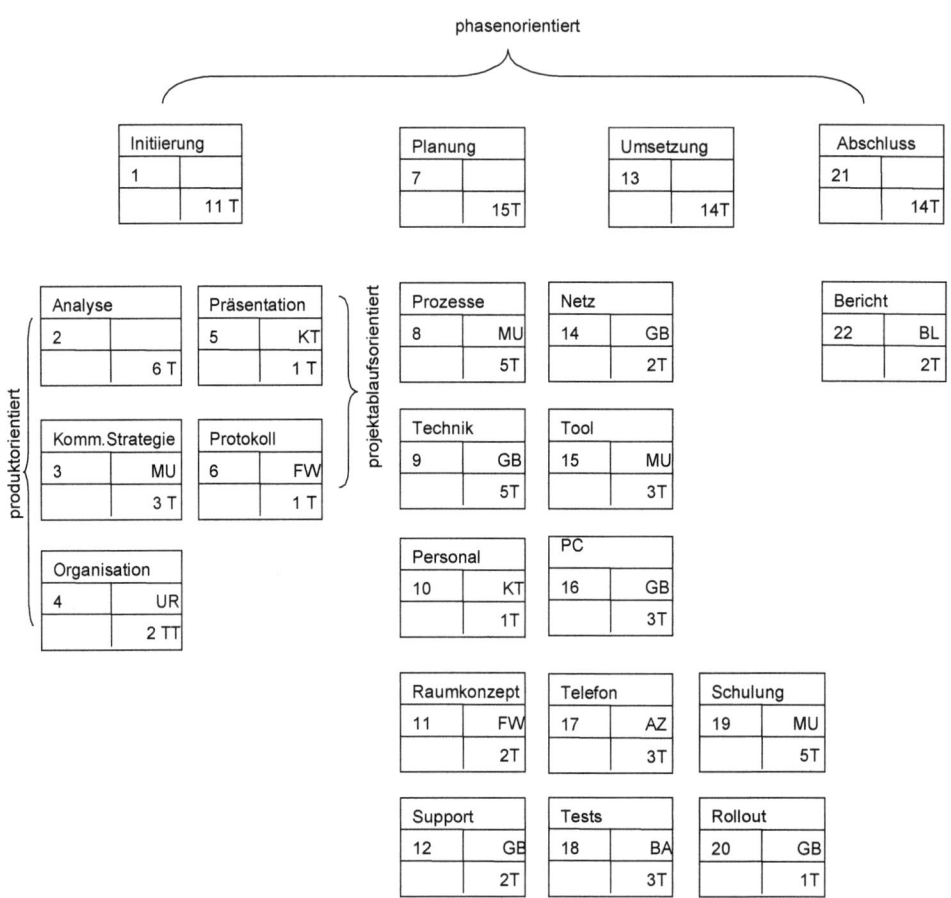

Abb. 07:00-13 Beispiel eines Projektstrukturplans PSP

07:33 Planungstechniken
PERT Diagramm

Das Forschungsteam des Polaris Nuclear Submarine Missile Program der Navy entwickelte in den späten 1950er Jahren ein Verfahren zur verständlicheren Darstellung von Zusammenhängen und ihrer zeitabhängigen Entwicklung (Sharma 2006; Stires und Murphy 1962), bekannt geworden als PERT: Program Evaluation and Review Technique (in der deutschen Fassung Ereignis-Knoten-Darstellung). PERT sieht die einzelnen Aufgaben als Ereignisse. Mit jeder Aufgabe können verschiedene Parameter verknüpft werden:

- Identifikationsnummer (meist nach System vergeben)
- kurzer Name
- Frist
- Beginn
- Dauer
- optionale Parameter wie Risikoeinschätzung, Ressourcen o. ä.

Ein Beispiel zeigt Abb. 07:00-14.

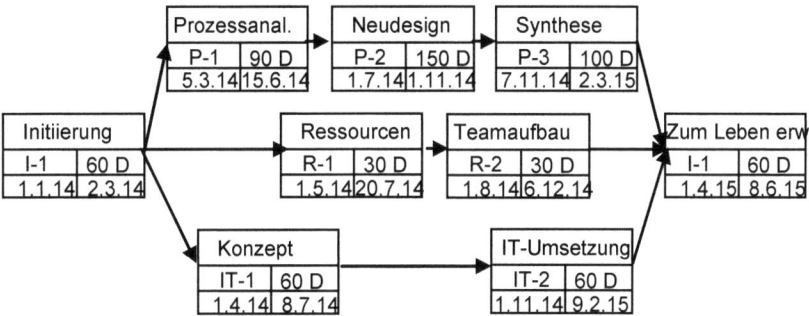

Abb. 07:00-14 Das PERT-Diagramm

Bei PERT wurde die Zeitaufwandsschätzung mittels Beta-Verfahren angewendet, um die Dauer eines Vorgangs oder Arbeitspaketes auf der Basis von Expertenerfahrung näherungsweise zu bestimmen. Für jeden Vorgang werden drei Zeitschätzungen vorgenommen (Schwalbe 2010; Sharma 2006):

- die minimale, optimistisch geschätzte Dauer D_{min} der Aufgabenbewältigung
- die häufigste Dauer D_{norm}, wenn nach bestem Wissen geschätzt wird
- die maximale, pessimistisch geschätzte Dauer D_{max}

Der Mittelwert $(D_{min}+D_{max})/2$ wird nur halb so hoch gewichtet wie die häufigste Dauer D_{norm} des Vorgangs, so dass der Zeitaufwand folgendermaßen berechnet wird:

Geschätzte Dauer des Vorgangs „i"

$$T_i = ((D_{min}+D_{max})/2 + 2D_{norm})/2 = (D_{min}+4D_{norm}+D_{max})/6$$

Diese Gleichung ergibt eine Glockenkurve, die die Auftrittshäufigkeit der einzelnen Zeitschätzungen widerspiegelt (Beta-Verteilung). Der D_{norm}-Wert entspricht nicht unbedingt dem arithmetischen Mittel von D_{min} und D_{max}, was zur Folge hat, dass die Glockenkurve mit hoher Wahrscheinlichkeit asymmetrisch ist.

Die Zeitaufwandsschätzung für einen Pfad kann als Summe von Standardberechnungen mit einer Gesamtabweichung und definierter Wahrscheinlichkeit erstellt werden.

Standardabweichung der einzelnen Zeitschätzung

$$\sigma_i = (D_{max} - D_{min}) / 6$$

Varianz:

$$V_i = \sigma_i^2 = ((D_{max} - D_{min}) / 6)^2$$

Gesamtdauer des Pfades:

$$T_G = \Sigma T_i$$

Gesamtabweichung des Pfades:

$$\sigma = (\text{Wurzel } \Sigma \sigma_i^2)$$

Standard-Normalenabweichung:

$$Z = (T - T_G) / \sigma$$

Geschätzte Gesamtdauer mit 99,74 %iger Wahrscheinlichkeit:

$$T = T_G +/- (3 \times (\text{Wurzel } \Sigma V^2))$$

In Tabelle 07:00-10 ist ein Beispiel für das Beta-Verfahren dargestellt. Dabei soll für drei Arbeitspakete die Bearbeitungsdauer in Tagen geschätzt werden. Die Werte D_{min}, D_{norm} und D_{max} sind gegeben, alle anderen Werte werden anhand obiger Formeln errechnet. Als Resultat ergibt sich eine mittlere Dauer aller Arbeitspakete von zusammen 1040 Tagen. Die tatsächliche Abarbeitung aller Arbeitspakete wird mit einer Wahrscheinlichkeit von 99,74 % im Bereich von 1040 +/- 172 Tagen liegen. Die relativ große Streuung ist darauf zurückzuführen, dass sowohl die mittleren Werte als auch die Abweichungen kumuliert werden.

Andere, technisch noch ausgefeiltere Verfahren zur Zeitberechnung erfordern ungleich höheren Aufwand (z. B. Schwalbe 2010). Die vielen unkalkulierbaren Faktoren im Verlauf eines Projekts stellen den Sinn dieser Verfahren jedoch in Frage.

07:30 Techniken und Werkzeuge

Tabelle 07:00-10 Beispiel für den Beta-Prozess (Angaben in Tagen)

Aufgabe	Minimale Dauer D_{min}	Häufigste Dauer D_{norm}	Maximale Dauer D_{max}	Durchschnittliche Zeit T_i	Standardabweichung σ_i	Varianz $V_i = \sigma_i^2$
A1	260	300	400	310	23	544
A2	350	400	540	415	32	1003
A3	220	300	470	315	42	1736
Ges.	830	1000	1410	1040	97	3283
Standardabweichung σ						57
Geschätzte Gesamtdauer mit 99,74 %iger Wahrscheinlichkeit im Intervall T				1040	+/-	172

GANTT-Diagramm

Sobald die Bearbeitungszeiten der Aufgaben feststehen und diese auf ihre gegenseitigen Abhängigkeiten hin untersucht worden sind, kann der Zeitplan ausgearbeitet werden.

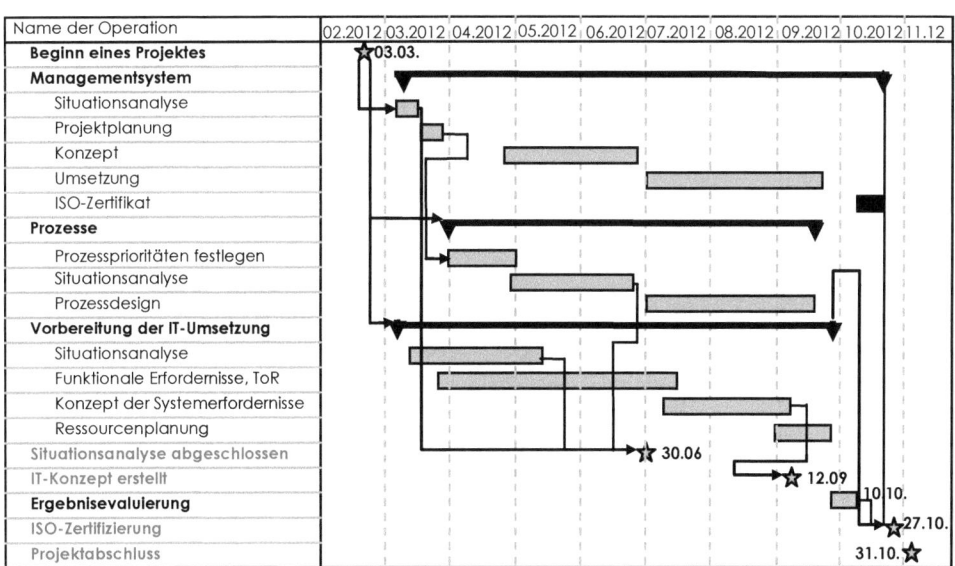

Abb. 7:00-15 Terminplanung mit dem GANTT-Diagramm

Ausgesprochen populär und weitverbreitet ist das GANTT-Diagramm (Clark et al. 1992; Lock 2007). Hier werden auf horizontaler Achse die Zeit und auf vertikaler die Aufgaben eingetragen. Im nächsten Schritt werden die Zusammenhänge dargestellt, entweder in Balkenform (wie im obigen Beispiel) oder direkt, durch eine Verbindungslinie vom Vorgänger zum Nachfolger. Abb. 07:00-15 ist ein Beispiel hierfür.

Diverse kommerzielle und Open Source-Produkte unterstützen die Anwendung von Gantt-Diagrammen. Eine kostenlose Komplettversion für das Projektmanagement ist u. a. auch bei der Geschäftsstelle E-Government Schweiz erhältlich (ISB 2013).

07:34 Kostenschätzung

Der Aufwand für Kostenschätzungen muss in einem angemessenen Verhältnis zu den Gesamtkosten stehen und auch die damit verbundenen Risiken sollten berücksichtigt werden.

Kleinere Projekte können durchaus vom Projektleiter oder einer anderen Person, die sich der Aufgabe gewachsen fühlt, relativ zuverlässig abgeschätzt werden. Mit zunehmender Komplexität wird dies jedoch zu einer wirklichen Herausforderung (Abb. 07:00-16).

Wie komplex ein Projekt ist, hängt von seiner kybernetischen Natur (siehe Einleitung), seiner Dringlichkeit und der Prognostizierbarkeit seiner Entwicklung ab (Erdi 2008). Je höher der Komplexitätsgrad ist, desto schwieriger ist ein Projekt darzustellen und zu analysieren (Gell-Mann 1994) und desto sinnvoller ist es, profunde Fachkenntnisse der Spezialisten zur Kostenschätzung heranzuziehen.

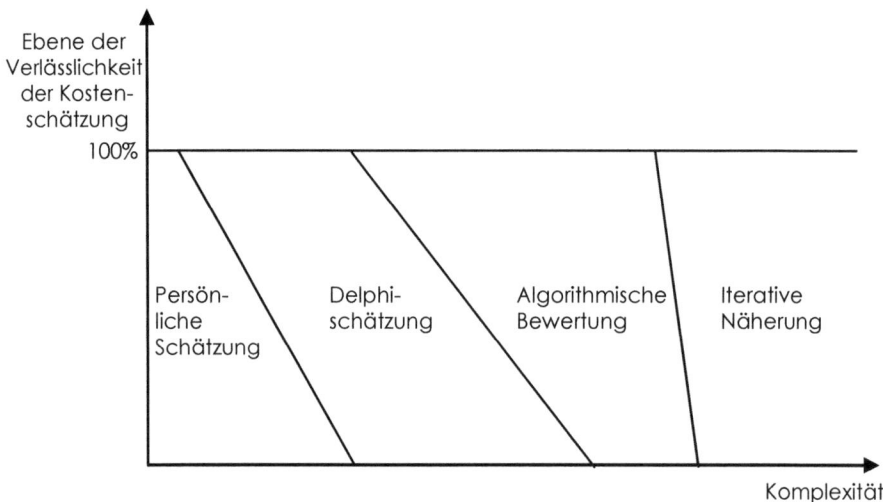

Abb. 7:00-16 Zuverlässigkeit der Verfahren zur Kostanschätzung

Delphi-Verfahren

Das Delphi-Verfahren beruht auf der Meinung zweier Experten. Dabei können die Experten entweder unabhängig voneinander (d. h. anonym) befragt werden oder in einen offenen Dialog miteinander treten, in dessen Rahmen sie ihre Ansichten diskutieren (Häder 2009).

COCOMO

Wird das Projekt noch komplexer, stößt auch das Delphi-Verfahren an seine Grenzen. Hier kann eine algorithmische Bewertungsweise helfen. Ihre Schätzgenauigkeit liegt auf hohem Niveau, wie eine Auswertung zahlreicher Projekte zeigt. So liegt z. B. beim COCOMO® II-Verfahren (Constructive Cost Model, (Boehm1981)) in 68 % der Fälle die Abweichung des tatsächlichen Aufwands vom Schätzwert bei unter 20 % (Hummel 2011).

Hierbei kommen mathematische Formeln zur Anwendung, die Variablen sowie fallspezifische feste Parameter enthalten.

Das Verfahren hängt stark vom Einsatzgebiet ab. Der COCOMO® II-Algorithmus für die Bewertung von Systemen und Software lautet:

$$E = C * M^{0.91+0.01*\Sigma SFi} * \Pi EM_t$$

Hierbei gilt:

E ist der Arbeitsaufwand in Monaten

C ist eine jährlich aktualisierte Kalibrierungskonstante (z. Zt. 2.94)

M entspricht der Größe des Softwaresystems in Einheiten (Codelinien)

SFi sind Maßstabsfaktoren und

EM_t ist der Aufwandsfaktor

Sowohl SFi-Werte als auch der EM_t-Wert werden den Tabellen der Lickert-Skala entnommen, die diese Faktoren in Abhängigkeit von der Komplexität des Projektes bestimmen.

COCOMO® II-Rechner sind kostenlos erhältlich (u. a. Research Methods Consortium 2013, Universität von Südkalifornien 2013).

Sackmans zweites Gesetz

Hervorzuheben ist, dass die COCOMO® II-Methode auch den Faktor Mensch in ihre Berechnungen einbezieht (Sackmans zweites Gesetz (Sackman et al. 1968)).

Putnam-Myers-Schätzung

- Universalcharakter hat die Formel von Putnam und Myers (Putnam und Myers 1992):

> Aufwand = (Umfang / Produktivität) * (1/Entwicklungszeit)*β
>
> Wobei:
>
> - die Produktivität veränderlich und geschäftsabhängig ist
> - ß ein Wert ist, der von Vergleichsprojekten herrührt und die Projektgröße berücksichtigt (bei Software: 0,16 (kleines Projekt) bis 0,39 (großes Projekt))

Die Formel betrachtet die Projektkosten ohne Produktions- und Herstellungsaufwand.

Es existiert ein weites Feld von Projekten, bei denen sowohl die persönliche Schätzung als auch das Delphi-Verfahren angewendet werden kann. Gleiches gilt für das Delphi-Verfahren und Algorithmen.

Die Anwendbarkeit von Algorithmen ist hingegen bei wachsender Komplexität relativ scharf begrenzt.

Ab einem bestimmten Grad an Komplexität übersteigt der Charakter eines Projekts das kognitive Verständnis, folglich ist die Zuverlässigkeit obiger Schätzverfahren begrenzt. Beispiele hierfür sind innovative oder Forschungsprojekte.

In solchen Fällen kann ein iteratives Verfahren die Lösung sein, für das die Putnam-Myers-Formel zweckentsprechend verändert wird.

Über einen bestimmten Zeitraum hinweg wird die Produktivität des Teams sorgfältig ausgewertet. Dann wird die Gesamtgröße geteilt durch die Produktivität, um den Aufwand beurteilen zu können.

Im nächsten Schritt wird die Entwicklungszeit betrachtet. Ist sie kurz genug, wird ß nach eigenem Ermessen gesetzt und es kann mit der Schätzung der nächsten Phasen weitergehen. Dieser Schätzvorgang ist allerdings durch kurze Beobachtungszeit und fehlende Referenzvorgänge relativ ungenau und muss deshalb iterativ wiederholt werden, um die bestmögliche Annäherung zu erreichen.

07:35 Der Geschäftsfall des Projektes

Projektleiter stehen immer wieder vor der Aufgabe, ein Projekt zu managen, das aus einer launenhaften Investmententscheidung heraus beschlossen wurde. Steht eine aussagekräftige Wirtschaftlichkeitsberechnung zum Projektstart noch aus, ist es empfehlenswert, Gewinnerwartungen sorgfältig auszuarbeiten und – wenn irgend möglich – auch die Akzeptanz der Projektsponsoren zu erreichen. Die Praxis zeigt nämlich, dass Projekte, die ohne eine vorherige Kosten-Nutzen-Analyse an den Start gehen, leicht wieder fallen gelassen werden, sobald sich ein Hindernis in den Weg stellt. Die ISO 21500:2012 Norm ist diesbezüglich nicht schlüssig: Projektziele ergeben sich aus den Zielen, die sich wiederum aus den nicht näher genannten Möglichkeiten ergeben. Die Initiierung (Abb. 6 der o. g. Norm) nennt wieder ausdrücklich den Geschäftsfall als einen der initiierenden Faktoren (ISO 21500:2012 2012).

Nach einer Untersuchung von Graham und Harvey wählten 392 Finanzvorstände immer oder zumindest fast immer die in Abb. 07:00-16 dargestellten Verfahren für ihre Kapitalbedarfsrechnung (Graham und Harvey 2002). Die einzelnen Verfahren werden nachfolgend erläutert. Interessant ist, dass das populäre „Return on Investment" ROI nicht mehr dabei ist. Der Grund hierfür könnte sein, dass es – verglichen mit den anderen Verfahren aus Abb. 07:00-17 – zu statisch ist.

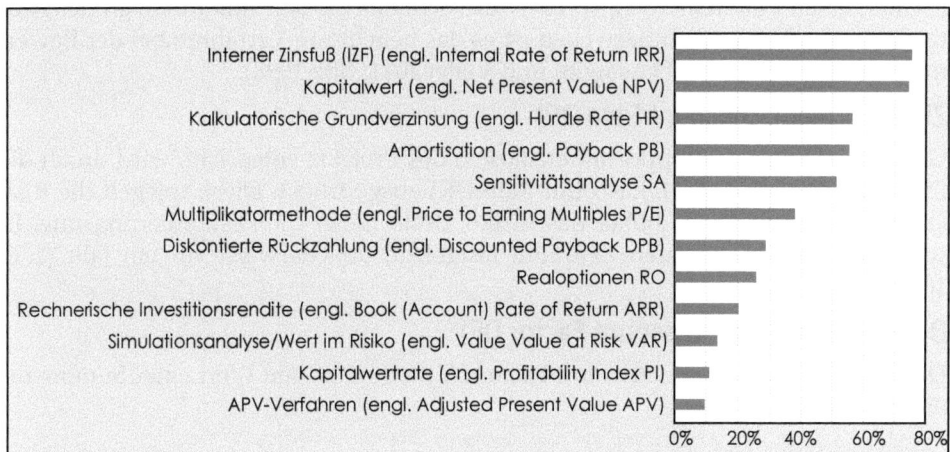

Abb. 7:00-17 Gebräuchlichste Verfahren zur Kapitalbedarfsrechnung, dargestellt in Abhängigkeit vom Prozentsatz der Finanzvorstände, die diese immer oder meist anwenden (Graham und Harvey 2002)

Interner Zinsfuß (engl. Internal Rate of Return IRR)

Die „Internal Rate of Return (IRR)" oder auch „Interner Zinsfuß (IZF)" dient der Analyse der Rentabilität eines Projekts ohne Berücksichtigung des Kapitalwertes. Ist die Rendite größer als die Kapitalzinsen, ist die Investition über die Gesamtlaufzeit berechnet wirtschaftlich. Die diskontierten künftigen Zahlungen entsprechen hierbei dem heutigen Preis bzw. der Anfangsinvestition.

Sie wird berechnet, indem der Kapitalwert (Net Present Value, NPV) auf Null gesetzt wird (siehe unter NPV).

$$0 = CF_0 + CF_1/(1+IRR)^1 + CF_2/(1+IRR)^2 + \ldots + CF_n/(1+IRR)^n$$

Hierbei gilt:

der Index 1,2, …n entspricht dem Laufjahr des Projekts

CF = Cashflow

$CF0$ = Startkapital

IRR = gesuchter Interner Zinsfuß (IZF) (engl. Internal Rate of Return)

Der IZF (IRR) setzt den Zeitwert des Geldes und das Risiko in Beziehung zueinander. Er ist jedoch unrealistisch bei Vorgängen mit negativem Cashflow wie z. B. größeren Investitionen in einer der Projektphasen, denn der IZF verändert seinen Wert jährlich – im einen Jahr möglicherweise unter den Kapitalkosten, im nächsten wieder darüber. Er scheint jedoch kommunikationsfreundlicher zu sein: Es ist leichter, einen Potentialertrag von x % zu verstehen als den Zukunftswert des heutigen Geldes. Vermutlich deswegen ist es das beliebteste Verfahren bei der Bewertung von Investitionen (Hawawini und Vialet 2011; Bitz 1998).

Zinssatz (engl. Discount Rate DR)

Der Zinssatz, der den Opportunitätskosten des Projekts entspricht, wird durch die Diskontierungsrate (engl. Discount Rate DR) ausgedrückt. Diese spiegelt die Risikobewertung wieder: Je höher das Risiko, desto höher die Diskontierungsrate. Er wird für einen bestimmten Zeitraum festgelegt, üblicherweise für ein Jahr (z. B. 10 % p. a.).

Diskontfaktor (engl. Discount Factor DF)

Der Diskontfaktor (engl. Discount Factor DF) reduziert den Wert einer Summe für einen Zeitraum i:

$$DF_i = 1/(1 + DR_i)$$

für die Periode i.

Gegenwartswert (engl. Present Value PV)

Der Gegenwartswert (engl. Present Value PV) ist der Wert, den **Value PV** zukünftige Zahlungen in der Gegenwart besitzen.

$$PV_i = FV_i /(1 + DR_i)$$

für die Periode i.

Kapitalwert (engl. Net Present Value NPV)

Der Kapitalwert (engl. Net Present Value NPV) ist die Summe aller Kapitalwerte und Gegenwartswert aller im betrachteten Zeitraum geleisteten Zahlungen (Heldman 2009; Webb 2000; Hawawini und Viallet 2011; Schwalbe 2010).

$$NPV = CF0 + \Sigma PV_i = CF0 + \Sigma (FV_i \times DF_i) = CF0 + \Sigma (CF_i \times DF_i) =$$
$$CF0 + CF1/(1+DR)1 + CF2/(1+DR)2+ \ldots + CFn/(1+DR)n$$

Hierbei gilt:

Der Index 1, 2, …n entspricht dem Laufjahr des Projekts

FV – Future Value (z. B. Cashflow)

CF – Cashflow

CF0 – Startkapital (üblicherweise Differenz)

PV – Gegenwartswert (engl. Present Value)

NPV – Kapitalwert (engl. Net Present Value)

FV – Future Value

DF – Diskontfaktor (engl. Discount Factor)

DR – Diskontierungsrate (engl. Discount Rate)

Tabelle 07:00-11 zeigt ein Projektbeispiel, in dem über drei Jahre investiert wird. Ab dem vierten Jahr können positive Erträge verbucht werden. Der Laufzeit des Projekts beträgt sieben Jahre.

Tabelle 07:00-11 Kapitalwert NPV Berechnung für ein Projekt

Jahr	Cashflow CF (in Mio.)	DF @ RF = 10 %	Present Value PV (in Mio.)	Net Present Value NPV (in Mio.)
0	-1	1	-1.000000	-1.000000
1	-1.8	0.9091	-1.636380	-2.636380
2	-0.5	0.8264	-0.423200	-3.059580
3	-0.2	0.7513	-0.150260	-3.209840
4	1.8	0.6830	1.229400	-1.980440
5	2.5	0.6209	1.552250	-0.428190
6	2.5	0.5645	1.411250	0.983060
7	0.9	0.5132	0.461880	1.444940
Geschätzter NPV des siebenjährigen Projekts @10 % RF p. a.				**1.444940**

Der Kapitalwert NPV ist in diesem Beispiel positiv – dem Projektstart steht nichts mehr im Wege. Das Projekt sollte jedoch mindestens sechs Jahre laufen, denn erst dann erreicht der NPV einen positiven Wert.

Der NPV ist ein Maß für die Wertschöpfung (zumindest bei Werten >1). Er richtet sich nach den Investitionsausgaben der einzelnen Zeitabschnitte, sein Diskontfaktor bewertet die Risiken. Er ist additiv und begünstigt Investitionen mit zeitnaher Rendite. Nachteilig ist eine gewisse Trägheit bei Korrekturen und Änderungen im Projekt (Hawawini und Viallet 2011).

07:00 Zielverwirklichungsmanagement ZVM

Kalkulatorische Grundverzinsung (engl. Hurdle Rate HR)

Wenn der Cashflow variiert und in seinem Wert starke nicht-lineare Schwankungen aufweist, findet die Kalkulatorische Grundverzinsung (engl. Hurdle Rate) Anwendung. Sie definiert die Mindestverzinsung des eingesetzten Kapitals. So kann z. B. ein bestimmter Wert für den NPV oder die kumulierten Diskontierungsraten der Investitionen festgelegt werden (Bragg 2011).

Amortisation (engl. Payback PB)

Bei der Amortisation (engl. Payback PB) wird der gesamte Kapitalaufwand den Gewinnerwartungen der kommenden Jahre gegenübergestellt. Die Zeit die das PB benötigt, um die Nullgrenze zu erreichen, entspricht dem Tilgungszeitraum.

> In unserem Beispiel beträgt der gesamte Kapitalaufwand
>
> $$\Sigma CFi = 1+1.8+0.5+0.2 = 3.5 \text{ (Mio.)}$$
>
> Gesamtgewinn im fünften Jahr: 1,8+2,5 = 4,3 (Mio.). Das bedeutet, dass sich das Projekt bereits im fünften Jahr amortisiert. Da Payback jedoch den Diskont unberücksichtigt lässt und Risiken sowie den Zeitwert des Geldes ignoriert, erreicht das Projekt erst im sechsten Jahr die reale Gewinnzone (siehe NPV).

Sensitivitätsanalyse SA

Unabhängig von der Methode zur Bewertung der Gewinnerwartungen können die Einflüsse einzelner Faktoren mit Hilfe der Sensitivitätsanalyse SA bestimmt werden. Dabei wird ein Parameter verändert und untersucht, wie sich dies auf abhängige Parameter auswirkt, z. B. bei Diskontierungsrate und NPV (Fridson und Alvarez 2011).

Multiplikatormethode (engl. Price to Earnings Multiples P/E)

Die Multiplikatormethode (engl. Price to Earnings Multiples, Price/Earnings Ratio) P/E ist ein Maßstab für den Marktwert des Unternehmens, in unserem Fall des Projekts (Brigham und Ehrhardt 2011). Da Projekte jedoch singulär sind und selten während ihrer Laufzeit veräußert werden, ist P/E nicht als wirklich brauchbar bei ihrer Bewertung anzusehen.

Diskontierte Rückzahlung (engl. Discounted Payback DPB)

Wesentlich aufschlussreicher und realitätsnäher ist die Diskontierte Rückzahlung (engl. Discounted Payback), die abgezinste Amortisierung. Zwar ist der Blickwinkel auch hier statisch, doch Aufwendungen und Gewinne werden unter Berücksichtigung des Zeitwertes berechnet (Brigham und Ehrhardt 2011).

Sind im Beispiel aus Tabelle 07:00-11 die Kapitalkosten so hoch wie der Zinssatz (engl. Discount Rate) von 10 %, werden jedes Jahr die umgerechneten Kapitalkosten bis zum Erreichen des positiven Cashflows addiert. Im obigen Beispiel summiert sich in vier Jahren 5,9 Mio. diskontiertes Kapital, das zum ersten Mal im sechsten Jahr durch Rückzahlungen ausgeglichen wird. Bei der regulären Payback-Kalkulation geschieht dies bereits im fünften Jahr.

Die Diskontierte Rückzahlung DPB ist in etwa mit der NPV-Bewertung des Projekts zu vergleichen. Da die Diskontierung jedoch nicht ganz unkompliziert ist, wird dieses Verfahren weniger oft angewendet.

Realoptionen RO

Das nächste Werkzeug in unserer Aufstellung ist die Gegenüberstellung von Realoptionen. Die klassische Methode für make-or-buy-Entscheidungen ist auch zur Bewertung von Projektumsetzungen nützlich. Hier werden mehrere Verfahren angewendet, um die Optionen zu vergleichen und zu bewerten.

Rechnerische Investitionsrendite (engl. Book (Account) Rate of Return ARR)

Hierbei wird der durchschnittliche (gemeint ist das arithmetische Mittel) operative Gewinn mit dem Bilanzwert der Investition verglichen. Es muss erwähnt werden, dass der Vermögenswert nach Abschreibung und Amortisation gegeben ist, künftige Gewinne beruhen auf Schätzungen. Das Verfahren ähnelt der Payback-Berechnung, favorisiert jedoch aufgrund nicht einbezogener Gefahren risikoreichere Entscheidungen eher als die relativ konservative Payback-Bewertung (Needles et al. 2011).

In unserem Beispiel werden über vier Jahre verteilt 3,5 Mio. investiert, also durchschnittlich 0,9 Mio. pro Jahr. Der erzielte Gewinn liegt innerhalb von vier Jahren bei 7,7 Mio., d. h. pro Jahr 1,9 Mio. Der ARR beträgt demnach über 200 %.

Simulationsanalyse/Value at Risk VAR

Value at Risk VAR (Wert im Risiko) ist ein Maß für die Unbeständigkeit einer Wertanlage in Bezug auf verschiedene Faktoren und wird simulativ berechnet. Der VAR ist definiert als absoluter Wertverlust einer im Unternehmen definierten Risikoposition, der mit einer Wahrscheinlichkeit von üblicherweise 95,99 % (Konfidenzniveau) nicht überschritten wird (Brigham und Ehrhardt 2011).

Profitability Index PI

Nützlich, jedoch selten verwendet, ist die Kapitalwertrate KWR oder Profitability Index PI. Sie ist definiert als NPV geteilt durch den Kapitaleinsatz (Hawawini und Viallet 2011; Brigham und Ehrhardt 2011).

$$PI = ((CF_1 * DF_1) + \ldots + (CF_n * DF_n))/CF_0,$$

Ist der PI größer als 1, sollte das Projekt weitergeführt werden. Somit ist er ähnlich zu verwenden wie die IRR und verhält sich umgekehrt zum NPV. Man könnte den Profitability Index mit der Kosten-Nutzen-Analyse vergleichen. Der Gewinn muss größer sein als der Aufwand. Der PI betrachtet dieses Verhältnis von der finanziellen Seite her.

Adjusted Present Value APV

Zum Schluss der am häufigsten genutzten Verfahren betrachten wir noch das APV-Verfahren (engl. Adjusted Present Value APV). Es berechnet den Wert des Eigenkapitals durch Abzug der Nettofinanzverbindlichkeiten vom Unternehmensgesamtwert (Brigham und Ehrhardt 2011). Dieses Instrument ist hauptsächlich dann anzuwenden, wenn das Kapital eines Projekts zum größten Teil fremdfinanziert ist.

Gleichgewicht mit immateriellen Gewinnen

Allein mit finanziellen Maßstäben kann das Szenario eines Projekts jedoch nicht zufriedenstellend beurteilt werden. Der ganze Verwaltungsaufwand ist nur zum Teil durch pekuniäre Gewinne gerechtfertigt. Immaterielle Vorteile wie nachhaltige Entwicklung, größere Kundenzufriedenheit durch schnelleren Service oder die Erschließung neuer Märkte sind ebenso erstrebenswerte Ziele. Aber auch negative Effekte wie die Gefahr der Demotivierung von Mitarbeitern oder die Abhängigkeit von einem einzigen Zulieferer sind in die Betrachtungen einzubeziehen.

Solche nicht quantifizierbaren Chancen und Gefahren müssen bei der Beurteilung eines Projekts neben finanzielle Erwägungen gestellt, sorgfältig bewertet und gegeneinander abgewogen werden. Für die Projekte des Schweizerischen Bundes beispielsweise wurde das Messsystem MONET mit 80 Indikatoren, darunter 16 Schlüsselindikatoren entwickelt (Bundesamt für Raumentwicklung ARE 2013).

Nutzwert- Analyse

Manchmal kann der praktische Nutzen sogar wichtiger sein als wirtschaftlicher Profit. Ausgewählte Methoden der Nutzwertanalyse werden in Kapitel 12:33 näher betrachtet.

7:40 Vorlagen

7:41 Projektmanagementbezogene Dokumente

Der Zielverwirklichungsprozess soll alle sechs „W"s beantworten. Es muss deutlich erkennbar sein, welches „W" wo bearbeitet wird und ob diese Antwort zufriedenstellend ist.

Die Vorlage Tabelle 07:00-12 soll dabei behilflich sein:

Tabelle 07:00-12 Vorlage zur Überprüfung der Erfüllung der sechs „W"

Nr.	Ergebnis	Was?	Warum?	Wer?	Wann?	Wo?	Wie?
1	Ziele						
2	Quantifizierte Ziele						
3	Resultate						
4	WBS						
5	PSP						
6	Zeitplan						
7	Kosten						
8	Rentabilität						
9	…..						

7:42 Produktbezogene Dokumente

Das elementare Resultat dieses Prozesses ist der Projektauftrag, ausgearbeitet zum Projektplan. Der Projektauftrag hat mehrere Aufgaben. Er enthält den Namen des Projektleiters und autorisiert ihn, Ressourcen einzusetzen. Der größte Teil des Resultats definiert das Projekt. Im letzten Teil bestimmt er die Personen, die für die Abnahme des Projekts und die abschließende Stellungnahme verantwortlich sind. Auch wenn der Projektauftrag umfangreich ist, sollte er doch eine Art Leitfaden für spätere bereichsspezifische Planungen darstellen.

Tabelle 07:00-13 Vorlage für den Projektauftrag in Anlehnung an HERMES 5 (Mourgue d'Algue et al. 2013)

Nr.	Objekt	Ref. Dokument	Aktualisiert	Bemerkungen
1	Name des Projekts			
2	Projektleiter			
3	Antrag			
4	Zusammenfassung			
	AUSGANGSLAGE			
5	Bedarfsbeschreibung			

6	Strategiebezug und Vorgaben				
7	Analysenerkenntnisse				
	ZIELE				
8	Projektziel				
9	Weiterer Nutzen				
	LÖSUNGSBESCHREIBUNG				
10	Architekturen				
11	Umsetzungsalternativen				
12	Randbedingungen				
	MITTELBEDARF				
13	Personelle Kapazitäten				
14	Materielle Mittel				
15	Finanzielle Mittel				
	PLANUNG UND ORGANISATION				
16	Umriss Projektorganisation				
17	Hauptrollen				
18	Grobe Meilensteinplanung				
	WIRTSCHAFTLICHKEIT				
19	Annahmen zu Berechnung				
20	Wirtschaftlichkeit				
21	Kosten/Nutzen				
	RISIKEN UND KONSEQUENZEN				
22	Risiken bei der Umsetzung				
23	Konsequenzen bei Nichtumsetzung				

07:50 Phasenaufgaben und -ergebnisse

07:51 Initiierungsphase

Aufgaben:
- Definition der Ziele
- Definition ihrer Beziehung zur Unternehmensstrategie und zur Gesamtbewertung
- Analyse der Ziele
- Formulierung des Projektziels
- Quantifizierung des Projektziels
- Identifizierung von Anforderungen, Restriktionen und Begrenzungen der Projektbeteiligten
- Entwurf der Produkt- und der Projektstrukturen
- Entwurf der Basisverfahren und Schlüsseltechniken
- Identifizierung von verfügbaren Fähigkeiten und benötigten Start-up-Rollen im Projekt
- Formulierung der Planziele mit Ausführungskriterien
- Bewertung der wirtschaftlichen Rentabilität
- Finanzielle Absicherung des Projekts

Ergebnisse:
- Projektauftrag mit unterzeichnetem Grundriss
- Von den Projektbeteiligten akzeptierter Entwurf von Produkt- und Projektstrukturen
- Definierte Start-up-Rollen, Kernfunktionen und -verantwortungsbereiche

07:52 Planungsphase

Aufgaben:
- Erneute Bewertung des Projektziels
- Ausführung der Veränderungen, die in der Initiierungsphase beschlossen wurden
- Entwurf der Produktstrukturierung WBS
- Analyse der verfahrensorientierten Abhängigkeiten zwischen Aufgaben und Arbeitspaketen
- Planentwurf von Produktionsprozessen
- Planentwurf von Validierungsprozessen
- Planentwurf von Änderungsprozessen
- Planentwurf von Projektführungsprozessen
- Planentwurf von Umsetzungsprozessen

07:00 Zielverwirklichungsmanagement ZVM

- Planentwurf von Inbetriebnahmeprozessen
- Entwurf des Zeitplans und der Termine für Meilensteine
- Entwurf des Projektstrukturplans PSP
- Definition aller benötigten Rollen, aller Funktionen und der Verantwortlichkeiten
- Bewertung der wirtschaftlichen Rentabilität
- Finanzielle Absicherung des Projekts
- Ausarbeitung des definitiven Projektauftrages

Ergebnisse:

- Projektpläne (angepasster Projektauftrag) mit allen nötigen unterzeichneten Dokumenten
- Akzeptanz des Kunden hinsichtlich WBS und PSP
- Definierte benötigte Rollen, Funktionen und Verantwortlichkeiten
- Projektgeschäftsfall überprüft und akzeptiert

07:53 Umsetzungsphase

Aufgaben:

- Ausführung der Veränderungen, die in der Umsetzungsphase beschlossen wurden
- Überprüfung der Übereinstimmung von Projektauftrag und Projektplänen

Ergebnisse:

- Validierung der Ergebnisse aus der Planungsphase und ihrer Korrekturen aus der Umsetzungsphase

07:54 Abschluss- und Bewertungsphase

Aufgaben:

- Ausführung der Veränderungen, die in der Umsetzungsphase beschlossen wurden
- Bewertung der Konformität von Projektauftrag und Projektplänen

Ergebnisse:

- Validierung der Ergebnisse aus der Umsetzungsphase und ihrer Korrekturen aus der Abschlussphase

Literaturverzeichnis

BBI (2013): Der Beauftragte der Bundesregierung für Informationstechnik, Das V-Modell XT, http://www.cio.bund.de/DE/Architekturen-und-Standards/V-Modell-XT-Bund/vmodellxt_bund_node.html, Zugriff am 8. Februar 2013.

Beck, K. et al. (2001/2013): Manifesto for Agile Software Development, Agile Alliance, http://agilemanifesto.org/, Zugriff am 8. Februar 2013.

Bitz, M, (1998): Investition, In: M. Bitz et al. (Hrsg.): Vahlens Kompendium der Betriebswirtschaftslehre, Band 1, München, S. 107-173.

Boehm, B. W. (1981): Software Engineering Economics, Englewood Cliffs.

Bragg, S. M. (2011): The New CFO Financial Leadership Manual, Hoboken.

Brigham, E. F./Ehrhardt, M. C. (2011): Financial Management. Theory and Practice, Mason.

Bundesamt für Raumentwicklung ARE (2013): Nachhaltige Entwicklung, Drei Dimensionen-Konzept, http://www.are.admin.ch/themen/nachhaltig/00260/02006/index.html?lang=de, Zugriff am 4. Mai 2013.

Cadle ,J./Yeates, D. (Hrsg.) (2008): Project Management for Information Systems, Englewood Cliffs.

Caupin, G. et al. (Hrsg.) (2006): ICB – IPMA Competence Baseline, Version 3.0, Nijkerk.

Clark, W. et al. (1922): The Gantt chart. A working tool of management, New York.

CMMI (2010/2013): CMMI for Development, V.1.3. (CMU-SEI-2010-TR-033) Software Engineering Institute, Carnegie Mellon University, Pittsburgh, http://www.sei.cmu.edu/library/abstracts/reports/10tr033, Zugriff am 8. Februar 2013.

DIN 19246:1991-06 (1991) Messen, Steuern, Regeln. Abwicklung von Projekten. Begriffe, Berlin.

DIN 69901:2009 (2009): Projektwirtschaft, Projektmanagement, Begriffe, Berlin.

DIN 69901:2009-01 (2009): Projektmanagement – Projektmanagementsysteme, Berlin.

Erdi, P. (2008): Complexity explained, Berlin/Heidelberg.

EU (2013): http://cordis.europa.eu/fp7/ethics_en.html, Zugriff am 8. Februar 2013.

Fridson, M./Alvarez, F. (2011): Financial Statement Analysis. A Practition's guide, Hoboken.

Gell-Mann M (1994): The Quark and the Jaguar. Adventures in the Simple and the Complex, London.

Gordon, D. T. (2003): A Nation Reformed? American Education 20 years after a Nation at Risk, Boston.

Graham, J. R./Harvey, C. R. (2002): How do CFOs make capital budgeting and capital structure decisions?, in: The Journal of Applied Corporate Finance, Jg. 15, S. 8-23.

Grau, N. (1999): Projektziele; In: Rationalisierungskuratorium der Deutschen Wirtschaft e.V. (Hrsg.): Projektmanagement Fachmann, Band 1; Eschborn, S. 151-184.

Häder, M. (2009): Delphi-Befragungen. Ein Arbeitsbuch, Wiesbaden.

Hawawini, G./Viallet, C. (2011): Finance for Executives. Managing for Value Creation, Mason.

Heeg, F. J./Frieß, P. M. (1999): Projektstrukturierung; In: Rationalisierungskuratorium der Deutschen Wirtschaft e.V. (Hrsg.): Projektmanagement Fachmann, Band 2, Eschborn, S. 493-518.

Heckhausen, H./Gollwitzer P. M.(1987): Thought Contents and Cognitive Functioning in Motivational versus Volitional States of Mind, in: Motivation and Emotion, Jg. 11, S. 101-120.

Heldman, K. (2009): PMP. Project Management Professional Exam Study Guide, Indiana.

HERMES 2003 (2003): Führen und Abwickeln von Projekten in der Informations- und Kommunikationstechnik, Bern.

HERMES 2005 (2005): Führen und Abwickeln von Projekten der Informations- und Kommunikationstechnik (IKT), Systemadaptation, Bern.

Hummel, O. (2011): Aufwandschätzungen in der Software- und Systementwicklung, Heidelberg.

ISB (2013): HERMES Poweruser Support Tool, Informatiksteuerungsorgan Bund ISB Bern, http://www.hermes.admin.ch/ikt_projektfuehrung/poweruser/hermes-power-user-release-2.0, Zugriff am 9. Februar 2013.

ISO 9001:2008 (2008): Quality management systems – Requirements, TC 176/SC 2, Genf.

ISO 10006:2003 (2003): Guidelines for Quality Management in Projects, TC 236, Genf.

ISO 10007:2003 (2003): Quality Management Systems – Guidelines for Configuration Management, ICS 03.120.10, Genf.

ISO 14001:2004 (2004): Environmental Management Systems – Requirements with Guidance for Use, ICS 13.020.10, Genf.

ISO 15504:2004 (2004): Information technology – Process assessment – Part 1: Concepts and vocabulary, ICS 35.080, Genf.

ISO/IEC 20000-1:2011 (2011): Information Technology-Service management – Part 1: Service management system requirements. ICS 03.080.99; 35.020, Genf.

ISO/DIS 21500:2011 (2011): Guidance on Project Management, ICS 03.100.40, Genf.

ISO 21500:2012 (2012): Guidance on Project Management, ICS 03.100.40, Genf.

ISO/IEC 27003:2010 (2010): Information technology – Security techniques – Information security management system implementation guidance, ICS 35.040, Genf.

ISO/DIS 31000:2009 (2009): Risk Management, Principles and Guidelines, ICS 03.100.101, Genf.

Jenny, B. (2001): Projektmanagement in der Wirtschaftsinformatik, Zürich.

Kato, I./Smalley, A. (2011): Toyota Kaizen Method. Six Steps to Improvement, Philadelphia.

Kelley, J. E. Jr./Walker, M. R. (1959): Critical-Path Planning and Scheduling. An Introduction, Ambler.

Kendrick, T. (2009): Identifying and managing project risk. Essential tool for failure-proofing your project, New York.

Klose, B. (2002): Projektabwicklung. Arbeitshilfen, Fallbeispiele, Checklisten im Projektmanagement, Frankfurt am Main/Wien.

Lewis, J. P. (2011): Project Planning, Scheduling & Control. A hands-on guide to bringing projects in time and on budget, New York.

Lock, D. (2007): Project Management, Aldershot.

MethoDe (2013): Kreativität durch Methode 635, http://www.methode.de/dm/km/dmkm002.html, Zugriff am 8. Februar 2013.

MindTools (2013): Brainstorming. Generating many radical creative ideas, http://www.mindtools.com/brainstm.html, Zugriff am 8. Februar 2013.

Mourgue d'Algue H. et al. (2013): HERMES 5. Projektmanagementmethode für alle Projekte. Referenzhandbuch, Bern.

Needles, B. E. et al. (2011): Financial and Managerial Accounting, Mason.

Ninck A. (2004) Systemik. Vernetztes Denken in komplexen Situationen, Zürich.

Osborn, A. F. (1957): Applied Imagination, New York.

Pfetzing, K./Rohde, A. (2001): Ganzheitliches Projektmanagement, Zürich.

Phillips, J. (2010): IT Project Management. On Track from Start to Finish, New York.

PMI (2004): A Guide to the Project Management Body of Knowledge (PMBOK Guide), Newton Square.

PMI (2013): A Guide to the Project Management Body of Knowledge (PMBOK Guide), Newton Square.

PMIe (2013): Project Management Institute, Code of Ethics and Professional Conduct, http://www.pmi.org/AboutUs/Pages/CodeofEthics.aspx, Zugriff am 8. Februar 2013.

Project Excellence (2013): The PE Modell, IMPA, BD Nijkerk, http://ipma.ch/awards/project-excellence/the-pe-model, Zugriff 8. Februar 2013.

Putnam, L. H./ Myers, W. (1992): Measures for excellence. Reliable software on time, within budget, Englewood Cliffs.

Research Methods Consortium (2013): http://rmc.ncr.vt.edu/ frum/index.php-?topic=119.0, Zugriff am 8. Februar 2013.

Rohrbach, B. (1969): Kreativ nach Regeln – Methode 63. Eine neue Technik zum Lösen von Problemen, in: Absatzwirtschaft, Jg. 12, S. 73-75.

Sackman, H. et al. (1968): Exploratory Experimental Studies Comparing Online and Online Programming Performance, in: Communications of the ACM, Jg. 11, S. 3-11.

Schnitker, M. (2007): Brainstorming. Vorbereitung und Durchführung – ein Fallbeispiel, München.

Schwalbe, K., (2010): Information Technology Project Management, Boston.

Sharma, S. C. (2006): Operation Research. Pert, Cpm & Cost Analysis, New Delhi.

SEI (2010): CMMI® for Services, Version 1.3, CMU/SEI-2010-TR-034, ESC-TR-2010-034, Pittsburgh.

Stires, D. M./Murphy, M. M. (1962): Modern management methods PERT and CPM. Program evaluation review technique and critical path method, Ann Arbor.

Universität von Südkalifornien (2013): COCOMO® II
http://csse.usc.edu/csse/research/COCOMOII/cocomo_main.html, Zugriff am 8. Februar 2013.

Weaver, P. (2007): The Origins of Modern Project Management, Presented at Fourth Annual PMI College of Scheduling Conference, 15-18 April 2007, Proceedings Mosaic Project Services, Melbourne.

Webb, A. (2000): Project Management for successful Product Innovation, Aldershot.

Zwicky, F. (1948): Morphological Astronomy, in: The Observatory, Jg. 68, S. 121-143.

08:00 Organisationsmanagement OM

Kurze Übersicht

Worum geht es?

Das Organisationsmanagement hat zur Aufgabe, diejenige organisatorische Projektstruktur zu konzipieren, die aus Sicht aller Projektstakeholder bestmögliche Effektivität erzielt.

Wer ist gefordert?

Der Projektleiter und sein anfängliches Kernteam, möglichst unterstützt von weiteren Projektstakeholdern, die mit der Umfeld- und Unternehmenskultur vertraut sind.

Welche Bedeutung hat der Prozess?

Die Projektorganisation muss die Interessen aller Projektstakeholder erkennen und in geeigneter Form wahrnehmen – sonst ist die Leistungsfähigkeit des Projekts stark eingeschränkt.

Wie geht man vor?

Passen Sie die prozessabhängige funktionale Struktur an die Interdependenzen aller Projektstakeholder und an die kulturellen Hintergründe an. Teilen sie Ihre Vorhaben ggf. in mehrere Teilprojekte. Planen sie Teamerweiterungen. Leiten Sie die Probleme, Änderungs- oder Wissensmanagementanträge weiter. Wiederholen Sie den Prozess.

Wo liegen die Herausforderungen?

Nicht immer sind alle Projektstakeholder zu Beginn eines Projekts bekannt. Begegnen Sie organisatorisch den Bedürfnissen aller Stakeholder offen. Planen Sie die fortlaufenden, aber auch vorsichtigen Anpassungen der Organisation an die sich wandelnden Bedürfnisse der Projektstakeholder. Nehmen Sie sich die Zeit dazu.

Was entscheidet über den Erfolg?

Verlassen Sie sich nicht nur auf funktionale, prozessabhängige Strukturen. Von Ihrem Einfühlungsvermögen hängt die umfassende Wahrnehmung aller Erwartungen der Projektstakeholder ab. Sie ist entscheidend für den Verlauf des Projekts – also eruieren Sie diese sorgfältig und aktualisieren Sie stets die Übersicht, nehmen Sie sich Zeit für effiziente Kontakte und pflegen Sie diese. Erforschen Sie die vorhandene Unternehmensstruktur und orientieren Sie sich bei der Projektstrukturierung daran. Planen Sie genügend Zeit für Struktur- und Teamänderungen ein und nehmen Sie sich diese Zeit auch wirklich, sollen diese Veränderungen später produktiv sein. Effektivität – vor Effizienz – ist das Primärziel des Organisationsmanagements.

08:00 Organisationsmanagement OM

Prozess

Ziele und Beteiligte des Projekts sind zu identifizieren. Die funktionale Organisation der Prozesse wird erstellt und an die kulturellen Bedürfnisse angepasst. Auch Teamerweiterungen sind dabei ins Auge zu fassen. Der Prozess (Abb. 08:00-1) kann auch von einem anderen Prozess oder periodisch initiiert werden. Dabei ist auf ausstehende Prozessverbesserungen und Aufgaben einzugehen.

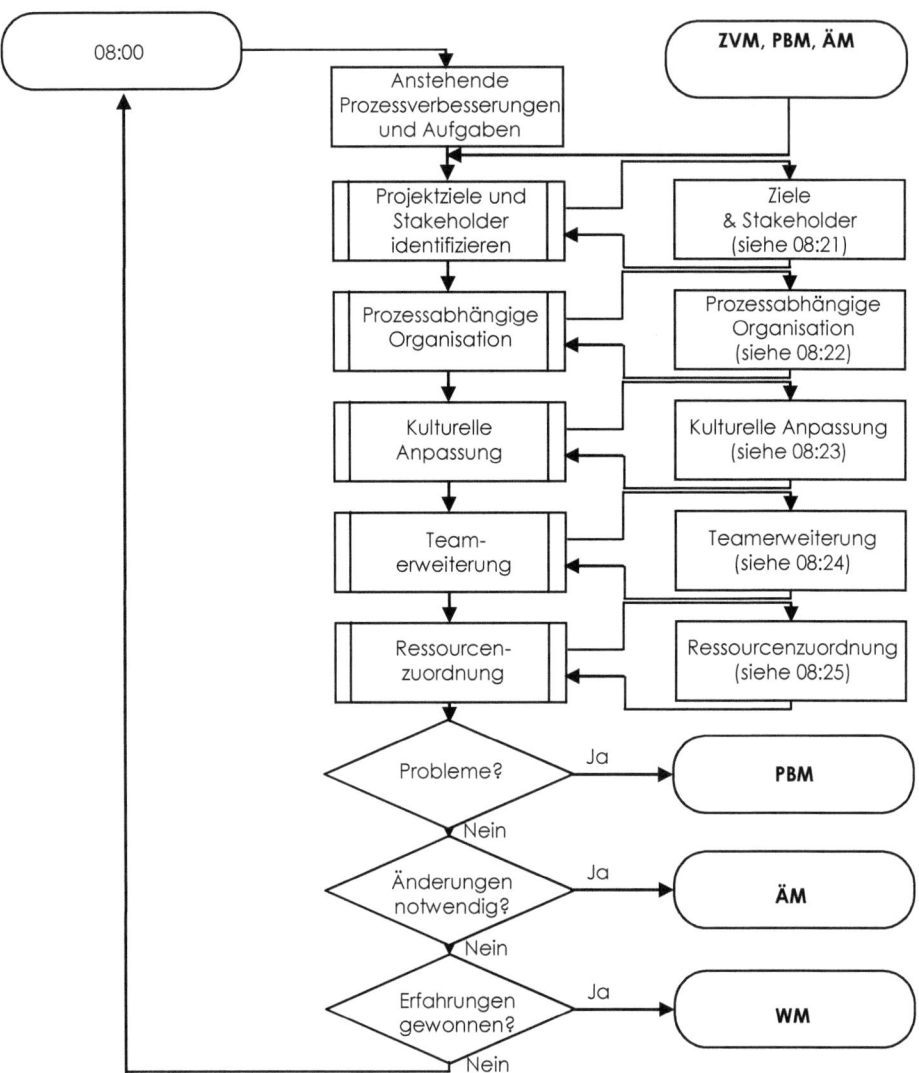

Abb. 08:00-1 Der Organisationsmanagementprozess

08:10 Ziel des Organisationsmanagements OM

Das Organisationsmanagement soll die bestmögliche Wahrnehmung aller Erwartungen an das Projekt sicherstellen, indem es eine effektive Beziehungsstruktur zwischen Mitarbeitern und externen Beteiligten eines Projekts herstellt und die zur Verfügung stehenden Ressourcen bestmöglich nutzt.

08:20 Methoden

Die ISO 21500:2012 wie auch HERMES 5 sehen Projektorganisation als temporäre Struktur, die alle Rollen, Verantwortlichkeiten und Autoritätsebenen enthält, diese definiert und allen Projektstakeholdern übermittelt (ISO 21500:2012 2012; Mourgue d'Algue et al. 2013). Die Organisationsstruktur reflektiert die Beziehungsstruktur innerhalb und außerhalb des Projekts.

Diese neuartige Definition bedeutet eine vollkommen neue Sichtweise der Organisationsgestaltung und entspricht voll den Erfahrungen des Autors dieses Buches.

Organisatorische Effektivität vor Effizienz

Das Primärziel der Organisation ist nicht Effizienz, sondern Effektivität hinsichtlich der Berücksichtigung der verschiedenen Erwartungen aller Projektstakeholder, gemessen an dem Grad, in dem die Organisation ihr Ziel erreicht (Daft 2009).

Aktuelle Publikationen, wie das IPMA oder ICB V3.0 vertreten eine Bemessung der organisatorischen Effizienz (Caupin et al. 2006) an der Höhe der eingesetzten Ressourcen (Daft 2009). Immer noch gibt es Projekte, die sich ausschließlich an der Effizienz orientieren (Doerffer 2010).

Effizienz wird primär durch die tayloristische Optimierung des Aktionsablaufs (Ablaufzeiten, Anzahl der Interaktionen) erzielt (Daft 2009; Larson 2007). Dies mag bei Einzelvorgängen – wie beispielsweise an einem Montageband – funktionieren, bei einem durch Einzigartigkeit und Ungewissheit gekennzeichneten Projekt ist diese Sichtweise weniger erfolgversprechend. Eine Projektorganisation, die sich ausschließlich am Effizienzkriterium orientiert, wird mit hoher Wahrscheinlichkeit scheitern (Larson 2007). Der Grund dafür kann in der Vernachlässigung der Wirkung, welche die organisatorischen Beziehungen auf den Verlauf des Projektes und in der Folge auf die Effizienz jedes Einzelnen haben, gesehen werden.

ISO 21500:2012 Projektorganisationsmanagementprozesse

Inhaltlich umfasst dieses Kapitel folgende ISO 21500:2012 Prozesse (ISO 21500:2012 2012):

- 4.3.9 Identifizierung der Projektstakeholder
- 4.3.10 Beziehungspflege mit den Projektstakeholdern
- 4.3.16 Schätzung der Ressourcen (Anpassung)
- 4.3.17 Definition der Projektorganisation (Ausarbeitung der Rollenbeschreibung und Organisationsdarstellung)

08:21 Identifikation von Zielen und Stakeholdern

Ein erster Entwurf der Organisationsstruktur wird bereits in einem sehr frühen Stadium des Projekts erstellt (Dinsmore und Cabanis-Brewin 2011). In den meisten Fällen stellt der Initiator, später der Projektleiter oder Projektsponsor, sein Kernteam für die Projektinitiierung zusammen. In der Regel besetzen diese Personen im späteren Team Schlüsselpositionen.

Ganzheitliche Sicht der Projektorganisation

Aus der ganzheitlichen Sicht der ISO 21500:2012, u. a. nach Bourne (Bourne 2009) und Taylor (Taylor 2006; Daft 2009), stehen die Projektstakeholder im Fokus der Organisation. Nach ISO 21500:2012 ist ein Projektstakeholder eine Person, eine Gruppe oder eine Organisation, welche ein Interesse an einem beliebigen Aspekt eines Projektes hat, vom Projekt betroffen ist, auf das Projekt Einfluss nehmen kann oder in ihrem Empfinden vom Projekt betroffen ist (ISO 21500:2012 2012). Ähnlich definiert Bourne Projektstakeholder als Personen, die Interessen, Rechte (moralische oder gesetzliche) oder Eigentum am Projekt haben bzw. einen Beitrag in Form von Wissen oder eigenen Ressourcen dazu leisten (Bourne 2009).

ISO 21500:2012 Projektstakeholder

Die ISO 21500:2012 nennt folgende projekttypische Projektstakeholder (ISO 21500:2012 2012):

- Projektleiter – führt und managt die Aktivitäten des Projekts und ist für das Erreichen der Ziele verantwortlich.
- Projektführungsteam – unterstützt den Projektleiter bei seinen Aufgaben.
- Projektteam – trägt zum Erfolg des Projekts bei, indem es definierte Rollen ausübt. Zu bemerken ist, dass die Norm keinerlei funktionale Restriktionen bezüglich der Rollen in einem Projekt vorgibt.

Diese Gruppe bildet laut Norm die Projektorganisation.

Der Projektsponsor führt laut Norm die zweite Gruppe der Projektstakeholder unter der Gesamtbezeichnung Projektgovernance an. Seine Rolle wird handlungsbezogen folgendermaßen definiert:

- Projektsponsor – autorisiert das Projekt, trifft exekutive Entscheidungen und löst Probleme und Konflikte, die über den Verantwortungsbereich des Projektleiters hinausgehen.

In dieser Eigenschaft entspricht das dem anderweitig – z. B. in HERMES 5 – verwendeten Begriff Auftraggeber (Mourgue d'Algue et al. 2013). In diesem Buch wird kontextabhängig der eine oder der andere Begriff verwendet. Bevorzugt wird jedoch der Begriff des „Sponsors", wobei mit diesem Begriff auch der Einsatz von eigener Mittel gemeint ist. Im Unterschied dazu verfügt der Auftraggeber nur über ihm anvertraute Drittmittel. Das Engagement eines Sponsors in ein Projekt wird daraus folgend als stärker ausgeprägt angesehen.

Kritisch wird betrachtet, dass in der Norm die Mitwirkung des Projektsponsors lediglich als Option behandelt und nicht als erforderliche Rolle im Projekt gesehen wird. Diesbezüglich ist HERMES 5 eindeutig und klarer (ebd.).

Der wichtigste und über den Verlauf eines Projekts entscheidende Punkt ist das Verhältnis zwischen Projektsponsor und Projektleiter. Qualität, Vertrauen und Effektivität dieser Beziehung sind maßgebliche Faktoren für die erfolgreiche erste Projektsichtung.

Weiter in der Norm:
- Projektaufsicht oder Projektausschuss (optional) – leistet einen Beitrag zum Projekt durch ranghöhere Handlungshilfe. Unterstützung durch eine erfahrene Führungskraft wäre hier die bessere Wahl. Nach Ansicht des Autors ist die Einrichtung eines Projektausschusses obligatorisch. Auch wenn es sich nur um einen einziger Berater handelt, so ist dieser doch als Sparringpartner für den Projektsponsor unentbehrlich, um in Projektbelangen den optimalen Lösungsweg zu finden.

Projektsponsor und Projektausschuss bestimmen in verantwortlicher Weise die Projektleitungsprinzipien (Governance):
- Projektleitungsprinzipien - stellen das System dar, durch das die Projektorganisation geführt und kontrolliert wird.

Sie definieren
- die Führungsstruktur
- angewandte Strategien, Prozesse und Methodik
- Entscheidungsbefugnisse
- Verantwortungs- und Rechenschaftsbereiche der Projektstakeholder
- Interaktionen wie Rechnungslegung, Risiko- oder Problemeskalation

Projektleitung mit Mission, Vision und Strategie ist abhängig von Fähigkeiten, die mit Hilfe von Reifegradmodellen beurteilt werden können (Cleland und Ireland 2006).

Es gibt noch zwei andere relevante Projektstakholdergruppen. Die erste Gruppe bilden die namentlich ausgeführten:
- Kunde oder Stellvertreter des Kunden – trägt zum Projekt bei, indem er Leistungsanforderungen (Terms of Reference) definiert und die Abnahme des Produktes ausführt (Ergebnis, siehe Kapitel 07:00 Zielverwirklichungsmanagement).

- Zulieferer – stellen der Norm entsprechend Ressourcen für das Projekt bereit.
- Projektmanagementbüro (engl. Projekt Management Office PMO) – leistet laut Norm Hilfestellung auf unterschiedlichen Gebieten. In diesem Buch unter Wissensmanagement WM und Kommunikationsmanagement KOM angesiedelt. Der Entwurf der Norm sah es zuerst als zusätzliche Komponente außerhalb des Projektteams vor, in der publizierten Norm 21500:2012 wird das Büro jedoch in die Gruppe weiterer Projektstakeholder verschoben. Aus der Sicht des Autors bildet das PMO einen Bestandteil des Projektteams und sollte entsprechend wie im Entwurf vorgesehen in der ersten Gruppe der Projektstakeholder – als Teil des Projektteams – aufgeführt werden. Weitere in der Norm erwähnte (zumindest nach der Abbildung 4 der Norm), jedoch nicht genauer erläuterte Projektstakholder (ISO 21500:2012 2012):

- Spezielle Interessengruppen – mit Bezügen zum Projektverlauf oder Produkt – können den Verlauf des Projekts positiv oder negativ beeinflussen.
- Öffentlichkeit – breite, größtenteils anonyme Gruppe, die indirekt, z. B. durch Gesetzesänderungen, großen Einfluss auf das Projekt ausüben kann.
- Finanzieller Träger – in der Regel, aber nicht ausschließlich durch den Projektsponsor repräsentiert. Er sichert das finanzielle Rückgrat und die Liquidität des Projekts.
- Aktionäre und Beschäftigte – Personen im Umfeld des Projekts mit aktiver Einflussnahme auf Ressourcen
- Geschäftspartner im Allgemeinen

Ein letzter, sehr allgemeiner Begriff ist das Projektumfeld. Der Standard bietet hier keine Definition. Projektleitungsprinzipien und Umfeld bilden die zusammenhängenden Dimensionen der Projektorganisation (Daft 2009).

Das Umfeld mit all seinen Unwägbarkeiten ist ein zentraler Faktor für den Erfolg des Projekts (Daft 2009). Aus Graphiken und Beschreibungen der Norm kann indirekt folgende Definition abgeleitet werden (ISO 21500:2012 2012):

- Umfeld eines Projekts – wird auf Basis der Geschäftsverbindungen und erwarteter Ergebnisse von der Organisation bestimmt, in die das Projekt eingebettet ist. Es umfasst Projektorganisation, relevante Geschäftsprozesse sowie Projektleitungsprinzipien und schließt oben genannte Projektstakeholder mit ein. Sie wird beeinflusst von Faktoren außerhalb der Projektgrenzen wie z. B. sozioökonomischen, geographischen, politischen, aufsichtsrechtlichen, technologischen und ökologischen Gegebenheiten und von Faktoren innerhalb der Organisation wie Strategie, Technologie, Erfahrung der Projektleitung, Verfügbarkeit von Ressourcen sowie Organisationskultur und -struktur.

Die Beziehungen zwischen den in der ISO 21500:2012 genannten Stakeholdern veranschaulicht Abb. 08:00-2.

08:20 Methoden

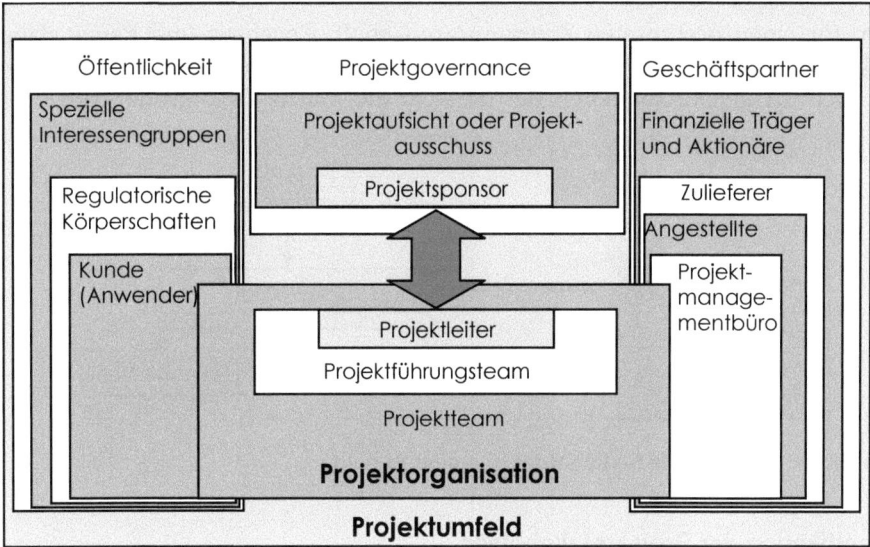

Abb. 08:00-2 Projektstakeholder (vgl. ISO 21500:2012 2012)

HERMES 5-Projektorganisation

Die Rollen in HERMES 5 werden ohne nähere Begründung bestimmt und zugeordnet. Aufgeteilt werden sie in (Mourgue d'Algue et al. 2013):
- Steuerung (Auftraggeber mit folgenden Aufgaben: Projektaufsicht /Projektausschusses sowie Qualitäts- und Risikomanagement)
- Führung (Projektleiter mit Fachausschuss, Teilprojektleiter und Projektunterstützung)
- Ausführung (Fachspezialisten mit mehreren vordefinierten Rollen)

Insbesondere die Entkoppelung der Verantwortung des Projektleiters für Risiken und Qualität bei gleichzeitiger Betrauung mit der Aufgabe des Managements von Risiken und der Durchführung der Qualitätssicherung führt zu Inkonsistenzen in der Entwicklung und stellt HERMES 5-Organisationen vor große Herausforderungen (ebd.).

Vorgesetzte als Projektstakeholder

Zwei Projektstakeholder mit Schlüsselstellung finden in der Norm keine Erwähnung:
- Linienvorgesetzter des Projektleiters
- Linienvorgesetzte der Teammitglieder

Organisation und Mitarbeiter eines Projekts tauchen nicht einfach aus dem Nichts auf. In den meisten Fällen werden sie dem Projekt von den zuständigen Organisationen bzw. der funktionalen Organisation zugeteilt und gehören dem Projektteam dann für einen bestimmten Zeitraum an. Gehalt, Coaching und Personalangelegenheiten werden meist weiterhin von der Stammorganisation übernommen. Das gilt auch für den Projektleiter, der de facto die Matrix-Organisation des Projekts definiert (Abb. 08:00-3).

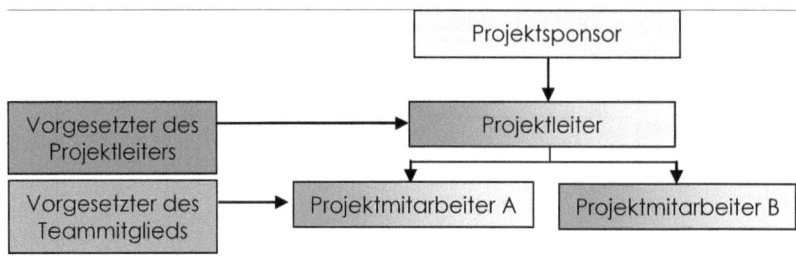

Abb. 08:00-3 Vorgesetzte Stakeholder in einem Projekt

Klassifikation der Projektstakeholder

Projektstakeholder können sehr unterschiedliche Wirkungen auf das Projekt haben. Normalerweise bemisst ein Projektleiter Projektstakeholder nach ihrem positiven Beitrag zum Projekt. Leider gibt es im Projektumfeld auch immer wieder Projektstakeholder, die gerade gegenteiligen Absichten verfolgen und einen dementsprechenden Einfluss auf das Projekt ausüben. Die Klassifikation nach Roberts stellt dies in Abb. 08:00-4 dar (Roberts 2007).

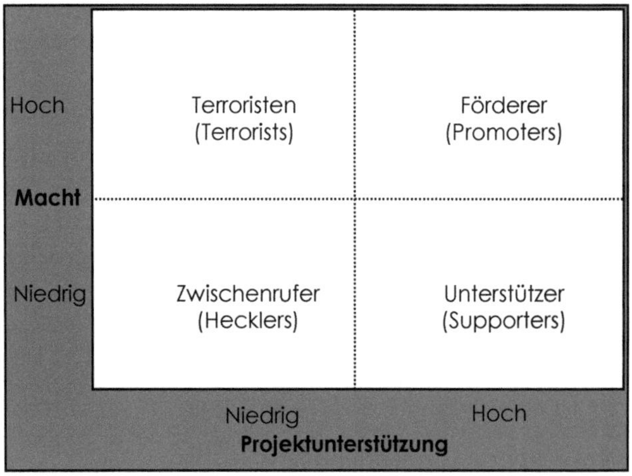

Abb. 08:00-4 Klassifikation der Stakeholder (Roberts 2007)

Stakeholderstrategie

Ein Projektleiter sollte Zwischenrufer (Hecklers) meiden, Terroristen (Terrorists) zuvorkommen, sich um Unterstützer (Supporters) bemühen und Förderer (Promoters) wichtig nehmen. Die Verhaltensstrategie der Projektstakeholder bestimmt hier die Maßnahmen.

Letztlich wird es nicht möglich sein, alle Projektstakeholder gleichermaßen zufrieden zu stellen – die Kunst, trotz aller Unsicherheitsfaktoren die richtige Entscheidung zu treffen, zeichnet den erfolgreichen Projektleiter aus.

08:22 Prozessabhängige Organisation

Die ISO-Norm 21500:2012 sieht Projekte als eine Menge von Prozessen und schließt in ihrer Definition für Projektführungsprozesse die sogenannten Produkt- und Supportprozesse (ISO 21500:2012 2012) aus. In einem Projekt jedoch, in welchem die Inbetriebnahme länger dauert oder die Ergebnisse in mehreren Phasen geliefert und die ersten dann bereits produktiv eingesetzt werden, ist die Einbeziehung der Produkt- und Supportprozesse in die Projektorganisation durchaus zweckmäßig.

Ausgehend von der Produktstruktur werden im Zielverwirklichungsmanagement zur Produkterstellung erforderliche Tätigkeiten in Form einzelner Aufgaben erarbeitet (siehe Kapitel 07:00 Zielverwirklichungsmanagement).

Die Aktionen werden zu Arbeitspaketen zusammengefasst, sinnvoll gruppiert und schließlich zu Prozessen ausgearbeitet.

Taylors Scientific Management

Seit Frederic Winslow Taylor 1898 die Entladung von mit Eisen beladenen Waggons analysierte, wird die Effizienz prozessabhängiger, funktionaler Organisationen als Scientific Management bezeichnet. Verantwortlich für diese Effizienz ist nach Taylor der Manager (Daft 2009). Die Rollenhierarchie war entstanden.

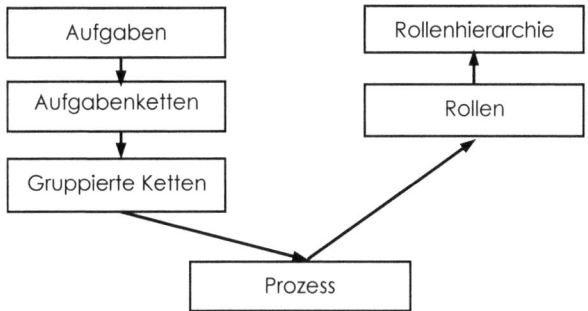

Abb. 08:00-5 Prozess der Rollenerzeugung

Fähigkeiten und Wechselbeziehungen einbezogener Personen werden allerdings vom Taylorschen Scientific Management nicht berücksichtigt.

Führungsspanne

Graicunas formulierte einen theoretischen Ansatz, den er „Führungsspanne" nannte. Er unterschied drei Beziehungsformen zwischen Vorgesetztem (Projektleiter) und Untergebenen (Teammitgliedern) (Graicunas 1937, 2005; Singla 2010):
- Direkte Beziehung: Projektleiter und ein Teammitglied
- Gruppenbeziehung: Projektleiter und ein Teammitglied in Anwesenheit der anderen
- Überkreuz-Beziehung: zwischen Teammitgliedern. Auch dieser Art von Beziehungen sollte sich ein Projektleiter bewusst sein

Die resultierende Anzahl der wechselseitigen Beziehungen beträgt

$$n*(2^{n-1} + (n-1))$$

In der ansonsten nicht zu bemängelnden Arbeit von Mullins wird diese Formel fälschlicherweise als Quotient dargestellt (Mullins 2006, 2008).

Als führbar betrachtete Graicunas auf höherer Ebene eine Anzahl von sechs direkten Untergebenen (222 wechselseitige Beziehungen), auf niedrigerer Ebene bis zu 20 (Singla 2010).

Die Größe des Teams hängt stark vom Projekttyp, vom Führungs- und Kommunikationsstil sowie von der geographischen und psychologischen Verfügbarkeit der im nächsten Kapitel behandelten Ressourcen ab. Abb. 08:00-6 zeigt die funktionale Organisation, die sich auf Basis des in Kapitel 07:00 Zielverwirklichungsmanagement ZVM, Unterkapitel 07:23 Konzeptionelle Methoden zur Planung von Projektaufgaben, ausgearbeiteten Aktivitäten-/Rollen-Modells unter Berücksichtigung der von Graicunas formulierten Einschränkungen ergibt.

08:23 Kulturelle Anpassung

Projektorganisationen verhalten bei der Umsetzung spezifischer Prozesse anders als Newtonsche Automaten, wo immer gleiche Reaktionen auf gleiche Eingangskombinationen erfolgen. Ergebnisse komplexer Beziehungen, kontextueller Umfeldeinfluss und Verhalten von Teammitarbeitern sind oft schwierig einzuschätzen, haben aber einen großen Einfluss auf die Effektivität der Projektorganisation. Solche Faktoren werden als kulturelle (Schein 2010) oder kontextbezogene Dimension des Projekts (Daft 2009) bezeichnet.

Kultur des Projektteams

Eine zutreffende Definition von Kultur im Sinne der Projektführungsorganisation entwickelte Schein aus der klassischen anthropologischen Theorie heraus. Er definiert die Kultur einer Gruppe in der folgenden Art:

„Ein Verhaltensmuster, das auf gemeinsamen Grundvoraussetzungen basiert und von der Gruppe akzeptiert wird, weil es hilft, Probleme externer Ausrichtung und interner Integration zu lösen; das gut genug funktioniert, um als gültig angesehen zu werden und deshalb neuen Mitarbeitern nahegelegt wird als richtiger Weg, diese Probleme wahrzunehmen und über sie zu denken und zu fühlen" (Schein 2010).

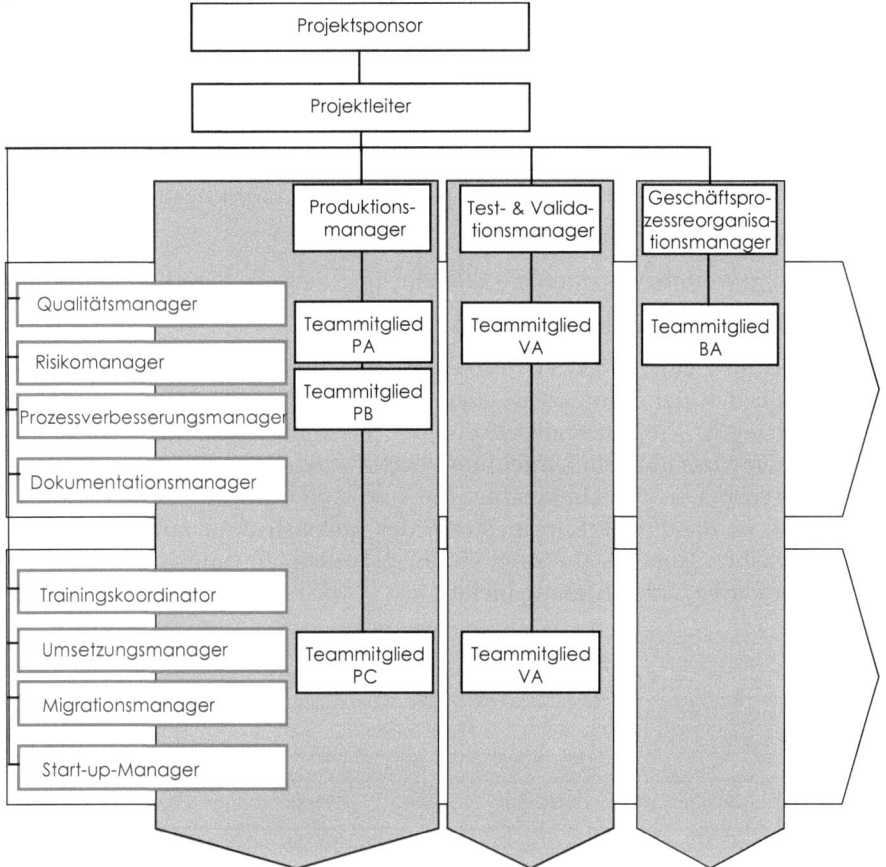

Abb. 08:00-6 Projektorganisation auf Basis des Rollenmodells (Rollenstruktur)

Die organisatorische Kultur spiegelt die Projektleitungsprinzipien und Prinzipiencharta des Projekts (siehe auch 22:00 Teammanagement TM, Unterkapitel 22:32 Maßnahmen bezüglich der Teamintegration) sowie der projekteingliedernden Organisation wider. Ihre Attribute lassen sich in drei Ebenen gliedern (Schein 2010):
1. Sichtbare Artefakte
   - Erkennbare Verhaltensmaßstäbe
   - Integrierende Bedeutungen und Symbole wie Projektname oder Projektsymbol

- Gleiche Methoden
- Eingebettete Fähigkeiten der Teammitarbeiter
- Interaktionsklima zwischen Projektstakeholder, Projektteammitglieder insbesondere

2. Gemeinsame Wertvorstellungen
   - Offizielle Philosophie des Projektteams (sollte in den Projektleitungsprinzipien zusammengefasst werden)
   - Gemeinsame Wertvorstellungen (Werte, die das Projektteam als wertvolle Leistung ansieht, z. B. Qualität)
   - Normen, Gepflogenheiten und Spielregeln des Projektteams

3. Stillschweigende Übereinkünfte
   - Denkgewohnheiten, mentale Modelle, linguistische Paradigmen

Kulturbestimmte Projektorganisation

Zur Entwicklung einer effektiven Projektorganisation muss eine profunde Analyse aller drei Ebenen der organisatorischen Kultur durchgeführt und die funktionale, prozessabhängige Projektorganisation dann in Hinblick auf einen effektiven Umgang mit dem vorhandenen Umfeld revidiert werden. In einem großen Projekt und einer qualitätsbewussten Umgebung, die eine Änderungsmanagementkultur entwickelt hat, ist das Projektführungsteam der Rollenstruktur aus Abb. 08:00-6 erweiterungsfähig. Abb. 08:00-7 zeigt ein ausgebautes Führungsteam, das dem Projektleiter effektive Unterstützung bietet.

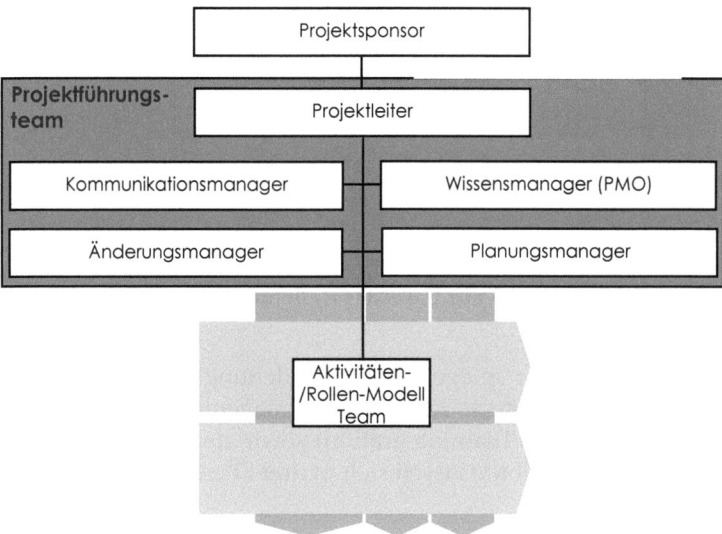

Abb. 08:00-7 Rollenmodell der Projektorganisation (Rollenstruktur)

Machtkampf Projektsponsor/Vorgesetzte(r)/Projektleiter

Die Kultur des projekteingliedernden Umfelds bestimmt in den meisten Fällen, wie die organisatorische Projektstruktur in das Unternehmen eingebettet wird. Man kann es als Machtkampf und Balanceakt dreier Parteien betrachten (Abb. 08:00-8):

- Projektsponsor
- Vorgesetzte (als zuständige Linienvorgesetzte für den Projektleiter und die Teammitglieder)
- Projektleiter

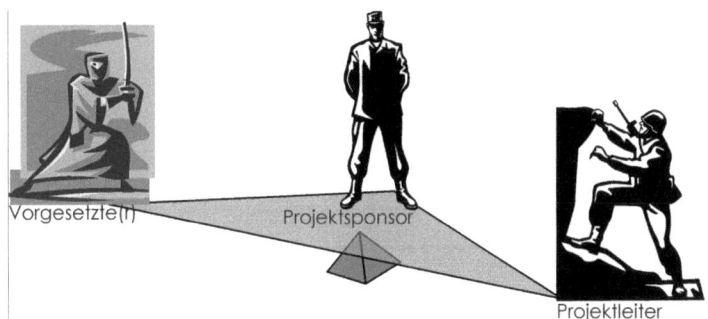

Abb. 08:00-8 Machtkampf zwischen Projektsponsor, Vorgesetztem und Projektleiter

Projektleiter als Stabsfunktion

Der einflussreichste Projektsponsor (Stärkste Partei mit ❶ in Abb. 08:00-9 gekennzeichnet) und der mächtigste Linienvorgesetzte (Vorgesetzte, zweitstärkste Partei❷) bestimmen den Verlauf des Projekts, wobei der Projektleiter (❸) dem Projektsponsor als Koordinator zur Seite steht. Teammitarbeiter mit teilweiser oder auch voller Projektzuweisung bleiben in ihrer ursprünglichen Abteilung (Abb. 08:00-9). Anwendbar bei kleineren Projekten mit experimenteller Natur.

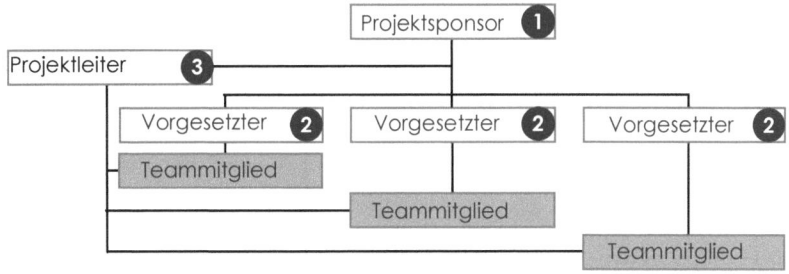

Abb. 08:00-9 Projektleiter als Stabsfunktion

Projektleiter als Linienvorgesetzter

Die Situation verbessert sich für den Projektleiter, sobald er dem Linienvorgesetzten hierarchisch gleichgestellt wird (Abb. 08:00-10). Die Teammitarbeiter werden dem Projektleiter unterstellt, ihre früheren bzw. gegenwärtigen Vorgesetzten haben weniger Einfluss auf ihr Tun als der Projektleiter. In manchen Konstellationen erstattet der Projektleiter weiterhin seinem Vorgesetzten (z. B. dem Abteilungsleiter) Bericht. Dies ist die häufigste Organisationsform. Die Teammitglieder bleiben in ihrem gewohnten Umfeld und stellen einen Teil ihrer Arbeitsleistung dem Projekt zur Verfügung.

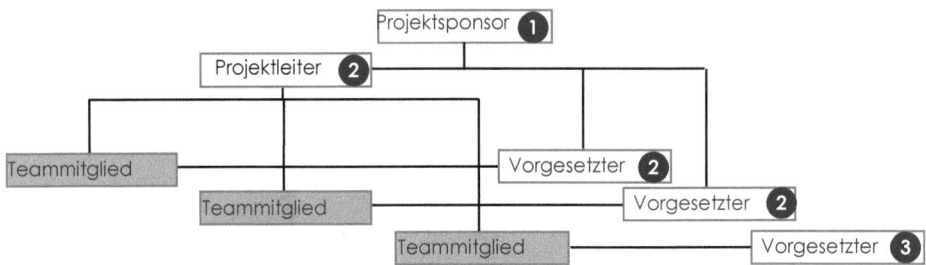

Abb. 08:00-10 Projektleiter als Linienvorgesetzter

Projektleiter berichtet direkt und ausschließlich dem Projektsponsor

In der letzten Konstellation hat der Projektleiter eine dominierende Rolle, Linienvorgesetzte spielen eine untergeordnete oder gar keine Rolle mehr. Dieser Strukturtyp ist am besten geeignet für große Langzeitprojekte mit einem großen Projektteam. Ein Beispiel hierfür ist der längste Eisenbahntunnel der Welt, der Schweizer NEAT Gotthard-Tunnel: Ein Projekt mit mehreren Tausend Beschäftigten, Hunderten von Versorgern, einem Budget von sechs Mrd. CHF und 25 Jahren Laufzeit.

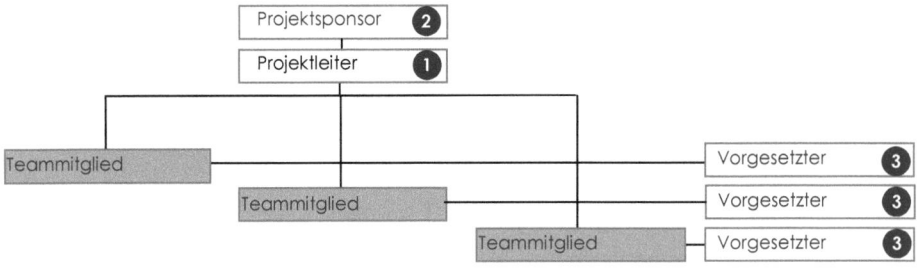

Abb. 08:00-11 Projektleiter als einziger Partner des Projektsponsors

08:24 Teamerweiterung

Sehr selten steht zum Start eines Projekts ein komplettes Team bereit und begleitet das Vorhaben in dieser Form bis zum Abschluss.

Ein typisches Projekt wird von einer kleinen Gruppe auf der Basis von Geschäftsverbindungen initiiert. Schon bald erweitert sich das Kernteam, meist um Repräsentanten der Projektsponsoren oder des Kunden und im Anschluss ernannte Projektleiter. In einigen Fällen stoßen aufgrund ihres besonderen Beitrags zum Projektziel auch andere Beteiligte ungeachtet ihrer hierarchischen Stellung zum Kernteam hinzu.

Dieses Kernteam schafft sich bereits eine eigene Kultur, die auch auf die Rollenformung Einfluss nimmt.

Die Definition einer neuen Rolle in einem Projektteam hängt nicht nur von den Produktanforderungen ab – ein komplexer, iterativer Prozess muss in Gang gesetzt werden.

Neue Teammitglieder müssen einen Prozess der Sozialisation und der – wie Schein es nennt – „Akkulturation" (Schein 2010) durchlaufen – eine Assimilation an die Kultur des Kernteams.

Trotzdem bedeutet jedes neue Teammitglied einen zusätzlichen Projektstakeholder, Modifikation des Projektstrukturplans, kulturelle Beeinflussung. Freilich beeinflusst allerdings der 101. Mitarbeiter ein Team von hundert Leuten weniger als die sechste Person eines bisher fünfköpfigen Teams.

Ringelmann-Effekt

Leider nimmt die Gesamteffizienz mit steigender Mitarbeiterzahl ab. Ursache dafür ist „soziales Faulenzen", auch bekannt als Ringelmann-Effekt. Ringelmann fand heraus, dass eine einzelne Person fähig war, ein Gewicht von 63 kg zu ziehen, ein Team von acht Leuten jedoch nur 49 % des theoretisch erwarteten Gesamtgewichts von 8x63 = 504kg (siehe Abb. 08:00-12) (Ringelmann 1913; Nijstad 2009). Dieser Leistungsverlust – Folge verringerter Motivation sowie der zunehmenden Notwendigkeit der Koordination – kann auch auf anderen Gebieten beobachtet werden (Nijstad 2009).

Bei mehr als drei Teammitgliedern ist keine signifikante Minderung der Motivation festzustellen (Ingham et al. 1974). Sie kann sich sogar steigern, wenn die Aufgabe besonders attraktiv ist (Zaccaro 1984).

Leistungsverluste bei einem mehr als dreiköpfigen Team müssen also Koordinationsbemühungen zugeschrieben werden, was Ringelmann in seinen Versuchen bestätigte (Ringelmann 1913).

Schlussendlich sollte also bei einer Erweiterung des bestehenden Teams die gesamte Projektorganisation in Frage gestellt und ein Neudurchlauf des Organisationsmanagementprozesses initiiert werden: Erneute Analyse der Projektstakeholder, prozessabhängige Modifikation der Organisation, kulturelle Adaption, Anpassung von Führungsspanne und Rollenhierarchie und schließlich: das Ressourcenmanagement.

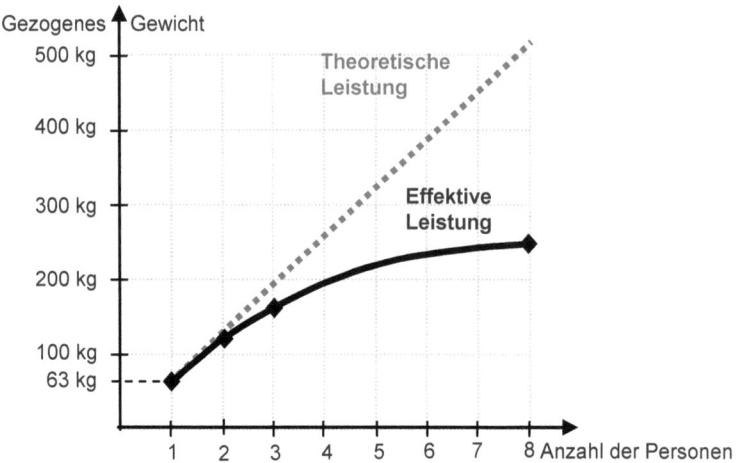

Abb. 08:00-12 Ringelmann-Effekt

08:25 Ressourcenzuordnung

Ressource

Die ISO 21500:2012 definiert den Prozess „4.3.16 Schätzung der Ressourcen", jedoch nicht Ressourcen als solche. Die Sachgruppe „Ressourcen" beschreibt die Ressourcen als Mitarbeiter, Einrichtungen, Ausstattung, Materialien, Infrastruktur und Werkzeuge. Die IPMA ICB 3.0 bezeichnet Ressourcen als Personen, Material und Infrastrukturen (wie Material, Equipment, Hilfsmittel, Dienstleistungen, Informationstechnologien (IT), Daten und Dokumente, Wissen, Geldmittel), die nötig sind, um das Projekt umzusetzen (Caupin et al. 2006).

Im Zielverwirklichungsmanagementprozess wurden die Budgetkosten des Projekts unter der Zielvoraussetzung der Gesamtrentabilität berechnet.

Im Organisationsmanagementprozess wird die gültige Organisation erstellt. Erst jetzt können auf Ebene der nahezu einzelwirtschaftlichen Aufgaben die einzusetzenden Ressourcen abgeschätzt werden (Müller-Ettrich 1999): Ressourcenbedarf und -plan werden ausgearbeitet.

Der Personalbedarf wird von Rollenbeschreibung und Ressourcenplan bestimmt (siehe Unterkapitel 08:30). Die Zuordnung der Humanressourcen ist ein komplexer Prozess, der in Kapitel 20:00 Human Ressource Management HRM näher betrachtet wird. Sind die einzelnen Rollen zugewiesen, müssen ihre Einsatzfähigkeit bewertet und der Personalplan danach evtl. modifiziert werden.

Material, Equipment, Hilfsmittel und Dienstleistungen sind nach relativem Wert und Verfügbarkeit einzuplanen.

Zugang zu Informationstechnologie, zum Arbeitsplatz- oder zur Büroausstattung der Mitarbeiter werden als marginal im Vergleich zu den Personalkosten angesehen. So überrascht es nicht, dass viele Projektmitarbeiter dauerhaft einen oder mehrere Büroräume und IT-Infrastruktur zur persönlichen Verfügung haben. Hier wird der Bedarf uneingeschränkt gedeckt. Für Ressourcen dagegen, die knapp oder kostenintensiv sind und infolgedessen wirtschaftlich aufgeteilt werden müssen, bedarf es eines zeitabhängigen Ressourcenplans.

08:26 Management komplexer Projekte
Koordination mehrer Projekte im Rahmen eines Programms

Projekte wie das Telekommunikationsnetzwerk (siehe Kapitel 07:00 Zielverwirklichungsmanagement ZVM), der Schweizer Gotthard-Tunnel oder die Fußballweltmeisterschaft mit sehr vielen Aufgaben und Projektstakeholdern können überschaubarer und kontrollierbarer gemacht werden, indem das Vorhaben in mehrere Projekte mit einem gemeinsamen Ziel – ein Programm (Definition siehe Einleitung) – aufgespalten wird.

Ein Programm koordiniert den Ablauf mehrerer unabhängig voneinander geführter Projekte. Da jedes Programm zwar nach eigenem Zeitplan abläuft, Abweichungen jedoch das gesamte Vorhaben betreffen, übernimmt ein Programmleiter die übergeordnete Leitung, die Kontrolle finanzieller und ergebnisbezogener Leistungen, das Kommunikations- und Infrastrukturmanagement sowie das Projektmanagementbüro. Sein Programmmanagementteam sichert eine adäquate Abwicklung (siehe Abb. 08:00-13). In der Regel gehören die Projektleiter der einzelnen Projekte dem Team des Programmmanagements an.

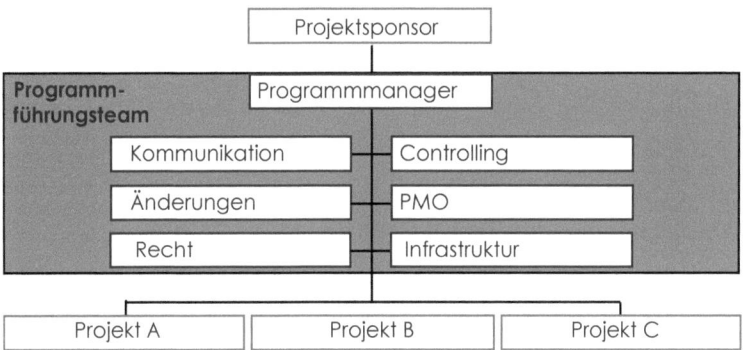

Abb. 08:00-13 Organisation eines aus mehreren Projekten bestehenden Programm

08:00 Organisationsmanagement OM

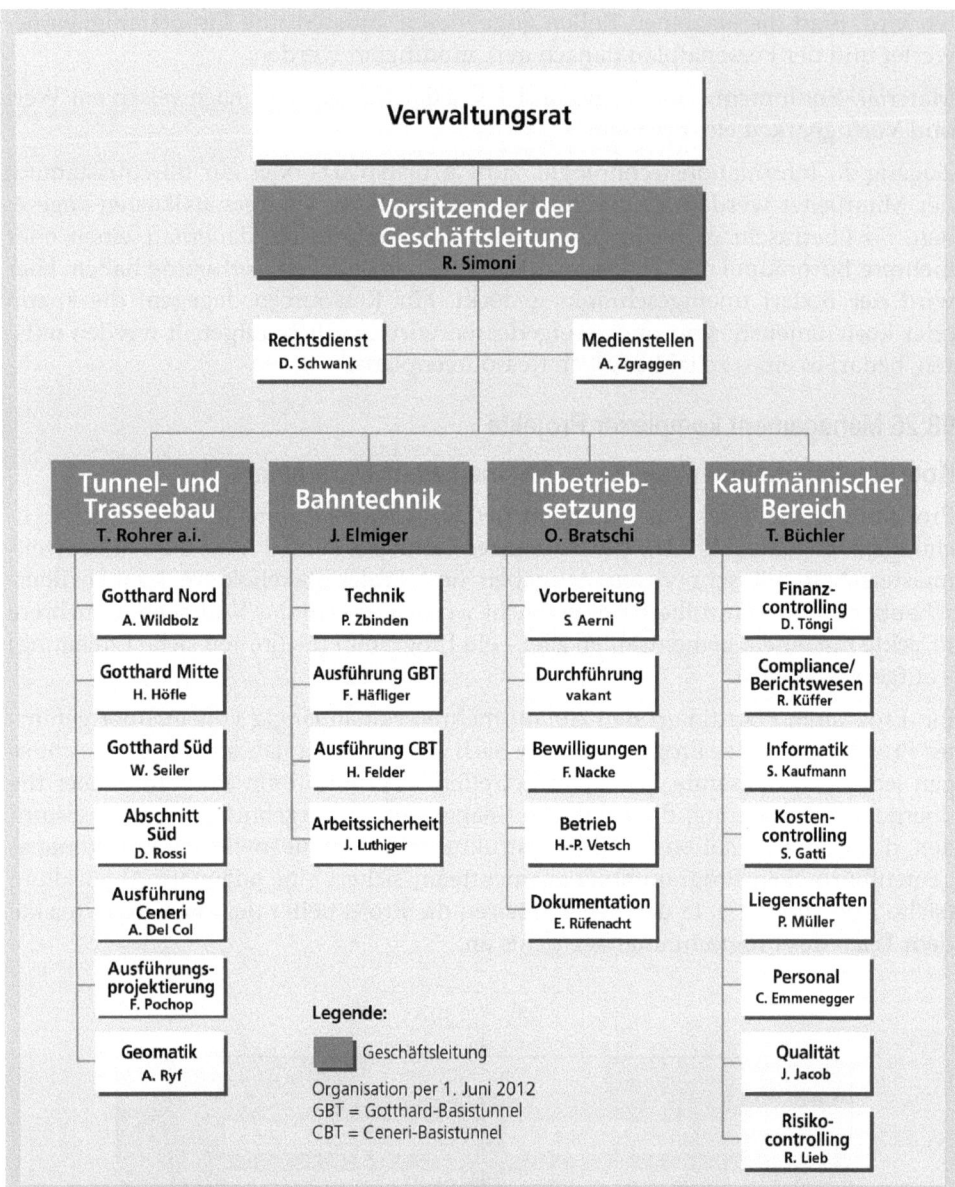

Abb. 08:00-14 Organisation Alp Transit Gotthard Ltd.

Das NEAT-Programm. Neue Eisenbahn-Alpentransversale / Gotthardachse
(siehe Alptransit Gotthard 2013)

Nach vielen Jahren politischer Unklarheit gaben 1992 die Schweizer Bevölkerung und 1998 die Regierung der Schweiz grünes Licht für das sechs Mrd. Schweizer Franken teure

Projekt. Über 200 Hauptausschreibungen wurden bis heute eröffnet. Nach seiner Einführung 2016/2017 sollen bis zu 200 km/h schnelle Güter- und Personenzüge den mit 57 km längsten Tunnel der Welt durchqueren.

Um diese auf 25 Jahres angelegte Aufgabe zu managen, wurde ein Tochterunternehmen der Schweizerischen Bundesbahnen gegründet – die Alp Transit Gotthard AG. Das Unternehmen ist wie – das Programm auch – faktisch in drei Subprogramme von gewaltigem Ausmaß organisiert. Der Verwaltungsrat repräsentiert mit seinen sieben Mitgliedern den Projektsponsor. Die Unternehmens(programm)führung unter dem Vorsitzenden der Geschäftsleitung Renzo Simoni umfasst die drei Subprogrammmanager und Finanz- und Servicemanagement-Direktoren. Sie werden im Managementteam von Rechts- und Medienberatern unterstützt.

Die zwei Subprogramme Tunnel- und Schienenbau Gotthard und Ceneri umfassen jeweils mehrere komplexe, eigenständige Projekte. Das Subprogramm Eisenbahntechnik ist funktional organisiert und betreut mehrere eigenständige Projekte parallel (siehe Abb. 08:00-14).

08:27 Bewertung des Reifegrades der Organisation
Organisatorischer Reifegrad

Industriell bewährte Praktiken (engl. Best Practices) können dabei helfen, die eigene Projektorganisation zu beurteilen und durch Verbesserungen zu gesteigerter Effektivität zu führen.

Der Reifegrad (engl. Maturity) indiziert den Erfüllungsgrad und die Konsistenz, mit der bestimmte Praktiken in der Organisation umgesetzt werden und ist ein Indikator für die Leistungsfähigkeit eines Prozesses (Nandyal 2003). Das Ergebnis, das von dieser Leistungsfähigkeit abhängt, kann mit Hilfe des Key Performance Indikators (KPI) bewertet werden. Tabelle 08:00-1 zeigt Definitionen und Beispiele des OPM3 (Organizational Project Management Maturity Model) (Schwalbe 2010).

Tabelle 08:00-1 Projektorganisatorische Reifegradbegriffe

Begriff	Definition	Beispiel
Best Practice	Optimale, von der Industrie anerkannte Methode, ein festgesetztes Ziel zu erreichen	Etablierung interner Projektmanagementgemeinschaften
Potential	Schritte die zur Best Practice führen	Förderung der Projektmanagementaktivitäten

Ergebnisse	Ergebnisse der angewandten Potentiale	Lokale Initiativen, die Organisation entwickelt Konsensgemeinschaften auf speziellen Gebieten
Key Performance Indikator (KPI)	Kriterium mit dessen Hilfe der Erfüllungsgrad von Zielsetzungen gemessen werden kann	Die Gemeinschaft behandelt lokale Probleme

Die Bewertung aktueller Projektorganisationsmethoden anhand einer Reihe anerkannter und umfassender Best Practices ist das Ziel verschiedener Standards. Sie unterscheiden sich in der Anzahl der Praktiken, auf die sie verweisen (586 bei OPM3) und in ihren Reifegraden (3 beim P3M3, 5 beim People CMM). Einige Beispiele zeigt Tabelle 08:00-2.

Tabelle 08:00-2 Organisatorischer Reifegrad

Abkürzung	Voller Name	Anzahl der Praktiken	Anzahl der Reifegrade	Verweise
OPM3	Organizational Project Management Maturity Model	586	4 normieren, messen, kontrollieren, verbessern	Bourne 2009; Schwalbe 2010
PCMM	People Capability Maturity Model	ca. 500 in 22 Bereichen	5 beginnend, managed (wiederholbar in V.1.0), definiert, vorsehbar (managed in V.1.0), optimierend	Nandyal 2003
P3M3	Portfolio, Programme and Project Management Maturity Model	Ca.600 allgemeine und spezielle Attribute, 6 erklärende Elemente	5 Bewusstheit, wiederholbar, definiert, gemanagt, optimiert	OGC, P3M3 2013

PMOM	Project management organizational maturity	keine vorhanden	keine vorhanden	Caupin et al. 2006
P2MM	PRINCE2 Maturity Model	Wie bei P3M3	3 (die ersten 3 der P3M3 Level)	Blockdijk 2008; Hedeman et al. 2006

Schwachpunkt aller Reifegradmodelle ist der fehlende determinierende, überprüfbare Nachweis einer Wirkung der Praktiken und Attribute auf die Leistungsfähigkeit des Projekts. Sie unterstellen zwar die Wirksamkeit der Methode, ob dies jedoch unter den spezifischen Projektbedingungen auch tatsächlich der Fall ist, ist schwer zu bestimmen (Cooke-Davies 2007). So liegt der Effekt der Reifegradmodelle wohl eher in einer gewissen Angleichung der Projektleitungsmethoden als in einer Performancesteigerung.

08:28 Projektcoach

In höher entwickelten projektbewussten Organisationen werden die Projektteams und insbesondere der Projektmanager durch einen Projektcoach verstärkt. Ein Projektcoach agiert im Namen des Projektsponsors, seine Aufgaben weichen jedoch substantiell ab. Wie im Sport wird der Coach beurteilt nach dem Verhältnis von Siegen und Niederlagen (Schwalbe 2009). Insofern besteht das Ziel des Coaches darin, das Projektteam zu einer erfolgreichen Projektumsetzung zu führen.

Emerson and Loehr identifizierten drei Schlüsselfaktoren, die zu dem führen, was sie Erfolgsgleichung nennen (Emerson and Loehr 2008). Allerdings sind die Faktoren eher verknüpft durch wechselseitige Multiplikation als durch simple Addition, wie dies im Ansatz von Emerson und Loehr der Fall ist.

> Erfolgsebene in einem Projekt = Fähigkeit*Haltung*Verfügbare Ressourcen.
>
> Fähigkeit: Das intellektuelle Kapital, welches auf der Fähigkeit und der Kapazität eines Individuums, die bevorstehenden Aufgaben zu bewältigen, beruht
>
> Haltung: Innerliche bzw. intrinsische Motivation (siehe Kapitel 04:00 Selbstmanagement SM), Zuversicht und Fokus auf der Bewältigung von Aufgaben
>
> Verfügbare Ressourcen: Werkzeuge, Ausrüstung, Zeit zur Bewältigung der Aufgabe

Ein unerfahrener Projektleiter glaubt, dass Fähigkeiten gepaart mit ausreichend zur Verfügung stehenden Ressourcen geradewegs zum Erfolg führen. Nach kurzer Überlegung wird jedoch offensichtlich, dass ohne die richtige Haltung alles Hoffen vergeblich ist: Die Haltung spielt hier eine entscheidende Rolle.

Eine Fähigkeit kann durch Lernen erworben werden, Ressourcen können verfügbar gemacht machen. Die richtige Haltung kann durch Coaching entwickelt werden.

Der Coach erkennt, welche der obigen Faktoren auf die gegenwärtige Projektsituation einwirkt und handelt unverzüglich:
- Er führt den Gecoachten dazu, das notwendige Wissen zu erwerben, Fähigkeiten zu entwickeln, seine Talente und Fertigkeiten wirksam einzusetzen, wenn Defizite hinsichtlich der Fähigkeiten den Projekterfolg gefährden
- Er unterstützt den Projektmanager darin, die erforderlichen Ressourcen zu erhalten, ganz gleich, ob es sich etwa um die Verbesserung des persönlichen Zeitmanagements oder um Anforderung von Zuschüssen durch den Projektsponsor handelt
- Haltung: Er arbeitet an der intrinsischen Motivation des Gecoachten (siehe Kapitel 04:00 Selbstmanagement SM, Unterkapitel 04:21 Kette der Wechselbeziehungen von Persönlichkeitsentitäten und 04:24 Intrinsische Motivation), an seiner Zuversicht und an seinem Fokus auf die Erledigung von Aufgaben

Der Coach hilft dem Projektleiter und den Teammitgliedern, durch Entwicklung eines Dialoges, welcher zu Bewusstheit und Handeln führt, eine höhere Effektivität zu entwickeln (Emerson and Loehr 2008). Er agiert wie ein Spiegel für die Projektstakeholder: Er ermutigt dazu, einen Schritt zurückzugehen, sich selbst zu betrachten und zu analysieren, was passiert, zu analysieren, wie die Situation aussieht. Der Coach managt die Schwächen der Projektstakeholder und findet Möglichkeiten (Ralston 2007). Es ist ein Balanceakt für den Coach, der ein hohes Maß an Vertrauen zwischen dem Coach und den Gecoachten erfordert: Denn die Stärken auszuspielen und die Schwächen zu meiden kann sehr leicht auch darin enden, dass aus Vorteilen Handicaps werden (siehe Tabelle 08:00-3) (Ralston 2007).

Tabelle 08:00-3 Herausforderungen eines Coaches

Stärke des Gecoachten		Schwäche des Gecoachten
Ausdauer		Eigensinnigkeit
Unbekümmert		Leichtfertig
Enthusiastisch		Unrealistisch
Zuverlässig	**wird zu**	Langsam zu ändern
Spontan		Inkonsistent
Klug		Besserwisser
Liebenswert		Konfliktscheu
Dynamisch		Überheblich

Der Dynamik der Entwicklung einer Persönlichkeit und dem Projektfortschritt wird durch eine größere Vision und einen detaillierten Plan zur Umsetzung, der sich stets auch immer in Bezug auf die jeweils gegenwärtige Situation als anpassungsfähig erweisen müssen, begegnet (Morgan et al. 2005). Die Erfahrung des Autors unterstützt diese weder in ISO 21500:2012 noch in HERMES 5 vorgesehene Rolle nachdrücklich.

08:30 Techniken und Werkzeuge

08:31 Techniken zur Rollenidentifizierung und zur Erstellung der Organisationsstruktur

Vorgehensweise der Rollenfindung

Die Effektivität einer Rolle ist abhängig von den funktionalen Erfordernissen, den Fähigkeiten des bestehenden Teams, der Kultur, der Bereitschaft zur Kommunikation und – last but not least – den Fähigkeiten des erfolgreichen Rolleninhabers. Deshalb ist eine gemeinsame Erarbeitung der Rollendefinition im Projektteam, wie von Weaver und Farell vorgeschlagen und in Tabelle 08:00-3 dargestellt, der tragfähigste Ansatz (Weaver und Farell 1999). An dieser Stelle ist anzumerken, dass die Fragen 5 bis 10 vorerst durch die Mitglieder des Kernteams – stellvertretend für die zukünftigen Rolleninhaber – beantwortet werden. Sobald der Prozess 20:00 Human Ressource Management HRM die Rollen adäquat besetzt, ist im Prozess 08:00 Organisationsmanagement OM dieses Vorgehen nach Weaver und Farell erneut mit den neuen Rolleninhaber durchzuführen.

Tabelle 08:00-4 Methode zur Rollenfindung

Schritt	Vorgangsbeschreibung	Fragen, die beantwortet werden sollen
1	Brainstorming des Projektteams zur Bestimmung möglicher Rollen	
	Gezieltes Leiten des Brainstorming: Antworten auf Frage 1 und 2.	1. Welche Schlüsselrollen brauchen wir, um die Projektziele zu erreichen?
		2. Für jede Rolle: Welche Fertigkeiten, welches Wissen, welche Kompetenzen und Fähigkeiten sind erforderlich?

2	Das Projektteam ordnet die Rollen und weist sie zu	
	Gezieltes Leiten des Brainstorming: Antworten auf Frage 3 und 4. Schließlich Rollenzuweisung durch Diskussion von Frage 5.	3. Ist die Rolle notwendig? (Jede Rolle für sich betrachten. Lautet die Antwort „nein", wird die Rolle verworfen)
		4. Sind alle Rollen zusammen in der Lage, unser Ziel zu erreichen? Welche Rollen fehlen noch?
		5. Wer soll welche Rolle übernehmen?
3	Das Projektteam definiert die Rollen	
	Helfen Sie jedem dabei, seine Rolle zu definieren. Beziehen Sie das Team mit ein, um Konsens in Hinblick auf diese Definition zu erreichen.	6. Wie beschreibe ich meine Rolle?
		7. Welche Fertigkeiten, Kompetenzen, Fähigkeiten und welches Wissen erfordert meine Rolle nach meiner Meinung?
		8. Wie trägt meine Rolle zum Erreichen des Projektziels bei?
		9. Wie stimme ich meine Rolle mit anderen Rollen ab?
4	Das Projektteam richtet die Rollen nach den Projektzielen aus	
	Bitten Sie das Team, festgesetzte Ziele und Rollen kritisch zu betrachten. Eine Matrix kann bei der Analyse unterstützen.	10. Wie können wir unsere Rollen mit unseren Zielen in Einklang bringen?

08:32 Beschreibung der Projektrolle

Die Rolle, ursprünglich die dynamische Sicht des Status (Kendall 2010), ist mittlerweile zum Synonym für die Beschreibung einer Projektaufgabe geworden und vereinigt beides in sich: Die Rolle (die wir spielen) und den Status (den wir besitzen). Der Beziehungscharakter der Rolle reflektiert die Wechselbeziehungen eines Teams besser als der absolute Charakter einer Aufgabenbeschreibung. Die Dynamik einer Rolle passt also gut zum temporären Wesen der Projektorganisation.

Im Bemühen um eine umfassende und logische Rollenbeschreibung verwenden wir den gleichen Ansatz wie bei der Aufgabenbeschreibung (siehe Abb. 08:00-15).

08:30 Techniken und Werkzeuge

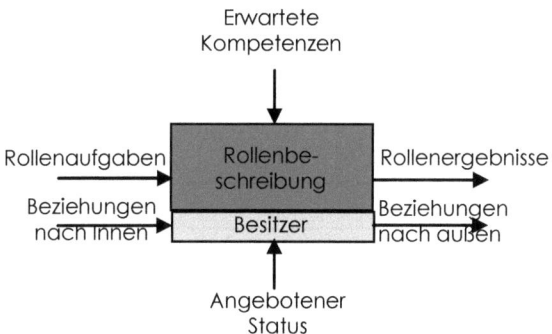

Abb. 08:00-15 Methode der Rollendefinition

Diesem Konzept am nächsten ist der durch Grant entwickelte Fragebogen zur Analyse einer Stelle (engl. Position Analysis Questionnaire (PAQ) (Grant 1989)). PAQ identifiziert Aufgaben, Ergebnisse und Beziehungen, lässt jedoch die Vorkonditionierung des gebotenen Status außer Acht, die die Performance des Rolleninhabers signifikant beeinflusst. Die relevante ISO 21500:2012 Norm spezifiziert lediglich Kompetenzkategorien, ohne eine eindeutige Rollendefinition zu bieten (ISO 21500:2012 2012). Die erwähnten Kategorien sollen später durch die kognitive Kompetenz des PAQ erweitert werden. Spezifische Bedingungen der Rolle und andere Charakteristika des PAQ sind im Status enthalten. Der Status schließt also Autorität (bei Hermes 2005 in der Bedeutung „Kompetenz" (HERMES 2005 2005)) mit ein. Die Verantwortlichkeiten sind Teil der Ergebnisse. Definitionen und ein Beispiel sind in den Tabellen 08:00-4 und 08:00-5 zu finden. Teile davon können z. B. für eine Stellenanzeige genutzt werden.

Tabelle 08:00-5 Rollenbeschreibung: Rolle, Aufgaben und Resultate

Nr.	Parameter	Definition	Beispiel
1	Rollenbeschreibung		
1-1	Kurz	Bei der täglichen Projektkommunikation verwendete Rollenbezeichnung	PM Projekt Manager
1-2	Vollständige Beschreibung	Korrekte kontextbezogene Rollenbeschreibung	Net Supplier Inc. Fun City ICT Network Project Manager

2	Inhaber		
2-1	Formale Titel	Akademische Grade, unternehmensinterne Titel	PhD, Net Supplier Fellow
2-2	Name	Name, wie er im Projektumfeld verwendet wird	Juan Maria Gonzales
3	Rollenaufgaben		
3-1	Konkret ausformulierte Aufgaben	Ergebnisse anderer Mitarbeiter, ungelöste Probleme	Finanzdaten des Unternehmensservice
3-2	Obligatorische Daten	Projektbestimmungen, Regularien, Projektleitungsprinzipien	Projektbudget
4	Beziehungen nach innen		
4-1	Projektstakeholder mit den für das Projekt relevanten Informationen	Projektstakeholder, die den Rolleninhaber kontaktieren, um für das Projekt relevante Informationen zur Verfügung zu stellen	Mitarbeiter der Finanzabteilung
5	Rollenergebnisse		
5-1	Verantwortlichkeit	Ergebnisse oder Handlungen, die der Rolleninhaber gegenüber anderen Projektstakeholder vertritt und die häufig über seine eigenen Ergebnisse hinausgehen	City ICT Network Einhaltung des Zeitplans
5-2	Tatsächliche Ergebnisse	Erwartete Resultate des Rolleninhabers. Auch der Status, welcher den Handlungen des Rolleninhabers implizit verliehen wird, wird als reales Ergebnis betrachtet	Projekt WBS, PSP, Organisation, Kontrolle der Projekteffizienz
5-3	Setzen von Prioritäten	Prioritäten bei den Rollenergebnissen gemäß den Erwartungen des Vorgesetzten	Priorität 1: Fertigstellung des ICT Network, Priorität 2: Effizienz

08:30 Techniken und Werkzeuge

6	Beziehungen nach außen		
6-1	Zu betreuende Projektstakeholder	Projektstakeholder, um die sich der Rolleninhaber kümmern sollte	Bürgermeister von Fun City, Führungskräfte des Projekts

Tabelle 08:00-6 Rollenbeschreibung: Erwartete Kompetenzen und Status

Nr.	Parameter	Definition	Beispiel
7	Erwartete Kompetenzen		
7-1	Technische Kompetenzen	Kompetenzen zur Umsetzung eines Projekts in strukturierter Weise, einschließlich der Projektmanagementprozesse aus dieser Norm (ISO 21500:2012 2012)	Ausbildung zum Projektleiter, Zertifikat ist die Mindestanforderung, Universitätsgrad auf diesem Gebiet erwünscht
7-2	Führungskompetenzen	Kompetenzen im Umgang mit Projektmitarbeitern in definiertem Umfang (ISO 21500:2012 2012)	Extrovertiertheit, Fähigkeit zu motivieren und zu führen
7-3	Kontextuelle Kompetenzen	Kompetenzen bezüglich des Projektmanagements innerhalb des organisatorischen Umfelds (ISO 21500:2012 2012)	Erfahrung mit mindestens einem ähnlichen umgesetzten Projekt
7-4	Kognitive Kompetenzen	Logisches Denken, Entscheidungsfähigkeit, analytische, reflexive Fähigkeiten (Grant 1989)	Risikobewusstsein, Fähigkeit gut begründete Entscheidungen zu treffen, Willen zum Learning-by-doing
8	Angebotener Status		
8-1	Rollenbezogene Titel	Titel, die zu begründeter Autorität und Privilegien berechtigen	Vizepräsident des kommunalen ICT Networks
8-2	Direkter Vorgesetzter	Stellung des Vorgesetzten, dem der Rolleninhaber Bericht erstattet	Net Supplier Inc. Company President

8-3	Autorität	Die Geschäftsbereiche, in denen der Rolleninhaber im Namen seiner Mitarbeiter entscheidet	Alle technischen und organisatorischen Projektangelegenheiten, finanzielle Entscheidungen bis zu einer Million US $	
8-4	Gehalt	Finanzielle und nichtfinanzielle Vergütungen	Jahresgehalt von xxx plus Familienversicherung	
8-5	Arbeitsbedingungen	Arbeitsumgebung des Rolleninhabers: Büro, Equipment, Tools, Infrastruktur, Zeit- und räumliche Einschränkungen	Individuelle Büroräume einschließlich Meeting-Räumen, uneingeschränkter Zugang zur Unternehmensinfrastruktur, Minimum von 40 Wochenstunden	
8-6	Stellvertreter	Projektrolle, die sich im Falle einer Nichtverfügbarkeit des Rolleninhabers um Ergebnisse und Beziehungen kümmert	Manager der Projektinfrastruktur	

08:33 Techniken zur Analyse der Auswirkung von Ziel und Lösungsweg auf die Projektstruktur

Projekte sind ihrer Natur nach einzigartig. Nur wenige haben klar definierte Ziele und Lösungswege, was sich deutlich auf Projektorganisation und Team auswirkt. Um diesen Einfluss abzufangen, sollten dementsprechend unterschiedliche Einschätzungen vorgenommen werden.

Wysocki ordnet Projekte danach, wie fest umrissen ihre Ziele und Lösungswege sind (Wysocki 2011).

Die Bewertung ist zwar lediglich qualitativ, aber dennoch sehr hilfreich zur Bestimmung einer geeigneten Projektorganisationsstruktur.

In Projekten, die Wysocki als „traditionell" bezeichnet, sorgt eine vertikale Organisation mit klarer Struktur, Effizienz und Kontrolle für Stabilität und Zuverlässigkeit (Daft 2009). Leider können nur wenige Projekte die Bezeichnung „traditionell" für sich beanspruchen.

Projekte, in denen zwar die Ziele, jedoch nicht die Lösungswege eindeutig bestimmt sind, werden am sinnvollsten unter Zuhilfenahme von agilen Methoden strukturiert. Hierbei sind Kosten und Zielstabilität am ehesten in den Griff zu bekommen. Agile Strukturen ziehen „nutzbare" Resultate vertraglich fest vereinbarten Zielen vor (Beck et al. 2001/2013) – Kostenkontrolle ausgenommen.

Das von Wysocki als „Emertxe" bezeichnete Projekt zielt darauf ab, neue Anwendungsgebiete für bewährte Lösungswege zu finden. Douglas Merrill führt diese zu sogenannten seiteneffektiven Projekten zusammen, wo aus zwei bekannten Produkten ein neues für neue Anwendungen entsteht (Merill and Martin 2010). Auch hier sind Kosten und Zeit die Variablen.

Extreme Projekte sind Vorhaben mit unklaren Zielen und unbestimmten Lösungswegen. Eine Handhabung dieser höchst herausfordernden Situation erfolgt am besten durch ein horizontal orientiertes Netzwerk kooperierender Teammitarbeiter, in dem jeder für sich flexibel bleibt, doch gleichzeitig im Verbund der Projektstruktur lern- und anpassungsbereit ist. Sogar unter der Annahme, dass Lernen und Effizienz im Gegensatz zueinander stehen, ist nicht zu verleugnen, dass informelle Prozesse (Beziehungen) der Effizienz zuträglich sind (Moore 2010).

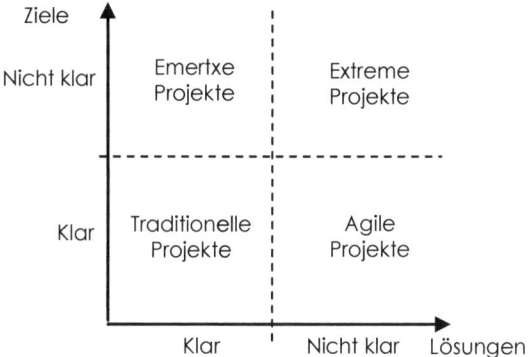

Abb. 08:00-16 Ziel-/Lösungsweg-Taxameter nach Wysocki (Wysocki 2011)

Im Verlauf eines Projekts können sich Ziele und Lösungswege auch ändern – sie können sowohl deutlicher hervortreten als auch in ihren Konturen verschwimmen. In diesem Falle sollten Veränderungen in Projektorganisation und -struktur in Erwägung gezogen werden.

08:40 Vorlagen

08:41 Projektbezogene Dokumente

Die Zuweisung von Rollen innerhalb eines Projektteams ist ein wichtiger Prozess, der bei allen Projekten, die Wysocki in seinem Taxameter benennt, durch optimierte Lerneffekte und Motivationssteigerung im Projektteam die Effektivität und zugleich auch die Effizienz erhöhen kann. Veränderungen destabilisieren jedoch verfahrensmäßige Abhängigkeiten und Arbeitsbeziehungen und führen zuerst zu Effizienzverlusten. Aus diesem Grunde ist auf jeden Wandel besonders sorgfältig einzugehen, d. h. Änderungen sind unbedingt vom Änderungsmanagement (14:00 Änderungsmanagement ÄM) zu handhaben und ferner sind diese zwecks zur Risikobewertung an das Risikomanagement (13:00 Risikomanagement RM) weiterzuleiten.

Tabelle 08:00-6 gibt die Vorlage dazu wieder:

Tabelle 08:00-7 Vorlage zur Auswertung der Projektorganisationsänderung

Meeting zur Änderung der Organisationsstrukturen				
Gründe / Ziel				
Anwesende	Rolle, Rolleninhaber			
Abwesende	Rolle, Rolleninhaber		Entscheidungsrisiko	
Beteiligtenänderung	Rolle		Bedeutung für das Projekt /Unterstützung im Projekt	
	Beziehungen nach innen		Beziehungen nach außen	
Aktuelle organisatorische Defizite	Teamvorschläge zur Beseitigung der Defizite			
	Vorschlag	Voraussichtliche Qualität		
		Lösung A	Lösung B	Lösung C
1	1	1	1	1
2	2	2	2	2
3	3	3	3	3
Neue Struktur	Beschreibung, Grafik			
Betroffene Projektstakeholder	Beziehungen nach innen		Beziehungen nach außen	
Rollenbeschreibung	Dokument x.x			
Änderungsantrag	Eingereicht bei ....am...............			

08:42 Produktbezogene Dokumente

Elementare Ergebnisse dieses Prozesses:
- Ressourcenanforderungen (ISO 21500:2012 4.3.16 Ressourcenschätzung). Präzisiert nach Analyse der Beteiligten und ihrer Beziehungen in diesem Kapitel.
- Ressourcenplanung (ISO 21500:2012 4.3.16 Ressourcenschätzung). Bestimmung von Personal- und Materialressourcen.
- Rollenbeschreibung (ISO 21500:2012 4.3.17 Definition der Projektorganisation), nach Tabellen 08:00-4 und 08:00-5.
- Graphik der Projektorganisation (ISO 21500:2012 4.3.17 Definition der Projektorganisation). Beschreibt die formale Projektstruktur, wie in diesem Kapitel erörtert.
- Änderungsanträge bei der Verwaltung der Beteiligten (ISO 21500:2012 4.3.10 Verwaltung der Projektbeteiligten). Dies sind Ergebnisse z. B. einer Besprechung wie im Beispiel in Unterkapitel 08:41.
- Verzeichnis der Beteiligten (ISO 21500:2012 4.3.9 Identifizierung der Projektbeteiligten) wie in der folgenden Vorlage:

Projektstakeholderregister. Eintrag Nr. ...	
Projektstakeholderrolle/Stellung	Rollen-/Stellungsinhaber
Kontaktdaten	
Mitgebrachte Beziehungen nach innen	Vorgesetzter
Befugnis/Unterstützung im Projekt	Aktuelle Strategie

08:50 Phasenaufgaben und -ergebnisse

08:51 Initiierungsphase

Aufgaben:
- Das Kernteam und erste Schlüsselprojektstakeholder identifizieren
- Governance identifizieren
- Eine erstes Übersicht der Organisation skizzieren
- Die Organisationsübersicht überprüfen und an die Kultur anpassen
- Die Regeln der Erweiterung der Organisationsstruktur festlegen
- Die Ressourcen auf der Basis des Projektauftrags grob schätzen

Ergebnisse:
- Erstes Projektstakeholderregister

- Kernteam organisiert
- Regeln zur Erweiterung der Organisationsstruktur festgelegt
- Erste Ressourcenschätzung
- Änderungsanfragen hinsichtlich der Erweiterung der Organisationsstruktur ausgearbeitet und weitergeleitet

08:52 Planungsphase

Aufgaben:
- Nach Möglichkeit alle Projektstakeholder identifizieren
- Projektstakeholder klassifizieren und die Strategie zu deren Management bestimmen
- Die prozessbezogene Organisation ausarbeiten
- Die Kultur analysieren und die Organisation hinsichtlich des besten Projektstakeholdermanagements sowie der besten kulturellen Integration anpassen
- Die Regeln der Erweiterung der Organisationsstruktur verfeinern
- Die Einschätzung bezüglich der Ressourcen verfeinern und einen Ressourcenplan ausarbeiten

Ergebnisse:
- Umfassendes Projektstakeholderregister
- Übersicht über die angestrebte Projektteamorganisation
- Rollenbeschreibungen
- Verfeinerte Regeln der Organisationsstrukturerweiterung
- Ressourcenanforderungen bestimmt
- Ressourcenplan erstellt
- Änderungsanträge hinsichtlich der Erweiterung der Organisationsstruktur ausgearbeitet und weitergeleitet

08:53 Umsetzungsphase

Aufgaben:
- Projektstakeholdermanagement und Aktualisierung des Registers
- Kontinuierliche Evaluierung der Effektivität der Projektorganisation
- Änderungsanträge hinsichtlich der Ressourcen
- Änderungsanträge hinsichtlich der Erweiterung der Organisationsstruktur

Ergebnisse:
- Projektstakeholderregister aktualisiert
- Effektivität der Organisation überprüft
- Änderungsanträge hinsichtlich der Ressourcen und der Projektorganisationsstruktur ausgearbeitet und weitergeleitet
- Ressourcenanforderungen angepasst

- Ressourcenplan angepasst
- Änderungsanträge hinsichtlich der Erweiterung der Organisationsstruktur ausgearbeitet und weitergeleitet

08:54 Abschluss- und Evaluationsphase

Aufgaben:

- Ressourcen freigeben
- Abschließende Erfahrungen sammeln und an den Wissensmanagementprozess weiterleiten

Ergebnisse:

- Freigegebene Ressourcen
- Abschließende Erfahrungen dokumentiert

Literaturverzeichnis

Alptransit Gotthard (2013): History, AlpTransit Gotthard Ltd Luzern, http://www.alptransit.ch/en/home.html, Zugriff am 21. Februar 2013.

Beck K. et al. (2001/2013): Manifesto for Agile Software Development, Agile Alliance, http://agilemanifesto.org/, Zugriff am 21. Februar 2013.

Blockdijk, G. (2008): PRINCE2 the 100 Success Secrets. The missing Foundation and Practitioner Exam Training. Certification and project Management Guide, Brisbane.

Bourne, L. (2009): Stakeholder Relationship Management. A Maturity Model for Organizational Implementation, Farnham.

Caupin, G. et al. (Hrsg.) (2006): ICB – IPMA Competence Baseline, Version 3.0, Nijkerk.

Cleland, D. I./Ireland, R. L. (2006): Project Management. Strategic Design and Implementation, New York.

Cooke-Davies, T. (2007): Project Maturity Management Models, in: P. W. G. Morris und J. K. Pinto (Hrsg.): The Wiley Guide to Project Organization and Project Management Competencies, Hoboken, S. 290-311.

Daft, R. L. (2009): Organization Theory and Design, Mason.

Dinsmore, P.C./Cabanis-Brewin, J. (Hrsg.) (2011): The AMA Handbook of Project Management, New York.

Doerffer, P. et al. (2010): Unsteady Effects on Shock Wave Induced Separation, Berlin.

Emerson, B./Loehr, A. (2008): A manager's guide to coaching. Simple and effective ways to get the best out of your employees, New York.

Graicunas, V. A. (1937, 2005): Relationship in Organization, in: L. Galick und L. Urwick (Hrsg.): The Early Sociology of Management and Organizations, Band 4, Papers on the Science of Administration, New York, S. 39-42.

Grant, P.C. (1989): Multiple Use Job Descriptions. A Guide to Analysis, Preparation, and Application for Human Resources Managers, Westport.

Gray, C.F./Larson, E.W. (2007): Project Management. The Managerial Process, New York.

Hedeman, B. et al. (2006): Project Management Based on PRINCE2, Amsterdam.

HERMES 2005 (2005): Führen und Abwickeln von Projekten der Informations- und Kommunikationstechnik (IKT). Systemadaptation, Bern.

Ingham, A. G. et al. (1974): The Ringelmann effect. Studies of group size and group performance, in: Journal of Experimental Social Psychology, Jg. 10, S. 371-384.

ISO 21500:2012 (2012): Guidance on Project Management, ICS 03.100.40, Genf.

Kendall, D. (2010): Sociology in our times. The essentials, Belmont.

Larson, E. (2007): Project Management Structures, in: P. W. G Morris und J. K. Pinto (Hrsg.): The Wiley Guide to Project Organization and Project Management Competencies, Hoboken, S. 20-38.

Merrill, D./Martin, J. A. (2010): Getting Organized in the Google Era. How to Get Stuff out of Your Head, Find It When You Need It, and Get It Done Right, New York.

Moore, S. (2010): Strategic Portfolio Management. Enabling a Productive Organization, Hoboken.

Morgan, H. J. et al. (2005): The Art and Practice of Leadership Coaching. 50 Top Executive Coaches Reveal Their Secrets, Hoboken.

Mourgue d'Algue, H. et al. (2013): HERMES 5. Projektmanagementmethode für alle Projekte. Referenzhandbuch, Bern.

Mullins, L. J. (2006, 2008): Essentials of Organisational Behavior, Harlow.

Müller-Ettrich, R. (1999): Einsatzmittelmanagement; In: Rationalisierungskuratorium der Deutschen Wirtschaft e.V. (Hrsg.): Projektmanagement Fachmann, Band 2, Eschborn, S. 573-605.

Nandyal, R. S. (2003): People Capability Maturity Model, New Delhi.

Nijstad, B. A. (2009): Group Performance, Hove.

OGC/P3M3 (2013): P3M3 Project Model, OGC London 2011, http://www.p3m3-officialsite.com/P3M3Model/P3M3Model. Aspx, Zugriff am 21. Februar 2013.

Ralston, F. (2007): Play Your Best Hand. How to Manage the Four Types of Knowledge Workers – and Stack the Odds for Maximum Success, Avon.

Ringelmann, M. (1913): Recherches sur les moteurs animes. Travail de l'homme, in: Annales de l'Institut National Agronomique Jg. 2, S. 1-40.

Roberts, P. (2007): Guide to Project Management. Achieving lasting Benefit through Effective Change, London.

Schein, E. H. (2010): Organizational Culture and Leadership, San Francisco.

Schwalbe, K. (2010): Information Technology Project Management, Boston.

Singla, R. K., (2010): Principles of Management, New Delhi.

Taylor, J. (2006): A Survival Guide for Project Managers, New York.

Weaver, R. G./Farell, J. D. (1999): Managers as Facilitators. A practical guide to getting work done in a changing workplace, San Francisco.

Wysocki, R. (2011): Executive Guide to Project Management. Organizational Processes and Practices for Supporting Complex Projects, Hoboken.

Zaccaro, S. J. (1984): Social Loafing. The Role of Task Attractiveness, in: Personality and Social Psychology Bulletin, Jg. 10, S. 99-106.

09:00 Beschaffungsmanagement BM

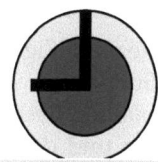

Kurze Übersicht

Worum geht es?

Das Beschaffungsmanagement ist ein Prozess, in dem durch ein sorgfältig vorbereitetes und geplantes Ausschreibungsverfahren der Lieferant mit dem kostengünstigsten oder wirtschaftlich vorteilhaftesten Angebot ausgewählt wird. Der daraus entstehende Vertrag zwischen den Parteien wird während des Projektes durchgeführt und danach gemanagt.

Wer ist gefordert?

Das ideale Managementteam für eine Ausschreibung besteht aus einem Beschaffungsspezialisten, dem Projektleiter, Anwendungs- und Lösungsspezialisten, einem Vertreter des Einkäufers, einem Dokumentar und einem Herausforderer.

Welche Bedeutung hat der Prozess?

Einkäufer erwarten bei den gelieferten Projektteilen eine bestimmte Qualität. In einem öffentlichen Vergabeverfahren muss die Wahl des Lieferanten anhand eines Vergabeverfahrens dem geltenden Recht entsprechen, gerechtfertigt sein und dokumentiert werden.

Wie geht man vor?

Grundlegende Schritte sind: Planung, Wahl des Lieferanten, Vertragsdurchführung. Die Planung ähnelt dem ZVM-Prozess: Projektstrukturierung, Teamrollen, Zeitplanung, „Make or Buy"-Entscheidung, Ausarbeitung des Vergabeverfahrens. Ausschreibung und Evaluation führen dann zur Vertragsvergabe und zu dessen Verwaltung.

Wo liegen die Herausforderungen?

Gute Planung (Projektstrukturplanung für Beschaffung) und ein kompetentes Team sichern den Erfolg. Vernünftige, funktions- und nicht produktbezogene Technische Spezifikationen sind essentiell – das erleichtert die Evaluation und ist weniger reklamationsanfällig. Planen Sie deshalb ausreichend Zeit ein. Die Ausarbeitung des Vergabeverfahrens und das Engagement aller Stakeholder werden sehr zeitintensiv sein. Der Beschaffungsprozess bildet einen Ausgleich zwischen der benötigten Zeit für die Evaluation und der Auswahl der Lieferanten einerseits und dem Aufwand für das Beschaffungsteam andererseits.

Was entscheidet über den Erfolg?

Eine realistische Planung. Die richtige Wahl des Lieferanten kann Monate dauern, wird sich aber in den folgenden Jahren auszahlen. Bilden Sie ein kompetentes Beschaffungsteam. Holen Sie sich die Genehmigung der Stakeholder für die Technischen Spezifikationen und das Vergabeverfahren. Ihr Lieferant ist ihr zukünftiger Partner, nicht Ihr Gegner.

09:00 Beschaffungsmanagement BM

Prozess

Regelmäßig anstehende Probleme müssen gelöst werden. Beginnen Sie mit dem Subprozess „Beschaffungsplanung", wenn eine Neubeschaffung oder in einer geplanten Beschaffung Änderungen anstehen. Danach folgen die Wahl des Lieferanten und der Lieferantenvertrag. Neue Probleme, Änderungsanträge und neue Erfahrungen starten den zugehörigen Prozess. Abb. 09:00-1 veranschaulicht diese Vorgehensweise.

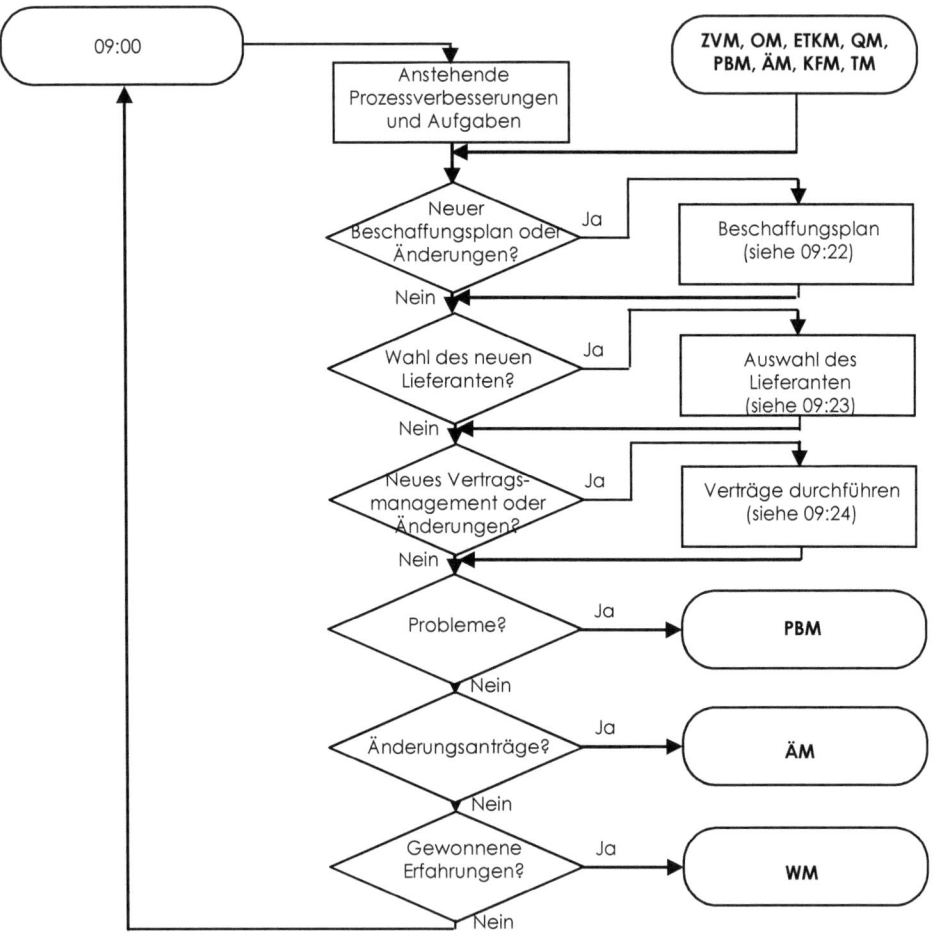

Abbildung 09:00-1 Der Beschaffungsmanagementprozess

09:10 Ziel des Beschaffungsmanagements BM

Das Beschaffungsmanagement soll sicherstellen, dass das Vorgehen gegenüber den Lieferanten in allen Phasen eines Projektes effizient, nachhaltig und juristisch einwandfrei ist, allen maßgeblichen Vorschriften und Projektbedürfnissen nachkommt.

09:20 Methoden

ISO/DIS 21500:2012 Prozesse

Die ISO 21500:2012 definiert drei maßgebliche Prozesse (vgl. ISO 21500:2012 2012):
- 4.3.35 Beschaffungsplan (engl. Plan Procurement)
- 4.3.36 Wahl der Lieferanten (engl. Select Supplier)
- 4.3.37 Vertragsdurchführung (engl. Administer Procurements)

Diese drei Prozesse decken sich mit der Sicht des Autors auf das Beschaffungsmanagement. Die Beschaffung muss zunächst geplant und die Lieferanten müssen ausgewählt werden, erst dann werden die entsprechenden Verträge durchgeführt. Die Vertragsdurchführung ist im Entwurf der oben zitierten Norm in der sich ständig wiederholenden Kontrollschleife explizit vorgesehen. Die anderen beiden Prozesse der ISO 21500:2012 sind in den Prozessgruppen, die nicht explizit zur erneuten Ausführung vorgesehen sind. Allerdings sind in der Beschreibung keine Änderungen oder Anpassungen der Prozesse vorgesehen. Dies kann zur irrigen Annahme führen, wonach die beiden letztgenannten Prozesse nur ein Mal auszuführen sind. Meistens muss die Projektplanung nach der Wahl eines Lieferanten nochmals überarbeitet werden. Die Norm berücksichtigt allerdings keine Änderung im Leistungsumfang der Beschaffung, keinen Ersatz des Lieferanten oder ähnliche Fälle, die während der Durchführung eines Projektes auftreten können.

Mit anderen Worten: Alle drei ISO 21500:2012 Prozesse wiederholen sich und sind sequentiell und als Unterprozesse in den Zyklus des kybernetischen Beschaffungsmanagementprozesses eingebunden.

Beschaffung in HERMES 5

Ähnlich wie in der ISO 21500:2012 sieht HERMES 5 im Modul Beschaffung mehrere mit der Umsetzung der Beschaffungsprozesse verbundene Aufgaben des Projektleiters vor. Als vorteilhaft für die Projektumsetzung wird die klare Zuweisung der Entscheidung des Zuschlages an den Projektleiter gewertet. Dagegen werden ferner aber die Vertragsschließung und das nachfolgende Vertragsmanagement in HERMES 5 nicht geregelt (Mourgue d'Algue et al. 2013).

09:21 Beschaffungsprozess und Vertragsmanagement

Die Ergebnisse eines Projektes überdauern meist das Projekt selbst. Auch das Verhältnis von Einkäufer und Lieferanten geht über den Projektabschluss hinaus und muss entsprechend geregelt werden. Deshalb wird der Prozess des Vertragsmanagements vom Unterprozess der Vertragsdurchführung unterschieden. Vertragsmanagement überdauert das Projekt und übernimmt die Ergebnisse des Beschaffungsprozesses, insbesondere die des Unterprozesses der Vertragsdurchführung. Das Vertragsmanagement ist für das Projekt relevant, steht aber außerhalb des Projektes. Der Unterprozess der Vertragsdurchführung regelt während der Dauer eines Projektes wichtige Projektparameter.

Der Lieferant kann auf zwei Arten in das Projekt eingebunden werden: mit der Projektleitung als Generalunternehmer oder direkt als eine Vertragspartei der einkaufender Organisation.

Einbindung mit der Projektleitung als Generalunternehmer

Die einkaufende Organisation überlässt der Projektleitung alle finanziellen und rechtlichen Aspekte. Daraufhin verwaltet die Projektleitung alle Aspekte der Lieferantenbeziehung und trägt die formale und rechtliche Verantwortung für das Ergebnis des Projektes. Die Projektleitung oder die Organisation, die das Projekt abwickelt, ist oder wird zu einer Rechtsperson und tritt gegenüber der einkaufenden Partei als Generalunternehmer auf.

Direkter Vertragsschluss zwischen dem Lieferanten und der einkaufender Organisation

Das Projekt als Rechtsperson vertritt den Käufer und hat die Befugnis zu Vertragsverhandlungen und -entscheidungen, jedoch ohne als Vertragspartei auftreten zu dürfen. Die einkaufende Organisation und der Lieferant verhandeln direkt über einen rechtsverbindlichen Vertrag und die Vergütung. Die Projektleitung als Vertretung für den Einkauf muss keine, kann aber eine dritte Vertragspartei sein.

In großen Organisationen (wie etwa der staatlichen Administration) sind die Einkaufskompetenzen in einer Organisation und das Budget für die Projekte einer anderen Organisation zugewiesen. In diesem Fall treten beide Organisationen gemeinsam als beschaffende Organisationen und damit als Partner des Lieferanten auf. Falls die Projektleitung einer weiteren Organisation angehört, wird diese häufig, aber nicht zwingend, als eine weitere Partei in den Vertrag eingebunden.

Die positive Entwicklung einer sozialen Beziehung innerhalb des Projektes wird durch ein klares bipolares Verhältnis zwischen den Projektstakeholdern und den Lieferanten einerseits oder dem Projektleiter sowie dem die Projektsponsoren vertretenden Einkäufer andererseits unterstützt. Im Fall der direkten vertraglichen

Beziehungen zwischen dem Lieferanten und den Sponsoren, ist die Position des Projektes und des Projektleiters schwächer, aber es gibt ein entstehendes oder bereits bestehendes Verhältnis zwischen dem Projektsponsor und den Lieferanten, welches den Kurs des Projektes nachhaltig beeinflussen kann.

Aufgrund dieser beiden Varianten wird der zur einen oder zur anderen Seite neigende Lieferant zwischen dem Einkäufer und dem Projekt dargestellt (siehe Abbildung 09:00-2).

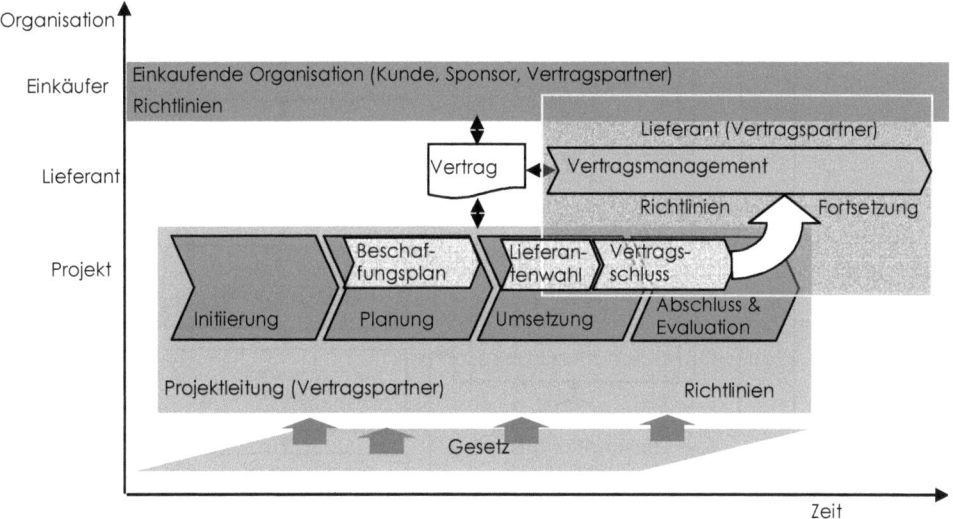

Abbildung 09:00-2 Die Wechselbeziehung zwischen Projektzielen, Zielvorgaben und angestrebten Werten

Der gesamte Prozess ist zeitbezogen. Die einkaufende Organisation besteht in diesem sozialen Netzwerk am längsten. Sie erstellt das Projekt, durch das in der Umsetzungsphase die Arbeitsbeziehung zum Lieferanten beginnt. Nach Abschluss des Projektes werden alle vertraglichen Ansprüche und Rechte an das Vertragsmanagement des Lieferanten oder der einkaufenden Organisation übergeben. Deshalb wird der Unterprozess der Vertragsdurchführung (ISO 21500:2012 4.3.37 Vertragsdurchführung) vom Lebenszyklus des zugehörigen Vertragsmanagements des Einkäufers und/oder des Lieferanten unterschieden (vgl. z. B. Gallagher et al. 2011).

09:22 Beschaffungsplan
Prozess 4.3.35 Beschaffungsplan

In einem Beschaffungsplan nach ISO 21500:2012 gibt es zwei wichtige Schritte (vgl. Abbildung 09:00-3):

- Entwicklung der Beschaffungsziele
- Entwicklung des Beschaffungsplans

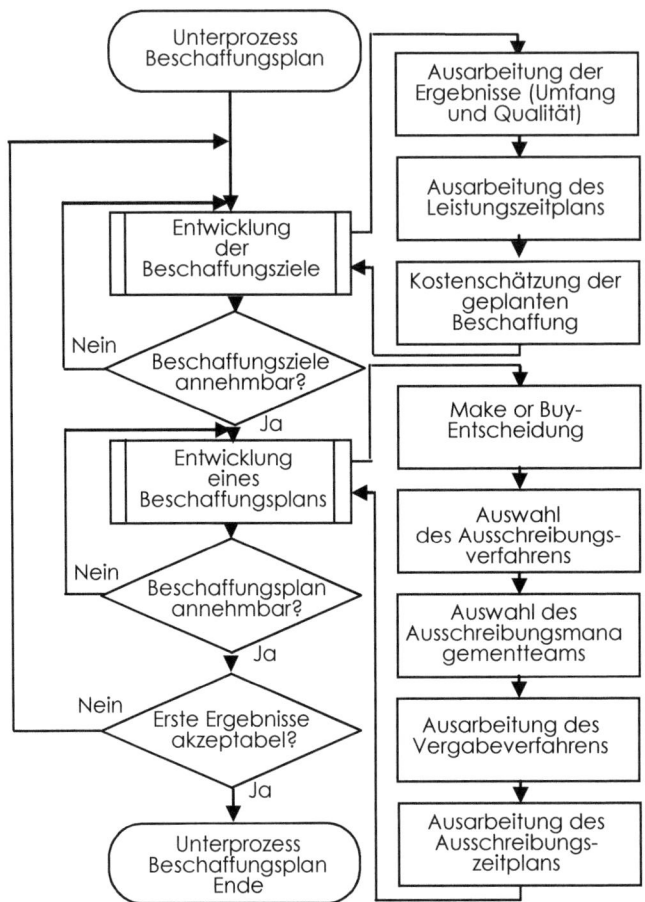

Abbildung 09:00-3 Unterprozess Beschaffungsplan

Entwicklung der Beschaffungsziele

Im Zielverwirklichungsmanagementprozessprozess ZVM (Kapitel 07:00) wurde bereits die Produktstruktur ausgearbeitet. Teile des Produkts oder das ganze Produkt werden von einem Dritten geliefert. Der Leistungsumfang der geplanten Zulieferung folgt dem in der Beschreibung der Projektziele in Kapitel 07:21 ausgeführten eisernen Dreieck:

Beschaffungsziele

- Ergebnis (Umfang und Qualität der Projektergebnisse)
- Zeitplan der Projektergebnisse
- Kosten der geplanten Beschaffung (Kosten der Projektergebnisse)

Die Beschreibungen des Projektergebnisses (auch bei Dienstleistungen) bis hin zu den Sollwerten der quantifizierten Ziele (Zielwerte) werden in verschiedenen Regulierungen als „Technische Spezifikationen" oder „Leistungsbeschreibung" (engl. Terms of Reference) bezeichnet (Neumann 2008). Allerdings ist die Bezeichnung „Leistungsbeschreibung" (Terms of Reference) in internationalen Auseinandersetzungen ein vorgeschriebenes Dokument, das die Identifikationsdaten, die Ansprüche und andere Angelegenheiten der Vertragsparteien enthält (Schäfer et al. 2005). Da die Bedeutung der „Leistungsbeschreibung" weitergefasst ist als die der „Technischen Spezifikationen", wird im Fortgang weiter unten in diesem Unterkapitel gezielt nur noch die Bezeichnung „Technische Spezifikationen" verwendet.

Die Definition der Technischen Spezifikationen, wie beispielsweise in verschiedenen Anhängen des Vergaberechts in europäischen Ländern, besagt, dass dies Vorschriften für die angestrebte Beschaffung sind, durch welche die beschaffte Arbeit, das Material, das Produkt oder eine Lieferung einen Nutzen für die einkaufende Organisation hat (Hebly 2008). Es soll eine gewünschte Leistung statt einer möglichen Lösung in den Technischen Spezifikationen beschrieben werden, um alle Möglichkeiten offen zu halten, es sei denn, dass der Einkäufer oder die Projektspezifikationen dies einschränken (Quigley 1997). Leistung erhält man durch:

- die benötigte Funktionalität (z. B. volle Funktionsfähigkeit eines Netzwerkes und mindestens 2.000 gleichzeitige User)
- nicht-funktionale Anforderungen (z. B. darf nur Erdverkabelung eingesetzt werden) und
- die vorgegebene Qualität der Lieferung (98 % Servicequalität)

Der Zeitplan für die Lieferungen wird im Laufe des Projektlebenszyklus häufig mehrmals geändert. Dessen ungeachtet sind die Projektbedürfnisse, die im Zielverwirklichungsplan ausgearbeitet wurden, ein wichtiger Anhaltspunkt. Die Lieferungen sollten so spät wie möglich, allerdings mit einem ausreichenden Zeitpuffer für eventuelle Verzögerungen in der Planung angesetzt werden.

Sobald der gewünschte Zeitplan ausgearbeitet wurde, sollte das Projekt hinsichtlich des Marktpotentials überprüft werden. Danach muss ggf. die Zeitplanung angepasst werden (so veranschlagen beispielsweise die meisten Anbieter für die Umsetzung des Netzwerkes mindestens 12 Monate, wohingegen die Stadt ursprünglich nur 4 Monate angesetzt hatte. Das Projekt muss also um mindestens 8 Monate verlängert werden).

Nachdem die Technischen Spezifikationen und der überarbeitete Zeitplan fertig gestellt wurden, müssen die Kosten der zukünftigen Lieferung ausgearbeitet werden. Die Kosteneinschätzung ist für die Durchführbarkeitsuntersuchung und die

Beschaffungsgrenzen des Budgets nötig. Die ausgewählten Techniken werden in Unterkapitel 09:31 behandelt.

In dieser Projektphase ist es sehr wahrscheinlich, dass ein Wert oder gar mehrere Werte der Beschaffungsziele nicht mehr annehmbar sind, da sich z. B. zu hohe Kosten oder zu lange Lieferzeiten ergeben. Folglich muss der ganze Prozess (Eingrenzung der angestrebten Beschaffung, Änderung der Projektziele etc.) so oft wiederholt werden, bis annehmbare Beschaffungsziele erreicht werden.

Entwicklung des Beschaffungsplans
Beschaffungsplan

Ein Beschaffungsplan enthält alle Informationen über die Ausführung der Beschaffung. Die grundlegende, prozessbeeinflussende Entscheidung ist:

- Make or buy?

Make or Buy

Aus methodischer Sicht ist dies eine Evaluation von zwei oder mehr Alternativen. Tabelle 09:00-1 fasst diese zusammen.

Drei Parameter bestimmen, wann ein Projekt die finanzielle Kostendeckung zwischen den Alternativen erreicht:

$$\text{Fixkosten} + \text{variable Kosten} * \text{Frequenz}$$

In Projekten haben die variablen Kosten einen größeren Einfluss auf die Erreichung der Kostendeckung als die Fixkosten. Dies entsteht durch nicht greifbare Variablen und Unsicherheiten in einem Projekt.

Die Frequenzvariable hat zwei Dimensionen:

- Der Produktlebenszyklus, d. h. die gesamte Nutzbarkeit des Projektergebnisses
- Die Menge jeder zur Herstellung des Projektergebnisses benötigten Einheit

So soll etwa eine Brücke 60 Jahre genutzt werden (Lebenszyklus) und in dieser Zeit von 100.000 Autos überquert werden (Frequenz). Aus Gründen der Einfachheit entfällt die dazugehörige Kapitalkalkulation (Kapitel 07:35).

Nicht greifbare Variablen in Projekten sind (Nienhüser und Jans 2004/2013):

- Spezifität: Je spezifischer die geplante Beschaffung für den Einkäufer ist, desto höher ist die Abhängigkeit vom Lieferanten und desto größer das Risiko, dass dieser aus der Abhängigkeit Gewinn schlägt (z. B. hohe Wartungskosten)
- Unsicherheit: Parameter- (Umwelt, Technik) und verhaltensbezogen (z. B. negative soziale Wahrnehmung der Einzelnutzung eines Autos in 40 Jahren)

Nach Erfahrung des Autors kommt noch eine dritte Dimension hinzu:

- Aktueller Projektaufbau, der eine Alternative gegenüber anderen Alternativen bevorzugt (z. B. Freihandelszonen bevorzugen die alternative „Marke")

Jeder Parameter und jede Dimension können sich aus verschiedenen Variablen zusammensetzen, z. B. fahrzeuggewichtsabhängige Maut oder komplexe Instandhaltungskalkulationen.

Wir halten fest, dass nicht greifbare Variablen entweder anhand der Ordinalskala (erste Wahl, zweite Wahl etc.) oder der Kardinalskala gemessen werden können, z. B. anhand von Punkten: 1, 5, 10 auf einer Skala von 0 bis 10.

Nachdem die entsprechenden Schlüsselvariablen identifiziert und die Ober- und Untergrenzen festgelegt wurden – so dürfen beispielsweise die variablen Kosten der Brückeninstandhaltung 100.000 US $ einzeln oder pro Jahr nicht überschreiten –, arbeitet das Ausschreibungsmanagementteam an der Feinabstimmung der Auswertungskriterien.

Tabelle 09:00-1 Make or Buy-Evaluation

ID	Name	Lösung A (Buy)	Lösung B (Make)	Grenzwerte
C1	Fixkosten	6'000'000	7'200'000	7'000'000
C2	Variable Kosten/Einheit F1	130'000	100'000	100'000
C3	Variable Kosten/Einheit F2	0,03	0,02	-
F1	60 (Jahre)	60	60	70
F2	100'000 (Autos)	100'000	100'000	120'000
O1	Gesamtkosten (Total costs of ownership) für 60 Jahre	13'980'000	13'320'000	-
S1	Einzigartigkeit der Lösung	2	10	1
U1	Geologisches Tsunamirisiko	3	4	0
U2	Car-Sharing Trend	3	3	-
S1	Lokale Beschäftigung	1	5	0
E	Schlussevaluation		Bevorzugt wenn die Fixkosten der Investition erhöht werden können	

09:00 Beschaffungsmanagement BM

Auswahl des Ausschreibungsverfahrens

Die Analyse der Make oder Buy-Kriterien bestimmt das nachfolgende Verfahren:

- Auswahl des Ausschreibungsverfahrens

Im Folgenden werden die Regeln der der World Trade Organisation (WTO) betrachtet. Die Mitglieder des multilateralen Handelsabkommens der WTO (Anhänge II-IV) stimmten zu, dass die Beschaffung unter Berücksichtigung der festgelegten Regeln durchgeführt werden sollte. Regierungsausgaben tragen zu 10-15 % des BSP bei und stimulieren dementsprechend die Globalwirtschaft (WTO 2013). Neben den Regierungen befolgt auch die Mehrheit der öffentlichen Einrichtungen die Regeln der WTO. Die Einschränkungen und die praktischen Auswertungen dieser Regeln können bei Evenett und Hoekman nachgelesen werden (Evenett und Hoekman 2006).

World Trade Organization (WTO)

(WTO 2013)

Das vorläufige Abkommen wurde am 15.April 1994 von zahlreichen Staaten unterzeichnet und 1995 wurde die World Trade Organisation (WTO) in der sogenannten Uruguay-Runde eingeführt. Die WTO mit ihrem Sitz in Genf in der Schweiz nahm am 1.1.1996 ihre Arbeit auf.

Das Abkommen über das öffentliche Beschaffungswesen (GPA) wurde bereits in der Tokyo-Runde beschlossen und trat im Januar 1981 in Kraft. Die aktuelle Fassung wurde in der Uruguay-Runde verhandelt und wurde von nur 28 Mitgliedern unterzeichnet (nicht alle sind WTO-Staaten) und ist deshalb eine Anlage zum WTO-Abkommen.

Das grundlegende Ziel besteht darin, faire und nicht diskriminierende internationale Wettbewerbsbedingungen durch transparente Regierungsausgaben zu schaffen.

Der Schwellenwert für Anschaffungen, die unter dieses Übereinkommen fallen, liegt derzeit bei 130.000 sogenannten Sonderziehungsrechten (SZR). Die SZR wurden vom Internationalen Währungsfonds (IWF) geschaffen und den Mitgliedsstaaten in Relation zu ihrer IWF-Quote zugeteilt (IMF 2013). Die Quote für Bauarbeiten liegt bei 5 Millionen SZR. Ein SZR entspricht momentan (2013) 1.154190 Euro oder 1.537040 US $.

Die Organisation, welche die Ausschreibungen in den Mitgliedsstaaten macht, muss dem Lieferanten mit dem kostengünstigsten oder wirtschaftlich vorteilhaftesten Angebot den Zuschlag geben. Dabei muss der Lieferant auch in der Lage sein, den Auftrag gemäß der Evaluation durchzuführen, welche die ausschreibende Organisation erstellt hat.

Die WTO bemüht sich fortlaufend, die Transparenz weiter zu erhöhen sowie auch die Beschaffung von Dienstleistungen zu regeln.

Der von der WTO erstellte Ablauf ist auch in der Privatwirtschaft durchaus nützlich, da er sich als effizient, neutral und überzeugend erwiesen hat. Wenn die Regeln des WTO-Abkommens in der Privatwirtschaft Anwendung finden, können diese freilich je nach Bedürfnis der Beschaffungsorganisation angepasst werden.

Das GPA (WTO GPA 2013) sieht folgende drei Ausschreibungsverfahren vor:

- a. ein offenes, unbeschränktes Ausschreibungsverfahren, bei dem jeder Lieferant ein Angebot abgeben darf.
- b. ein selektives Ausschreibungsverfahren, bei dem nur ausgewählte Lieferanten ein Angebot abgeben dürfen.
- c. ein eingeschränktes Ausschreibungsverfahren (Erweiterungen zu bestehenden Verträgen, die im Verfahren a. oder b. vergeben wurden, Exklusivrechte, Dringlichkeit, Innovationen, Fehlen von Angeboten in Verfahren a. oder b., Konsumwaren, besonders vorteilhafte Bedingungen, Ergebnisse aus Designwettbewerben).

2006 wurden mehrere Bestimmungen, insbesondere die Doha-Entwicklungsagenda, in das GPA eingefügt. Hinzu kam (Wunsch-Vincent und McIntosh (Hrsg.) 2004):

- d. das elektronische Ausschreibungsverfahren. Angebote, die in einer Rückwärtsauktion abgegeben werden, vermindern online die Preise und der kostengünstigste Anbieter erhält den Zuschlag.

Laut Artikel XIV des GPA muss, wenn bei einem selektiven Ausschreibungsverfahren oder auch bei anderen Formen kein vorteilhaftestes Angebot ausgewählt werden kann

- e. zu Verhandlungen übergegangen werden. Diese sollen sich jedoch darauf konzentrieren, die Stärken und Schwächen der Angebote zu identifizieren und nicht nur auf die Preise eingehen.

Zahlreiche Staaten haben daraufhin ihre Gesetzgebung entsprechend dieser Verfahren angepasst und gleichzeitig auch die Beschaffung in den Bereichen unterhalb des WTO Schwellenwertes geregelt (z. B. GSA, DoD, NASA FAR 2005; Sejm polski 2013; Schweizerische Eidgenossenschaft, BöB 1994/2013; VOB 2009, VOF 2009, VOL 2009, Thailand PMO 1992). Demnach wurden weitere Beschaffungsverfahren gesetzlich verankert, welche es ermöglichen

- f. in einen Dialog mit möglichen Anbietern zu treten. Unklare Punkte sollen auf beiden Seiten geklärt werden und dieser Dialog soll die GPA-Regel der Transparenz sicherstellen. Die Anbieter geben nach diesen Gesprächen ihre Angebote ab. Dieses Verfahren wird in den USA bei Einzelquellenverträgen und Miniausschreibungen eingesetzt (Phillips 2004).
- g. zu Verhandlungen der Vertragsbedingungen mit eingeladenen Anbietern überzugehen. Eine Mindestanzahl an Wettbewerbern ist hierfür meist erforderlich.

- h. zu Handlungsfreiheitsverträgen überzugehen. Der ausgewählte Lieferant wird eingeladen, den zukünftigen Vertrag zu verhandeln und das Angebot während der Verhandlung einzureichen und zu verhandeln. Dies wird in den USA bei Alleinanbieterverträgen und bevorzugten Quellen gemacht (ebd.).
- i. zu Preisanfragen überzugehen. Wird meist bei Konsumgütern angewandt.
- j. zu mehrfachen Vertragsvergaben überzugehen. Wird u. a. in den USA, insbesondere bei Beteiligungen von Kleinunternehmen an Regierungsverträgen, durchgeführt, wenn es die zweckmäßigste und wirtschaftlichste Alternative ist (ebd.).

Ausschreibungsmanagementteam

Auswahl des Ausschreibungsmanagementteams

Das Ausschreibungsmanagementteam muss nicht notwendigerweise aus Projektmitgliedern bestehen. Weder die WTO noch nationale Gesetze schreiben die Teamzusammensetzung vor. Der Autor hat in den von ihm gemanagten Projekten die Erfahrung gemacht, dass ein ideales Ausschreibungsmanagementteam folgende Kompetenzbereiche enthalten sollten:

- 1. Der Projektleiter, verantwortlich für das spätere Ergebnis
- 2. Beauftragter für öffentliche Vergabeverfahren oder ein Rechtsanwalt, der die beschaffende Organisation repräsentiert
- 3. Verantwortlicher für den Beschaffungsantrag
- 4. Verantwortlicher für die Evaluation
- 5. Sparringspartner aus dem Kernteam des Projektes
- 6. Dokumentar, Projektmanagementbüro
- 7. Verantwortlicher Vorgesetzter aus der Organisation des Käufers oder des Projektmanagements (optional)

Folglich bietet ein aus sieben Personen bestehendes Ausschreibungsmanagementteam optimale Effizienz. Bei größeren Teams ist die Koordination und Sicherstellung der gleichzeitigen Verfügbarkeit der Teammitglieder für gemeinsame Entscheidungen eher schwer zu gewährleisten (vgl. Kapitel 22:00 Teammanagement).

Vergabeverfahren

Ausarbeitung des Vergabeverfahrens

In beiden beschriebenen Prozessen wird eine Ausschreibung in zwei Schritten evaluiert:

1. Grobevaluation der Angebote

In diesem Schritt können die angesetzten Kriterien, die im Idealfall nach den WTO-Regeln aufgestellt wurden, nur zu einer binären Entscheidung führen: das Angebot erfüllt die Vorgaben oder es erfüllt sie nicht. In einem öffentlichen Vergabeverfahren sind das üblicherweise: fristgerechte Angebotsabgabe, die formale Befugnis in der entsprechenden Region Geschäfte treiben zu dürfen, eine geregelte Verbindung zur Steuerbehörde, Sozialversicherung und in manchen Fällen kein Eintrag im Strafregister der Region. Manchmal wird auch ein Beweis dafür verlangt, dass der Lieferant in der finanziellen und technischen Lage ist zu liefern. In einem selektiven Ausschreibungsverfahren können diese Kriterien bereits bei der ersten Qualifikation der Anbieter abgefragt werden, in anderen Verfahren nach Eingang der Angebote.

2. Detailevaluation der Angebote

Der WTO Artikel XIII Abs. 4 b) besagt, dass der Vertrag entweder (WTO GPA 2013):

- an den „kostengünstigsten Anbieter" geht. Das bedeutet, dass die Basis für die Vertragsvergabe der günstigste Preis ist. Dies hat sich bei Konsumgütern und sehr konkreten Anschaffungen bewährt.
- an den „wirtschaftlich günstigsten Anbieter" geht. In den USA ist dieses Vorgehen als „Best Value Offer" bekannt, das Qualität, Kosten und Effizienz unter den antwortenden und verantwortlichen Anbietern fördert. Eine objektive und quantifizierbare Analyse sollte, wann immer möglich, die Basis hierfür sein (Phillips 2004).

Im Ansatz des Staffordshire County Council ist das beste Angebot (Best Value) durch ein gutes Preis-Leistungsverhältnis gekennzeichnet (Staffordshire County Council 2013). Das Ergebnis folgt aus dem gewichteten und normalisierten Ansatz:

Best Value = Verhältnis der Kosten * Kostenspektrum + Verhältnis der Qualität * Qualität

„Verhältnis" ist dabei die Gewichtung, üblicherweise in Prozent ausgedrückt.

„Kostenspektrum" und „Qualität" werden mit Werten zwischen 0 und 1 normalisiert.

Das Kostenspektrum gibt die Position der Kosten des analysierten Angebots unter den anderen Angeboten an. In Unterkapitel 09:32 werden anwendbare Berechnungsmethoden erläutert.

Abbildung 09:00-4 zeigt die Empfehlung des Staffordshire County Council (s. o.) bezogen auf das Verhältnis der erwarteten Kosten und der Qualität und in Abhängigkeit von Projektart und -risiko (z. B.: Verhältnis zwischen Kosten und Qualität bei Lieferungen mit Engpässen 40/60).

Die Evaluierung der Kosten stellt eine gewisse Schwierigkeit dar. Der Einkäufer möchte alle Kosten, die durch die Ausschreibung entstehen, einrechnen (Kosten des Produktlebenszyklus oder Gesamtkosten (Total Cost of Ownership), vgl. Unterkapitel 09: 31).

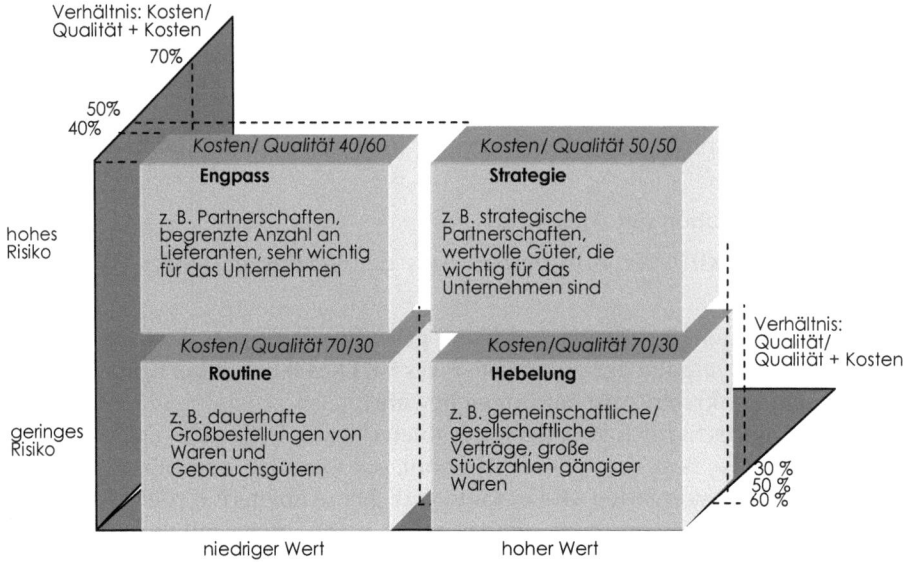

Abbildung 09:00-4 Verhältnis von Kosten und Qualität im Staffordshire Modell (Staffordshire County Council 2013)

Die Schätzung der Vortransaktionskosten (engl. ex-ante transaction costs) und späteren Beschaffungskosten ist nur mittels eines „Best Practice"-Ansatzes möglich und ist somit eine subjektive Schätzung. Der Autor empfiehlt, die Kosten in zwei Gruppen zu teilen, damit alle Angebote sicher gleich behandelt werden und die Vergabe gerechtfertigt ist:

a. messbare Kosten: Fixkosten und variable Kosten, Transaktions- und Vortransaktionskosten, vom Angebot spezifiziert und im Kostenspektrum evaluiert.

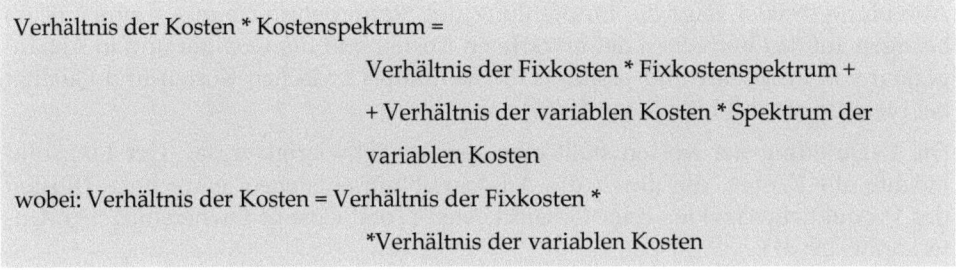

b. geschätzte Projektkosten und spätere Vortransaktionskosten, bestehend aus einer durchdachten Evaluation der lösungsunabhängigen Posten, die in allen Angeboten auf die gleiche Weise kalkuliert werden können und der angebotsspezifischen Posten, die mit der größtmöglichen Objektivität bewertet und in die Qualitätsevaluation der einzelnen Angebote integriert werden sollten.

Verhältnis der Qualität * Qualität =

    Verhältnis der gleichen Fixkosten * gleiche Fixkosten +

    Verhältnis der gleichen variablen Kosten * gleiche variable Kosten +

    Verhältnis der geschätzten Fixkosten * Fixkosten +

    Verhältnis der geschätzten variablen Kosten * geschätzte variablen Kosten +

    Verhältnis andere Qualität * andere Qualität

wobei: Verhältnis der Qualität =

    Verhältnis der gleichen Fixkosten +

    Verhältnis der gleichen variablen Kosten +

    Verhältnis der geschätzten Fixkosten +

    Verhältnis der geschätzten variablen Kosten +

    Verhältnis andere Qualität

Die Kriterien der „anderen Qualität" sollten primär von den Technischen Spezifikationen abgeleitet werden. Das ausgeführte Gewichtungsschema kann auch für die Evaluation von Leistung, Qualifikationen, Qualität der Lieferungen, Konstruktionsalternativen, Sicherheits- und Umweltaspekten, aber auch für Zeit und andere Sachverhalte wie nationale Präferenzen angewandt werden (z. B. Scott 2006; Thailand PMO 1972).

Ausschreibungszeitplan

Ausarbeitung des Ausschreibungszeitplans

Die folgende heuristische Zeitschätzung sollte bei den für das Ausschreibungsverfahren anstehenden Aufgaben und für die Einhaltung der GPA-Regeln bedacht werden:

    a. Beschaffungsplanungsprozess (vgl. Tabelle 09:00-2)

Tabelle 09:00-2 Zeitschätzung für Beschaffungsplanungsprozess

Nr.	Tätigkeit	Optimistischste Dauer in [Tage]	Pessimistischste Dauer in [Tage]
1	Entwicklung der Beschaffungsziele	40	1000
2	Genehmigung des Käufers/ Vorgesetzten einholen	1	60
3	„Make or Buy"-Entscheidung	7	60

4	Auswahl des Ausschreibungsverfahrens	7	40
5	Auswahl des Ausschreibungsmanagementteams	2	40
6	Ausarbeitung des Ausschreibungszeitplans	10	30
7	Genehmigung des Käufers/Vorgesetzten einholen	1	60
	Gesamter Beschaffungsplanungsprozess	68	1290

b. Lieferantenauswahlprozess (vgl. Tabelle 09:00-3)

Tabelle 09:00-3 Zeitschätzung für den Lieferantenauswahlprozess

Nr.	Tätigkeit	Optimistischste Dauer [Tage]	Pessimistischste Dauer [Tage]
8	Ausschreibung vorbereiten und herausgeben	5	30
9	Auswahl der möglichen Lieferanten (optional)	25+10	25+60
10	Änderungen aufgrund von Widersprüchen (optional)	7+20	7+20
10	Angemessene Zeit für Angebotsabgabe	7	40
11	Evaluation der Angebote	7	180
12	Genehmigung des Käufers / Vorgesetzten einholen	1	60
13	Zeit für Beschwerden gegen die Vergabe	7	30
14	Abschließende Vertragsverhandlungen und -unterzeichnung	1	30
	Gesamter Lieferantenauswahlprozess	85	482

Der Beschaffungsprozess ist keine schnelle oder kurzweilige Angelegenheit. Der Projektleiter ist gut beraten, in der Projektplanung Zeiträume zwischen 6 Monaten und 6 Jahren dafür einzuplanen. Und erst wenn der Vertrag unterzeichnet wird, beginnt die Lieferzeit...

In diesem Prozess sind auch beachtliche Ressourcen gebunden: Man sollte für das Ausschreibungsmanagementteam zwischen 60 und 1000 Arbeitstagen einplanen und zu den Beschaffungskosten hinzuzählen.

Wenn der Beschaffungsplan und die erwarteten Beschaffungsergebnisse annehmbar sind, dann kann der darauf folgende Unterprozess der Lieferantenauswahl beginnen.

09:23 Lieferantenauswahl

Der Unterprozess der Lieferantenauswahl kann zwischen drei Monaten und vier Jahren dauern (vgl. Unterkapitel 09:22). Er kann eine eigenständige Phase im Projekt sein (HERMES 2005 2005), gehört jedoch bereits zur Umsetzung des Projektes, da mit der Ausschreibung auch die beschaffende Seite sich grundsätzlich zur Beschaffung und Umsetzung gemäß der in der Ausschreibung angegebenen Termine verpflichtet. HERMES 5 weicht von dieser Auffassung jedoch ab, da dort die Beschaffung als Teil der Planungsphase (Konzeptphase) betrachtet wird (Mourgue d'Algue et al. 2013). Da in HERMES 5 die Vertragsunterzeichnung und die daraus resultierenden Verpflichtungen nicht geregelt sind, kann dies mit der entsprechenden Wertung durch den Lieferanten und die Anpassung der Dauer der Planungsphase (Konzeptionsphase) akzeptiert werden.

In einigen Organisationen kann es bereits mehrere Wochen dauern, bis alle nötigen Genehmigungen erteilt wurden, um eine Ausschreibung oder deren Bekanntmachung zu veröffentlichen.

Eine Ausschreibung sollte veröffentlicht werden, um die größtmögliche Zahl an Anbietern zu erhalten. Wird der WTO/GPA-Schwellenwert überschritten, so muss die Ausschreibung in einer der im Anhang zur WTO/GPA aufgelisteten Publikationen veröffentlicht werden.

Nach einem selektiven Ausschreibungsverfahren müssen die WTO/GPA-Mitglieder den Vertragspartner bei Verträgen, die den Schwellenwert überschreiten, in einer der im Anhang gelisteten GPA Publikationen aufführen. Je nach Schwellenwert muss nach der Bekanntmachung im Minimum zwischen 5 und 30 Tagen auf die Angebote gewartet werden.

Unterhalb des Schwellenwerts sollte das Zeitfenster für die Angebotsabgabe nicht unter 5 Tagen, oberhalb des Schwellenwertes nicht unter 40 Tagen liegen. In einem selektiven Ausschreibungsverfahren ist das Zeitfenster für die Angebotsabgabe üblicherweise kürzer. Es ist auch kürzer, wenn vorab Informationen über die geplante Beschaffung in der Ausschreibung veröffentlicht wurden.

Der gesamte Unterprozess der Lieferantenauswahl wird in Abbildung 09:00-5 dargestellt.

Eine Beschwerde gegen eine Ausschreibung und deren Bekanntmachung kann eingelegt werden gegen:
- das Ausschreibungsverfahren (nicht angemessen)
- die technischen Spezifikationen (z. B. nicht funktionell, Markennennung, produktspezifisch, nicht zielorientiert)

selten gegen:
- die Auswahlkriterien (meist Klassifizierungssachverhalte in spezifischen Beschaffungsprogrammen, finanzielle Forderungen oder zu breit gefasste Forderungen nach der Einhaltung von Gesetzen)

WTO/GPA Artikel XX verlangt von den Mitgliedsstaaten, dass diese nationale Beschwerdesysteme einführen (WTO 2013). In den USA sind dies u. a. die „procuring corresponding area agencies", die „GAO - Government Accountability Office" sowie noch eine Reihe weiterer Verfahren (US GPO 2009). In Deutschland regelt dies das Gesetz gegen Wettbewerbbeschränkungen von 1998, zuletzt aktualisiert 2012 §§ 116-124 (GWB 2013). In Polen sind dies die „Krajowa Izba Odwolawcza" und eine Reihe gesetzlicher Bestimmungen (Sejm polski 2013).

Formale Einsprüche, auch wenn sie zunächst mündlich eingelegt werden, müssen von der passenden Veröffentlichung in der Regel innerhalb von fünf Werktagen (sieben Kalendertagen) bei der entsprechenden nationalen Aufsichtsstelle schriftlich eingereicht werden. Das Ersuchen wird dann innerhalb von 10 Tagen bei der in der Beschaffung genannten Behörde angenommen und diesem kann innerhalb eines festen Zeitfensters widersprochen werden (nach polnischem Gesetz beispielsweise innerhalb von 15 Tagen, ebd. Artikel 189 Abs. 1, Seite 65).

Die widersprechende Partei kann eine Beschwerde (in Deutschland auch als Rüge bezeichnet) innerhalb weniger Tage (7 Tage in Polen) auf einer höheren Stufe vorbringen – meist vor ein Amtsgericht. Das Gericht hat üblicherweise 30 Tage Zeit, um über diesen Fall zu entscheiden (Sejm polski 2013). In einigen Ländern erlaubt die Nähe zur Forderung allen beteiligten Parteien (den Bietern wie auch der beschaffenden Organisation) eine Beschwerde einzureichen. Wenn eine Regierungsorganisation involviert ist, dann auch ohne formale Zeitbegrenzung. In den USA zum Beispiel ist die gängige Strategie zuerst die beteiligten Parteien zu einer außergerichtlichen Einigung zu bringen (z. B. GSA, DoD, NASA FAR 2005).

Nach einer erfolgreichen Beschwerde muss eine Erweiterung der Zeitdauer der Ausschreibung oder deren Bekanntmachung folgen. Diese beträgt minimal 10 bis 20 Tage (Sejm polski 2013, Rozdzial 3, Art. 12a, Seite 7 ff.). Wenn alle Beschwerden beseitigt wurden, werden die eingereichten Angebote im Hinblick auf das eingeplante Budget evaluiert. In den meisten Staaten ist der Abbruch des Beschaffungsprozesses erlaubt, wenn alle Angebote das geplante Budget überschreiten.

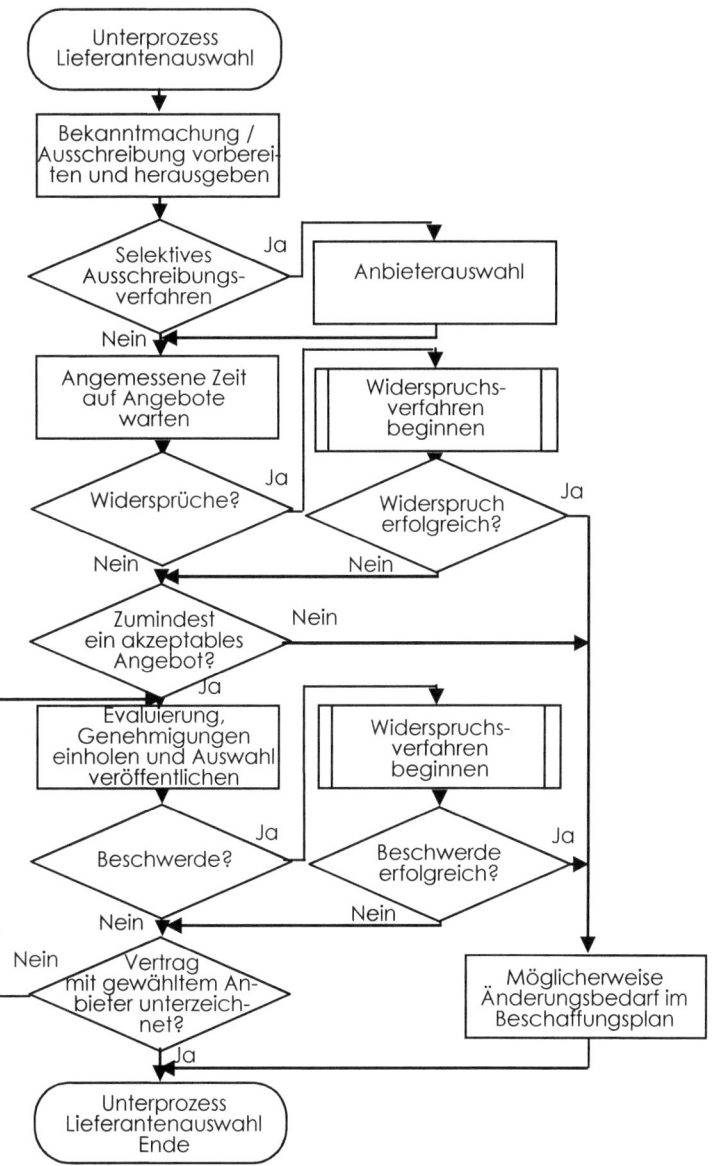

Abbildung 09:00-5 Unterprozess Lieferantenauswahl

Nachdem die Beschwerden erfolgreich bearbeitet wurden, werden die Angebote entsprechend des ausgewählten und veröffentlichten Verfahrens (Unterkapitel 09:22) evaluiert. Anhand der Evaluationsergebnisse wird eine Liste erstellt, der im

Prinzip keine weiteren Personen zustimmen müssen. In der Praxis handelt das Evaluationsteam im Auftrag der Person, die für die beschaffende Organisation verantwortlich ist. Deshalb müssen die Vorgesetzten der Einkaufenden und/oder beschaffenden Organisation das Ergebnis der Evaluation genehmigen. Bei einem komplexen Projekt kann das mehrere Wochen dauern.

Die genehmigten Ergebnisse müssen dann nach den gleichen Regeln wie bei der Ausschreibung bzw. deren Bekanntmachung veröffentlicht werden. Die Beschwerden können schließlich übertragen und im Rahmen des oben beschriebenen Vorgehens gelöst werden. Auch dies kann Wochen oder gar Monate in Anspruch nehmen.

In der Gesetzgebung der einzelnen Staaten ist jene Zeitdauer begrenzt, die vom Eingang der Ausschreibungen bis zur Vertragsvergabe vergehen darf. Diese Zeit beträgt üblicherweise 30 bis 60 Tage. Nach der in verschiedenen Staaten gewonnenen Erfahrung des Autors benötigt jeder zweite Prozess länger und dies zieht folglich die Notwendigkeit nach sich, die Anbieter um Verlängerung ihrer Angebote und Gebotsgarantien zu bitten.

Die zu unterschreibenden Verträge müssen prinzipiell dem Vertragsvorschlag in der Ausschreibung entsprechen. In den meisten Beschaffungsprozessen finden aber dennoch zusätzliche Verhandlungen statt. Dabei sind die Vorschriften und Verfahren bezüglich der Änderung, Erweiterung und Anpassung des Vertrages während der Vertragsverwaltung (Projektlebenszyklus) und das Vertragsmanagement (engl. Post-Project Maintenance) oftmals zentrale Punkte. Diese sollten allerdings bereits im Vertragsvorschlag im Rahmen der Ausschreibung veröffentlicht werden.

Wenn der Anbieter, der den Zuschlag erhält, sein Angebot durch veränderte Geschäftsbedingungen während der langen Zeit des Beschaffungsprozesses zurückzieht, so beginnen die Vertragsverhandlungen mit dem zweiten Anbieter der Liste. In einigen Fällen ist es allerdings empfehlenswert, die Angebote erneut zu evaluieren und die Gründe des Rückzuges zu überprüfen. Auf jeden Fall muss die Vertragsvergabe veröffentlicht werden und unterliegt dem gleichen Widerspruchsprozess wie alle anderen Aspekte der Beschaffung.

Eine erfolgreiche Vertragsunterzeichnung beendet diesen Unterprozess.

09:24 Vertragsdurchführung

Verträge regeln die kurz- oder langfristige Verhältnisse zwischen drei Parteien: der beschaffenden Organisation, der einkaufenden Organisation und dem Lieferanten. Dieser Unterprozess steuert den gleichzeitig ablaufenden Prozess der Vertragsdurchführung und alle wichtigen Veränderungen bezüglich der Vertragsanpassung (Cibinic et al. 2006). CMMI für Akquise, CMMI für Entwicklung und CMMI für Dienstleistungsnormen umfassen alle Fragestellungen der projektmäßigen Vertragsausarbeitung und bieten eine breite Herangehensweise an die Vertragsausübung. Es bietet allerdings keine Methoden für Vertragsverwaltung, die mit der ISO Norm 21500:2012 konform gehen (Gallagher et al. 2011; SEI 2010). Saxena (Saxema 2008) schlägt vor, den sechs Sigma Ansatz DMAIC (Define, Measure, Analyze, Improve, Control) zu wählen. „Define" (definieren) wird nach der angepassten Norm ISO 21500:2012 als Teil des Unterprozess der Beschaffungsplanung angesehen (Unterkapitel 09:22). Die andern vier Aufgaben des DMAIC Ansatzes werden in anderen Verfahren der LPMU® ausgeführt.

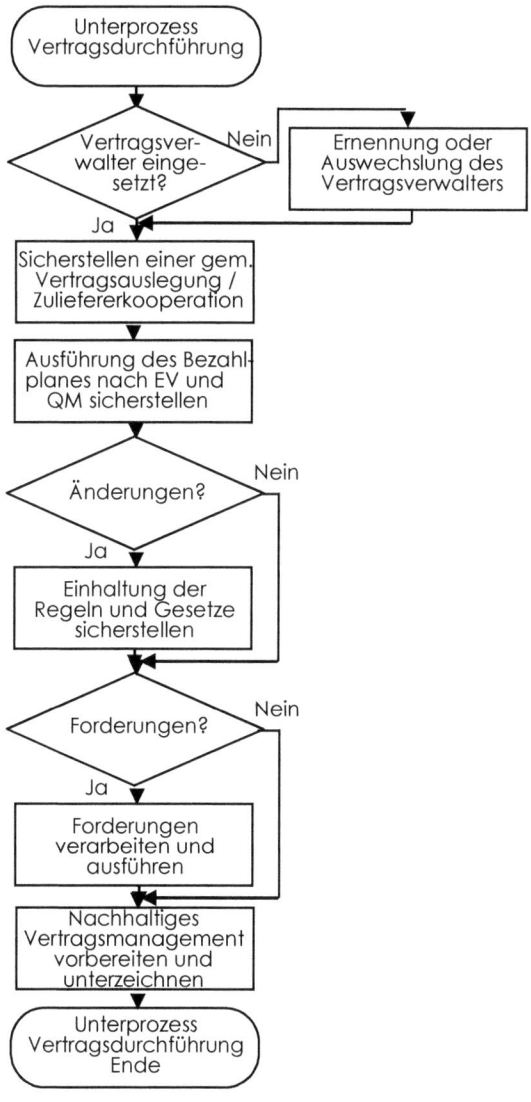

Abbildung 09:00-6 Unterprozess Vertragsdurchführung

Ungeachtet der Größe des Projektes ist es hilfreich, einen Vertragsverwalter zu berufen, um diesen Unterprozess abzuwickeln (US GPO 2009). Wird der Beschaffungsmanager auch zum Vertragsverwalter bestimmt, sichert dies einen effizienten Transfer von Sachkunde sowie Kontinuität.

Der Teammanagementprozess (Kapitel 22:00 Teammanagement) fördert die Entwicklung von wechselseitigem Vertrauen und Kooperation zwischen den Parteien, was ein gutes Fundament darstellt, um eine gleichartige Auslegung der vertraglichen Vereinbarungen, die Lösung von im Originalvertrag ungelösten Sachverhalten oder die Handhabung aller Änderungen während der Vertragsumsetzung zu gewährleisten. Der Prozess des Managements von Ergebnissen, Terminen und Kosten (Kapitel 10:00) ermöglicht die Beurteilung des Wertes, der zu einer bestimmten Zeit erreicht wurde. Durch das Qualitätsmanagement (Kapitel 11:00) wird bewertet, ob die vereinbarten Standards eingehalten wurden. Mittels beider Prozesse kann evaluiert werden, ob der Lieferant den vertraglichen Verpflichtungen nachkommt. Und ferner ob vertraglich vereinbarten Zahlungen ausgeführt werden. Dieser Unterprozess verwaltet alle finanziellen Beziehungen zwischen den Parteien: namentlich Leistungsgarantien und Forderungen.

Gesetze und Regeln müssen, insbesondere bei finanziell relevanten Änderungen während der Vertragsvergabe, beachtet werden.

Schließlich sollte ein nachhaltiges Vertragsmanagement über den Lebenszyklus des Projektes hinaus vor Ende des Projektes vorbereitet und unterzeichnet werden.

9:30 Techniken und Werkzeuge

09:31 Inhalt einer Ausschreibung oder Bekanntmachung

Die Bekanntmachung einer Ausschreibung ist ebenfalls in allen länderspezifischen Gesetzen geregelt. Im Allgemeinen sollte es vier Informationsteile enthalten. Siehe hierzu Tabelle 09:00-4 und Tabelle 09:00-5 (reduzierte Information zur Qualifikation der Bieter der Bekanntmachung).

Tabelle 09:00-4 Inhalt von Ausschreibungen und deren Bekanntmachung: Allgemeine Informationen und Verfahrensinformationen zum Umfang des Projektes (erwartetes Ergebnis)

Teil	Thema	ID	Inhalt
P	Verfahrensinformationen	P1	Herausgeber der Ausschreibung/ Bekanntmachung
		P2	Einkaufende Organisation
		P3	Ausschreibungsverfahren
		P4	Frist für Angebotsabgabe
		P5	Ort der Angebotsabgabe
		P6	Andere Bedingungen wie mehrfache Angebote
		P7	Zulassung von Bietergemeinschaften
		P8	Bietungsgarantien (optional)
		P9	Beschwerdeverfahren (optional)
		P10	Andere Bedingungen wie mehrfache Angebote
G	Allgemeine Informationen zum Umfang des Projektes (erwartete Ergebnisse)	G1	Thema (erwartete Ergebnisse) und Zeitplanung
		G2	Evaluationskriterien
		G3	Vertragsvorschlag
		G4	Folgeaufträge (optional)

Tabelle 09:00-5 Inhalt von Ausschreibungen und deren Bekanntmachung: Auswahlkriterien und Technische Spezifikationen

Teil	Thema	ID	Inhalt
E	Auswahlkriterien	E1	Legalität der Geschäftstätigkeit
		E2	Steuerregelung (optional)
		E3	Sozialversicherungsregelung (optional)
		E4	Keine Strafregistereinträge (optional)
		E5	Technische Leistungsfähigkeit (optional)
		E6	Finanzielle Leistungsfähigkeit (optional)
T	Technische Spezifikationen	T1	Quantitäts-/Qualitätskriterien
		T2	Zeitplan der Endprodukte

09:32 Evaluierungsmaßstäbe

Die folgenden Maßstäbe werden für die Evaluierung der Angebote genutzt (Schreiber 2000):

- Nominalskala: Wird in der Evaluierung insbesondere bei Auswahlkriterien und wichtigen Voraussetzungen gewählt. Die Entscheidung ist binär. Entweder wird das Kriterium erfüllt oder es wird nicht erfüllt.
- Ordinalskala: Sortiert die Ergebnisse anhand einer spezifischen Reihenfolge (erste Wahl, zweite Wahl, dritte Wahl usw.) oder vergleicht die Ergebnisse (größer-kleiner-gleich). Die Ordinalskala findet bei komplexen subjektiven Evaluierungen Anwendung, beispielsweise in Verbindung mit dem Delphi-Verfahren, wird aber gleichwohl aufgrund seiner Subjektivität nur selten verwendet.
- Kardinalskala: Die Erfüllung jedes Kriteriums wird anhand eines spezifischen Maßstabes gemessen, auf alle Angebote angewandt und zwischen mehreren Kriterien normalisiert. Das Angebot mit dem größten Punktwert erhält den Zuschlag. So werden zum Beispiel drei Kriterien gewichtet: 0,5, 0,2 und 0,3. Jedes Kriterium wird mit Hilfe eines Erfüllungsmaßstabes zwischen 0 % und 100 % gemessen. Anbieter 1 erfüllt die Kriterien folgendermaßen: das erste zu 35 %, das zweite zu 90 % und das dritte zu 80%. Anbieter 2 erreicht folgende Werte: 50 %, 75 % und 60 %. Die Evaluation ergibt:

$$\text{Erg. Anbieter 1} = 0{,}5*0{,}35 + 0{,}2*0{,}90 + 0{,}3*0{,}80 = 0{,}175 + 0{,}18 + 0{,}24 = 0{,}595$$

$$\text{Erg. Anbieter 2} = 0{,}5*0{,}50 + 0{,}2*0{,}75 + 0{,}3*0{,}60 = 0{,}25 + 0{,}15 + 0{,}18 = 0{,}58$$

In diesem Beispiel erreicht Anbieter 1 die höhere Punktzahl und qualifiziert sich somit für den Vertrag. Nominal und Ordinalskala können in der Kardinalskala zusammengeführt werden, was nach der Erfahrung des Autors auch in den meisten Fällen geschieht.

09:33 Preis/Kosten-Kalkulationsspektren

Die beschaffende Organisation kann bei der Angebotsberücksichtigung das Preisspektrum begrenzen.

Unbegrenztes Preisspektrum

Wird ein unbegrenztes Preisspektrum bei der Evaluation der Angebote auf der Kardinalskala gewählt, so wird zwischen dem niedrigsten (maximaler normalisierter Wert 1) und dem höchsten Angebot (minimaler normalisierter Wert 0) die Gleichung bestimmt:

$$PE \text{ (eingereichtes Angebot)} = (H - GT)/(H - N)$$

Dabei bedeuten:

PE: Preisevaluation eines bestimmten Angebots

H: Höchster Preis aller Angebote

GT: Preis eines bestimmten Angebots

N: Niedrigster Preis aller Angebote

Die beschaffende Organisation kann das Preisspektrum der Angebote einschränken und dabei den Preisrahmen vom niedrigsten Angebot bis zum Angebot mit dem doppelten Wert betrachten. In diesem Fall wird folgende Formel für die Preisevaluation angewandt:

$$PE \text{ (eingereichtes Angebot)} = (2L - GT)/N$$

Dabei bedeuten:

PE: Preisevaluation eines bestimmten Angebots

GT: Preis eines bestimmten Angebots

N: Niedrigster Preis aller Angebote

In diesem Falle werden Angebote, deren Preise über dem des Angebots mit dem doppelten Preis liegen, nicht mehr berücksichtigt.

09:34 Vertragsbestandteile

Verschiedene staatliche Regelungen steuern die Basiskomponenten eines Geschäftsvertrages, so etwa der „Uniform Commercial Code" UCC Artikel 2 Abschnitt 3 der USA (American Law Institute 2011), das „Obligationenrecht" der Schweiz (Schweizerische Eidgenossenschaft 1911; Widmer 1998), das „Prawo

Handlowe I Gospodarcze" (Sejm Polski KC 2013). Tabelle 09:00-6 stellt die Komponenten dar:

Tabelle 09:00-6 Vertragsinhalte

Nr.	Inhalt	Beschreibung
1	Titel	Umreißt das Transaktionsobjekt
2	Vertragsbezeichnung	Beschreibt, ob es sich eine einmalige Lieferung, um eine Dienstleistung oder um Wartung bzw. ob es sich um einen Haupt- oder Untervertrag handelt
3	Vertragsparteien	Nennt und beschreibt die Vertragsparteien mit Name und Funktion der jeweils verantwortlichen Person
4	Aufstellung der Dokumente	Definiert die Reihenfolge der dem Vertrag beigefügten und zu berücksichtigenden Dokumente
5	Zweck	Zweck des Vertrages
6	Allgemeine Pflichten	Verpflichtung des Verkäufers zu liefern und die des Käufers, die Lieferung anzunehmen und wie vertraglich vereinbart zu zahlen
7	Verkaufte Ware	Möglichst exakte Beschreibung der zu übernehmenden und zu liefernden Ware des Verkäufers
8	Zeit, Form, Ort und Annahme der Lieferung	Genaue Definition wo, wie und wann die Lieferung stattfinden soll und unter welchen Bedingungen die Lieferung als übernommen gilt
9	Preise	Beschreibung der Zahlungsbedingungen und -art
10	Risikozuordnung	Zuordnung und Aufteilung der Risiken unter den Parteien, Einschränkungen des Besitzes und Vertraulichkeit
11	Garantien	Garantien die von der verkaufenden Partei im Angebot oder während der Verhandlungen formuliert wurden
12	Implizierte Garantien	Garantien die aus gesetzlichen Verpflichtungen und dem Vertragszweck resultieren
13	Schadenersatz	Regelt die Verantwortlichkeit und Deckung von Schäden, die während der Vertragsdurchführung entstehen können

14	Rechtliche Verantwortlichkeiten	Regelt die Verantwortlichkeiten hinsichtlich rechtlicher Vorkommnisse, des Urheberrechts etc. vor, während und nach der Lieferung
15	Vertragsänderungen und -erweiterungen	Definiert unter welchen Bedingungen und wie die Veränderung und Erweiterung in den Vertrag aufgenommen werden können
16	Gültigkeit des Vertrages	Definiert die zeitliche Gültigkeit des Vertrages und die Regeln für dessen Beendigung
17	Gerichtsstand	Stellt den Vertrag unter ergänzende Rechtsprechung und definiert den Gerichtsstand

09:40 Vorlagen

09:41 Projektdokumente

Tabelle 09:00-7 Ausschreibungsanfragenmanagement

Nr.	Eingangsdatum	Quelle und Rückadresse	Anfrage	A. Zugestellt zwecks Prüfung mit den Beschaffungs-zielen an? Antworttermin?	B. Zugestellt zwecks Prüfung Rechtliches/Regeln an? Antworttermin?	Änderung auf Antwort von A und B?	Erledigt?
1	....					Text 1	
2	....					Text 2	
3	....					Text 3	
99	Frist für Anfragen/ Änderungsanträge						
100	Veröffentlichungsdatum	Liste aller Empfänger				Finale Texte	

Eine der größten Herausforderungen im Beschaffungsmanagement sind Klarstellungen und Änderungen nach der Veröffentlichung der Ausschreibung. Die mit den Regeln der WTO konforme Gleichbehandlung aller Bieter verlangt die Ausarbeitung von Antworten unter Berücksichtigung der Ziele der einkaufenden und der beschaffenden Organisationen mit vollständiger Gesetzes- und Regelkonformität und dessen Verteilung an alle diejenigen, die nach Änderungen gefragt bzw. Änderungsanträge gestellt haben. In der Praxis, wo die Ausschreibungsunterlagen nur an angemeldete Bieter herausgegeben werden, werden in solchen Fällen einfach alle angemeldeten Bieter über Fragen, Antworten und ggf. Änderungen informiert. Die Öffentlichkeit muss durch die gleichen Kanäle informiert werden, durch die auch die ursprüngliche Ausschreibung veröffentlicht wurde. Die Aufzeichnung der Anfrage und der durchgeführten Maßnahmen (wie in Tabelle 09:00-7 dargestellt) unterstützt die korrekte Abwicklung.

09:42 Dokumentation der Projektergebnisse

Die finalen Ergebnisse der Angebotsevaluierung müssen formal so dokumentiert werden, dass sie vor Gericht standhalten. Die Ergebnisse des Beschaffungsprozesses können wie in Tabelle 09:00-8 festgehalten werden:

Tabelle 09:00-8 Ausschreibungsanfragenmanagement

Nr.	Angebot	Eingangsdatum	Zugelassen?	Punktzahl aus der Evaluation	Evaluationsdokumente	Platz
1	....					
2	....					
3	....					
	Wahl					
	Veröffentlicht am					
	Beschwerde			Entscheidung	Dokumente	Tätigkeit
1	....					
2	....					
3	....					

09:50 Phasenaufgaben und -ergebnisse

09:51 Initiierungsphase

Aufgaben:
- Keine

Ergebnisse:
- Keine

09:52 Planungsphase

Aufgaben:
- Gewünschte Ergebnisse durch Projektziele ausgearbeitet
- Leistungen und deren Zeitplan ausgearbeitet
- Kostenschätzung der geplanten Beschaffung
- Make or Buy-Entscheidung
- Auswahl des Ausschreibungsverfahrens
- Auswahl des Ausschreibungsteams
- Ausarbeitung des Auswahlverfahrens
- Ausarbeitung des Ausschreibungszeitplans
- Genehmigungen einholen

Ergebnisse:
- Genehmigung der Beschaffungsziele
- Genehmigung des Beschaffungsplans

09:53 Umsetzungsphase

Aufgaben:
- Ausschreibung und deren Bekanntmachung vorbereiten und veröffentlichen
- Bei selektiver Ausschreibung: Anbieter auswählen
- Wenn nötig Beschwerdeverfahren ausführen
- Angebote in angemessener Zeit einholen
- Angebote evaluieren, den Zuschlag vergeben, Genehmigungen einholen und die Wahl veröffentlichen
- Wenn nötig Beschwerdeverfahren erneut ausführen
- Vertrag mit dem ausgewählten Lieferanten verhandeln und unterschreiben
- Wenn Vertragsunterzeichnung mit bevorzugtem Anbieter nicht erfolgreich ist, erneute Evaluierung (sofern gesetzlich zugelassen) durchführen und neuen Anbieter auswählen, sonst die Vertragsverhandlungen mit dem zweitbesten Anbieter aus der Auswahlliste aufnehmen

09:00 Beschaffungsmanagement BM

- Vertragsverwalter wählen
- Gemeinsame Auslegung des Vertrages und Kooperation mit dem Lieferanten sicherstellen
- Daten vom ETKM und QM einholen, um über den Zahlungsplan zu entscheiden und diesen auszuführen
- Sicherstellen, dass Vertragsänderungen dem Gesetz und den Regeln entsprechen
- Beanstandungen ausarbeiten und geeignete Maßnahmen durchsetzen
- Angemessene Vertragsmanagementvereinbarungen vorbereiten und unterzeichen

Ergebnisse:
- Ausschreibung und (wo anwendbar) deren Bekanntmachung veröffentlicht
- Anbieter evaluiert und Zuschlag vergeben
- Beschwerden bearbeitet und Ergebnisse veröffentlicht
- Vertrag verhandelt und unterschrieben
- Vertrag und dessen Umsetzung während des Projektlebenszyklus verwaltet
- Gesetzmäßige und regelgerechte Vertragsänderungen sichergestellt
- Überwachung der Vertragsumsetzung und der Zahlungen
- Wenn nötig Beanstandungen und geeignete Maßnahmen durchgesetzt

09:54 Abschluss- und Evaluierungsphase

Aufgaben:
- Gesetzeskonforme und regelgerechte Vertragsänderungen sicherstellen
- Letzte Beanstandungen aus dem Projekt bestimmen und durchsetzen
- Nach Projektabschluss alle relevanten Informationen für das Vertragsmanagement vorbereiten
- Vertragsmanagementvereinbarungen operationalisieren

Ergebnisse:
- Gesetzeskonforme und regelgerechte Vertragsänderungen
- Sicherstellung der korrekten Vertragesumsetzung und der Zahlungen
- Wenn angebracht letzte Beanstandungen aus dem Projekt und geeignete Maßnahmen durchgesetzt
- Zusammenfassung der vertragsrelevanten Informationen aus dem gesamten Projektlebenszyklus
- Vereinbarungen für nachhaltiges Vertragsmanagement nach Projektabschluss operationalisiert

Literaturverzeichnis

American Law Institute (2011): Uniform Commercial Code, Philadelphia.

Cibinic, J. (2006): Administration of Government Contracts, Riverwood.

Evenett, S. J. (2006): The WTO and Government Procurement. Critical perspectives on the Global Trading System and the WTO, Cambridge.

Gallagher, B. P. et al. (2011): CMMI for Acquisition. Guidelines for Improving the Acquisition of Products and Services, Boston.

GSA, DoD, NASA FAR (2005): Federal Acquisition Regulation, Vol. 1 and 2, General Services Administration, Washington.

GWB (2013): Gesetz gegen Wettbewerbbeschränkungen 1998, zuletzt aktualisiert 2012, Bundesministerium der Justiz, Berlin, DE, http://www.gesetze-im-internet.de/bundesrecht/gwb/gesamt.pdf, Zugriff am 5. Februar 2013.

Hebly J. M. (2008): European Public Procurement. Legislative history of the „utilities"directive: 2004/17/ES, Alphen an den Rijn.

HERMES 2005 (2005): Führen und Abwickeln von Projekten der Informations- und Kommunikationstechnik (IKT). Systemadaptation, Bern.

IMF (2013): http://www.imf.org/external/np/fin/data/rms_five.aspx, Zugriff am 29. Januar 2013.

ISO 21500:2012 (2012): Guidance on Project Management, ICS 03.100.40, Genf.

Mourgue d'Algue, H. et al. (2013): HERMES 5. Projektmanagementmethode für alle Projekte. Referenzhandbuch, Bern.

Neumann, P. (2008): United Nations Procurement Regime, Frankfurt am Main.

Nienhüser, W./Jans, M. (2004/2013): Grundbegriffe und Grundideen der Transaktionskostentheorie am Beispiel von „Make-or-Buy"-Entscheidungen über Weiterbildungsmaßnahmen, Universität Duisburg-Essen, http://www.uni-essen.de/perso-nal/GrundbegriffeTAKT.pdf, Zugriff am 9 Februar 2013.

Phillips, A. (2004): Government Procurement Law, New York.

Quigley, C. (1997): European Community Contract Law, Band 1, The Effect of EC Legislation on Cotractual Rights, Obligations and Remedies, London.

Saxena, A. (2008): Enterprise Contract Management. A practical Guide to Successfully Implementing an ECM Solution, Fort Lauderdale.

Schäfer, E. et al. (2005): ICC Arbitration in Practice, Den Haag.

Schreiber, J. (2000): Beschaffung von Informatikmitteln. Pflichtenheft, Evaluation, Entscheidung, Bern.

Schweizerische Eidgenossenschaft (1911): SR 220 Bundesgesetz vom 30. März 1911 betreffend die Ergänzung des Schweizerischen Zivilgesetzbuches (Fünfter Teil: Obligationenrecht), Bern.

Schweizerische Eidgenossenschaft, BöB (1994/2013): Bundesgesetz über das öffentliche Beschaffungswesen BöB (SR 172.056.1, SR 172.056.11), Bundeskanzlei Bern http://www.admin.ch/ch/d/sr/172_056_1/index.html, Zugriff am 9 Februar 2013.

Scott, S. (2006): Best Value Procurement Methods for Highway Construction Projects, NCHRP Report 561, Washington.

SEI (2010): CMMI® for Services, Version 1.3, CMU/SEI-2010-TR-034, ESC-TR-2010-034, Pittsburgh.

Sejm Polski KC (2013): Kodeks cywilny, ustawy prawa handlowego i gospodarczego, http://isap.sejm.gov.pl/KeywordServlet?viewName=thasK&passName-=kodekscywilny, Zugriff am 9. Februar 2013.

Sejm polski UPZP (2013): Ustawa prawo zamowien publicznych, http://isap.sejm.gov.pl/KeyWordServlet?viewName=thasZ&passName=zamówienia%20publiczne, Zugriff am 9. Februar 2013.

Staffordshire County Council (2013): Tender evaluation criteria, http://www.staffordshire.gov.uk/business/procurement/procurerules/tenderevalua-tionv1.pdf, Zugriff am 9. Februar 2013.

Thailand PMO, (1972): The Alien Business Law B.E. 2515, PMO Bangkok.

Thailand PMO, (1992): PMO's Regulation on Procurement B.E. 2535, PMO Bangkok.

US GPO (2009): Federal Acquisition Regulations System, Chapter 2 (Parts 201 to 299), Revised as of October 1, 2009, Code of Federal Regulations, Title 48, The U.S. Government Printing Office, Washington.

VOB (2009): Vergabe- und Vertragsordnung für Bauleistungen, Vergabe- und Vertragsordnung für freiberufliche Leistungen, Bundesanzeiger, Nr. 155, Bundesministerium der Justiz, Berlin.

VOF (2009): Vergabe- und Vertragsordnung für freiberufliche Leistungen, Bundesanzeiger, Nr. 185a, Bundesministerium der Justiz, Berlin.

VOL (2009): Vergabe- und Vertragsordnung für Leistungen, Teil A, Bundesanzeiger, Nr. 196a, Bundesministerium der Justiz, Berlin.

Widmer, U. (1998): Lehrveranstaltung Informatikrecht, Bern.

WTO (2013): Official documents of the Committee on Government Procurement, http://www.wto.org/english/res_e/publications_e/wto_agree_series_e.htm, Zugriff am 9. Februar 2013.

WTO GPA (2013): RUGUAY ROUND AGREEMENT, Agreement on Government Procurement http://www.wto.org/english/docs_e/legal_e/gpr-94_01_e.htm, Zugriff am 9. Februar 2013.

Wunsch-Vincent, S./McIntosh, J. (Hrsg.) (2004): WRO, E-commerce, and Information Technologies, From the Uruguay Round through the Doha Development Agenda. A Report for the UN ICT Task Force, New York.

10:00 Management von Ergebnissen, Terminen, Kosten ETKM

Kurze Übersicht

Worum geht es?

Im Rahmen des Managements von Ergebnissen, Terminen, Kosten wird zuerst der Ist-Stand des Projektes analysiert, um dann entsprechende Maßnahmen zur Sicherstellung der termin- und kostengerechten Anfertigung des Endproduktes zu entwickeln.

Wer ist gefordert?

In kleinen Projekten ist es der Projektleiter selbst, der für die Kontrolle des Projektverlaufs, die Ermittlung des Fertigstellungswertes und die Entwicklung der notwendigen Maßnahmen zuständig ist. In größeren Projekten dagegen ist es sinnvoll, die Verantwortung für diesen Prozess dem Projektkontroller oder dem Projektleitungsbüro zu übertragen.

Welche Bedeutung hat der Prozess?

Das Projekt wird in einem zeitlichen sowie finanziellen Rahmen durchgeführt. Des Erfolges wegen muss der Verlauf stets beobachtet werden, denn so können Probleme frühzeitig erkannt werden. Überdies kann auch das Team für diese Dinge sensibilisiert werden. Letztlich stellt dieser Prozess sicher, dass die Projektziele nicht verwässert und die Leistungsbezieher zufriedengestellt werden.

Wie geht man vor?

Zunächst gilt es, die Ist-Situation zu analysieren, also danach zu fragen, was bereits mit welchem Aufwand erreicht wurde. Die ermittelten Ist-Ergebnisse werden mit den Plandaten verglichen. Auf dieser Grundlage werden schließlich die entsprechenden Maßnahmen erwogen: Vorbeugungs-, Änderungs- und Problemlösungsmaßnahmen.

Wo liegen die Herausforderungen?

Entscheidend sind die Analyse des Ist-Zustandes und die Prognoseerstellung. Dies ist die Grundlage für den Projektleiter, um steuernd in den Projektverlauf eingreifen und so stets den Erfolg sicherstellen zu können. Die regelmäßig zu erstellenden Fortschrittsberichte können von den Leistungsbeziehern wie auch den Teammitgliedern genutzt werden.

Was entscheidet über den Erfolg?

Vor allem Ehrlichkeit ist hier gefragt. Die adäquate Bewertung der Ist-Ergebnisse und fundierte Finanzberichte sichern die richtige Einschätzung des Projektverlaufs. Der Projektleiter soll aus dem gesamten Spektrum verfügbarer Steuerungsmaßnahmen diejenigen einsetzten, von deren Wirksamkeit er persönlich überzeugt ist. Dabei sind die Projektziele stets im Auge zu behalten.

10:00 Management von Ergebnissen, Terminen, Kosten ETKM

Prozess

Im Rahmen des Prozesses (siehe Abb. 10:00-1) wird zunächst die Ist-Situation des Projektes ermittelt, um dann den weiteren Verlauf zu prognostizieren. Nach Feststellung von Abweichungen werden Steuerungsmaßnahmen eingeleitet, deren Umsetzung sich an der gesammelten Erfahrung und an gewonnenen Erkenntnissen orientieren soll.

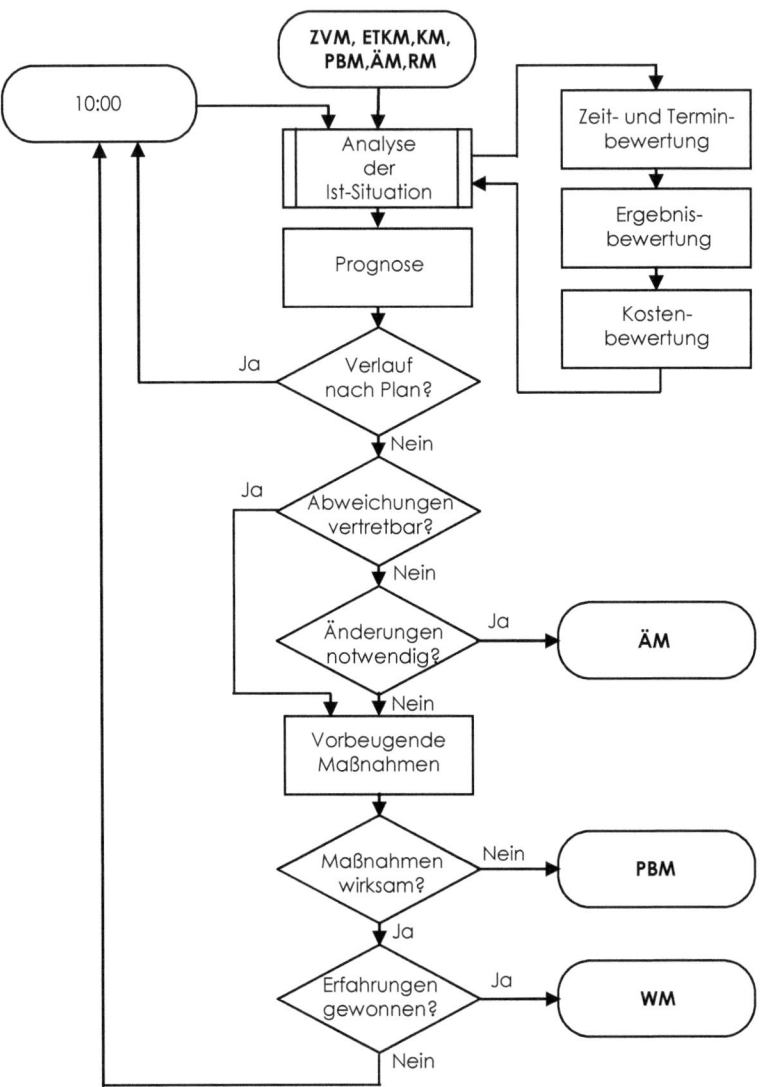

Abb. 10:00-1 Ablauf des ETKM-Prozesses

10:10 Ziel des Managements von Ergebnissen, Terminen, Kosten ETKM

ETKM ist eine Projektfortschrittsmessung entlang der Vorgaben des Zielverwirklichungsmanagements und unter Berücksichtigung von außerplanmäßigen Ereignissen (Abb. 10:00-1).

Zielabweichungen, die im planmäßigen Projektverlauf nicht zu handhaben sind, führen zu weiteren Schritten des Änderungs- bzw. des Problemmanagements.

ETKM-Berichte ermöglichen dem Projektleiter und seinem Team, Leistungsabweichungen rechtzeitig zu erkennen, den Projektverlauf im Auge zu behalten und liefern den Leistungsbeziehern Informationen über die Projektentwicklung.

10:20 Methoden

Drei Prozessen widmet ISO 21500:2012 (ISO 21500:2012 2012) der Fortschrittskontrolle:
- 4.3.5 Ergebniskontrolle (engl. Control Project Work)
- 4.3.24 Terminkontrolle (engl. Control Schedule)
- 4.3.27 Kostenkontrolle (engl. Cost Control)

Ein weiterer Prozess (4.3.14 Zielkontrolle) entspricht inhaltlich dem Änderungsmanagement hinsichtlich der Projektziele und wird daher in Kapitel 07:00 Zielverwirklichungsmanagement ZVM behandelt.

Eine Evaluation jeweils nur einer der drei Komponenten (Ergebnisse, Termine und Kosten) stellt nach Auffassung des Autors keine vernünftige Bewertungsgrundlage des Projektes dar. Kosten können überschritten werden, aber wenn gleichzeitig auch die Leistung erhöht wird, wird sich dies vorteilhaft auf den Terminplan auswirken. Wenn Termine nicht eingehalten werden, aber dies auf nicht erbrachte und damit nicht kostenwirksame Leistungen zurückzuführen ist, kann es unter Umständen durchaus eine erwünschte Situation sein. Nur wenn die Ergebnisse, die Kosten und die Termine gemeinsam bewertet werden, bekommt der Projektleiter die für das Projektmanagement nützlichen Informationen.

Die Beschreibung des ISO 21500:2012 Prozesses 4.3.5 Ergebniskontrolle deutet darauf hin, dass dies auch die Intention des Normenkomitees war, in diesem Prozess alle drei Größen zu vereinen. Dies kann jedoch in Anbetracht der weiteren oben genannten Prozesse zu Uneindeutigkeiten und somit zu Schwierigkeiten in der praktischen Anwendung führen.

10:00 Management von Ergebnissen, Terminen, Kosten ETKM

Die obigen Überlegungen führen zur Definition einer für den Projektleiter maßgebenden und klaren Anwendung des Prozesses 10:00 Management von Ergebnissen, Terminen und Kosten ETKM, welche die drei Großen in einem Verfahren zusammenführt.

10:21 Wechselbeziehung zwischen den Projektzielgrößen

Projektzielgrößen

Die Projektzielgrößen Ergebnis, Zeit und Kosten sind messbar und stellen das sogenannte „Eiserne Dreieck" dar (Abb. 10:00-2):

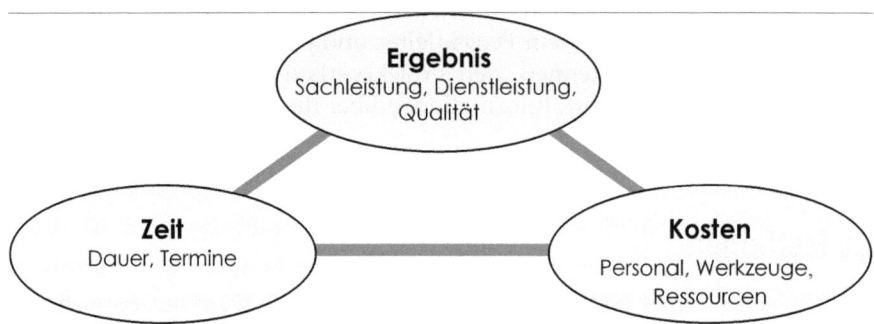

Abb. 10:00-2 Projektzielgrößen

Alle Komponenten in diesem eisernen Dreieck sind voneinander abhängig. Die Veränderung einer Komponente wirkt sich auch auf wenigstens eine der zwei restlichen Komponenten aus.

Verkürzung der Projektzeit, z. B. durch die Ansetzung neuer Termine, hat Auswirkungen auf die Ergebnisse, indem beispielsweise eine Qualitätsreduzierung oder eine Einschränkung der angestrebten Features erzwungen wird, und/oder auf die Kosten (z. B. Kostensteigerung wegen der Überstundenentgelte).

Im Verlaufe des Projektes ergeben sich Unterschiede zwischen der Plan- und der Ist-Situation. Die Abweichungen bei den einzelnen Projektzielgrößen ergeben ein neues Dreieck, das sich vom Plandreieck unterscheidet (siehe Abb. 10:00-3).

Diese Unterschiede sind zu analysieren und entsprechende Maßnahmen zur Beseitigung der Abweichungen sind einzuleiten (Lewis 2011; Motzel 2003; Felske 2003; Szyjewski 2001). Auch HERMES 5 geht über diese Feststellung nicht hinaus (Mourgue d'Algue et al. 2013).

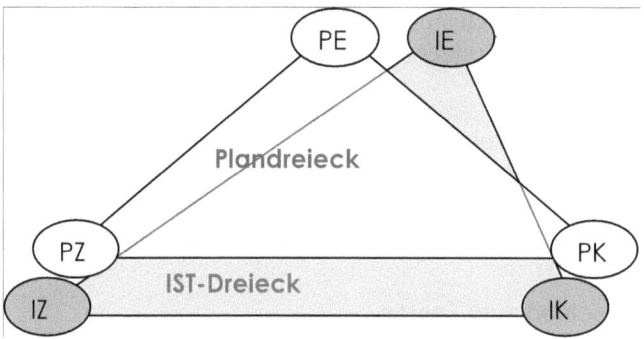

Abb. 10:00-3 Plan- und Ist-Dreieck

10:22 Die Erfassung des Ist-Standes
Ergebnisbewertung

Die Ist-Ergebnisbewertung sollte alle Aktivitäten der Projektbeteiligten umfassen, die sich auf die Kernprozesse der Erstellung, Validierung, Geschäftsprozessanpassung sowie auf sämtliche Unterstützungsprozesse, das Risikomanagement, den Qualitätssicherungsaufwand, Schulungen etc. beziehen.

Die Bewertung erfolgt mittels:

- punktueller Bewertung ausgewählter Projektteile
- Überprüfung des aktuellen Ist-Standes im Hinblick auf die Erreichung der im Zielverwirklichungsmanagement (07:00) definierten Meilensteine
- Überprüfung der Konsistenz der Ergebnisse der Erstellungs- und Validierungsprozesse

Diese Daten können ermittelt werden anhand von:

- Checklisten der Prüfmaßnahmen
- Einzelgesprächen
- Projektteambesprechungen
- Berichten
- Expertenbewertungen
- Prüfungen
- Tests
- Reviews

Testen

Beim Testen wird geprüft, ob die erreichten Ergebnisse den zuvor aufgestellten Spezifikationen entsprechen. Die Validierung kann auf verschiedenen Ebenen vollzogen werden: Komponenten, Einzelergebnisse, Gesamtprojektergebnisse (vgl.

10:00 Management von Ergebnissen, Terminen, Kosten ETKM

V-Modell 07:00 Zielverwirklichungsmanagement ZVM). Testen ist die Hauptmethode der Validierung im Projekt (Hansen und Neumann 2001).

Prüfen

Prüfen umfasst hingegen solche Tätigkeiten wie Messen, Analysieren, Quantifizieren der Ergebnismerkmale sowie Vergleichen der Ergebnisse mit festgelegten Forderungen. Das Ziel aller dieser Aktivitäten ist die Feststellung, ob die festgelegten Forderungen für jedes Ergebnismerkmal erfüllt werden bzw. Konformität erzielt wurde (Ottmann 2003).

Prüfen im Unterschied zum Testen

Der Unterschied zwischen Prüfen und Testen stellt sich folgendermaßen dar: Prüfen ist zumeist eine diskontinuierliche Aktivität, die Einzelmerkmale auf ihre Konsistenz hin prüft. Testen meint allgemein einen kontinuierlichen Vorgang, wie etwa Validierung, die in die Auswertung der Projektergebnisse bzw. in die Bewertung und Optimierung bestimmter Prozesse mündet.

Zeit- und Terminbewertung

Zeit- und Terminbewertung erfolgt durch die Analyse des Projektverlaufs und der Terminvorgaben. Eine oder mehrere der folgenden Techniken können eingesetzt werden:

- Netzplan-Diagramm
- Balkendiagramm (z. B. MS-Project)
- Meilenstein-Trendanalyse

Dabei ist die Wechselbeziehung zwischen den einzelnen projektbezogenen Aktivitäten besonders zu beachten. Die Terminverzögerung einer Aktivität muss nicht unbedingt zur gleichmäßigen Verzögerung in der Gesamtaktivitätenkette führen. Andererseits kann selbst eine geringe zeitliche Abweichung erhebliche Auswirkungen auf das ganze Netzwerk der voneinander abhängigen Arbeitsabläufe haben. Sollten Zweifel aufkommen, so wäre das Vier-Augen-Prinzip zu empfehlen.

Ist-Kosten Bewertung

In die Kostenbewertung sind alle mit der Projektrealisierung verbundenen kostenwirksamen Faktoren und Aktivitäten mit einzubeziehen wie z. B.:

- Personalaufwand
- Ressourcenaufwand
- Fremdkosten
- finanzieller Aufwand, maßgebend für die Bewertung des aktuellen Fertigstellungswertes
- aktueller Fertigstellungswert
- Eigenkostenermittlung (Unterkapitel 10:34, Verfahren zur zeitbezogenen Ist-Situationserfassung bzw. zur zeitbezogenen Abweichungsanalyse)
- Auswertung der Finanzkennzahlen

- Kontrolle der Buchungen im Rechnungswesen
- Bewertung der Abweichungen

Die richtige Bewertung berücksichtigt sowohl die bereits vom Projektkonto abgebuchten Kosten als auch die ausstehenden Kosten der bereits bestellten Lieferungen.

10:23 Prognoseerstellung

Ein wesentliches Ziel der Projektsteuerung ist es, frühzeitig Abweichungen zu erkennen und rechtzeitig Steuerungsmaßnahmen einzuleiten. Dazu muss, wie oben beschrieben, der aktuelle Ist-Stand im Hinblick auf die geleistete Arbeit analysiert und mit den gültigen Soll-Werten verglichen werden, wodurch die Ursachen der Abweichungen ermittelt und anschließend eine adäquate Prognose erstellt werden kann. Das gilt sowohl für die einzelnen Projektzielgrößen (Termin, Ergebnis, Kosten) wie auch für den Wirkungszusammenhang (eisernes Dreieck).

10:24 Bewertung von Abweichungen

Nun muss die Entscheidung über das weitere Vorgehen getroffen werden:
- Welche Abweichungen sind zu handhaben (d. h. die Erreichung der Projektzielgrößen ist nicht in Frage gestellt)?
- Welche Abweichungen übertreffen die Projektkapazitäten und machen somit die Einhaltung der primären Projektziele unmöglich (d. h. das Plandreieck wird verändert)?

Die Abgrenzung zwischen den handhabbaren (nicht signifikanten) und signifikanten Abweichungen (s. o.) ist hochgradig relativ und die Ansetzung des Schwellenwertes hängt meistens vom Projekt und dessen Gesamtbewertung durch den Projektleiter ab. Demzufolge wäre es empfehlenswert, den Schwellenwert gemeinsam mit dem Team festzulegen und diesen dem Steering Board zur Genehmigung vorzulegen.

Signifikante Abweichungen ziehen Änderungen nach sich. Es muss also ein Änderungsantrag für die weiteren Maßnahmen gestellt werden. Das weitere Vorgehen bei Änderungsanträgen wird im Änderungsmanagement (Kapitel 14:00 Änderungsmanagement ÄM) behandelt.

10:25 Vorbeugende Maßnahmen

Die signifikanten Planabweichungen, die den Einsatz von Änderungsmanagementprozessen nach sich ziehen, führen in der Regel zur Veränderung einer oder mehrerer Projektzielgrößen:
- Veränderung der geplanten Ergebnisse
- Veränderung der geplanten Kosten
- Veränderung der geplanten Zeit

Die einzuleitenden vorbeugenden Maßnahmen zielen darauf ab, die Eintrittswahrscheinlichkeit künftiger Abweichungen zu verringern. Der ETKM-Prozess ist der einzige Prozess, in dem die Effektivität der getroffenen Maßnahmen eingeschätzt und bewertet werden kann. Erweisen sich diese Maßnahmen als unzureichend, muss das Problemmanagement initiiert werden (Kapitel 12:00 Problemmanagement PBM).

10:30 Techniken und Werkzeuge

In diesem Abschnitt werden die effektivsten Techniken und Werkzeuge beschrieben, die als Hilfsmittel bei der Earned-Value-Analyse und im ETKM-Prozess zu betrachten sind.

10:31 Basisdaten
Erstellung der Basisdaten für das ETKM

Der richtigen Aufstellung von Ergebnissen, Terminen und Kosten kommt in der Projektauswertung eine entscheidende Bedeutung zu.

Die Buchhaltungssysteme erlauben uns meistens nur eine periodische, beispielsweise monatliche Erstellung von Projektfinanzberichten. Die Verzögerung zwischen der letzten Eintragung und dem vorhandenen Bericht beträgt im besten Fall 1 bis 3 Tage.

Auf der anderen Seite werden die Meilensteine gemäß dem effizientesten Durchführungsplan aufgestellt – sie entsprechen daher selten dem Zeitpunkt der Finanzberichterstellung. Aus dem zeitlichen Abstand zwischen den Meilensteinen und Berichtsterminen resultieren häufig Unterschiede in der Bewertung der laufenden Projektzielgrößen.

Um den Fertigstellungswert richtig einschätzen zu können, ist eine parallele Finanzbuchhaltung seitens des Projektleiters notwendig.

1. Genaue Zuordnung der Buchungskonten zu einzelnen Projektphasen und Bestimmung der meilensteinbezogenen Buchungsperioden.

Buchungskosten

Es wird hier wieder die eiserne Dreiecksbeziehung aufgegriffen. Jedes Buchungskonto wird genau einer messbaren Ergebnisgröße und einer bestimmten Frist zugeordnet.

Sobald ein Meilenstein erreicht wird, werden die Ergebnisgrößen gemessen und die Finanzdaten ausgewertet. Ab diesem Zeitpunkt arbeitet das Projektteam am nächsten Projektteil mit anderen Zielen (z. B. dem nachfolgenden Meilenstein) und

10:30 Techniken und Werkzeuge

alle Ausgaben werden auf das andere Konto verbucht. Abbildung 10:00-4 veranschaulicht diesen Ansatz.

Nr.	Phase	Beginn	Meilenstein erreicht	Kontoabschluss	Buchungskonto	Terminplan 1 2 3 4 5 6 7 8
1.	Initiierung	01.01.10	30.04.10	31.05.10	700-01	
2.	Planung	30.04.10	31.05.10	30.06.10	700-02	
3.	Realisierung	01.06.10	01.08.10	31.10.10	700-03	
4.	Einführung	01.08.10	30.08.10	31.10.10	700-04	

Abb. 10:00-4 Verfolgbarkeit der Phasenabwicklung in Anlehnung an das eiserne Dreieck

2. **Exakte Erfassung der angefallenen Kosten in der aktuellen Buchungsperiode und der bereits eingegangenen Verpflichtungen**

Finanzmonitoring

Eine weitere Ursache der meisten Missverständnisse und Fehleinschätzungen liegt in der Behandlung von finanziellen Verpflichtungen im Projekt.

Finanzsysteme sind retrospektiv und können nur registrierte Arbeitszeiten und bereits verbuchte Rechnungen verfolgen. Nur das Projektmanagement kann Auskunft darüber geben, welche Verpflichtungen im Projekt eingegangen wurden, also etwa was bestellt oder bereits erhalten, aber noch nicht in Rechnung gestellt wurde. Um einen realistischen Fertigstellungswert zu ermitteln, müssen demnach neben den verbuchten Ausgaben auch alle verbrauchten, aber noch nicht abgerechneten Dienstleistungen und Lieferungen in Betracht gezogen werden. Ein geeigneter Ansatz besteht darin, die finanzielle Prognose in dem Zeitraum zu registrieren, in welchem die Ausgaben zu erwarten sind, unabhängig vom und parallel zum aktuellen Kontostand in der Unternehmensbuchhaltung (Abb. 10:00-5).

			Mai							
Nr.	Phase	Ende	Eigenkosten		Dienstleistungskosten		Investitionskosten		Gesamt	%
			Konto	Prognose	Konto	Prognose	Konto	Prognose	Konto	Prognose	
1	Initiierung	30.04	850	1000	-	-	-	60	850	1060	80
2	Planung	31.05	-	400	-	100	-	-	-	500	-
3	Umsetzung	01.08	-	-	-	-	-	-	-	-	-
4	Abschluss und Evaluation	30.08	-	-	-	-	-	-	-	-	-

Abb. 10:00-5 Plan- und Ist-Dreieck

10:32 Projektstandsbewertungs- und Prognosentechniken

Delphi-Verfahren

Auch Expertenbefragungen können zur Erfassung der Ist-Situation durchgeführt werden (Philips 2010; Cadle und Yeates 2008). Diese Methode ist vor allem dann nützlich, wenn das zu erstellende Ergebnis komplexer Natur und der Neuigkeitsgrad für alle Beteiligten hoch ist. Externe Experten helfen dann, die Ist-Situation richtig einzuschätzen. Das Delphi-Verfahren wurde bereits im Unterkapitel 07:34 Kostenschätzung behandelt.

Fertigstellungswert-Analyse

Im Rahmen der Fertigstellungswert-Analyse (FWA) werden die drei Bereiche Ergebnis, Kosten und Zeit unabhängig voneinander untersucht. Diese Analyse, die auf der aktuellen Bewertung des Projektverlaufs fußt, fungiert als eine solide Entscheidungsgrundlage. Sie setzt zu einem bestimmten Zeitpunkt die kosten- und ergebnisbezogenen Soll- und Ist-Daten in Relation zueinander. Voraussetzung für einen echten Soll-Ist-Vergleich sind dabei eine vollständige Erfassung der Ist-Situation sowie eine vollständige Planung. Für das Verfahren ist die Genauigkeit der Schätzwerte maßgeblich. Dies betrifft sowohl die Schätzung der Plan- (siehe Kapitel 07:00 Zielverwirklichungsmanagement ZVM) als auch der Ist-Daten. Um ein genaues Ergebnis des Soll-Ist-Vergleiches und eine danach folgende richtige Auswertung des Fertigstellungswertes sicherzustellen, wird bei beiden Schätzungen die Anwendung des gleichen Verfahrens empfohlen. Ansonsten besteht die Notwendigkeit, eine Bewertung des sich daraus ergebenden Einflusses vorzunehmen (Felske 2003).

Die FWA besteht aus den folgenden drei Schritten:

1. Zuerst wird eine Aktualisierung des Projektplans vorgenommen (z. B. mittels des Netzplanverfahrens). Durch die Berücksichtigung der Ist-Situation und der Resttermine können die Fertigungsstellungsgrade abgeleitet werden. Hierzu sind verschiedene Techniken wie z. B. die Meilenstein-Technik, das 50/50-Verfahren oder das 0/100-Verfahren zu verwenden (Motzel 2003).

2. In einem zweiten Schritt folgt die Ermittlung der geplanten Gesamtfortschrittswerte auf Grundlage der in der Ist-Erfassung ermittelten Projektergebnisse und der Einzelfertigungsgrade. Der den geplanten Ressourcenkosten entsprechende Geldwert für die geleistete Arbeit wird weiter als aktueller Fertigstellungswert (AFW) bezeichnet. Aus dem Verhältnis zwischen dem Fertigstellungswert und den für die Erreichung dieser Ergebnisse geplanten Kosten (Plankosten PK) ergibt sich der Indikator der Zeiteffizienz (engl. schedule performance index SPI)

$$SPI = AFW/PK$$

3. Nun werden alle zu diesem Zeitpunkt tatsächlich angefallenen Kosten (aktuelle Kosten AK) hochgerechnet und dem Fertigstellungswert gegenübergestellt. Das Verhältnis zwischen AFW und AK bestimmt den Indikator der Kosteneffizienz (engl. cost performance index CPI)

$$CPI = AFW/AK$$

Beispiel:

Ein Monat wurde mit 25.000,- EUR budgetiert (= angenommene aktuelle Plankosten). Erledigt wurden aber nur 80 % (= Annahme) der geplanten Aufgaben. Somit beträgt der Fertigungsgrad 0.80. Der in diesem Monat erreichte Fertigstellungswert (FW) lässt sich somit leicht errechnen: FW = 0.8 x 25.000,- EUR = 20.000,- EUR. Obwohl aber nur 80 % der geplanten Aufgaben erledigt wurden, hat die bisherige Arbeit effektiv 30.000,- EUR gekostet (= Annahme). Bei einer Extrapolation der bisherigen Ergebnisse kommt so die vollständige Erledigung der Aufgaben insgesamt auf 37.500,- EUR. Bei der Gegenüberstellung wird ersichtlich, dass bisher zusätzliche Kosten von 10.000,- EUR (30.000,- EUR - 10.000,- EUR) entstanden sind und das Projekt ohne weitere Steuerungsmaßnahmen am Ende um 12.500,- EUR (= 37.500,- EUR - 25.000,- EUR) mehr als budgetiert kosten wird.

Eine weitere Möglichkeit zur Datenanalyse ist die Interpretation der grafischen Darstellung der Daten. Die Erstellung solcher Darstellungen wird durch die Verwendung von Tabellenkalkulationsprogrammen erheblich vereinfacht. Abb. 10:00-6 zeigt hierzu ein Beispiel, wobei die im vorherigen Beispiel erwähnten Daten den Angaben der Projektwoche 1 entsprechen.

Wie aus den beiden Darstellungen ersichtlich ist, gab es besonders im ersten Drittel des Projektes große Schwierigkeiten bezüglich der Termin- und Kosteneinhaltung. Dies ist auch an den beiden Indikatoren CPI (bezüglich der Kosten) bzw. SPI (bezüglich der Termine) deutlich erkennbar. Hierbei bedeutet ein Wert des Indikators von 1 „im Plan", ein höherer Wert als 1 „besser als im Plan" und ein niedrigerer als 1 „schlechter als im Plan". Während zu hohe Kosten verursacht wurden, war gleichzeitig der AFW unter den Erwartungen. Der Projektleiter war mit der Situation konfrontiert, dass ohne weitere Steuerungsmaßnahmen das Projekt wesentlich teurer werden würde (siehe aktuelle Kosten) und erst mit großer Verspätung fertig wäre (siehe den geringen Fertigstellungswert). Durch eingeleitete Steuerungsmaßnahmen konnte das Projekt aber wieder positiv beeinflusst werden, wobei die Soll-Werte der Planung wieder erreicht werden konnten (siehe mittlerer Abschnitt des Projektes). Rechtzeitig zum Schluss konnte das Projekt nach einem weiteren kurzen Problembereich aber sowohl bezüglich der Kosten als auch bezüglich der Termine besser als geplant abgeschlossen werden (siehe auch die beiden Indizes, die größer als 1 sind).

10:00 Management von Ergebnissen, Terminen, Kosten ETKM

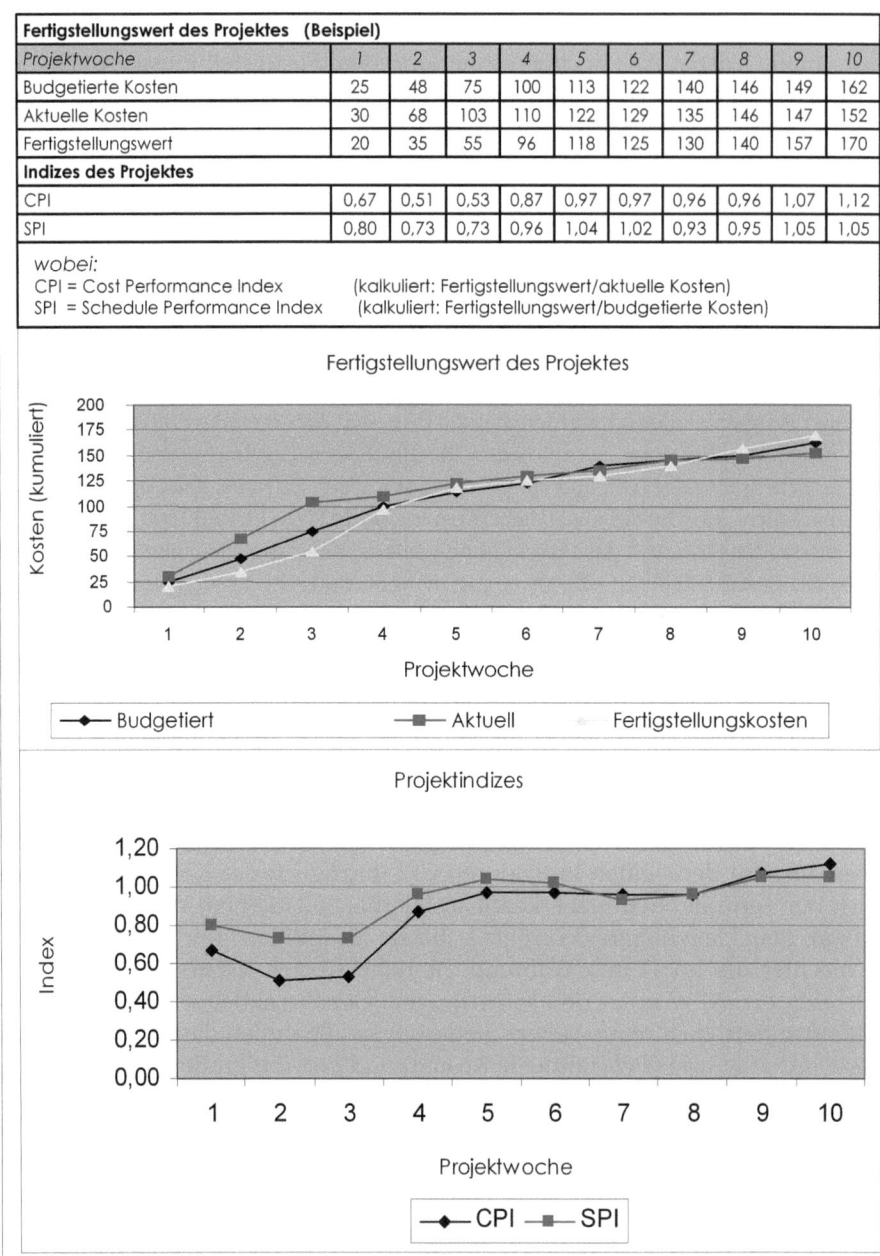

Fertigstellungswert des Projektes (Beispiel)										
Projektwoche	1	2	3	4	5	6	7	8	9	10
Budgetierte Kosten	25	48	75	100	113	122	140	146	149	162
Aktuelle Kosten	30	68	103	110	122	129	135	146	147	152
Fertigstellungswert	20	35	55	96	118	125	130	140	157	170
Indizes des Projektes										
CPI	0,67	0,51	0,53	0,87	0,97	0,97	0,96	0,96	1,07	1,12
SPI	0,80	0,73	0,73	0,96	1,04	1,02	0,93	0,95	1,05	1,05

wobei:
CPI = Cost Performance Index   (kalkuliert: Fertigstellungswert/aktuelle Kosten)
SPI = Schedule Performance Index   (kalkuliert: Fertigstellungswert/budgetierte Kosten)

Abb. 10:00-6 Beispiel zur grafischen Darstellung des Fertigstellungswertes mittels eines Tabellenkalkulationsprogramms

Critical Ratio-Verfahren

Das Critical Ratio-Verfahren baut auf der Earned-Value-Analyse auf. Dabei werden die beiden Indizes der EVA (CPI und SPI), die die Planabweichungen dokumentieren, einer jeden Periode miteinander multipliziert. Das Resultat ist die Kennzahl namens Critical Ratio pro Periode (Lewis 2005, 2011):

> Critical Ratio der Periode i = (SPI der Periode i) x (CPI der Periode i)

Im Anschluss an die Berechung wird die Critical Ratio-Kennzahl einer jeden Periode mit der folgenden Abbildung verglichen (Abb. 10:00-7). Dabei wird ein Wert zwischen 0.9 und 1.2 als gut bezeichnet. Die in Abb. 10:00-7 bereits eingezeichnete Kurve entspricht den Werten aus dem Beispiel in Abb. 10:00-6. Es ist ersichtlich, dass der Critical Ratio-Wert der Projektwoche 2 bereits sehr kritische Dimensionen angenommen hat bzw. das Projekt bereits in der ersten Projektwoche hätte gestoppt werden müssen.

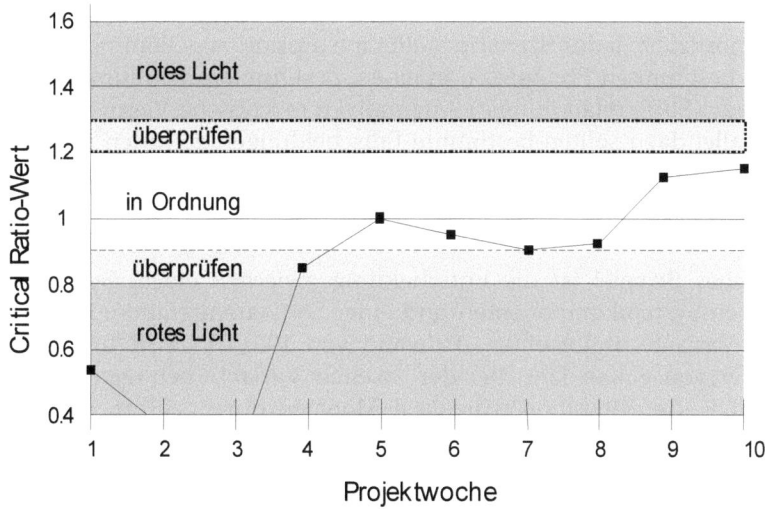

Abb. 10:00-7 Graphische Analyse des Critical Ratio-Wertes

Kennzahlen-Verfahren

Kennzahlen werden aus früheren, abgeschlossenen Entwicklungen gewonnen (z. B. Arbeitsleistung eines Programmierers ausgedrückt in der Anzahl der Programmzeilen pro Arbeitsstunde, Anzahl der täglich bedienten Kunden pro Telearbeiter etc.). Diese Kennzahlen sind in einem weiteren Schritt an das jeweilige Projekt, in dem sie als Orientierungshilfen dienen sollen, anzupassen. Solche Anpassungen sind notwendig, da sich Projekte in ihrem Gegenstand, ihrem Ergebnis-, Zeit- und Kostenhorizont, ihrem Projektleiter und ihren Projektmitarbeitern, evtl. auch in der

Organisationsform des Projektes bzw. des Projektgegenstandes etc. unterscheiden. Die Anpassung der Kennzahlen erfolgt dabei mit Hilfe von Schätzungen, wobei verschiedene Schätzverfahren herangezogen werden können. Um das Schätzen zu vereinfachen, sind die Projektaufgaben in möglichst kleine Teilaufgaben zu unterteilen, die jeweils separat geschätzt werden. Sind die Kennzahlen dem jeweiligen Projekt angepasst, so dienen sie neben der Analyse des Ist-Zustandes bzw. der Abweichungsanalyse auch als Frühwarnindikatoren. Die Indizes gelten als wertvolle Stütze sowohl bei der Analyse der Ist-Situation als auch bei der Analyse der Abweichungen, wie dies das obige Beispiel veranschaulicht.

Allerdings gilt es anzumerken, dass Kennzahlen-Systeme auf vergangenen Daten und Erfahrungen beruhen und somit bei deren Anwendung angenommen wird, dass diese Erfahrungen bzw. Erkenntnisse auch in Zukunft ihre Gültigkeit haben (Grundlage der Extrapolation).

Szenario-Verfahren zur Erstellung von Prognosen

Ausgehend von einem erfassten Ist-Stand werden mögliche Entwicklungsszenarien prognostiziert. Jedes Szenario stellt eine a priori angenommene, logische Abfolge von bestimmten Ereignissen in einem bestimmten Zeitraum dar. Dabei werden auf jeder Stufe (Handlungs-) Alternativen (= kritische Verzweigungen) aufgezeigt. Parallel dazu sollten bestimmte Entscheidungen getroffen und Aktionen in Angriff genommen werden, um die vorherigen Annahmen und Szenarien zu verifizieren. Auf Basis dieser Informationen wird die zukünftige Entwicklung unter Berücksichtigung möglicher Handlungsalternativen abgeschätzt (Mag 1993).

Ein einfaches Beispiel ist die Entscheidung zwischen einem Systemupdate mit zusätzlichen Systemkomponenten und einer Softwaremigration. Das Szenario für die erste Variante ergibt einen Aufwand von 100.000,- EUR und eine Realisierungsdauer von einem Jahr, bei der zweiten Variante betragen die Kosten nur 60.000,- EUR, die Migration wäre in 4 Monaten durchgeführt, aber das System wäre weniger leistungsfähig als bei einem Systemupdate. Aufgrund der Bedürfnisse und der finanziellen Möglichkeiten kann sich nun das Unternehmen für eines der beiden Szenarien entscheiden. Die definitive Entscheidung sollte auf keinem Fall a priori getroffen werden, sondern erst nach Abwägung des zu einem gegebenen Zeitpunkt bestehenden Gesamtbedarfs gegenüber den vorhandenen finanziellen Möglichkeiten.

Sonstige Techniken

Neben den beschriebenen, eher einfachen Techniken gibt es auch komplizierte statistische Verfahren zur Erstellung von Prognosen. Darunter fallen Verfahren wie die Trendexploration, die Technik der kleinsten Quadrate, die exponentielle Glättung sowie die einfache und die multiple Regression. Aufgrund ihrer Komplexität und ihrer eingeschränkten Praxiseignung im Zusammenhang mit ungenauen Schätzwerten werden diese Verfahren nicht weiter erläutert. Interessierte Leser werden verwiesen auf Mag (Mag 1993).

10:33 Verfahren zur ergebnisbezogenen Ist-Situationserfassung bzw. zur ergebnisbezogenen Abweichungsanalyse

Zur Erfassung der ergebnisbezogenen Ist-Situation, also der Ist-Situation bezüglich der primären Projektaufgabe bzw. zur ergebnisbezogenen Abweichungsanalyse können folgende Verfahren eingesetzt werden:

Einzel- bzw. Team- oder Gruppengespräche

Ein erstes Verfahren sind Gespräche. Diese können einzeln oder mit mehreren Personen gleichzeitig durchgeführt werden. Gespräche mit mehreren Personen gleichzeitig haben den Vorteil, dass die Situation aus mehreren Blickwinkeln erfassbar ist und alle Gesprächsteilnehmer auf die einzelnen Voten reagieren können. Allerdings wirken in einer Gruppe immer gruppendynamische Effekte, was einzelne Personen z. B. zum Schweigen bringen kann. Insofern ist die Form der Gespräche oft mitentscheidend. Die Gesprächspartner selbst können Projektmitarbeiter, unabhängige Betriebs- oder Wartungsspezialisten bzw. Endbenutzer des fertigen Systems (und somit indirekt die Auftraggeber) sein. Um eine möglichst optimale Nutzung der Gesprächszeit zu erreichen, ist eine entsprechende Vorbereitung aller Gesprächsteilnehmer sowie des Moderators zwingend notwendig. Zu Dokumentationszwecken können neben einem Gesprächsprotokoll und Notizen aus dem Gespräch selbst auch Tonbandaufnahmen dienen. Dazu ist anzumerken, dass sich die Gesprächsteilnehmer bei Tonbandaufnahmen völlig anders verhalten können, was das Resultat verfälscht.

Testen

Besonders im Bereich der Softwareerstellung wird, um die Erfüllung der definierten Softwareanforderungen zu messen, getestet. Die Tests können dabei entweder manuell (also durch den Menschen) oder maschinell (anhand von speziell dafür geschriebenen Programmen) durchgeführt werden. In beiden Fällen ist der Test aufgrund des Vier-Augen-Prinzips nicht vom Entwickler selbst, sondern von einer anderen Person durchzuführen bzw. zu schreiben. Grundsätzlich lassen sich zwei Arten von Tests unterscheiden, wobei für vollständiges Testen beide Arten berücksichtigt werden müssen (Kahlbrandt 2001):

1. **Black-Box-Testing**

Das Black-Box-Testing ist ein funktionaler Test. Es werden v. a. nicht realisierte Teile der Spezifikation entdeckt. Die innere Logik der Programmstruktur wird nicht untersucht. Folgendes Verfahren wird vorgeschlagen:

Zur Überprüfung der Funktion werden Anwendungsfälle (Testfälle) generiert (z. B. mittels Kreativitätstechniken oder analog der Use Cases) und das Testobjekt wird damit getestet. Im Rahmen der Tests ist von zentraler Bedeutung, ob die einzelnen Funktionen vorhanden und vollständig sind. Die korrekte Datenverarbeitung selbst wird nicht getestet.

2. White-Box-Testing

Entgegen dem Black-Box-Testing, bei dem die interne Datenverarbeitung bzw. -transformation nicht Gegenstand des Testens ist, werden mittels des White-Box-Testings die einzelnen Entscheidungslogiken und Befehle untersucht. Folgende Verfahren werden vorgeschlagen:

Error-Guessing

Beim Error-Guessing werden mögliche Fehler oder fehleranfällige Situationen mittels Kreativitätstechniken, Intuition, Erfahrung oder Spürsinn aufgelistet und auf dieser Grundlage werden Testfälle generiert. Anhaltspunkte hierzu können typische Lücken oder Selbstverständlichkeiten in der Spezifikation oder evtl. übersehene Testfälle sein. Anschließend wird das Testobjekt mittels dieser Testfälle geprüft und die Resultate werden mit den Vorgaben verglichen. Können Abweichungen festgestellt werden, so ist ein Fehler in der Verarbeitungslogik vorhanden.

Zufallsdaten

Analog zum Error-Guessing wird das Testobjekt mit Hilfe von Zufallsdaten getestet. Allerdings werden hier zufällig generierte resp. gesammelte Daten im Test verwendet.

Ursachen-Wirkungs-Graph

Mittels eines Ursachen-Wirkungs-Graphen werden die Ursachen grafisch den erzielten Wirkungen zugeordnet. So kann eine Übersicht über allfällige Abhängigkeiten zwischen mehreren Ursachen und/oder Wirkungen gewonnen werden, was z. B. bei der Fehlersuche behilflich sein kann.

Erfassung mittels Checklisten

Die Checklisten erlauben eine auf den Standard des Unternehmens abgestützte Bewertung des Projektfortschritts mittels eines Fragenkatalogs, der solche Fragen enthalten kann wie etwa „Ist das Projekttestorganigramm erstellt?", „Sind die Leistungstests durchgeführt?" etc. (Liggesmeyer 2009).

10:34 Verfahren zur zeitbezogenen Ist-Situationserfassung bzw. zur zeitbezogenen Abweichungsanalyse

Sämtliche Projektaufgaben werden im Zielverwirklichungsmanagementprozess ZVM (siehe Kapitel 07:00 Zielverwirklichungsmanagement ZVM) zeitlich vorausgeplant und in eine Reihenfolge gebracht.

Die dynamische Projektentwicklung führt zur Veränderung dieser Planung und im Fortgang zur Veränderung der wechselseitigen Wirkungen einzelner Aufgaben. Aus der Erfassung der Ist-Ergebnisse ist der weitere Projektverlauf zu extrapoliert.

Meilenstein-Trendanalyse

Die Meilenstein-Trendanalyse MTA ermöglicht eine Aussage über den Ergebnis- und Terminstatus, der die Bewertung der zur Durchführung einzelner Aufgabe notwendigen Zeit und der wechselseitigen Wirkungen der Aufgaben zugrunde liegt. Die MTA ist nur dann durchführbar, wenn das Ergebnis und der Zeitrahmen für die Aufgaben möglichst exakt und vollständig festegelegt werden können. Anhand der Analyse der zeitlichen Abhängigkeiten im Netzplan kann näherungsweise ein Bild vom bisherigen Projektverlauf gewonnen werden. Diese Eigenschaften zeichnen Meilensteine aus. Dementsprechend ist die Rede von der sog. Meilenstein-Trendanalyse MTA (Felske 2003).

Die Meilenstein-Trendanalyse besteht aus den folgenden Schritten:
- das bestehende Abhängigkeitsnetz im Netzplan zu verifizieren und, falls nötig, neue Verknüpfungen einsetzen
- definieren der Meilensteinergebnisse und der dazugehöriger Termine
- die Aufgaben den Meilensteinen zuordnen
- Periodische (beispielsweise wöchentliche) Überprüfung der Meilensteintermine
- Veränderungen der Ausführungszeit jeder Aufgabe abschätzen und sie den Meilensteinterminen gegenüberstellen, die Folgen der Veränderungen im Hinblick auf die abhängigen Aufgaben entsprechend berücksichtigen
- Eintragen der Meilensteine in den Meilenstein-Trendchart
- Bewertung der Abweichungen
- Wirkungen analysieren und mögliche Steuerungsmaßnahmen angeben

Meilenstein-Trendchart

Zur grafischen Darstellung der Ergebnisse im Meilenstein-Trendchart (Abb. 10:00-8) sind folgende Schritte durchzuführen:
- Als Darstellungsschema dient ein rechtwinkliges Dreieck, dessen Katheten als Zeitachsen dienen. Die Zeiteinteilung der Achsen ist frei, muss aber bei beiden Achsen gleich sein.
- Auf der horizontalen Achse wird der Berichtszeitpunkt eingetragen, auf der vertikalen Achse der ursprünglich geplante Meilensteintermin.
- Zu jedem Berichtszeitpunkt wird nun der voraussichtlich erwartete Termin jedes Meilensteines eingetragen und durch eine Linie mit dem vorherigen Termin verbunden.
- Erreicht der Linienzug die Hypotenuse, ist der Meilenstein erfüllt (zu beachten ist, dass die vertikale Zeitachse von unten her gelesen wird).

10:00 Management von Ergebnissen, Terminen, Kosten ETKM

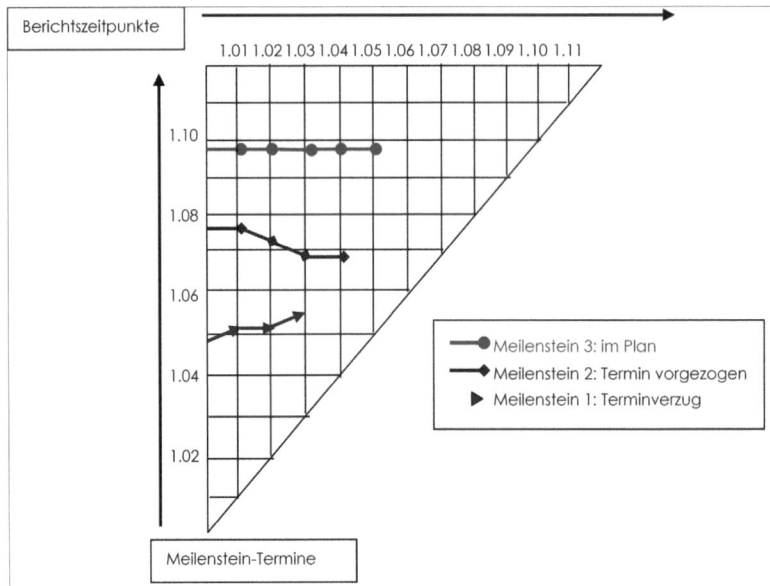

Abb. 10:00-8 Beispiel eines Meilenstein-Trendcharts

Die Erstellung einer Trendanalyse kann mittels einfacher Ableitung aus dem vorhandenen Meilenstein-Trendchart erfolgen. Dabei gilt grundsätzlich:
- Aufsteigende Kurven bedeuten eine Terminverzögerung.
- Waagrechte Linien bedeuten, dass die entsprechenden Meilensteine im Plan liegen.
- Fallende Linien bedeuten, dass die entsprechenden Meilensteine voraussichtlich früher als geplant erreicht werden.
- Erreicht der Meilenstein die Hypotenuse, so ist er erfüllt.

Nachfolgend werden zur Visualisierung vier typische Verläufe einer Meilenstein-Trendanalyse aufgezeigt und erläutert:

Verlaufstyp 1 (Abb. 10:00-9)

Der erwartete Meilenstein schiebt sich bei jedem Berichtspunkt weiter nach vorne. Dies weist darauf hin, dass keine fundierte Terminplanung vorliegt.

Verlaufstyp 2 (Abb. 10:00-10)

Der erwartete Termin eines Meilensteins bleibt konstant (●), während sich der zeitlich davor liegende Meilenstein stets nach vorne verschiebt, d.h. eine Terminverzögerung ist vorhanden (→).

Meist hängen Meilensteine voneinander ab, in diesem Fall aber wurde die Auswirkungen der Verschiebung vom Meilenstein 1 nicht berücksichtigt(→).

10:30 Techniken und Werkzeuge

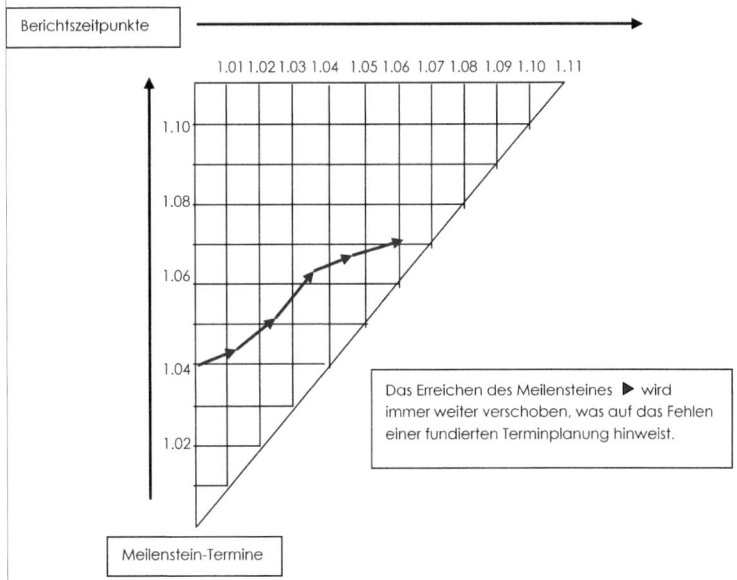

Abb. 10:00-9 Kurvenverlauf beim Fehlen einer fundierten Terminplanung

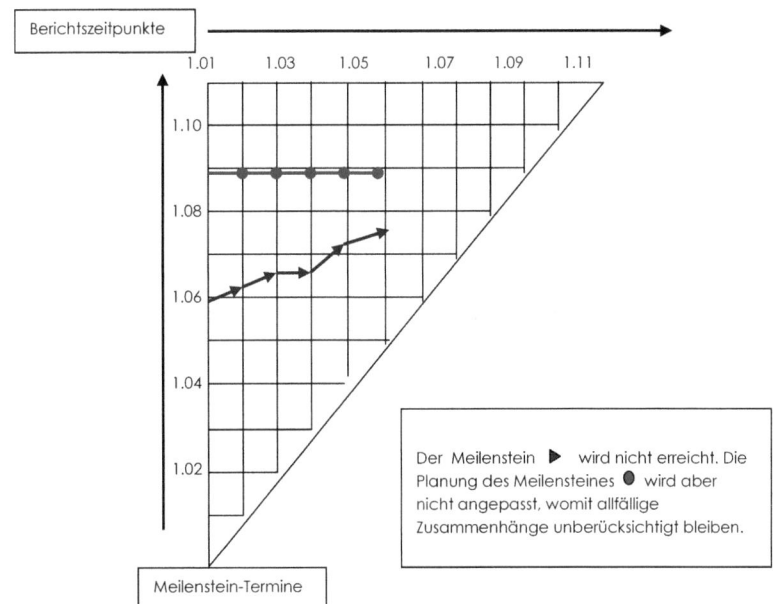

Abb. 10:00-10 Kurvenverlauf bei Nichtberücksichtigung von Zusammenhängen

10:00 Management von Ergebnissen, Terminen, Kosten ETKM

Verlaufstyp 3 (Abb. 10:00-11)

Zuerst zeigt die Analyse einen stabilen Verlauf. Erst zum Endtermin des ersten Meilensteins werden Verzögerungen deutlich. Die Terminsituation des ersten Meilensteins ist nicht kontrolliert und die Auswirkungen auf die weiteren Meilensteine werden sichtbar. Trotzdem erfolgt keine aktive Steuerung der weiteren Meilensteine.

Verlaufstyp 4 (Abb. 10:00-12)

Hier sieht man deutlich, wie sich zu Beginn Terminverzögerungen abzeichnen. Die eingeleiteten Steuerungsmaßnahmen greifen aber gut, die Terminsituation wird positiv beeinflusst.

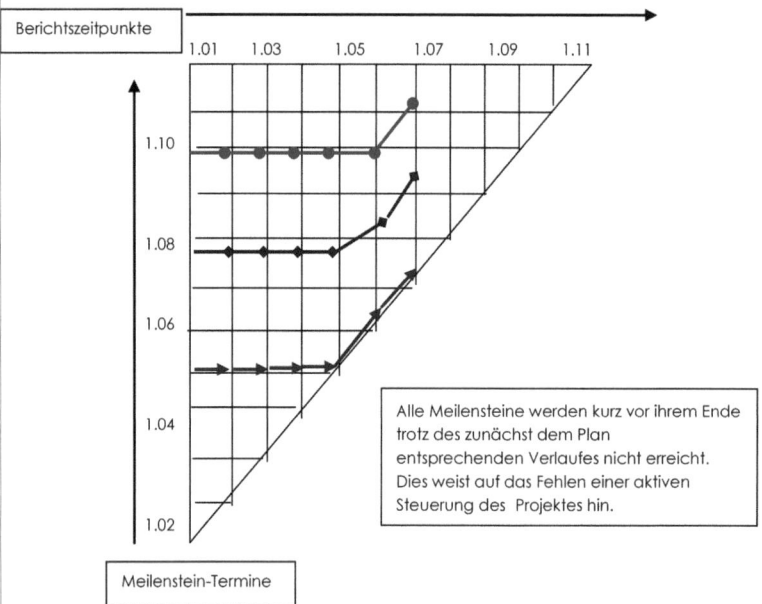

Abb. 10:00-11 Kurvenverlauf beim Fehlen einer aktiven Steuerung des weiteren Projektverlaufes

10:30 Techniken und Werkzeuge

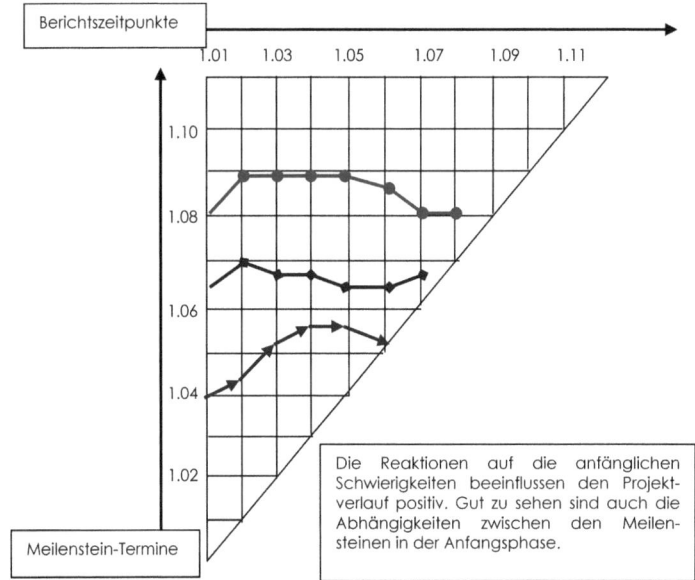

Abb. 10:00-12 Kurvenverlauf einer positiv wirkenden Reaktion auf anfängliche Schwierigkeiten

Die Vor- und Nachteile der Meilenstein-Trendanalyse sind in Tabelle 10:00-2 zusammengefasst.

Tabelle 10:00-2 Vor- und Nachteile der Meilenstein-Trendanalyse

Vorteile	Nachteile
– einfach – schnell zu erstellen – übersichtlich – festgestellte Terminabweichungen auf einen Blick sichtbar – hervorragendes Kommunikationsmittel inner- und außerhalb des Projekts – lässt Abstimmungsdefizite erkennen – schärft das Terminbewusstsein – fördert das Teambewusstsein	– subjektive Einschätzung – Trendkurve allein reicht nicht – Kommentare sind erforderlich

165

10:35 Verfahren zur kostenbezogenen Ist-Situationserfassung bzw. zur kostenbezogenen Abweichungsanalyse

Budget planen und kontrollieren

Die Projektziele können nur dann vollständig erreicht werden, wenn die angestrebten Ergebnisse termin- und budgetgerecht erreicht werden. Es ist daher notwendig, die angefallenen Kosten fortlaufend dem zu Begin des Projektes definierten Budget gegenüberzustellen.

Das Kostenmanagement legt den finanziellen Rahmen fest, der die Anpassungen des Terminplans bzw. des Projektumfangs bedingt.

Projektrelevante Finanzkennzahlen

Die Voraussetzung für eine effektive Kostenkontrolle ist eine möglichst detaillierte Zuordnung der Finanzmittel zu den einzelnen Aufgaben und den dazugehörigen Terminen (Unterkapitel 10:31 Basisdaten).

Daraus ergibt sich die Notwendigkeit, Finanzkennzahlen in Kostenarten bezogen auf das Kalkulationsschema des Unternehmens bzw. des Auftraggeberunternehmens aufzuteilen. Aus Projektsicht sind folgende Kostenarten zu unterscheiden:

- Kosten des Eigenpersonals
- Kosten des Leihpersonals und der Fremdleistungen
- Projektinvestitionskosten

Die erste (Eigenpersonal) und die letzte (Investitionen) Kostenart gelten als mittel- bis langfristige Verpflichtungen. Als solche können sie nur bedingt verändert werden und sind in der Regel ein ungeeignetes Werkzeug des Kostenmanagements.

Eine wirksame und kurzfristige Steuerung der Projektkosten ist grundsätzlich möglich im Bereich des Leihpersonals und der Fremdleistungen. Dies kann je nach der aktuellen Situation bereits innerhalb von einer oder zwei Buchungsperioden erfolgen.

Freilich können die Unternehmensstandards aufgrund der unternehmensinternen Regeln, wie z. B. Richtlinien der Investitionsabschreibungen oder des Vermögensmanagements, zur weiteren Unterteilung bestehender Kostenarten führen.

Interne Projektkontrollrechnung/Schattenrechnung

Eine projektinterne Projektkontrollrechnung (Schattenrechnung), welche in ihren Grundzügen der offiziellen Finanzbuchhaltung sehr ähnlich ist, hat sich in der Praxis bewährt. Die Zweckmäßigkeit der Führung dieser internen Projektkontrollrechnung ergibt sich aus folgenden zwei Umständen:

Die Finanzbuchhaltung operiert mit eher langen Perioden zwischen den jeweiligen Aktualisierungen (z. B. monatlich). Für die Führung eines Projektes sind diese Perioden oft zu lang. Deshalb wird parallel zur Finanzbuchhaltung eine zeitlich feinmaschigere und projektbezogene Kontrollrechnung geführt.

10:30 Techniken und Werkzeuge

Die Kontrollrechnung dient zweitens der Validierung der Angaben in der Finanzbuchhaltung. So können allfällige Fehler erkannt und korrigiert werden (Abb. 10:00-13, K-Kosten aus der Finanzbuchhaltung, P-Prognose aus der projektinternen Projektkontrollrechnung (Schattenrechnung), vgl. dazu Abb. 10:00-5):

Nr.	Phase	Bisher	Jetzt Mai		Juni		Juli		Aug.		Sept.		Okt.	
		Gesamt	Gesamt		Gesamt		Gesamt		Gesamt		Gesamt		Gesamt	
			K	P	K	P	K	P	K	P	K	P	K	P
1	Initiierung	240	850	850	-	-	-	-	-	-	-	-	-	-
2	Planung	5720	-	-	100	-	400	600	-	600	-	600	-	940
3	Realisierung	1200	-	-	-	-	-	-	-	-	-	-	-	-
4	Einführung	0	-	-	-	-	-	-	-	-	-	-	-	-

Abb. 10:00-13 Beispiel der doppelten Projektkostenverfolgung

Kosten-Trendanalyse

Die Kosten-Trendanalyse hilft, Schätzwerte über die Gesamtkosten eines Projekts zum voraussichtlichen Endtermin zu gewinnen, wobei sie, wie die Meilenstein-Trendanalyse auch, als Frühwarnindikator für mögliche Abweichungen dienen kann.

Der aktuelle Fertigstellungswert (AFW) der Arbeitspakete macht den Ausgangspunkt für eine richtige Kosten-Trendanalyse aus. Die Ermittlung des Schätzwertes der Gesamtkosten (SGK) erfolgt in 6 Schritten:

- Als Voraussetzung müssen die Plan-Gesamtkosten des Projektes aus der Projektkostenplanung vorliegen (07:00 Uhr Zielverwirklichungsmanagement ZVM)
- die aktuellen Ist-Kosten (AIK), d. h. die bis zum Berichtszeitpunkt kumulierten Kosten, werden periodisch (beispielsweise wöchentlich) ermittelt
- der aktuelle Fertigstellungswert (AFW) wird periodisch ermittelt. Dabei entspricht der Fertigstellungswert von abgeschlossenen Arbeitspaketen exakt den Plankosten. Bei noch nicht abgeschlossenen Arbeitspaketen wird der Fertigstellungswert auf der Grundlage des Fertigstellungsgrades ermittelt (vgl. hierzu Schritt 2 der Fertigstellungswert-Analyse in Unterkapitel 10:31)

10:00 Management von Ergebnissen, Terminen, Kosten ETKM

- aus den Plan-Gesamtkosten (PGK), den aktuellen Ist-Gesamtkosten und dem aktuellen Fertigstellungswert wird anhand der untenstehenden Formel der Schätzwert der Gesamtkosten errechnet

$$SGK = PGK*AIK/FW$$

wobei:
- SGK: Schätzwert der Gesamtkosten
- PGK: Plan-Gesamtkosten (Basis)
- AIK: Aktuelle Ist-Kosten
- AFW: Aktueller Fertigstellungswert (in EUR)

Kostenentwicklungsindikator

Der Quotient AIK/AFW wird als Kostenentwicklungsindikator bezeichnet. Ein Wert größer 1 wirkt sich der ursprünglichen Planung gegenüber kostenerhöhend, ein Wert kleiner 1 kostensenkend aus. Tabelle 10:00-3 veranschaulicht die Beispielwerte.

Tabelle 10:00-3 Beispielwerte eines Kosten-Trends im Projekt

Berichtswoche	Plangesamtkosten (PGK)	Aktuelle Ist-Kosten (AIK)	Fertigstellungswert (AFW)	Kostenentwicklungsindex (AIK/AFW)	Schätzwert der Gesamtkosten (SGK)
1	200	25	20	1,25	250
2	200	50	40	1,25	250
3	200	80	60	1,33	267
4	200	100	80	1,25	250
5	200	140	100	1,40	280
6	200	170	120	1,42	283
7	200	180	140	1,29	257
8	200	200	160	1,25	250
9	200	215	180	1,19	239
10	200	230	200	1,15	230

Abbildung 10:00-14 ist eine graphische Darstellung des oberen Beispiels. Das Balkendiagramm ermöglicht in der Frühphase die Wahrnehmung jeglicher Abweichungen und das rechtzeitige Ergreifen von geeigneten Steuerungsmaßnahmen.

10:30 Techniken und Werkzeuge

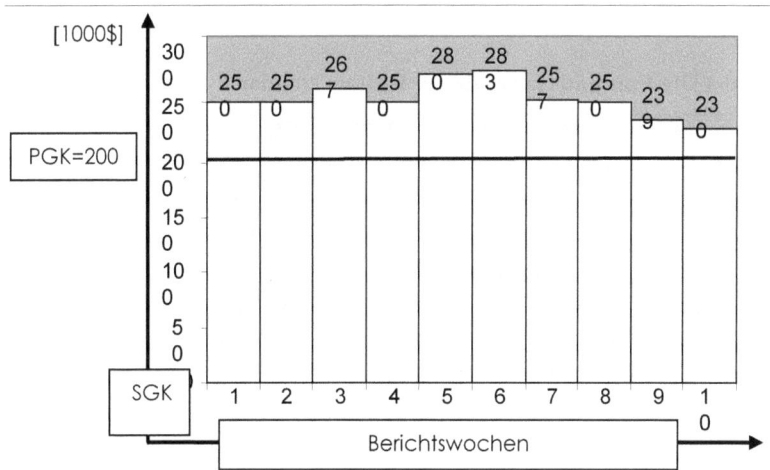

Abb. 10:00-14 Beispiel einer Kosten-Trendkurve

Zwei nacheinander folgende Ist-Stand-Ermittlungen liefern laufende Kostenentwicklungsindikatoren, die miteinander Verglichen werden. Auf dieser Basis wird eine Trendanalyse erstellt. Dabei gilt grundsätzlich:
- wenn der aktuelle Kostenentwicklungsindikator größer als der vorhergehende ist, deutet er auf eine Kostenerhöhung gegenüber dem ursprünglichen Kostenvoranschlag hin (vgl. Berichtswochen 2 und 3 im obigen Beispiel)
- auf der anderen Seite, wenn der aktuelle Kostenentwicklungsindikator einen kleineren Wert im Vergleich zum vorherigen Berichtszeitpunkt hat, weist er auf eine Kostenersparnis im Projekt hin (vgl. Berichtswochen 6-10)
- bleibt der Kostenentwicklungsindikator stabil, deutet dies auf eine Beruhigung hin, unabhängig von der Relation des Schätzwertes Gesamtkosten (SGK) zu Plangesamtkosten (PGK)

> **Beispiel zur Kosten-Trendanalyse als Frühwarnindikator zur Erfassung Abweichungen von Plankosten:**
>
> Wenn die geplanten totalen Kosten in Höhe von 22.220.- EUR nach einem Fertigungsgrad 0.9 bereits erreicht wurden, wird voraussichtlich ca. 10 % mehr Aufwand notwendig sein, um die geplanten Ziele zu erreichen. Dies unter der Annahme, dass der Kostenentwicklungsindex konstant bleibt, d. h. die verbleibenden Einzelfertigungskosten unverändert bleiben und auf den Projektverlauf keinerlei Einfluss genommen wird.

Die Vor- und Nachteile der Kosten-Trendanalyse sind zusammengefasst in Tabelle 10:00-4.

Tabelle 10:00-4 Die Vor- und Nachteile der Kosten-Trendanalyse

Vorteile	Nachteile
- einfach, verständlich - schnell zu erstellen - übersichtlich - festgestellte Abweichungen auf einen Blick sichtbar - deutliche Frühwarnung - schärft das Kostenbewusstsein - fördert das Teambewusstsein	- Problem der Fertigstellungswertermittlung liegt in der Methode - Trendkurve allein ist nicht maßgeblich - Kommentare sind erforderlich - zukünftige, zu erwartende Kostensenkungen werden nicht berücksichtigt

10:36 Simulationsverfahren

Simulationsverfahren

Bei komplexen Projekten mit großem finanziellem Aufwand (über 500.000,- EUR), hoher Komplexität (über 100.000 Funktionspunkten), großer Mitarbeiterzahl (über 10) wird die manuelle Erfassung des Zusammenwirkens aller Faktoren und Einschätzung ihrer Auswirkungen zu einer Sisyphusarbeit.

Die Softwarewerkzeuge wie TopSim, Simultrain oder ProModel (TopSim 2013; Simultrain 2013; ProModel 2013) ermöglichen eine mehrdimensionale Optimierung entlang ausgewählter Kriterien der kürzesten Zeit oder der niedrigsten Kosten. Der Projektverlauf kann unmittelbar durch die in der Simulation angenommenen Fertigstellungswerte abgebildet werden. Die Qualitätsparameter können eine lineare Auswirkung auf die Realisierungszeit und somit auf die Kosten haben.

Kostenentwicklungsindex

Softwarewerkzeuge ermöglichen es, die tatsächlichen Projektdaten über einzelne Aufgaben einzugeben und die voraussichtliche Gesamtzeit bzw. die voraussichtlichen Gesamtkosten für verschiedene Realisierungswege zu veranschlagen. Besonders geeignet sind Werkzeuge, die mit den gängigen Software-Tools wie z. B. MS Project, Project Simulator (Schnitz 2009) zusammenarbeiten. Durch Eingabe weiterer Informationen wie der Auswahl von Indexkriterien oder der Strategie können verschiedene kosten- und terminbezogene Entwicklungen simuliert und bewertet werden.

Es ist jedoch zu bemerken, dass die Treffsicherheit der Prognose von der Richtigkeit des eingesetzten Algorithmus abhängig ist (Lent 2009). Diese Unbestimmtheit kann verwendet werden, um die Auswirkungen menschlicher Einflussfaktoren (z. B. Ausmaß der Motivation seitens der Mitarbeiter) widerzuspiegeln, gleichwohl stellt sie die Endergebnisse der Simulation in Frage. Schließlich ist noch anzumerken, dass dieses Verfahren nicht alleine zur Unterstützung des ETKM-Prozesses eingesetzt werden sollte, sondern ausschließlich als Validierungswerkzeug für die anders ermittelten Ergebnisse.

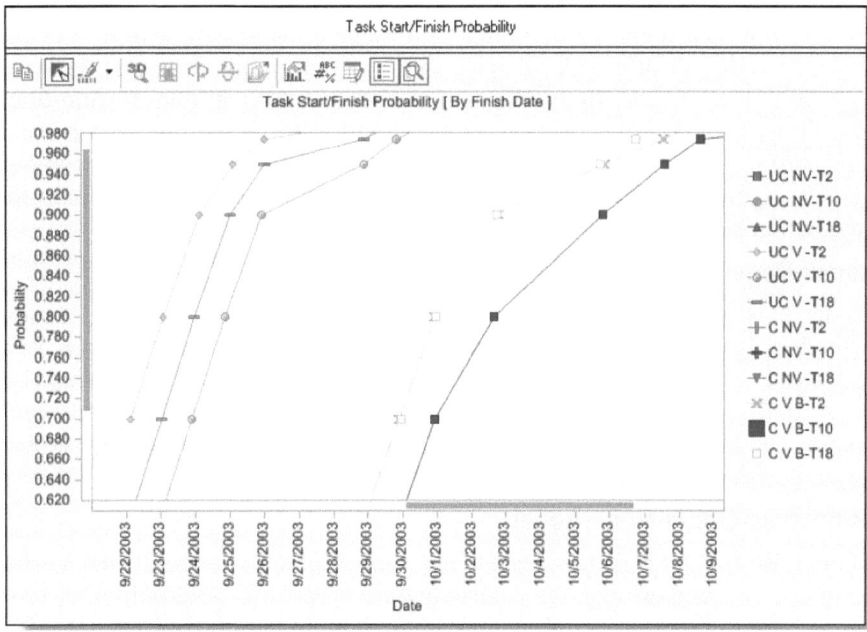

Abb. 10:00-15 Screenshot aus dem Projektsimulator: Termin-Trend-Diagramm (Simultrain 2013)

10:37 Entscheidungsverfahren

Sobald die Meilensteine festgelegt und die aktuellen Ergebnisse der Projektzielrealisierung sowie der Kostenanalyse ermittelt worden sind, kann das Entscheidungsverfahren über die notwendigen Steuerungsmaßnahmen im Projekt in Angriff genommen werden (der Autor hatte in seiner langjährigen Praxis nie mit einem Projekt zu tun, in dem diese nicht erforderlich gewesen wären).

Das Entscheidungsverfahren wäre ganz einfach, wenn alle in den Analysen genutzten Daten vollständig fehlerfrei wären. In diesem Fall gälte es, sich lediglich an den Schlussfolgerungen zu orientieren, die aus den durchgeführten Analysen abgeleitetet wurden. Allerdings sind die meisten Daten, wie z. B. der Fertigstellungswert, begrenzt verlässlich, da sie nur annähernd eingeschätzt werden können.

Unter verschiedenen Regeln zur Entscheidungsfindung gibt es auch einige, wie z. B. das Bernoulli-Prinzip, das zwar ein kompliziertes mathematisches Verfahren darstellt, in dem aber bei begrenzt verlässlichen Kennzahlen eben die Risikobewertung in die Kalkulation einbezogen werden kann (Schildbach 1993). In der Praxis bewährt haben sich:

Minimax- bzw. Maximin-Regel

Nach der Minimax-Regel werden Entscheidungen anhand einer extrem pessimistischen Sichtweise getroffen. Dabei wird die Alternative mit dem geringsten Schaden gewählt. Der Entscheidungsträger orientiert sich also an dem für ihn ungünstigsten Ereignis einer jeden Aktion, wobei er die Alternative mit dem minimalen Schadensmaximum wählt. Die Minimax-Regel kann analog auch in günstigen Situationen angewendet werden, also nicht nur im Schadensfall, sondern auf in Gewinnsituationen, wobei sie dann Maximin-Regel genannt wird.

Maximax-Regel

Nach der Maximax-Regel wird dagegen anhand extrem optimistischer Annahmen entschieden. Hier steht also nicht der Schaden, sondern der Gewinn im Vordergrund. Der Entscheider orientiert sich nach dem für ihn günstigsten Ereignis einer jeden Aktion und wählt dabei die Alternative mit dem maximal möglichen Gewinn aus. Die Maximax-Regel entscheidet nach der Präferenz je größer, desto besser.

Pessimismus-Optimismus-Regel

Die Pessimismus-Optimismus-Regel führt die beiden oben angeführten Verfahren zusammen. Zur Bewertung der Alternativen werden pro Alternative jeweils das beste und das schlechteste Teilresultat addiert, wobei beide Teilresultate vor der Addition folgendermaßen gewichtet werden:

- der größtmögliche Wert jeder Alternative wird mit einem subjektiven Wert λ multipliziert
- der kleinstmögliche Wert jeder Alternative wird mit dem Faktor $(1-\lambda)$ multipliziert

Im Zusammenhang mit der Bestimmung des λ-Wertes ist folgendes anzumerken:

- der Wert λ spiegelt die persönliche Situationsbewertung seitens des Entscheidungsträgers wider
- der Wert λ darf nur Größen zwischen 0 und 1, die Extremwerte eingeschlossen, annehmen
- nimmt der Wert λ den Extremwert 1 an, so gilt der Entscheidungsträger als extrem optimistisch, wobei die Maximax-Regel heranzuziehen ist
- nimmt der Wert λ den Extremwert 0 an, so gilt der Entscheidungsträger als extrem pessimistisch, wobei die Minimax-Regel heranzuziehen ist
- die Bewertung aller Alternativen erfolgt mit dem gleichen Faktor λ
- die Alternative mit dem größten Endresultat wird gewählt

Erwartungswert-Prinzip

Beim Erwartungswertprinzip wird jedes Teilergebnis einer jeden Alternative mit einem Faktor multipliziert, bevor dann die nun gewichteten Teilergebnisse addiert werden. Der erhaltene Endwert einer Alternative enthält demzufolge auch eine subjektive Bewertung der einzelnen Elemente. Zu beachten sind die folgenden Punkte:

- die sich entsprechenden Teilergebnisse der Alternativen werden jeweils mit dem gleichen Faktor multipliziert
- die Faktoren können unabhängig voneinander gewählt werden (außer es liegen zwischen den einzelnen Teilergebnissen Abhängigkeiten vor)
- die Faktoren können Werte zwischen 0 und 1, einschließlich der beiden Extremwerte, annehmen, wobei eine 1 in jedem Fall und eine 0 in keinem Fall eintritt
- im Unterschied zur Pessimismus-Optimismus-Regel, bei der nur der beste und der schlechteste Wert zur Alternativenbewertung berücksichtigt werden, werden gemäß dem Erwartungswert-Prinzip sämtliche Werte in den Vergleich einbezogen. Insofern ist pro Teilergebniskategorie ein Gewichtungsfaktor zu definieren
- die Alternative mit der höchsten Bewertung wird gewählt

10:40 Vorlagen

10:41 Projektmanagementbezogene Dokumente

Eines der notwendigen Mittel bei der Durchführung des ETKM-Prozesses sind Gespräche, die zu protokollieren sind. Auf mindestens die folgenden in Tabelle 10:00-5 angeführten Punkte muss im Protokoll eingegangen werden:

Tabelle 10:00-5 Das ETKM-Besprechungsprotokoll

Besprechungsprotokoll zum ...	Projekt ....
Gesprächstermin ...	Betreff ...
Teilnehmer	Verteiler
Managementprozessberichte ZVM, OM, BM, ETKM, QM, PBM, RM, ÄM, IM, DM, WM, GPB, HRM, TM, KFM, KOM, SM, F Jeweils: 1. Bewertung des bisherigen Verlaufs (seit der letzten Bestandesaufnahme)	

> 2. Begründung der Abweichungen
> 3. Verbesserungspotenzial
> 4. Weitere vorgesehene Aktivitäten
> 5. Entscheidung bezüglich der Abweichungen und Einleitung der Maßnahmen

Der Bewertung des Projektverlaufs dienen Tests. Der eingesetzte Testtyp, die -form und die -prozeduren beziehen sich auf den ETKM-Prozess (Tabelle 10:00-6):

Tabelle 10:00-6 Testberichtmuster

Testbericht integrierend HERMES 2003 und HERMES 5 (HERMES 2003 2003, Mourgue d'Algue et al. 2013)
0   Allgemeines
1   Zweck des Dokuments
2   Testauftrag gem. Testkonzept
2.1 Durchgeführte Tätigkeiten
2.2 Untersuchungsfeld
2.3 Testfall
3   Testergebnisse
3.1.Testdurchführung
3.2 Ergebnisauswertung und -beurteilung
3.3 Fehlerklasse
3.3 Risiko antizipieren
4   Als Anlage: Testergebnisse/Testprotokolle Testspezifikation Testprozeduren Link zum Testkonzept

10:42 Produktbezogene Dokumente

Der ETKM-Prozess erbringt Ergebnisse, die in den folgenden Formen – einschließlich des Fertigstellungswerts (Abb. 10:00-6) und des kritischen Faktors (Abb. 10:00-7) – tabellarisch (Tabelle 10.00-7) und graphisch (Abb. 10:00-16) dargestellt werden können.

10:40 Vorlagen

Tabelle 10:00-7 Beispiel eines Projektberichts

Projektstatusbericht angelehnt an HERMES 5 (Mourgue d'Algue et al. 2013)	
0	Zusammenfassung
1	Zweck des Dokuments
2	Übersicht Projektstand
3	Beurteilung Zielerreichung
4	SOLL/IST-Vergleich und Prognosen bezüglich:
4.1	Ergebnisse, Aufwand, Kosten, Termine
4.2	Probleme und Maßnahmen (in Abstimmung mit dem Prozess 12:00 Problemmanagement PBM)
4.3	Risiken (in Abstimmung mit dem Prozess 13:00 Risikomanagement RM)
5	Ausblick auf den weiteren Projektverlauf

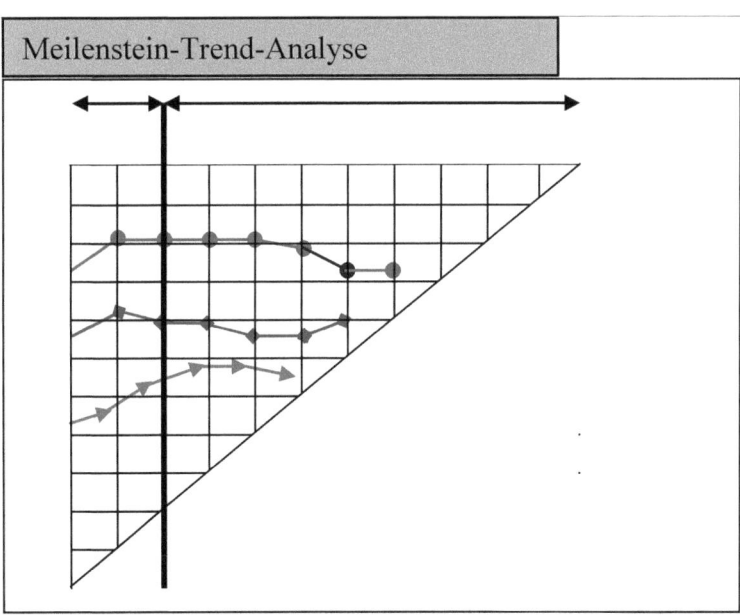

Abb. 10:00-16 Meilenstein-Trend-Analyse im Projekt

10:50 Phasenaufgaben und -ergebnisse

Die Fortschritte und Ergebnisse im ETKM können in den ergebnisbezogenen Prozessen (Produktion, Überprüfung und Validierung sowie Geschäftsprozessanpassung (vgl. auch Abb. 07:00-10)) mit unterschiedlichen Fortschritten bzw. Ergebnissen pro Phase laufen. Aus diesem Grund werden nachfolgend die Projektphasen in diese Prozesse unterteilt:

10:51 Initiierungsphase
Subprozess Produktion
Aufgaben:
- Keine

Ergebnisse:
- Keine

Subprozess Überprüfung und Validierung
Aufgaben:
- Keine

Ergebnisse:
- Keine

Subprozess Geschäftsprozessanpassung
Aufgaben:
- Keine

Ergebnisse:
- Keine

10:52 Planungsphase
Subprozess Produktion
Aufgaben:
- Geeignete ETKM-Werkzeuge und -Verfahren auswählen und erarbeiten
- ETKM-Bewertung gem. Umsetzungsplanung vorbereiten
- ETKM-Bewertung der Planungsphase durchführen, ETKM-Phasenberichte auswerten

Ergebnisse:
- Festgesetzte ETKM-Methoden und Verfahren
- ETKM-Plan und –Berichte

- ETKM-Bewertung der Planungsphase und Auswertung der ETKM-Berichte

Subprozess Überprüfung und Validierung
Aufgaben:
- Die gleichen wie beim Subprozess Produktion

Ergebnisse:
- Die gleichen wie beim Subprozess Produktion

Subprozess Geschäftsprozessanpassung
Aufgaben:
- Die gleichen wie beim Subprozess Produktion, Schwerpunkt Abnahme

Ergebnisse:
- Die gleichen wie beim Subprozess Produktion, Schwerpunkt Abnahme

10:53 Umsetzungsphase

Subprozess Produktion
Aufgaben:
- ETKM-Bewertung der Umsetzungsphase durchführen, ETKM-Phasenberichte auswerten

Ergebnisse:
- ETKM-Bewertung der Umsetzungsphase und Auswertung der ETKM-Phasenberichte

Subprozess Überprüfung und Validierung
Aufgaben:
- Testberichte der Validierungsphase auswerten und die in dieser Berichtsperiode erbrachten Ergebnisse validieren
- ETKM-Bewertung der Umsetzungsphase durchführen, ETKM-Phasenberichte auswerten

Ergebnisse:
- Testberichte mit Auswertung validierter Ergebnisse
- ETKM-Bewertung der Umsetzungsphase und Auswertung der ETKM-Phasenberichte

Subprozess Geschäftsprozessanpassung
Aufgaben:
- Machbarkeitsprüfung der Geschäftsprozessanpassung
- ETKM-Bewertung der Umsetzungsphase durchführen, ETKM-Phasenberichte auswerten
- Akzeptanz der ETKM-Berichte durch den Auftrageber erlangen

10:00 Management von Ergebnissen, Terminen, Kosten ETKM

Ergebnisse:
- Bewertung der Geschäftsprozessentwicklung
- durch Auftraggeber anerkannte ETKM-Bewertung der Umsetzungsphase und ETKM-Phasenberichte

10:54 Abschluss- und Evaluationsphase

Subprozess Produktion

Aufgaben:
- ETKM-Bewertung einschließlich Bewertung der eingeleiteten Steuerungsmaßnahmen durchführen, ETKM-Phasenberichte auswerten
- ETKM-Endberichte des Subprozesses Produktion vorbereiten

Ergebnisse:
- ETKM-Bewertung der Abschluss- und Evaluationsphase, Auswertung der ETKM-Phasenberichte
- ETKM-Endbericht des Subprozesses Produktion

Subprozess Überprüfung und Validierung

Aufgaben:
- ETKM-Bewertung einschließlich Bewertung der eingeleiteten Test- und Validierungsmaßnahmen durchführen,
- ETKM-Berichte der Abschluss- und Evaluationsphase auswerten
- ETKM-Endbericht des Subprozess Überprüfung und Validierung vorbereiten

Ergebnisse:
- ETKM-Bewertung einschließlich Bewertung der eingeleiteten Test- und Validierungsmaßnahmen
- Auswertung der ETKM-Berichte der Abschluss- und Evaluationsphase
- Endbericht zur Validierung der Projektergebnisse
- ETKM-Endbericht des Subprozesses Überprüfung und Validierung

Subprozess Geschäftsprozessanpassung

Aufgaben:
- Bewertung der Prozessmigration durchführen, ETKM-Berichte der Umsetzungsphase auswerten
- ETKM-Endbericht des Teilprozesses Geschäftsprozessanpassung vorbereiten
- Dem Auftraggeber die Ergebnisse der Endauswertung erläutern

Ergebnisse:

- Bewertung der Prozessmigration, Auswertung der ETKM-Berichte der Umsetzungsphase
- ETKM-Endbericht des Teilprozesses Geschäftsprozessanpassung
- ETKM-Bewertung der Umsetzungsphase

Literaturverzeichnis

Cadle, J./Yeates, D. (Hrsg.) (2008) Project Management for Information Systems, Englewood Cliffs.

Felske, P. (2003): Integrierte Projektsteuerung, in: Rationalisierungskuratorium der Deutschen Wirtschaft e.V. (Hrsg.): Projektmanagement Fachmann, Band 2, Eschborn, S. 723-777.

Hansen, H. R./Neumann, G. (2001): Wirtschaftsinformatik I, Stuttgart.

HERMES 2003 (2003): Führen und Abwickeln von Projekten in der Informations- und Kommunikationstechnik, Bern.

ISO 21500:2012 (2012): Guidance on Project Management, ICS 03.100.40, Genf.

Kahlbrandt, B. (2001): Software-Engineering mit der Unified Modeling Language, Berlin/Heidelberg.

Lent, B. (2009): Analiza wybranych strategii komputerowej symulacji wielowymiarowej optymalizacji prowadzenia projektów (An analysis of selected strategies in the multidimensional optimisation of Project Management Processes in computer based simulation.), in: Studia i Materiały Polskiego Stowarzyszenia Zarządzania Wiedzą (Hrsg.): Systemy i Technologie Informatyczne SiTI'2009, Bromberg, S.96-106.

Lewis, J. P. (2011): Project Planning, Scheduling & Control. A hands-on guide to bringing projects in time and on budget, New York.

Liggesmeyer, P. (2009): Software-Qualität. Testen, Analysieren und Verifizieren von Software, Heidelberg.

Mag, W. (1993): Planung; In: M. Bitz et al. (Hrsg.): Vahlens Kompendium der Betriebswirtschaftslehre, Band 2, München, S. 1-73.

Mourgue d'Algue, H. et al. (2013): HERMES 5. Projektmanagementmethode für alle Projekte. Referenzhandbuch, Bern.

Motzel, E. (2003): Leistungsbewertung und Projektfortschritt, in: Rationalisierungskuratorium der Deutschen Wirtschaft e. V. (Hrsg.): Projektmanagement Fachmann, Band 2; Eschborn, S. 691-722.

Ottmann, R. (2003): Qualitätsmanagement, in: Rationalisierungskuratorium der Deutschen Wirtschaft e. V. (Hrsg.): Projektmanagement Fachmann, Band 2, Eschborn, S. 921-961.

ProModel (2013): Decision making tools, ProModel Corporation, Orem, www.promodel.com, Zugriff am 10. Februar 2013.

Philips, J. (2010): IT Project Management. On Track from Start to Finish, New York.

Schildbach, T. (1993): Entscheidung, in: M. Bitz et al. (Hrsg.): Vahlens Kompendium der Betriebswirtschaftslehre, Band 2, München, S. 59-99.

Schnitz, K. (2009): Projekt-Simulation White paper, München.

Simultrain (2013) The training simulator, STS Sauter Training & Simulation SA, Lausanne, http://www.sts.ch/index.php?option=com_content&task=view&id=18&Itemid=43&lang=en, Zugriff am 10. Februar 2013.

Szyjewski, Z. (2001): Zarzadzanie Projektami Informatycznymi, Warschau.

TopSim (2013): TopSim Planspiele, Tata Interactive Systems, Tübingen, http://www.topsim.com/de/standard-planspiele/planspieluebersicht.html, Zugriff am 10. Februar 2013.

11:00 Qualitätsmanagement QM

Kurze Übersicht

Worum geht es?

Qualitätsmanagement (QM) stellt die Übereinstimmung von Projektergebnissen, Projektprozessen und anderweitigen Projektcharakteristiken mit den Projektzielvorgaben sicher, die alle Erwartungen des Auftraggebers widerspiegeln sollten.

Wer ist gefordert?

Es ist empfehlenswert, die Verantwortung für das QM einer anderen Person als dem Projektleiter zu übertragen und dazu eine weitere Qualitätskontrollstelle zu beauftragen.

Welche Bedeutung hat der Prozess?

Qualitätsmanagement trägt den umfassenden Erwartungen des Auftraggebers Rechnung. Die Ergebnisqualität ist durch die Qualität der Prozesse gegeben. Deren Ausführung hängt wiederum von Menschen ab. Das QM misst die Abweichungen vom Soll in allen Bereichen und initiiert ggf. geeignete Maßnahmen.

Wie geht man vor?

Zuerst muss das QM-System definiert werden. Danach werden die Abweichungen vom „Soll" in den Projektergebnissen, Prozessen und bei den Teammitgliedern ermittelt. Anschließend werden mögliche Korrekturmaßnahmen erwogen und der Projektleitung vorgelegt. Die festgestellten Abweichungen und die eingeleiteten Korrekturmaßnahmen werden fortlaufend kontrolliert.

Wo liegen die Herausforderungen?

Im QM-Prozess wird jede Projektzielabweichung möglichst genau ermittelt. Die QM-Richtlinien (QM-System) sowie die Verbesserungsvorschläge werden ausgearbeitet und laufend aktualisiert.

Was entscheidet über den Erfolg?

Der Qualitätsmanager wird vom Projektleiter so bald wie möglich (im besten Fall schon in der Initiierungsphase) benannt. Der Projektleiter soll unter Abwägung aller Gegebenheiten den durch den Qualitätsmanager vorgeschlagenen Korrekturmaßnahmen folgen. Der Qualitätsmanager ist dagegen angehalten, seine QM-Richtlinien (QM-System) zusammen mit dem Projektteam und den Projektstakeholdern abzusprechen. Im Laufe des Projektes sollte er sich exakt an die vereinbarten QM-Richtlinien halten. Der Qualitätsmanager muss vor allem kreativ und durchsetzungsfähig sein, besonders dann, wenn seine wertvollen Ratschläge nicht berücksichtigt werden.

Prozess

Das Qualitätsmanagement legt in Abstimmung mit dem Projektteam und den Projektstakeholdern QM-Richtlinien fest, die bei der Bewertung der Projektergebnisse sowie der Gestaltung der Projektprozesse herangezogen werden. Festgestellte Abweichungen werden aufgenommen und weiter verfolgt. Die während des QM-Prozesses gewonnenen Erkenntnisse dienen der kontinuierlichen Verbesserung des QM-Systems sowie der QM-Prozesses selbst.

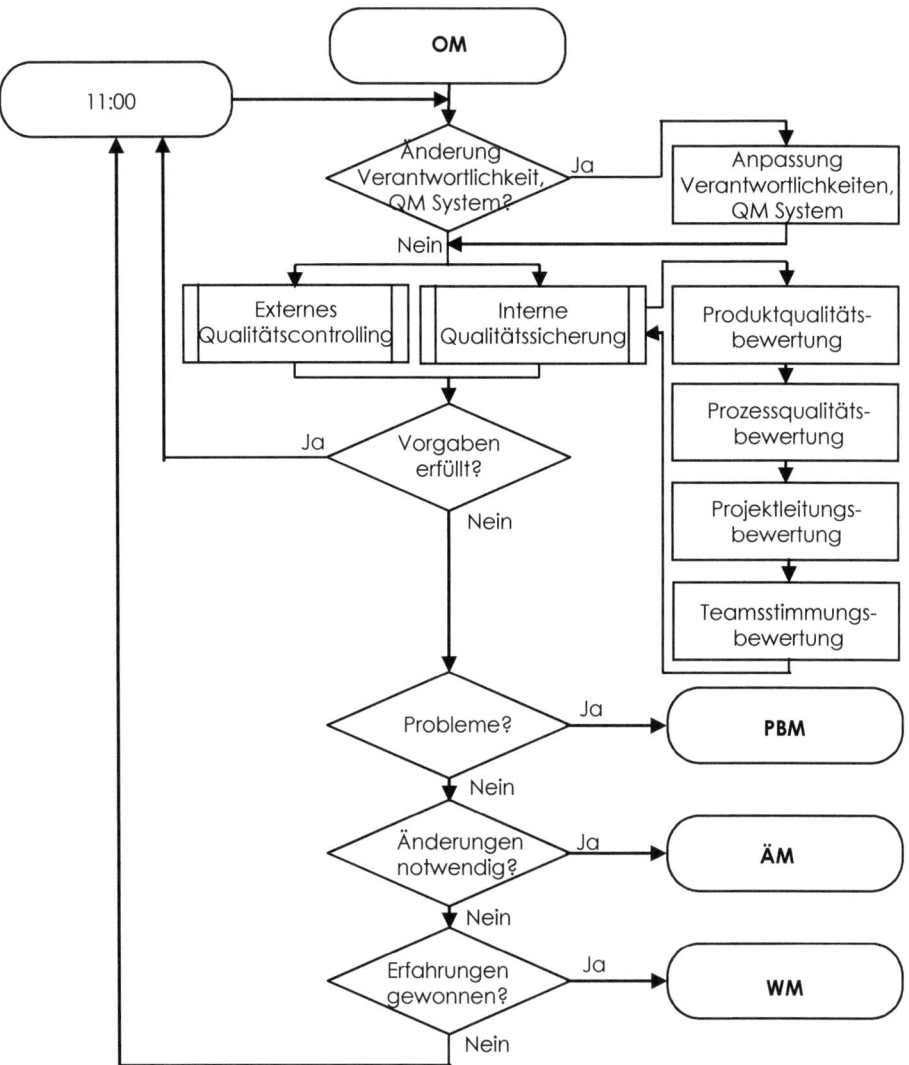

Abb. 11:00-1 Qualitätsmanagementprozess

11:10 Ziel des Qualitätsmanagements QM

Ziel des Prozesses ist die Sicherstellung der Übereinstimmung von Projektergebnissen, Projektprozessen und anderweitigen Projektcharakteristiken mit den Projektzielvorgaben und den -anforderungen sowie deren Umsetzungsplanung. Die kontinuierliche Optimierung des QM-Prozesses durch die gewonnenen Erkenntnisse und die Fähigkeit der Projektorganisation, sich stets den neuen Anforderungen anzupassen, gelten als Vorbild für das Gesamtprojekt.

11:20 Methoden

Zur Übereinstimmung mit den Projektergebnissen: Lieferobjekte mit bestimmter Qualität werden mit dem Auftragsgeber im Rahmen des Prozesses 07:00 Zielverwirklichungsmanagement ZVM vereinbart. Dies entspricht einer der Aufgaben des ISO 21500:2012 Prozesses 4.3.32 Qualitätsplanung. Weitere Aufgaben dieses Prozesses bilden zusammen mit den übrigen ISO 21500:2012 der Qualität gewidmeten Prozessen einen zusammenhängenden Prozess, weiter betrachten in diesem Kapitel:

- 4.3.32 Qualitätsplanung (restliche Aufgaben) (engl. Plan Quality)
- 4.3.33 Qualitätssicherung (engl. Perform Quality Assurance)
- 4.3.34 Qualitätskontrolle (engl. Perform Quality Control)

11:21 Qualität im Unternehmen

Qualitätsmanagementsystem

Zum Qualitätsmanagement gehören alle Aktivitäten, die sich auf das Qualitätswesen im Unternehmen und im Projekt beziehen, angefangen von der Einrichtung und Durchführung der Qualitätsplanung über den Aufbau des QM-Systems bis hin zu dessen Integration in die bestehenden Unternehmensprozesse und damit in die Projektprozesse und Projektergebnisse (Abb. 11:00-2) (Ottmann 2003).

11:22 Qualität im Projekt

> **Qualität** = Erfüllungsgrad der Anforderungen
> (Ottmann 2003)

Das Qualitätsmanagement umfasst somit die Überprüfung und Sicherstellung (periodisch oder kontinuierlich) der Erfüllung der vereinbarten Anforderungen in den Dimensionen Produktqualität und Prozessqualität.

11:00 Qualitätsmanagement QM

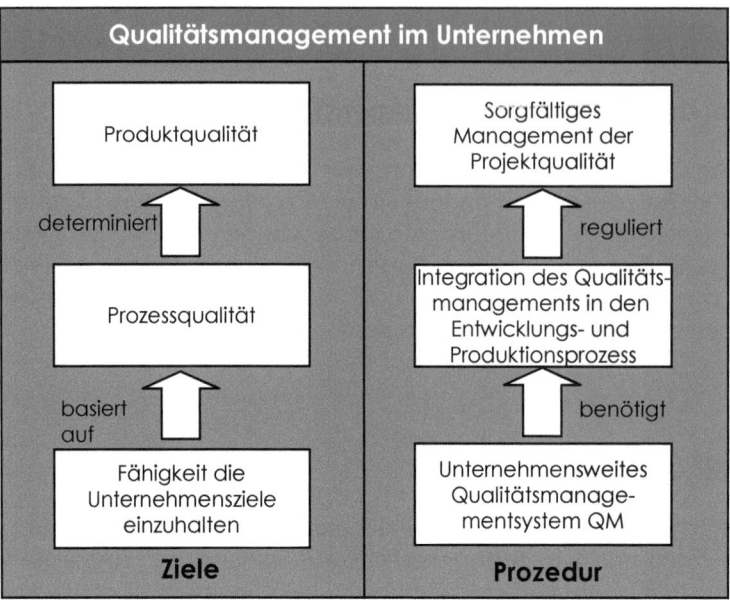

Abb. 11:00-2 Qualitätsmanagement im Unternehmen

CMMI-Modell

Die Bewertung der Qualität erfolgt in vielen Systemen durch Klassifizierung nach dem Reifegradmodell. Ein Beispiel hierfür ist das CMMI-Modell® (Capability Maturity Model Integration, Abb. 11:00-3), welches ursprünglich aus der Automobilindustrie stammt und in dessen Rahmen die Qualität mit einem von fünf Reifegraden bewertet wird. Jedem Reifegrad sind vordefinierte Prozessgebiete sowie Bewertungskriterien zugeordnet (SEI 2010). Durch Auswahl eines bestimmten Reifegrades und der damit verbundenen Maßstäbe wird die beabsichtigte Projektqualität bewertet und optimiert.

Andere Standards wie beispielsweise Lean Six Sigma (Stamatis 2004; McManus 2009/2013) oder ITIL (OGC 2011, ISO/IEC 20000-1:2011 2011) kombinieren vorgegebene Werkzeuge mit Prozessen, die der Verbesserung dienen, um den Betrieb mit der Geschäftsstrategie zu verknüpfen.

11:23 Verantwortlichkeiten für das Qualitätsmanagement im Projekt

Qualitätsmanager

Der Qualitätsmanager ist die für die Qualität verantwortliche Person im Projekt. Die mit dieser Rolle verknüpfte Aufgabe besteht in erster Linie darin, mittels Überwachung und Einleitung ggf. notwendiger Korrekturmaßnahmen dafür zu sorgen, dass die Qualität der innerhalb des Projektes geplanten Aktivitäten sowie die Qualität der Prozessergebnisse den dokumentierten Anforderungen entspricht (ISO 21500:2011 4.3.33 Qualitätssicherung).

Nach HERMES 5 ist der Projektleiter durch die Erfassung im Projektstatusbericht nur indirekt zur Führung des Qualitäts- (und Risiko-)managements verpflichtet. Die Rolle des Qualitäts- (und Risiko-)managers ist vom Projektleiter unabhängig bei der Projektsteuerung (bzw. beim Auftraggeber) angesiedelt (Mourgue d'Algue et al. 2013). Während eine unabhängige Kontrollmöglichkeit durchaus von Nutzen sein kann (siehe unten), belastet die Aufgabe des Qualitätsmanagements unnötig die Rolle des Projektleiters, insbesondere wenn das integrierte Konzept des gesamtheitlichen Qualitätsmanagement TQM angestrebt wird. Daher wird hier dafür plädiert, den Projektmanager zwar von dieser Aufgabe zu entlasten, zugleich aber auch die Rolle des Qualitätsmanagers im Projektteam gesondert aufzubauen und dem Projektleiter zu unterstellen.

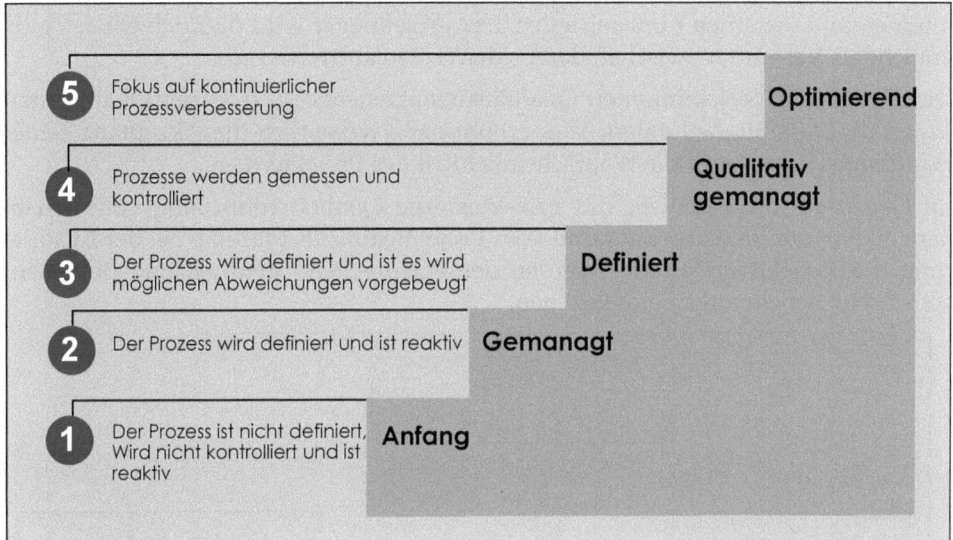

Abb. 11:00-3 CMMI® Model

Qualitätsmodell

Der Qualitätsmanager ist verantwortlich für das Qualitätsmanagementsystem. In Abstimmung mit dem Projektteam legt er das Q-Modell (siehe Beispiel oben: CMMI) sowie die QM-Richtlinien fest. Das Q-Modell und die QM-Richtlinien sollen im Vorhinein mögliche Probleme und Risiken im Projekt identifizieren und ggf. notwendige Maßnahmen initiieren, um so die Einhaltung der Qualitätsvorgaben zu gewährleisten.

11:00 Qualitätsmanagement QM

Qualitätscontrolling

Das projektexterne Qualitätscontrolling (hier werden die HERMES 5 Projektsteuerungsstufe oder anderweitige Projektausschussstufen über dem Projektleiter als extern angesehen) ist dagegen ein reaktives Werkzeug, mit dem die Qualitätsschwachstellen erst im Nachhinein festgestellt werden (ISO 21500:2011 4.3.34 Qualitätskontrolle, HERMES 5 Qualitäts- und Risikomanager). Die Aufgabe des Projektteams ist es dann, entsprechende Korrekturmaßnahmen zur Beseitigung der Qualitätsmängel einzuleiten.

Qualitätscontrolling ist ein Werkzeug, das dem Projektleiter zur Verfügung steht (Abb. 11:00-4). Dennoch ist es empfehlenswert, dass der Qualitätsmanager die Planung und Initiierung von Aktivitäten des Qualitätscontrollings übernimmt. Dies gewährleistet eine optimale Koordinierung sowohl projektinterner wie auch -externer Maßnahmen und verringert das Konfliktpotenzial zwischen den projektinternen und -externen Kontrollstellen. Der Projektleiter wird dadurch entlastet, da er nicht als Vermittler zwischen den beiden Seiten auftreten muss.

Der Vorteil des projektinternen Qualitätsmanagements ist, dass der Qualitätsmanager als Teammitglied agiert. Dies erhöht ganz wesentlich die Akzeptanz seiner Handlungen und somit die Wahrscheinlichkeit des Projekterfolgs.

Im Gegensatz dazu genießt das projektexterne Qualitätscontrolling volle Unabhängigkeit vom Projektverlauf und vom Projektteam. Als Maßstab bei der Evaluierung der Projektteamleistung werden dementsprechend neutrale und branchenspezifische Benchmarks herangezogen.

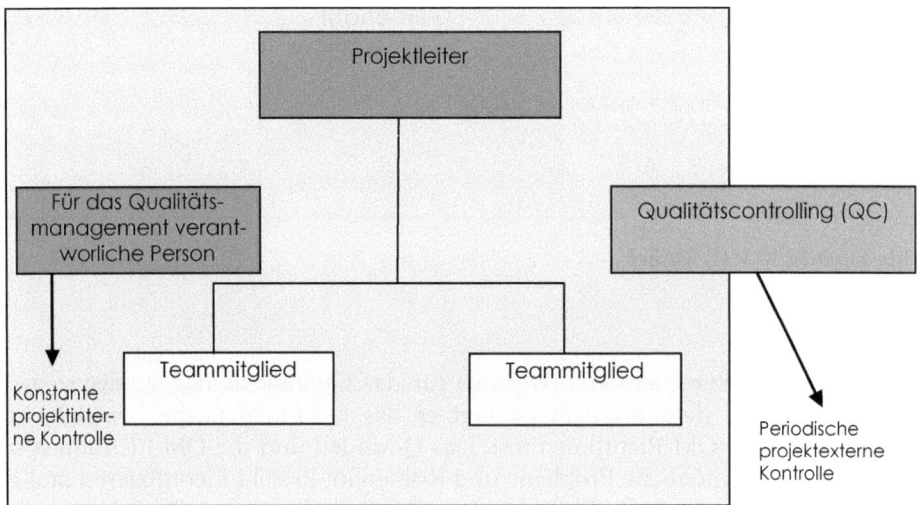

Abb. 11:00-4 Für Kontrolle und Qualität verantwortliche Personen im Projekt

Qualitätssicherung und Validierungsprozess

Die Qualitätssicherung ist nicht mit dem Validierungsprozess zu verwechseln. Der Validierungsprozess ist ein Bestandteil des Zielverwirklichungsmanagements (Kapitel 07:00 Zielverwirklichungsmanagement ZVM). Während der Fokus der Qualitätssicherung darauf ausgerichtet ist zu bewerten, inwieweit die gestellten Anforderungen erfüllt worden sind, bestimmt der Validierungsprozess die Art und Weise, wie die einzelnen Ergebnisse gemäß den Vorgaben getestet und validiert werden. Der Validierungsprozess orientiert sich lediglich an den Produktanforderungen und ihrer Validierung, wobei das Qualitätsmanagement auch auf die Prozesse sowie die in das Projekt involvierten Personen ausgerichtet ist.

11:24 Qualität und Ergebnisbewertung

William Edwards Deming, ein Pionier des Qualitätsmanagements in den 1940er Jahren in den USA, definierte 14 das Qualitätsmanagement in einem Unternehmen betreffende Punkte, die nach wie vor nichts von ihrer Aktualität verloren haben und deren Anwendung im gegenwärtigen Projektmanagement folglich deshalb empfehlenswert ist (Deming 2000):

1. Schaffen Sie gut fundierte Projektführungsrichtlinien zur permanenten Verbesserung der Ergebnisse und Dienstleistungen.
2. Wenden Sie diese neue Philosophie an.
3. Vermeiden Sie die Abhängigkeit von Massenprüfungen der Projektergebnisse.
4. Beenden Sie die Praxis, Aufträge alleine auf der Basis des niedrigsten Preises zu vergeben.
5. Arbeiten Sie stets an der Verbesserung der Produktions- und Dienstleistungssysteme.
6. Schaffen Sie direkt am Arbeitsplatz moderne Methoden des Trainings zur Optimierung der Arbeitsvorgänge.
7. Adaptieren Sie moderne Führungsmethoden.
8. Vermeiden Sie eine von Angst geprägte Atmosphäre.
9. Fördern Sie eine effektive Zusammenarbeit über Abteilungsgrenzen hinweg.
10. Unterlassen Sie die Verwendung von prinzipiell kontraproduktiven Slogans und Mahnungen.
11. Beseitigen Sie zahlenmäßige Leistungsvorgaben und trockene Standards für den Mitarbeiter. Versuchen Sie eher, seine persönlichen Ziele und die Unternehmensinteressen zu synchronisieren.

12. Beseitigen Sie alle Barrieren, die Mitarbeiter den Stolz auf ihre Arbeit rauben.
13. Schaffen Sie ein durchgreifendes und zur Selbstverbesserung motivierendes Ausbildungsprogramm.
14. Sorgen Sie für ein selbstbewusstes Engagement aller Mitarbeiter im Unternehmen (resp. Projekt) hinsichtlich der Umsetzung der vorgegeben Ziele.

Die Prämissen Demings sind die Grundlage des heutigen Total Quality Managements (TQM). Der auf dieser Philosophie basierende Managementstil richtet sich auf eine kundenorientierte Ergebnisqualität aus. Jede Aufgabe im Unternehmen (Projekt) wird als ein Teil eines Prozesses gesehen, der durch die Kunden-Lieferanten-Beziehung mit benachbarten Prozessteilen bestimmt ist (Naidu 2006; Hummel und Malorny 2010). TQM unterteilt die Prämissen Demings anhand von vier Perspektiven (Abb. 11:00-5).

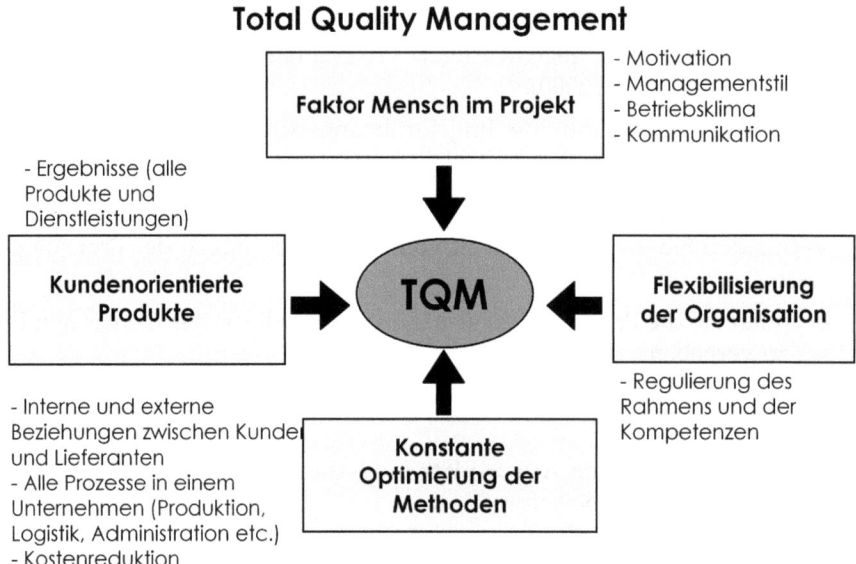

Abb. 11:00-5 Total Quality Management (Ottmann 2003)

Nachfolgend werden die einzelnen Perspektiven aus der Sicht eines Projektes kurz skizziert.

Kundenorientierung

Eine konsistente Kundenorientierung des Qualitätsmanagements (Pre-Sales – Prozessabwicklung – After-Sales) benötigt die Berücksichtigung der folgenden Elemente:

- Klare Anforderungen zwischen Kunden und Lieferanten
- Vertragsprüfung
- Prozesslenkung
- Designlenkung
- Validierung
- Wartung
- Periodisches Kundenfeedback

Prozessorientierung (Konstante Optimierung der Methoden)

Die Orientierung eines Projektes an der Prozessqualität wird ermöglicht durch:

- Prozessbeschreibung
- Aufzeichnungen über Lieferanten
- regelmäßige Prüfungen
- Aufzeichnungen über die Qualität beendeter Prozesse

Team- und Organisationsorientierung (Faktor Mensch und Organisationsflexibilisierung)

Die Projektorganisation muss orientiert sein an den Bedürfnissen der Kunden, der Integration der Teammitglieder und ferner an der Fähigkeit, im Rahmen der festgelegten Prozesse im Sinne von Deming agieren zu können.

11:25 Qualitätssicherungsplan

Aufgrund unterschiedlicher Ziele, einem komplexen Projektrahmen, einer Vielzahl an aktiv Beitragenden scheint nur ein gut organisierter, systematischer Ansatz der Qualitätssicherung erfolgversprechend zu sein, um vernünftige Lösungen im Rahmen von vertretbaren Kosten zu erreichen.

Der Qualitätssicherungsplan (engl. Quality Assurance Plan, QA-Plan) reguliert den Rahmen und den Ansatz, die Qualität im Projekt sicherzustellen. Dabei handelt es sich aber weder um ein Ressourcen- noch um ein Zeitplanungswerkzeug. Diese Aspekte sind anderen Prozessen zugeordnet (07:00 Zielverwirklichungsmanagement ZVM und 08:00 Organisationsmanagement OM).

Zunächst determiniert die Wahl eines Qualitätsmodells die spätere Identifikation einer spezifischen Qualität, die für die Eigenschaften des Projektrahmens relevant ist.

Die Identifikation aller Qualitätseigenschaften kann mit Hilfe anderer, bereits in Kapitel 07:00 Zielverwirklichungsmanagement ZVM behandelter Techniken (Brainstorming, Morphologischer Kasten etc.) erfolgen.

Die daraus resultierende Struktur erlaubt die Identifikation der Qualitätsziele und Ausführungskriterien. Dies wiederum stellt eine Grundlage für die nachfolgenden Aktivitäten dar. In HERMES 5 ist der Qualitätssicherungsplan nicht vorgesehen (Mourgue d'Algue et al. 2013).

11:26 Methoden der Qualitätskontrolle

Die Qualitätskontrolle kann in ähnlicher Weise wie die Ergebnisbewertung im Prozess 10:00 Management von Ergebnissen, Terminen, Kosten ETKM durchgeführt werden:

- Abgleich der Planung mit dem erreichten Ist-Zustand
- Durchführung der Analysen und Trendermittlung (statistische Methoden)
- Kontrolle der gegenwärtigen Qualität
- Prüfung und Verbesserungsvorschläge durch Außenstehende
- Projektreviews

Zentrale Hilfsmittel für die Qualitätssicherung in Projekten sind:

- das Qualitätsmanagement und die Qualitätssicherungspläne, welche die Qualitätssicherung für ein bestimmtes Projekt definieren (Festlegung der Projektergebnisse, welche Gegenstand der Kontrolle sind sowie Auswahl und Bereitstellung angemessener Kontrollmethoden etc.)
- der Prüfplan, der die Planungsdaten für die einzelnen Prüfungen mit den relevanten Durchführungsdetails und Kriterien enthält
- die Prüfprotokolle, die zur Dokumentation der Durchführung und der Ergebnisse der QS-Prüfungen dienen

11:27 Verankerung in den Normen und Richtlinien

Die Qualitätsstandards in den meisten Unternehmen stehen im Einklang mit den bereits in Kapitel 07:00 Zielverwirklichungsmanagement ZVM und den weiter oben bereits erwähnten, international anerkannten Qualitätsstandards wie etwa:

- ISO 9001 (Qualitätsnormen)
- ISO 15504:2004 (Softwareentwicklung)
- ISO 20000-1:2011 (Informationstechnologie Servicemanagement)
- ISO 21500:2012 (Einleitung zum Projektmanagement)
- DIN 69901 (Projektmanagement)
- CMMI (Prozessqualität)
- ITIL (Servicesupport)
- Lean Six Sigma (Lieferung von Dienstleistungen)
- TQM (Qualitätsmanagement)

Weitere fallspezifische Normen wie z. B. Managementsysteme für das Kundenservicezentrum oder das Krisenmanagementzentrum unterstützen die Qualitätssysteme im Projekt und deren Anwendung. Die kompletten bibliographischen Angaben können dem Literaturverzeichnis in Kapitel 07:00 Zielverwirklichungsmanagement ZVM und dem Verzeichnis am Ende dieses Kapitels entnommen werden.

11:30 Techniken und Werkzeuge

Die nachfolgend vorgestellten Techniken und Werkzeuge zur Qualitätssicherung werden in zwei Gruppen unterteilt:

Qualität im Projektmanagementsystem

Unter Qualität im Projektmanagementsystem sind Techniken und Werkzeuge zu verstehen, welche die Qualität des Projektmanagements selbst sichern bzw. weiterentwickeln. Zentral hierbei ist also der Projektmanagementprozess als solcher. Verbesserungs- und Änderungsvorschläge, die mit Hilfe von Techniken und Werkzeugen dieser Gruppe ermittelt werden, zielen auf den Prozess des Managements von Projekten ab.

Qualitätsmanagement im Projekt

Techniken und Werkzeuge des Qualitätsmanagements im Projekt helfen, die Projektzielerreichung sicherzustellen. Sie zielen auf sämtliche operative Projektmanagementaufgaben und insbesondere auf die Ergebnis-, Termin- und Kostenziele ab. Dazu werden Soll-Ist-Vergleiche, also Vergleiche zwischen den gesetzten Zielen und den tatsächlich erbrachten Leistungen im Projekt durchgeführt. Aus diesen Vergleichen werden Verbesserungs- und Änderungsvorschläge abgeleitet, um mangelhafte Projektergebnisse zu korrigieren. Im Unterschied zum ETKM werden hier die Vergleiche aber von projektexternen Fachleuten und nur zu bestimmten Zeitpunkten (z. B. bei Meilensteinen) durchgeführt.

11:31 Qualität im Projektmanagementsystem

Zertifizierung

Zertifizierungen im Sinne des Projektmanagements sind von einer unabhängigen Stelle durchzuführen und bescheinigen die Konformität eines Managementsystems mit vorgegebenen gesetzlichen oder freiwillig vereinbarten Normen. Letztere sind (Ottmann 2003):

- ISO (International Standard Organisation). Hierzu gehört v. a. die Norm ISO 9000, welche als die Richtlinie für Qualitätsmanagementsysteme gilt.
- EN (Euronorm)
- DIN (Norm des Deutschen Instituts für Normung)

Es gilt hier jedoch anzumerken, dass die Norm ISO 21500:2012 ausdrücklich nicht als Zertifizierungsgrundlage aufgebaut ist.

Trotz aller guten Absichten dient die Zertifizierung mittlerweile bedauerlicherweise oftmals vor allem Marketingzwecken, daneben gleichwohl aber auch der Verbesserung der Produkt- und Prozessqualität und somit der Erhöhung der Kundenzufriedenheit. Da aber neben den Prozessen v. a. die Projektmitarbeiter und allen voran der Projektleiter maßgeblich den Erfolg des Projektes beeinflussen, können auch die Projektstakeholder bzw. deren Qualifikation zertifiziert werden. So wird ein gemeinsames Niveau von theoretischem und praktischem Wissen sichergestellt, was v. a. in komplexen und multikulturellen Projekten notwendig ist. Vor diesem Hintergrund ist es verständlich, dass eine entsprechende Qualifikation und Praxiserfahrung zur Erreichung eines Zertifikates vorausgesetzt werden.

Projektmanagementaudit

Im Rahmen des Projektmanagementaudits wird von unabhängigen Personen (d. h. von Personen, welche keine direkte Verantwortung für die zu auditierenden Bereiche haben) systematisch untersucht, ob die Verfahrensweisen und Ergebnisse den geplanten Prozessabläufen und Vorgaben entsprechen bzw. ob die geplanten Prozessabläufe zur Zielerreichung geeignet sind. Dabei werden v. a. die folgenden Punkte untersucht (Ottmann 2003):

- die Zweckmäßigkeit, die Angemessenheit und die ausreichende Wirksamkeit des Projektmanagements
- die ausreichende Dokumentation der Projektmanagementmaßnahmen
- die Erfüllung der Forderungen des Projektmanagementhandbuches
- die Organisation betreffende Schwachstellen

Ziel dabei ist es, zu Schlussfolgerungen zu gelangen, die zur Verbesserung des Projektmanagementsystems führen. Systematisch bedeutet in diesem Zusammenhang, dass die Bereiche regelmäßig, umfassend und fundiert durchleuchtet werden. Hierbei muss vor allem festgestellt werden, ob die Anweisungen und Checklisten des Projektmanagementhandbuches sowie die erforderlichen Informationen bekannt und verfügbar sind, verstanden und angewendet werden und ausreichend zur Zielerreichung sind. Selbstverständlich sind auch bei einem Projektmanagementaudit die Ergebnisse in geeigneter Form zu dokumentieren.

Der Auditor ist verantwortlich für folgende Punkte, wobei die Aufzählung ebenfalls dem Ablauf des Projektmanagementaudits entspricht:

- die Festlegung des Auditteams
- die Erstellung eines Auditplans
- das Einführungsgespräch mit dem betroffenen Projektleiter und dem Projektteam zur Erläuterung des Zieles und der Vorgehensweise des Audits
- die wirkungsvolle Auditdurchführung in Zusammenarbeit mit der auditierten Projektorganisation (Vergleich der Projektunterlagen mit dem Projektmanagementhandbuch, direkten Befragungen, praktische Prüfungen etc.)
- das Protokollieren der Auditfeststellungen, wobei die Ergebnisse vertraulich zu behandeln sind
- das Abschlussgespräch mit einer Zusammenfassung der Ergebnisse, in dem auch in Zusammenarbeit mit dem Projektleiter Verbesserungsmaßnahmen zu definieren sind

- Weitergabe der Auditberichte an die Betroffenen und an das Management, wobei der Bericht folgende Angaben enthalten muss:
    - Vertraulichkeitsklausel
    - Umfang und Ziele des Projektmanagementaudits
    - Namen der Auditoren
    - Audittermin und Bezeichnung der auditierten Projektorganisation
    - Angaben zu den herangezogenen Referenzdokumenten
    - Feststellungen von Abweichungen und Mängeln (sind hier der Auditor und der Projektleiter nicht der gleichen Meinung, sind beide Meinungen in den Bericht aufzunehmen und entsprechend zu kennzeichnen)
    - Maßnahmen zur positiven Beeinflussung des Projektmanagementsystems inklusive der Verantwortlichen und der Termine
    - Urteil des Auditors über den Stand des Projektmanagements
    - Ort, Datum und Unterschrift des Auditors
    - Verteiler
    - Anhänge

Wie aus dem Vorgehen ersichtlich ist, wird das Managementaudit begleitend zu einem Projekt (oder mehreren Projekten) durchgeführt, um die Güte des Projektmanagementsystems auch im Einsatz beurteilen zu können.

Projektmanagementhandbuch

Zwingend notwendig für effektives Projektmanagement ist das Projektmanagementhandbuch. Es enthält alle Regeln, entlang derer das Projekt durchgeführt wird. Im besten Fall wird in diesem Handbuch ein Projektmanagementsystem entwickelt, d. h. die Regeln werden in eine verständliche und logische Struktur eingebunden (Kapitel 16:00 Wissensmanagement WM, Unterkapitel 16:36 Das Projektmanagementhandbuch).

11:32 Qualitätsmanagement im Projekt

Projektreviews

Projektreviews werden regelmäßig durchgeführt, vor allem aber nach bestimmten Ereignissen wie beispielsweise beim Erreichen eines Meilensteines oder dem Wechsel des Projektleiters. Neben der Bestimmung der ergebnisbezogenen Ist-Situation unterstützt das Projektreview auch die Erfassung der zeit- und kostenbezogenen Seite des Projektes (vgl. auch Kapitel 10:00 Management von Ergebnissen, Terminen, Kosten ETKM). Ein Projektreview ist somit ein umfassender, mehr oder weniger formal geplanter und strukturierter Analyse- und Entscheidungsprozess, wobei externe Gutachter die bisherigen Projektergebnisse kommentieren oder genehmigen. Ein Projektreview sichert also, im Gegensatz zum Projektmanagementaudit, die Qualität der Projektergebnisse eines bestimmten Projektes. Insofern werden die Projektstakeholder bei einem Review einbezogen und sind dadurch folglich direkt betroffen.

Damit während eines Projektreviews nicht Meinungen zwischen den Gutachtern und dem Projektteam ausgetauscht werden, sind die Erwartungen an die Projektergebnisse bereits im Vorfeld quantitativ zu bestimmen und dem Projektleiter durch das Pflichtenheft zu übergeben. Des Weiteren müssen ein Prüfplan, die Änderungsbereitschaft am Projekt aufgrund der Prüfergebnisse sowie die Erkenntnis, dass das Projektreview der Sache dienen soll, vorhanden sein. Das Projektreview läuft in den folgenden fünf Schritten ab, wobei durchaus methodische Parallelen zum Ablauf eines Projektmanagementaudits zu finden sind:

1. Planung

Mit allen Beteiligten wird der Reviewablauf geplant. Hierzu gehört auch die Festlegung der Ziele, der zu prüfenden Aspekte, des Prüfzeitpunktes sowie des Prüfortes. Der Zeitpunkt des Reviews ist also allen Beteiligten bekannt, weshalb ein Review nie überraschend ist.

2. Vorbereitung

Sowohl der Projektleiter wie auch das Reviewteam bereiten sich durch Sammlung der notwendigen Daten und der Überprüfung der Kontrollziele sowie der Kontrollkriterien auf die anstehende Kontrolle des Projektzustandes vor.

3. Durchführung des Projektreviews

Die Ist-Situation wird vom Projektleiter präsentiert und anhand von Fragen durch die Gutachter überprüft. Im Sinne eines effizienten Reviews sind kritische Fragen zu stellen.

4. Analyse der Ist-Situation

Nach dem eigentlichen Review sind die Unterlagen zu analysieren und der Reviewbericht zu erstellen.

5. Anpassung der bestehenden Projektplanung

Der bestehende Projektplan wird auf Grundlage der im Rahmen des Projektreviews formulierten Ergebnisse und vorgeschlagenen Maßnahmen angepasst, damit aufgetretene Abweichungen im weiteren Projektablauf berücksichtigt und ggf. eliminiert werden können.

Netzdiagram (Project Excellence)

Das Netzdiagramm eignet sich einerseits zur Beurteilung des derzeitigen Standes der zu entwickelnden Lösung und andererseits zur Beurteilung des Projektmanagements. Die Beurteilung stützt sich dabei auf die grafische Darstellung der bisher erreichten Ziele bzw. der derzeit vorherrschenden Verhältnisse. Im Netzdiagramm wird jedes Kriterium in relativer Größe einerseits gemäß seiner Wichtigkeit (= Soll-Ausprägung) und andererseits gemäß der derzeitigen Bewertung (= Ist-Ausprägung) auf einem separaten Strahl, ausgehend von einem Mittelpunkt, abgetragen

(Abb. 11:00-6). Werden die jeweiligen Endpunkte miteinander verbunden, so entstehen zwei „Spinnennetze" (Soll-Netz und Ist-Netz), durch deren Vergleich deutlich wird, wo sich das Projektmanagement derzeit zu verbessern hat (Ottmann 2003).

Sind evtl. genauere Angaben, z. B. zum aktuellen Projektstand hinsichtlich der zu entwickelnden Lösung erwünscht, so sind die Kriterien aus Abb. 11:00-6 in einem separaten Netzdiagramm weiter zu untersuchen. Im Falle des Kriteriums „Zielerreichung" entsprechen die Bewertungskriterien beispielsweise den Lösungsspezifikationen. So kann das Netzdiagramm-Verfahren auch für Analysen nach Kapitel 10:00 Management von Ergebnissen, Terminen, Kosten ETKM verwendet werden.

Die Beurteilung der einzelnen Kriterien aus Abb. 11:00-6 sind einerseits durch Selbstbewertungen durch das Projektteam (z. B. anhand des Brainstormingverfahren in Kapitel 07:00 Zielverwirklichungsmanagement ZVM) und andererseits auch durch erfahrene Assessoren durchzuführen. Bei einer Selbstbeurteilung durch das Team ist zu beachten, dass dabei eine sachliche, objektive, offene und faire, aber dennoch kritische Atmosphäre vorherrschen muss. Andernfalls dürften die Ergebnisse kaum aussagekräftig sein. Es werden also hohe Anforderungen an das Team und somit unbedingt auch an den Projektleiter gestellt.

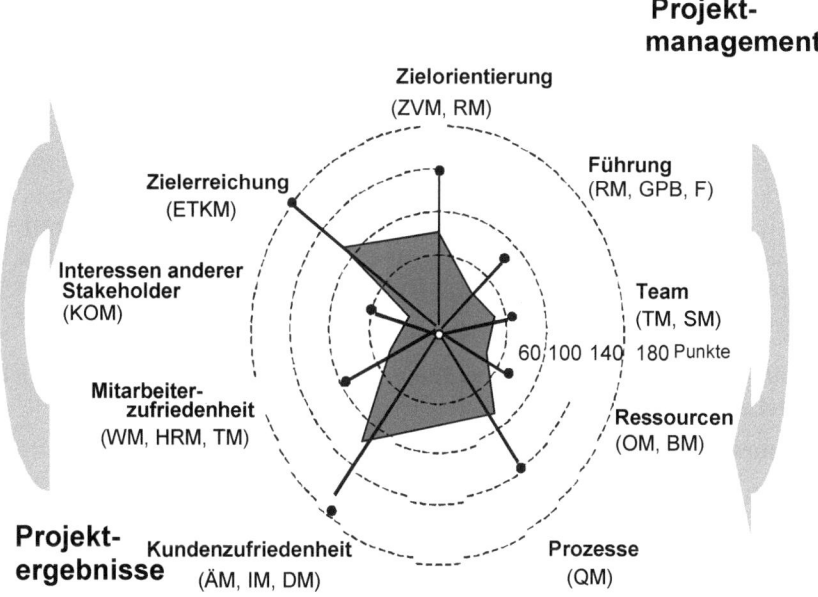

Abb. 11:00-6 Beispiel eines Netzdiagramms zur Projektmanagement- und Projektstandbeurteilung

11:00 Qualitätsmanagement QM

Benchmarking

Benchmarking ist eine spezifische Technik zur Beurteilung von Qualität in einem Projekt. Diese Technik basiert auf dem Vergleich mit anderen Projekten oder mit universell angewandten Modellen. Somit sind also zwei Schritte notwendig: Erstens müssen Unterschiede zu anderen Akteuren aufgezeigt werden und zweitens sind die Ursachen für die Unterschiede zu erkunden. Ausgehend von diesem Wissen wird anschließend die erfolgreichere Vorgehensart analysiert und falls dies möglich ist, auf das eigene Projekt übertragen bzw. es werden Lösungen zur Verbesserung der eigenen Situation erarbeitet. So werden effizientere Abläufe im eigenen Unternehmen geschaffen und die Kundenorientierung wird verbessert. Wie bei allen Veränderungsmaßnahmen endet auch das Benchmarking nicht mit der Einführung von Veränderungen, sondern mit den anschließenden Leistungssteigerungen, welche den gesetzten Zielen entsprechen (Ottmann 2003).

Die Grundlage für das Benchmarking stellen nicht nur Projekte im eigenen Unternehmen oder Unternehmen in derselben Branche dar. Vielmehr wird versucht, von den Besten zu lernen. Gemeint ist hierbei weniger „vom besten Akteur" zu lernen, sondern vielmehr „vom Besten des jeweiligen Benchmarking-Gegenstandes": Selten hat ein Akteur alles zugleich am besten beherrscht.

Das Benchmarking wird mit Hilfe des Best-Practice-Partners durchgeführt (vgl. das nachfolgende Vorgehen). Der Begriff Partner verdeutlicht hier, dass das Benchmarking ein Nehmen und Geben ist. Dem Partner muss also ein Anreiz zur Teilnahme geboten werden. Häufig besteht dieser daraus, selbst ein Benchmarking betreiben zu können. Insofern ist das eigene Unternehmen bzw. das eigene Projekt in Ordnung zu halten, damit Anreize entstehen können. Da beim Benchmarking teilweise vertrauliche Daten zwischen den Partnern ausgetauscht werden, sollte die Wahl des Partners mit Sorgfalt erfolgen und ferner sollte die Kooperation auf der Grundlage einer vertraglichen Vereinbarung basieren. Somit dürften auch Konkurrenten eher selten Benchmarking-Partner werden.

Folgendes Vorgehen wird für ein Benchmarking-Projekt vorgeschlagen:

1. Untersuchung des eigenen Unternehmens/des eigenen Projektes hinsichtlich der Schwachstellen

2. Organisation des Benchmarking-Teams (3-5 Mitglieder),

3. Gefundene Schwachstellen analysieren und Kennzahlen bilden

4. Auswahl des Benchmarking-Partners mit Hilfe von Presseberichten, Empfehlungen, Verbänden, eigenen Kenntnissen, Beratern etc.

5. Kontaktaufnahme mit dem Wunschpartner und Interessensabklärung

6. Vergleich der eigenen Kennzahlen mit denjenigen des Partners, wobei der Partner hierbei anwesend ist. Analyse der Abweichungen bzw. der Schwachpunkte

7. Ergebnisse dokumentieren und ggf. weiter auswerten

8. Maßnahmen ableiten, Verantwortlichkeiten festlegen, Termine setzen und die Umsetzung begleiten

Die in der Praxis verwendeten Benchmarking-Modelle lassen sich in zwei Gruppen unterteilen (Schelle 2003):

Branchenunabhängige Modelle
- basieren meist auf Kennzahlen
- meist sowohl prozess- als auch ergebnisorientiert
- Modelle: PM Delta, Project Excellence (Kapitel 18:00 Gesamtprojektbewertung GPB, Unterkapitel 18:22 Evaluation im Prozess der Gesamtprojektbewertung)

IT-spezifische Modelle
- hauptsächlich prozessorientiert Modelle: Capability Maturity Model (CMM), BOOTSTRAP, SPICE

Prozessorientierte Modelle haben zum Ziel, die Abläufe in Projekten zu systematisieren und den Projekterfolg personenunabhängig und berechenbar zu machen. Allerdings muss beachtet werden, dass ein guter Prozess nichts nützt, wenn das Produkt nicht den Anforderungen entspricht. Im Allgemeinen sind Benchmarking-Modelle oft einseitig. Eine Tatsache, die bei der Umsetzung der gewonnenen Erkenntnisse unbedingt beachtet werden muss. Als gutes Beispiel in dieser Hinsicht steht das schon erwähnte Verfahren Project Excellence, bei dem möglichst alle Aspekte des Projektes einbezogen werden.

11:40 Vorlagen

11:41 Projektmanagementbezogene Dokumente

Die Qualitätssicherung ist ein integraler Bestandteil eines guten Projektmanagements. Insofern ist hierzu ein Qualitätssicherungsplan auszuarbeiten, welcher die folgenden, in Tabelle 11:00-1 wiedergegebenen Punkte enthält:

Tabelle 11:00-1 Qualitätssicherungsplan

Qualitätssicherungsplan (QS-Plan) (Hermes 2003 2003)	
0	Allgemeines
1	Zweck des Dokuments
2	Ziele
Es werden die allgemeinen projektspezifischen Ziele für die QS festgehalten.	

3 QS-Organisation

Hier werden die statischen Festlegungen zur Organisation der Qualitätssicherung getroffen: Aufbauorganisation, Aufgaben, Verantwortlichkeiten sowie Schnittstellen zu Organisationseinheiten oder Personen.

3.1 Aufbauorganisation

Die Personen oder Organisationseinheiten der Qualitätssicherung und ihre Beziehung untereinander sind darzustellen. Der Grad der Unabhängigkeit der QS-Rollenträger muss ersichtlich sein.

3.2 Aufgaben und Verantwortlichkeiten

Es werden den einzelnen an der Qualitätssicherung beteiligten Personen oder Instanzen Aufgaben und Verantwortlichkeiten zugeordnet. Insbesondere werden Abweichungen vom standardmäßig vorgegebenen Rollenmodell festgehalten.

3.3 Schnittstellen

Es ist festzulegen, welche Institutionen, Organisationseinheiten oder Personen die Ansprechpartner innerhalb der Organisation und nach außen sind. In Ergänzung des Projektplans ist weiter das Berichtswesen bezüglich der Qualitätssicherung zu regeln.

4 Strategie

Hier werden die im Projekt geltenden Leitsätze für die Qualität festgehalten. Die Strategie definiert das Vorgehen der Qualitätssicherung im Projekt, insbesondere die Qualitätsplanung, die Qualitätslenkung und die Qualitätsprüfungen.

5 Einstufung

Die im Projekt verwendeten Richtlinien und Normen werden aufgeführt, welche den Einstufungen des Systems und seiner Funktionseinheiten zugrunde liegen, und es werden abhängig von der jeweiligen Stufe QS-Maßnahmen festgelegt.

5.1 Verwendete Richtlinien oder Normen

Hinsichtlich der Gefahren und der Sicherheit werden alle für das Projekt relevanten Richtlinien und Normen zur Einstufung des Systems und seiner Teile genannt. Die Definition sicherheitsrelevanter Stufen ist hier aufzunehmen. Dabei wird in der Regel auf einen Kriterienkatalog verwiesen und die dortigen Regelungen werden projektspezifisch umgesetzt.

5.2 Einstufungsbedingte QS-Maßnahmen

Aufgrund der Einstufungen der Gefahren und der Sicherheit werden die durchzuführenden QS-Maßnahmen zur Erstellung oder Prüfung der Ergebnisse genannt.

6 Entwicklungsbegleitende Qualitätssicherung

Die im Laufe der Systementwicklung zu prüfenden Ergebnisse und Aktivitäten werden genannt. Darüber hinaus werden die notwendigen Durchführungsentscheidungen aufgelistet.

6.1 Zu prüfende Ergebnisse

Alle zu prüfenden Ergebnisse sind aufzulisten.

6.2 Zu prüfende Aktivitäten

Es sind diejenigen Aktivitäten aufzulisten, deren Konformität mit vorgeschriebenen Regeln (Standards, Richtlinien, Methoden) durch eine Prozessführung nachzuweisen ist.

6.3 Tests

Es werden grob alle vorgesehenen Tests aufgelistet. Die Details werden im Testkonzept und in den Testspezifikationen festgelegt.

6.4 Durchführungsentscheidungen

Die allgemeine Organisation von Durchführungsentscheidungen ist hier festzulegen (Entscheidungspunkte, Prüfobjekte, Teilnehmer, Einladung, Ablauf, Protokollierung u. a.).

6.5 Baselines und deren zugeordnete Ergebnisse

Ergebnisse, die für nachfolgende Entwicklungsschritte, Unteraufträge oder Weiterentwicklungen einen definierten Ausgangspunkt bilden, werden zu einer Baseline zusammengefasst. Hier ist festzulegen, welche Baselines erforderlich sind und welche Ergebnisse diesen Baselines zugeordnet werden sollen.

7 Spezifische Kontrollmaßnahmen

Hier werden spezifische Kontrollmaßnahmen der Qualitätssicherung bezogen auf Fertigprodukte, Auslieferungen aber auch die Problemerfassung und Lenkungsaktivitäten sowie WM-bezogene Kontrollen genannt und beschrieben.

7.1 Eingangskontrolle von Fertigprodukten

- Identifikation von Hersteller und Produkt muss sichergestellt sein.
- Es ist zu prüfen, ob die Dokumentation entsprechend den Projektrichtlinien vorliegt.
- Es ist zu klären, ob ausreichende Qualitätssicherungsmaßnahmen durchgeführt wurden bzw. in welchen Fällen Prüfungen nachzuholen sind

7.2 Kontrolle von Auftragnehmern
Es ist festzulegen, welche Ausführungsrichtlinien für einen Auftragnehmer maßgebend sind. Solche Ausführungsrichtlinien sind: – Umfang der Dokumentation   – Standards der Vertragserfüllung   Es sind ferner die Kontrollmaßnahmen für den Auftragnehmer festzulegen: – Begleitende Überprüfung der Entwicklung   – Abnahmekontrollen für entwickelte Produkte   – Vorgaben für interne Prüfungen beim Auftragnehmer
7.3 Ausgangskontrolle von Systembausteinen
Für die verschiedenen Arten der Auslieferung wird im Detail festgelegt, was bezüglich der Dokumentation, der Prüfungen und der Abnahmekontrollen (ergänzend zu den projektbegleitenden Aktivitäten) zu tun ist.
7.4 Problemerfassung und Lenkungsaktivitäten
Verfahren zur Meldung, Verfolgung und Lösung von Problemen werden hier beschrieben.
7.5 Änderungskontrolle
Die QS-seitigen Vorgaben an das Verfahren der Änderungskontrolle und die QS-seitigen Überprüfungen dieses Verfahrens werden dargestellt.
7.6 Kontrolle von Bearbeitungskompetenzen
Das Verfahren zur Kontrolle der Bearbeitungskompetenzen wird beschrieben. Dies betrifft insbesondere den Zugriff auf die Ergebnisbibliothek.
7.7 Kontrolle des Konfigurationsmanagements, der Datensicherung und der Archivierung
Die Verfahren zur Kontrolle der Durchführung des Konfigurationsmanagements, der Datensicherung und der Archivierung werden hier beschrieben.

11:42 Produktbezogene Dokumente

Entsprechend dem QM-Plan ist auch ein Q-Modell zu beschreiben, welches die Qualitätsziele für die Produkte wiedergibt. Folgender Inhalt wird für das Q-Modell empfohlen (Tabelle 11:00-2):

Tabelle 11:00-2 Q-Modell

Q-Modell (Hermes 2003 2003)	
0	Allgemeines
1	Zweck des Dokuments
2	Qualitätsmodell-Prinzip
Stellt kurz das Prinzip des Q-Grundmodells (z. B. SPARDAT oder ISO9126) vor.	
3	Besonderheiten des Produkts
Beschreibt die Besonderheiten des Produkts / der Anwendung / des Systems, welches entstehen soll.	
4	Struktur der wesentlichen Qualitätseigenschaften
Hier werden die Qualitätseigenschaften mit Beschreibung der Bedeutung aus dem Q-Grundmodell aufgelistet.	
5	Qualitätsziele
Die einflussreichsten Qualitätseigenschaften werden hier aufgeführt und ihr Einfluss auf die Projekt- oder Produktziele wird beschrieben.	
6	Qualitätsmerkmale und Erfüllungskriterien
Die Qualitätseigenschaften mit den Merkmalen, den Erfüllungskriterien und deren Messung resp. Beurteilung und Verfahren werden hier beschrieben.	
Die Qualitätseigenschaften und deren Erfüllungskriterien können phasenbezogen aufgelistet werden.	

11:50 Phasenaufgaben und -ergebnisse

11:51 Initiierungsphase

Aufgaben:
- Qualitätsmanagementsystem entwickeln
- Qualitätsziele anhand der Projektziele und bestehender Qualitätsstandards (Unternehmensziele, Branchenstandards, Richtlinien, Normen) definieren. Die Qualitätsziele müssen sowohl kunden- als auch prozess- sowie auch mitarbeiterorientiert sein.
- Benchmarking-Partner suchen

11:00 Qualitätsmanagement QM

Ergebnisse:
- Q-Modell (Hermes 2003: Voranalyse)

11:52 Planungsphase
Aufgaben:
- Prüf- und QS-Plan unter Berücksichtigung der Qualitätsziele erstellen
- Qualität der Organisations- und Prozessstrukturen sicherstellen

Ergebnisse:
- Prüfplan
- QS-Plan
- Zertifizierungen (Hermes 2003: Konzept)

11:53 Umsetzungsphase
Aufgaben:
- Produkt prüfen
- Durchführung der Projektreviews
- Durchführung von Benchmarkings
- Qualitätscontrolling durchführen
- Durchführung von Projektmanagementaudits

Ergebnisse:
- Prüfprotokoll (Hermes 2003: Realisierung)
- Projektreview
- Benchmarkingbericht
- Projektmanagementauditbericht
- Netzdiagramm

11:54 Abschluss- und Evaluationsphase
Aufgaben:
- Qualität von Prozess und Resultaten sicherstellen
- Endabnahme qualitätsbezogen dokumentieren
- Wissenssicherung, Input für das Wissensmanagement

Ergebnisse:
- Projektreview
- Dokumentation der Endabnahme

Literaturverzeichnis

Deming, W. E. (2000): Out of the Crisis, Boston.

HERMES 2003 (2003): Führen und Abwickeln von Projekten in der Informations- und Kommunikationstechnik, Bern.

Hummel, T./Malorny, C.(2010): Total Quality Management. Tipps für die Einführung, München.

ISO/IEC 20000-1:2011 (2011): Information Technology-Service management – Part 1: Service management system requirements. ICS 03.080.99, 35.020, Genf.

ISO 21500:2012 (2012): Guidance on Project Management, ICS 03.100.40, Genf.

McManus K. (2009/2013): Are your Six Sigma Leaders Really Trained to Lead?, http://www.processexcellencenetwork.com/people-performance-and-change-in-process-improveme/articles/are-your-six-sigma-leaders-really-trained-to-lead/, Zugriff 22. Februar 2013.

Mourgue d'Algue, H. et al. (2013): HERMES 5. Projektmanagementmethode für alle Projekte. Referenzhandbuch, Bern.

Naidu, N./Rajendra, G. (2006): Total Quality Management, New Delhi.

OGC (2011): ITIL® V3 complete suite – Lifecycle Publication Suite, London.

Ottmann, R. (2003): Qualitätsmanagement, in: Rationalisierungskuratorium der Deutschen Wirtschaft e.V. (Hrsg.): Projektmanagement Fachmann, Band 2, Eschborn, S. 921-961.

Schelle, H. (2003) Nutzen und Erfolgsfaktoren von Projektmanagement, Berichtswesen und Projektsteuerung, Benchmarking, Lehrveranstaltung Projektmanagement, Universität der Bundeswehr München (unveröffentlichtes Manuskript).

Stamatis, D. H. (2004): Six Sigma Fundamentals. A Complete Guide to the System, Methods, and Tools, New York.

SEI (2010): CMMI® for Services, Version 1.3, CMU/SEI-2010-TR-034, ESC-TR-2010-034, Pittsburgh.

12:00 Problemmanagement PBM

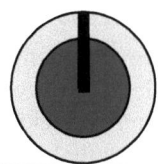

Kurze Übersicht

Worum geht es?

Früher oder später stößt jedes Projekt auf ein gravierendes technisches oder organisatorisches Problem, das die routinemäßigen Entscheidungsmöglichkeiten und den geplanten Budgetrahmen erheblich übersteigt. Problemmanagement trägt dazu bei, das Projekt auf systematische Weise wieder auf Kurs zu bringen.

Wer ist gefordert?

Problemlösung ist die Aufgabe des Projektleiters, es sei denn, einer der Projektmitarbeiter oder ein projektexterner Fachmann sind imstande, das Team zur Problemlösung hinzuführen und somit wertvolle Zeit des Projektleiters zu sparen. In jedem Fall ist es empfehlenswert, diejenigen Teammitglieder einzubeziehen, die mit der Ursache des Problems direkt verbunden oder durch seine Auswirkungen betroffen sind.

Welche Bedeutung hat der Prozess?

Probleme verursachen Abweichungen vom geplanten Projektverlauf, bewirken Kostensteigerung und unzumutbare Verzögerungen. Dies kann wiederum einen demotivierenden Einfluss auf das Projektteam ausüben, zu Projektunterbrechungen führen und schlimmstenfalls rechtliche und finanzielle Auswirkungen nach sich ziehen.

Wie geht man vor?

Als Ausgangspunkte gelten hier einerseits eine richtige Identifikation des Problems sowie der Ursache, andererseits eine genaue Beschreibung der Soll-Situation. Systematische Auseinandersetzung mit den möglichen Lösungsansätzen und damit verbundenen Risiken führt schließlich zur Wahl der richtigen Gegenmaßnahmen. Mit der Umsetzung der ausgewählten Lösung ist der Prozess abgeschlossen.

Wo liegen die Herausforderungen?

Fundierte Ermittlung und Bewertung der Problemursachen hilft, diese Probleme in Zukunft zu vermeiden. Eine optimale Lösung wägt Alternativen und potenzielle Risiken ab.

Was entscheidet über den Erfolg?

Es ist wichtig, erste Symptome rechtzeitig zu erkennen. Ermittlung der Problemursachen und Einleitung von Korrekturmaßnahmen sollten bei vollem Engagement der Projektgruppe und mit Unterstützung der Fachleute durchgeführt werden. Halbherzige Lösungsschritte bringen dem Projekt mehr Schaden als Nutzen.

12:00 Problemmanagement PBM

Prozess

Im Problemmanagementprozess (Abb. 12:00-1) werden die auftauchenden Probleme im Projekt unter Beachtung der Projektziele behandelt und mit entsprechender Korrekturmaßnahmen gelöst. Dank der gewonnenen Erkenntnisse kann dem erneuten Auftreten von Problemen wirksam vorgebeugt werden.

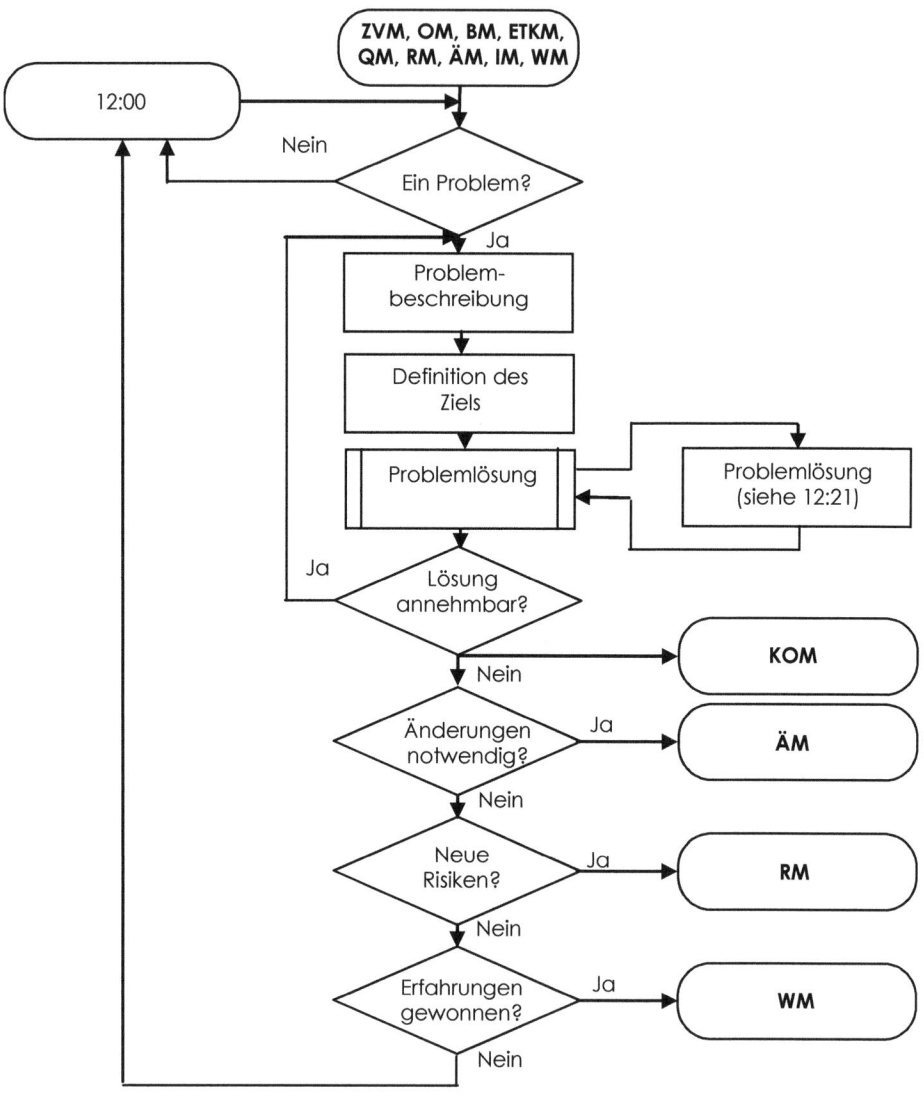

Abb. 12:00-1 Problemmanagementprozess (PBM)

12:10 Ziel des Problemmanagements PBM

Das Ziel des Problemmanagements (PBM) besteht darin, die technischen und organisatorischen Probleme innerhalb des Projektkosten- und Zeitrahmens nachhaltig zu lösen. Der Prozess wird während des ganzen Projektverlaufs konstant vollzogen. Das PBM umfasst sowohl Identifikation des Problems und Erarbeitung von Korrekturmaßnahmen als auch Überwachung und Lenkung der Lösungsumsetzung.

12:20 Methoden

12:21 Fokus des Problemmanagements

Im Laufe des Projektes treten oftmals unerwartete Herausforderungen auf, die bewältigt werden müssen. Ihr gemeinsamer Nenner sind die vorgegebenen Zeit- und Budgetrahmen des Projektes, die im Prozess der Lösungsfindung unbedingt einzuhalten sind.

Um die Hindernisse wirksam zu bewältigen, müssen jeweils problemspezifische Lösungen gefunden werden.

Das PBM ist der Lösung von technischen und organisatorischen Problemen gewidmet. Es existiert bedauerlicherweise kein Referenzprozess in der ISO21500:2012. Geradezu so, als ob Projekte stets ohne das Auftreten von Problemen umsetzbar wären (ISO 21500:2012 2012). HERMES 5 dagegen hat diese Herausforderung erkannt: So ist das Problemmanagement eine Führungsaufgabe, wodurch der Projektleiter zur Lösungssuche verpflichtet wird (Mourgue d'Algue et al. 2013). Im Unterschied jedoch zur weiter unten als regulären Prozess der Projektleitung betrachteten Aufgabe verkürzt HERMES 5 die Problembehandlung auf Eskalation und anschließende Deeskalation.

Interpersonale Probleme bedürfen einer differenzierten Herangehensweise. Je nach ihrer Ausprägung müssen sie entsprechend in einem der Faktor Mensch betreffenden Prozesse behandelt werden (siehe die Kapitel zum Faktor Mensch ab 20:00 Human Ressource Management HRM). Die interpersonalen Probleme werden daher in diesem Kapitel nicht betrachtet.

Probleme haben in der Regel gravierende Auswirkungen auf das Projekt sowie die Projektgruppe. Lösungen setzen oft eine kreative und unkonventionelle Herangehensweise voraus. Es ist zweckmäßig, bei der Lösungsfindung mehrere Projektmitarbeiter einzubeziehen: Alle diejenigen, die in einem Zusammenhang mit den Problemursachen stehen oder zur schnelleren Identifikation der bestmöglichen und nachhaltigsten Lösung beitragen können. Der Einsatz externer Fachleute fördert Problemerkennung wie auch -behebung.

12:22 Problemlösungsverfahren

Das Problemlösungsverfahren ist ein fester Bestandteil des PBM-Prozesses. Es beginnt mit einer genauen Beschreibung des Problems und endet nach der erfolgreichen Umsetzung der ausgewählten Lösung (Pannenbäcker 1999) (Abb. 12:00-2).

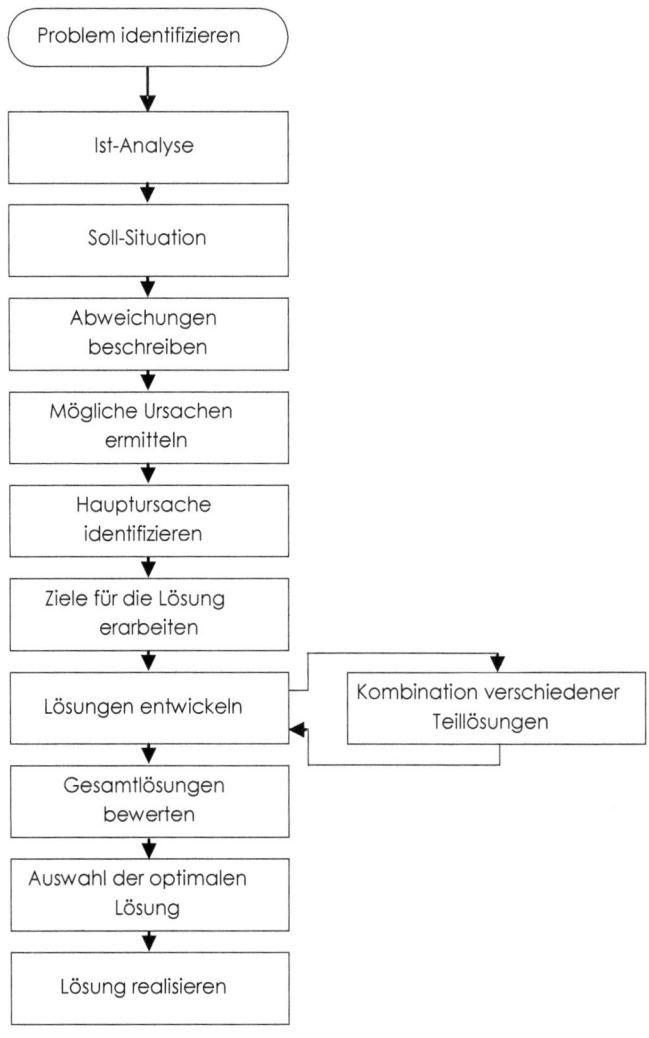

Abb. 12:00-2 Problemlösungsverfahren (Pannenbäcker 1999)

1. Identifikation des Problems

Die richtige Problemidentifikation ist die Grundlage des Lösungsfindungsprozesses. Das Problem sollte eindeutig abgegrenzt und so beschrieben werden, dass der Bearbeitungsschwerpunkt daraus klar hervorgeht.

2. Beschreibung der Ist- und der Soll-Situation

Die jetzige Problemsituation inklusive der Beobachtungen und Wahrnehmungen, die im Zusammenhang mit dem Problem stehen, werden beschrieben. Im Team wird der zu erreichende Soll-Zustand mit seinen wichtigsten Ausprägungen beschrieben. Die Projektgruppe hat hier eine wichtige Funktion, denn sie präzisiert durch Rückfragen und „Ausmalen" den gewünschten Zustand.

3. Beschreiben der Abweichungen und der Folgen

Indem die wesentlichen Unterschiede zwischen der jetzigen und der angestrebten Situation erarbeitet werden, kristallisieren sich mögliche Lösungsrichtungen heraus. Insbesondere werden die Auswirkungen auf das Projekt und das Projektumfeld aufgezeigt, falls das Problem nicht gelöst wird.

4. Ermittlung der möglichen Ursachen für die Abweichung

Ein Problem kann nur durch die Beseitigung seiner Ursachen nachhaltig gelöst werden. Deshalb werden alle möglichen Ursachen gesammelt. Die Ursachen für Probleme können in unterschiedlichen Bereichen liegen:

- Mensch
- Termin
- Organisation
- Budget, Kosten
- Umwelt
- Technik

5. Identifikation der Hauptursachen

Die Hauptursache des Problems muss ermittelt werden, um anhand der Identifikation der wichtigsten Ursache Lösungen zu erarbeiten. Zu diesem Zweck können mehrere Techniken wie etwa die ABC-Analyse eingesetzt werden.

6. Entwicklung und Bewertung der Lösungen

Zunächst werden die Ziele für eine mögliche Lösung sorgfältig und detailliert formuliert.

Nun werden alle möglichen Maßnahmen zur Zielerreichung erarbeitet. Verschiedene Teillösungen können zu einer Gesamtlösung zusammengefügt werden. Gefundene Lösungen können in weiteren Schritten verfeinert und ergänzt werden.

Die optimale Lösung wird wieder anhand von verschiedenen Bewertungsverfahren ermittelt (ABC-Analyse, Nutzwertanalyse).

12:00 Problemmanagement PBM

Die Phase ist erst abgeschlossen, wenn die Personen, die von dem Problem betroffen sind und es benannt haben, davon überzeugt sind, dass durch die einzuleitenden Maßnahmen das Problem und/oder seine Auswirkungen nachhaltig beseitigen werden können und das Projekt wieder auf Kurs gebracht werden kann.

7. Lösungsumsetzung

Um eine erfolgreiche Umsetzung der Lösung sicherzustellen, wird ein Maßnahmenplan erstellt:

- Was ist zu tun?
- Wer soll es tun?
- Welche Hilfsmittel sind einzusetzen?
- Wann ist die Aktion abgeschlossen?
- Wer kontrolliert die Ergebnisse?
- Was geschieht, wenn die Maßnahmen nicht den gewünschten Erfolg bringen?

Beispiel:

In einem Projekt kann ein wichtiger Termin nicht eingehalten werden.

1. Identifikation des Problems

Terminüberschreitung trotz ETKM-Maßnahmen nicht behebbar. Ziel ist es, die Kosten-, Termin- und Ergebnissituation wieder in Einklang mit der Planung zu bringen.

2. Beschreibung der Ist- und Soll-Situation

Die Kluft zwischen Soll und Ist wächst weiter (Extrapolation der bisherigen Ergebnisse).

3. Beschreibung der Abweichungen und der Folgen

Der Termin kann nicht eingehalten werden, da zu wenige Kapazitäten vorhanden sind. Ohne Änderung der gegenwärtigen Situation wird das Projekt doppelt so teuer und benötigt dazu drei Wochen mehr Zeit.

4. Ermittlung der möglichen Ursachen für die Abweichung

Falsche Aufwandschätzung bei der Projektplanung

Urlaubszeiten bei der Projektplanung nicht berücksichtigt

Keine Stellvertreterregelungen geplant

Falsche Prioritäten bei der Projektplanung

Plötzlicher Ausfall von Projektmitarbeitern

Ungenügende Fähigkeiten einzelner Projektmitarbeiter

5. Identifikation der Hauptursachen

Am stärksten beeinträchtigt der Ausfall zweier Ingenieure (Urlaub) die Zielerreichung.

6. Entwicklung und Bewertung der Lösungen

Zusätzliches Personal beschaffen -> aus Kostengründen nicht möglich

Urlaubsverbot für die Ingenieure verhängen -> Stornogebühren müssen übernommen werden. In diesem Fall wird Lösung zwei gewählt und umgesetzt.

7. Lösungsumsetzung

Was ist zu tun? Stornierung der Reise

Wer tut es? Projektassistentin Frau Mustermann

Auf welchen Termin hin? 10.05.14

Überweisung der Stornogebühr: Herr Muster, F&E

12:30 Techniken und Werkzeuge

Abb. 12:00-3 gibt eine Übersicht über die wichtigsten und gängigsten Verfahren hinsichtlich der Problemlösung wieder. Wenn in einem Projekt ein akutes Problem besteht, muss dieses meist unter Zeitdruck gelöst werden, daher werden die Verfahren oft abgekürzt und nur die wichtigsten Elemente durchgeführt. Wie bereits einleitend erwähnt wurde, können zur Lösung des Problems, sofern diese dafür geeignet sind, durchaus auch Verfahren aus Kapitel 10:00 Management von Ergebnissen, Terminen, Kosten ETKM verwendet werden. Im Anschluss werden die einzelnen Verfahren kurz beschrieben.

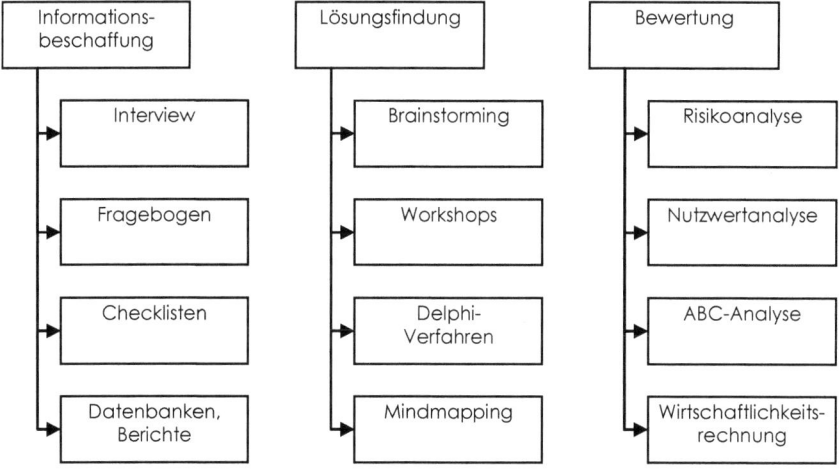

Abb. 12:00-3 Techniken und Werkzeuge im PBM

12:31 Verfahren zur Informationsbeschaffung

Interviews

Interviews oder auch Gespräche „zwischen Tür und Angel" zählen zu den wertvollsten und meistbewährten Verfahren zur Informationsbeschaffung bei Problemen. Sie geben dem Projektleiter oder dem Projektteam die einzigartige Möglichkeit, Informationen bezüglich der Sache wie aber auch der Gefühlsebene direkt von den Betroffenen zu erhalten bzw. zu erleben.

Besonders bei Problemen ist es notwendig, die Ursachen zu finden und gründlich zu analysieren. Im Interview bzw. im Gespräch kann gezielt nachgefragt werden – nicht nur in Bezug auf das bereits vorhandene Wissen, sondern auch in Bezug auf das soeben Gesagte.

Dabei werden auch das Nichtgesagte, die Gesten, die Körpersprache analysiert, die besonders bei heiklen Projektsituationen Problemursachen ermitteln lassen.

Im Unterschied zu den Gesprächen „zwischen Tür und Angel", die einen informellen Charakter aufweisen, sind Interviews offiziell geplante, formale Dialoge. Dem Interviewten sind der Ort, der Zeitpunkt, die Themen und die Rahmenbedingungen des Gesprächs von vornherein klar. Es wird ein Fragenkatalog erarbeitet und verteilt, so dass die zu interviewenden Personen vorher ihre Antworten vorbereiten können. Diese sind dann oft abschwächend oder ausweichend, wodurch, bewusst oder unbewusst, eine verfälschte Darstellung des Sachverhalts vermittelt werden kann.

Obwohl die Gespräche „zwischen Tür und Angel" keiner offiziellen schriftlichen Vorbereitungen bedürfen, ist auch hier taktisches Vorgehen angebracht: Unter dem Deckmantel einer scheinbar spontanen und zufälligen Unterhaltung können durch gezielte Fragen wichtige Informationen ermittelt werden.

Zeithorizont für das Interview

Wichtig bei beiden Gesprächsarten ist der zeitliche Horizont, der dem Gespräch angepasst wird. Beim Abschätzen des benötigten Zeitrahmens müssen der Umfang und die Komplexität der zu besprechenden Fragen berücksichtigt werden. Eine entscheidende Rolle spielen hier einerseits die Fähigkeit des Interviewers, das Gespräch geschickt und zeiteffizient zu führen und anderseits die Gesprächswilligkeit des Gegenübers. Mangelnde Vorbereitung bewirkt, dass das Gespräch in die vorhandene Zeit gepresst wird und wichtige Einzelheiten aus Zeitgründen nicht analysiert werden können.

Sollte es einmal trotz aller Vorbereitungen an Zeit mangeln, so kann das Mitarbeitergespräch immer noch verschoben oder verlängert werden. Auch sind Interviews oder Meetings hinsichtlich ihrer Dauer auf ca. 1-1,5 Stunden pro Sitzung zu beschränken.

Dokumentation

Das Ergebnis des Interviews bzw. das Interview oder das Gespräch zwischen „Tür und Angel" selbst sind zu dokumentieren. Dazu dienen das Gesprächsprotokoll nach dem Interview, das stichpunktartige Mitschreiben während und nach der jeweiligen Antwort, das Ausfüllen von vorbereiteten Antwortbögen sowie die Tonbandaufnahme des gesamten Interviews. Die drei letztgenannten Dokumentationsarten sind für ein Gespräch „„zwischen Tür und Angel" freilich aus naheliegenden Gründen wohl nicht zu gebrauchen (Pannenbäcker 1999).

Schriftlicher Fragebogen

Im Gegensatz zum Interview, in dessen Rahmen unmittelbar auf die Antworten des Gegenübers eingegangen und gezielt nachgehakt werden kann, wird der schriftliche Fragebogen zur asynchronen Informationsbeschaffung verwendet. Die Befragten können sich in diesem Fall ihre Antworten grundsätzlich und ohne Eile überlegen. Anonyme Fragebögen bietet ferner die Möglichkeit, durchaus ehrliche Antworten zu erhalten und somit wahrheitsgemäße Informationen zu sammeln, die sonst kaum ermittelbar wären.

Die Erstellung eines brauchbaren Fragebogens ist eine komplexe Aufgabe. Die Fragen müssen gut durchdacht, aber vor allem klar und eindeutig sein, so dass sie von den Befragten im Sinne des Autors verstanden werden (Kühn und Fankhauser 1996). Aus diesem Grund wird diese Technik in der Praxis oft als zu anspruchsvoll und zu zeitaufwändig eingestuft. Bei Problemen, die eine sehr fundierte Analyse erfordern und viele Mitarbeiter betreffen, kann sie aber trotzdem angebracht sein.

Folgende Punkte sind der Erstellung und Verwendung von Fragebögen zu bedenken (Pannenbäcker 1999):

- Die Fragestellungen können bewusst oder unbewusst missverstanden werden. Somit empfiehlt es sich, sogenannte Kontrollfragen zu stellen.
- Es können dem Interviewer nur eingeschränkt Möglichkeiten für differenzierte Äußerungen gegeben werden (sogenannte geschlossene Fragen).
- Wird der Fragebogen in Anwesenheit des Fragenden ausgefüllt, so kann dies eine manipulative Wirkung auf das Ergebnis haben.
- Die Gestaltung, Durchführung und Auswertung einer schriftlichen Befragung sowie die Gefahr einer ablehnenden Haltung seitens der Befragten können einen größeren Aufwand zur Folge haben.

Fragebogen

Der Fragebogen stellt eine umfangreiche Bestandsaufnahme mittels meistens unvorbereiteter und nur eingeschränkt einbezogener Personen dar. Die Erhebung kann sowohl in schriftlicher Form vollzogen werden, indem die vorgefertigten Formulare ausgedruckt und an die Befragten verteilt werden, als auch interaktiv mittels eines Online-Fragebogens. Eine solche Befragung besteht im Allgemeinen aus folgenden Teilen:

Begleitbrief

Im Begleitbrief werden der Zweck der Befragung, der Bezug des Befragten zum Gegenstand des Fragebogens (wieso gerade diese Person befragt wird), der Rücksendetermin und Kontaktmöglichkeiten bei Fragen beschrieben. Eine kurze Dankesformel für die ehrliche Beantwortung des Fragebogens und die geopferte Zeit gehört zum guten Ton. Reicht eine anonyme Auswertung der Antworten für die Problemidentifikation aus, so ist hier auch die Anonymität zuzusichern.

Titelblatt

Im Titelblatt werden nochmals kurz der Fragebogeninitiator mit Kontaktmöglichkeiten, der Zweck und die ungefähre Beantwortungszeit erwähnt (nicht länger als 30 Minuten!). Dabei sind die genaue Rücksendeadresse sowie der Rücksendetermin des Fragebogens obligatorisch aufzuführen.

Einleitender Fragenblock

Im ersten Fragenblock des Fragebogens geht es darum, das Eis zu brechen. Dies wird mit einfachen, klar zu beantwortenden Fragen erreicht, welche den Befragten gleichzeitig zum Thema hinführen.

Hauptblock

Der Hauptblock des Fragebogens enthält die Fragen, um deren Beantwortung es dem Fragesteller eigentlich geht. Er ist folglich das Herzstück des Fragebogens und ist somit entsprechend auszuarbeiten.

Weitere Anmerkungen

Bei den weiteren Anmerkungen erhält der Befragte die Möglichkeit, noch weiteres, das bisher im Fragebogen keinen Platz gefunden hat, anzuführen. Dies geschieht meist mit offenen Fragen.

Demographische Daten und Dank

Wenn dies erforderlich ist, so wird noch nach den demografischen Daten des Befragten bzw. nach seiner Position gefragt. Diese Informationen können bei der Auswertung der Antworten hilfreich sein. Am Schluss des Fragebogens ist dem Befragten zu danken und nochmals auf die Rücksendeadresse hinzuweisen.

Sobald der Initiator die ausgefüllten Fragebögen vor sich hat, kann die Auswertung beginnen. Wichtig ist hier, dass alle Ergebnisse dokumentiert und mit den ausgefüllten Fragebögen aufbewahrt werden.

Checklisten

Die Checkliste enthält Fragen, die dazu dienen, das Problem und seine Ursachen genau zu identifizieren und zu beschreiben. Eine Checkliste zum Problemmanagement könnte u. a. folgende Fragen enthalten:

- Was genau ist nicht so, wie es sein sollte?
- Wann genau hat das Problem begonnen?

- Was hat zur Eskalation des Problems geführt?
- Handelt es sich um ein sachliches oder ein menschliches Problem?
- Ist es möglich, dass das (sachliche) Problem seinen Ursprung auf der persönlichen Ebene hat?
- Wann tritt das Problem auf und wann nicht?
- Wo ist das Problem beobachtet worden?
- Was wissen wir alles über das Problem?
- Was sollten wir alles über das Problem wissen?
- Ist sichergestellt, dass das Problem nicht Symptom eines anderen Problems ist?
- Welche Lösungsansätze gibt es für das Problem?

Datenbanken und Berichte

Eine weitere Quelle zur Informationsbeschaffung können vorhandene Datenbanken oder regelmäßige Berichte sein. Diese gilt es gezielt nach verwertbaren Informationen zu durchsuchen. Die Datenbestände in den heutigen Unternehmen haben aber bereits ein zu großes Volumen erreicht, um diese ziellos und komplett zu durchforsten. Demzufolge muss der Projektleiter sehr genau wissen, was er denn untersuchen oder heraussuchen möchte. Zur Suche selbst können einerseits standardisierte oder auch ad hoc Datenbankabfragen und anderseits mächtige Data-Mining-Verfahren eingesetzt werden. Die so gefundenen Datenbankinformationen müssen anschließend mit Informationen aus anderen Quellen zusammengestellt und verglichen werden.

12:32 Verfahren zur Lösungsfindung

Brainstorming

Die Lösung für ein Problem bedarf vielfach einer neuen oder neuartigen Lösungsidee. Zur Findung solcher Ideen kann das Brainstorming eingesetzt werden, welches bereits in Kapitel 07:00 Zielverwirklichungsmanagement ZVM beschrieben wurde.

Workshops

Besteht die Wahl zwischen verschiedenen Lösungsideen, so bietet die Diskussion mit geeigneten Teilnehmern im Rahmen von Workshops ein gutes Mittel zur Lösungserarbeitung. Dabei kann eine Lösungsidee durchaus auch zu mehreren Alternativen führen. Die Workshopteilnehmer arbeiten entweder alle an denselben Alternativen oder es können auch verschiedene Untergruppen gebildet werden, die vorerst jeweils an eigenen Lösungsalternativen arbeiten. In einem zweiten Schritt sind dann die Gruppenergebnisse den anderen Teilnehmern vorzustellen, wobei diese durchaus weitere wichtige Inputs liefern können. Gegen Ende des Workshops oder der Workshop-Serie ist die Zahl der Alternativen auf eine überschaubare Anzahl zu reduzieren. Alle Zeichnungen auf Flipcharts, Wandtafeln, Folien etc. werden zu Dokumentationszwecken aufbewahrt.

Delphi-Verfahren

Lösungsideen und -alternativen können auch von Experten mit Hilfe des Delphi-Verfahrens gefunden werden (siehe hierzu die Kapitel 07:00 Zielverwirklichungsmanagement ZVM oder 10:00 Management von Ergebnissen, Terminen, Kosten ETKM).

Mindmapping

Mindmapping ist eine kognitive Technik zur Erschließung eines Themengebiets, indem durch Schlüsselwörterassoziationen verzweigte Strukturen aufgebaut und grafisch dargestellt werden. Das Schlüsselwort, welches das Problem oder die gesuchte Lösung symbolisiert, wird in der Mitte der Mindmap eingetragen. Nach außen ragen verschiedene Hauptäste (Lösungsalternativen) mit weiteren Unterästen (Lösungsteile), die die dazugehörenden Angaben ranggerecht darstellen (Hierarchiebaum) (Bergfeld 2003). Die Visualisierung dient der Wahrnehmung von Abhängigkeiten und Widersprüchen sowie der Bewertung der Komplexität jeder Lösung.

12:33 Verfahren zur Bewertung

Nutzwertanalyse

Während im Rahmen der Risikoanalyse versucht wird, den potenziellen Schaden zu beziffern, konzentriert sich die Nutzwertanalyse auf den Nutzen, den die Alternativen mit sich bringen. Allerdings ist es schwer, den Nutzen wie z. B. Liefertermine, Produktqualität, Arbeitsgestaltung oder Mitarbeitermotivation in Zahlen auszudrücken. In solchen Fällen werden alle relevanten Aspekte der Alternativen gewichtet und mit Nutzwertpunkten bewertet, um eine Gesamtbewertungsgrundlage zu erhalten. Die Nutzwertrechnung ist für die Bewertung der festgelegten Projektziele sowie die Fertigstellungswertanalyse gut geeignet (Pannenbäcker 1999).

Bei der Nutzwertanalyse sind folgende Schritte notwendig:

Aufstellung des Zielsystems

Die Projektziele bzw. Problembehebungsziele werden vom Projektteam gesucht.

Gewichtung der Ziele

Mittels des Gewichtungsverfahrens werden die Ziele je nach ihrer Nützlichkeit für die gesuchte Lösung relativ zueinander gewichtet.

Aufstellung der Wertmaßstäbe

Parallel zum Gewichtungsverfahren wird für jedes Ziel festgelegt, wie später der Erfüllungsgrad gemessen werden soll. Dies kann sowohl eine Funktion wie auch eine Tabelle sein, für die Erfüllung der benutzerrelevanten Ziele wäre folgende Einteilung möglich (Tabelle 12:00-1):

Tabelle 12:00-1 Beispiel für einen NWA-Wertmaßstab

Erfüllungsgrad der benutzerrelevanten Ziele	100	≥98	≥95	≥90	<90
Nutzwertpunkte	10	8	6	4	0

Bewertung der Alternativen

Die einzelnen Aspekte der Alternativen werden im Projektteam gemäß den zuvor aufgestellten Maßstäben bewertet.

Berechnung des Nutzwertes

Jede Zielbewertung erfolgt nach zuvor festgelegten Wertmaßstäben. Die Alternativbewertungen werden mittels der Aufsummierung der einzelnen Teilwerte ermittelt. Ein vereinfachtes Beispiel aus der Praxis könnte so aussehen (Tabelle 12:00-2):

Tabelle 12:00-2 Beispiel für eine Nutzwertanalyse

Ziel	Maximalpunktzahl	Lösung a	Lösung b	Lösung c
Erfüllungsgrad der benutzerrelevanten Ziele	20	20	18	12
Erfüllungsgrad der IT-Systemziele	10	7	10	0
Erfüllungsgrad der Vorgehensziele	10	10	9	10
Unempfindlichkeit der Variante auf Risiken	10	9	5	10
Wahrscheinlichkeit der Termineinhaltung	20	18	12	18
Wahrscheinlichkeit der Kosteneinhaltung	30	24	26	28
Gesamtpunktzahl (Beste Variante mit max. Punkten)	100	88	80	78

Eine gängige Praxis bei der Alternativbewertung ist es, dass bei bestimmten Zielen eine Minimalpunktzahl festgesetzt wird: Eine Variante, die diese nicht erfüllt, fällt aus der Bewertung.

In dem oben dargestellten Beispiel ist die beste Lösungsvariante diejenige, die die höchste Punktzahl erreicht hat. Eine umgekehrte Bewertungsskala ist auch möglich, d. h. in einer solchen Skala stellt der geringste Wert das beste Ergebnis dar. Dabei sollten aber die beiden Bewertungsarten nicht gleichzeitig in einer Nutzenwertanalyse eingesetzt werden, da dies meistens zu Fehlberechnungen und somit zur Fehlbewertung der Alternativen führt.

Empfindlichkeitsanalyse

Falls Unsicherheiten bezüglich der Richtigkeit und der Genauigkeit der Ergebnisse bestehen oder die besten Alternativbewertungen nahe beieinander liegen, werden die Wertmaßstäbe weiter präzisiert bzw. ihre Stabilität wird mit der Kalkulierung von Teilwertabweichungen nochmals geprüft.

Ergebnisse

Die Ergebnisse werden durch Gesprächsprotokolle entsprechend dokumentiert.

ABC-Analyse

Die ABC-Analyse (Pannenbäcker 1999) ist ein oft praktiziertes heuristisches Verfahren, dem die Erkenntnis zugrunde liegt, dass in einer Menge von möglichen Problemursachen eine kleine Untermenge besteht (so genannte A-Ursachen und A-Teillösungen), die eine beträchtliche Auswirkung (80:20-Regel) auf die Gesamtlösung hat. Da eine einzelne Gegebenheit über den Erfolg des Projektes entscheiden kann, wenn beispielsweise etwa die Anwendung einer völlig neuen Technologie ein kritisches Risiko endgültig beseitigt, ist es sinnvoll, die eigenen Anstrengungen auf diese Untermenge (Klasse) zu konzentrieren und das dahinter steckende Potenzial optimal zu nutzen. Die B-Untermenge kann bis zu 50 % aller möglichen Teillösungen enthalten, die aber insgesamt nur 20 % zur Gesamtlösung beitragen. Die dritte und letzte Klasse, die oft der Größe der B-Klasse entspricht, leistet lediglich einen Beitrag von 10 % zum Gesamterfolg. Bei der ABC-Analyse wird folgendes Vorgehen vorgeschlagen:

- Festlegung der Bewertungskriterien für die Einteilung der Alternativen in A-, B- oder C-Klasse (z. B. Risikopotenzial und/oder Eintrittswahrscheinlichkeiten)
- Alternativen bewerten
- Alternativen in eine Reihenfolge bringen, je nach ihrem Beitrag zur endgültigen Lösung
- Bewertungen der Alternativen aufsummieren und prüfen (= 100 %)
- Bewertung jeder Alternative in Relation zu den aufsummierten 100 % setzen (Angabe in Prozent)
- Grafischen Verlauf im Koordinatensystem darstellen (die Achsen geben dabei die kumulierten Werte an)
- Kombination von A-, B-, C-Teillösungen zur Gesamtlösung

Wirtschaftlichkeitsanalyse

Die vorgeschlagenen Alternativen müssen auch auf ihre Wirtschaftlichkeit hin überprüft werden. Hierzu wird auf Kapitel 07:00 Zielverwirklichungsmanagement ZVM bezüglich der Wirtschaftlichkeit bzw. auf Kapitel 10:00 Management von Ergebnissen, Terminen, Kosten ETKM bezüglich der Entscheidungsverfahren verwiesen.

12:40 Vorlagen

12:41 Projektmanagementbezogene Dokumente

Das Dokument „Identifikation von Ausnahmesituationen" wird verwendet, um während der Projektumsetzung aufgetretene Probleme zu dokumentieren. Das Dokument (Tabelle 12:00-3) hilft später dabei, Problemursachen und -lösungen miteinander zu vergleichen:

Tabelle 12:00-3 Beispiel für Problemidentifikation

Identifikation von Ausnahmesituationen (Hermes 2005 2005)	
0	Allgemeines
1	Identifikation
	– Nummer der Ausnahmesituation – Kurzbeschreibung – Datum – Verfasser
2	Priorität
	– Dringlichkeit – Wo oder wie wirkt sich die Ausnahmesituation aus (System, Einsatzmittel, Ressourcen, Erreichen von Entscheidungspunkten) – Kategorie (Fehler, Problem, Krankheit, Unfall usw.)
3	**Auswirkungen der Ausnahme und der Gegenmaßnahmen**
	– Abschätzen der Auswirkungen der Ausnahmesituation – Definieren eines Vorgehens, um die Ausnahmesituation unter Kontrolle zu bekommen

Ausnahmesituationen müssen ferner überwacht werden, um die Umsetzung von akzeptierten Problemlösungen zu gewährleisten und ein mögliches Auftreten vergleichbarer Probleme in der Zukunft zu unterbinden. Tabelle 12:00-4 zeigt das mögliche Instrumentarium hierfür.

Tabelle 12:00-4 Beispiel für Dokumentation der erkannten Probleme

Liste der Ausnahmesituationen/Probleme (Hermes 2005 2005)	
0	Allgemeines
1	Identifikation
	– Identifikation des Projekts – Datum
2	Für jede Änderungsmeldung:
	– Identifikation eines gegebenen Problems – Fortschritt im Prozess der Problemlösung (identifiziert, in Bearbeitung, in Bearbeitung - kritisch, erledigt) – Für die Problemlösung verantwortliche Person – Termin, bis wann die Änderung erledigt werden soll

12:42 Produktbezogene Dokumente

Die Dokumentation des Prozesses der Problemlösung erleichtert das Lösungsmanagement und erhöht die Effektivität des Prozesses. Die Lösungen können für den weiteren Projektverlauf entscheidend sein (Tabelle 12:00-5).

Tabelle 12:00-5 Beispiel für Dokumentation der Problembehebung

Ergebnisse der Problembehebung	
0	Allgemeines
1	Problem
	Allgemeine und kontextbezogene Beschreibung eines Problems.
2	Spezifizierte Eigenschaft
	Genaue Beschreibung des Problems mit seinen Eigenschaften. Hier sind sämtliche Problemdimensionen (technische, organisatorische, fachliche und menschliche Dimension) zu berücksichtigen.
3	Angewandte Verfahren zur Problemlösung
	Die zur Problemlösung angewandten Verfahren werden beschrieben. Hierzu gehören auch Aussagen zur Eignung des entsprechenden Verfahrens bezüglich des spezifischen Problems, zu evtl. notwendigen Anpassungen am Verfahren sowie zu allfälligen Verfahrensalternativen.

4	**Ergebnisse der Problemlösung**
	Die Ergebnisse der Problemlösung werden genau beschrieben. Hierzu gehören auch zentrale Erkenntnisse aus dem Problemlösungsprozess.
5	**Ergebnisüberprüfung**
	Die Funktionalität einer Problemlösung muss nach einer bestimmten Zeit überprüft werden. Die Ergebnisse dieser Überprüfung sind hier festzuhalten. Eventuell ergeben sich hieraus weitere notwendige Änderungen, welche analog zur Problemlösung im PBM als Änderungsantrag formuliert und behandelt werden.
6	**Änderungsanträge**
	Einerseits sind hier die zur Lösungsfindung benötigten Änderungsanträge aufzuführen und zu beschreiben (im Sinne einer Change History). So können der Lösungsweg und dessen Teilergebnisse jederzeit wieder nachvollzogen werden. Andererseits sind hier auch diejenigen Änderungsanträge inklusive ihrem derzeitigen Stand aufzuführen, welche sich aus der späteren Überprüfung der Problemlösung ergeben können.

12:50 Phasenaufgaben und -ergebnisse

12:51 Initiierungsphase

Aufgaben:
- Mögliche Herangehensweisen an das Problem grob umreißen und mit dem Projektteam absprechen

Ergebnisse:
- Eine grob umrissene, mit dem Projektteam vereinbarte Problemlösung

12:52 Planungsphase

Aufgaben:
- Problemlösungsverfahren genau definieren
- Problemmanagementteam festlegen
- Problembezogene Dokumente (Problembeschreibung) erstellen, dem Team vorlegen und Einverständnis einholen
- PBM-Organisation definieren und operationalisieren

Beim Auftreten von Problemen:
- Entgegennahme der Problembeschreibung
- Ist- und Soll-Stand erfassen

- Beschreibung von Abweichungen und ihren Auswirkungen
- Ermittlung möglicher Ursachen
- Identifikation der Hauptursache
- Lösungen entwickeln und bewerten
- Lösungsumsetzung überwachen
- Prozessdokumentation erstellen
- Entsprechende Prozesse einleiten (KOM, RM, ÄM, WM, DM)

Ergebnisse:
- Problemmanagementmaßnahmen und einschlägige Dokumentation
- PBM-Organisation
- Prozess- und ergebnisbezogene Dokumentation der Ergebnisse der Problemlösung

12:53 Umsetzungsphase

Aufgaben:
- Analog zur Planungsphase

Ergebnisse:
- Analog zur Planungsphase

12:54 Abschluss- und Evaluierungsphase

Aufgaben:
- Analog zur Planungsphase

Ergebnisse:
- Analog zur Planungsphase

Literaturverzeichnis

Bergfeld, H. (2003): Kreativitätstechniken, in: Rationalisierungskuratorium der Deutschen Wirtschaft e. V. (Hrsg.): Projektmanagement Fachmann, Band 2, Eschborn, S. 801-834.

Berman, K. et al. (2005): Financial Intelligence. A Manager's Guide to Knowing What the Numbers Really Mean, Boston.

Buzan, T./Buzan, B. (1996): The mind map book. How to use radiant thinking to maximize your brain's untapped potential, New York.

Garcia, C. A. L./Hirakata, C. M. (2008): Integrating functional metrics, COCOMO II and earned value analysis for software projects using PMBoK, in: Proceedings of the 2008 ACM symposium on Applied computing, S. 820-825.

Literaturverzeichnis

HERMES 2005 (2005): Führen und Abwickeln von Projekten der Informations- und Kommunikationstechnik (IKT). Systemadaptation, Bern.

ISO 21500:2012 (2012): Guidance on Project Management, ICS 03.100.40, Genf.

Kühn, R./Fankhauser, K. (1996): Marktforschung. Ein Arbeitsbuch für das Marketing-Management, Bern et al.

Mourgue d'Algue, H. et al. (2013): HERMES 5. Projektmanagementmethode für alle Projekte. Referenzhandbuch, Bern.

Pannenbäcker, O. (1999): Methoden zur Problemlösung, in: Rationalisierungskuratorium der Deutschen Wirtschaft e. V. (Hrsg.): Projektmanagement Fachmann, Band 2, Eschborn, S. 835 -872

13:00 Risikomanagement RM

Kurze Übersicht

Worum geht es?

Bei jedem Projekt können unvorhersehbare Ereignisse eintreten. Durch vorheriges Reflektieren über Risiken, Wahrscheinlichkeiten, Schäden können Strategien entwickelt werden, um negative Auswirkungen auf das Projekt zu verringern.

Wer ist gefordert?

Jedes Teammitglied muss für mögliche Risiken sensibilisiert werden. Ein Teammitglied sollte die Vorbereitung auf und den Umgang mit möglichen oder bereits eingetretenen Risiken leiten.

Welche Bedeutung hat der Prozess?

Risiken wirken sich immer negativ auf ein Projekt aus. Ihr unvorhersehbares Eintreten kann diese negative Auswirkung verstärken. Durch die Analyse potenzieller Risiken und die Vorbereitung geeigneter Maßnahmen kann dieser Effekt auf ein für den Projektkunden/-sponsor annehmbares Maß reduziert werden.

Wie geht man vor?

Zu Beginn der Projektplanung müssen eine erste Risikobewertung durchgeführt und ein Erkennungssystem implementiert werden. Die Bewertung soll zur Entwicklung von Gegenmaßnahmen führen, welche beim Risikoeintritt eingeleitet werden. Die gewonnenen Erkenntnisse sind an das Wissensmanagement weiterzuleiten.

Wo liegen die Herausforderungen?

Zunächst müssen mögliche Ereignisse mit negativer Auswirkung auf das Projekt analysiert werden. Eintrittswahrscheinlichkeit und Grad der Auswirkung führen zu einer Einstufung. Maßnahmen bezüglich des Risikos und seiner Auswirkung werden erarbeitet und Vorgehensweisen für deren Anwendung definiert. Bei Eintritt muss angemessen auf das Ereignis reagiert werden, auch wenn etwas ganz Neues und Unvorhersehbares geschieht.

Was entscheidet über den Erfolg?

Es ist ratsam, die Verantwortung für diesen Prozess dem kreativen Analytiker im Team zu übertragen. Bei Risikoanalyse und -bewertung sind das ganze Team und gegebenenfalls externe sachverständige Personen einzubeziehen. Die erarbeiteten Maßnahmen müssen wirtschaftlich gut darstellbar sein. Vergewissern Sie sich, dass der Kunde/Sponsor des Projekts Ihre Risikobewertung und die Kosten der Gegenmaßnahmen voll unterstützt.

13:00 Risikomanagement RM

Prozess

Der Prozess des Risikomanagements (Abb. 13:00-1) dient der Entwicklung von Maßnahmen zur Minderung möglicher Risiken oder der Abschwächung von deren Auswirkung bei Eintritt durch systematische Risikoanalyse und Bewertung der entwickelten Maßnahmen. Bei Risikoeintritt werden geeignete Maßnahmen ergriffen. Anhand der gewonnenen Erkenntnisse soll ein nochmaliges Auftreten des Problems verhindert werden.

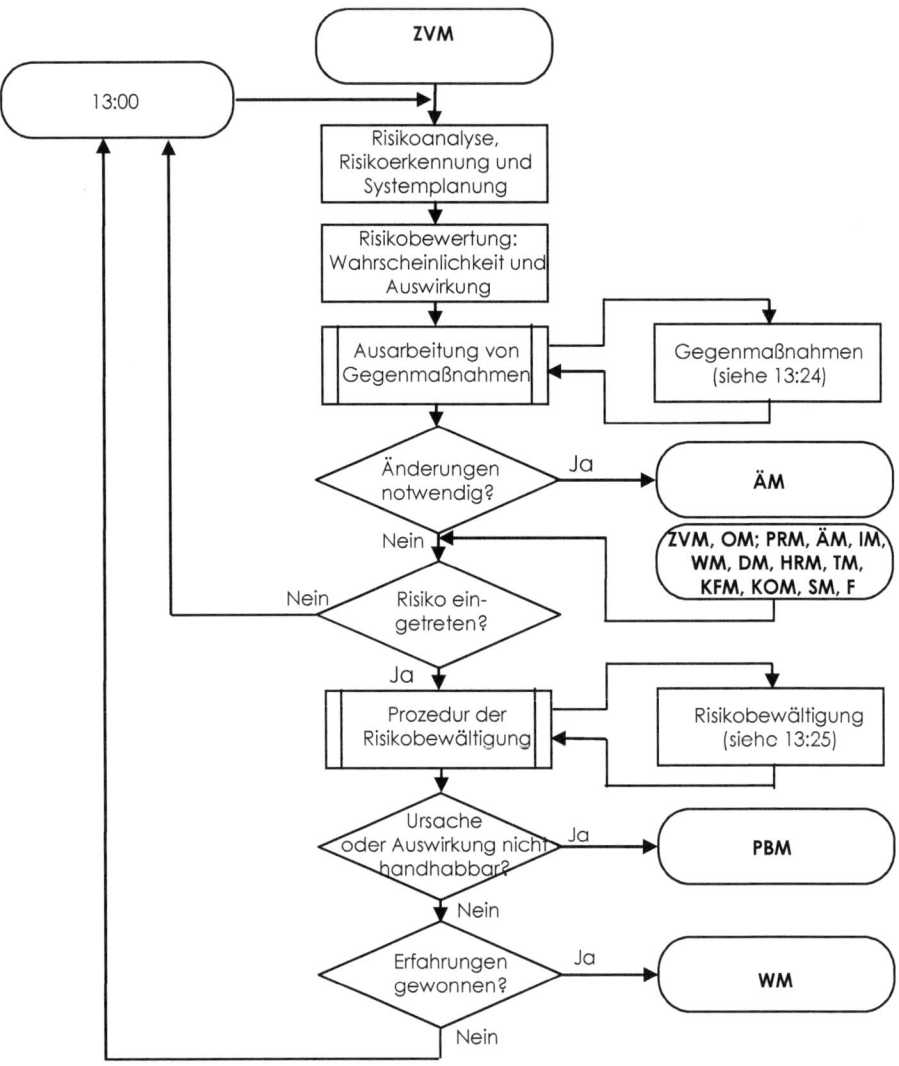

Abb. 13:00-1 Risikomanagementprozess RM

13:10 Ziel des Risikomanagements RM

Ziel des Risikomanagements ist eine wirtschaftliche Minimierung der negativen Auswirkungen unerwarteter Ereignisse in Projekten durch ständige Ermittlung und Analyse potenziell gefährlicher Situationen sowie die Erarbeitung und gezielte Umsetzung der gewählten vorbeugenden Gegenmaßnahmen.

Im Rahmen des Prozess 4.3.28 Risikoidentifikation bezeichnet die ISO 21500:2012 auch die Ereignisse mit positiver Wirkung im Projekt als Risiko (ISO 21500:2012 2012). Hier wird die Ansicht vertreten, dass alle sich positiv auswirkende Ereignisse bei der Projektplanung umfassend analysiert und berücksichtigt werden sollten. Dementsprechend unterscheiden sich die zur Analyse und Behandlung der Auswirkungen von Ereignissen verwendete Methoden. Daher werden entgegen der Norm in diesem Kapitel nur die sich negativ auswirkende Ereignisse behandelt.

13:20 Methoden

Was hier in einem Prozess (Abb. 13.00-1) der Reihe nach abgehandelt wird, teilt ISO 21500:2012 in vier Prozesse (ISO 21500:2012 2012):

- 4.3.28 Risikoidentifikation (engl. Identify Risks)
- 4.3.29 Risikobewertung (engl. Assess Risks)
- 4.3.30 Risikobewältigung (engl. Treat Risks)
- 4.3.31 Risikoüberwachung (engl. Control Risks)

Die Risikobewertung folgt der Risikoidentifikation und ist in der Regel Teil der Risikoanalyse. Weitergehende Analysen umfassen auch die Erarbeitung und Bewertung möglicher Gegenmaßnahmen.

Der Prozess 4.3.31 Risikoüberwachung der ISO 21500:2012 initiiert die Veränderungen und korrigierenden Maßnahmen. Aus methodischen und wirtschaftlichen Überlegungen heraus ist jedoch eine Gruppierung und Koordinierung der korrigierenden Maßnahmen eher von Vorteil und wird hier daher in der Prozedur der Risikobewältigung behandelt. Weiter sieht die Norm keine Beiträge zum Problem- oder Wissensmanagement in ihren Prozessen vor. Dies entspricht jedoch nicht der Praxis und wird hier daher anders, nämlich nach dem Muster aller Prozesse des L-Timers® behandelt. Alle die in der Norm vorgesehen Ergebnisse werden so trotzdem sichergestellt.

Im HERMES 5 wird der Projektleiter mit der Risikomanagement beauftragt. Unabhängig davon wird eine Rolle des Qualitäts- und Risikomanagers auf der übergeordnete Steuerungsstufe vorgesehen, die jedoch in der Aufgabenbeschreibung als optional angesehen wird. Die Teilung der Kompetenzen und der Verantwortung zwischen diesen beiden Rollen ist nicht geregelt(Mourgue d'Algue et al. 2013).

13:21 Begriffe

Risiken bei einem Projekt:

Wahrscheinliche Ereignisse oder Situationen (mit einer Eintrittswahrscheinlichkeit E) mit negativer Auswirkung (S – Schäden) auf Termine, Kosten und/oder die Ergebnisse eines Projekts. Die Multiplikation von E*S definiert das Risikopotenzial (engl. Composite Risk Index CRI) des Projekts (Rohrschneider 1999).

Risikomanagement:

Ermittlung, Bewertung und Priorisierung von Risiken, gefolgt von der koordinierten und wirtschaftlich sinnvollen Anwendung von Ressourcen zur Minimierung, Überwachung und Steuerung der Wahrscheinlichkeit und/oder der Auswirkung der aus Risikopotenzialen resultierenden Gefahren (ISO/DIS 31000 2009).

13:22 Einleitende Risikoanalyse, Planung und Systeme der Risikofrüherkennung

Von den allerersten Projekttagen an zeigen sich Gefahren (Risiken) für einen geplanten Verlauf. Daher muss man gleichzeitig mit dem Projektaufbau eine Analyse der möglichen Risiken durchführen, Gegenmaßnahmen erarbeiten und die Risiken entsprechend handhaben. Der Prozess muss regelmäßig wiederholt werden, um Veränderungen sowohl bei den Gefahrensituationen als auch bei den getroffenen Schutzmaßnahmen erkennen zu können. Oft sind wir in der Lage, die Wahrscheinlichkeit des Risikos bereits vor Projektbeginn einzuschätzen, seine Auswirkungen und Schäden zeigen sich aber erst später (Rohrschneider 1999).

Bei der Planung und Terminierung (Kapitel 07:00 Zielverwirklichungsmanagement ZVM, Abb. 07:00-2) gehen einleitende Risikoanalyse und die Ausarbeitung des Projektstrukturplans Hand in Hand.

Nach dieser ersten einleitenden Risikoanalyse werden Planung, Zielsetzung und die Rahmenbedingungen für das Risikomanagement festgelegt. ISO 31000 nennt diese Phase „Festlegung des Rahmens" (siehe ISO/DIS 31000 2009). HERMES 5 sieht dies als Teil des Projektmanagementplans (Mourgue d'Algue et al. 2013).

System zur Risikoerkennung

Entscheidend für die weitere Wirksamkeit des Risikomanagements ist das im Projekt eingesetzte Früherkennungssystem. Prinzipiell können nur Symptome von Ereignissen, die ein Risiko für das Projekt darstellen, identifiziert werden. Die Kreativität kann hier durch die Wahl des geeigneten Schlussfolgerungssystems unterstützt werden. Beispiele:

- Taxonomiebasierte Identifikation (Quellen werden anhand von Erfahrungen klassifiziert)
- Analyse des projektimmanenten Risikos (der Vorfälle, die die Zielerreichung verhindern)
- Analyse des produktimmanenten Risikos (der möglichen Bedrohungen während des Projektverlaufs)
- Unternehmens-Checkliste auf Grundlage von gesammelten Erkenntnissen aus früheren Projekten

Geeignete Indikatoren mit Schwellenwerten sind in dieser Phase des Risikomanagements zu definieren.

Anhand der einleitenden Risikobewertung und des ausgewählten Erkennungssystems können die nächsten Schritte angemessen geplant werden.

13:23 Bewertung von Wahrscheinlichkeit und Einwirkungsrisiko
Priorisierung nach CRI

Ziel der Bewertung von Wahrscheinlichkeit und Einwirkungsrisiko ist die Priorisierung der möglichen Risiken. Die Prioritäten werden nach dem Risikopotenzial (engl. Composite Risk Index CRI) festgelegt (Rohrschneider 1999; Cadle und Yeates 2008) und ergeben sich aus der Multiplikation der:

Wahrscheinlichkeit des Risikoeintritts

Bewertung der Eintrittswahrscheinlichkeit E der realen Gefahr (das Risiko wird zu einer Tatsache), die eine konkrete Situation in einem Projekt darstellt. Sie wird für gewöhnlich in Prozent ausgedrückt (siehe auch Unterkapitel 13:32).

Auswirkung auf den Projektverlauf

Bewertung der möglichen Schäden S durch den Risikoeintritt, die gewöhnlich in bestimmten finanziellen Werten oder anhand einer Auswirkungsskala (z. B. 1 bis 5) eingeschätzt werden.

Das Risikopotenzial $CRI = E * S$ führt zu einer klaren Priorisierung: Je höher der Wert des CRI, desto höher die Priorität des Risikos auf der Liste der Vorkommnisse, die eine Gefahr für das Projekt darstellen.

Projektimmanentes Risiko

Bei Projekten treffen wir auf zwei Arten von Risiken:

Eine beträchtliche Anzahl an Risiken mit hohem CRI hat ihren Ursprung im Projektverlauf. Einer Studie der CHAOS Group zufolge (Gaulke 2004) können folgende Hauptrisiken identifiziert werden:

- Unzureichend definierte Anforderungen
- Mangelnder Kontakt mit Anwendern
- Mangel an Ressourcen/Mitteln
- Unrealistische Erwartungen

- Mangelnde Unterstützung durch das Management
- Änderung von Anforderungen und Vorgaben
- Mangelnde Planung

Produktimmanentes Risiko

Die zweite Hauptgruppe sind die produktimmanenten Risiken. Das sind beispielsweise Akzeptanz- oder Sicherheitsrisiken, leistungsbezogene Risiken oder solche technologischer Art.

Risikoermittlung

Die Risikoanalyse muss periodisch durchgeführt werden, und sollte – wenn nicht durch Tickets aus anderen Prozessen – zumindest durch die Wiederkehr auf dem L-Timer® ausgelöst werden. Im Laufe eines Projekts werden Risiken konstant überwacht und bei Bedarf muss von Grund auf eine umfassende Analyse erstellt werden. Idealerweise ist die Risikoermittlung das Ergebnis von Teamarbeit oder zumindest mit dem Team abgestimmt (Cadle und Yeates 2008). Ermittelte Risiken und die Bewertung möglicher Schäden bilden gemeinsam den Risikokatalog mit Auswirkungsfaktoren.

Folgende Beispiele von Risikogruppen können in Betracht gezogen werden:

Faktor Mensch:
- Gibt es Stellvertreter für die Personen, die eine wichtige Rolle in einem Projekt spielen?
- Wer sind die Schlüsselpersonen/ Entscheidungsträger in einem Projekt?
- Verfügen die Projektmanager über Fach- und Sozialkompetenz?

Technik
- Sind die angewandten Technologien bereits erprobt worden?
- Werden die Technologien zumindest die nächsten 10 Jahre unterstützt?
- Wo kommen im Projektablauf Aktivitäten mit besonders hohem Innovationsanteil vor?
- Entsprechen die Technologien und Arbeitsanweisungen der Strategie?

Budget
- Ist das Budget realistisch?

Organisation
- Wie wirkt sich das Projekt auf bestehende wirtschaftliche Prozesse aus?
- Gibt es Gegner des Projekts?
- Gibt es Sponsoren für das Projekt?

Ziele
- Welche Ergebnisse und Projektarbeiten unterliegen besonderen Qualitätsanforderungen?

- Sind die Anforderungen seitens der Auftraggeber und der Anwender detailliert genug?

Rahmenbedingungen/Einschränkungen
- Gibt es rechtliche Einschränkungen?

Termine
- Ist die Planung realistisch?
- Gibt es einen kritischen Pfad?
- Gibt es einen zeitlichen Zusammenhang mit anderen Projekten?

Praktisches und theoretisches Wissen
- Wo ist das praktische und theoretische Wissen besonders vonnöten?
- Haben die Partner eines Projekts das nötige Fachwissen?
- Ist es notwendig, externe Berater hinzuzuziehen?

Projektumfeld
- Das bestehende Umfeld
- Einfluss der Linienorganisation
- Management
- Strategieänderung

13:24 Erarbeitung von Gegenmaßnahmen

Gegenmaßnahmen

Ziel der Gegenmaßnahmen ist die Senkung des Composite Risk Index. Um das zu erreichen, ist es notwendig, die Kosten für die Umsetzung der Gegenmaßnahmen zu ermitteln und zu bewerten (Rohrschneider 1999). Grundlage ist der Risikokatalog mit Auswirkungsfaktor, der bei der vorangegangenen Risikoanalyse erarbeitet wurde.

Ziele der Gegenmaßnahmen

Gegenmaßnahmen können mit unterschiedlichen Zielen und Strategien erarbeitet werden. Ziele können sein:
- Eine bessere Beschreibung eines Risikos
- Eine bessere Identifikation der Risikoquelle
- Das schnellere Erkennen des Risikoeintritts
- Die Unterdrückung der Auswirkungen des Risikoeintritts
- Die Erarbeitung von Gegenmaßnahmen und Schätzung ihrer Kosten

Risikoprioritäten

Hinsichtlich der Gegenmaßnahmen muss der Nutzen ihrer Anwendung gegen die Gesamtkosten des Projekts aufgewogen werden. Meist sind die Kosten der Gegenmaßnahmen begrenzt und es müssen Prioritäten hinsichtlich ihrer Anwendung gesetzt werden. Bei der Priorisierung können verschiedene Aspekte eine Rolle spielen: Risikobewertung, die Kosten der Gegenmaßnahmen gegenüber dem Nutzen, Realisierbarkeit von Gegenmaßnahmen, soziale Auswirkungen, Teammotivation etc.

Strategien für Gegenmaßnahmen

Die Strategien lassen sich in folgende Kategorien unterteilen:
- Risikovermeidung (engl. avoid): beseitigen, sich zurückziehen oder nicht beteiligen),
- Risikominderung (engl. control): optimieren – abschwächen
- Akzeptanz (engl. accept): akzeptieren und budgetieren
- Risikoverlagerung (engl. transfer): Übertragung – auslagern oder versichern

Diese Strategien werden manchmal ACAT (für Avoid, Control, Accept oder Transfer) genannt und ähneln einem Begriff, der die Beschaffungsstrategie der US-Verteidigung beschreibt, bei der die Risikobewertung eine erhebliche Rolle spielt. Abb. 13:00-2 stellt die Erarbeitung von Gegenmaßnahmen nach diesen Strategien dar.

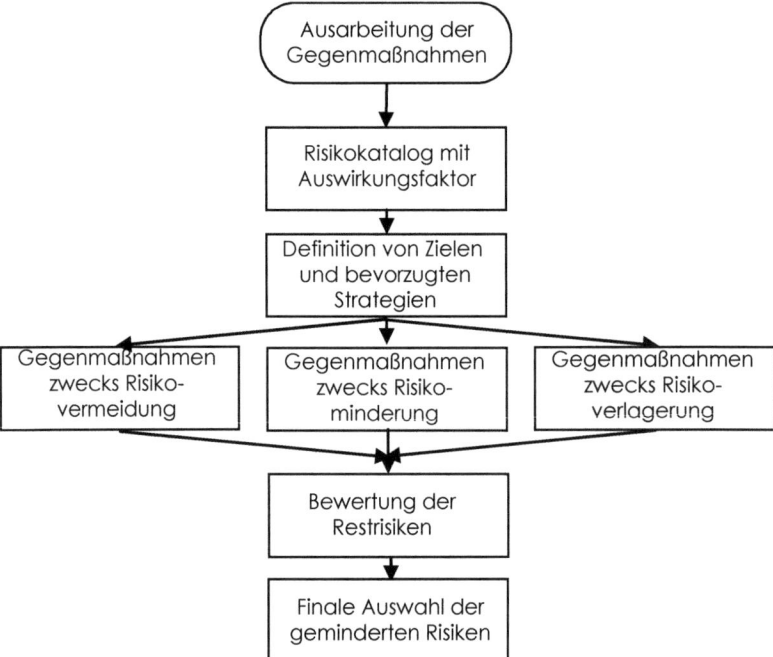

Abb. 13:00-2 Erarbeitung von Gegenmaßnahmen

Risikovermeidung

Die Maßnahmen zur Risikovermeidung zielen im Grunde darauf ab, die gewünschte Handlung nicht auszuführen, einem bestimmten Risiko also nicht die

Gelegenheit zum Eintritt zu geben. Das bedeutet allerdings auch, dass die ursprünglich geplante Handlung nicht erfolgt. Möglicherweise ist dies nicht im Sinne des Projekts – folglich kann Vermeidung nur selektiv angewandt werden (z. B. Rückzug aus dem Offshore-Geschäft).

Risikominderung

Die Maßnahmen zur Risikominderung zielen ab auf die Minimierung

- der Schäden
- der Wahrscheinlichkeit ihres Entstehens

Ein gutes Beispiel ist der Einsatz entzündlicher Materialien in brandgefährdeten Umgebungen.

Risikoverlagerung

Bei der Risikoverlagerung wird ein Teil der durch Schäden verursachen Verluste auf Dritte übertragen. Hier kann es sich um eine finanzielle Beteiligung am Projekt handeln oder um eine Vereinbarung mit dem Kunden, wonach er eine geringere Leistung bei den Projektergebnissen akzeptiert, falls der Lieferzeitpunkt Priorität hat.

Akzeptanz der Restrisiken

Es gibt leider keine Gegenmaßnahmen bezüglich der Akzeptanz von Restrisiken. Hier handelt es sich um Risiken, die aus irgendeinem Grund bewusst in Kauf genommen werden. Bei der Planung von Verkehrsflugzeugen ist normalerweise die Bereitstellung von Fallschirmen für alle Passagiere nicht inbegriffen.

Sobald der Katalog mit Gegenmaßnahmen erarbeitet ist, kann eine Bewertung bezüglich der Ziele, der Prioritäten und ausgewählter Kriterien erfolgen. Abschließend resultiert hieraus eine Liste der analysierten und zu bewältigenden Risiken und der geeigneten Gegenmaßnahmen zur weiteren Projektplanung und Verwendung.

13:25 Verfahren zur Bewertung der Effizienz von Gegenmaßnahmen

Wenn die Gegenmaßnahmen wirtschaftlich eingesetzt werden sollen, muss ihre Anwendung bestimmten Kriterien folgen. Das Risikopotenzial CRI muss in jeder Phase bewertet werden. So können geeignete Maßnahmen aus dem Katalog ausgewählt und an den Projektverlauf angepasst werden. Eine Bewertung folgt den in Abb. 13:00-3 beschriebenen Schritten.

13:26 Risikofrüherkennungssystem

Risikofrüherkennungssystem

Die Risikoanalyse hat einen Katalog mit Risiken ergeben, die vorhersehbar sind und denen mit Gegenmaßnahmen begegnet werden kann. Und ferner auch mit solchen Risiken, die aus irgendeinem Grund nicht weiterverfolgt werden können

13:00 Risikomanagement RM

oder sollen. Dem Katalog entsprechend muss das Risikofrüherkennungssystem konzipiert werden.

Zunächst muss eine Analyse vorgenommen werden, wie die potenziellen und zu bewältigenden Risiken am besten früh erkannt werden können. Die Evaluation von Kosten und Nutzen für mögliche Erkennungsaktuatoren kommt hier zur Anwendung. Die potenziellen Risiken sollten nach Möglichkeit eindeutig durch eine kleinstmögliche Anzahl an kosteneffektiven Aktuatoren antizipiert werden.

Zweitens müssen möglichst umfassende Erkennungsaktuatoren für die frühe Erkennung aller anderen Risiken gesetzt werden.

Das System kann gemischt sein: technischer Sensor (Feuer), menschliche Beziehungen (täglich), prozedurale Schritte (Prüfungen).

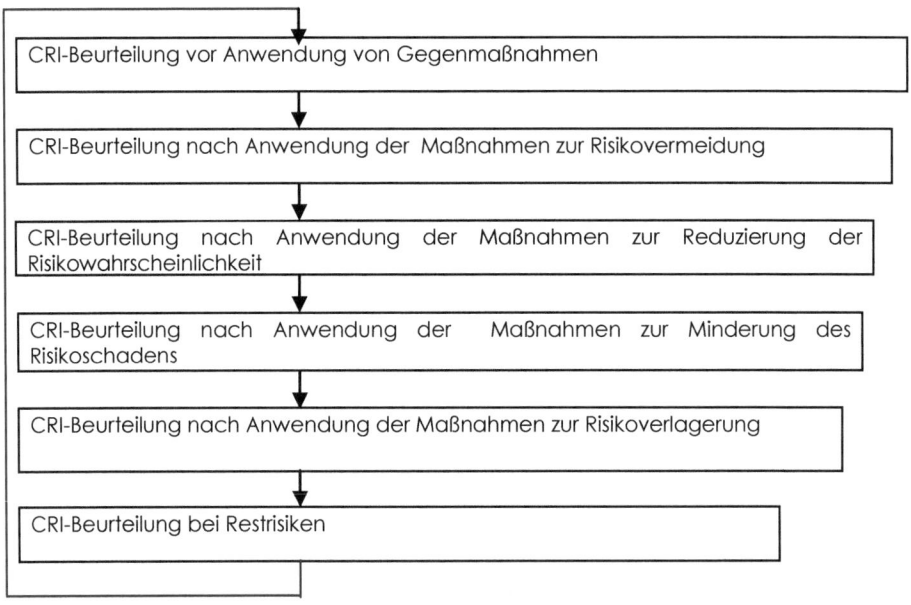

Abb. 13:00-3 Verfahren zur Bewertung der Effizienz von Gegenmaßnahmen

13:27 Vorgehensweise bei der Handhabung von Risiken
Umgang mit dem Risiko nach dessen Eintritt

Vorbeugende Maßnahmen gegen Risiken werden in einer frühen Projektphase ausgearbeitet und ständig, durch alle Phasen hindurch, aktualisiert. Bei Eintritt eines antizipierten Risikos muss man den Gründen nachgehen und die Gegenmaßnahmen verbessern, um entweder zu verhindern, dass das Risiko wieder eintritt oder um den von dieser Risikoart verursachten Schaden zu begrenzen. Bei einer völlig neuen Situation sind entsprechende Ausnahmemaßnahmen einzuleiten. Abbildung 13:00-4 stellt diese Vorgehensweise dar.

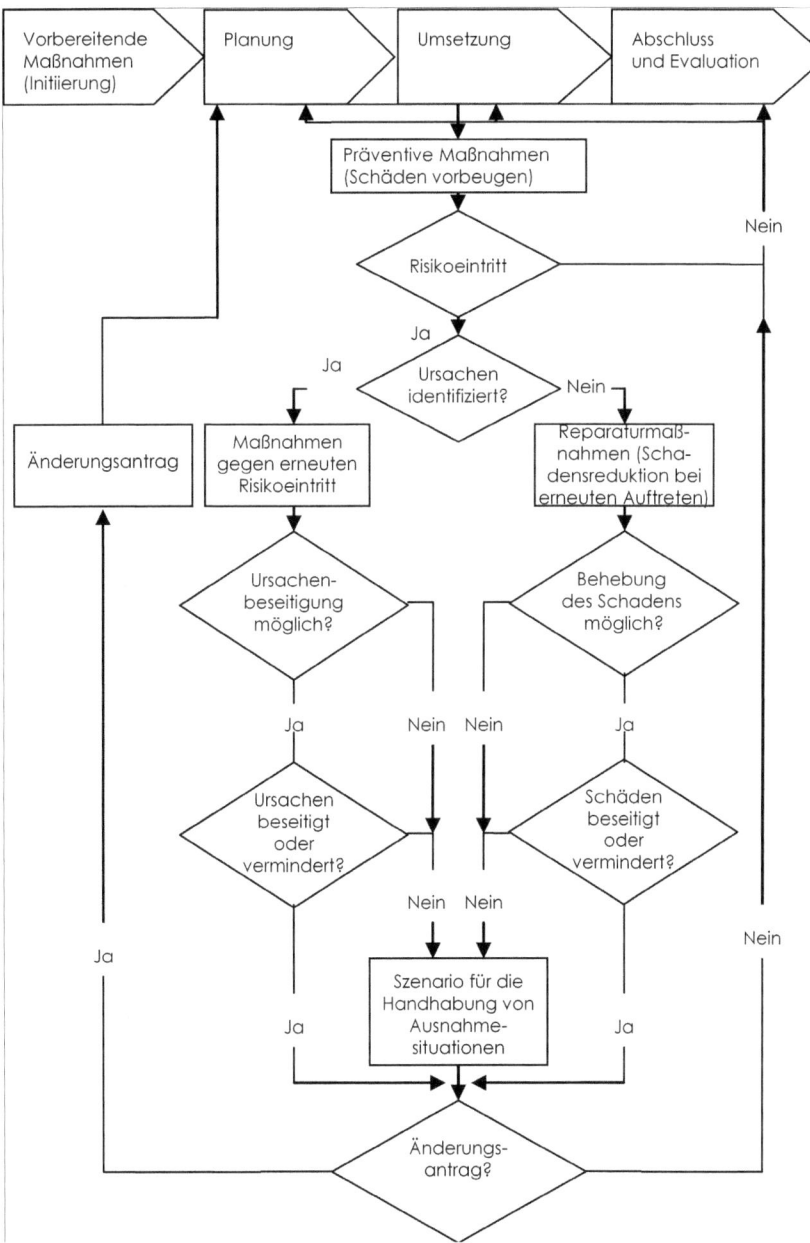

Abb. 13:00-4 Umgang mit Risiken nach deren Eintritt

13:30 Techniken und Werkzeuge

Grundsätzlich können für diesen Projektmanagementprozess die gleichen Techniken und Werkzeuge verwendet werden, wie die in Kapitel 10:00 Management von Ergebnissen, Terminen, Kosten ETKM und Kapitel 12:00 Problemmanagement PBM behandelten. Nachfolgend werden die Verfahren des Risikomanagementprozesses einzeln vorgestellt.

13:31 Risikoidentifikation

Neben Kreativitätstechniken, die bereits vorgestellt wurden (z. B. Kapitel 07:00 Zielverwirklichungsmanagement ZVM), können bei der Risikoidentifikation erfolgreich eigene Erfahrungen und die des Unternehmens eingebracht werden. Im Folgenden werden einige effektive Risikomanagementtechniken vorgestellt (Gaulke 2004):

Analyse von Projektunterlagen

Eine regelmäßige Analyse der vorhandenen Projektunterlagen stellt eine gute Basis für die Erkennung eines potenziellen Risikos dar.

Risiko-Workshops

Die Analyse möglicher Risiken erfolgt in Meetings mit internen und externen Spezialisten. Mithilfe von Kreativitätstechniken wie z. B. dem Brainstorming, dem Delphi-Verfahren oder dem morphologischen Kasten (siehe Kapitel 07:00 Zielverwirklichungsmanagement ZVM) versuchen wir, die Möglichkeit sowie die Wahrscheinlichkeit des vorher definierten Risikoeintritts zu ermitteln, zu beschreiben, zu beurteilen (Kalkulation der Kosten auf Grundlage des Leistungswerts) und diese zu differenzieren. Das führt zu einer Checkliste an Aktivitäten, die den wahrscheinlichen Risiken in einem Projekt, deren Beschreibung, deren Eintrittswahrscheinlichkeit, den wahrscheinlichen Schäden etc. Rechnung trägt. Es ist zu berücksichtigen, dass die Wahrscheinlichkeitsbeurteilung in diesem Fall subjektiv ist und folglich von unabhängigen Experten überprüft werden sollte (Rohrschneider 1999).

Mitarbeiterbefragungen

Ausgewählte Mitarbeiter aus unterschiedlichsten Bereichen und Hierarchiestufen werden in Einzelinterviews (in Ausnahmefällen können auch Fragebogen verwendet werden) zu ihrer Sicht zu den Projektrisiken befragt. Diese Methode ergibt oft ein gutes Bild der Risikosituation, da den Mitarbeitern die Probleme im Projektumfeld meistens bekannt sind. In der Praxis werden diese Hinweise aber oft ignoriert, da die Projektverantwortlichen zu sehr an Ergebnissen orientiert oder zumeist zu optimistisch sind.

Eigene Erfahrung

Die eigene Erfahrung, aber auch bereits vorhandene Risikoanalysen können – nach einer eventuell notwendigen Anpassung an das entsprechende Projekt – zur Erkennung von Risiken beitragen. Bei den so gewonnenen Hinweisen auf mögliche Risiken ist jedoch stets zu überprüfen, ob sie für das gegenwärtige Projekt tatsächlich relevant sind.

Checklisten

Checklisten mit häufig eintretenden Risiken können verwendet werden, um sicherzustellen, dass keine grundsätzlichen Risiken übersehen worden sind. Es empfiehlt sich allerdings, zuvor schon eine Risikoanalyse durchzuführen, da mit Checklisten projektspezifische Risiken nicht erkannt werden können. Die bereits in Unterkapitel 13:23 erwähnten Fragen zur Ermittlung der Risiken sind ein mögliches Beispiel für eine solche Checkliste (Gaulke 2004; Bundschuh 2003).

Systeme zur Risikofrüherkennung

In einem Risikofrüherkennungssystem werden die Risiken anhand von Vergleichen zwischen dem Ist-Zustand und zuvor definierten Faktoren identifiziert. Obwohl dieses zahlenbasierte Verfahren im Gegensatz zu den oben erwähnten Verfahren einen exakteren Charakter zu haben scheint, ist die Risikoerkennung doch ausschließlich von den zuvor definierten Risikoindikatoren und den gleichfalls definierten Schwellenwerten abhängig.

Risikofrüherkennungssysteme wurden bereits zuvor beschrieben: Kennzahlensysteme (Kapitel 10:00 Management von Ergebnissen, Terminen, Kosten ETKM, Unterkapitel 10:31 Basisdaten), Meilenstein-Trendanalyse (ebd. Unterkapitel 10:33 Verfahren zur ergebnisbezogenen Ist-Situationserfassung bzw. zur ergebnisbezogenen Abweichungsanalyse) sowie Kosten-Trendanalyse (ebd. Unterkapitel 10:34 Verfahren zur zeitbezogenen Ist-Situationserfassung bzw. zur zeitbezogenen Abweichungsanalyse).

13:32 Verfahren zur Risikobewertung

Die mittels der obigen Techniken erkannten Risiken müssen bewertet werden, um deren Relevanz für das Projekt bestimmen und somit eine Priorisierung der später festgelegten Maßnahmen vornehmen zu können. Folgende Verfahren werden zur Bewertung der Risiken vorgeschlagen:

Bewertung anhand ordinaler Skalen

Aus dem Wissen heraus, dass die Bestimmung der Eintrittswahrscheinlichkeiten im Rahmen exakter Prozentwerte zumeist zu endlosen Diskussionen führt, werden anstelle von exakten Zahlangaben Wahrscheinlichkeitskategorien gebildet, welche untereinander zwar in eine Reihenfolge gestellt werden können, aber nicht in exakter Relation zueinander stehen (sogenannte ordinale Skalen). Eine einfache und gängige Methode ist z. B. die Bewertung nach „niedrig" oder „gering", „mittel" und „hoch". Dabei ist sowohl die Eintrittswahrscheinlichkeit des Risikos als auch der Schaden, welcher durch das Eintreten des Risikos entstehen würde, mittels der Bewertungskategorien zu bewerten (Rohrschneider 1999).

In einem zweiten Schritt werden die Alternativen in einem entsprechenden Portfolio (im Beispiel mit neun Feldern, siehe Abb. 13:00-5) eingetragen. Risiken, welche bei beiden Bewertungskriterien die Ausprägung hoch aufweisen, sind mit der höchsten Priorität anzugehen, da sie mit hoher Wahrscheinlichkeit eintreten und beim Eintreten einen großen Schaden verursachen. Sie sind also für das Projekt von entscheidender Bedeutung. Risiken mit einer geringen Ausprägung der Bewertungskriterien können hingegen mit niedriger Priorität behandelt werden. Allerdings ist darauf zu achten, dass über die Zeit hinweg unbedeutende Risiken sich durchaus zu bedeutenden wandeln können, wodurch sie dann auch dementsprechend mit hoher Priorität behandelt werden müssen. Diesem Umstand ist damit zu begegnen, dass die Bewertungen der Risiken in regelmäßigen Abständen zu überprüfen sind.

Abb. 13:00-5 Portfolio als Grundlage der Priorisierung

13:33 Bewertung vorbeugender Maßnahmen
Kosten-Nutzen-Analyse

Die Kosten-Nutzen-Analyse (KNA) folgt dem Konzept der klassischen Bewertung aus der Konsumartikelentwicklung (Mishan und Auah 2007). Sie gilt für die Gegenmaßnahmen bezüglich der Kosten und der Schätzung des Nutzens ihrer möglichen Anwendung.

Zunächst wird eine allgemeine Situation nach Eintrittswahrscheinlichkeit E und möglichen Schäden S beurteilt. Das Risikopotenzial Composite Risk Index CRI beschreibt diese Situation.

Dann erfolgt eine Bewertung der Situation (E und S), nachdem die Gegenmaßnahmen nacheinander angewandt wurden. Diejenigen Gegenmaßnahmen, bei denen sich ein höheres Risikopotenzial als vor deren Umsetzung ergibt, werden nicht weiter geprüft. So werden alle Gegenmaßnahmen nach dem Kriterium der CRI-Verbesserung („Nutzen") bewertet (siehe Beispieltabelle 13:00-1).

Im nächsten Schritt werden die Kosten der Gegenmaßnahmen, die weiter in Betracht gezogen werden, bewertet („Kosten"). Das Kosten-Nutzen-Verhältnis zeigt die Anwendungspriorität der Gegenmaßnahmen an: Dem niedrigsten Wert wird die höchste Priorität gewährt (siehe Beispieltabelle 13:00-2).

Beispiel:

Wir bewerten hier einen Schaden (S) und die Eintrittswahrscheinlichkeit (E) eines Risikos. Das Risikopotenzial errechnet sich somit folgendermaßen:

RP (Risikopotenzial) = E x S

Die Situation wurde wie folgt bewertet (siehe Tabelle 13:00-1):

Tabelle 13:00-1 Beispiel für die Bewertung von drei vorbeugenden Maßnahmen

Kriterium	Aktuelle Situation	Maßnahme 1	Maßnahme 2	Maßnahme 3
S	10	9	4	5
E	3	3	1	2
RP	30	27	4	10
CRI-Verbesserung	-	-3	-26	-20

Wie aus der Tabelle ersichtlich ist, werden die drei Alternativen weiter untersucht, da alle im Vergleich zur Ist-Situation positive Auswirkungen auf das Risikopotenzial haben. Zur weiteren Bewertung werden die drei Gegenmaßnahmen zusätzlich mit dem zur Realisierung notwendigen Aufwand gewichtet. Tabelle 13:00-2 zeigt diese Gewichtung ausgehend von Tabelle 13:00-1.

Tabelle 13:00-2 Beispiel für Priorisierung von vorbeugenden Maßnahmen

Maß-nahme	Differenz beim Risikopotenzial	Kosten in Tausend EUR	Tausend EUR pro Differenzpunkt	Priorisierung der Maßnahmen
1	3	45	15	3
2	26	120	4.62	2
3	20	75	3.75	1

Die Bewertung in Tabelle 13:00-2 hat ergeben, dass die Gegenmaßnahme 3 die höchste Priorität erhält, obwohl sie nicht die größte Reduktion des Risikopotenzials bringt. Natürlich können auch spezielle Anforderungen dazu führen, dass trotz der obigen Bewertung z. B. Gegenmaßnahme 2 (etwa beim Ziel, das Risikopotenzial so stark wie möglich zu minimieren) bzw. Gegenmaßnahme 1 (beispielsweise bei Budgetbegrenzungen) vorgezogen wird. Selbstverständlich müssen solche besonderen Anforderungen bzw. Restriktionen gut dokumentiert werden.

ABC-Analyse

ABC-Analysen (siehe auch Kapitel 12:00 Problemmanagement PBM, Unterkapitel 12:33 Verfahren zur Bewertung) können auch zur Maßnahmenbewertung genutzt werden. Dabei wird, ähnlich zum vorhergehenden Verfahren, das Kosten-Nutzen-Verhältnis analysiert, um so die effektivste Maßnahme auswählen zu können. Dabei werden die Maßnahmen auf Grundlage der Wirksamkeit ihrer Einwirkung auf das Risikopotenzial priorisiert (Tab. 13:00-3). Danach wird das Ergebnis grafisch dargestellt. Grafiken sind ein nützliches Werkzeug, wenn das Risiko mittels eines begrenzten Budgets minimiert werden soll. So können z. B. nach Abb. 13:00-6 mit 37 % des Gesamtaufwands 55 % des Nutzens erzielt werden. Folglich sollten die Maßnahmen 1, 5 und 3 durchgeführt werden (Rohrschneider 1999).

Die ABC-Analyse ist effektiv, wenn multiple Risiken und mehrere Gegenmaßnahmen sogar bei demselben Risiko gleichzeitig verfolgt werden, die sich in puncto CRI-Verbesserung („Nutzen") nur geringfügig unterscheiden. In dem Fall können unterschiedliche Kriterien angewandt werden. Eine Gegenüberstellung von Nutzenmaximierung (CRI-Verbesserung) und Kosten der Gegenmaßnahmen ergibt eine Klassifizierung, bei der die effektivsten Gegenmaßnahmen in Klasse A eingestuft werden, die zweiteffektivsten in Klasse B und die dritteffektivsten in Klasse C.

Tabelle 13:00-3 Bewertung von Gegenmaßnahmen nach der ABC-Analyse

Rang	Maß-nah-me	Risikopotenzial (siehe oben)			Aufwand / Kosten			Tausend CHF pro Diffe-renz-punkt
		Dif-fe-renz	kumu-liert	%	in Tau-send CHF	kumu-liert	%	
1	1	65	65	27	39	30	14	1.38
2	5	27	92	38	45	45	21	1.65
3	3	42	134	55	105	80	37	2.49
4	2	48	182	75	150	130	60	3.15
5	6	15	197	81	51	147	68	3.39
6	7	8	205	85	30	157	72	3.75
7	4	30	235	97	135	202	93	4.50
8	8	7	242	100	45	217	100	6.42

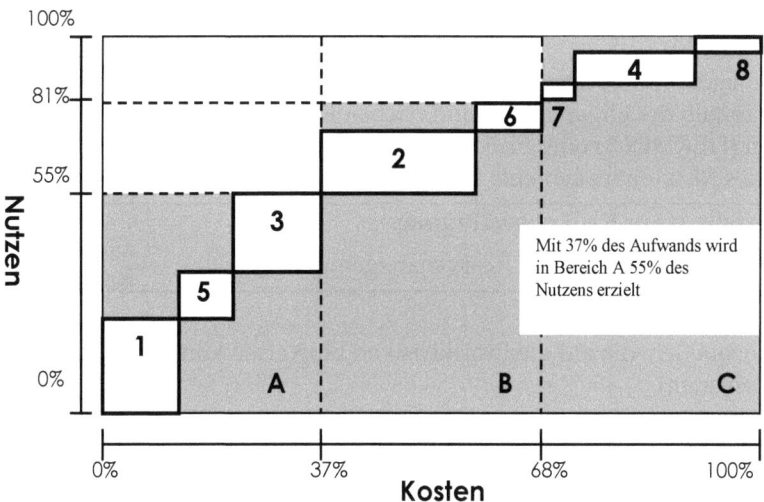

Abb. 13:00-6 Maßnahmenklassifizierung mittels der ABC-Analyse

13:40 Vorlagen

13:41 Projektmanagementbezogene Dokumente

RM-Plan (Teil des Projektmanagementplans HERMES 5) in Anlehnung an HERMES 2003 (HERMES 2003 2003),	
0	Zusammenfassung
1	Zweck des Dokuments
2	Zielsetzung
Ziel des projektspezifischen Risikomanagements.	
3	RM-Organisation
Organisatorische Vorkehrungen bezüglich des Risikomanagements: Organisationsstruktur, Aufgaben, Zuständigkeit, Berichtswesen.	
3.1	Organisationsstruktur
Für das RM zuständige Personen und wie sie zueinander in Beziehung stehen.	
3.2	Rollenbeschreibung
Es werden den einzelnen am Risikomanagement beteiligten Personen Aufgaben und Verantwortlichkeiten zugeordnet. Insbesondere werden Abweichungen zum standardmäßig vorgegebenen Rollenmodell festgehalten.	
3.3	Reporting
Es ist festzulegen, welche Organisationseinheiten oder Personen die Ansprechpartner innerhalb der Organisation und nach außen hin sind. In Projektmanagementplan (HERMES 5) oder Projekthandbuch ist weiter das Berichtswesen bezüglich des Risikomanagements zu regeln.	
4	Verfahren zur Risikobewältigung
Grundelemente eines effektiven Risikomanagements.	
4.1	Informationsquellen
Informationsquellen, die auf die Projektrisiken hinweisen könnten (Risikofrüherkennungssystem)	

4.2 Hilfsmaßnahmen
Um eine effiziente Risikoermittlung zu gewährleisten, müssen Hilfsmittel erarbeitet und festgelegt werden. Mögliche Hilfsmittel sind z. B. zwanglose und anonyme Kanäle, definierte Meldeverfahren bezüglich Änderungen und Interviews. Eine mögliche Kooperation mit dem Qualitätsmanagement (QS) sollte ebenfalls hier beschrieben werden.
4.3 Messinstrumente und -kriterien
Zuverlässigkeit und Vergleichbarkeit der Messungen werden durch klar festgelegte Messverfahren, -instrumente und -kriterien ermöglicht. Die Voraussetzungen und Rahmenbedingungen der Messungen müssen festgelegt sein.
Sogenannte Übergangsindikatoren (oder Schwellenwerte) sollten für jedes relevante Risiko ermittelt werden, um eine frühzeitige Warnung vor dem Eintritt eines Schadensfalles zu erleichtern.
Ein Risikodiagramm mit den Zusammenhängen kann zur Beurteilung der addierten Wirkung der Risiken auf den Gesamterfolg des Projekts dienen.
5   Planung
Die Planung muss sehr detailliert (Ressourcen, Termine, Aufwande, Aktivitäten, Hilfsmittel, Messinstrumente und -kriterien, Ergebnisse) erstellt werden.

13:42 Produktbezogene Dokumente

Die definierten Risiken sind in einem Risikokatalog zu sammeln und detailliert zu beschreiben. Folgende Punkte sind in einem Risikokatalog zu berücksichtigen:

Risikobericht (Teil des Projektstatusberichts oder Phasenberichts in HERMES 5)	
0	Zusammenfassung
1	Zweck des Dokuments
2	Risikokatalog
Liste der Projektrisiken mit Risikoindikatoren und deren aktuelle Bewertung.	
3	Gegenmaßnahmen
3.1	Anwendung von Gegenmaßnahmen
Angewandte Gegenmaßnahmen mit folgenden Daten: – Beschreibung der Gegenmaßnahme – Angestrebter Nutzen – Datum der Anwendung – Aktuelle Bewertung – Datum der Risikobewertung	

13:00 Risikomanagement RM

> **3.2 Maßnahmen, die nicht zur Anwendung ausgewählt wurden**
>
> Auflistung aller möglichen Maßnahmen, außer jenen Maßnahmen, die unter 3.1 aufgeführt wurden.

13:50 Phasenaufgaben und -ergebnisse

13:51 Initiierungsphase

Aufgaben:
- Entwicklung eines Risikomanagementsystems, das interne und externe Standards, Richtlinien und Normen berücksichtigt.

Ergebnisse:
- RM-Plan (Teil des Projektmanagementplans in HERMES 5)

13:52 Planungsphase

Aufgaben:
- Identifikation und Bewertung von Risiken, die sich sowohl aus dem Prozess der Projektrealisierung ergeben als auch aus den Charakteristika der geplanten Ergebnisse
- Analyse des Zusammenhangs zwischen den Risiken
- Gegenmaßnahmen beschreiben, bewerten, sie richtig priorisieren und im Bedarfsfall umsetzen
- Beobachtung der Effektivität von Gegenmaßnahmen
- Optionale Umsetzung weiterer Gegenmaßnahmen
- Einbeziehung der Folge des Risikomanagements in die Projektplanung
- Entwicklung eines Systems zur Risikofrüherkennung

Ergebnisse:
- Risikokatalog
- RM-Bericht (Teil des Phasen- oder Projektstatusberichts in HERMES 5)
- Überprüfter Projektplan (Pläne bezüglich Deadlines, Ergebnissen und Kosten)

13:53 Umsetzungsphase

Aufgaben:
- Identifizierung und Bewertung neuer Risiken
- Beobachtung und Aktualisierung bekannter Risiken

- Beobachtung und Aktualisierung bekannter Risiken gemäß RM-Entscheidung
- Beobachtung der Wirksamkeit von Gegenmaßnahmen

Ergebnisse:
- Umgesetzte Gegenmaßnahmen
- Aktualisierter Risikokatalog
- RM-Bericht (Teil des Phasen- oder Projektstatusberichts in HERMES 5)

13:54 Abschluss- und Evaluationsphase
Aufgaben:
- Identifizierung und Bewertung neuer Risiken
- Beobachtung und Aktualisierung bekannter Risiken gemäß RM-Entscheidung
- Umsetzung von Gegenmaßnahmen
- Beobachtung der Wirksamkeit von Gegenmaßnahmen
- Weiterleitung gewonnenen Sachverstandes in das Wissensmanagement (WM)
- Fortführung des Risikomanagements aus Anwendersicht

Ergebnisse:
- Aktualisierter Risikokatalog
- RM-Bericht (Teil des Phasen- oder Projektstatusberichts in HERMES 5)

Literaturverzeichnis

Bundschuh, M. (2003): Projekterfolgs- und –misserfolgskriterien, in: Rationalisierungskuratorium der Deutschen Wirtschaft e. V. (Hrsg.): Projektmanagement Fachmann, Band 1; Eschborn, S. 185-216.

Cadle, J./Yeates, D. (Hrsg.) (2008) Project Management for Information Systems, Englewood Cliffs.

Gaulke, M. (2004): Risikomanagement in IT-Projekten, München.

HERMES 2003 (2003): Führen und Abwickeln von Projekten in der Informations- und Kommunikationstechnik, Bern.

HERMES 2005 (2005): Führen und Abwickeln von Projekten der Informations- und Kommunikationstechnik (IKT). Systemadaptation, Bern.

ISO 21500:2012 (2012): Guidance on Project Management, ICS 03.100.40, Genf.

ISO/DIS 31000 (2009): Risk Management. Principles and Guidelines on Implementation, Genf.

Mishan, E. J./Quah, E. (2007): Cost Benefit Analysis, London.

13:00 Risikomanagement RM

Mourgue d'Algue, H. et al. (2013): HERMES 5. Projektmanagementmethode für alle Projekte. Referenzhandbuch, Bern.

Rohrschneider, U. (1999): Risikomanagement, in: Rationalisierungskuratorium der Deutschen Wirtschaft e. V. (Hrsg.): Projektmanagement Fachmann, Band 2, Eschborn, S. 1081-1116.

14:00 Änderungsmanagement ÄM

Kurze Übersicht

Worum geht es?

Veränderungen sind in jedem Projekt selbstverständlich. Durch ihre systematische Bearbeitung mittels eines im Voraus geplanten Prozesses lässt sich ihre ökonomische und kontrollierte Umsetzung sicherstellen.

Wer ist gefordert?

Das Change Management Board CMB bestehend aus Vertretern der Auftragsgeber, dem Projektleiter und den auf den einschlägigen Feldern kompetenten Personen, sichert den kontrollierten Ablauf der Änderungen und die Konfiguration der Projektergebnisse.

Welche Bedeutung hat der Prozess?

Unkontrollierte Veränderungen können zu Chaos im Projektverlauf und bei der Umsetzung führen. Sie können ungerechtfertigte Kosten verursachen und stellen die Brauchbarkeit der Projektergebnisse wegen unzulässiger Konfigurationen in Frage.

Wie geht man vor?

Legen Sie die Organisation und den Prozess, wie Änderungen in ihrem Projekt gehandhabt werden sollen, fest. Jeder Änderungsantrag sollte auf Grundlage des Kosten-Nutzen-Verhältnisses bewertet werden. Wenn Änderungsanträge begründet sind, sollte zunächst geprüft werden, ob bereits ähnliche Änderungsanträge bestehen. Dann gruppieren Sie diese und entscheiden darüber, wie diese ökonomisch umgesetzt und kontrolliert freigegeben werden können. Die Konfiguration sollte angepasst und die gewonnenen Erkenntnisse sollten erfasst werden.

Wo liegen die Herausforderungen?

Die richtige Zusammensetzung des CMB ist für die Kosten/Nutzen-Bewertung der Änderungsanträge entscheidend. Ausgewogenheit, Effizienz des Prozesses, dazu die kontrollierten Einführung der Änderungen wirken sich auf die Aktualität der Konfiguration aus.

Was entscheidet über den Erfolg?

Die Mitwirkung der Auftragsgeber sowie der Fachleute für die betroffene Anwendung wie auch für die Änderungsdurchführung im CMB sichert die Wirtschaftlichkeit. Eine breit gefächerte und allen Projektstakeholdern bekannte Änderungsstrategie mit einem schnellen Änderungsentscheidungsprozess und kontrollierter Einführung führen zu einem wirksamen Konfigurationsmanagement.

14:00 Änderungsmanagement ÄM

Prozess

Dem Änderungsmanagementprozess (siehe Abb. 14:00-1) unterworfen sind alle Arten von Änderungsanträgen im Projekt. Nach der Festlegung der Organisation und des Prozesses, werden die Anträge auf dessen Wirtschaftlichkeit und Abhängigkeiten geprüft. Die umgesetzten Anträge werden kontrolliert freigegeben. Die Aktualisierung der Konfiguration schließt den Prozess ab. Gewonnene Erfahrungen sollten an das Wissensmanagement (WM) weitergegeben werden.

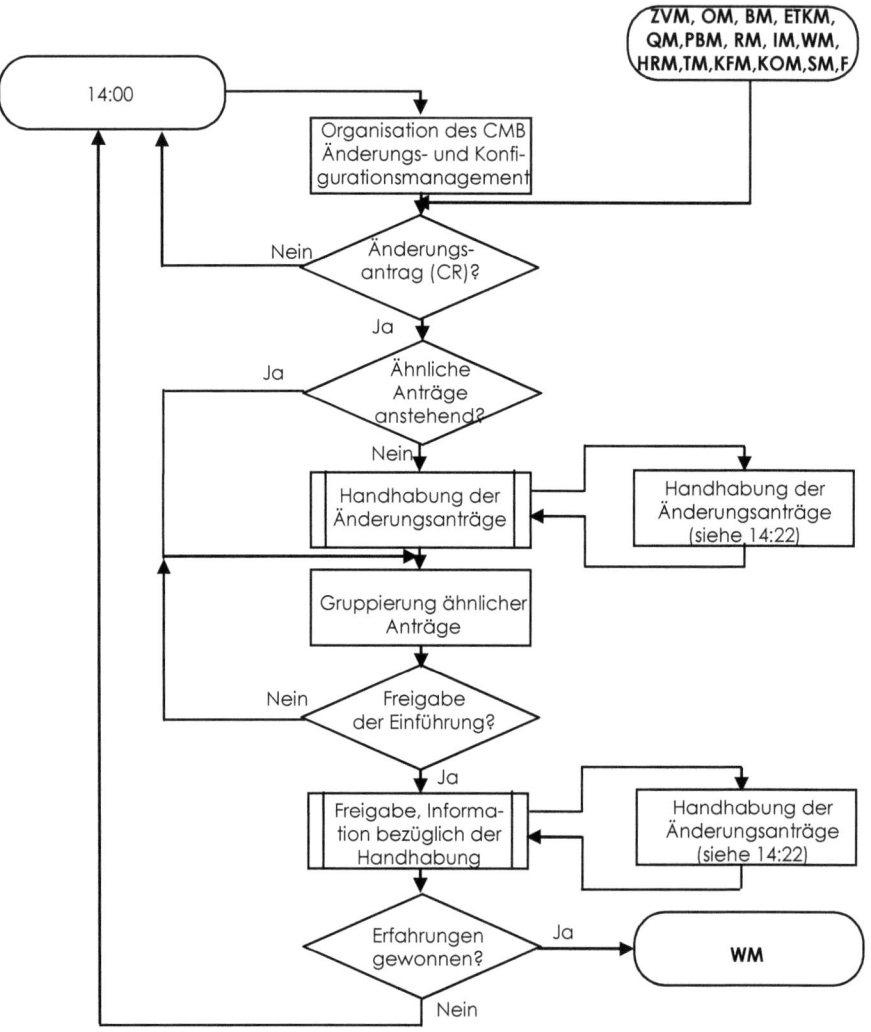

Abb. 14:00-1 Ablauf des Changemanagements

14:10 Ziel des Änderungsmanagements ÄM

„Die einzige Konstante ist die Veränderung", eine Formulierung, die François de la Rochefoucauld von Phillips und Gully zugeschrieben wird (Phillips und Gully 2011), treibt dieses Kapitel an. Der Prozess des Änderungsmanagements soll die koordinierte effiziente Evaluation und, wenn notwendig, die im Hinblick auf das finanzielle Projektergebnis kosteneffiziente Einbindung von Änderungen bis hin zur Erstellung der Konfigurationsaktualisierung, welche den ordnungsgemäßen Arbeitsablauf gewährleistet, sicherstellen.

14:20 Methoden

14:21 Organisation des Änderungsmanagements

Bei der Festlegung der Organisation und des Prozesses des Änderungsmanagements können verschiedene Standards hilfreich sein. Die DIN EN ISO 10007 beschäftigt sich mit den Verantwortlichkeiten des Managements in den Bereichen der Identifikation, der Kontrolle, der Buchhaltung und der Verifikation (ISO 10007:2003 2009). Im Bereich ICT ist der ITIL-Standard am umfassendsten, der mittlerweile auch von der ISO als Standard 20000 aufgenommen wurde (OGC 2011; ISO/IEC 20000-1:2011 2011). Die neueste ISO 21500:2012 sieht zwar den Prozess 4.3.6 Control Changes vor, dessen Ausführung und Organisation im Projekt aber lässt sie völlig offen (ISO 21500:2012 2012). HERMES 5 verpflichtet den Projektleiter dazu, eine Änderungsstatusliste zu führen und schränkt den Kreis der Änderungsantragsteller auf Business-Analysten und Anwendervertreter ein (Mourgue d'Algue et al. 2013).

Der Projektleiter ist vor allem an einer planmäßigen Abwicklung seines Projektes interessiert. Bewusst oder auch unbewusst tendiert er daher zur Ablehnung jeglicher das „eiserne Dreieck" (Kosten, Termin, Ergebnis) verändernden Anträge.

Ein Gremium insbesondere unter Beteiligung von Vertretern des Auftraggebers hilft, diesem Trend gegenzusteuern und die Änderungsanträge auf deren Kosten-Nutzen-Verhältnis für das Vorhaben hin zu prüfen.

Hinsichtlich der ersten Bewertung der Änderungsanträge hilfreich ist die Beteiligung weiterer betroffener Interessengruppen, beispielsweise die für das Änderungsmanagement im Projekt Verantwortlichen (Change Manager) oder die späteren Betriebsverantwortlichen.

Die Vertreter dieser drei Gruppen bilden ein ausgewogenes Change Management Board (CMB). ITIL (ISO 20000) stärkt die Rolle des Change Managers durch eine

Einschränkung der Zuständigkeiten dieses Gremiums auf Beratung (Change Advisory Board (CAB)). HERMES 5 lässt die Organisation völlig offen.

Zur Bewertung des Aufwandes, welchen ein Änderungsantrag nach sich zieht, muss zweckmäßigerweise Fachkompetenzen in Anspruch genommen werden. Im Falle der Entscheidung zur Umsetzung sind das oft diejenigen, die die Änderungen auszuführen haben.

14:22 Handhabung der Änderungsanträge

Wenn die Organisation festgelegt ist und erste Änderungsanträge formuliert und als neu zugelassen worden sind, setzt der Bearbeitungsprozess ein (siehe Abb. 14:00-2) (Philips 2010). Ein Antrag wird danach bewertet, ob er zunächst grundsätzlich gerechtfertigt und ob ferner das Kosten-Nutzen-Verhältnis positiv ist. In diesem Fall wird die Umsetzung des Antrags durch einen adäquaten Prozess initiiert.

Sollten bereits mehrere ähnliche Änderungsanträge eingereicht worden sein, sollten sie alle gemeinsam auf ihre Zweckmäßigkeit geprüft werden. Insbesondere dann, wenn ähnliche Änderungsanträge bereits zur Umsetzung freigegeben wurden.

Im nächsten Schritt wird die umgesetzte Änderung für die Freigabe vorbereitet. Dies muss koordiniert geschehen, um eine optimale Integration in das restliche Projekt und die Projektergebnisse zu gewährleisten.

Eine freigegebene Änderung führt automatisch zu Konfigurationsaktualisierungen (dies wird in HERMES 5 nicht thematisiert). Es ist zwingend notwendig, die Konfiguration jeweils bei jeder eingeführten Änderung anzupassen. Hierbei sollten die anderen einbezogenen Projektmanagementprozesse eine aktive Rolle spielen. Andernfalls sind Wartung und Pflege mit unnötigem, zusätzlichem Aufwand zur Feststellung der Differenzen in der dokumentierten Konfiguration und dem tatsächlichen Verhalten der Systeme behaftet.

Zuletzt soll eine Kontrolle der Auswirkungen für die Stabilität des Betriebs sorgen.

14:23 Phasen der Bearbeitung von Änderungsanträgen

Die Phasen der Bearbeitung von Änderungsanträgen (Abb. 14:00-3) sind analog zum Umsetzungsprozess der Projektergebnisse, wie bereits in Kapitel 07:00 Zielverwirklichungsmanagement ZVM vorgeführt wurde.

Jeder Änderungsantrag soll zur Initiierungsphase führen, wo über die Umsetzung der Änderung entschieden wird. In der hierauf folgenden Planungsphase soll die Umsetzung der Änderung in enger wechselseitiger Abstimmung mit den anderweitig laufenden Projektaktivitäten erfolgen, mit dem Ziel die kosteneffiziente Umsetzung zu gewährleisten.

Der kritische Moment kommt jedoch erst mit der Einführung der umgesetzten Änderungen. In vielen Fällen beachten die Entwickler der Änderungen die Freigabe der Einführung nicht und tendieren dazu, ihre Ergebnisse unverzüglich in die produktiven Systeme umzusetzen. Dies kann zu unvorhersehbaren Effekten und zur Destabilisierung sowohl des Projekts wie auch seiner Produkte führen. Deswegen soll die Einführung bewusst freigegeben werden: mit anderen freigegebenen Änderungen gruppiert, optimiert hinsichtlich des Zeitpunktes der Freigabe und vollständig kontrolliert in die Produktion umgesetzt.

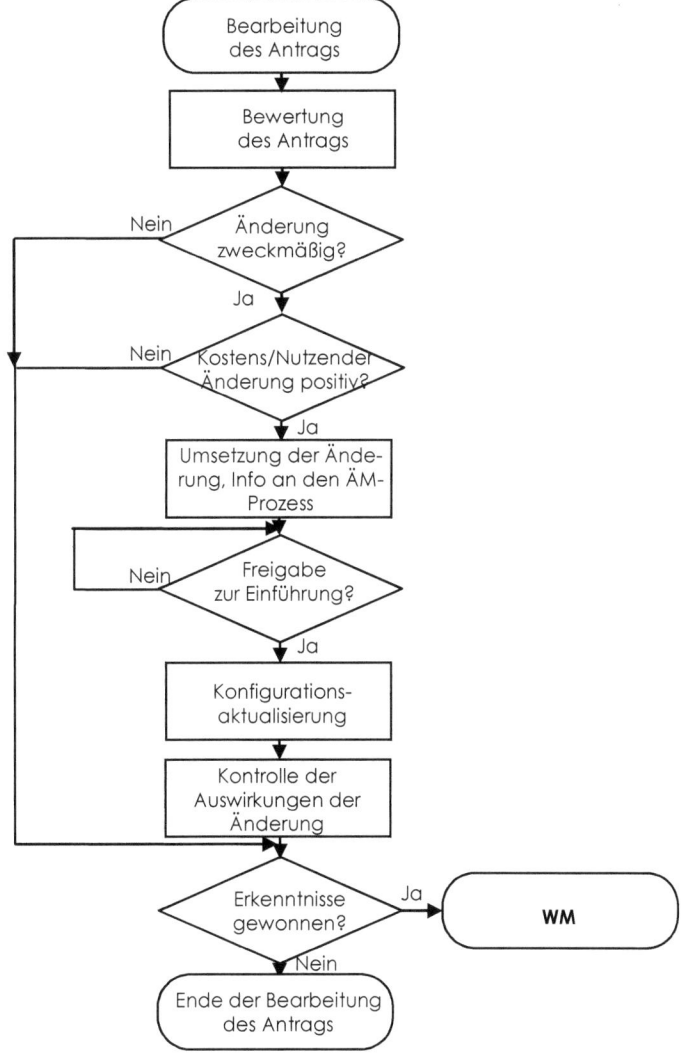

Abb. 14:00-2 Bearbeitungsprozess der Änderungsanträge

14:00 Änderungsmanagement ÄM

> Initiierung → Planung → Umsetzung → Abschluss & Evaluation

Abb. 14:00-3 Phasen der Bearbeitung von Änderungsanträgen

In der Phase des Abschlusses und der Evaluation findet die Konfigurationsanpassung statt, die ausschlaggebend ist für den weiteren Betrieb sowie Wartung und Pflege. Selbst die kleinste Änderung bedeutet eine neue Konfiguration und muss demnach als solche registriert werden. Nur so entspricht die Konfigurationsbeschreibung den tatsächlich eingeführten Ergebnissen und folglich wird nur auf diesem Weg ein stabiler und sicherer Betrieb möglich.

Mindestens die anfängliche Beobachtung der Effekte der Änderungsumsetzung ist nötig, um die Zweckdienlichkeit der umgesetzten Änderung zu überprüfen. Die gewonnen Erkenntnisse sollen aufgezeichnet werden.

Ganz gleich, ob der Prozess der Umsetzung vollständig verläuft oder ob die Anfrage in einer früheren Phase – aus welchem Grund auch immer – verworfen wird, der Änderungsantragsteller soll informiert und der Änderungsantrag soll geschlossen werden.

14:30 Techniken und Werkzeuge

In der Umsetzung von Änderungsanträgen können die Techniken, welche auch in den anderen Projektmanagementprozessen zum Einsatz kommen, angewandt werden. Diese Techniken sind den einzelnen Aufgaben in den entsprechenden Phasen der Änderungsantragsumsetzung in Tabelle 14:00-1 zugeordnet.

Tabelle 14:00-1 Techniken und Werkzeuge für einzelne Phasen des Änderungsmanagements

Phase im ÄM	Auszuführende Tätigkeiten	Geeignete Techniken und Werkzeuge
Initiierung In Bezug auf den ÄM-Prozess	Festlegen von Grenzwerten, ab denen ein Änderungsantrag gestellt werden muss	Kennzahlen-Systeme Techniken Kapitel 10:00 (10:00 ETKM) Vergleichende Bewertung (11:00 QM)

14:30 Techniken und Werkzeuge

		Informationen über die Strategie, Organisation und den Prozess des ÄM	Techniken Kapitel 02:00 (02:00 KOM)
In Bezug auf den Bearbeitungsprozess der Änderungsanträge		Bewertung und Auswahl der Anträge, Entscheidung betreffend der Umsetzung	Absolute Kriterien (09:00 BM)
			Quantitative Kriterien (09:00 BM)
			Qualitative Kriterien (09:00 BM)
			Risikoanalyse (13:00 RM)
			Nutzwertanalyse (12:00 PBM)
			ABC-Analyse (12:00 PBM)
Planung		Detaillierte Planung der Änderungsumsetzung (Projektstruktur, Ergebnisse, Zeit, Kosten) und Weitergabe der Aufgabe an das ausführende Organ (Projektleiter, Entwickler, Problemmanager usw.)	Projektstrukturplan (07:00 ZVM)
			Beta-Verfahren (07:00 ZVM)
			Analogieverfahren (07:00 ZVM)
			Zeitplan (07:00 ZVM)
			Vernetzungsplan (07:00 ZVM)
			Meilenstein-Analyse (10:00 ETKM)
			Kostenanalyse (10:00 ETKM)
Umsetzung		Kontrolle der Änderungsumsetzung bezüglich der Projektergebnisse, der Kosten, der Zeit	Meilenstein-Analyse (10:00 ETKM)
			Einzel- und Gruppengespräche (10:00 ETKM)
		Bei Bedarf: Einflussnahme auf die Umsetzung der Änderungen	Budgetkontrolle (10:00 ETKM)
			Schattenrechnung (10:00 ETKM)
			Kostenanalyse (10:00 ETKM)
			Netzwerk-Diagramm (11:00 QM)
			Datenbanken und Berichte (16:00 WM)

14:00 Änderungsmanagement ÄM

Abschluss und Evaluation	Integration der Änderungen im Gesamtsystem sowie Abnahme des Systems,	Daten strukturiert (16:00 WM)
		Datenbanken mit Ressourcenaktualisierungen (16:00 WM)
	Aktualisierung der Konfiguration	Dokumentmanagement-System (17:00 DM)
	Dokumentation der Resultate	Techniken Kapitel 02:00 (02:00 KOM)
	Kommunikation der Entscheidungen und der eventuell umgesetzten Änderungen an Interessenten, insbesondere an den Änderungsantragsteller	

14:40 Vorlagen

14:41 Projektmanagementbezogene Dokumente

Der effiziente Änderungsmanagementprozess ist in einem hohen Maße abhängig von einem vollständigen Änderungsantrag. Beispielhaft für einen Änderungsantrag sowie eine Liste möglicher Änderungen sind die in Anlehnung an HERMES 5 erstellten Tabellen 14:00-2 bzw. 14:00-3 (Mourgue d'Algue et al. 2013). Die wesentlichen Punkte gemäß HERMES 5 sind mit Detailangaben und weiteren Informationen ergänzt.

Tabelle 14:00-2 Änderungsantrag

Änderungsantrag (Change Request CR)	
0	Zusammenfassung
1	Identifikation (HERMES 5)
	– Nummer des Änderungsantrags
	– Kurzbeschreibung
	– Identifikation des Projekts und der entsprechenden Konfiguration
	– Datum
	– Verfasser

2	**Einordnung**
	– Dringlichkeit
	– Gewünschter Umsetzungstermin
	– Kategorie (Fehler, Problem, Modifikation, Erweiterung, Verbesserung usw.)
3	**Änderungsbeschreibung (HERMES 5)**
	– Identifikation betroffener Ergebnisse
	– Darstellung des Ist-Zustands
	– Systemzustand
	– Darstellung des Soll-Zustands
	– Erläuterungen und Begründungen der gewünschten Reaktion
4	**Angaben zur Ausführung (HERMES 5)**
	– Lösungsansätze
	– Umgebungsbedingungen
	– Zustände, Bedingungen usw.
5	**Lösungsvorschlag (HERMES 5)**
	– Lösungsansätze
	– Lösungsalternativen
	– Empfohlene Lösung und das Vorgehen
6	**Beurteilung der Auswirkungen (HERMES 5)**
	– Aufwand
	– Kosten
	– Termine
	– Risiken
	– Benutzerreaktion
	– Systemreaktion
7	**Entscheid**

Die Verfolgung der Änderungsanträge: ihr Status, die Phase der möglichen Umsetzung und die Übereinstimmung mit anderen Anträgen können mittels einer Änderungsstatusliste, wie in Tabelle 14:00-3 dargestellt, bearbeitet werden.

Tabelle 14:00-3 Änderungsstatusliste

Änderungsstatusliste nach HERMES 5 (Mourgue d'Algue et al. 2013)	
0	Zusammenfassung
1	Identifikation der Liste
	– Projektidentifikation
	– Datum

14:00 Änderungsmanagement ÄM

2	**Für jeden Änderungsantrag (HERMES 5)**
	– Identifikation des zugehörigen Änderungsantrags – Status der Änderung (beantragt, beabsichtigt, abgelehnt, beauftragt, abgeschlossen) – Nummer des zugehörigen Antrags – Identifikation der betroffenen Konfiguration – Änderungsverantwortliche Person für die Umsetzung der Änderung – Änderungsbeginn und –ende – Aufwand und Kosten
3	**Gesamt Änderungsanträge (HERMES 5)**
	– Gesamtaufwand und Gesamtkosten aller ausgeführten Änderungen

14:42 Produktbezogene Dokumente

Sämtliche Informationen über jede Änderung werden zweckmäßig in einem Änderungsbericht gesammelt, um einen Überblick über ihren Verlauf und ihre Resultate zu gewährleisten (Tabelle 14:00-4).

Tabelle 14:00-4 Änderungsbericht

Änderungsumsetzung	
0	**Allgemeines**
1	**Änderungsantrag**
	– Identifikation des Antrags – Titel des Antrags – Datum des Antrags – Verfasser des Antrags
2	**Antragsgrund**
	– Beschreibung der Gründe, welche zum Änderungsantrag geführt haben
3	**Voraussichtliche Auswirkungen des Antrags**
	– Beschreibung der Auswirkungen des Antrags bei Erfüllung oder Nicht-Erfüllung
4	**Ansätze für mögliche Lösungen**
	– Lösungsansätze sowie die entsprechenden Kosten zu ihrer Umsetzung werden aufgezeigt

5	**Entscheidung**
	– Detaillierte Beschreibung der Entscheidung sowie eine Begründung/Rechtfertigung. Angabe der Namen der Vorstandsmitglieder, die entscheiden und das Datum der Entscheidung
6	**Umsetzungskontrolle**
	– Die Umsetzung der Entscheidung wird kontrolliert und die Ergebnisse werden schriftlich festgehalten. Hierzu gehört die Kontrolle der Abnahmeprotokolle für die Umsetzung.
7	**Ablage/Anhang**

14:50 Phasenaufgaben und -ergebnisse

14:51 Initiierungsphase

Aufgaben:
- Änderungsmanagement initiieren
- Konfigurationsmanagement initiieren
- Plan für das Konfigurationsmanagement erstellen

Ergebnisse:
- Organisation des Konfigurations- und des Änderungsmanagements, insbesondere des Bearbeitungsprozesses der Änderungsanträge
- Konfigurationsmanagementplan

14:52 Planungsphase

Aufgaben:
- Projektziele hinsichtlich der Erfolgsmessfaktoren und der externen Erwartungen analysieren
- Gremium für Änderungsantragsbehandlung (CMB) berufen
- Rolleninhaber im CMB auswählen
- Strategie und Kriterien für die Entscheidung über die Umsetzung der Änderungen festlegen
- Prozess der Handhabung von Änderungsanträgen konkretisieren
- Entscheiden über die Konfigurationsanpassungskontrolle
- Auswahl und Beschaffung der Werkzeuge für die Umsetzung der Änderungen und für das Änderungsmanagement
- Kontrolle des Änderungsprozesses vom Moment des Änderungsantrags bis zur Änderungsantragsumsetzung oder -ablehnung aufbauen

14:00 Änderungsmanagement ÄM

- Den Bearbeitungsprozess der Änderungen initiieren: Strategie, Organisation und Prozess allen Projektstakeholdern bekanntgeben

Ergebnisse:

- Umgesetzter Änderungsprozess und Plan des Konfigurationsmanagements
- Referenzkonfiguration (vor Änderungsantragsumsetzung) festgelegt
- Werkzeuge einsatzbereit für die Änderungsumsetzung, das Konfigurationsmanagement und das Management der Änderungsumsetzung
- Änderungsmanagementprozesse getestet
- Prozesse der Handhabung der Änderungsanträge getestet
- Änderungsmanagement und Konfigurationsmanagement in das Projekt integriert
- Dokumentierter und übertragener Änderungsmanagementprozess

14:53 Umsetzungsphase

Aufgaben:

- Korrekte Registrierung der Änderungsanträge sicherstellen
- Genehmigte Änderungsanträge zur Umsetzung in die entsprechenden Prozesse weiterleiten
- Ergebnisse und Entscheidungen verfolgen und überwachen
- Konfiguration anpassen

Ergebnisse:

- Registrierte und kontrollierte Änderungsanträge und angemessene Entscheidungen
- Umgesetzte und eingeführte Änderung
- Aktualisierte Konfiguration

14:54 Abschluss- und Evaluationsphase

Aufgaben:

- Die Konfiguration an die die Projektergebnisse entgegennehmende Organisation weiterleiten zwecks Überführung in den Betrieb
- Änderungserfassung durch das Projektteam und die Benutzer sicherstellen
- Das Projektteam und die Benutzer über die Erkenntnisse aus der Umsetzung eines Änderungsmanagementprozesses und eventuelle Verbesserungen unterrichten
- Ergebnisse und Entscheidungen dokumentieren
- Konfiguration anpassen
- Abschlussbericht vorbereiten

Ergebnisse:

- Umgesetzte Projektergebnisse mit einer korrekt aktualisierten Konfiguration

- Registrierte Änderungsanträge und sachgerechte Entscheidungen
- Verbesserungen im Änderungsmanagementprozess erfasst und kommuniziert
- Abschlussbericht

Literaturverzeichnis

HERMES 2003 (2003): Führen und Abwickeln von Projekten in der Informations- und Kommunikationstechnik, Bern.

ISO 10007:2003 (2003): Quality Management Systems – Guidelines for Configuration Management, ICS 03.120.10, Genf.

ISO/IEC 20000-1:2011 (2011): Information Technology-Service management – Part 1: Service management system requirements, ICS 03.080.99, 35.020, Genf.

ISO 21500:2012 (2012): Guidance on Project Management, ICS 03.100.40, ISO, Genf.

Mourgue d'Algue, H. et al. (2013): HERMES 5. Projektmanagementmethode für alle Projekte. Referenzhandbuch, Bern.

OGC (2011): ITIL® V3 complete suite - Lifecycle Publication Suite, London.

Phillips, J. (2010): IT Project Management. On Track from Start to Finish, New York.

Phillips, J./Gully, S. M. (2011): Organisational Behavior South-Western, Mason.

15:00 Integrationsmanagement IM

Kurze Übersicht

Worum geht es?

Was auch immer das Projekt produziert, es muss irgendwo integriert werden. Eine erfolgreiche Integration benötigt bestimmte Vorgehensweisen.

Wer ist gefordert?

Unter Mitarbeit des Abnahmetestmanagers sowie des Integrationsteams kooperiert der Integrationsmanager eng mit dem Projektleiter, dem Kommunikationsmanager und dem Dokumentationsmanager.

Welche Bedeutung hat der Prozess?

Für einen erfolgreichen Projektabschluss muss die Integration in alle drei P-Bereiche erfolgen: Produkt, (Geschäfts-)-Prozess und Mensch (Person). Die Nichtberücksichtigung von einem dieser Bereiche kann das gesamte Vorhaben in Frage stellen.

Wie geht man vor?

Die Integration in alle drei Bereiche sollte sorgfältig geplant und vorbereitet werden. Es soll sichergestellt werden, dass Kommunikation und Dokumentation aktualisiert und alle Tests bestanden werden. Danach kann die technische Integration des Produktes initiiert werden. Ist diese erfolgreich, so kann die technische und prozedurale (Geschäftsprozess) Migration eingeleitet werden. Die Integration im Bereich Mensch sollte planmäßig und rechtzeitig vorbereitet und durchgeführt werden: Anwender, Betreiber, Unterhalt. Die Endabnahme und die Erfassung der gewonnenen Erkenntnisse beenden den Prozess.

Wo liegen die Herausforderungen?

Eine Integration in alle drei Bereiche ist sehr aufwändig. Planung, Kommunikation, Abhängigkeit von einem bis zum Ende unvorhersehbaren Testabschluss und insbesondere die Integration im Bereich Mensch werden oft unterschätzt.

Was entscheidet über den Erfolg?

Die Wahrnehmung der Menschen ist der Schlüssel für einen erfolgreichen Projektabschluss, also fokussieren Sie Ihre Bemühungen darauf. Dies dauert lange und hängt sehr von einer erfolgreichen Kommunikation ab. Alle negativen Auswirkungen von Veränderungen müssen überwunden werden: Furcht, Unsicherheit, Verärgerung, der Einfluss unkontrollierter externer Informationen. Arbeiten Sie an einer positiven Haltung der Menschen – so werden selbst kleinere Mängel toleriert und das Projekt wird als Erfolg wahrgenommen.

15:00 Integrationsmanagement IM

Prozess

Der Prozess des Integrationsmanagements (IM, siehe Abb. 15:01-1) plant, testet, ebnet und sichert eine erfolgreiche Integration der Projektprodukte und Migration vom Ist- in den Soll-Zustand. Die gewonnenen Erkenntnisse sollen in den Prozess des Wissensmanagements (WM) weitergeleitet werden.

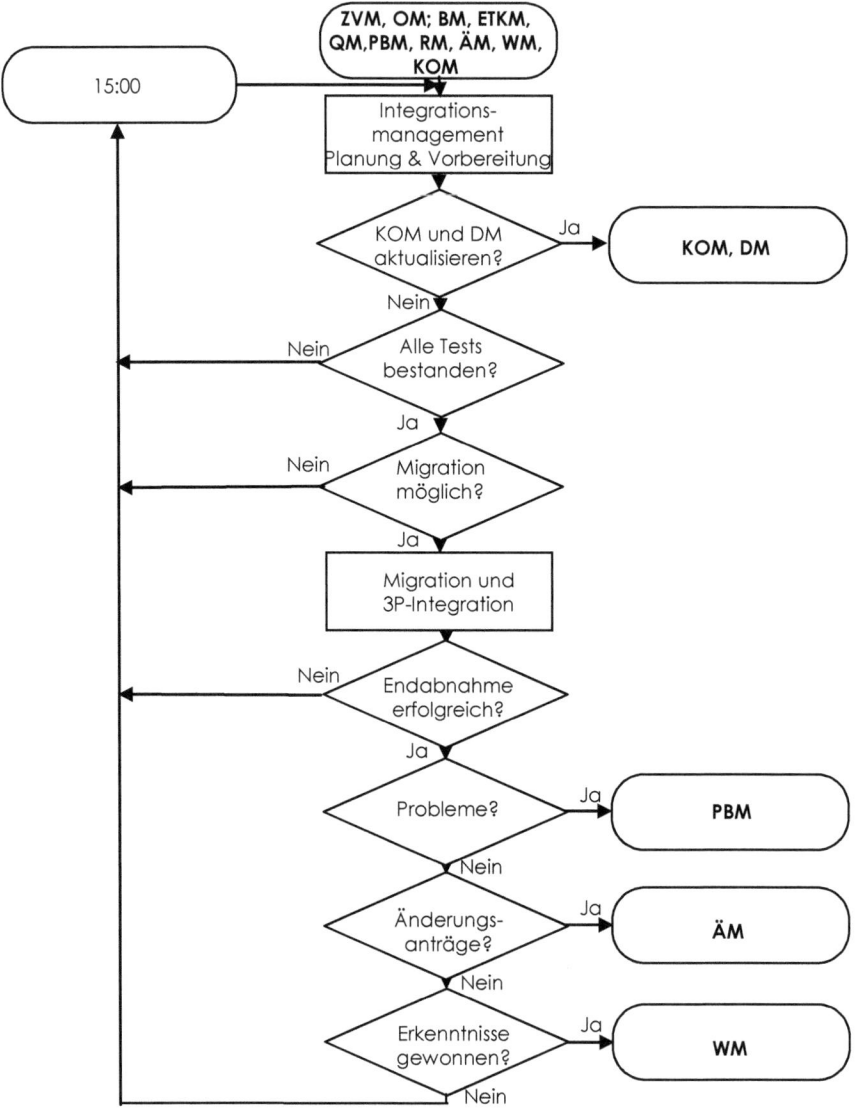

Abb. 15:00-1 Ablauf des Integrationsmanagements

15:10 Ziel des Integrationsmanagements IM

Ziel des Integrationsmanagements ist es, eine erfolgreiche Integration der Projektprodukte in die vorhandene Umwelt (Organisation, Mensch, Technik, Prozesse), gemessen an der erreichten vereinbarten Verfügbarkeit und Leistungsfähigkeit der Produkte, und eine erfolgreiche Migration vom Ist- in den Soll-Zustand sicherzustellen und damit sowohl die Abnahme durch die Projektsponsoren wie auch eine positive Wahrnehmung der Anwender zu erreichen.

15:20 Methoden

Integrationsmanagement wird in drei "P"-Bereichen durchgeführt:
- Erstes „P" für „Produkt": betrifft die technische Integration von Projektprodukten
- Zweites „P" für „Prozess": betrifft die (Geschäfts-)prozessintegration
- Drittes „P" für „Personen": betrifft die Integration der betroffenen Menschen (Anwender, Betreiber, Wartung und Support)

Interessanterweise sieht ISO 21500:2012 (ISO 21500:2012 2012) keinen der Integration gewidmeten Prozess vor. Die Aufgaben werden als Teil der Arbeitspaketstruktur definiert und durch die Controlling-Prozessgruppe bei der Ausführung überwacht. Dies wird als inkonsistent bewertet: Die Arbeitspaketstruktur beinhaltet nur die produktbezogenen Arbeitspakete und fokussiert sich somit auf die technische Integration von Projektprodukten (erstes „P"). Die Kommunikation in der ISO 21500:2012 Controlling-Prozessgruppe, d. h. die Integration (zweites „P") in den Geschäftsprozess umfasst sie nur teilweise. Der dritte Bereich wird gänzlich außer Acht gelassen. Der ISO 21500:2012 Prozess 4.3.10 Projektstakeholdermanagement geht auf die Benutzer nicht wirklich ein.

Relativ umfangreich wird die Integration in HERMES 5 behandelt. Der Einführung wird eine ganze Projektphase gewidmet. Dem Einführungskonzept folgt sodann ein Betriebskonzept. Die Einführung wird vorbereitet, durchgeführt und der Betrieb wird aktiviert (Mourgue d'Algue et al. 2013). Die ersten beiden „P", „Produkt" und „Prozess", werden ausreichend beschrieben, der Integration von Personen (das dritte „P") wird, abgesehen vom Aspekt der Ausbildung, kaum Beachtung geschenkt.

Der in diesem Kapitel präsentierte integrierte Ansatz, der alle drei Bereiche berücksichtigt, scheint durch die klare Koordinierung und Abstimmung der in der

Integration relevanten Prozesse eher erfolgreich. Dies hat auch die bisherige Praxis des Autors bestätigt.

Die technische Produktintegration beginnt schon in der Initiierungsphase mit den ersten Überlegungen zu einer möglichen Einbettung der Projektprodukte in die Soll-Umgebung. In der Planungsphase wird diese Umgebung spezifiziert und die funktionalen und nicht-funktionalen Erfordernisse werden definiert. In der Umsetzungsphase werden die Produkte entwickelt und bis hin zur Produktebene getestet. Die Integration beginnt mit dem Integrationstest und endet, wenn die vollständige Betriebsbereitschaft des neuen Projektproduktes (Systems) erreicht worden ist.

Während die meisten Projekte sich lediglich auf die technische Integration konzentrieren, wird der Integration von Anwendern und Geschäftsprozessen nicht genug Aufmerksamkeit entgegengebracht. Folglich treten wenig überraschend genau in diesen Bereichen die meisten Probleme auf. Oft wird die Auswirkung eines neuen Produkts unterschätzt: Sogar kleinste Änderungen in der Benutzeroberfläche (siehe z. B. Generationsänderungen bei PCs) bringen zumindest Änderungen im Arbeitsablauf (neue Funktionen) und in vielen Fällen eine tiefer gehende organisatorische Änderung mit sich. Menschen, die in die Umgestaltung von Betriebsprozessen eingebunden sind, empfinden zunächst Furcht, danach Unsicherheit und schließlich Verärgerung. In Abhängigkeit der Dauer der Einwirkung unkontrollierter externer Informationen, können diese Gefühle verstärkt werden. Nur wenn diese Periode vorbei ist, kann Neugier zum emotionalen Engagement und zur nötigen Motivation führen, um im Rahmen der neuen Geschäftsprozesse zu agieren. Erst dann beginnen Training und Lernen effektiv zu werden.

Das Beispiel der Zentralisierung der Disposition in einem Logistikunternehmen:

Die Einführung eines zentralen Sendungsdispositions- und eines Kundenservicesystems in einem Logistikunternehmen verbesserte dessen Rentabilität durch die daraus resultierende Möglichkeit etwa 900 dezentrale Kundenkontaktstellen zu schließen. Mehr als tausend Mitarbeiter waren von diesem Schritt betroffen. Im neuen Sendungsdispositions- und Kundenservicezentrum wurden 300 neue Mitarbeiter eingestellt, von denen sich zehn mit dem Betrieb und dem Unterhalt der IT-Infrastruktur beschäftigen. Die Veränderungen der Geschäftsprozesse, beginnend mit der Initiierungsphase bis hin zum erfolgreichen Abschluss, nahmen vier Jahre in Anspruch. Es dauerte 14 Monate, bis die Angestellten durch Lernen, Training, und mit Hilfe der Unterstützung durch sachkundige und erfahrene Trainer, ihre volle Leistungsfähigkeit erreicht hatten. Die Anpassung der neuen Organisation und der Arbeitsergebnisse der Mitarbeiter des neuen Sendungsdispositions- und Kundenservicezentrums, die zu einer wirklich effektiven Kooperation innerhalb der Firma führten, dauerten drei Jahre. Die direkten Kosten der der Anpassung der Geschäftsprozesse und der Integration der Mitarbeiter betrugen ungefähr 3,5 Millionen Euro. Die Kosten für die Erstellung und Einführung der technischen, vorwiegend IT-Systeme erreichten eine Höhe von etwa 20 Millionen Euro.

15:20 Methoden

Im Falle eines aufgabenorientierten Projektorganisationsmodells muss parallel zum Prozess der technischen Entwicklung die Reorganisation des Geschäftsprozesses initiiert, geplant, realisiert und umgesetzt werden (siehe Kapitel 07:00 Zielverwirklichungsmanagement ZVM). Dies kann bis zu 20 % des Gesamtbudgets in Anspruch nehmen. Des Weiteren muss die Integration die Aspekte der Änderung innerhalb des Geschäftsprozesses ebenso wie den wechselseitigen Einfluss zwischen neuem Produkt, neuem Geschäftsprozess und Umwelt berücksichtigen. Daher soll diesem Prozess ein angemessenes Maß an Aufmerksamkeit entgegengebracht werden.

Die Abnahme der Projektergebnisse durch die Anwender und die Betreiber ist der am häufigsten unterschätzte Faktor des Projektmanagements (siehe auch Kapitel 20:00 Human Ressource Management HRM). Es liegt in der menschlichen Natur, dass eine Person zunächst Veränderungen im Rahmen des eigenen Werte- und Klassifikationssystems beurteilt, bevor sie angenommen werden. Je besser dieser Prozess vorbereitet ist, je besser Schulungen organisiert und die Integration sichergestellt wurden, desto schneller und effektiver erfolgt die Veränderung. Betrifft es eine große Zahl an Mitarbeitern, stellt der Integrationsprozess hohe Anforderungen an die Logistik- und Trainingseinheiten. Die Integration und die Migration, inklusive der richtigen Lösungen der oben angesprochenen Probleme, müssen allerdings innerhalb eines wirtschaftlich vernünftigen Rahmens erfolgen, um die Rentabilität des gesamten Vorhabens nicht zu gefährden.

> Das Beispiel der Umsetzung eines Barcodes in einem Logistikunternehmen: Die technische Anpassung der IT-Systeme, um Daten vom Barcodescanner zu verarbeiten, und dessen technische Integration im Unternehmen kosteten insgesamt etwa zwei Millionen Euro. Es betraf ca. 4000 Mitarbeiter im ganzen Land. Die Integration musste ohne Störungen im Kundenservice durchgeführt werden.
>
> Schulungen, Unterstützung mit Wissen und Erfahrung, Hand in Hand gehend mit einer sorgfältig synchronisierten Verfügbarkeit der IT-Infrastruktur, dauerten ungefähr drei Jahre. Das Unternehmen hat im fünften Jahr seit Beginn der Nutzung der Barcodeleser die Gewinnzone erreicht.

15:21 Einführung der neuen Projektprodukte

Die Einführung der neuen Projektprodukte betrifft gleichzeitig die Erzeugung, die Validierung wie die Anpassung der Geschäftsprozesse. Oft werden alle diese Aktivitäten während der Einführung insgesamt als Einführungsprozess bezeichnet.

Das Ziel des Einführungsprozesses ist es, die Projektprodukte entlang der ursprünglichen Erfordernisse in Betrieb zu nehmen und in einer geplanten Art und Weise bereitzustellen, was schließlich zur angestrebten Benutzbarkeit und vollen Leistungsfähigkeit führt. Für gewöhnlich liefert es eine neue oder verbesserte Funktionalität.

15:00 Integrationsmanagement IM

Die Einführung (Einführung durchführen in HERMES 5) umfasst folgende Aufgaben:

- Den Einführungsplan vorbereiten und durchführen
- Durchführung von Schulungen für Anwender sowohl in der Produktbereitstellung wie auch in der Geschäftsprozessmodifikation
- Die Inbetriebnahme und die Integration durchführen
- Die angestrebte Verfügbarkeit der Projektprodukte sicherstellen
- Die Wartung und den Support sicherstellen (technische Infrastruktur und Organisation)
- Die Betreuung der Anwender, der Betreiber, der technischen Wartung und des Supports unmittelbar telbar nach der Aufnahme der Produktion sicherstellen
- Überprüfung der Wirksamkeit der Einführungsmaßnahmen

Der Umfang der einzelnen Aufgaben entscheidet über die Zuweisung von Funktionen zwischen den Projektteammitgliedern. In der IT-Praxis des Autors haben sich folgende Rollen während des Einführungsprozesses bewährt:

- Einführungsmanager: koordiniert den gesamten Einführungsprozess
- Testmanager: der bereits während der Produktentwicklung die Aufgaben beginnende Manager sichert die Korrektheit und die Durchführung aller Tests bis hin zur Abnahme während des Validierungsprozesses
- Tester: mehrere Fachspezialisten, die das Produkt testen
- Schulungskoordinator: organisiert und sichert die Durchführung der erforderlichen Schulungen
- Schulungsdozenten: führen die Schulungen aus
- Einführungsbegleiter (Floorwalker): Fachspezialisten, die die Anwender in den ersten Stunden des produktiven Einsatzes unterstützen
- Wartungs- und Supportmanager: leitet die Vorbereitung und Ausbildung der Wartungs- und Supportmitarbeiter und sichert den produktiven Betrieb der Projektprodukte nach Inbetriebnahme.
- Wartungs- und Supportmitarbeiter: sichern die erforderliche Betriebsfähigkeit und die Verfügbarkeit der eingeführten Produkte

Bewährte Verfahrensweisen werden vom ITIL® (OGC 2011; ISO/IEC 20000-1:2011 2011) und CMMI® v3.0 (SEI, 2010) vorgegeben.

15:22 Migration vom Ist-Zustand in den Soll-Zustand

Die erfolgreiche Einführung einer Änderung bedeutet sehr oft, dass jede Minute des Integrationsprozesses geplant und die Migration vom Ist- in den Soll-Zustand sorgfältig durchgeführt werden muss. Der Schlüsselfaktor für den Erfolg ist ein sorgfältiges Management der Änderungen der Geschäftsprozesse. Durch Zuweisung der Migration an eine verantwortliche Person wird deren fokussierte Aufmerksamkeit gewonnen. Zur Migration gehören folgende Aufgaben:

- Die Analyse des Ist-Zustandes im Bereich der Technologie
- Definition des Zustandes von Prozessen/Organisation
- Definition des Soll-Zustandes: Definition der nötigen Veränderungen, Maßnahmen
- Ausarbeitung von Fallbackszenarien
- Migrationsplanung
- Realisierung der Migrationsphasen (Initiierung, Planung, Umsetzung und Abschluss)
- Deinstallierung der ersetzten Systeme/Produkte

Der Migrationsmanager – ggf. mit zusätzlichem Migrationsteam – ergänzt das unter 15:21 genannte Einführungsteam bei der Integration der Projektprodukte.

Abb. 15:00-2 illustriert die Teilung der Verantwortung zwischen dem Einführungsmanager und dem Migrationsmanager. Typisch für die meisten Migrationen sind die betrieblichen Schwierigkeiten beim Überführen der Projektergebnisse in die regulären Betriebs- und Wartungsprozesse. Daher muss der Projektmanager sich um diese erste Betriebsphase kümmern.

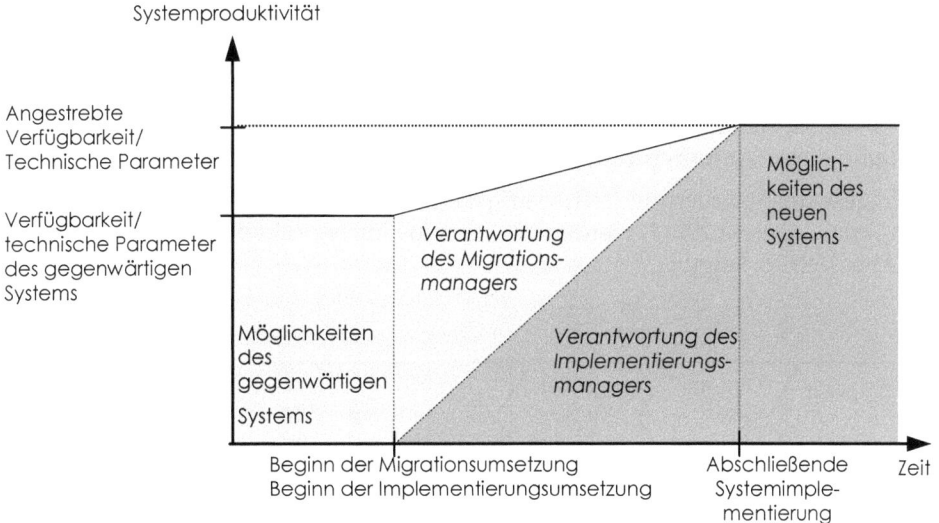

Abb. 15:00-2 Kompetenzen und Verantwortung bei der Integration

15:23 Fallbackszenarien

Das größte Risiko im Prozess der Integration stellen die Änderungen vom Ist- in den neu entwickelten Soll-Zustand dar. Zum Beispiel:

15:00 Integrationsmanagement IM

- Der Ist-Zustand wurde zu früh abgelöst
- Der neue Zustand hat die notwendige Verfügbarkeit und die technischen Parameter noch nicht erreicht
- Der Datenbestand wurde nicht korrekt migriert und verhindert den produktiven Betrieb

Um diesen Risiken entgegenzuwirken, müssen Fallbackszenarien als substantieller Bestandteil des Integrationsmanagements vorbereitet werden.

Fallbackszenarien arbeiten, unterstützt von den Umsetzungs- und Migrationsteams sowie von den Anwendern und Systemadministratoren, bestimmte Konstellationen der drei Ps (Produkte/Prozess/Menschen) aus, die im Falle eines Misserfolgs beim Erreichen der Zielparameter fähig sind, die Arbeit mittels der vereinbarten Notfallpläne sicherzustellen.

Folgende Aufgaben müssen berücksichtigt werden:
- Fallbackszenarien für die Migrationsphase
- Fallbackszenarien für den regulären Betrieb
- Beurteilung der Szenarien und die Auswahl eines angemessenen Szenarios
- Kosten-Nutzen-Verhältnis der Ressourcendarstellung
- Erprobungstests der Fallbackszenarien

15:24 Testszenarien

Im Prozess der Definition der Anforderungen müssen die Messkriterien für die Erfüllung dieser Anforderungen festgelegt werden.

Im Prozess der Validierung (siehe Aufgabenmodell in Kapitel 07:00 Zielverwirklichungsmanagement ZVM) werden die Tests in eine logische Reihenfolge gebracht, wie Abb. 15:00-3. zeigt:

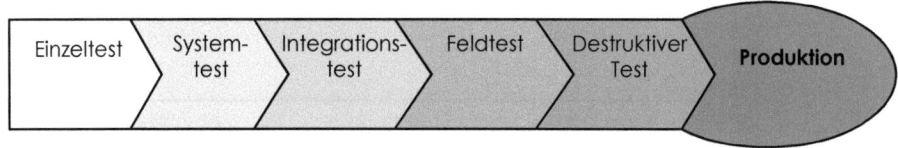

Abb. 15:00-3 Testszenarien

Einzeltests und Systemtests sind Teil des Zielverwirklichungsmanagementprozesses. Der Integrationsprozess beginnt mit den Integrationstests, gefolgt von den Feldtests. Es ist ratsam, einige destruktive Tests durchzuführen (bewusste, kontrollierte Herabstufung der technischen Parameter des Systems und der Funktionen).

In anderen Fällen kann durch die Zuweisung der Verantwortung für die Tests an den Testmanager der Übergang des Fachwissens zwischen den Phasen sichergestellt werden. Im besten Fall ist der Testmanager der Verantwortliche für den Validationsprozess (siehe Kapitel 07:00 Zielverwirklichungsmanagement ZVM).

15:25 Systemumgebungen

Die Komplexität der heutigen IT-Systeme und insbesondere deren mehrfache Vernetzung mit zahlreichen sie umgebenden Systemen sprechen für eine Aufteilung der Umgebungen, in denen gearbeitet und getestet werden soll. Häufig ist eine zeitliche Überlappung der ausgeführten Aufgaben erforderlich, obwohl diese sich eigentlich gegenseitig ausschließen (z. B. produktiver Einsatz und Tests der neuen Versionen). In der Praxis des Autors haben sich folgende Umgebungen für den sicheren und wirtschaftlich optimalen Betrieb bewährt:

- Entwicklungsumgebung für alle Stufen der Tests bis hin zu Systemtests
- Integrationsumgebung für die Integrationstests
- Abnahmeumgebung, wo produktionsähnliche Belastungen und Aufgaben getestet werden
- Schulungsumgebung mit speziellen Schulungsfällen und Daten
- Referenzumgebung, die nach Möglichkeit exakt die aktuelle Produktionsumgebung wiedergibt und die Feldtests, destruktive Tests und die Tests bei der Behebung der in der Produktion auftauchenden Fehler und Probleme ermöglicht
- Produktionsumgebung, das eigentliche Ziel im Projekt
- In vielen Fällen lassen sich die einzelne Umgebungen virtualisieren oder zusammenlegen (z. B. Abnahme- und Referenzumgebung), was zu einer Kostenoptimierung führen kann.

15:26 Sicherstellung des Betriebs

Der Erfolg umgesetzter neuer Produkte hängt sehr von einem durch effektive Wartung und effektiven Support bedingten Betrieb ab. Schon in der Initiierungsphase des Projekts, im Rahmen der Spezifikation der Erfordernisse, sollten Basisbestimmungen für den zukünftigen Betrieb, die zukünftige Wartung und den zukünftigen Support festgelegt werden.

Die mit den Anwendern vereinbarten Kriterien beinhalten unter anderem die sog. Dienstleistungsvereinbarungen (Service Level Agreements SLA), welche die Verfügbarkeit und technischen Parameter des benutzten Produkts festlegen. Die in einer solchen Dienstleistungsvereinbarung festgelegte Verfügbarkeit beinhaltet den für den Systemwartungsservice benötigten Zeitraum, in welchem neue Komponente umgesetzt, Neuerungen eingeführt, kleinere Korrekturen durchgeführt werden und das System zur besseren Performance abgestimmt und stabilisiert wird. Bei einem wöchentlichen, zweistündigen Systemservice entspricht die maximale Verfügbarkeit während einer Woche 98,81 %. Im Falle von sechs System-

15:00 Integrationsmanagement IM

services, jeweils sechs Stunden innerhalb eines Jahres, steigt die Verfügbarkeit auf 99,59 %. Sollten eine höhere Verfügbarkeit oder längere Servicearbeiten nötig sein, müssen zusätzlich redundante respektive teilbare Systeme erstellt werden.

Die Planung solcher regulärer Wartungsleistungen sollte während des Projektes initiiert und während des Integrationsprozesses so weit wie möglich trainiert werden.

15:30 Techniken und Werkzeuge

15:31 Produktintegration

Tests

Für die technische Integration werden die in Übereinstimmung mit dem V-Modell erstellten Tests, wie in Kapitel 07:00 Zielverwirklichungsmanagement ZVM erläutert, angewandt. Jeder Test hat einen anderen Zweck und verwendet unterschiedliche Werkzeuge (siehe Tabelle 15:00-1).

Tabelle 15:00-1 Unterschiede zwischen Tests

Testziel	Testziel	Testgegenstand	Techniken und Werkzeuge
	Einzeltest	Test von einzelnen Funktionen oder Routineaktivitäten des neuen Systems.	Eher sog. White-Box-Test
	Systemtest	Test eines vollständigen, neuen Systems, das noch nicht mit der bestehenden, produktiven Systemumgebung verknüpft ist. Gegenseitige Interoperabilität aller Funktionen und Systemstabilität werden getestet.	
IM-relevante Tests	Integrationstest	Test der Integration eines neuen Systems in der bestehenden Systemumgebung (vor allem Test der Schnittstellen). Der Test sollte in einer Integrationsumgebung ausgeführt werden, die die Produktionsumgebung widerspiegelt. Leistung und Belastbarkeit werden getestet.	

Feldtest	Test des Systembetriebs in einer produktiven, Abnahme- oder Referenz-Umgebung. Der letzte Test vor der Abnahme. Im Fokus stehen Oberflächen, produktive Leistung und Benutzerfreundlichkeit. Ähnelt einem vollständigen Betrieb, hat jedoch einen begrenzten Anwendungsbereich, z. B. 3 Testanwender anstatt von 500 Zielanwendern.	
Destruktive Tests	Tests betreffend der Notfall- und Ausnahmeszenarien. Die Produkte unterliegen kontrollierten Stresstests (z. B. fehlende Versorgung eines Computers), um die Grenzen und funktionale Herabstufung zu überprüfen.	Eher sog. Black-Box-Test

Systemdiagnose

Feldtests bieten eine erste Möglichkeit, die Interoperabilität mit der Produktionsumgebung zu überprüfen. Das tatsächliche Betriebsverhalten muss gründlich untersucht werden. Für diesen Zweck sollte ein Systemdiagnosekonzept geplant, entwickelt und umgesetzt werden. Eine solche Diagnose besteht aus einer Anzahl unterschiedlicher Tests. Die Resultate werden verglichen mit Bezugswerten oder Kennzahlen, die in Übereinstimmung mit bestimmten Standards oder zuvor gewonnen Ergebnissen vergleichbarer Test erstellt wurden. Die Tests können vom technischen Support durchgeführt und in einem Diagnoseprogramm gesammelt werden. Das Ziel ist die Stabilität und Funktionalität des gelieferten Produkts.

Systemmonitoring

Im Gegensatz zu Systemdiagnoseprogrammen, welche periodisch eingesetzt werden, wird ein System mittels des Monitoringverfahrens dauerhaft überwacht. Insofern übernimmt die Technologie beim Monitoring eine entscheidende Rolle, da die ständige Programmüberwachung ohne IT nicht durchzuführen ist. Wird das Monitoring vom Menschen überwacht, so werden die Ergebnisse in einer für ihn verständlichen Form entweder direkt am Bildschirm oder indirekt über andere Ausgabemöglichkeiten dargestellt. Dies bietet dem Mitarbeiter Informationen und hilft ihm, seine Entscheidungen zu treffen. Wird das Monitoring nicht direkt vom Menschen überwacht, so meldet sich das System im Sinne eines Management by Exceptions immer dann, wenn es maßgebende Abweichungen vom Soll-Zustand gibt. In einer solchen Situation sind die automatischen Prozeduren gewöhnlich nicht ausreichend und menschliches Eingreifen ist notwendig.

Protokollanalyse

Neben der Systemdiagnose und dem Systemmonitoring sind automatisch oder manuell erstellte Protokolle des Produkt- bzw. Systemverhaltens ein passendes Werkzeug für die Integration und den Betrieb. Kritisch ist hier die Auswirkung, die die Erstellung eines Protokolls auf das Gesamtverhalten des Systems haben könnte. Die Protokollierung selber kann verändertes Systemverhalten verursachen und die gesuchte Information nicht liefern. Daher ist es sinnvoller, die Protokolldumps bereits von Beginn an in das produktives System einzubetten und so zusammen zu testen. Damit wird das Verhalten in der Produktion nicht verändert, während wir zugleich von den gesammelten Informationen profitieren, die einer späteren Phase der Protokollanalyse unterworfen sind. Technisch ausgereifte Systeme stellen automatische oder manuelle Datenbankenerneuerungen und Vergleiche zur Verfügung, die zweckmäßige Vorschläge für eventuell notwendige Handlungen generieren (siehe Kapitel 16:00 Wissensmanagement).

Produktsystem, Betriebsmanagementsysteme und -werkzeuge

Zahlreiche verfügbare produktspezifische Werkzeuge (z. B. HP Open View, Tivoli, Big Brother etc. für IT-Produkte) unterstützen Diagnostik, Monitoring und Protokollanalyse. Die sogenannten Produktmanagementsysteme kümmern sich heutzutage nicht nur um den technischen Aspekt des Produkts, sondern bieten eine effektive Unterstützung für den Geschäftsprozess (z. B. Kundenbetreuung) oder Anwendermanagement. Es gibt Gebäudemanagementsysteme, Autobahnmanagementsysteme, Homeentertainmentmanagementsysteme usw. Die Wahl sollte getroffen werden auf der Grundlage der Betriebskriterien, die für den Anwender relevant sind. Der Produkthersteller ist normalerweise dazu in der Lage, ein zweckmäßiges System zumindest zu empfehlen oder ist gar daran interessiert, es selbst zu liefern.

15:32 Verfahren zur mitarbeiterbezogenen Integration

Schulungen und Workshops

Schulungen und Workshops sind die hauptsächlichen Werkzeuge, um den Anwendern ein neues Produkt vorzustellen. Dies sieht HERMES 5 ebenfalls so (Mourgue d'Algue et al. 2013). Sie thematisieren direkt die Neuerungen in den Geschäftsprozessen und die Fähigkeiten, die notwendig sind, um mit dem neuen Projekt umgehen zu können. Die Schulungen und Workshops senken aber auch psychologische Barrieren gegen Veränderungen. Die Schulung welche nicht nur auf den Seh- und Hörsinn zielt, sondern zusätzlich den Tastsinn berücksichtigt dient der Berücksichtigung aller Lerntypen. Mittels Tastsinn lernen besonders viele Menschen, weshalb die Reduktion des Frontalunterrichts zugunsten der kurzen Erklärungen mit anschließender Gelegenheit, die Dinge am System „live" zu erfassen, dem Lernprozess dienlich ist. Somit wird auch die Schulung zum Workshop. Die wechselseitige Kommunikation zwischen Trainer und Gruppe liefert ein unmittelbares Feedback.

Komplizierte und schwer fassbare Dinge sind zudem grafisch darzustellen, so dass das System bzw. dessen Komponenten „gesehen" werden können. Vor allem bei

Softwareprodukten ist dies aufgrund der dem Benutzer verborgenen Abhängigkeiten und Prozesse zentral.

Die Effektivität der Schulung bzw. das neu erworbene Wissen ist mittels geeigneter Lernkontrollen zu überprüfen. Dienlich im Sinne der Effektivitätsverbesserung einer Schulung ist auch die Abgabe bzw. zur Verfügungsstellung von Handouts oder Dokumentationen, in welchen die Mitarbeiter bei späteren Fragen nach Antworten suchen können. Dieses Verfahren ermöglicht den effizientesten Umgang mit neuen Wechselbeziehungen und Prozessen.

E-Learning

In früheren Zeiten unterstützten Textbücher und Arbeitsblätter das individuelle Lernen zu Hause. Diese Textbücher und Arbeitsblätter wurden dann auf elektronischen Datenträger gespeichert und sind offline (z. B. auf CD) oder online verfügbar. Die einfachsten sind Wissenskompendien, die dem Abruf von Wissen dienen. Google ist unter diesen das bekannteste und am meisten eingesetzte Onlinetool. Anspruchsvollere Hilfsmittel sind produktspezifisch und bieten unmittelbare interaktive und häufig unterhaltsame Formen des selbständigen Lernens an. Die letzteren bemächtigten sich ungerechtfertigterweise der Bezeichnung E-Learning, obwohl auch andere Formen diese Bezeichnung verdient haben.

Coaching

Bis zu welchem Ausmaß Schulungen, Workshops und E-Learning auch immer ausgedehnt werden, die Anwender werden immer Fragen haben, die aufkommen, sobald sie erst mit dem eigentlichen System in Berührung kommen. Durch die Unterstützung mittels der Möglichkeit ihre Ansichten im Austausch mit einer sachkundigen Person zu überprüfen, wird die Akzeptanz des neuen Produkts wie auch die Leistung der Anwender gefördert. Dies ist es, was ein zweckmäßiges Coaching zu leisten vermag.

Floorwalking

Eine besondere Form von Coaching, die in der Einführungsphase wichtig ist, ist das sogenannte Floorwalking. Die Experten sind in der unmittelbaren Nähe der produktiv angewandten Produkte und können sofort die Anwender, aber auch die Betreiber und die Wartungs- und Serviceteams kompetent unterstützen.

Superuser

Während des Prozesses der Bereitstellung eines neuen Produktes, gewinnt ein Anwender manchmal durch persönliches Interesse an dem Produkt, anderweitige Wissensquellen oder auch durch einfache Beteiligung am Projekt, vertieftes Wissen und Kompetenzen im Einsatz und in der Anwendung des Produktes. Während der Einführung aber oft auch lange danach unterstützt dieser Anwender seine Kollegen und vermittelt das relevante Wissen. Solche besonders kenntnisreichen Anwender nennen sich Superuser, aber sie werden oft auch einfach als „Mr. Produkt" bekannt...

Kommunikation zwischen den Stakeholdern

Neben denen, die direkt in die Bereitstellung unseres Produktes involviert sind, gibt es auch verschiedene andere Stakeholder, die an den durch unser Produkt eingeführten Veränderungen und Innovationen interessiert oder gar in diese involviert sind. Eine zweckmäßige Kommunikation während der Integration entlang der Prozeduren, beschrieben in Kapitel 02:00 Kommunikationsmanagement, hilft dabei, auch diese Personen zu integrieren.

15:33 Verfahren zur prozessbezogenen Integration
Systemdiagnose in Bezug auf das Prozessumfeld

Die oben beschriebenen Techniken (s. o. Unterkapitel 15:31 Produktintegration): Systemdiagnose, Monitoring und Protokollanalyse können ebenso effizient bereitgestellt werden, um die Prozessintegration zu unterstützen. In der Systemdiagnose bewerten wir die Interaktion vor Kurzem eingeführter oder veränderter Prozesse innerhalb ihres unverändert gebliebenen Umfelds. Mit gezielten Handlungen können bestimmte Geschäftsprozessabläufe initiiert werden, um das Prozessumfeld zu testen. Dabei kann das Diagnoseverfahren aus Interviews mit betroffenen Mitarbeitern, Prozessschritt-Zeitmessungen oder prozessübergreifender Verfolgungen einzelner Arbeitspakete inkl. der Protokollierung der Beobachtungen bestehen.

Monitoring und Protokollanalyse können während des Integrationsprozesses benutzt werden. Sie sind jedoch eher Mittel einer kontinuierlichen Betriebsverbesserung und werden demnach dem Prozess des Qualitätsmanagements zugeordnet (siehe Kapitel 11:00 Qualitätsmanagement QM).

Tests in Bezug auf Notfall- und Ausnahmeszenarien

Im Zusammenhang mit neuen Systemen werden auch neue Notfall- und Ausnahmeszenarien eingeführt. Die Herangehensweise nach dem V-Modell ist hier ebenso zu empfehlen (Jenny 2001; Cadle und Yeates 2008). Im ersten Schritt werden die isolierten partikulären Prozessketten initiiert und auf ihre Leistung im Umgang mit Notfall- und Ausnahmesituationen getestet. Wenn diese Leistung akzeptabel ist, werden sie in die Prozessumgebung integriert und hinsichtlich ihrer Auswirkung auf andere vernetzte Prozesse in Ausnahme- und Notfällen getestet (siehe Tabelle 15:00-1 oben). Indem falsche Pakete durch das System geschickt werden (wie z. B. Bombensimulatorgepäck in der Luftfrachtlogistik), kann der Schwachpunkt aufgespürt werden. Geplante (Protokollanalyse) oder nach Bedarf initiierte Interviews mit Personen liefern die notwendigen Daten, um festzustellen, wie anfällig die gesamte Prozessumgebung bei Notfall- und Ausnahmesituationen ist, die von unserem neuen Produkt ausgelöst werden und wie wirksam die Fallback- und Notfallszenarien sind.

15:40 Vorlagen

15:41 Projektmanagementbezogene Dokumente

Ein gut geplanter und organisierter Integrationsprozess spiegelt sich im Integrations- und Migrationskonzept wider. Die in Tabelle 15:00-2 aufgelisteten Punkte sind zu regeln.

Tabelle 15:00-2 Integrations- und Migrationskonzept

0	Zusammenfassung
1	Zweck des Dokuments
2	Anforderungen
\multicolumn{2}{|l|}{Beschreibt die technischen 3P-Anforderungen an die Integration und die Migration}
3	Integrationskonzept
\multicolumn{2}{|l|}{Beschreibt die Regelungen zwischen der Einführung des neues Systems und der Migration von bestehenden Systemen, insbesondere: – Abgrenzungen und Verantwortlichkeiten der Einführung – Abgrenzungen und Verantwortlichkeiten der Migration – Eskalationswege}
4	Einführungskonzept
\multicolumn{2}{|l|}{– Funktionale und nicht funktionale Integration – Vorhandene Dateneingabe und System-Setup – Betriebskonzept des neuen Produkts}
5	Migrationskonzept
\multicolumn{2}{|l|}{Beschreibt den Migrationsprozess, insbesondere: – Funktionale und Datenmigration – Parallele Nutzung des vorhandenen und des neuen Produkts als Projektergebnis – Notfall-, Ausnahme- und Fallbackszenarien}
6	Planung und Organisation
\multicolumn{2}{|l|}{– Integrations- und Migrationsorganisation – Zeitplanung – Ressourcenplanung (Personal, Sachmittel, Dienstleistungen) – Kommunikationskonzept}

7	**Risikobetrachtungen**
	– Integrations- und Migrationsorganisation
8	**Deinstallierung der ersetzten Komponenten**
	Beschreibt die notwendigen Maßnahmen für die Entfernung der ersetzten Komponenten, insbesondere: – Entfernen von überflüssigem Material – Dokumentation der letzten Produkte/Prozess/Menschen-Konstellation vor den Veränderungen – Kommunikationskonzept für die durch Migration betroffenen Organisationseinheiten

Die optimalen Tests wurden in einem Testkonzept entwickelt und dokumentiert, welches die in Tabelle 15:00-3 aufgelisteten Punkte enthält:

Tabelle 15:00-3 Testkonzept (umfassend HERMES 5 Inhalte)

0	**Zusammenfassung**
1	**Zweck des Dokuments**
2	**Testziele**
	Beschreibt die Testziele unter Berücksichtigung der Ausgangssituation, bekannter Probleme und Vorgaben aus dem Model des Qualitätsmanagements, die Qualitätsmerkmale und -anforderungen.
3	**Teststrategie**
	Umfasst die gewählten Teststrategien und Testarten.
4	**Testrahmen**
	Beinhaltet detaillierte (organisatorische und technische) externe Erfordernisse, Testannahmen, Bedingungen für den Testtyp und Testabbruch, Testumgebung, Testinfrastruktur, Konfigurationsmanagement, Daten bezüglich des Tests und der Testorganisation.
5	**Testvorgehen**
5.1	**Testmethoden und Testfälle**
	Beinhaltet die Testmethoden und einen Überblick über die Möglichkeiten der Testanwendung, Testobjekt- und Testfallbeschreibung.
5.2	**Abdeckungsmatrix**
	Die Matrix dokumentiert die Abdeckung der Testobjekte durch die Testfälle.
5.3. Planung	
	Der Testplan bestimmt das logische und zeitliche Vorgehen beim Testen.

6.	Ausweichszenarien
	Beschreibt das Vorgehen bei erfolglosen Tests.

15:42 Produktbezogene Dokumente

Ein Beispiel der in einem Projekt erreichten Ergebnisse ist u. a. die Beschreibung neuer oder modifizierter Prozesse. Dieses Dokument beinhaltet die in Tabelle 15:00-4 aufgezählten Punkte:

Tabelle 15:00-4 Beschreibung des Geschäftsprozesses

0	Zusammenfassung
1	Zweck des Dokuments
2	Übersicht der Prozessumgebung (Ebene 0)
	– Beschreibung, Präsentation einer „Vogelperspektive" der gesamten Landschaft. – Identifikation der veränderten Teile
3	Struktur der Prozesse (Ebene 1)
	– Diagramm für Prozesse und Subprozesse – Beschreibung der Prozesse und Subprozesse – Geplante oder umgesetzte Prozessszenarien – Systeme der Vermessung von Prozessleistungen – Rollen
4	Aktivitäten (Ebene 2)
	– Beschreibung der Prozesse vor der Einführung von neuen Produkten – Einzelaktivitäten in den betroffenen neuen Prozessen – Angaben betreffend des Zeitaufwandes und der Einführungsplanung
5	Dokumente und Instrumente
	– Anleitung zur Prozessdurchführung – Benutzerhandbuch – Informationsblätter – Bedienungs- und Betriebsanleitungen
6	Anhänge
	– Testprotokolle – Relevante Prozessänderungen – Zusätzliche Dokumentation

15:00 Integrationsmanagement IM

15:50 Phasenaufgaben und -ergebnisse

15:51 Initiierungsphase

Aufgaben:
- Integrationsmanagementsystem unter Berücksichtigung von internen und externen Standards, Richtlinien und Normen entwickeln

Ergebnisse:
- Integrationsmanagementsystem

15:52 Planungsphase

Aufgaben:
- Test-, Integrations-, Einführungs-, Migrationskonzepte erarbeiten
- Geschäftsorganisationskonzept erarbeiten
- Betriebskonzept prüfen oder neu erarbeiten
- Test-, Integrations-, Einführungs-, und Migrationspläne unter Berücksichtigung folgender Aspekte erstellen:
- Testinfrastruktur
- Produkte
- Personen (Menschen)
- Prozesse (Geschäftsprozesse)
- Planung für Schulungen, Workshops, E-Learning und Coaching
- Vorbereitung für Notfallszenarien

Ergebnisse:
- Test-, Integrations-, Einführungs-, Migrations-, und Betriebskonzepte
- Geschäftsorganisationskonzept
- Test-, 3P-Integrations-, Einführungs-, und Migrationspläne
- Testplan
- Testinfrastruktur
- Notfallszenarien

15:53 Umsetzungsphase

Aufgaben:
- Testinfrastruktur und die benötigte Umgebung (Integration, Abnahme, Referenz, Schulung usw.) realisieren
- Integrationstests, Feldtests und destruktive Tests durchführen
- Schulungen, Workshops und Coaching vorbereiten und durchführen
- Überprüfung der Notfallszenarien vorbereiten und durchführen

- Prozessanpassung vornehmen
- Kommunikation in Bezug auf die Integration des neuen Produktes einleiten und sicherstellen
- Projektprodukt einführen
- Integration durchführen
- Migration durchführen
- Geschäftsorganisation realisieren
- Geschäftsorganisation aktivieren
- Betrieb realisieren
- Betrieb aktivieren
- Die Dokumentation vorbereiten und zur Verfügung stellen. Die Erfahrungen und Erkenntnisse aus dem Projektverlauf im Wissensmanagement einfließen lassen
- Abschließenden Dokumentation vorbereiten

Ergebnisse:
- Diverse benötigte Umgebungen sind funktionstüchtig
- Protokolle/Protokolle der Testresultate/Berichte über die Testergebnisse
- Erstellte und umgesetzte Test-, Integrations-, Einführungs-, Migrations-, Geschäftsorganisations- und Betriebskonzepte
- Dokumentation

15:54 Abschluss- und Evaluationsphase

Aufgaben:
- Schulungen, Workshops und Coaching auswerten und abschließen

Ergebnisse:
- Protokolle/Protokolle der Testresultate/Berichte über die Testergebnisse
- Einführungsprotokoll
- Integrationsprotokoll
- Migrationsprotokoll
- Beschreibung der neuen Geschäftsorganisation und Geschäftsprozesse
- Komplette Datenbank für das Wissensmanagement

Literaturverzeichnis

Cadle, J./Yeates, D. (Hrsg.) (2008) Project Management for Information Systems, Englewood Cliffs.

HERMES 2005 (2005): Führen und Abwickeln von Projekten der Informations- und Kommunikationstechnik (IKT). Systemadaptation, Bern.

15:00 Integrationsmanagement IM

ISO/IEC 20000-1:2011 (2011): Information Technology-Service management – Part 1: Service management system requirements, ICS 03.080.99, 35.020, Genf.

ISO 21500:2012 (2012): Guidance on Project Management, ICS 03.100.40, Genf.

Jenny, B. (2001): Projektmanagement in der Wirtschaftsinformatik, Zürich.

Mourgue d'Algue, H. (2013): HERMES 5. Projektmanagementmethode für alle Projekte. Referenzhandbuch, Bern.

OGC (2011): ITIL® V3 complete suite – Lifecycle Publication Suite, London.

SEI (2010): CMMI® for Services, Version 1.3, CMU/SEI-2010-TR-034, ESC-TR-2010-034, Pittsburgh.

16:00 Wissensmanagement WM

Kurze Übersicht

Worum geht es?

Wissen bedeutet das Verstehen von Mustern. Erfolgreiches Projektmanagement beruht auf anfänglichem und im Projekt gewonnenem Wissen des Projektteams. Das Wissensmanagement WM sichert einen effizienten Austausch beider Wissensarten.

Wer ist gefordert?

Die Rolle des Wissensmanagers erfordert eine kommunikative Handhabung und eine benutzerfreundliche, effiziente Anwendung der Werkzeuge des Wissensmanagements (WM). Das Projektmanagementbüro führt diese Aufgabe kompetent aus.

Welche Bedeutung hat der Prozess?

Die Bereitschaft, das implizite ebenso wie das neu erworbene Wissen aller Projektteammitglieder zu teilen, ist einer der entscheidenden Erfolgsfaktoren.

Wie geht man vor?

Zunächst sollten Strategie, Prozess, Technologie, Mitarbeiter und Organisationskultur des Wissensmanagements festgelegt werden. Es sollten ein benutzerfreundliches Wissensmanagementsystem erstellt und ein Projektmanagementhandbuch (PMH) formuliert werden. Der Wissensfluss soll festgelegt und moderiert werden. Das Team sollte dazu ermutigt werden, sein Wissen stets zu entwickeln.

Wo liegen die Herausforderungen?

Technologie ist ein Mittel und nicht die Lösung. Zunächst muss das Wissen des Teams ermittelt werden. Dann sollte eine sinnvolle, zielorientierte Strategie für das Wissensmanagement ausgewählt werden. Als nächstes wählen Sie einen geeigneten PMO-Beauftragten aus und legen Sie die tatsächlich funktionierenden Prozeduren für den Wissensaustausch fest.

Was entscheidet über den Erfolg?

Vertrauen Sie nicht nur der Technologie und den Prozeduren. Wissen ist in den Köpfen und die Bereitschaft, dieses zu teilen, ist der Torwächter. Tun Sie das Äußerste, um die Teammitglieder zu einem freien Wissensaustausch zu motivieren. Unterstützen Sie sie mit den von ihnen gewünschten Mitteln, drängen Sie ihnen ihre Präferenzen nicht auf und überfordern Sie die Teammitglieder nicht mit Berichten. Lernen Sie durch die überwundenen Hindernisse.

16:00 Wissensmanagement WM

Prozess

Grundlegend sind eine klare Strategie, Prozeduren und das WM-System. Ein Projektmanagementbüro (Project Management Office, PMO) soll eingerichtet und ein Handbuch soll ausgearbeitet werden. Danach soll der Zyklus der Wissensabfrage, der -ausbreitung und des -austausches stattfinden. Prüfen Sie, ob der Austausch funktioniert oder ob Gründe in Erscheinung treten, die es notwendig machen, das Wissensmanagement zu optimieren – wenn nötig, sollte ein Änderungsantrag eingereicht werden. Der Prozess sollte regelmäßig wiederholt werden.

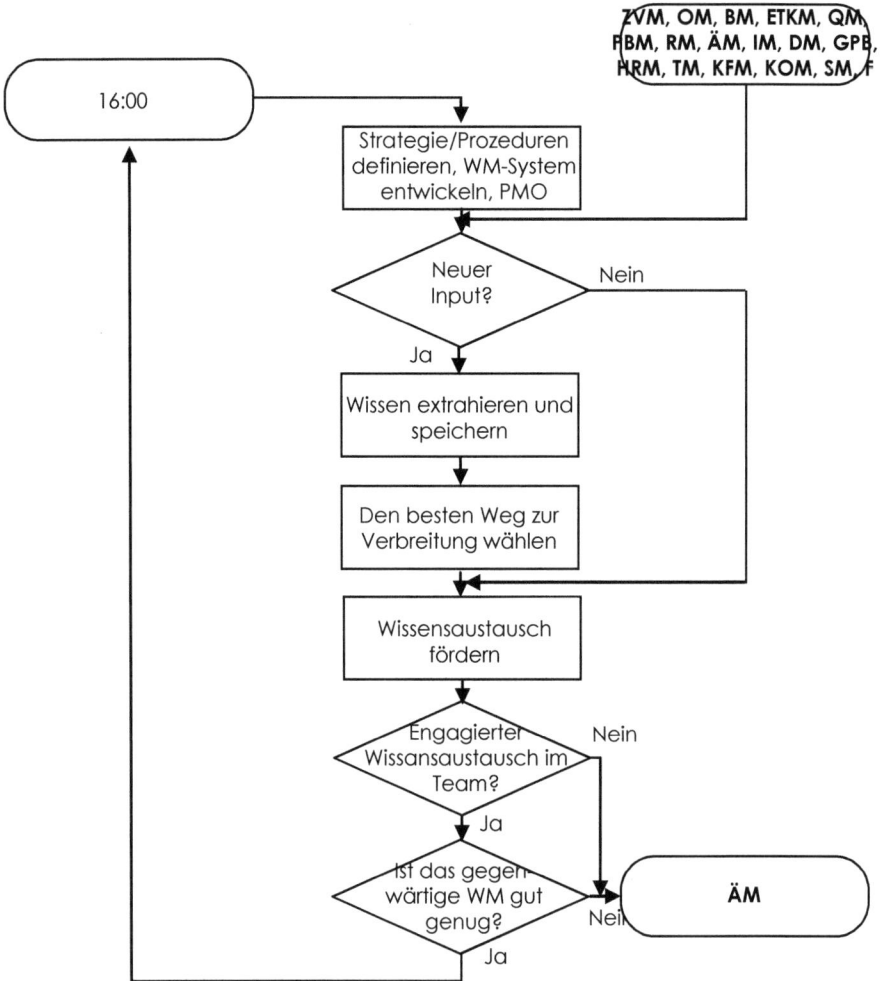

Abb. 16:00-1 Ablauf des Wissensmanagements im Projekt

16:10 Ziel des Wissensmanagements WM

Das Ziel des Wissensmanagements ist es, zum Vorteil des Projekts und zukünftiger Unternehmungen den Wissensaustausch zwischen den Teammitgliedern zu fördern.

16:20 Methoden

Wissen wird in der ISO 21500:2012 ausschließlich im Prozess 4.3.8 Erfahrungserfassung (engl. Collect lessons learned) behandelt, welcher in der Abschlussprozessgruppe platziert ist und somit nur nach dem Ende des Projekts ausgeführt wird. Obgleich die Beschreibung dieses Prozesses eine kontinuierliche Wissensakquisition und -verbreitung explizit fordert (ISO 21500:2012 2012). Lediglich Informationen – ohne dass diese qualifiziert werden – werden in den der Kommunikation gewidmeten Prozessen behandelt (siehe 02:00 Kommunikationsmanagement KOM).

Noch schwächer fällt dieser Punkt in HERMES 5 aus. Es sind hier kein Prozess und keine gesonderten, dem Wissensmanagement gewidmeten Aufgaben vorgesehen. Allerdings wird an vielen Stellen (z. B. bei der Problembehandlung oder dem Projektabschlussentscheid) implizit die Aufgabe der Erfahrungserfassung angeregt. Die in HERMES 5 beschriebene Rolle „Projektunterstützung" (Project Office) hat – im Gegensatz zum später hier beschriebenen Projektmanagementbüro (PMO) – keinen Bezug zum Wissensmanagement (Mourgue d'Algue et al. 2013).

Weil Wissen ein Erfolgsfaktor im Projekt ist, werden der Prozess wie auch die methodischen Hilfsmittel weiter unten als für das Projekt wichtiger Wissensmanagementprozess angemessen betrachtet

16:21 Was ist Wissen?

Der Begriff „Daten" wird verstanden als unstrukturierte und kontextunabhängige Zeichenketten. Kontextualisierte Daten mit einer klaren Struktur konstituieren Informationen. Wissen ist die Summe der Kenntnisse und Fähigkeiten, die eine Person zur Lösung eines Problems anwenden kann. Wissen basiert auf Daten und Informationen, aber anders als diese ist es immer verbunden mit einer Person (Probst 1999).

Wissen und Kontextunabhängigkeit

Während Informationen uns erlauben Beziehungen nachzuvollziehen, resultiert Wissen aus dem Verstehen der Muster. Die Kontextunabhängigkeit nimmt zu.

Fundiertes Wissen führt zum Verstehen der Regeln und der zugrundeliegenden Prinzipien und mündet in Weisheit (siehe Abb. 16:00-2).

Die Einzigartigkeit von Projekten erzeugt partikuläres Wissen, welches verbunden mit dem durch die Teammitglieder eingebrachten impliziten Wissen eine solide Wissensgrundlage für das Projekt darstellt. Je tiefgreifender dieses Fundament ist, desto besser sind die Projektergebnisse: Es entstehen weniger Fehler und die Wahrscheinlichkeit, die Projektziele rechtzeitig und im Rahmen des geplanten Budgets zu erreichen, steigt.

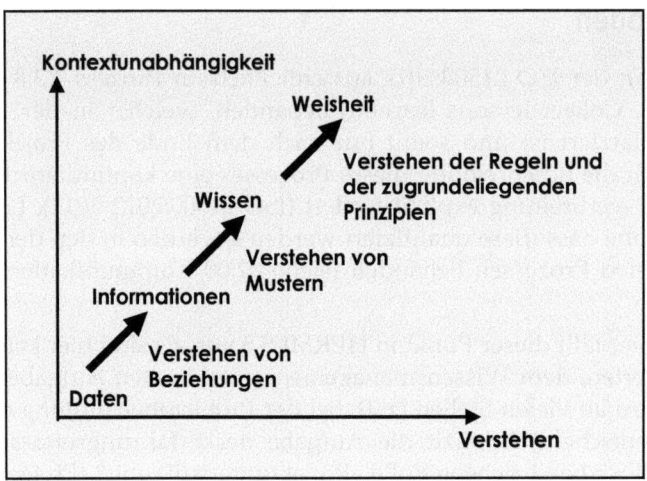

Abb. 16:00-2 Verstehen vs. Kontextunabhängigkeit wissensbezogener Begriffe

16:22 Implizites und explizites Wissen
Implizites Wissen

Implizites Wissen ist an ein Individuum gebunden. Es ist unstrukturiert, persönlich, oft abhängig von Kontext und Lebenserfahrung, schwer zu erklären und meistens nicht dokumentiert. Beispiele für implizites Wissen sind:

- Persönliche, unstrukturierte Kenntnisse und natürliche Begabungen
- Während der Ausbildung erworbene Fähigkeiten, Fertigkeiten und Kenntnisse
- Kenntnisse eines Teammitglieds über organisatorische Prozesse im Projekt und rund um das Projekt
- Wissen über Projekt und Kooperationen
- Undokumentiertes persönliches Wissen über das Unternehmen, die Konkurrenz und den Markt

Dieses Wissen ist hochgradig relevant für den Projektverlauf: Wird es von seinem Besitzer angewandt, ist es im höchsten Maße operationell und effizient.

Explizites Wissen

Explizites Wissen ist auf Papier, in Datenbanken, E-Mails, Fotografien und Videos aufgezeichnetes und anderen zur Verfügung stehendes Wissen. Zum Beispiel:

- Projekthandbuch
- Unternehmensregeln
- Meetingprotokolle
- Datenbank anderer umgesetzter oder laufender Projekte
- Verbesserungsvorschläge

16:23 Implizit-Explizit Wissensmanagement-Modell

Implizites Wissen reflektiert verschiedene unbewusste (aber dennoch effiziente) Prozesse eines Individuums, welche im Wesentlichen nicht kontrollierbar sind und unbemerkt bleiben.

Erfolgreiches Wissensmanagement im Team wird von der Effizienz der Umwandlung von implizitem (unbewussten) Wissen in explizites (öffentliches, anderen zugängliches) bestimmt.

Nonakas Wissenstransformationsmodell

Nonaka und Takeuchi (Nonaka 1995) entwarfen ein Modell, das seitdem als Japanisches Modell der Wissenstransformation (ang. SECI-Modell) bekannt ist (siehe Abb. 16:00-3). Das Modell spiegelt einen Prozess wider, der während des permanenten Kreislaufs des Austausches zwischen implizitem (Sozialisierung (S) und Externalisierung (E)) und explizitem Wissen (Kombination (C) und Internalisierung (I)) stattfindet:

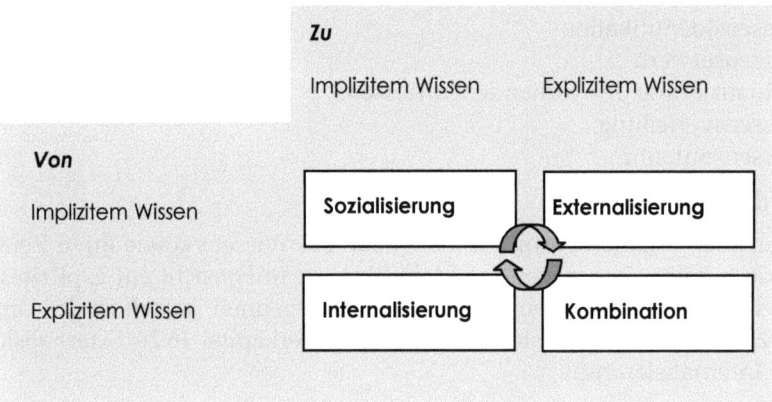

Abb. 16:00-3 Wissenstransformationsmodell (SECI-Modell) von Nonaka und Takeuchi

16:24 Struktur der Wissensmanagementebenen
Ebenen des Wissensmanagements
Das Wissensmanagement im Projekt spielt sich auf drei wichtigen Ebenen ab:
- Normativ. Die Projektziele sollen allen Projektteammitgliedern ständig gegenwärtig sein. Die Wiederholung des Zielverwirklichungsmanagementprozesses (siehe Kapitel 07:00 Zielverwirklichungsmanagement ZVM) aktualisiert die Ziele.
- Strategisch. Um die Projektaufgaben umzusetzen, müssen die Teammitglieder über bestimmte Kenntnisse verfügen. Dies wird im oben erwähnten Zielverwirklichungsmanagementprozess erläutert. Die notwendigen Fähigkeiten werden im Organisationsmanagement festgelegt (siehe Kapitel 08:00 Organisationsmanagement OM) und den Rollenbesitzern zugeordnet. Lücken werden so weit wie möglich im Human Ressource Management bestimmt (siehe Kapitel 20:00 Human Ressource Management HRM).
- Betriebsbedingt. Dies ist das Kernziel des Projektwissensmanagementprozesses: die Strategie zu umzusetzen, um die Projektziele zu erfüllen. In der Praxis zielt der Prozess darauf ab, die Lücken zwischen dem angestrebten Wissen (welches sich dynamisch weiterentwickeln kann) und dem gegenwärtigen impliziten und expliziten Wissen zu schließen.

16:25 Betriebsbedingtes Wissensmanagement
Ziele des betriebsbedingten Wissensmanagements sind die institutionelle Ermutigung der Mitarbeiter und die Unterstützung des Wissenstransformationsprozesses in Projektteam (Lent 2011).

Hierbei können verschiedene aufeinanderfolgende Subprozesse identifiziert werden:
- Wissensidentifikation
- Wissenserwerb
- Aktualisierung des vorhandenen Wissens
- Wissensverteilung
- Wissensnutzung

Wissensidentifikation
Die Wissensidentifikation bestimmt die Quelle des Wissens sowie ihren Reifegrad und markiert es für eine zukünftige Identifikation. In Hinsicht auf explizites Wissen handelt es sich um eine rein technische Angelegenheit, jedoch ist der Umgang mit implizitem Wissen herausfordernd (siehe Unterkapitel 16:26 Externalisierung und 16:29 Internalisierung).

Wissenserwerb

Der Wissenserwerb verläuft auf zweierlei Art:
- Erzeugung auf Anforderung
- Artikulation einer Erfahrung

Wenn eine Situation im Projekt erreicht wird, die nach bestimmtem Wissen verlangt, muss dieses Wissen erworben werden. Eine sorgfältige Identifikation des notwendigen Wissens ermöglicht das ungehinderte Voranschreiten im Projekt. Im besten Fall wird das Wissen innerhalb des Projektteams identifiziert, ob nun implizit oder explizit.

Im Falle eines Mangels an bestimmten Fähigkeiten, um die vorhandenen Probleme und Aufgaben zu lösen, entsteht die Notwendigkeit, Informationen außerhalb des Projekts zu erwerben. Dies kann sowohl durch Rekrutierung von Experten, durch Kooperation mit Kunden oder Zulieferern oder auch durch den Erwerb des Wissens von anderen Unternehmen geschehen.

Die Artikulation einer Erfahrung sollte durch Projektorganisationsregeln ausreichend unterstützt werden, wie beispielsweise durch Zusammenfassungen von oder Berichten über ausgeführte Handlungen. Im Folgenden werden zwei Fälle des Erwerbs von Erfahrungen dargestellt, die unsere Fähigkeit, sie zu artikulieren, beeinflussen:
- Strukturierte Erfahrungen wie Kurse, Schulungen, vordefinierte Handlungsketten. Hier kann das erworbene Wissen bereits gekennzeichnet werden.
- Zufällig erworbene Erfahrungen: gelegentliche, oft unvorhersehbare Lerneffekte, welche sehr vom Kontext und dem zuvor vorhandenen impliziten Wissen des Teammitglieds abhängen. Eine Kategorie für offene Fragen und die Möglichkeit, diese beispielsweise mittels einer E-Mail an jemanden im Projekt zu wenden, sollte hier hilfreich sein.

Aktualisierung des vorhandenen Wissens

Schon sehr bald, nachdem das Wissen erworben ist, kommt auch die Erkenntnis, dass es in der einen oder anderen Art und Weise für die weitere Verwendung vorbereitet sein muss, damit es nicht statt zur angestrebten Effizienz zu Defiziten in der Projektumsetzung kommt. Die Aktualisierung des Wissensarchivs setzt sich mit diesem Problem auseinander. Entlang des Identifikations- und Markierungssystems wird das erworbene Wissen evaluiert. Ist es einmalig oder neu im Projekt, wird es in die Wissensbasis aufgenommen und im Sinne einer einfachern Abrufmöglichkeit markiert.

Wissensverteilung

Im Prozess der Wissensverteilung wird das bereits identifizierte vorhandene Wissen verbreitet. Es mag schon implizites Wissen in den Köpfen einiger weniger sein.

Es mag auch sehr einfach sein, explizites Wissen im Projektarchiv zu nutzen. Die Präsentationsform orientiert sich am Abnehmer des Wissens: manche Personen bevorzugen visuelle Präsentationen, manche ein Telefonat.

Das Ziel ist nicht, jedem sämtliches Wissen für jeden Bereich zu vermitteln. Eine zielorientierte Wissensverteilung führt die normativen und strategischen Ebenen des Wissensmanagements aus.

Wissensumsetzung

Die Wissensumsetzung kann nur zum Teil von der Projektorganisation kontrolliert werden – größtenteils kommt es auf das Wohlwollen und die Motivation des Teammitgliedes an. Man stößt auf individuelle Barrieren, welche die Anwendung des vorhandenen Wissens verhindern. Diese können sowohl persönlicher (es ist einfacher, alte Gewohnheiten zu behalten, als sich gegenüber Neuem zu öffnen) als auch kultureller Art sein (die Furcht, um Rat zu bitten, da dies als Schwäche interpretiert werden könnte). Die Bereitschaft, vorhandenes Wissen im Projekt zu anzuwenden, muss unterstützt werden, indem ein kulturelles Bewusstsein für die Wissensumsetzung geformt wird. Fragen beweisen Lernbereitschaft und können nicht als mangelnde Kompetenz wahrgenommen werden. Der Projektmanager ist verantwortlich für eine Vertrauenskultur, die für die Bereitschaft, vorhandenes Wissen umzusetzen, essenziell ist.

In den folgenden Kapiteln wird gezeigt, wie das betriebliche Wissensmanagement die Wissenstransformationsprozesse unterstützt.

16:26 Externalisierung

Die Externalisierung geschieht, wenn implizites Wissen in explizites Wissen umgewandelt werden soll.

Folgende typische Alltagssituationen spiegeln die Notwendigkeit für Externalisierung wider:
- Wissen muss zwischen zwei Teammitgliedern ausgetauscht werden
- Daten und Informationen müssen für externe Projektpartner umgehend in einer für sie angemessenen Form verfügbar sein
- Wissen eines bestimmten Teammitglieds muss dem Projektteam und einem Unternehmen zur Verfügung gestellt werden, so dass im Falle irgendwelcher Probleme die Hilfe von Experten schnell möglich ist

Wie geht man vor?

Wissensidentifikation

Es handelt sich um implizites Wissen. Die Externalisierung kann nur dann frei stattfinden, wenn die Zielperson wirklich motiviert ist, dieses zu liefern (erzwungene Wissenspreisgabe ist hier ausgeschlossen, da dies für die in diesem Buch behandelten IT-Projekte definitiv nicht funktionieren wird und daher ungeeignet ist).

Geeignete Methoden der Identifikation können sein:
- Direkte Befragung
- Tests, bevorzugt in unterhaltsamer oder interessanter Form
- Interaktive Erfahrungen unter Beobachtung

Wissenserwerb

Eine angeforderte Externalisierung kann von konkreten Problemen initiiert werden, die von einem Teammitglied gelöst werden sollen. Die Externalisierung von artikulierten Erfahrungen kann durch Verbesserungsanträge, geplante Berichte sowie dokumentierte Workshops und Meetings gefördert werden.

Aktualisierung des vorhandenen Wissens

Das dokumentierte Wissen kann in identifizierter und markierter Form auf einem für das Projekt freigegebenen Datenmanagementsystem gespeichert werden.

Wissensverteilung

Die Verteilung expliziten Wissens folgt den üblichen Organisationspfaden: Subskribenten, direkte Empfänger, Foren und andere klar umrissene Wege. Die entscheidenden Fragen sind:
- Ist das Wissen für folgende Projekte oder für das Unternehmen von Bedeutung?
- Welcher Inhalt sollte in welchem Rahmen gespeichert werden?
- Betrifft das vorliegende Wissen irgendwelche persönlichen Daten?

Wissensnutzung

Die Nutzung expliziten Wissens kann teilweise durch eingeführten Kontrollschritte während des Aufgabenablaufs stipuliert werden. Die Ergebnisse werden entsprechend evaluiert. Im größeren Rahmen hängt es von der Motivation ab – also sollte die Bereitschaft des Teammitglieds Wissen zu nutzen mittels der in Kapitel 06:00 Führung, Unterkapitel 06:23, beschriebenen Methoden angeregt werden.

16:27 Kombination

Die Kombination erfolgt, wenn neues explizites Wissen auf Grundlage des bereits verfügbaren entwickelt werden soll. Ein gutes Beispiel hierfür ist die Konzepterarbeitung in einem Projekt.

Wissensidentifikation

Das explizite Wissen ist verfügbar, also besteht das Problem eher darin, den richtigen Identifikationsmechanismus zu finden und die richtigen Markierungen zu kennen. Am besten ist die Methode des Lernens durch eine Übung. Durch Fortschritte in z. B. der Konzepterarbeitung werden die Rückfragen immer präziser und die Suche wird fokussierter sein. Dies bezieht sich gleichzeitig auf projektinterne Daten (z. B. Leistungsbeschreibungen für die Kunden) wie auch auf öffentliche Daten (z. B. Internetsuche).

Wissenserwerb
Der Erwerb expliziten Wissens besteht in der Gewinnung des identifizierten internen oder externen Wissens.

Aktualisierung des vorhandenen Wissens
Das Archiv des identifizierten expliziten Wissens ist normalerweise verfügbar, also besteht selten die Notwendigkeit, es erneut zu laden. In den meisten Fällen sind die getesteten Identifikationsmarkierungen (z. B. Links zu den entsprechenden Internetseiten) gespeichert.

Wissensverteilung
Die Verteilung benutzt dieselben Maßnahmen wie beim expliziten Wissen (siehe Unterkapitel 16:26).

Wissensnutzung
Die Wissensnutzung ist in diesem Fall einfacher zu kontrollieren, da die Subprozesse des Erwerbs, der Aktualisierung der Wissensbasis und der Verteilung von explizitem Wissen so oft wie nötig wiederholt werden können. Die Notwendigkeit mehrerer Versionen von Dokumenten, bevor der Kunde einer Endabnahme zustimmt, ist allgemein bekannt.

16:28 Internalisierung

Die Internalisierung beginnt in den meisten Fällen dort, wo die beiden vorangegangenen Prozesse aufhören: bei der Wissensnutzung.

Man kann eine Zusammenstellung verschiedener Dokumente erarbeiten und trotzdem Schwierigkeiten haben zu erklären, was man gerade geschrieben hat (erinnern Sie sich an Ihre Prüfungen?). Der Internalisierungsprozess ist eine Zeit beanspruchende Angelegenheit, die kognitiver Fähigkeiten und entsprechender Motivation bedarf.

Wissensidentifikation
Die Quellen des (expliziten) Wissens sind verfügbar, daher stellt die Identifikation kein Problem dar.

Wissenserwerb
Der Erwerb von (explizitem) Wissen stellt ebenso keine Herausforderung dar (siehe oben).

Aktualisierung des vorhandenen Wissens
Hier beginnen die Komplikationen: Das persönliche intellektuelle Archiv (das Gedächtnis) kann variieren: manche Menschen benutzen ihre linke Gehirnhälfte, die

die algorithmische Beziehungen zur neuen Information aufbaut, andere platzieren die Information in der assoziationenorientierten rechten Gehirnhälfte und erschaffen Objektgruppen (Langham 1966). Wenige von uns benutzen nur einen externen Speicher (z. B. digitale Assistenten). Wie auch immer, hier wird bereits der Externalisierungsprozess initiiert... Man kann nur beobachten und versuchen, den gewählten Weg eines Projektmitarbeiters zu unterstützen.

Wissensverteilung

Das Wissen wird hier intern bearbeitet. Der Verteilungsprozess spricht die kognitiven Fähigkeiten an. Man kann versuchen, bestimmte mentale Prozesse zu fördern, jedoch sind die Ergebnisse außerhalb unserer Reichweite.

Wissensnutzung

Das Ergebnis internalisierten Wissens ist in der Regel unvorhersehbar. Durch die Festlegung bestimmter Regeln kann eine Richtung, die zu den Lösungen führt, angeregt werden, jedoch gibt es hier keine Grenzen der Zeit, der Kosten oder der Ziele. Dies ist ein typischer Fall komplexer Problemlösung in innovativen Bereichen.

16:29 Sozialisierung

Die Sozialisierung ist womöglich einer der wichtigsten Wissensentwicklungsprozesse des Projekts. Wie vorhin erwähnt, gibt es in jedem Projekt einen beträchtlichen Anteil impliziten Wissens. Eine gute Organisation erkennt den Wert dieses Wissens und unterstützt vollumfänglich und uneingeschränkt die Sozialisierung.

Wissensidentifikation

Es mag außer Frage stehen, aber in den meisten Fällen ist es zufällig. Die Wissensidentifikation hängt von der Aufmerksamkeit der erwerbenden Person ab. Wenn wir sozialisiert sind, akzeptieren wir für gewöhnlich die Personen in unserer nächsten Umgebung, was im Gegenzug die Wahrnehmung zufälliger Nachrichten erleichtert. Zielorientierte Personen filtern aus der Vielzahl der irrelevanten Information die wenigen heraus, die ihren persönlichen Zielen dienen.

Durch Einbeziehung der Personen, von denen wir erwarten, dass sie das richtige Wissen besitzen und durch das Aufbrechen des Eises während des ersten Kontaktes schaffen wir eine förderliche Atmosphäre für Sozialisierung.

Wissenserwerb

Der Wissenserwerb hängt vollkommen von der Bereitschaft der wahrnehmenden Person ab. Also sollte die Quelle psychologisch und sozial akzeptiert sein, die Atmosphäre von Zeitdruck und Stress befreit und für Kommunikation förderlich sein (eher im Café als in der Disco).

Erneuerung des vorhandenen Wissens

Die Entwicklung impliziten Wissens wird bereits im Zusammenhang mit der Internalisierung angesprochen und hier kann nicht viel mehr getan werden, um diesen Subprozess zu unterstützen.

Wissensverteilung

Die Wissensverteilung ähnelt hier dem Prozess der Internalisierung. Der direkte soziale Kontakt erlaubt zusätzliche Fragen und Erklärungen, welche dabei helfen könnten, das erworbene Wissen besser in unserem Gedächtnis abzuspeichern.

Wissensnutzung

Der Prozess der Wissensnutzung ist derselbe Prozess wie im Falle der Internalisierung. Es gibt ein hohes Risiko für Missverständnisse und darauffolgende falsche Schlussfolgerungen. Wir können hier die Projektmitarbeiter hinsichtlich der Abschätzung der Qualität und des Risikos sensibilisieren.

Während des ganzen Prozesses der Speicherung von Informationen spielt die Klassifikation des von Mitarbeitern gesammelten Wissens eine entscheidende Rolle für seine Anwendbarkeit. In gesamten Prozess der Wissensidentifikation, -extraktion (Erwerb), -verbreitung und -speicherung muss sich ein Projektmitarbeiter stets die folgenden Fragen stellen:

- Ist das Wissen für folgende Projekte oder für das Unternehmen von Bedeutung?
- Welcher Inhalt soll gespeichert werden und in welchem Rahmen?
- Steht das verfügbare Wissen auf eine persönliche Art mit den Mitarbeitern in Verbindung?

Je besser Projektmitarbeiter die Ziele des Wissenserwerbs im Projekt oder des Unternehmens verstehen und persönliches Engagement aufbringen, desto höher werden die Qualität und Effektivität der gesammelten Informationen sein.

16:30 Techniken und Werkzeuge

Wissensentwicklung führt zuerst zur bewussten Erzeugung und zur nachfolgenden Identifikation des entstehenden neuen Wissens. Das Wissensmanagement im Projekt besteht aus gemeinsam im Team bearbeiteten Arbeitsschleifen und umfasst implizites sowie explizites Wissen (siehe Abb. 16:00-4).

Im Folgenden werden ausgewählte technische und organisatorische Werkzeuge vorgestellt, die das explizite Wissen unterstützen.

Motivation und Techniken der menschlichen Kommunikation, welche eine Wirkung auf das implizite Wissen haben, werden später in den dem Faktor Mensch gewidmeten Kapiteln dieses Buches beschrieben.

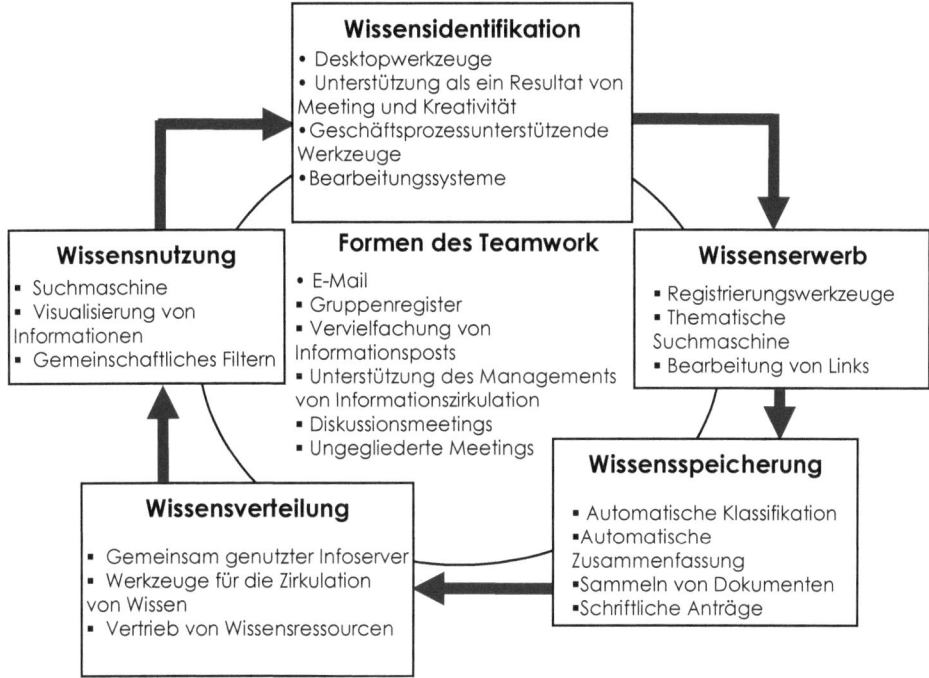

Abb. 16:00-4 Unterstützung des Wissensflusses im kooperierenden Projektteam

16:31 Datenstrukturierung und -markierung
Struktur der Datenbank

Die Effektivität aller organisatorischen und technischen Lösungen ist gegeben durch Genauigkeit und Systemlogik der gespeicherten Dateien.

Die meisten Such- und Sammelmaschinen wenden eine bestimmte Logik beim Durchsuchen der Daten an. Die Beobachtung und Planung der Regeln und Strukturen während des Projektablaufs sichert einen funktionierenden Wissenstransfer im Projekt.

Die Struktur der abgespeicherten Dateien sollte einer bestimmten, dem Projektteam vertrauten Logik folgen. Beispielsweise durch Spezifikation der Datenstruktur entlang des L-Timer® kann der in einzelnen Dokumenten behandelte Gegenstand klar zugeordnet werden (alle risikobezogenen Evaluationen können in Kapitel 13:00 Risikomanagement RM gefunden werden).

Es ist ebenso von Vorteil, eine Konvention für die Datenbenennung festzulegen, z. B. „P" für Protokolle, „B" für Berichte, gefolgt vom Titel-Schlüsselwort, einer zweistelligen Versionszahl und dem Datum der Erstellung/Änderung. In einigen Systemen ist das Datum, von Jahreszahl an beginnend, der Anfang des Dateinamens.

Die Markierungskonvention kann so weit gehen, dass auch interne Namen von Gegenständen definiert werden, ebenso wie ihre Position, wenn beispielsweise Tabellenwerkzeuge benutzt werden.

Angemessene Markierung nimmt viel Zeit in Anspruch. Dies wird normalerweise jedoch vom Unternehmen vorgeschrieben und die Projekte müssen die entsprechenden Regeln üblicherweise befolgen.

16:32 Werkzeuge zur Datenaufbewahrung und zu ihrer Extraktion
Aktenarchiv

Konventionelle Maßnahmen wie Aktenarchive usw. sind für kleinere Projekte ausreichend. Bei Projekten mit mehreren Teammitgliedern und einer Dauer von einem bis zwei Jahren werden das Erfassen, Bearbeiten oder Analysieren, das Archivieren und Abrufen von Informationen durch Verwendung eines elektronischen Systems effizient unterstützt.

Dateiverwaltungssystem

Die einfachste und im Projektmanagement schon bewährte Praxis sind Dateiverwaltungssysteme. Alle Dateien werden in linearen Baumstrukturen abgespeichert. Der Zugang wird gewährt basierend auf den Zugangsregelungen des Datensystems oder den Rechten in den Objektverwaltungssystemen (Active Directories).

Es ist sinnvoll, ein vernetztes Datenverwaltungssystem zu errichten, da die Datenbank in diesem Fall weniger anfällig ist für einzelne Fehler und über das Netzwerk mehreren Personen den Zugang ermöglicht. Das Team kann ein Intranet nutzen, die Sponsoren und Stakeholder ein auf sie zugeschnittenes Intranet und andere interessierte Gruppen können sich den Zugang über das Internet verschaffen.

Wissensdatenbank

Die Grenzen einer linearen Dateistruktur beschränken eine breite Wissensverteilung. Die unterschiedlichen Möglichkeiten Ketten, Anfragen, Kreuzevaluationen und Statistiken zu erzeugen, gepaart mit einer automatischen Versionskontrolle sind die bevorzugten Datenbankanwendungen. Mehrere weltweit operierende Unternehmen wie IBM oder Accenture verwalten ihr Unternehmenswissen mit solchen Werkzeugen. Nachteile sind wegen des entsprechenden Zeitaufwandes die Dateneingabe und – insbesondere bei Projektfachwissen – meistens inadäquaten Antworten auf projektmanagementbezogene Anfragen. Wissensdatenbanken sind in langfristiger Sicht effektiv, dafür aber weniger variabel als etwa Speicher für Fachwissen wie beispielsweise spezielle technische Lösungen.

Eine spezifische Lösung bieten hier speziell konstruierte Wiki-Datenbanken, die sich sehr einfach sowohl ergänzen wie auch verwenden lassen.

Plattformen für Zusammenarbeit

Plattformen für Zusammenarbeit wie z. B. Sharepoint oder Knowledge Tree kombinieren den kontrollierten Zugang mit der Datenbank und verteilen simultan Arbeit an Teams, welche geographisch entfernt voneinander arbeiten.

Suchmaschinen

Suchmaschinen wie etwa simple Internetbrowser helfen, gespeicherte Dateien oder Informationen vorrangig in Dateiverwaltungssystemen wiederzufinden, aber nur wenige kommen auch mit Datenbanken und selbst mit einfachen Dateistrukturen zurecht.

16:33 Werkzeuge zur Wissensevaluation

Analyse mittels Kreativität

Eine einfache Datenanalyse kann mittels kreativer Verfahren oder einem Pro-Kontra-Abgleich durchgeführt werden (Kapitel 07:00 Zielverwirklichungsmanagement ZVM). Mittels der stochastischen Wahl werden einzelne Gegenstände gesucht – das Endergebnis könnte jedoch zu subjektiv ausfallen. Daher sollte eine solche Analyse von mehreren voneinander unabhängigen Personen durchgeführt und die Resultate sollten in einer zweiten Phase verglichen und diskutiert werden. Die Analyse kann auch von einem Expertenteam durchgeführt werden (z. B. die Delphi-Technik, siehe Kapitel 10:00 Management von Ergebnissen, Terminen, Kosten ETKM, Unterkapitel 10:34 Verfahren zur zeitbezogenen Ist-Situationserfassung bzw. zur zeitbezogenen Abweichungsanalyse).

Analyse mit den Werkzeugen der Statistik

Eine numerische, insbesondere statistische Analyse kann mittels der Verwendung von Statistikwerkzeugen durchgeführt werden – das simpelste Werkzeug wären Excel-Kalkulationstabellen. Wie bei jeder Analyse sollte auch hier, um zuverlässige und übereinstimmende Resultate zu erzielen, zunächst das erwartete Ziel der Analyse durchdacht werden und ferner auch wie die Daten aufeinander bezogen werden sollten. Auf diese Weise können z. B. der am häufigsten nachgefragte Gegenstand oder die Gesamtmenge bestimmter Quellen evaluiert werden.

Datenbankanfragen

Eine weitere, recht simple Möglichkeit der Datenanalyse basiert auf einer stochastischen Anfrage an die Datenbank. Die meistgestellten Fragen können in Befragungsprogrammen gespeichert werden, welche diese entweder manuell oder automatisch aufrufen. Solche Programme können auch an ein elektronisches System numerischer Indizes angeschlossen werden, welches in bestimmten Fällen eine automatische Befragung ermöglicht.

16:34 Werkzeuge zur Unterstützung des Arbeitsflusses
Arbeitsflusswerkzeuge

Gut definierte Prozeduren ermöglichen die Entwicklung von Werkzeugen zur Unterstützung des Arbeitsflusses. Die Ergebnisse von Tätigkeiten sind eng verbunden mit einer eingeschränkten Auswahl der folgenden Schritte. Diese Tätigkeiten werden durch mögliche Szenarien, auszufüllenden Dokumenten und explizitem Wissen aus den vorangegangenen Handlungen unterstützt und hängen von keiner bestimmten Person, d. h. von implizitem Wissen ab. Ein typisches Beispiel sind Call-Center. Die Unterstützung des Arbeitsflusses zeigt sich am Beispiel eines projektunterstützenden Werkzeugs, dass bei der Selektion bestimmter Tätigkeiten dem Mitarbeiter nur das damit verbundene explizite Wissen anzeigt (Methoden, Techniken, Projektphase usw.) (siehe Abb. 16:00- 5).

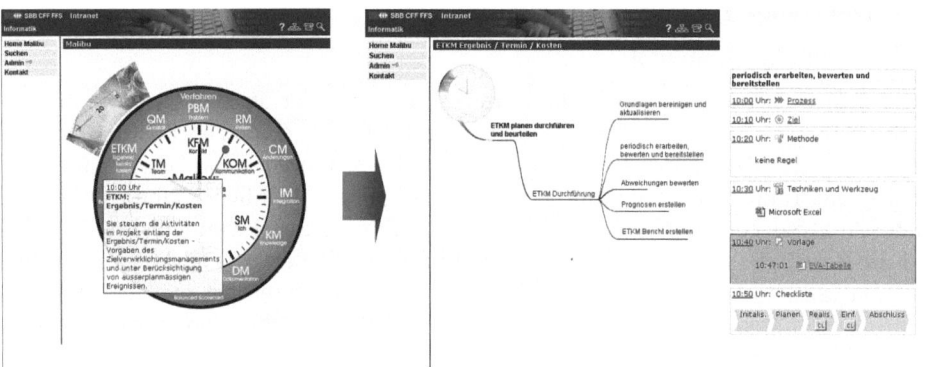

Abb. 16:00-5 Beispiel für Werkzeuge zur Unterstützung des Arbeitsflusses: Handbuch für Projektmanagement

16:35 Projektmanagementbüro (Project Management Office, PMO)
Das Projektmanagementbüro PMO

Die Effizienz der Entwicklung des expliziten wie des impliziten Wissens kann substantiell unterstützt werden durch die Auswahl eines Teammitglieds, welches für das PMO verantwortlich ist. In diesem Sinne geht das PMO wesentlich weiter als die Projektunterstützung (Project Office PO) in HERMES 5, welche nur zur Ausführung der an sie delegierten Aufgaben vorgesehen ist.

Handlungen des PMO

Das PMO sorgt für ein gutes Wissensmanagement und eine stets auf den letzten Stand gebrachten Projektwissensdatenbank bzw. eines -ablagesystem. Implizites Wissen wird aktiv durch zielgerichtete Verbreitung expliziten Wissens sowie durch zielgerichtete kommunikative und organisatorische Handlungen unterstützt

(z. B. fördern engerer Zusammenarbeit der Personen, die für den Arbeitsfluss entscheidend sind, Moderierung der Kreativitätsinseln (Beispiel Google (Google 2012/2013) usw.).

16:36 Das Projektmanagementhandbuch

Ein typisches Projektmanagementhandbuch

Eine Option bei der Auswahl der zu befolgenden Prozeduren für das Projektteam besteht darin, die Unternehmensregeln oder einen verbreiteten Standard zu befolgen. Jedoch sind manche Aspekte für ein bestimmtes Projekt zumeist irrelevant (jedes Projekt ist an sich einzigartig), andere für das Projekt relevante Aspekte werden gar nicht behandelt. Es werden Abläufe gefordert, ohne dass ihre Umsetzung beschrieben wird (Methoden, Werkzeuge) und es Methoden genannt, welche nie zum Einsatz kommen werden.

Ein an den Erfordernissen orientiertes Projektmanagementhandbuch

Die einzige sinnvolle Herangehensweise ist es zuerst festzustellen, welche Handlungen im Projekt notwendig sind. Dies fängt bei den Erwartungen des Kunden sowie den formalen Erfordernissen des Unternehmens und den rechtlichen Anforderungen an, gefolgt von den auf die Projektziele ausgerichteten Projekttätigkeiten. Im nächsten Schritt sollten die geeigneten Methoden, Werkzeuge, Formulare und Checklisten ausgewählt werden, die für die entsprechenden Handlungen relevant sind. Der allgemeine weiter unten präsentierte Ansatz gilt für alle Projekttypen:

Schritt 1: Erwartete Handlungen im Projekt aufzeichnen und strukturieren

Bei der Identifikation aller Handlungen werden diese in bestimmte homogene, konfliktfreie (bestenfalls orthogonale) Strukturen eingebettet und nach mehreren Kategorien gefiltert: Standards, der beste Fall, persönliche Erfahrung usw. (Abb. 16:00-6 stellt ein Beispiel der auf dem L-Timer® basierenden Struktur dar).

Schritt 2: Fähigkeiten und Erfordernisse bezüglich der erwarteten Ergebnisse ausführlich beschreiben und abwägen

Projektmanagement umfasst zwischen 500 und 2000 Handlungen (Lent 2010, S. 270). Es ist nicht realistisch zu erwarten, dass alle diese Handlungen bestmöglich umgesetzt werden können, zudem sind nicht alle Handlungen von gleicher Bedeutung. In diesem Schritt soll den Handlungen eine relative Wichtigkeit zugesprochen werden (z. B. indem eine Gesamtmenge von 100 % zwischen sieben Handlungen aufgeteilt wird, siehe Beispiel unten). Danach wird die Relevanz bestimmter Handlungen in der Ausführung spezifischer Rollen auf einer Skala von 0 bis 10 gewichtet. Für jede Rolle wird ein entsprechendes Profil definiert. Die Zuweisung ist nicht binär: 0 oder 1, eher werden bestimmte Aktivitäten hervorgehoben (10) und andere geringer gewichtet (2). So kann auch die Verantwortung bei Rückfallszenarien festgelegt werden (Stellvertreter). Abb. 16:00-7 bietet ein Beispiel für diese Herangehensweise.

16:00 Wissensmanagement WM

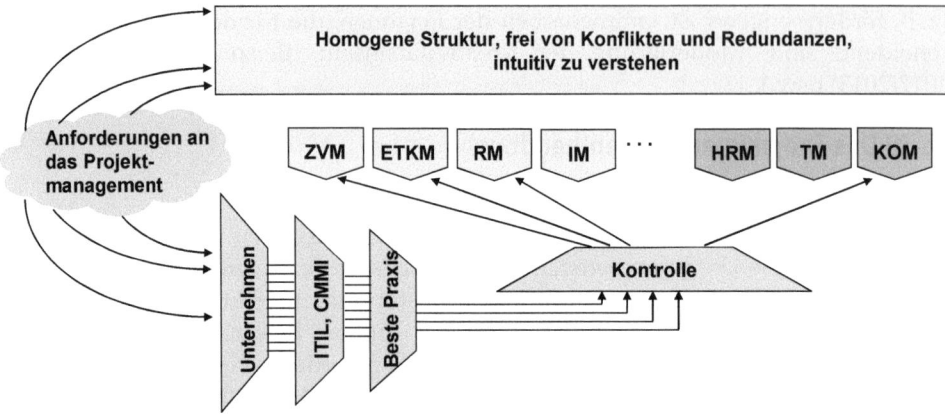

Abb. 16:00-6 Aufzeichnen und Strukturieren der Handlungen

Aktivität Beispiele	Wichtigkeit der Handlung Relativ %	Rollenrelevanz 0 - 10
Projektantrag formulieren	20	10
Anhand des Projektantrags eine Projektvision entwickeln	20	10
Rohfassung des Projektplans skizzieren	10	8
Projekthandbuch schreiben	15	2
Projektziele definieren	20	6
Projekt registrieren	5	10
Sammlung der Ergebnisse strukturieren	10	10

Abb. 16:00-7 Schritt 2: Gewichtung der Handlungen und Relevanz der Rollen

Schritt 3: Wie sollte der Projektmanager die Handlungen ausführen?

Das Verhalten eines spezifischen Projektrolleninhabers (z. B. Projektmanager) wird von einer Summe von Regeln vorgegeben: immer geltende B-Regeln (B steht für Basis, z. B. Reisekostenformulare, die ausgefüllt werden müssen) und solche, die von bestimmten Ereignissen abhängen: R-Regeln (R für relativ, z. B. kann die Realisierung erst begonnen werden, nachdem das Konzept angenommen worden ist).

16:30 Techniken und Werkzeuge

Alle Handlungen sollten entlang spezifischer Regeln ausgeführt werden: Methoden, Techniken, Werkzeuge, Vorlagen, Checklisten.

Also suchen wir nun nach Regeln, die die ausgewählten und gewichteten Handlungen betreffen und platzieren sie dementsprechend (siehe Abb. 16:00-8).

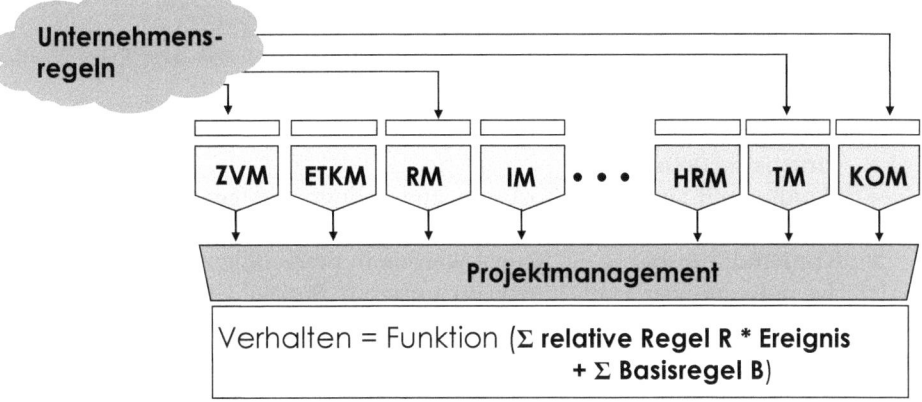

Abb. 16:00-8 Schritt 3: Zuordnung von Regeln zu Handlungen

Als Resultat kann die in Abb. 16:00-9 dargestellte exemplarische Matrix erreicht werden.

Aktivität Beispiele	Wichtigkeit der Handlung Relativ %	Rollenrelevanz 0 - 10	Methoden Techniken Vorlagen Checkliste			
Projektantrag formulieren	20	10	R1	R5	B1	ZVM
Anhand des Projektantrags eine Projektvision entwickeln	20	10		R2		ZVM
Rohfassung des Projektplans skizzieren	10	8		R3, B3		ZVM
Projekthandbuch schreiben	15	2	B1	B2	B8	ZVM
Projektziele definieren	20	6		R1		ZVM
Projekt registrieren	5	10	B1	R3		ZVM
Sammlung der Ergebnisse strukturieren	10	10	B1			ZVM
	Inhalte Ereignisorientiert Immer geltend		Projekthandbuch = Σ relative Regeln R und Σ Basisregeln B			

Abb. 16:00-9 Handlungen und Regeln = Projektmanagementhandbuch

Es ist zu beachten, dass in dem Beispiel manche Positionen in der Tabelle leer bleiben. Dies ist des Öfteren der Fall: ein Kunde eines Unternehmens verlangt vom Projektmanager z. B. die Kontrolle der Kosten, legt jedoch selten eine Methode der Kostenevaluation fest: wie sollen die Resultate festgehalten werden (Tabellen- oder Textform?), sind irgendwelche Vorlagen verfügbar und welche Checkliste soll angewandt werden usw.?

Das entlang der oben dargestellten Schritte entwickelte, auf den Erfordernissen basierende Handbuch hat die folgenden Vorteile:

- Handlungen des verlangten Projektmanagements sind klar und widerspruchsfrei definiert
- Handlungen sind den Prozessen zugeordnet und gewichtet, so dass Entscheidungen nach Priorität getroffen werden können
- Nur handlungsbezogene Regeln werden in Betracht gezogen. Die Regeln für die notwendigen Handlungen in unserem Projekt werden herausgesucht. Die irrelevanten Regeln werden nicht berücksichtigt.
- Nur festgelegte Regeln sind gültig
- Wenn für eine bestimmte Handlung keine Regeln feststehen, darf der Projektmanager seine Vorgehensweise frei wählen
- Keine unnützen Theorien. Irrelevante Handlungen oder Regeln entfallen
- Das auf Erfordernissen basierende Projektmanagementhandbuch ist ein eindeutiger Vertrag zwischen dem Unternehmen und dem Projektmanager bezüglich dessen, was er wie zu tun hat

16:40 Vorlagen

16:41 Projektmanagementbezogene Dokumente

Das folgende Dokument reguliert die Nutzung der Projektwissensdatenbank (Tabelle 16:00-1):

Tabelle 16:00-1 Regeln des Wissensmanagements im Projekt

WM-Projektregeln	
0	Zusammenfassung
1	Zweck des Dokuments
2	Regelung des Datenabrufs (Datenakquisition)
Beschreibt die Benutzung der Werkzeuge des WM-Systems für das Projekt. Beinhaltet auch die Beschreibung der Benutzer und ihrer Berechtigungen.	

3	Regelung der Datenaktualisierung
Reguliert den Ablauf der Datenaktualisierung. Auch hier sind den einzelnen Anwendern, Projektpartnern usw. Rechte zuzuweisen.	
4	Systemverfügbarkeit
Sämtliche bekannte und eingeplante Systemunterbrechungen (z. B. aufgrund von Wartungs- oder Aktualisierungsarbeiten) sind aufzuführen und den Benutzern frühzeitig zu kommunizieren.	
5	Regelung der Statistikerfassung
Beinhaltet Statistiken zum Gebrauch, zu Ausfällen usw.	

16:42 Produktbezogene Dokumente

Als Beispiel wird im Folgenden ein Dokument aus dem Projektmanagement-Handbuch dargelegt (Tabelle 16:00-2):

Tabelle 16:00-2 Inhaltsverzeichnis des Projektmanagementhandbuchs

Projektmanagementhandbuch	
0	Zusammenfassung
1	Zweck des Dokuments
2	Liste der Quellen
Beschreibung der in den folgenden Kapiteln angewandten Informationsquellen	
3	Handlungen und Regeln des Projektmanagementprozesses
Handlungen und Regeln aus verbindlichen Dokumenten wie Kaufverträge, Firmenregeln; gewichtet und strukturiert, z. B.: - 18 Kapitel, jedes entsprechend eines L-Timer® -Prozesses - Ziele oder Rahmen jedes Kapitels (Prozess) - Handlungen des Prozesses gegeneinander gewichtet - Relevanz der Handlungen in Hinsicht auf die jeweiligen Rollen - Identifizierte Methoden, Techniken, Werkzeuge, Vorlagen, Checklisten für jede Handlung	
4	Anhänge
Zusätzliche Informationen wie z. B. Abkürzungen, allgemeine Nachschlagedokumente.	

16:50 Phasenaufgaben und -ergebnisse

16:51 Initiierungsphase
Aufgaben:
- keine

Ergebnisse:
- keine

16:52 Planungsphase
Aufgaben:
- Planung der Strategien, Menschen und Organisationskultur für das WM
- Identifikation des verfügbaren impliziten und expliziten Wissens mittels geeigneter Maßnahmen
- Analyse der Projektziele in Hinsicht auf das WM
- Erste Einschätzung der Wissensdefizite im Team
- Überprüfung der WM-Prozesse und der Organisationskultur im Team
- Projektmanagementbüro einrichten
- Im Team Subprozesse der Datenakquisition im WM entwickeln
- Datenbank des WM entwickeln
- Im Team die Verteilungsprozesse für explizites und implizites Wissen entwickeln
- Das Initialwissen im Supportsystem und der Datenbank des KM festlegen
- System für Effizienzkontrolle des WM entwickeln und festlegen
- Projektmanagementhandbuch PMH entwickeln und festlegen
- Erste Überprüfung der Effizienz des WM im Projekt durchführen

Ergebnisse:
- Strategie, Prozesse und Organisationskultur des WM im Projekt definiert
- Implizites und explizites Wissen im Projekt identifiziert
- Projektmanagementbüro PMO ist in Betrieb
- Projektmanagementhandbuch PMH ausgearbeitet
- Supportsystem und Datenbank für das WM in Betrieb
- System für Effizienzkontrolle des WM in Betrieb
- Projektteam mit WM des Projekts vertraut
- Einzelne der im Projekt erworbenen Anwendungen des WM überprüft

16:53 Umsetzungsphase

Aufgaben:
- PMO und Supportsystem mit der Datenbank in Betrieb halten
- Team anregen, um implizites und explizites Wissen zu entwickeln
- PMH aktualisieren
- Effizienz des WM im Projekt überprüfen und geeignete Handlungen ausführen

Ergebnisse:
- Supportsystem für WM und PMO sowie Archiv erfolgreich umgesetzt
- Implizites und explizites Wissen weiterentwickelt
- PMH aktualisiert und eingesetzt

16:54 Abschluss- und Evaluationsphase

Aufgaben:
- Dieselben wie in der Umsetzungsphase, zusätzlich:
- Effizienz des WMs im Projekt evaluieren

Ergebnisse:
- Dieselben wie in der Umsetzungsphase, zusätzlich:
- Evaluationsbericht des WMs im Projekt

Literaturverzeichnis

Google (2012/2013): Playful and creative Google's Zurich Headquarters, posted 22 February 2012 by Slickzine, Los Angeles, http://slickzine.com/interiors/playful-and-creative-googles-zurich-headquarter/, Zugriff am 11. Februar 2013.

ISO 21500:2012 (2012): Guidance on Project Management, ICS 03.100.40, Genf.

Langham, M. E./Rosenthal, A. R. (1966): Role of Cervical Sympathetic Nerve in regulating intraocular pressure and circulation, in: American Journal of Physiology, Band 210, S. 786-794.

Lent, B. (2010) Andragogiczny koncept kształcenia prowadzenia projektów na Akademii Obrony Narodowej 2008 - 2010, (Andragogical concept of project management education at the University of National Defense 2008-2010), in: Scientific Journal of the National Defense University NDU, 3/2010, Warschau, S. 269-290.

Lent, B., (2011): Process Based Knowledge Management in Projects – the Tutorial Outline, in: Studies & Proceedings of Polish Association for Knowledge Management, Band 42, S. 98-113.

Mourgue d'Algue, H. Et al. (2013): HERMES 5. Projektmanagementmethode für alle Projekte. Referenzhandbuch, Bern.

Nonaka, I./Takeuchi, H.(1995): The Knowledge Creating Company, New York.

Probst, G. (1999): Wissen managen, Frankfurt am Main.

Schindler, M. (2001): Wissensmanagement in der Projektabwicklung, Köln.

17:00 Dokumentationsmanagement DM

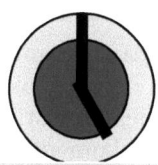

Kurze Übersicht

Worum geht es?

Die Dokumentation beinhaltet die empfängerkonformen Beschreibungen der vom Projekt gelieferten Produkte: für die Anwender, die Betreiber und den Service. Das Dokumentationsmanagement sichert eine korrekte und vollständige Ausarbeitung der Dokumentation während des ganzen Projektverlaufs.

Wer ist gefordert?

Gute Dokumentationsmanager sind Projektteammitglieder mit Erfahrung im Kundendienst, im Onlinesupport (Hotline), im Anwendungsbereich ähnlicher Produkte oder in dem geschäftlichen Bereich, in welchem die Projektergebnisse angewandt werden.

Welche Bedeutung hat der Prozess?

Service, Betreiber und Anwender kennen das Produkt meistens nicht. Die Dokumentation der Änderungen ist oft mangelhaft, allerdings sollen die Empfänger das Produkt benutzen und instand halten können – in manchen Fällen hat dies weitreichende finanzielle Auswirkungen. Daher ist eine gründliche Dokumentation äußerst wichtig.

Wie geht man vor?

Die Kriterien für und ein tragfähiges System des Dokumentationsmanagements sollten empfängergerecht bestimmt werden. Alle Neuerungen im Projekt sollten umgehend dokumentiert werden. Den Änderungsprozess bei Bedarf einbeziehen.

Wo liegen die Herausforderungen?

Benennen Sie ihren Dokumentationsmanager schon in der Projektinitiierungsphase. Beginnen Sie gleich bei der Projektinitiierung für die Anwender, die Betreiber und den Service zu dokumentieren. Beziehen Sie die Validierungsprozeduren und -ergebnisse sowie die Überlegungen zum Geschäftsprozess in einer empfängerkonformen Art mit ein. Verfolgen Sie alle Änderungen und aktualisieren Sie die Dokumentation rechtzeitig.

Was entscheidet über den Erfolg?

Fangen Sie mit den ersten Produktspezifikationen an und aktualisieren das Dokument während des Projektverlaufs fortlaufend. Teilen Sie die Dokumentation in empfängerkonforme Ergebnisse auf und fokusieren Sie jeweils das, was der jeweilige Empfänger tatsächlich wissen muss. Die Dokumentation der Ablaufsprozesse innerhalb des gelieferten Produktes sowie auch der Anwenderprozesse helfen häufig die kritischen Sonderfälle zu exponieren.

17:00 Dokumentationsmanagement DM

Prozess

Das Dokumentationsmanagement legt zunächst sämtliche Kriterien, Prozesse sowie ein Dokumentationsmanagementsystem (DMS) fest und überprüft während des Projektverlaufs durchgehend, ob eine Überarbeitung notwendig ist. Jeder die Dokumentation betreffende Antrag wird entlang der zuvor festgelegten Kriterien beurteilt. In begründeten Fällen werden zuerst die Produktbeschreibungen für den Service und danach die Dokumentation für die Betreiber und die Anwender angepasst. Der Antragsteller wird rechtzeitig darüber informiert, ob sein Antrag angenommen wurde. Erkenntnisse über zweckmäßige Verbesserungen initiieren den Prozess des ÄMs.

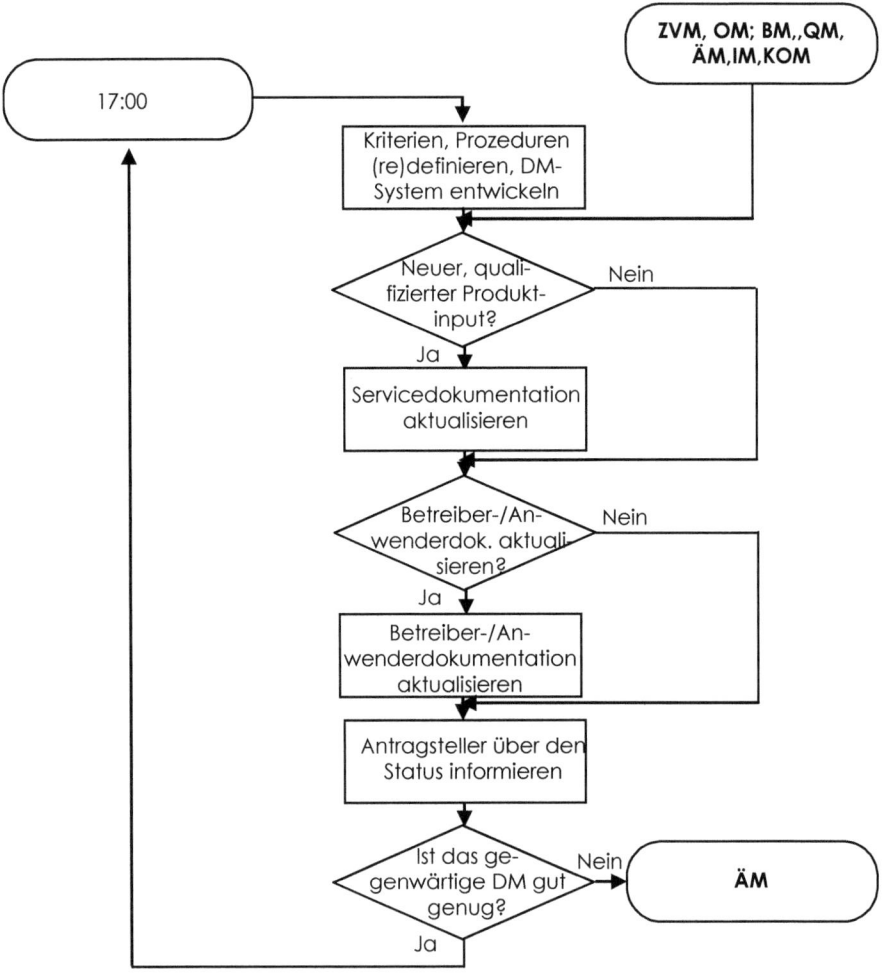

Abb. 17:00-1 Ablauf des Dokumentationsmanagements

17:10 Ziel des Dokumentationsmanagements DM

Das Ziel des Dokumentationsmanagementprozesses ist es, einen finanziell effizienten Service und Betrieb der Projektprodukte sicherzustellen und die volle Abnahme der empfängerkonform gestalteten Dokumentation durch die Anwender zu erreichen.

17:20 Methoden

ISO 21500:2012 sieht keinen der Dokumentation gewidmeten Prozess vor (ISO 21500:2012 2012). Ein Teil der Anforderungen wird in den ISO 21500:2012 Prozessen 4.3.38 Planen der Kommunikation, 4.3.39 Bereitstellen von Informationen und 4.3.40 Kommunikationsmanagement, ein Teil durch die Projektarbeitspakete (engl. Work Breakdown Structure WBS) abgedeckt.

HERMES 5 erwähnt zumindest zwei der Dokumentation gewidmete Ergebnisse: Eine Prototypdokumentation und eine nicht näher definierte Produktdokumentation, für deren Erstellung der Entwickler verantwortlich ist (Mourgue d'Algue et al. 2013). Weil die auf nachhaltige Nutzung ausgerichteten Projektaktivitäten und folglich die Projektbewertung und -akzeptanz durch die Benutzer entscheidend sind, werden diese hier in einem gesonderten, dem Dokumentationsmanagement gewidmeten Prozess zusammengefasst und optimiert.

17:21 Ausarbeitung der Dokumente

Die Dokumentation der Projektprodukte entsteht in allen drei Prozessbereichen (siehe Abb. 17:00-2):

- Produktionsprozess (liefert die Ergebnisse)
- Validierungsprozess (sichert die Übereinstimmung mit den vorgegebenen Spezifikationen) und
- Anpassung der Geschäftsprozesse (bearbeitet die mit dem betrieblichen Einsatz der Projektprodukte einhergehenden Änderungen)

und in jedem dieser Bereiche in allen Projektphasen:

- Initiierung (Ziele und Anforderungen)
- Planung (Konzepte, Spezifikationen, Leistungsbeschreibung, Strukturen, Überlegungen bezüglich der Anpassungen der Geschäftsprozesse)
- Umsetzung (Produktbeschreibung, Validierung, ausgeführte Testfälle, Rohfassung für die Bedienungsanleitung, Dokumentation der Änderungen)
- Abschluss und Evaluation (Implementierter Neubau des Geschäfts, Serviceanleitung, Betreiberanleitung, Anwenderanleitung)

17:00 Dokumentationsmanagement DM

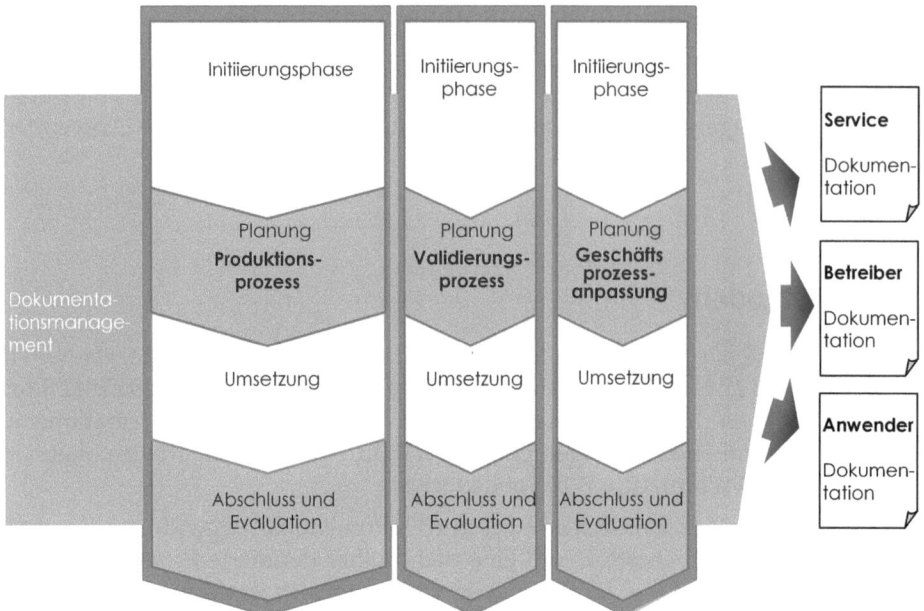

Abb. 17:00-2 Dokumentationsmanagement im Projektablauf

17:22 Servicebezogene Dokumente

Die Servicedokumentation sollte alle Informationen für eine kostengünstige Verwaltung und für die Sicherung der vereinbarten Servicequalität beinhalten. Dazu gehören insbesondere:

- Funktionale und nichtfunktionale Produktbeschreibungen basierend auf Zielen, Erfordernissen, Konzepten, Spezifikationen, Leistungsbeschreibung, allen Änderungen
- Systemarchitekturen, Strukturen, Schnittstellen, Benutzeroberflächen, eingeführte Sicherheitsmaßnahmen inklusive aller Änderungen
- Abnahmetestfälle, Validierung, Überprüfung sowie Testprozeduren und Ergebnisse
- Dokumentation der Servicesupportdiagnostik und der Verwaltungsmanagementsysteme
- Dokumentation der Serviceorganisation
- Serviceanleitung

17:23 Betreiberbezogene Dokumente

Betreiber bewegen sich zwischen Service und Anwender. Sie passen die Parameter vollständig einsatzfähiger Produkte an die tatsächlichen Bedürfnisse der Geschäftsprozesse an. Die betreiberbezogene Dokumentation besteht aus:

- Funktionale Beschreibung der Produkte inklusive aller Änderungen
- Eingeführte Sicherheits- und Betreiberautorisierung
- Beschreibung der Benutzeroberflächen
- Dokumentation der Anwendereinstellungen und Parameter
- Dokumentation der Betriebsstatistiken, Datensammlung und Verwaltungsmanagementsysteme
- Dokumentation der Servicekontaktstellen
- Dokumentation der geschäftlichen Kontakte
- Betreiberanleitung

17:24 Anwenderbezogene Dokumente

Anwender sind die eigentlichen Adressaten der Projektergebnisse. Die Anwender sollten mittels der Dokumentation ausreichend unterstützt werden, um entlang der durch die eingeführten Projektprodukte geänderten Geschäftsprozesse eine zufriedenstellende Leistung zu erbringen. Die anwenderbezogene Dokumentation besteht aus:

- Unterstützende Beschreibungen der Geschäftsprozesse
- Funktionale und nichtfunktionale Beschreibung des Produkts bezogen auf seine Unterstützung der Geschäftsprozesse
- Beschreibung aller Parameter und Einstellungen nach den vorgegebenen Werten
- Dokumentation der Betreiberkontakte
- Dokumentation der Servicekontakte (Eskalation)
- Anwenderanleitung

17:25 Effizienz- und Qualitätskriterien

Ergebnisse und ihre Dokumentation werden während des gesamten Projektablaufs von unterschiedlichen Projektmitarbeitern erzeugt. Die Effizienz und Qualität der Dokumentation werden von Kriterien, die in frühen Projektphasen festgelegt werden, sowie von unterstützenden Prozeduren und Werkzeugen bestimmt.

Inhaltliche Voraussetzungen

Zunächst muss den inhaltlichen Erwartungen der Empfänger entsprochen werden. Jede Gruppe hat ihre Bedürfnisse. In den meisten Fällen gehören dazu: eine kurze Einführung in den Projektrahmen bzw. die –ziele, eine Übersicht über die Funktionen, Parameter und Einstellungen für die Anwender sowie eine schnelle Fehlerverfolgung und entsprechende Korrekturprozesse.

So unterschiedlich wie die Empfänger sind, so unterschiedlich kann auch ihr Verständnis bezüglich dessen, was unter den obigen Punkten genau zu verstehen ist, sein. Daher sind der Beginn des Dokumentationsmanagementprozesses parallel zur Initiierung des Projektes, die frühzeitige Abstimmung der Form und der Inhalte und weiter eine Einbindung der Empfänger in den Prozess des Dokumentationsmanagementprozesses für den Erfolg des gesamten Projektes ausgesprochen wichtig.

Am Projekt nicht beteiligte Adressaten

Das wesentliche Unterscheidungsmerkmal der Zielgruppe des Dokumentationsmanagements im Vergleich zum Wissensmanagement ist die weitgehende Anonymität der ersteren. Sie sind normalerweise nicht am Projekt beteiligt und haben kein Wissen bezüglich weder des Produkts noch des Teams, das es entwickelt hat.

Daher müssen alle Dokumente auf eine Art und in einer Sprache geschrieben werden, die für Außenstehende vollkommen verständlich ist. Projektteammitglieder denken selten daran und benutzen oftmals spezifische Begriffe, Kontexte und Abkürzungen, die nur dem Projektteam selbst bekannt sind und machen die Dokumentation für die Unbeteiligte unverständlich. Eine Einbindung der Vertreter der Empfängergruppen in den Dokumentationsmanagementprozess im Projekt wirkt dem entgegen.

Anwendbarkeitskriterien der Dokumente

Entscheidend für alle Dokumente sind die Anwendbarkeitskriterien der Empfänger. Jedes Dokument soll einer der Form und dem Inhalt nach in einer dem Leser verständlichen Weise gestaltet werden. Während technikorientierte Beschreibungen für Service und Betreiber erlaubt sind, sollte für die Produktanwender deren Geschäftsprozesssprache verwendet werden. Während Englisch im Service und Betrieb de facto die Standardsprache geworden ist, sind Anwender ortsansässig und rechnen mit ihrer Heimatsprache.

Empfängerlogik hinsichtlich der DM-Kriterien

Zuletzt soll die Logik der Präsentation mit der üblichen Logik des Empfängerdenkens übereinstimmen: diese ist für Servicetechniker und Betreiber unterschiedlich und weicht bei den Anwendern noch mehr ab.

Kriterium des schnellen Zugriffs auf die notwendigen Informationen

Alle Empfänger bewerten die Nutzbarkeit der Dokumentation nach schnell zu überblickenden Referenzen. In den meisten Fällen nehmen sie die Dokumentation zur Hand, wenn sie sich mit einem Problem konfrontiert sehen, das mit ihrem gegenwärtigen Wissen nicht lösbar ist. Alle Maßnahmen für eine schnelle Suche – Schlüsselwörter, Randnotizen, eine transparente Struktur, verschiedene Computerbrowser, um nur ein paar zu benennen – helfen dabei, eine hohe Empfängerakzeptanz zu erzielen.

17:26 Dokumentationsmanager

Der Kern der Dokumentation wird vom Projektteam erzeugt. Es ist für sie schwierig, die alternative Denkweise eines unbekannten anonymen Empfängers zu übernehmen und dies auch noch auf dreierlei unterschiedliche Arten zu verinnerlichen. Ein Dokumentationsmanager, der die Erfahrung eines Anwenders, vorzugsweise auch die des Betreibers und des Servicemitarbeiters, mit sich bringt, ist die optimale Wahl für eine wirksame Schnittstelle zwischen dem Projektteam und den Empfängern der Dokumentation. Mitarbeiter eines Call-Centers oder Mitarbeiter einer Supportorganisation (Hotline) mit einigen kommunikativen Fähigkeiten füllen diese Rolle sehr gut aus.

17:27 Anwendung der Dokumentationsmanagementsysteme

Dokumentationsmanagementsysteme (DMS) sind eine geeignete Form der Unterstützung, um die Ziele des Dokumentationsmanagementprozesses zu erreichen. Ihre grundlegenden Vorteile sind:

- Verfolgung sämtlicher Änderungsabläufe
- Kontrolle der Freigabe von Dokumenten und neuer Versionen
- Kostengünstiges Speichern
- Schneller Abruf

Einen schnellen Abruf sichern hauptsächlich die Suchwörter und die Logik des Systems. Hier müssen zwei widersprüchliche Positionen vereint und der Widerspruch aufgelöst werden:

- DMS werden vom Projektteam eingesetzt
- DMS werden von der Service-, der Betreiber- und/oder von der Anwenderorganisation verwendet

Im ersten Fall ist der angemessene Inhalt, im zweiten die geeignete Anwendbarkeit sicherzustellen. Daher ist es sinnvoll, in der Anfangsphase des Projekts beide in Betracht zu ziehen und die Dokumentationsmanagementprozesse so zu skizzieren, dass die Vorteile beider Fälle im vollen Ausmaß genutzt werden können.

17:30 Techniken und Werkzeuge

Im Prozess des Dokumentationsmanagements können prinzipiell dieselben Techniken und Werkzeuge wie im Wissensmanagement angewandt werden. Jedoch sollte man dabei nicht vergessen, dass im DM-Prozess nicht die Manager oder das Projektteam die Zielgruppe bilden, sondern die Anwender und für die Systemverwaltung verantwortlichen Mitarbeiter, also Personen außerhalb des Projekts. Sie sind grundlegend nicht an der Vergangenheit des Projektverlaufs interessiert, sondern lediglich an einer vollständigen Dokumentation entsprechend ihrer Bedürfnisse.

17:31 Dokumentstruktur und Markierung

Wie im Wissensmanagement wird die Effektivität technischer Lösungen von der Genauigkeit und systematischen Logik der gespeicherten Dateien vorgegeben.

Diese Logik soll hierbei den Empfängergruppen und ihren individuellen Kriterien entsprechen. Die Struktur soll sich an den konkreten Bedürfnissen der Empfängergruppen orientieren. So sollten beispielsweise häufig gestellte Fragen gekennzeichnet werden.

17:32 Datenaufbewahrungs- und Abrufwerkzeuge

Aktenarchive

Grundlegend können alle Datenspeicher- und Abrufwerkzeuge auch im Prozess des Dokumentationsmanagements – so wie oben im Prozess des Wissensmanagements beschrieben – verwendet werden. In der aktuellen Praxis werden folgende Werkzeuge am häufigsten angewandt:

- Gedruckte Dokumente. Es ist einfach, diese unter anonymen Empfängern zu verteilen.
- Datensysteme, insbesondere mit push-in-Option. Diese werden besonders oft beim Betreiber und Servicesupport angewandt, denen die Adresse des Empfängers bekannt ist.
- Mit einem Browser verknüpfte Dokumentmanagementsysteme setzen sich derzeit durch, da Hersteller alle aktuellen Produktinformationen für jede Suchfunktion und jeden Browser zur Verfügung stellen. Zugangskontrollen trennen den geschlossenen Zugang für registrierte Anwender über das Intranet vom breiteren, anonymen, begrenzten öffentlichen Internetzugang.
- Wiki-Systeme (siehe weiter unten).

17:33 Datenverwaltungssysteme

DMS (s. o.) sind vorteilhaft, da sie gleichzeitig die Dokumentation unterschiedlicher Produktversionen handhaben können und somit sowohl dem Projekt wie auch den Empfänger der Projektproduktdokumentation dienlich sein können.

17:34 Wiki-Systeme

Zunehmend haben sich in dem Bereich der Dokumentationssysteme die Wiki-Technologien als praktikabel erwiesen. Das Wort „Wiki", abgeleitet von hawaiianischen „wiki wiki" (sehr schnell), bezeichnet die Lösungen, welche sehr einfach und effizient sind und sowohl im Intranet wie auch über das Internet angewendet werden können (Mertins und Seidel, 2009).

17:40 Vorlagen

17:41 Projektmanagementbezogene Dokumente

Ein Beispiel für das Inhaltsverzeichnis der Anwenderanleitung wird in der folgenden Tabelle 17:00-1 gegeben:

Tabelle 17:00-1 Inhaltsverzeichnis der Anwenderanleitung

Erstellen einer Anwenderanleitung	
0	Zusammenfassung
1	Zweck des Dokuments
2	Leistungsbeschreibung des Projekts
Die ursprüngliche Leistungsbeschreibung, Spezifikationen und andere verbindliche Dokumente werden hier aus der Sicht der Erfordernisse der Anwenderanleitung überprüft.	
3	Regelung für produktbezogenes Sammeln von Informationen
Legt fest, wie die Informationen während des Projektverlaufs gesammelt, zusammengestellt und gespeichert werden sollen.	
4	Regelung für die Handhabung von Änderungen
Legt fest, wie Änderungen in den Leistungsbedingungen und produktbezogene Änderungen in der Dokumentation dokumentiert werden sollen.	
5	Richtlinien für die empfängergerechte Präsentation der Dokumentation
Umfasst die Richtlinien für die Präsentation der Anwenderanleitung, welche von einem Vertreter der Anwender (vorzugsweise ein Meinungsführer) vereinbart und akzeptiert worden sind.	
6	Dokumentationsmanager und sein Dokumentationsteam
Die Rollen des Dokumentationsmanagers und seinen Teammitgliedern werden gemäß des Kapitels 08:00 Organisationsmanagement OM und den oben erwähnten Erwägungen bestimmt.	
7	Dokumentationsmanagementsystem
Der Dokumentationsmanager leitet die Auswahl angemessener Dokumentationsmanagementsysteme für das Projekt ein.	

17:00 Dokumentationsmanagement DM

8	**Prozessplanung des Dokumentationsmanagements**
Das eiserne Dreieck für das Dokumentationsmanagement wird evaluiert und bestimmt: Ergebnisse, Kosten und Zeitplan.	
9	**Protokoll der Schulungen und Coaching des Projektteams**
Die Effizienz des produktbezogenen Sammelns von Informationen hängt wesentlich von einer guten Zusammenarbeit des Projektteams ab, welche von angemessenen Schulungen und Coaching sichergestellt wird.	
10	**Fortschrittskontrolle bei der Ausarbeitung der Anwenderdokumentation**
Die Entwicklung in diesem Bereich wird zwecks Verbesserungen zur Sicherstellung der optimalen Anwenderdokumentation verfolgt.	
11	**Verbesserungsverfolgung der Ausarbeitung der Anwenderdokumentation**
Mit der Zeit kann auch der Prozess der Ausarbeitung der Anwenderdokumentation verbessert werden.	

17:42 Produktbezogene Dokumente

Eines der Ergebnisse, die Servicedokumentation, muss folgende Informationen enthalten (Tabelle 17:00-2):

Tabelle 17:00-2 Inhaltsverzeichnis der Service-Anleitung

Serviceanleitung (Hermes 2005 2005)	
0	Allgemeines
1	Zweck des Dokuments
2	Systemüberblick
Beschreibt technische Zusammenhänge zwischen Systemkomponenten und gibt eine allgemeine Beschreibung des Systems vor. Beinhaltet unter anderem: – Technische Struktur eines Systems und externer Oberflächen – Ziele und Hauptfunktionen eines Systems – Allgemeine Informationen über Sicherheit, Datenschutz, praktische Funktionen	
3	Inbetriebnahme
– Ausgangsbedingungen und -parameter – Erste Inbetriebnahme – Neustart nach Wiederaufnahme der Funktionstüchtigkeit	

4 Systembetrieb und Überwachung
Beschreibt Maßnahmen zur Aufrechterhaltung des Betriebs und der Produktüberwachung, insbesondere: − Merkmale der Ausfälle und funktionelle Verringerungen der Servicequalität   − Maßnahmen zum Vermeiden von Ausfällen und funktionales Downgrading   − Maßnahmen zur Lokalisierung und Beseitigung der Problemquelle
5 Vorübergehende Unterbrechungen oder Deinstallation
Beschreibt Maßnahmen zur Unterbrechung oder zum Beenden der Benutzung: − Unregelmäßige und regelmäßige Unterbrechungen oder Deinstallation   − Maßnahmen zur vorübergehenden Unterbrechung oder endgültigen Deinstallation   − Ergänzende und abschließende Arbeiten
6 Sicherheitsregelungen
Beschreibt für die Gewährleistung von Sicherheit notwendige Regelungen und Maßnahmen in Bezug auf den Bereich der Infrastruktur, der Organisation und des Personals ebenso wie die Vermeidung von Unfällen und Gefährdungen.
7 Anlagen
− Technische Kommentare und Listen   − Fehleraufzeichnungen (inklusive der zur Lösung führenden Gründe und Mittel)   − Wörterbuch   − Index

17:50 Phasenaufgaben und -ergebnisse

17:51 Initiierungsphase

Aufgaben:
- Kandidaten für die Position des Dokumentationsmanagers evaluieren

Ergebnisse:
- Dokumentationsmanager ausgewählt und eingestellt

17:00 Dokumentationsmanagement DM

17:52 Planungsphase

Aufgaben:
- Projektziele in Hinsicht auf die Erfordernisse der Dokumentation analysieren
- Produktorganisationsschema/Produktstrukturplan als Muster für die Dokumentstruktur analysieren
- Bedürfnisse der Empfänger hinsichtlich Struktur und Darstellung der Dokumente berücksichtigen
- Vertreter der Empfänger nach Möglichkeit in den Prozess einbinden
- Verantwortliche Personen für das Dokumentationsmanagement bestimmen
- Regelungen für das Sammeln von Informationen und von Änderungen festlegen
- Werkzeuge und Dokumentationsmanagementsysteme zur Unterstützung des DM-Prozesses auswählen und beschaffen
- Kriterien für die Qualifizierung von Dokumentationsinformationen festlegen
- Dokumentationsprozess im Projektteam ausarbeiten und umsetzen
- Änderungsprozess in Bezug auf das Dokumentenmanagement festlegen
- Dokumente in den Anfangsphasen des Projekts registrieren
- Planung der Ergebnisse, Termine und Kosten des DMs erstellen
- Planung der Schulungen und des Coaching zum Erfassen von Informationen für das Projektteam erstellen
- Prozeduren zur Verbesserung des DMs vorbereiten

Ergebnisse:
- DM-Team zusammengestellt und DM-Prozess in Betrieb
- Struktur und Administration der Dokumente und ihrer Versionen festgelegt
- Prozesse des Dokumentationsaufbaus umgesetzt
- DMS und andere Werkzeuge des DMs einsatzbereit
- Dokumente der Anfangsphase registriert
- Prozesse von der Aufzeichnung bis zur Umsetzung getestet
- Schulungen und Coaching des Projektteams zum Erfassen von dokumentationsrelevanten Informationen durchgeführt

17:53 Umsetzungsphase

Aufgaben:
- Alle Projektmitglieder im Erfassen von Informationen schulen und trainieren
- Erfassen von Informationen im Projektteam sicherstellen
- Änderungsanträge auswerten und Änderungen in geeigneten Dokumenten einführen
- DMS und andere Werkzeuge des DMs in Betrieb halten

- Skizzen der Dokumente ausarbeiten

Ergebnisse:

- Betriebliche DMS, Werkzeuge und Sammeln von Informationen unter Beobachtung
- Alle relevanten Projektteammitglieder geschult und gecoacht
- Erste Skizzen der Dokumente verfügbar

17:54 Abschluss- und Evaluationsphase

Aufgaben:

- Dieselben wie in der Umsetzungsphase, zusätzlich:
- Endfassung der Dokumentation ausarbeiten und Abnahme der Empfänger für alle produktbezogenen Dokumente gewinnen
- Ausarbeitung und Inbetriebnahme des Prozesses der Aktualisierung der Dokumentation nach Projektabschluss

Ergebnisse:

- Überprüfte, abgenommene und empfängergerechte Produktdokumentation
- Prozesses der Aktualisierung der Dokumentation nach Projektabschluss eingeführt

Literaturverzeichnis

HERMES 2005 (2005): Führen und Abwickeln von Projekten der Informations- und Kommunikationstechnik (IKT). Systemadaptation, Bern.

ISO 21500:2012 (2012): Guidance on project management, ICS 03.100.40, Genf.

Mertins, K./Seidel, H. (Hrsg.) (2009): Wissensmanagement im Mitellstand. Grundlagen-Lösungen-Praxisbeispiele, Berlin/Heildelberg.

Mourgue d'Algue, H. et al. (2013): HERMES 5. Projektmanagementmethode für alle Projekte. Referenzhandbuch, Bern.

18:00 Gesamtprojektbewertung GPB

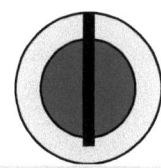

Kurze Übersicht

Worum geht es?

Im Management von Ergebnissen, Terminen und Kosten (ETKM) werden die Fortschritte der Ausarbeitung der Projektprodukte evaluiert. Die Gesamtprojektbewertung ist der einzige Prozess, in dem eine ausgewogene Evaluierung aller für eine erfolgreiche Projektrealisierung relevanten Aspekte stattfindet: Kunde, Kosten, aber auch Prozesse und Menschen.

Wer ist gefordert?

Der Projektmanager ist hier lediglich die zweite Wahl. Der beste Leiter für diesen Prozess ist derjenige, der für entweder den Prozess des Qualitätsmanagements oder den des Managements von Ergebnissen, Terminen und Kosten verantwortlich ist.

Welche Bedeutung hat der Prozess?

Der ETKM-Prozess liefert Information über Fortschritte, das Qualitätsmanagement informiert über Abweichungen und deren Ursachen. Das HRM sorgt für die Arbeitseinstellung und die Erwartungen. GPB bringt all dies in eine angemessene, strategiekonforme, verständliche Art ins Gleichgewicht.

Wie geht man vor?

Leiten Sie aus der Unternehmensstrategie die für Projekt relevanten Ziele in den verschiedenen Perspektiven ab. Wählen Sie für jede Perspektive die Indikatoren und Zielwerte aus, die jeweils den Erfolg definieren. Sammeln Sie reale Daten, vergleichen Sie diese mit den Zielwerten und bewerten Sie den Grad der erreichten Ziele. Schlagen Sie Verbesserungen vor. Wiederholen Sie diesen Prozess periodisch.

Wo liegen die Herausforderungen

Es braucht etwas Zeit, um die richtigen Perspektiven auszuwählen und ein Gleichgewicht zwischen ihnen herzustellen. Legen Sie die Indikatoren möglichst rasch fest und sammeln Sie simultan Daten für die Bewertung in allen Perspektiven. Bewerten sie jedes erreichte Ziel und balancieren sie Maßnahmen und Ziele in Relation zur jeweiligen Perspektive aus.

Was entscheidet über den Erfolg?

Erreichen Sie Übereinstimmung mit den Sponsoren und Kunden bezüglich der gegenseitigen Gewichtung der Perspektiven. Wählen Sie die richtigen Ziele aus und vergewissern Sie sich, dass geeignete Daten gesammelt und evaluiert werden können. Analysieren Sie Ihre Ziele und vermeiden Sie, wenn dies möglich ist, ihre Interdependenz.

18:00 Gesamtprojektbewertung GPB

Prozess

In Relation zu den Strategien werden die Evaluationsperspektiven ausgewählt und gegenseitig ausgewogen. Für jede Perspektive werden das Ziel, die Indikatoren und die Zielwerte bestimmt. Jede Perspektive wird evaluiert und die Resultate werden zusammengeführt. Nötige Änderungen werden initiiert und gewonnene Erkenntnisse werden in geeigneter Weise festgehalten. Dieser Prozess sollte periodisch wiederholt werden. Die Evaluation kann auch von anderen Prozessen eingeleitet werden. Abb. 18:00-1. stellt diesen Prozess dar.

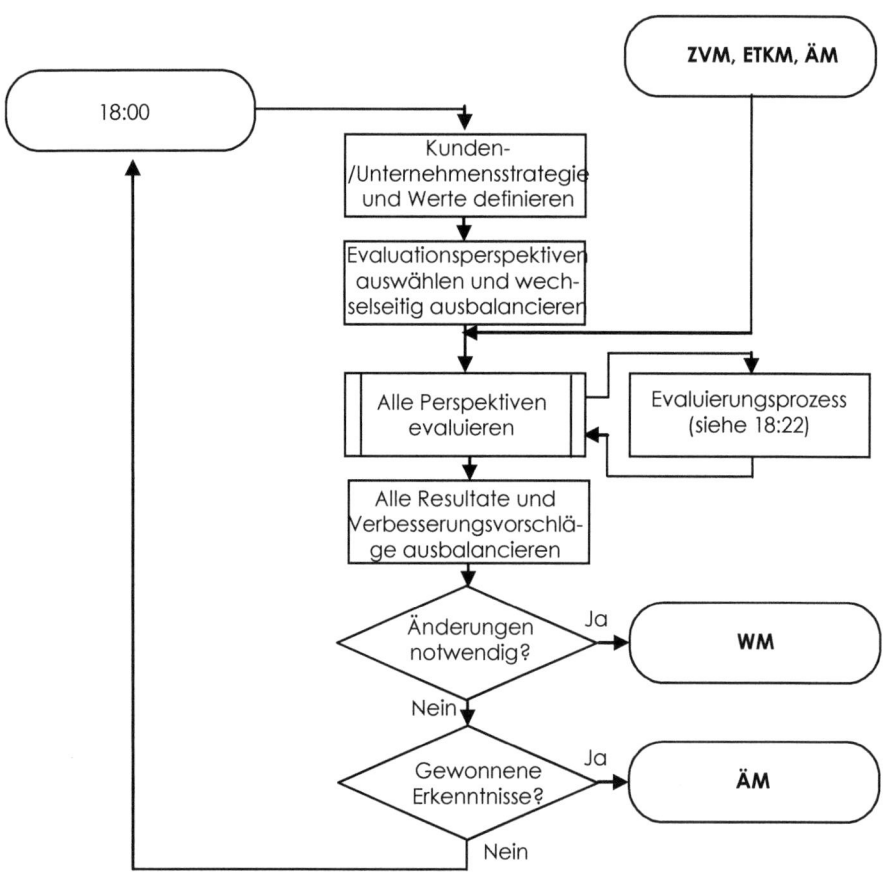

Abb. 18:00-1 Ablauf Prozesses der Gesamtprojektbewertung

18:10 Ziel der Gesamtprojektbewertung GPB

Das Ziel der Gesamtprojektbewertung ist eine ganzheitliche, umfassende Bewertung des Projektes, die sowohl die Evaluation der aktuellen Projektergebnisse sowie des gesamten Projektverlauf umfasst, mit dem Ziel einen positiven Beitrag zu leisten hinsichtlich der Umsetzung der Strategie des das Projekt handhabenden Unternehmens.

18:20 Methoden

Eine Projektevaluation wird nach den ISO 21500:2012 Prozessen an zwei Stellen durchgeführt: Im Prozess 4.3.7 Projekt- oder Projektphasenabschluss und im Prozess 4.3.8. Erfahrungserfassung (ISO 21500:2012 2012). Obwohl die Bezeichnungen der Prozesse und deren Positionierung in der Gruppe von Projektabschlussprozessen einen Interpretationsspielraum zulassen, sollten beide zusammen bewertet und ausgewogen werden, um dem Projektleiter klare und eindeutige Handlungsrichtlinien zu geben. Eine solche ausgewogene Bewertung (engl. Balanced Scorecard), welche beide ISO 21500:2012 Prozesse abdeckt, wird in dem in diesem Kapitel behandelten Prozess vorgenommen.

Die Inhalte der Projektstatusberichte und der Projektschlussbeurteilung in HERMES 5 sind den Produkten und den Projektabläufen gewidmet und kommen damit einer ausgewogenen Gesamtbewertung näher (Mourgue d'Algue et al. 2013). Allerdings werden dort die Perspektive der Projektmitarbeiter und die explizite Projektprozessoptimierung nicht berücksichtigt.

Der hier beschriebene Prozess der GPB beendet den Tag des L-Timers® für den Projektmanager: Unter Berücksichtigung des Faktors Mensch in der vorangegangenen und der folgenden Nacht bewertet er die Leistungen dieses Tages. Die Resultate können zu Änderungen führen und unmittelbar alle anderen Prozesse im L-Timer® beeinflussen, insbesondere das Zielverwirklichungsmanagement – dieser Prozess beginnt gleich am Morgen des nächsten L-Timer®-Tages...

18:21 Konzept der Gesamtprojektbewertung

Kaplan und Norton (Kaplan 1992) formulieren die These, wonach ein Vorhaben, welches nicht gemessen werden kann, auch nicht gemanagt sein kann.

Das Projektmanagement umfasst die messbaren administrativen Prozesse und die mit dem Faktor Mensch verbundenen Prozesse, die schwieriger zu messen sind.

18:00 Gesamtprojektbewertung GPB

Letztere haben aber eine entscheidende Auswirkung auf die Gesamtleistung des Projekts.

Erfolgreiches Projektmanagement balanciert alle Prozesse so aus, dass der Projektmanager die richtigen Prioritäten setzt und angemessen agiert. Prozesse können auch zu Perspektiven zusammengeführt werden, um eine Fokussierung der Projektführung zu begünstigen.

Um eine gemeinsame Basis für die Balance zu finden, müssen folgende Punkte befolgt werden:

1. Die Wichtigkeit aller Prozesse bzw. Perspektiven gegeneinander abwägen.
2. Spezifische Ziele für jeden Prozess bzw. jede Perspektive auswählen und sie gegenseitig abwägen.
3. Maßnahmen für jedes Ziel und die Zielwerte auswählen, welche definieren, wann das Ziel erreicht ist.
4. Prozeduren der Datenmessung definieren.
5. Die Messung ausführen und die Ergebnisse mit den angestrebten Zielwerten vergleichen.
6. Alle angestrebten Resultate und Prozessresultate ausbalancieren und eine endgültige Projektevaluation ausarbeiten.

Eine Gruppierung der Prozesse in Perspektiven erlaubt es, die Resultate einfacher zu interpretieren. Zwei Modelle werden nachfolgend in diesem Kapitel vorgestellt: die Gesamtprojektbewertung von Kaplan und Norton sowie das Project Excellence Modell.

18:22 Evaluation im Prozess der Gesamtprojektbewertung

Unabhängig davon ob Prozess- oder Perspektivenziele für das Projekt gewählt werden, erfolgt in beiden Modellen die Evaluation für alle Ziele und Perspektiven in gleicher Art und Weise und umfasst auch die Revision der Ziele und Maßnahmen (siehe Abb. 18:00-2).

18:23 Die Gesamtprojektbewertung von Kaplan und Norton

Kaplan und Norton wählen vier Perspektiven in Hinsicht auf die Unternehmensstrategie aus (siehe Abb. 18:00-3) (Kaplan und Norton 1992):

– Finanzielle Perspektive
– Kundenperspektive
– Perspektive der Prozessentwicklung
– Perspektive des Lernens und der Personalentwicklung

Finanzielle Perspektive

Die finanzielle Perspektive beinhaltet Ziele, welche das Management der Projektfinanzen lenken sollten. Für ein Projekt könnte dies beispielsweise ein Profitabilitätsindex sein (die Relation von Kosten und Gewinnen). Diese Perspektive wird in HERMES 5 ausreichend berücksichtigt (Mourgue d'Algue et al. 2013).

Kundenperspektive

In der Kundenperspektive wird die Beziehung mit dem Kunden umfassend evaluiert. Als Kriterien können eine fristgerechte Lieferung oder die Qualität herangezogen werden, zugleich sollte jedoch auch die grundsätzliche Zufriedenheit des Kunden mit den allgemeinen Projektleistungen und seine Einschätzung bezüglich der Befriedigung seiner Bedürfnisse gemessen werden. Auch diese Perspektive wird in HERMES 5 ausreichend berücksichtigt (Mourgue d'Algue et al. 2013).

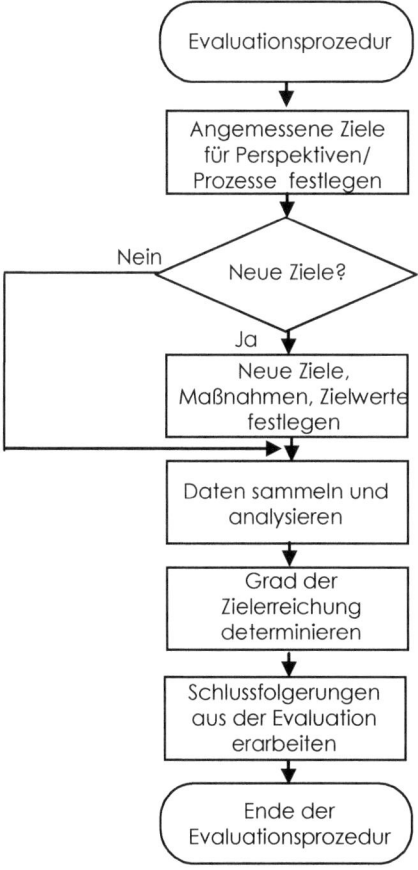

Abb. 18:00-2 Evaluation im Prozess der Gesamtprojektbewertung

18:00 Gesamtprojektbewertung GPB

Perspektive der Prozessentwicklung

Für die qualitative Bewertung und Verbesserung eines Prozesses sorgt der Prozess des Qualitätsmanagements (QM). Richtwerte für Optimierungen werden in der GPB im Verhältnis zu den anderweitigen Projektzielen festgehalten. In der Perspektive der Prozessentwicklung werden die Ziele der Prozessentwicklung gesetzt, wie z. B. die Verbesserung der Entscheidungen des Änderungsmanagements. Diese Perspektive fehlt in HERMES 5.

Perspektive des Lernens und der Personalentwicklung

Prozesse werden von Menschen eingeführt, also beeinflussen ihre Qualifikationen und Motivation auf direkte Weise die Ergebnisse der Prozessumsetzung. Die Verbesserung der Leistung wirkt sich gegenüber dem Kunden unmittelbar durch Verbesserung der Lieferergebnisse aus. Abb. 18:00-4 stellt diese Beziehungen dar.

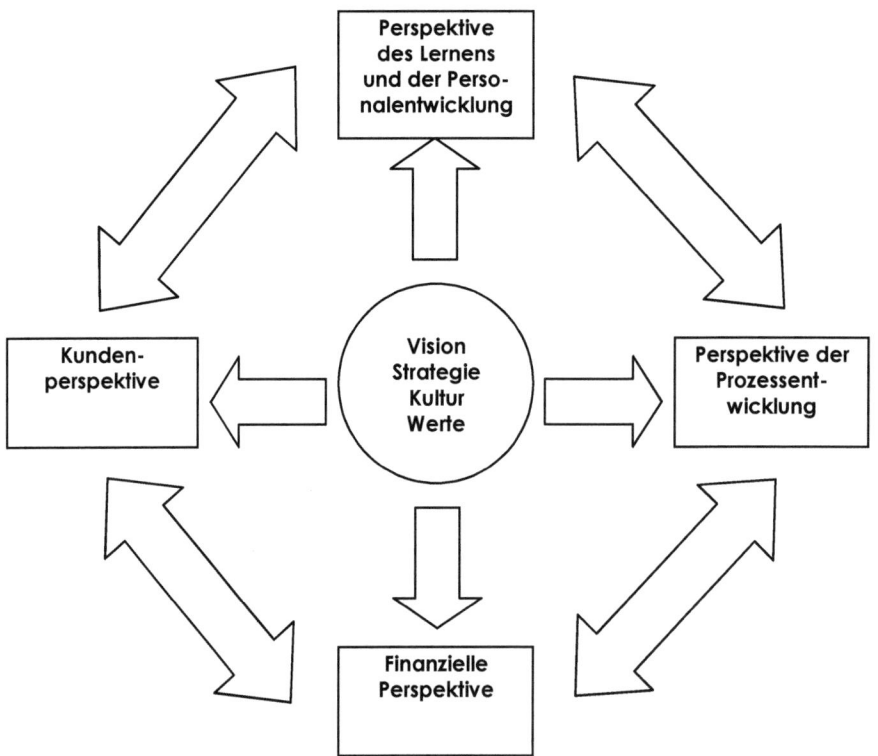

Abb. 18:00-3 Bewertung der Ergebnisse

18:20 Methoden

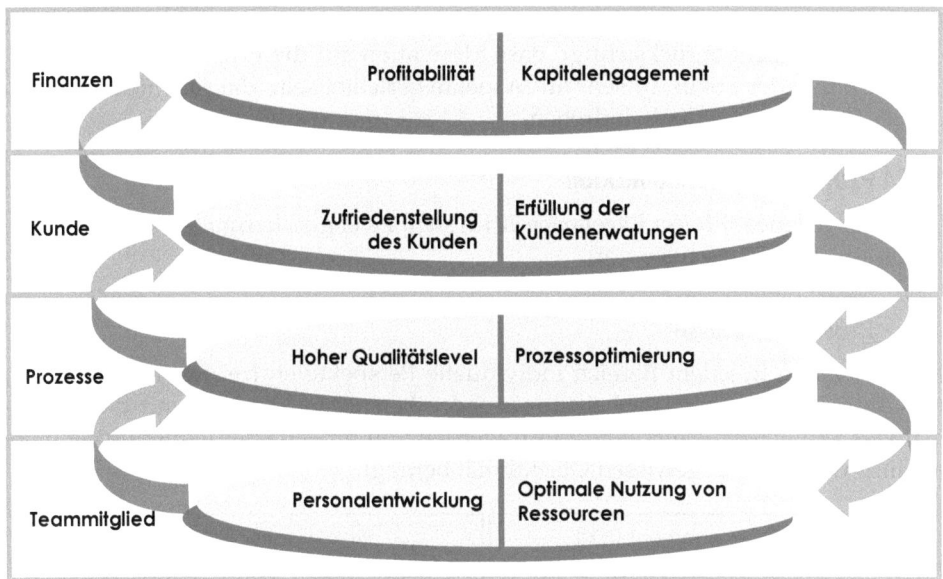

Abb. 18:00-4 Bewertung der Ergebnisse

Die Gruppierung bringt das Risiko von sich überschneidenden Zielen mit sich, wie in Abb. 18:00-5 gezeigt wird:

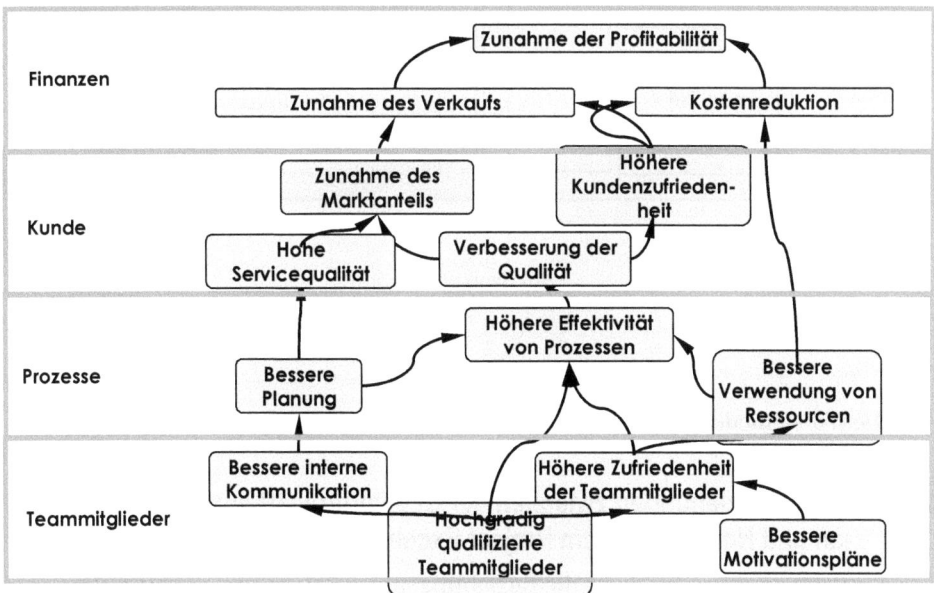

Abb. 18:00-5 Wechselbeziehungen von Zielen

18:00 Gesamtprojektbewertung GPB

Die daraus resultierenden Maßnahmen können zu falschen Schlussfolgerungen führen: Wird nicht berücksichtigt, dass Motivation auf die Prozesseffektivität einwirkt, könnte der Fokus zu sehr auf Aspekte gerichtet sein, die sich ausschließlich um die Kundenzufriedenheit drehen.

18:24 Project Excellence Modell

Project Excellence (Project Excellence 2013) sieht zwei gleichermaßen mit 500 Punkten bewertete Perspektiven vor:
- Projektmanagement
- Projektergebnisse

Ferner werden in jedem Bereich individuelle Perspektiven frei wählbar bewertet, wie Abb. 18:00-6 zeigt. Die Leistungen jeder Perspektive werden mit dem Maximalwert verglichen. Die Bewertungen werden von projektexternen Revisoren ausgeführt, was zu einer gewissen Objektivität beiträgt.

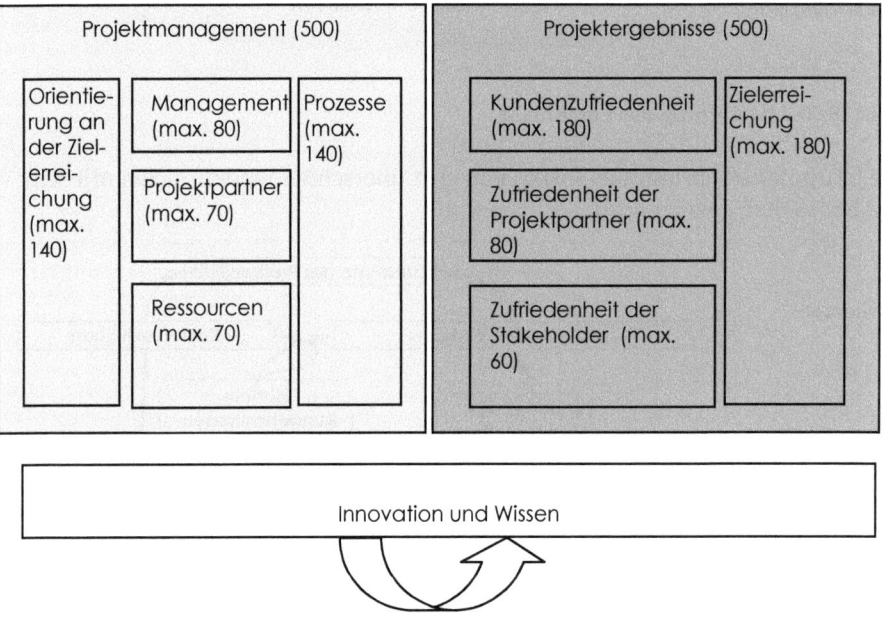

Abb. 18:00-6 Methode der Projektbewertung: Project Excellence

18:25 Wechselbeziehungen zwischen der Gesamtprojektbewertung von Kaplan und Norton und dem Project Excellence Modell

Tabelle 18:00-1 veranschaulicht die Beziehungen der Bewertung nach Kaplans und Nortons Gesamtprojektbewertung und dem Modell der Project Excellence. Jeder

18:20 Methoden

Bereich der Gesamtprojektbewertung von Kaplan und Norton wird auf Grundlage der Bewertung nach Project Excellence abgebildet. Die Maximalwerte im Project Excellence wurden den Perspektiven der Gesamtprojektbewertung von Kaplan und Norton einzeln zugeordnet. In mehrdeutigen Fällen wurde eine proportionale Teilung vorgenommen.

Die Perspektiven der Gesamtprojektbewertung von Kaplan und Norton bekommen festgelegte aus dem Modell Project Excellence abgeleitete, vorgegebene Werte. So spielt z. B. der Bereich „Finanzielle Perspektiven" eine eher geringe Rolle (99 Punkte), kontrastierend dazu nimmt der Bereich „Kundenperspektive" eine dominante Position ein (344 Punkte). Abb. 18:00-7 stellt diese Wechselbeziehungen dar.

Wirksame Managemententscheidungen können nur auf der Grundlage einer längerfristig angelegten Systematik der Gesamtprojektbewertung getroffen werden. Daher ist es empfehlenswert, dieselben ausgewählten Methoden der GPB über längere Zeit, bevorzugt kontinuierlich und ununterbrochen über alle Projektphasen hinweg aufrechtzuerhalten.

Tabelle 18:00-1 Zusammenhänge zwischen der Gesamtprojektbewertung von Kaplan und Norton und dem Project Excellence Modell

Beurteilungskriterien für „Project Excellence"	Project Excellence Punktezuordnung	Vision, Strategie, Kultur, Werte	Finanzielle Perspektive	Kundenperspektive	Perspektive der Prozessentwicklung	Perspektive des Lernens und der Entwicklung
Projektdurchführung (500 Punkte)	Orientierung am Ziel	140	28	28	28	28
	Durchführung	80			40	
	Partner	70	35			
	Ressourcen	70		35		35
	Prozesse	140				70

18:00 Gesamtprojektbewertung GPB

Projektergebnisse (500 Punkte)	Kundenzufriedenheit	180			180		
	Zufriedenheit der Partner	80					
	Zufriedenheit anderer Stakeholder	60			60		
	Zielerreichung	180	36	36	36	36	
Total		1000	99	99	344	169	289
Anteile in Prozent %		100.0 %	9.9 %	9.9 %	34.4 %	16.9 %	28.9 %

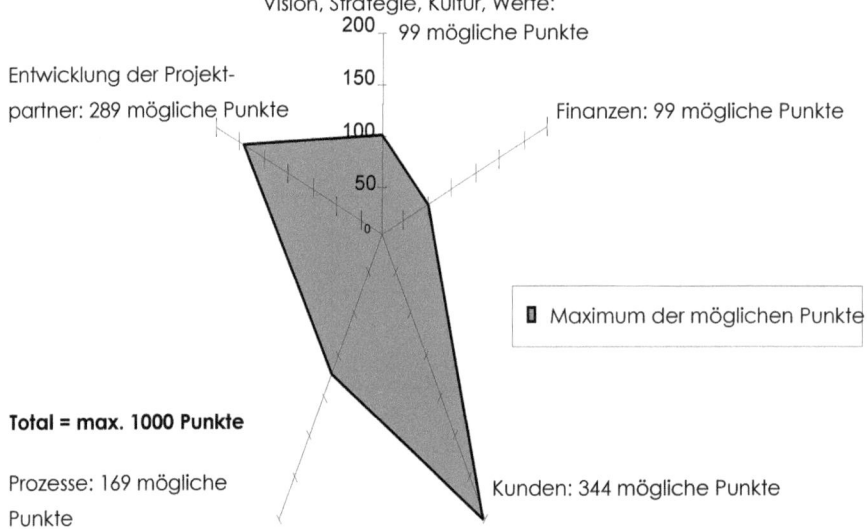

Abb. 18:00-7 Gewichtung der Bereiche der Gesamtprojektbewertung von Kaplan und Norton mittels der Punkteverteilung nach der Project Excellence.

18:30 Techniken und Werkzeuge

Mit den sehr unterschiedlichen Perspektiven und Prozessen kann mit differenzierten Techniken und Werkzeugen effizient umgegangen werden. Die Struktur der folgenden Ausführungen orientiert sich an dieser Überlegung.

18:31 Techniken und Werkzeuge für die Kundenperspektive

Umfragen

Umfragen und Fragebögen sind effiziente Werkzeuge zum anonymen Sammeln von Meinungen. Sie spiegeln gut die Stimmung und die Meinung der Kunden oder der Kundenvertreter bezüglich des Projektes wider. Dieses Werkzeug wird im Kapitel 12:00 Problemlösungsmanagement PBM beschrieben (sowie in Kühn und Fankhauser, 1996, 2009).

Interviews und Checklisten

Analog dazu können Informationen über Kunden auch mittels Interviews gesammelt werden. Checklisten sind hier ein geeignetes, unterstützendes Werkzeug.

Beispiele der Ziele der Kundenperspektive

Ziele und Maßnahmen in der Kundenperspektivenauswertung können sein (Phillips et al. 2012):

- Gemessene Werte eines Indikators für oder eines Index der Kundenzufriedenheit
- Anzahl der Beschwerden eines Kunden oder einer Kundengruppe, zusammen mit dem für die Problemlösung notwendigen Aufwand
- Die notwendige Reaktionszeit für jede Frage des Kunden, jede Bestellung, jedes Problem usw.

18:32 Werkzeuge und Techniken der finanziellen Perspektive

Beispiele der Ziele der finanziellen Perspektive

Ziele und Maßnahmen in der finanziellen Perspektivenauswertung können sein:

- Kostenkontrolle: Ergebnisse, Termine und Kosten (siehe Kapitel 10:00 Management von Ergebnissen, Terminen und Kosten ETKM)
- Berechnung der Profitabilität: Anlagenrendite (RoI) und Berechnung der Rückzahlungen (siehe Kapitel 07:00 Zielverwirklichungsmanagement ZVM)
- Interne Zinssätze (IRR) oder Ist-Nettowert des Projekts, umfasst alle Geldumläufe mit Zinssatz (siehe Kapitel 07:00 Zielverwirklichungsmanagement ZVM).
- Konkrete Sparziele, Begrenzungen der Ausgaben oder Umsätze
- Funktionaler Nutzwert

– Werte ausgearbeitet mit Ausgleich von Pro- und Kontraargumenten (siehe Kapitel 07:00 Zielverwirklichungsmanagement ZVM)

18:33 Techniken und Werkzeuge der Prozessentwicklungsperspektive

Numerische Systeme für Ziele und Maßnahmen

Analog zum System der quantitativen Auswertung der finanziellen Perspektive können die quantitativen Maßstäbe auch in Bezug auf Prozesse Anwendung finden.

Beispielhaft können die folgenden Ziele und Maßnahmen in der Prozessentwicklungsperspektive angewandt werden:

- Voraussichtliche Betriebszeit (siehe Kapitel 10:00 Management von Ergebnissen, Terminen und Kosten ETKM)
- Anzahl der Produktionsfehler im Prozess
- Anzahl notwendiger Eingriffe in die Prozeduren
- Ist-Produktivität (Effizienz)

Ausgewogene Pro- und Kontraargumente

Die Ausgewogenheit von Pro- und Kontraargumenten dient der Bewertung von unmessbaren Mengen (siehe Kapitel 07:00 Zielverwirklichungsmanagement ZVM).

Prozessbewertung und -beurteilung

Prozessbewertungen und -beurteilungen werden ausgeführt, um in einer standardisierten Form Informationen über den Prozess zu sammeln. Sie haben ein bestimmtes Ziel und bedürfen einer sorgfältigen Planung (siehe Kapitel 11:00 Qualitätsmanagement QM).

18:34 Techniken und Werkzeuge der Personalentwicklungsperspektive

Beobachtung

Beobachtung ist eine verhältnismäßig effektive Technik, um die gegenwärtigen Fähigkeiten und zukünftige Felder im Bereich der Personalentwicklung zu bestimmen.

Projektteammitglieder sollten eher in ihrem üblichen Arbeitsumfeld beobachtet werden. Dies ist sehr zeitaufwendig, daher sollte die Ausführung zeitlich begrenzt sein. Für eine sorgfältige Evaluation ist eine profunde Dokumentation der Beobachtungen unerlässlich.

Hier gilt es zu bemerken, dass die tatsächlichen Motive des Projektteammitglieds im Falle einer Beobachtung oftmals vor dem Beobachter verborgen werden. Daher empfiehlt es sich, die Beobachtungen von einer dritten Person bestätigen zu lassen – bevorzugt von einem anderen Projektteammitglied, um auch den Aspekt der Motivation zu berücksichtigen (z. B. kann andernfalls die Arbeitsleistung eines höchst talentierten, aber unmotivierten Programmierers falsch eingeschätzt werden).

Umfragen und Interviews

Ähnlich wie im Falle der Kundenperspektive können Umfragen und Interviews durchgeführt werden.

Die Bewertung der Situation der Teammitglieder kann die nachfolgenden exemplarischen Ziele und Mittel beinhalten (Phillips et al. 2012).

Beispiele der Ziele der Perspektive der Personalentwicklung

- Zufriedenheit mit der Projektorganisation, mit Teammitgliedern, mit dem Projektmanager usw. Dieser numerische Indikator korreliert stark mit dem Index des Mitarbeiteraustausches und dem der -abwesenheit.
- Engagement bezüglich der vom Unternehmen und dem Projekt vorgegebenen Ziele, Werte, Kultur und Aktivitäten. Es lassen sich vielfältige Korrelationen mit Leistungen und Produktivität beobachten.
- Atmosphäre am Arbeitsplatz verbunden mit Kommunikation, Offenheit, Vertrauen, Informationsaustausch usw.
- Anzahl und Art der Beschwerden von Projektteammitgliedern innerhalb eines bestimmten Zeitraums.
- Anzahl der Personalwechsel innerhalb eines bestimmten Zeitraums.
- Abwesenheit innerhalb eines bestimmten Zeitraums.
- Anzahl Anfragen bezüglich des Wunsches nach Reorganisation innerhalb eines gewissen Zeitraums.

18:35 Einsatzbeispiel von Techniken und Werkzeugen

Beispiel

In Tabelle 18:00-2 werden die möglichen wechselseitigen Beziehungen von Zielen, Maßnahmen und Perspektiven festgelegt und hypothetische Ergebnisse evaluiert. Zwecks der Einfachheit des Beispiels wird jedem Ziel nur ein Messwert zugeschrieben.

Die Resultate bleiben entweder zwischen den Grenzen (z. B. Leistungsbedingungen erfüllt) oder liegen außerhalb der Grenzen: unterhalb des Minimalwertes (z. B. mit der Arbeit zufrieden) oder oberhalb (z. B. Budgetrahmen eingehalten).

Die Ergebnisse können prozentual den eingesetzten maximalen Zielwerten entsprechen (z. B. Kundenperspektive) oder diese sogar überschreiten (z. B. Kosten), wenn es erlaubt wird, mehr als 100 % des Ziels zu erreichen (z. B. Budgetrahmen eingehalten).

Es kann unterschiedliche Distributionsfunktionen zwischen dem Nullwert und dem Maximum der Zielereichung geben (linear, Heaviside, delta Dirac, nichtlinear), sowohl ober- als auch unterhalb. Die Wahl reflektiert unsere Politik in Hinsicht auf die Evaluation der erzielten Leistung.

18:00 Gesamtprojektbewertung GPB

Tabelle 18:00-2 Gesamtprojektbewertung

Kaplan & Norton GPB Pers.	von 100 %	Ziele	von 100%	Maßstäbe	Ziel	Null-wert	Distribution	Reale Daten	Erreicht %	Total %
Kunde	40%	Test der Ergebnisse erfüllt	60%	Keine Akzeptanz beim ersten Test	>8 of 10	< 2 von 10	linear 0-10	7	7/8 x 60%	
		Änderungen akzeptiert	30%	Keine akzeptierten Änderungen	>5 of 10	0	linear 0-5 unbegrenzt	7	7/5 x 30%	
		Zufrieden mit der Arbeit	10%	% der positiven Feed-backs	> 70%	< 40%	linear 40-70 unbegrenzt	30%	0 x 10%	37,80
		von 100%								
Finanzen	30%	Budget eingehalten	80%	Abweichung vom Budget	<10%	>15%	linear unbegrenzt	8%	(15-8)/(15-10) x 80%	
		Ausgaben reduziert	20%	weniger als 500.000 US $	> 500.000	< 500.000	aufwärts unbegrenzt	450 000	0 x 20%	33,60
		von 100%								
Prozesse	10%	Änderungen umgesetzt	70%	% umgesetzt innerhalb von 1 Woche	> 90%	0%	linear begrenzt	50%	(50%/(90%-0%)) x 70%	
		Interaktionen reduziert	30%	Keine Schritte benötigt, um Dinge zu erledigen	<4	>8	linear begrenzt	3	100% x 30%	6,89
		von 100%								
Personal	20%	Team motiviert	100%	Teamzufriedenheit	100%	<100%	Heavyside	98%	0 x 100%	0,00
				Gesamtergebnis						**78,29**

18:40 Vorlagen

18:41 Projektmanagementbezogene Dokumente

Die Erfolge während des Projektverlaufs können auf unterschiedliche Art dokumentiert werden. Es ist zu empfehlen, auch die Ergebnisse der Gesamtprojektbewertung zumindest in zeitlichen Abständen von 6 bis 12 Monaten zu berücksichtigen. Ein Beispiel (Phasenbericht gem. HERMES 5 (Mourgue d'Algue et al. 2013)) wird in Tabelle 18:00-3 dargestellt:

Tabelle 18:00-3 Projektevaluation

Bericht „Realisierung der x-Phase eines Projekts" in Anlehnung an HERMES 5	
0	Zusammenfassung
1	Zweck des Dokuments
2	Ausgangslage
	– Ergebnisse früherer Perioden
	– Rahmenbedingungen gemäß des Projektmanagementplan resp. Projekthandbuch
3	Ziele und Lösungen
4	Strategie und Umsetzung von Vorgaben
	– Bezug zur Strategie
	– Vorgaben und deren Umsetzung
5	Rechtliche Grundlagen
6	Nutzen und Wirtschaftlichkeit
	– Einnahmen / Ausgaben
	– Budget
	– Kennzahlen
7	Planung und Organisation
	– Bezug zur Planung
	– Aktueller Stand
	– Abweichungen und deren Begründungen

8	**Risiken und Konsequenzen**
	– Aktuelle Risiken und vorbereitete resp. eingeleitete Maßnahmen – Konsequenzen der Abweichungen und nicht eingeleiteten Risikomaßnahmen
9	**Anträge**
	– Genehmigung des Realisierungsberichts für die x-Phase eines Projekts – Erlaubnis, die nächste Phase zu beginnen
10	**Anhänge**
	– Ergänzende Dokumente – Stellungnahmen – Protokolle

18:42 Produktbezogene Dokumente

Ein Beispiel der produktbezogener Dokumentation können die wie in HERMES 2003 in einem Plan zusammengestellten finanziellen Ergebnisse eines Projekts sein (Hermes 2003 2003):

Tabelle 18:00-4 Plan der Projektergebnisse

Plan der finanziellen Ergebnisse	
0	Allgemeines
1	Zweck des Dokuments
2	**Projektkosten** Alle einmaligen Entwicklungskosten (Gesamtkosten) unterschieden nach Kostenarten und Kostenstellen. Die Gesamtkosten werden zu den Systemkosten überwiesen (amortisiert), entsprechend der vorhergesehenen Nutzungsdauer.
3	**Systemkosten** Die jährlichen fixen und variablen Gesamtkosten (unter anderem die Amortisierung der Projektkosten) für die Systemnutzung, den Systembetrieb, die Infrastruktur und die Systemverwaltung, verteilt nach Kostenarten und -stellen.
3.1	**Systemnutzung** Kosten der direkten und indirekten Anwender.
3.2	**Systembetrieb/Infrastruktur** Kosten der Systembetreiber und Infrastruktur, die für die Systemnutzung notwendig sind.

3.3	**Systemverwaltung**
Kosten für die Systemverwaltung und Systemwartung durch die Anwender, Betreiber und Entwickler.	
4	**Externe Kosten**
Auf effektiven Ausgaben basierende externe Projekt- und Betriebskosten (Kostenstruktur identisch mit dem internen Kostenplan)	
5	**Nutzenermittlung**
5.1	**Messbarer Nutzen**
5.2	**Nicht messbarer Nutzen**
6	**Zusammenfassung**
6.1	Gegenüberstellung von Kosten/Nutzen
6.2	**Auswirkungen auf das Personal**
In Hinsicht auf Zeit und Menge: größere Nachfrage, größere Belastung, Abbau, Entlastung.	
7	**Hinweise zur Wirtschaftlichkeit**
– Hinweis, ob die Zahlen geschätzt oder berechnet worden sind – Zuverlässigkeit/Risiken der getroffenen Annahmen/Einschätzungen: Termine, Kosten, Qualität, Mengen- und Volumenentwicklungen usw. – Erläuterungen und Details zum oben erwähnten (Kapitel).	

18:50 Phasenaufgaben und -ergebnisse

Es ist zu empfehlen, die Gesamtprojektbewertung GPB zumindest in jeder Projektphase nach ihrer Initiierung oder nach einem Zeitraum von 6 bis 12 Monaten durchzuführen.

18:51 Initiierungsphase

Aufgaben:
- Relevante Strategie, Mission und Werte klarstellen
- Perspektiven, Ziele und mögliche Maßnahmen skizzieren
- Realisierung der Gesamtprojektbewertung GPB planen

Ergebnisse:
- Skizze der Gesamtprojektbewertung GPB und Realisierungsplan

18:52 Planungsphase

Aufgaben:
- Daten sammeln
- Gegenwärtige Struktur der GPB verfeinern, insbesondere Zielwerte
- Gesamtprojektbewertung für die Planungsphase durchführen
- Geeignete Maßnahmen auswählen und umsetzen

Ergebnisse:
- Gesammelte Daten
- Gesamtprojektbewertung für die Planungsphase
- Mögliche Änderungsanträge und mögliche Anstöße für den Prozess des Wissensmanagement

18:53 Umsetzungsphase

Aufgaben:
- Dieselben wie in der Planungsphase – periodisch wiederholt, wenn dies zweckmäßig erscheint

Ergebnisse:
- Gesamtprojektbewertung (ein- oder mehrmalig) für die Umsetzungsphase

18:54 Abschluss- und Evaluationsphase

Aufgaben:
- Dieselben wie in der Umsetzungsphase
- Schlussgesamtprojektbewertung GPB des Projekts ausarbeiten

Ergebnisse:
- Schlussgesamtprojektbewertung GPB des Projekts
- Wissen aus der Gesamtprojektbewertung für weitere Projekte hinzugewonnen

---

Literaturverzeichnis

HERMES 2003 (2003): Führen und Abwickeln von Projekten in der Informations- und Kommunikationstechnik, Bern.

ISO 21500:2012 (2012): Guidance on project management, ICS 03.100.40, Genf.

Kaplan, S./Norton, D. P. (1992): The Balanced Scorecard. Measures that Drive Performance; in: Harvard Business Review, Jg. 70, S. 71-79.

Literaturverzeichnis

Kühn, R./Fankhauser, K. (1996, 2009): Marktforschung. Ein Arbeitsbuch für das Marketing-Management ,Bern et al.

Mourgue d'Algue, H. et al. (2013): HERMES 5. Projektmanagementmethode für alle Projekte. Referenzhandbuch, Bern.

Phillips, J. J. et al. (2012): The Project Management Scorecard, New York.

Project Excellence (2013): The PE Modell, IMPA, BD Nijkerk, http://ipma.ch/awards/project-excellence/the-pe-model, Zugriff am 8. Februar 2013.

Teil 2 – Der Faktor Mensch

Angelika Gifford, Microsoft EMEA Services, Managerin des Jahres (© 2013 Microsoft Corporation).

„Die zwischenmenschlichen Interaktionen sind kompliziert und nie besonders klar und eindeutig in deren Wirkung, und doch sind sie wichtiger als alles andere in der Projektumsetzung.

Wenn sie sich auf die Technologie statt Soziologie konzentrieren, sind sie wie ein Komödiant, der auf einer dunklen Straße seine Schlüssel verliert und sie auf der Nachbarstraße sucht, weil – wie er erklärt – ‚das Licht dort besser sei'." (DeMarco, T./Lister, T. (1999): Peopleware. Productive projects and teams, New York)

Die folgenden Kapitel sind dem Faktor Mensch gewidmet. Der straffe Stundentakt des Tages wird durch einen zweistündlichen Nachtrhythmus abgelöst, der die oft als „Soft-Faktoren" bezeichneten Aspekte in die Projektleitungsprozesse einbindet.

20:00	Human Ressource Management HRM
22:00	Teammanagement TM
00:00	Konfliktmanagement KFM
02:00	Kommunikationsmanagement KOM
04:00	Selbstmanagement SM
06:00	Führung F

20:00 Human Ressource Management HRM

Kurze Übersicht

Worum geht es?

Im Prozess des Human Ressource Management (HRM) werden die passenden Personen den im Organisationsmanagement (OM) ausgearbeiteten Rollen zugeteilt. Dabei werden die individuelle Leistungsfähigkeit und die Zufriedenheit mit der Tätigkeit berücksichtigt.

Wer ist gefordert?

Es ist ratsam, jemandem mit psychologischem Hintergrund die Verantwortung für den HRM-Prozess zu übertragen. Gerade der Projektmanager neigt dazu, den Prozess zu missbrauchen, um seine Position zu stärken.

Welche Bedeutung hat der Prozess?

Menschen verwirklichen das Projekt. Daher entscheidet die Auswahl der richtigen Personen für die jeweiligen Rollen über das Schicksal des Projekts. Ihre Leistungen sind abhängig von ihren Fähigkeiten und ihrer Motivation. Das HRM hat dies zum Gegenstand.

Wie geht man vor?

Anstehende Prozessverbesserungen und Aufgaben kommen zuerst. Bei neuen oder veränderten Rollen sollten die entsprechenden Prozeduren durchgeführt werden, ebenso bei unbefriedigender Rolleneffektivität oder Unzufriedenheit des Rolleninhabers. Die Rekrutierung von geeigneten Mitarbeitern, die Evaluierung sowie die Personalentwicklung sollten am besten in eine professionelle HRM-Abteilung ausgelagert werden. Den Änderungs- oder der Wissensmanagementprozess beim Bedarf einbeziehen.

Wo liegen die Herausforderungen?

Eine Ideale Besetzung für jede Stelle ist selten. Meistens müssen Projekte mit bereits gewählten Rolleninhabern geleitet werden. Die Defizite sowie das Verbesserungspotential müssen mit Hilfe von geeigneten HRM-Maßnahmen beurteilt werden. Die formalen und informellen Rollen sowie persönlichen Bedürfnisse aller Teammitglieder müssen ausbalanciert werden. Da Menschen sich im Zuge des Projektverlaufs entwickeln, muss dieser Prozess stets wiederholt werden, um die beste Teamleistung zu erreichen.

Was entscheidet über den Erfolg?

Die persönliche Eigenschaften und die Bedürfnisse beeinflussen die Leistung des Rolleninhabers. Planen Sie genügend Zeit ein, um die Defizite der Rolleninhaber zu umgehen oder anderweitig z. B. durch Personalentwicklung abfangen zu können.

20:00 Human Ressource Management HRM

Prozess

Zuerst sollten die offenen Angelegenheiten im Prozess angegangen werden. Anschließend sollen die neuen oder veränderten Rollen bearbeitet werden. Im nächsten Schritt folgt die Beurteilung der Effizienz des Rolleninhabers aus der Sicht des Managements und dann schließlich die der Zufriedenheit des Mitarbeiters. Dies soll für alle Rollen durchgeführt werden. Bei Bedarf sollten Änderungen in Auftrag gegeben werden. Die gewonnenen Erfahrungen sollten an den Wissensmanagementprozess (WM) weitergegeben werden. Der in Abb. 20:00-1 veranschaulichte Prozess soll periodisch wiederholt werden.

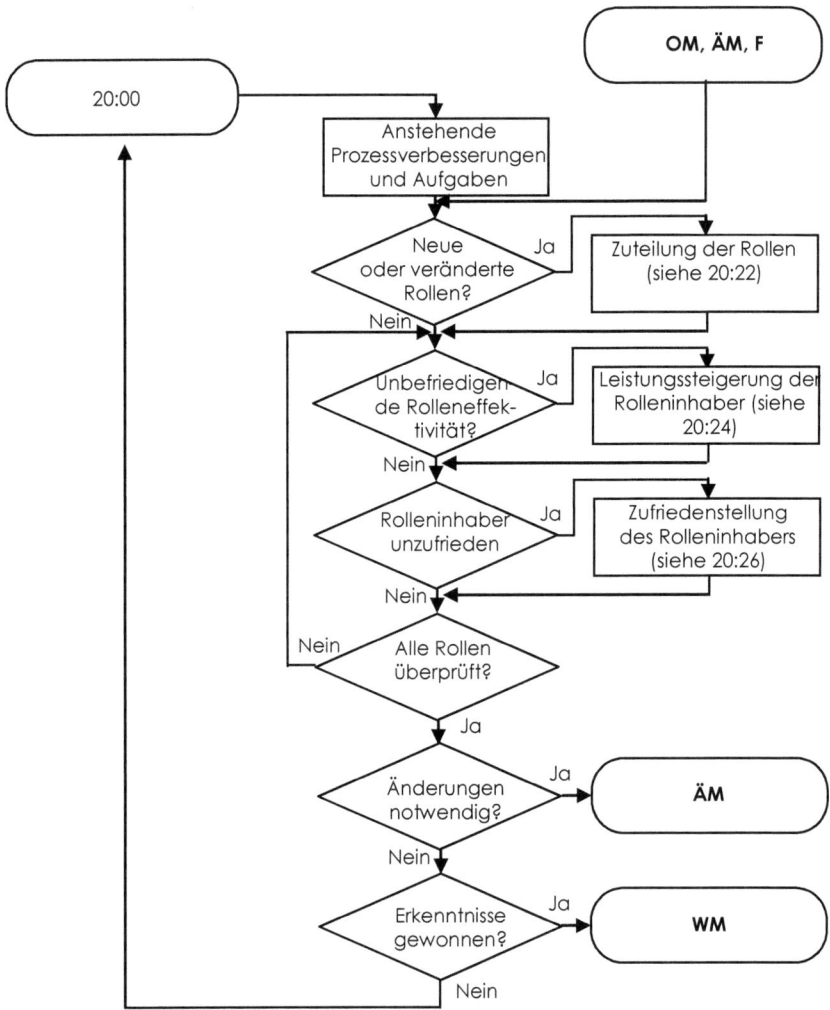

Abb. 20:00-1 Ablauf des Human Ressource Managements

20:10 Ziel des Human Ressource Managements HRM

Das Ziel des Human Ressource Managements ist die bestmögliche Wahl der Rolleninhaber, die durchgehende Beobachtung ihrer Leistungen und persönlicher Bedürfnisse und wenn notwendig, die Einleitung angemessener Personalentwicklungsprogramme sowie die Bewertung der Resultate.

20:20 Methoden

Die Rollenbesetzung im Projekt wird nach ISO 21500:2012 als Prozess wie folgt bezeichnet (ISO 21500:2012 2012):

- 4.3.15 Projektteamgründung (engl. Establish Projekt Team)

In der Norm wird jedoch nicht zwischen persönlicher Effizienz und Teameffizienz unterschieden. Was in dem weiter unten ausführlich beschriebenen Teil der persönlichen Leistungsbewertung beinhaltet ist, wird in der Norm im Rahmen der folgenden beiden Prozesse behandelt:

- 4.3.18 Entwickle das Projektteam (engl. Develop Project Team)
- 4.3.20 Projektteammanagement (engl. Manage Project Team)

Die Zufriedenheit der Projektmitarbeiter wird in der Norm nicht explizit behandelt.

Das Projektteam gehört zur Gruppe der Projektstakeholder. In HERMES 5 wird dem Projektleiter zwar die Aufgabe zugeschrieben, die Stakeholder zu managen, allerdings beschränkt sich die Beschreibung der Aufgabe auf die eher allgemeine Erläuterung, wonach der Projektleiter die Interessen und Erwartungen der Stakeholder mit dem Fokus auf Kommunikation und Konfliktpotentiale zu analysieren habe. Darüber geht die dort beschriebene Aufgabe nicht hinaus (Mourgue d'Algue et al. 2013). Damit wird der Prozess 20:00 Human Ressource Management HRM von HERMES 5 nicht abgedeckt.

Der Prozess 20:00 Human Ressource Management HRM ordnet die Aufgaben und sichert eine eindeutige Betrachtung aller persönlichen Angelegenheiten der Projektteammitarbeiter an einer einzigen Stelle im Projektmanagement.

20:21 Human Ressource, HRM und HR-Systeme

Die meisten Definitionen für Human Ressource (HR) beziehen sich auf kontinuierlich arbeitende Unternehmen mit fest zugeordneten Ressourcen. Projekte sind vorübergehend und die Projektmitarbeiter wirken zumeist nur teilweise im Projekt mit. Überraschenderweise konnte in der Literatur keine auf die Projekte bezogene

ND 20:00 Human Ressource Management HRM

Human Ressource Definition gefunden werden. Die ISO 21500:2012 Normen sind diesbezüglich auch nicht sonderlich hilfreich. Daher wird für die Betrachtungen in diesem Buch folgende Definition angewandt:

Human Ressource im Projekt

> Human Ressource im Projekt wird definiert als alle Projektmitarbeiter, welche Rolleninhaber sind, zumindest zeitweise dem Projektteam beitreten und die Projektaufgaben planmäßig erfüllen.

Humankapital

In Anbetracht der zeitlich beschränkten Dauer eines Projektes und der gleichfalls oft nur zeitlich beschränkten Mitwirkung eines Projektmitarbeiters liegt die Schlussfolgerung nahe, dass die persönliche Entwicklung eines Mitarbeiters und sein Beitrag zur Unternehmensentwicklung keine primären Ziele des Projektleiters sein können. Aus diesem Grund wird hier auch auf die Thematik des Humankapitals nicht näher eingegangen. Primäre Aufgabe eines Projektleiters ist es, die dem Projekt zugewiesenen Humanressourcen auf die beste Art und Weise zu nutzen. Am besten passt hierzu die Definition von Grimshaw und Rubery (Grimshaw und Rubery 2007):

Human Ressource Management (HRM)

> Das Human Ressource Management (HRM) dreht sich darum, wie Organisationen ihre Belegschaft managen.

Hier ist ein Projekt die Organisation und die Projektmitarbeiter bilden die Belegschaft.

Ein weiterer Begriff ist das Human Ressource (HR) System, das vom Human Ressource Management (HRM) System – häufig auf ein Informatiksystem beschränkt – zu unterscheiden ist. Nach der Definition von Armstrong in seiner 10. Ausgabe (Armstrong 2006) wird unter diesem Begriff folgendes verstanden:

Human Ressource System

> Das Human Ressource (HR) System verknüpft auf kohärentem Weg Human Ressource-Philosophien, -Strategien, -Politiken, -Prozesse, -Praktiken und -Programme.

20:22 Rollenzuteilung

Eine neue Rolle kann mehrere Quellen haben: Etwa eine reguläre, zyklische Überprüfung, den Organisationsmanagementprozess, den Änderungsmanagementprozess oder einen Führungsprozess.Nach Überprüfung der Übereinstimmung der Rollenbeschreibung mit dem HR System des Projekts und des Unternehmens wird der Rolleninhaberrekrutierungsprozess geplant und umgesetzt (siehe Abb. 20:00-2).

Vorteilhaft ist im Rahmen des Rekrutierungsprozesses die bereits als Projektmitarbeiter wirkenden Rolleninhaber einzubeziehen. Und zwar aus zweierlei Gründen: Zum einem lässt sich eine Projektrolle kaum ideal besetzen. Die Defizite können durch andere Projektmitarbeiter bis hin zur Rollenanpassung abgefangen werden, unabhängig von der zweckmäßigen Auslagerung der möglichen Personalentwicklung des Kandidaten durch die HRM-Abteilung. Zum anderen wirkt sich die Einbeziehung der Projektmitarbeiter in den Rekrutierungsprozess weiterer Rolleninhaber stärkend auf deren intrinsische Motivation aus und kann zur Verkürzung des Teambildungsprozesses führen.

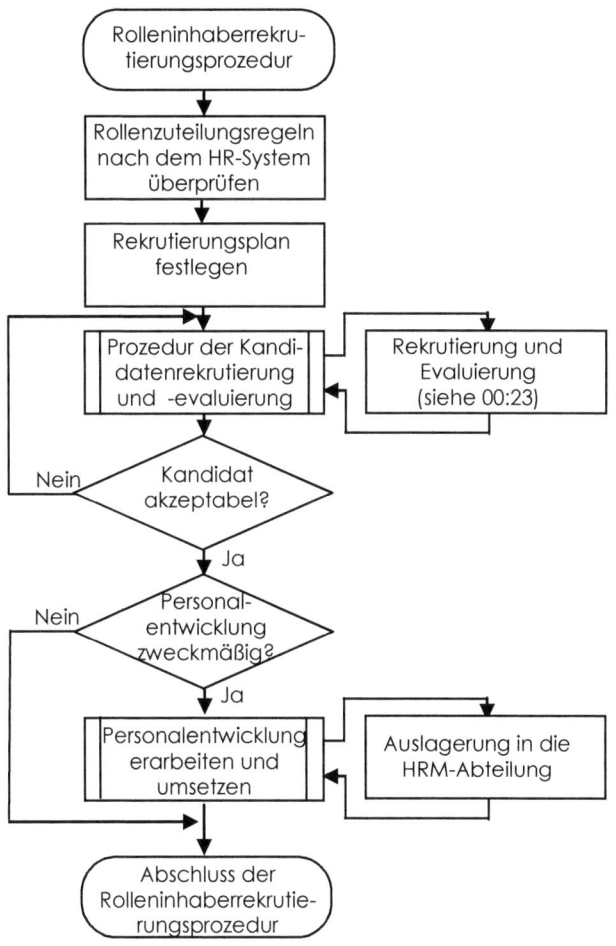

Abb. 20:00-2 Ablauf der Rollenzuteilung im Projekt

20:23 Rekrutierung und Evaluation

In diesem Subprozess werden die Grundlagen für die Beurteilung der individuellen Leistungsfähigkeit gelegt. Faktoren wie Fähigkeiten, Kenntnisse, persönliche Eigenschaften, Bedürfnisse und ein persönliches Wertesystem nehmen Einfluss auf die Leistungsfähigkeit. Ihre wechselseitige Wirkung schließt die Festlegung eines Wunschprofils a priori aus.

Die geforderten Fähigkeiten und Kenntnisse werden in einer formalen, im Organisationsmanagement ausgearbeiteten Rollenbeschreibung festgelegt. Zu den geeigneten Beurteilungsmitteln gehören das Assessment-Center, Interviews, Probezeiten, Zertifikate und Fragebögen.

Unter vielen gegenwärtig im HRM angewandten Theorien, die die Beurteilung der verhaltensbezogenen sowie mentalen Wirkung von persönlichen Eigenschaften behandeln, finden die nachfolgend genannten oder auch Kombination aus diesen häufig Anwendung: Big Five (OCEAN) (McCrae und Costa 1987), Big Three (Eysenck und Eysenck 1985), RIASEC® (Holland 1997), HL (Fleming 1981), VBDM (Spranger und Pigors 1928). In Anlehnung an Wideman (Wideman 1998, 2013) und das CAPT (CAPT 2013) wird der auf der Theorie von Carl Gustav Jung basierende Myers-Briggs Type Indikator (MBTI®) (Myers-Briggs und Myers 1980, 1995) als besonders geeignet angesehen, um Projektleiter und Projektmitarbeiter zu beurteilen.

Der MBTI® baut eine Matrix von 16 Typen auf, basierend auf persönlichen Präferenzen zwischen Extremen in vier Dimensionen: I (Introversion = introvertierter Mensch) versus E (Extraversion = extrovertierter Mensch), N (Intuition = intuitiver Geist) versus S (Sensing = sensorischer Geist), F (Feeling = fühlend) versus T (Thinking = denkend) und J (Judging = urteilend) versus P (Perceiving = wahrnehmend) So tendiert etwa ein INTJ-Typ dazu, seine Kraft aus sich selbst heraus zu schöpfen (I), die ihn umgebende Wirklichkeit intuitiv zu erfassen (N), Entscheidungen auf rationaler Grundlage zu treffen (T) und eher basierend auf seinen Urteilen (J) und weniger situativ bzw. spontan zuhandeln.

Wideman (Wideman 1998, 2013) versuchte die MBTI-Typen hinsichtlich ihrer Eignung für die Mitarbeit in Projekten zu klassifizieren. Mittels derselben heuristischen Methodologie, angewandt bei Statistiken von CAPT (CAPT 2013), kommen bis zu 45 % der Gesamtbevölkerung als potentiell gute Projektmanager und weitere 45 % als Mitarbeiter in Frage. Während Wideman mehr als 30 % der Bevölkerung als weniger geeignet für die Mitarbeit im Projekt betrachtet, sind es nach CAPT-Heuristik nur noch 10 %. (siehe Abb. 20:00-3). Übereinstimmend mit Wideman kann festgehalten werden, dass die vier Typen, welche die Extreme in der Matrix darstellen (ISTJ, INTJ, ENTJ und ESTJ: Denken und Bewerten kombiniert mit introvertiert fühlend/intuitiv oder extrovertiert fühlend/intuitiv Präferenzen) unbestreitbares Potential zur Projektführung zeigen.

20:20 Methoden

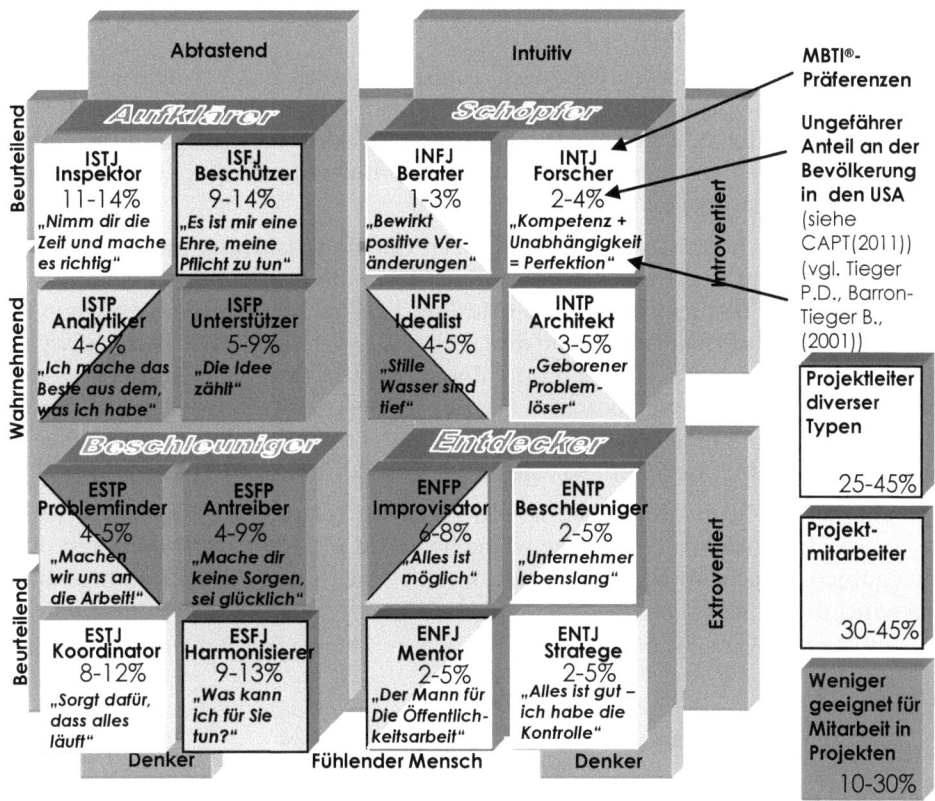

Abb. 20:00-3 MBTI®-Präferenzen und Heuristiken zur Projekteignung

Die Auswahl eines Projektmitarbeiters aufgrund seiner Fähigkeiten und eines MBTI®-Profils reicht in meisten Fällen nicht aus. Stellt man die besten Mitarbeiter zusammen, gewährleistet dies noch nicht die bestmöglichen Ergebnisse, wie das folgende Beispiel zeigen soll.

Apollo-Syndrom

Der Name „Apollo-Syndrom" ist als Beiname eines Experiments in einem Unternehmen bekannt, in dem Teams mit unterschiedlichem Intelligenz- und Bildungsniveau zusammengestellt wurden. Die besten Mitarbeiter wurden demselben Team zugeteilt, welches den Namen Apollo erhielt. Es wurde angenommen, dass dieses Team die besten Ergebnisse erzielt. Allerdings zeigte sich, dass die Ergebnisse dieses Teams die schlechtesten waren. Dies resultierte aus dem Verhalten der Teammitglieder, da jedes Teammitglied versuchte, die anderen jeweils von seinem Konzept zu überzeugen. Dadurch wurde ständig debattiert anstatt zu arbeiten, was zu einem solch negativen Effekt führte (Litke 2007).

Persönliche Bedürfnisse

Jedem Mitglied eines Projektteams soll es grundsätzlich möglich sein, im Verlauf des Projekts seine persönlichen Bedürfnisse zu befriedigen. Das Maß an Bedürfnissen eines Kandidaten, welches wir bereit sind zufriedenzustellen, wird mit seinem Potential, welches aus seinen Fähigkeiten, Kenntnissen und persönlichen Eigenschaften resultiert, ausbalanciert.

Von den zahlreichen theoretischen Ansätzen für die Einstufung menschlicher Bedürfnisse, werden heute meistens die beiden folgenden verwendet. Eine davon ist die Maslowsche Bedürfnishierarchie (Maslow 1954) mit einem hierarchischen Defizit und Wachstumsbedürfnis, wie dies Abb. 20:00-4 darstellt. Die Bedürfnisse der niedrigeren Ebene sind stärker und müssen dementsprechend zufriedengestellt werden, ehe die höheren beachtet werden können. Die Beweggründe für das Wachstum können nie vollständig zufriedengestellt werden und sorgen daher für eine ständige individuelle und soziale Entwicklung (Cadle und Yeates 2008).

Die alternative Zweifaktorentheorie von Herzberg (Herzberg 1987) unterscheidet zwischen Hygienefaktoren, welche weitgehend mit Maslows Defizitfaktoren übereinstimmen, und Motivationsfaktoren, welche mit Maslows Wachstumsfaktoren übereinstimmen.

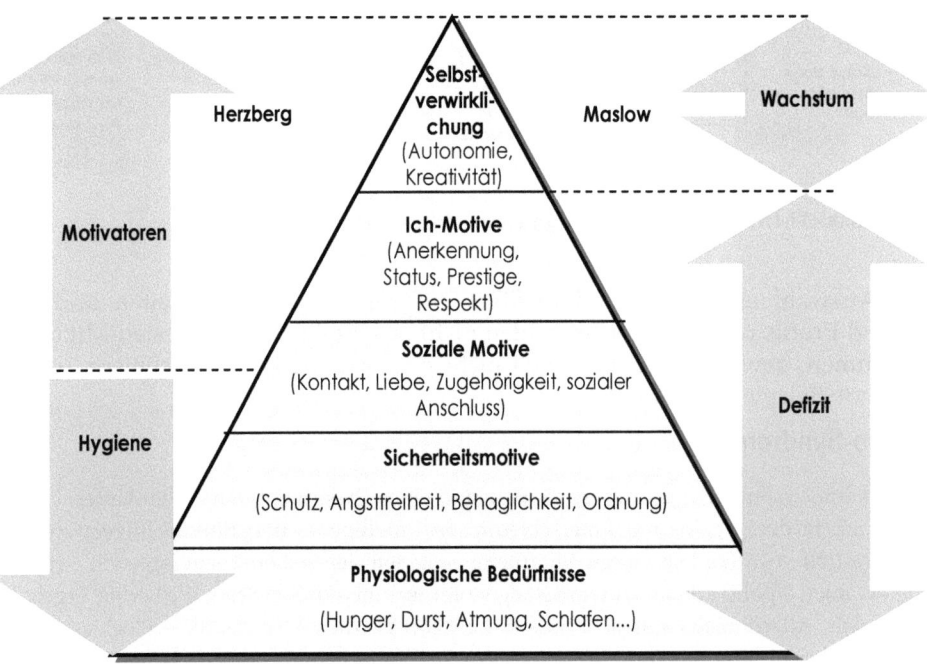

Abb. 20:00-4 Pyramide der Bedürfnisse nach Maslow (1954) und nach Herzberg (1987)

Die Evaluation der Kandidaten für ein Projektteam kann optimiert werden, indem der Grad der Übereinstimmung zwischen den voraussichtlichen Aufgaben und den persönlichen Bedürfnissen bewertet wird, insbesondere Wachstums-/ Motivationsfaktoren (Glowitz 1999). Die daraus gewonnenen Erkenntnisse führen zu folgenden Handlungsempfehlungen:

- Ein auf soziale Motive bezogenes Team zu organisieren, um ein Wir-Gefühl in Hinsicht auf das gemeinsame Projektziel zu entwickeln
- Rollen in Bezug zu den Ich-Motiven zuteilen (Selbstvertrauen, Status, Prestige), so dass niemand bevorzugt oder verletzt wird und die Beziehungen respektvoll sind
- Genügend Freiraum gewähren, so dass innerhalb der Rollen Freiheit für Selbstverwirklichung bleibt

Persönliches Wertesystem, Ethik und moralisches Verhalten

Die Entscheidungen eines Teammitglieds werden von seinem persönlichen Wertesystem bestimmt. Das externe (gesellschaftliche) Wertesystem kann von internalisierten subjektiven Werten abweichen, welche die Ethik eines Individuums formen. Moralisches Verhalten ist dasjenige, welches mit dem eigenen Wertesystem übereinstimmt (Lent 2012). Teammitglieder und insbesondere Projektmanager gewinnen die für sie notwendige Glaubwürdigkeit und Akzeptanz nur, wenn ihr Verhalten moralisch ist und ihre persönliche Ethik mit der der Mehrheit des Teams übereinstimmt (Galewicz 2010).

Mit dem Ziel im Rahmen der Ausbildung von Projektmanagern einen Ansatz zu entwickeln, mit dessen Hilfe praktische Ethik gelehrt werden kann, führte Helgadottir eine Untersuchung durch und ließ 32 Teilnehmer in 6 Gruppen vier verschieden Ethiktheorien im Hinblick auf die Praxis des Projektmanagements diskutieren. Dies waren einerseits zwei ergebnisorientierte Theorien: die von Plato, Aristoteles und Sokrates abgeleiten Tugendethik (moralischer Perfektionismus) sowie der zunächst von Humes formulierte und später durch Bentham und Mill weiterentwickelte Utilitarismus. Und andererseits zwei prozessorientierte Theorien: Kants Pflichtethik (kategorischer Imperativ) und Hobbes aus seiner Naturrechtstheorie abgeleiteten Vertragstheorie. Im Ergebnis zeigte sich u. a. eine Tendenz, eine utilitaristische Motivation durch Bezug auf die Tugendethik zu verschleiern. Im Kern aber wurde deutlich, dass ein reiner Pragmatismus vorherrscht, der dazu führt, dass in der Praxis Entscheidungen am eigenen Nutzen und nicht an Wertesystemen ausgerichtet werden. Szczupaczynski (Szczupaczynski 2009) spricht von der förmlichen Adaption von formalen ethischen Standards mit der Trennung von moralischer und pragmatischer Interpretation ethischer Standards sowie vom Ausweichen vor einem normativen Prozesses der Einordnung zwischen gut und schlecht.

Projekte sind nun in besonderer Art und Weise mit Unsicherheit konfrontiert. Trotz dieses Umstandes müssen Projektleiter aber dennoch Entscheidungen treffen: Riskiere ich Konflikte mit meinen Mitarbeitern, weil Überstunden notwendig sind, um das Projektziel zu erreichen oder nehme ich lieber eine Projektverzögerung und damit eine Konventionalstrafe in Kauf? In solchen Situationen hilft ein eindeutiges Wertesystem, vor allem dann, wenn Team und Leiter dieses teilen. So lassen sich Entscheidungen schneller treffen, sind nachvollziehbar und werden deswegen auch (selbst wenn sie negativ sind: Überstunden) eher vom ganzen Team mitgetragen.

Max Schelers integraler Humanismus und sein Wertesystem, welche in der Nähe von Kant zu verorten sind, ist angesichts dieser Erkenntnisse und der zahlreichen Unsicherheiten in einem Projekt aufgrund der klaren Hierarchisierung der Werte in der Projektarbeit eher von Nutzen (Scheler 1994). Zusammenfassend lässt sich daher feststellen, dass um Kandidaten, insbesondere für die Projektleitung, zu evaluieren und ihre Ethik sowie ihre Moral zu beurteilen, ein vom Wertesystem des integralen Humanismus abgeleitetes Referenzmodell empfehlenswert ist.

20:24 Verbesserung der individuellen Leistungen der Rolleninhaber

Dass die individuelle Leistung eines Teammitglieds von seiner Motivation in einem nicht geringen Ausmaß beeinflusst wird, ist durch zahlreiche Forschungs- und Untersuchungsergebnisse bestätigt. Einzig das Verhältnis variiert: 1:3:,4 (Boehm et al. 1984), 1:4 (Boehm 1981), 1:5,6 (DeMarco und Lister 1999), 1:10 (McConnell 1998). Motivation kann bis zu einem gewissen Punkt auch die Defizite bezüglich der Fähigkeiten und Fertigkeiten kompensieren. McGinnis (McGinnis 1985) nannte es den Pygmalion-Effekt, wenn „durchschnittliche Menschen, die nie zusammengearbeitet haben, zufällig Teil eines Projekts werden und sehr motiviert sind, sich wie begabte, ungewöhnliche Genies benehmen und somit ein gut funktionierendes Team bilden". Das Umfeld (Team, Projektmanager, Büro, Unternehmen) kann hierbei ein Multiplikator sein.

> Produktivität = Umfeld * [Motivation = Funktion (Zeit)]

Was auch immer die innere (intrinsische) Motivation der potentiellen Kandidaten und Projektmitarbeiter sein wird, sobald ein Projekt beginnt, beginnt auch die Abhängigkeit von der Beziehung zwischen Befähigung (Fähigkeiten und Fertigkeiten) und den anvertrauten Aufgaben.

> Motivation = ((Fähigkeiten und Fertigkeiten)/Herausforderungen) *
> persönliche Eigenschaften * Glückskoeffizient

Wenn es gelingt, die Fähigkeiten sowie Fertigkeiten einerseits und die Herausforderungen andererseits auszugleichen, also eine Balance zu erreichen, dann besteht eine gute Chance für ein hochgradig motiviertes Projektteam. Diskrepanzen infolge persönlicher Projektionen (wenn etwas schiefgeht, geht alles schief, Kausalitätstheorie von Heckhausen (Heckhausen et al. 1987)) können die Motivation und infolgedessen die Produktivität mindern. In vergleichbarer Weise führen ungenutzte Fähigkeiten zu Langeweile und Motivationsverlust.

Wenn Motivatoren in Bezug auf das Umfeld, die Fähigkeiten und die individuellen Eigenschaften vorhanden sind, wird das Fließen (Czikszentmihalyi 1990) oder die höchstmögliche Produktivität erreicht. (siehe Abb. 20.00-5).

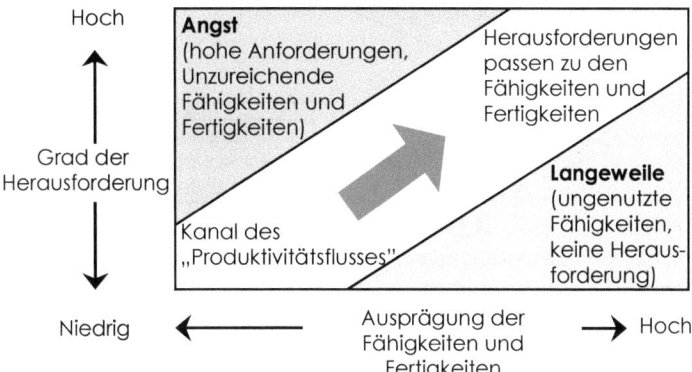

Abb. 20:00-5 Kanal des Produktivitätsflusses

Es sollte nicht unerwähnt bleiben, dass Produktivität und Motivation von kurzlebiger Natur sind: Sie können sich rapide ändern und benötigen die permanente Aufmerksamkeit des Projektmanagements. Herausforderungen ändern sich nicht so rapide: Hier nehmen die Verbesserung der Fähigkeiten und die Entwicklung von Fertigkeiten die meiste Zeit in Anspruch.

Es sollte vermieden werden, einen neuen Mitarbeiter einzustellen, falls seine Fähigkeiten die vorgesehenen Aufgaben übertreffen (führt zu Langeweile) oder wenn seine Defizite vom Personalentwicklungsplan nicht überbrückt werden können (führt zu Ängstlichkeit). Im Falle einer erneuerten Evaluation eines schon eingestellten Mitarbeiters sollte anhand dieser Kriterien ein Änderungsantrag initiiert werden.

Sollte die Person sich gegenwärtig oder zukünftig innerhalb des „Flusskanals" befinden, wird evaluiert, ob die persönlichen Eigenschaften irgendeine Anpassung verhindern (beispielsweise wenn ältere Teammitglieder nicht bereit sind, sich anzupassen).

Wenn Änderungen möglich sind, sollten die informellen Rollen im Team untersucht und, falls notwendig, so sollte die Personalentwicklung initiiert und umgesetzt werden (siehe Abb. 20.00-6).

20:00 Human Ressource Management HRM

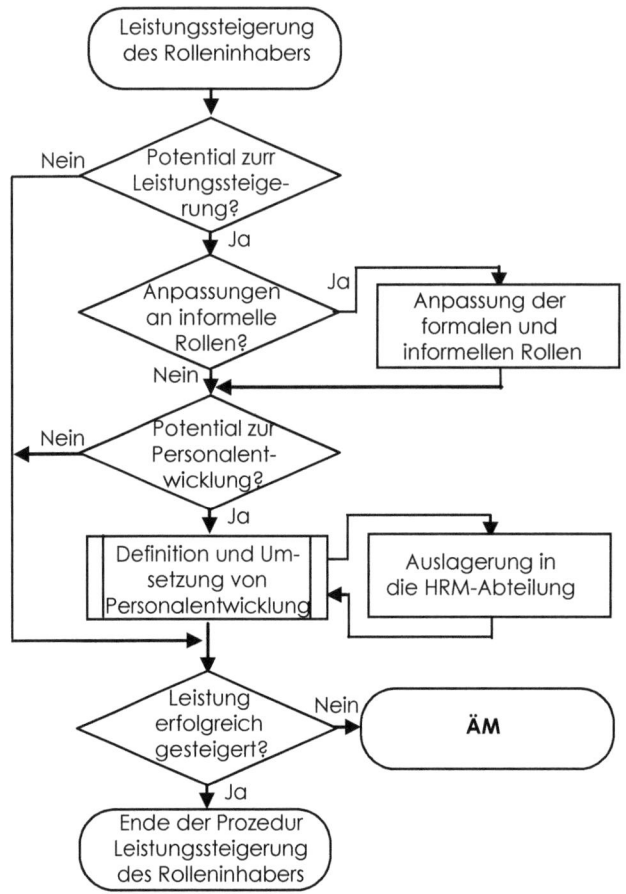

Abb. 20:00-6 Ablauf der Verbesserung der Rollenleistung

20:25 Anpassung formaler und informeller Rollen

Formale Rollen entstehen aus der Analyse der Projektziele und Strukturen, welche im Zielverwirklichungsprozess ZVM ausgearbeitet und im Organisationsmanagementprozess OM definiert wurden. Sie geben die Erwartungen gegenüber den Rolleninhabern in Bezug auf die Aufgaben und die Qualität ihrer Erfüllung wieder. Der HRM Prozess ist der bestmöglichen Besetzung dieser Rollen gewidmet. Allerdings führt die Teamdynamik zur Herausbildung informeller Rollen, welche sich auf die individuelle Leistung auswirken (der „Umfeld"-Faktor in unserem oben dargestellten Produktivitätszusammenhang).

Beispiel:
Lukas erfüllt einwandfrei die Aufgabe, umweltschutzrechtlichen Zwänge, denen ein ambitioniertes Vorhaben unterworfen ist, an welchem mehrere hundert Personen aus mehr als 50 Unternehmen beteiligt sind, zu analysieren. Ein Projektteam bereitet sich auf das Verschieben einer Brücke einige Dutzend Meter flussabwärts vor. Lukas arbeitet vorwiegend mit Hilfe des Internets sowie mit Hilfe von Rechtsdatenbanken.

Zudem ist Lukas ein leidenschaftlicher Volleyballfan. Er ist Vorsitzender des nationalen Volleyballverbandes und organisiert jährlich erfolgreich landesweite Wettbewerbe mit 24 Teams und insgesamt über 20.000 Zuschauern.

Es ist nur natürlich, dass andere Teammitglieder Lukas häufig um seinen Rat in Organisationsfragen bitten, um sich die unangenehmen Besprechungen mit dem Bauleiter, der sich in der nächsten Stadt befindet, zu ersparen.

Lukas Rolle spaltet sich in die formale Rolle (Umweltspezialist) und die informelle Rolle (Entscheider).

Das informelle Netzwerk, welches in Projektteams entsteht, kann die Leistungen positiv beeinflussen (Lukas Kollegen arbeiten schneller), jedoch ebenso gut den Projektverlauf negativ beeinflussen (der Bauleiter wird nicht über alles und möglicherweise auch nicht über kritische Angelegenheiten informiert). Daher kann es nicht unberücksichtigt bleiben.

Die persönlichen Eigenschaften und andere Rollen, die ein Mensch in seinem Leben spielt, beeinflussen sein Verhalten im Team (Denisow 1999). Die daraus resultierende informelle Rolle drückt die Erwartungen aus, die eine Person in Hinsicht auf seinen Einsatz im Team und die wechselseitige Kommunikation im Team hat. Denisow unterscheidet vier informelle Rollen (siehe Tabelle 20:00-1):

Im Rahmen des Henley Management-Spiels beobachtete Meredith Belbin (Hogan 2007; Belbin 2010) das Verhalten von Managern in einem Zeitraum von neun Jahren und hat zunächst acht, später neun informelle Rollen im Team skizziert (siehe Tabelle 20:00-2). In der linken Spalte der Tabelle wurden auch die englischen Originalbezeichnungen aufgeführt. Daneben wurden auch alternative Benennung in anderen Quellen sowohl in deutscher Sprache wie auch im englischsprachigen Original hinzugefügt. Die Attraktivität des Ansatzes von Belbin ist begründet durch eine höhere Präzision hinsichtlich der Typenidentifikation, der Nähe zur Myers-Briggs-Taxonomie und der Berücksichtigung der Dynamik individuellen Verhaltens: Jeder Rollenbesitzer kann ursprünglich jede der neun Belbin-Rollen annehmen. Ein ideales Team besteht aus neun Personen. In kleineren Teams füllt eine Person mehrere Rollen aus. Nach Belbin ist ein Team nur dann erfolgreich, wenn alle informellen Rollen sich im Gleichgewicht befinden.

Tabelle 20:00-1 Informelle Rollen nach Denisow (Denisow 1999)

Mediator
– Zeigt Solidarität, erhöht den Status anderer, hilft und belohnt – Zeigt Zufriedenheit, lacht, scherzt, versucht andere zu entspannen – Drückt Anerkennung und Zustimmung aus, kooperiert
Aktiver Mitorganisator
– Gibt Hinweise und Anweisungen – Informiert über seine Aufgabe, seine Bewertung, seine Analyse – Leitet, informiert, wiederholt und bestätigt
Aktiver Partner
– Fragt nach Anweisungen, Information, Widerholung und Bestätigung – Fragt nach Meinung, Bewertung und Analyse – Fragt nach Zeit, Anweisungen und möglichen Verhaltensweisen
Passives Teammitglied
– Widerspricht, verweigert Hilfe, drückt passive Ablehnung und Formalität aus – Ist verspannt, fragt nach Hilfe und zieht sich zurück – Ist feindselig, verteidigt sich oder behält dieselbe Einstellung, behandelt andere nicht als gleichberechtigt

Tabelle 20:00-2 Belbins Taxonomie der informellen Rollen im Team (Hogan 2007), erweitert

Rolle	Merkmale	Positive Eigenschaften	Zulässige Schwäche	Beitrag
Vorsitzender (Koordinator) Chairman (Co-Ordinator)	Ruhig, kontrolliert, selbstbewusst	Bewertet Beiträge anhand ihres Nutzens. Aufgabenorientiert, nicht voreingenommen	Durchschnittliche Intelligenz und Kreativität, lädt seine Arbeit anderen auf	– Klärt Ziele, – Identifiziert Probleme, setzt Prioritäten fest – Definiert Rollen – Fasst die Gefühle der Gruppe zusammen

Macher Shaper	stets „unter Strom", dynamisch, mutig	Energisch, bereit, die Leistung der Gruppe herauszufordern	Reizbar und ungeduldig, unhöflich	– Identifiziert Rollen, Aufgaben und Verantwortung – Fördert die Gruppenleistung
Kreativer Denker (Erfinder) Creative Thinker (Plant)	Individualistisch und unorthodox	Gescheit und einfallsreich	Unpraktisch und schlecht organisiert, schlechter Kommunikator	– Erzeugt Ideen – Erschafft Lösungen – Kritisiert gegenwärtige Handlungen
Evaluierer (Beobachter) Evaluater (Monitor)	Nüchtern und emotionslos	Diskret und hartnäckig	Unfähig zu führen	– Analysiert Probleme – Klärt Angelegenheiten – Evaluiert den Beitrag anderer
Verhandler (Wegbereiter) Negotiator (Ressource Investigator)	Extrovertiert, neugierig, kommunikativ	Fähigkeit Beziehungen aufzubauen	Schnell gelangweilt, zu optimistisch	– Bringt Ideen von außen ein
Teamarbeiter Team worker	Zufrieden, aber milde	Ansprechbar, fördert den Teamgeist	In Krisensituationen unentschieden	– Dringt auf die Erledigung von Aufgaben – Fördert den Sinn für Dringlichkeit – Findet Fehler
Unternehmensangestellter (Umsetzer) Company worker (Implementer)	Konservativ und vorhersehbar	Organisiert, diszipliniert, arbeitet hart	Unflexibel, widersetzt sich Änderungen	– Fokussierung – Planung

Fertigsteller (Perfektionist) Finisher (Completer)	Ordentlich, pflichtbewusst und besorgt	Perfektionistisch	Besorgt wegen Kleinigkeiten	– Unterstützung und Hilfe anderer – Baut auf den Ideen anderer auf
Spezialist Specialist	Eigensinnig, selbständig	Engagiert, sachkundig, geschickt	Trägt in einem begrenzten Bereich bei, verliert sich in Details	– Löst komplizierte Angelegenheiten – Problemlöser

Zusammenfassend müssen bei der Besetzung von Rollen im Prozess des HRMs folgende Schritte befolgt werden:

- Die informellen Rollen vorsichtig und unter Berücksichtigung ihrer wechselseitigen Beziehungen ausbalancieren
- Alle informellen Rollen im Team ins Gleichgewicht bringen
- Dann die Veränderung der formalen Rollen vorschlagen (Änderungsantrag), um diese anzugleichen. Dies sollte nicht anders herum erfolgen

20:26 Zufriedenstellung des Rolleninhabers

Der Zuteilung oder Neuzuteilung formaler Rollen, der Leistungsevaluation und den auf die Optimierung der Leistung abzielenden Anpassungen nachfolgend – auch wenn die externen Indizes für einen Leistungsrückgang zunächst fehlen – kann, wenn die intrinsische Motivation scheitert, die Unzufriedenheit eines Mitarbeiters bald zu größeren Problemen im Projekt führen.

Die Motivatoren, Wachstumsbedürfnisse, wie in Unterkapitel 20:23 dargestellt, können zu nicht erfüllbaren Anforderungen führen, die über die Projektmöglichkeiten oder die schlichte Vernunft hinausgehen. Der in Abb. 20:00-7 dargestellte systematische Ansatz hilft dabei, ein Gleichgewicht zu finden.

Zunächst wird überprüft, ob die persönlichen Eigenschaften eine höhere Zufriedenheit ermöglichen. Im Falle z. B. permanent unzufriedener Personen kann der Versuch einer (möglichen) geringeren Anpassung der Aufgaben oder der Entlohnung das erwünschte Resultat nicht erzielen – daher ist es besser, sich für die größere Änderung zu entscheiden und den Rolleninhaber zu wechseln.

Sollte die Persönlichkeit Hoffnungen hinsichtlich der Leistungsverbesserung durch Änderungen wecken, so sollte mit Entscheidungen zur Rollenanpassung und angemessenen Änderungsanträgen fortgefahren werden (z. B. mehr Verantwortung oder Anpassung der Aufgaben).

In dem Fall, dass die Rollenanpassung nicht notwendig ist, es aber deutlich wird, dass mit einer hohe Wahrscheinlichkeit die Personalbedürfnisse durch die geeignete Maßnahmen im Bereich der Personalentwicklungsdefizite zu zukünftigem Leistungssteigerungspotential führen können, dann kann durch ein passendes Programm höhere Zufriedenheit und Motivation erreicht werden.

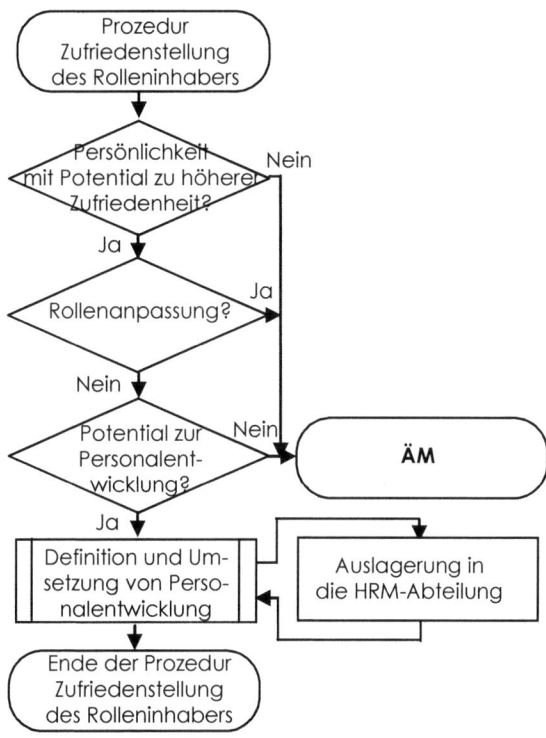

Abb. 20:00-7 Die Prozedur der Zufriedenstellung des Rolleninhabers

20:30 Techniken und Werkzeuge

Die unten aufgelisteten Techniken und Werkzeuge sind spezifisch für die Zwecke des Projektmanagements ausgesucht worden. Die zahlreichen Instrumente des Managements von Humankapital, die im HRM einer dauerhaften Organisation Anwendung finden, gehen über den Rahmen dieses Buches hinaus. Einen guten Überblick über die Techniken der Mitarbeitersuche und deren Bewertung bietet Kristof (Kristof 1996).

20:31 Verfahren bezüglich der Personalauswahl

Personalbedarfsplanung

Im Prozess des Organisationsmanagements (siehe Kapitel 08:00 Organisationsmanagement OM) wurden Rollen entsprechend der Gruppierung der Aufgaben und der dafür notwendigen Ressourcen ausgearbeitet. Es wird vorausgesetzt, dass der Rolleninhaber Leistungen gemäß bestimmter Standards erbringt. Diese werden bestimmt durch beispielsweise erwartete Bildung, Erfahrung, Evaluation der Experten oder der bereits vorhandener Erfahrungen im Unternehmen (siehe Kapitel 07:00 Zielverwirklichungsmanagement ZVM).

Bei der Einstellung des Rolleninhabers müssen wegen der regelmäßigen (z. B. Urlaub und Feiertage) und zufälligen (Vorfälle in der Familie, Krankheit) Abwesenheit bestimmte zusätzliche Kapazitäten eingeplant und infolgedessen den Evaluationskriterien hinzugefügt werden.

Bedarf zusätzlicher Ressourcen

Im Falle von z. B. 1400 verlangten Produktivstunden im Projekt sollten ca. 1800 Stunden (Vollzeitstelle) in der Arbeitsbeschreibung festgelegt werden (Personalbedarf).

Im jenen Fällen, in denen der gewählte Rolleninhaber zunächst unzureichende Fähigkeiten bietet, ein Risiko wegen der groben Kandidatenevaluation besteht oder ein schwächerer Kandidat gewählt wird (weil es beispielsweise günstiger ist), sollten noch mal Stunden zum Zwecke der Korrektur hinzugefügt werden (z. B. 10 Prozent der Gesamtstunden für das Lernen während der Arbeitszeit). Daher kommen wir beim obigen Beispiel schließlich auf 2000 Stunden.

Die Entscheidung zwischen maximaler Effizienz versus niedriger Kosten für solche Kandidaten, die während der Arbeitszeit eingearbeitet werden, sollte im Hinblick auf den aktuellen Human Ressource-Markt, den Projektsponsor oder die Politik des den Auftrag gebenden Unternehmens getroffen werden. Dementsprechend sollte diese Gesamtstundenzahl dem Projekt angelastet werden oder zwischen den Fonds für das Projekt und z. B. dem Kapitalmanagement für die Human Resources des Auftrag gebenden Unternehmens geteilt werden.

Bauen Planung und Wirtschaftlichkeit auf die Effizienz von Spitzenkandidaten, so kann dies zu Fehleinschätzungen führen. Projekte sind per Definition neuartig, daher können die Rollenauslastungen nicht mit einem solchen Maß an Genauigkeit bestimmt werden, so dass jeder Bedarf nach zusätzlichen Stunden von Beginn an ausgeschlossen werden kann. Also ist dies im Falle eines die Erwartungen übertreffenden Kandidaten eine willkommene Reserve oder – im besten und nach den Erfahrungen des Autors nie auftretenden Fall – ein Beitrag zur Minderung der Gesamtprojektkosten.

20:32 Anforderungsprofil

Die für die formale Rolle erforderlichen Fähigkeiten, bevorzugte Personalprofile und bevorzugte oder offene informelle Rollen bilden zusammen eine multidimensionale Entscheidungsmatrix. Um Entscheidungen zu erleichtern, sollte jede der bevorzugten Charaktereigenschaften oder erforderlichen Fähigkeiten gewichtet werden.

Gewichtung der erforderlichen Fähigkeiten und persönlichen Charakteristika

Empfohlen wird die Verwendung der Metaplantechnik (Schnelle 1982; Meyer 2003; Schachner et al. 2005; zudem Kapitel 07:00 Zielverwirklichungsmanagement ZVM), um die Gewichtung auszuarbeiten.

Die Gewichte können absolut (siehe Tabelle 20:00-3) oder relativ festgelegt werden (siehe Tabelle 20:00-4).

Tabelle 20:00-3 Gewichtung absoluter Anforderungen

	Anforderungskriterium	Sehr wichtig	Wichtig	Weniger wichtig
1	Kenntnisse im Arbeitsbereich		x	
2	Erfahrungen mit Projekten		x	
3	Kreativität			x
4	Denken im Rahmen wirtschaftlicher Profitabilität	x		
5	Kooperationsbereitschaft		x	
6	Bereitschaft zu Überstunden			x
7	Verhandlungsfähigkeit	x		
8	Durchsetzungsvermögen	x		
9	Abstraktes Denkvermögen			x
10	Organisatorisches Geschick	x		

Im obigen Beispielsprofil der Anforderungen für den Projektmanager sind mehrere Aspekte auf derselben Ebene festgelegt. In Extremfällen wird alles als z. B. sehr wichtig eingestuft. Dies vereinfacht die Gewichtung nicht.

Zu empfehlen ist die relative Gewichtung. Im folgenden Beispiel werden 100 Punkte zwischen den verlangten Fähigkeiten und den Stelleneigenschaften folgendermaßen verteilt:

Tabelle 20:00-4 Gewichtung relativer Anforderungen

	Anforderungskriterium	Von hundert Punkten
1	Kenntnisse im Arbeitsbereich	10
2	Erfahrungen mit Projekten	8
3	Kreativität	3
4	Denken im Rahmen wirtschaftlicher Profitabilität	18
5	Kooperationsbereitschaft	12
6	Bereitschaft zu Überstunden	2
7	Verhandlungsfähigkeit	16
8	Durchsetzungsvermögen	14
9	Abstraktes Denkvermögen	4
10	Erfahrungen mit Projekten	13

20:33 Techniken der Bewerberevaluation

Bewertung von Wissen und Erfahrung

Die Bewertung von Wissen und Erfahrung kann auf einem der vier folgenden Wege durchgeführt werden:

a) Überprüfung der vorherigen Leistungen des Kandidaten, basierend auf Schuldiplomen, dem Lebenslauf, verfügbaren Ergebnissen seiner Arbeit. Der kritische Punkt an dieser Stelle ist die Bewertung der Kompetenzen der Person ausgehend von den Referenzen, die Objektivität des Lebenslaufes sowie der Beurteilung des Beitrages des Kandidaten zu den verfügbaren Arbeitsergebnissen. Diese Prozedur wird angewandt, wenn es gute Gründe gibt, den Angaben zu vertrauen. Bestätigung werden Erfahrungen durch anerkannte Zertifizierungsinstitute wie PMI, IMPA (über nationale Vereine), SAQ und TüV für die Schweiz (HERMES) für das Projektmanagement. In sämtlichen Fällen werden alle Zertifikate außer dem des niedrigsten Grades (CAPM für PMI, D für IMPA, HSPTP für HERMES) nur an Fachkräfte mit nachweisbaren Erfahrungen im Projektmanagement herausgegeben. Die Zertifikate bezeugen gleichfalls einen bestimmten Grad an Kenntnissen, die der Kandidat erworben hat.

b) Assessment-Center, durchgeführt durch die anstellende Organisation oder eine dritte Partei im Auftrag der anstellenden Organisation. Dies ist der zuverlässigste, jedoch auch teuerste Weg, jemandes Erfahrungen zu bewerten. Daher wird diese Methode nur für Stellen mit bedeutendem Einfluss angewandt (Seiler und Lent 2005).

c) Evaluation der gegenwärtigen Leistung im Projekt vom gegenwärtigen Personal auf Basis direkter persönlicher Interviews mit dem Kandidaten oder seinem Vorgesetzten, periodische Qualifikationsüberprüfung oder Kundenrückmeldungen.

Analyse der Bedürfnisse

Eine Bedürfnisanalyse wird von den in diesem Prozess ausgearbeiteten Persönlichkeitsprofilen unterstützt. Eine ambitionierte, extrovertierte Person wird am Personalentwicklungsplan und an den Karrieremöglichkeiten interessiert sein, während eine an Familie interessierte Person eher nach einer kinderfreundlichen Umgebung sucht. Bis zu einem bestimmten Grad kann die einstellende Organisation Bedürfnisse vorhersehen und diese direkt im veröffentlichten Stellenangebot ansprechen. Die tatsächlichen Bedürfnisse der Kandidaten können allerdings erst während der Bewerbungsgespräche ermittelt werden.

Offensichtliche Bedürfnisse wie Gehalt werden meistens im persönlichen Gespräch mit dem Kandidaten festgelegt. Nicht so offensichtliche Erwartungen und Bedürfnisse, die nach Maslow oder Herzberg ebenso relevant sind, können mit Hilfe von Fragebögen ermittelt werden.

Schließlich können alle Bedürfnisse in einer bestimmten Kostenfunktion zusammengefasst werden (siehe Tabelle 20:00-5), etwa in Form der Gesamtkosten für das Unternehmen während der gesamten Projektlaufzeit. Wo dies nicht explizit benannt wird, kann die anstellende Partei bestimmte Annahmen treffen, beispielsweise in Bezug auf Karrieremöglichkeiten.

Evaluation der Kandidaten

In diesem Schritt wird die Evaluierung jedes Bewerbers zusammengefasst und an den Resultaten der Kostenfunktion seiner Bedürfnisse gemessen.

Der Erfüllungsgrad jedes Kriteriums wird zwischen 0.0 (nicht verfügbar) und 1.0 (vollständig verfügbar) festgelegt. Ein direkter Vergleich zweier exemplarischer Kandidaten wird in Tabelle 20:00-6 gezeigt. Der hypothetische Kandidat A ist ein erfahrener Profi, Kandidat B ist ein intelligenter, kluger Schulabsolvent.

Tabelle 20:00-5 Das Beispiel der Bedürfniskostenfunktion

	Bedürfniskostenfunktion	Koeffizient	Forderung des Kandidaten
1	Festes Jahresgehalt	1.0	x.x
2	Jährliche leistungsabhängige Bonuszahlung	0.7	y.y

3	Erforderliche stellenbezogene Bildung	0.2	z.z
4	Bereitschaft der Familie zur Versetzung und Anpassung	0.8	v.v
5	Nebenleistungen (Auto, Versicherung)	0.4	w.w
6	Büro und Ausstattung	0.3	u.u
7	Karrieremöglichkeiten	0.1	t.t
Bedürfnisse = (1.0*x.x)+(0.7**y.y)+(0.2*z.z)+(08*v.v)+(04*w.w)+(03*u.u)+(01*t.t)			

Tabelle 20:00-6 Hypothetische Evaluation

Anforderungskriterium		Von 100	Bewerber A	Bewerber B
Skala		0 bis 100	0.0 bis 1.0	0.0 bis 1.0
1	Erfahrungen mit Projekten	10	0.8	1.0
2	Kreativität	8	0.8	0.4
3	Denken im Rahmen wirtschaftlicher Profitabilität	3	0.5	0.7
4	Kooperationsbereitschaft	18	0.9	0.4
5	Bereitschaft zu Überstunden	12	0.6	0.9
6	Verhandlungsfähigkeit	2	0.5	0.9
7	Durchsetzungsvermögen	16	0.8	0.2
8	Abstraktes Denkvermögen	14	1.0	0.5
9	Erfahrungen mit Projekten	4	0.7	1.0
10	Erfahrungen mit Projekten	13	1.0	0.5
Gesamtpunktzahl in diesem Gebiet			82.9	54.8

Die in jedem Bereich erreichten Punkte können im Kiviatdiagramm visualisiert werden. Im Bezug zum L-Timer® werden die Fähigkeiten des Kandidaten in Beziehung zu jedem Prozess des Projektmanagements bewertet. Die äußere Form (heller) spiegelt Fähigkeiten in administrativen Prozessen, die innere Fähigkeiten den Faktor Mensch. In Hinsicht darauf, dass die zwölfeckige Form für administrative Prozesse und der Hexagon für die Prozesse des Faktors Mensch 100 % der Erfüllung der zusammengesetzten Kriterien spiegeln, könnten die zwei Kandidaten folgendes Profil aufweisen (Abb. 20:00-8).

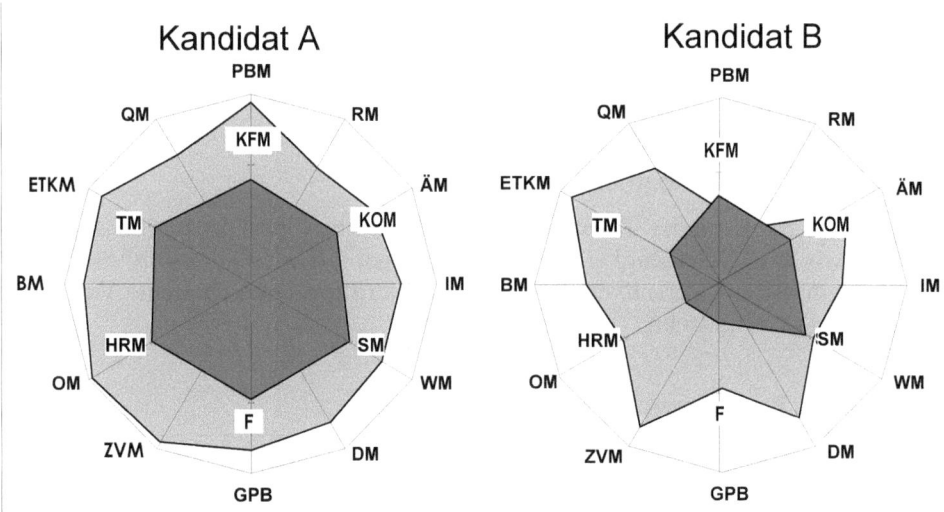

Abb. 20:00-8 Graphische Präsentation der Fähigkeiten zweier Kandidaten

Die ermittelten Fähigkeiten sollten nun den Bedürfnissen gegenübergestellt werden. Dabei ist es wichtig zu unterscheiden, was das Projekt benötigt (und der Kandidat anbietet) und was das Unternehmen zu bieten hat (Zufriedenstellung der Bedürfnisse des Kandidaten). Am Ende handelt es sich nicht um eine mathematische Gleichung: die erfahrene, verantwortliche Person für die Human Ressources kann Ansätze dessen, was wahrgenommen, aber nicht enthalten ist, in die Evaluation des Kandidaten hinzufügen.

20:34 Interne Anwerbung

Interne Anwerbung

Häufig werden Projekte mit Personen aus der Organisation des Projektsponsors aufgebaut. Normalerweise wird nur eine grobe, ungefähre Übereinstimmung zwischen Projektanforderungen und Fähigkeiten des Kandidaten festgestellt und die Bedürfnisse werden üblicherweise gar nicht berücksichtigt. Das Bewusstsein der Schwächen der internen Kandidaten hilft jedoch, nötige Fähigkeitsentwicklungen einzuschätzen und das Risikopotential zu bewerten.

20:40 Vorlagen

20:41 Projektmanagementbezogene Dokumente

Um die Fähigkeiten jedes Teammitglieds zu bewerten, ist eine möglichst umfassende Bewertung der Fähigkeiten, z. B. nach dem L-Timer®-Schema, für alle 18 Prozesse empfehlenswert. Exemplarisch wird hierfür eine vereinfachte Vorlage in Tabelle 20:00-7 dargestellt:

Tabelle 20:00-7 Bewertungsschema

Bewertung Bewerber X	
0	Zusammenfassung
1	Zweck des Dokuments
2	Beschreibung erforderlicher Fähigkeiten und Tabellen
\multicolumn{2}{l}{Die Fähigkeiten und persönlichen Eigenschaften für die entsprechende Projektrolle werden hier aufgelistet.}	
3	Erfordernisse zur Ausfüllung der formalen Rolle
	– Tabelle erforderlicher Fähigkeiten – Gewählte Bewertungsmethode (Interview, Zertifikate, Assessment, Fallstudie) – Resultate für den Bewerber – Schlussfolgerungen und Empfehlungen
4	Evaluation der persönlichen Eigenschaften
	– Gewünschtes Profil – Ausgewählte Bewertungsmethode (Interview, Fragebogen, Assessment, Fallstudie) – Ergebnisse für den Bewerber – Schlussfolgerungen und Empfehlungen
5	Teamfähigkeit
	– Gewünschtes Profil – Ausgewählte Bewertungsmethode (Interview, Fragebogen, Assessment, Fallstudie) – Ergebnisse für den Bewerber – Schlussfolgerungen und Empfehlungen

6	Persönliche Bedürfnisse
	– Gewünschtes Profil – Ausgewählte Bewertungsmethode (Interview, Fragebogen, Assessment, Fallstudie) – Ergebnisse für den Bewerber – Schlussfolgerungen und Empfehlungen
7	Zusammenfassung und endgültige Bewertung des Bewerbers
	Die Gesamtevaluation des Bewerbers oder des Teammitglieds wird kurz zusammengefasst. Empfehlungen werden formuliert.

20:42 Produktbezogene Dokumente

Der optimale Personalentwicklungsplan sieht Schulungen vor, die gleichzeitig die Erwartungen bezüglich der Bedürfnisse des Teammitglieds erfüllen und zur Reduktion der Diskrepanz zwischen den Fähigkeiten beitragen, die das Teammitglied gegenwärtig besitzt, und denen, die zur Erfüllung der Projektziele notwendig sind. Ein Beispiel wird in Tabelle 20:00-8 gegeben:

Tabelle 20:00-8 Bewertungsschema

Personalentwicklungsplan, Teammitglied X	
0	Zusammenfassung
1	Zweck des Dokuments
2	Identifizierte Zielbereiche der Entwicklung
	Beschreibt die Bewertungsergebnisse des Teammitglieds und deutet auf Bereiche mit Wachstumspotential hin.
3	Praktikable Schulungen
	– Beschreibt vorgeschlagene Schulungen in der Reihenfolge ihrer Priorität: – Relevanz für einen spezifischen Bereich und seine Priorität – Ziele von Training und Lernen – Voraussetzungen, vorausgesetzte Vorkenntnisse – Inhalt der Schulung – Maßnahmen für die Bewertung der Schulungsergebnisse – Infrastruktur der Schulung (Materialien, Räume, IT, Dienstleistungen, Hilfsmittel)
4	Planung und Organisation
	Festlegung einer bestimmten Reihenfolge an Schulungen, Fristen und ihren Beziehungen (wer, wann, was und wo).

5	**Ressourcen und Pflichten**
	– Notwendige finanzielle Ressourcen – Notwendige nichtfinanzielle Maßnahmen für die Schulungen – Ausgaben des Teammitglieds für die Schulung – Kostenplanung
6	**Evaluation der durchgeführten Schulungen**
	Liste der Dokumente mit einer Schulungsanalyse und Schulungsresultate, um ihre Qualität zu verbessern.
7	**Anhänge**

20:50 Phasenaufgaben und -ergebnisse

20:51 Initiierungsphase

Aufgaben:

- Kernteam identifizieren, welches das Projekt initiiert
- Generelle Bewertung der Mitglieder des Kernteams durchführen
- Das Team seine Rollen auswählen lassen
- Motivation jedes Teammitglieds sicherstellen

Ergebnisse:

- Motiviertes Kernteam mit erster Rollenverteilung

20:52 Planungsphase

Aufgaben:

- Bestimmte formale Rollen im Projekt aus dem OM-Prozess übernehmen
- Bedarf an Projektteammitgliedern planen
- Anforderungsprofil für bestimmte Rollen prüfen
- Fähigkeiten und Eigenschaften potentieller Teammitglieder analysieren
- Bedürfnisse potentieller Teammitglieder analysieren
- Qualifikationen für die Besetzung der zugeteilten Projektrollen bewerten
- Rolleninhabern spezifische Rollen zuweisen
- Bei Bedarf Änderungsantrag für Rollenanpassung stellen
- Defizite evaluieren und Personalentwicklungspläne ausarbeiten
- Spezielle Schulungen durchführen (optional)

Ergebnisse:

- Rollenanforderungsprofil ergänzt (formal, informell, persönliche Eigenschaften)

- Bedarf an Ressourcen formuliert
- Rollen im Projekt den am besten passenden Rolleninhabern zugeteilt
- Personalentwicklungspläne formuliert und überprüft
- Überprüfte Rollen/Rolleninhaber der Kernteammitglieder und erste Rollenmodifikationen beantragt

20:53 Umsetzungsphase

Aufgaben:
- Bei Bedarf Auswechslung der Rolleninhaber durchführen
- Evaluation der individuellen Leistungen durchführen
- Antizipation der und Reaktion auf die Bedürfnisse der Teammitglieder
- Bei Bedarf Änderungsantrag für Rollenanpassung stellen

Ergebnisse:
- Überprüfte und dynamisch optimierte Rollenzuteilung
- Persönliche Bedürfnisse sind angesprochen und nach Möglichkeit erfüllt worden

20:54 Abschluss- und Evaluationsphase

Aufgaben:
- Dieselben wie in der Umsetzungsphase
- Vorbereitung der endgültigen Evaluierung und Zertifizierung der Teilnahme der Teammitglieder im Projekt

Ergebnisse:
- Rolleninhaber bis zum Ende des Projekts einsatzfähig
- Endgültige Evaluation der Teammitglieder
- Zertifikate der Projektteilnahme an alle Teammitglieder ausgehändigt

Literaturverzeichnis

Armstrong, M. (2006): Handbook of Human Resource Practice, London.

Belbin, M. (2010): The Management of Teams. Why they succeed or fail, Oxford.

Boehm, B. W. (1981): Software Engineering Economics, Englewood Cliffs.

Cadle, J./Yeates, D. (Hrsg.) (2008): Project Management for Information Systems, Englewood Cliffs

CAPT (2013): Estimated Frequencies of the Types in the United States Population.

http://www.capt.org/mbti-assessment/estimated-frequencies.htm, Zugriff am 13. Februar 2013.

Czikszentmihalyi, M. (1990): Flow. The Psychology of Optimal Experience, New York.

DeMarco, T./Lister, T. (1999): Peopleware. Productive Projects and Teams, New York.

Denisow, K. (1999): Soziale Strukturen, Gruppen und Team, in: Rationalisierungskuratorium der Deutschen Wirtschaft e. V. (Hrsg.): Projektmanagement Fachmann, Band 1, Eschborn, S. 339-366.

Eysenck, P. J./ Eysenck, M. W. (1985): Personality and individual differences. A natural science approach, New York.

Fleming, H. (1981): Hemispheral Lateralization. Implication for Understanding Consumer behaviour, in: The Journal of Consumer Research, Jg. 8, S. 23-36.

Galewicz W., (2010): Moralność i profesjonalizm. Spór o pozycję etyk zawodowych, Krakau.

Glowitz, F. (1999): Motivation, in: Rationalisierungskuratorium der Deutschen Wirtschaft e.V. (Hrsg.): Projektmanagement Fachmann, Band 1, Eschborn, S. 317-334.

Grimshaw, D./Rubery, J. (2007): Economics and HRM, in: P. Boxall et. Al. (Hrsg.): Oxford Handbook of Human Resource Management, Oxford.

Heckhausen, H. et al. (Hrsg.) (1987): Jenseits des Rubikon. Der Wille in den Humanwissenschaften, Berlin.

Helgadottir, H. (2008): The ethical dimension of project management, in: International Journal of Project Management, Jg. 26, S. 743-748.

Herzberg, F. I. (1987): One more time. How do you motivate employees?, Watertown.

Hogan, R. (2007): Personality and the Fate of Organisations, Mawah.

Holland, J. L. (1997): Making vocational choices. A theory of vocational personalities and work environments, Englewood Cliffs.

ISO 21500:2012 (2012): Guidance on Project Management, ICS 03.100.40, Genf.

Lent, B. (2012): Rola wartości humanizmu integralnego w prowadzeniu projektów (Role of integral Humanism values in project management), in: Contemporary Management Quarterly. The Journal of Scientific Community and Business Leaders, Heft 2/2012, S. 42-50.

Litke, H. (2007): Projektmanagement. Methoden, Techniken, Verhaltensweisen. Evolutionäres Projektmanagement, München.

Maslow, A. H. (1954): Motivation and Personality, New York.

Meyer, H. (2003): Personalwirtschaft und Projektmanagement, in: Rationalisierungskuratorium der Deutschen Wirtschaft e. V. (Hrsg.): Projektmanagement Fachmann, Band 2; Eschborn, S. 1213-1249.

McConnell, S. (1998): Software Project Survival Guide. How to Be Sure Your First Important Project Isn't Your Last, Redmond/Washington.

McCrae, R. R./Costa, P. T. Jr. (1987): Validation of the five-factor model of personality across instruments and observers, in: Journal of Personality and Social Psychology, Jg. 52, S. 81-90.

McGinnis, A. L. (1985): Bringing Out the Best in People. How to Enjoy Helping Others, Minneapolis.

Mourgue d'Algue, H. et al. (2013): HERMES 5. Projektmanagementmethode für alle Projekte. Referenzhandbuch, Bern.

Literaturverzeichnis

Myers-Briggs, I./Myers, P. B. (1980, 1995): Gifts Differing. Understanding Personality Type, Mountain View.

Schachner D. et al. (2005): Patterns of Nonverbal Behavior and Sensivity in the Context of Attachment Relations, in: Journal of Nonverbal Behavior, Jg. 29, S. 141-169.

Scheler, M. (1994): Schriften zur Anthropologie, Stuttgart.

Schnelle, E. (Hrsg.) (1982): Metaplan-Gesprächstechnik. Kommunikationswerkzeug für die Gruppenarbeit, Quickborn.

Seiler, S./Lent, B. (2005): Kommunikationsfähig, spezialisiert und kompetent, in: HR Today, Ausgabe Juli 2005.

Spranger, E./Pigors, P. J. (1928): Types of Men. The Psychology and Ethics of Personality, Halle.

Szczupaczyński, J. (2009): Sformalizowane standardy etyczne w perspektywie teoretycznej, in: Współczesne Zarządzanie, Heft 3/2009, S. 58-69.

Wideman, R. M. (1998, 2013): Project Teamwork, Personality Profiles and the Population at Large. Do we have enough of the right kind of people?, Proceedings 29th Annual PMI Symposium, Long Beach, http://www.maxwideman.com/papers/profiles/observations.htm, Zugriff am 13. Februar 2013.

22:00 Teammanagement TM

Kurze Übersicht

Worum geht es?

Im Teammanagement werden die im Human Ressource Management (HRM) ausgewählten Mitarbeiter im Hinblick auf die beste Teameffizienz zusammengeführt.

Wer ist gefordert?

Es ist in erster Linie die Aufgabe des Projektmanagers, die Führung zu übernehmen und das Team in Richtung optimaler Effizienz zu lenken.

Welche Bedeutung hat der Prozess?

In einem Team, in dem man sich wohl fühlt, zu arbeiten, stärkt die Motivation und dies kann die Leistung verzehnfachen. Die Leistung wird durch die Zeit, welche ein Team braucht, um die sozialen Positionen zu festigen, durch die zwischenmenschlichen Beziehungen und den Faktor der Multikulturalität beeinflusst. Insofern dreht sich das Teammangement um die Produktivität des Teams.

Wie geht man vor?

Überprüfen Sie anstehende Prozessverbesserungen und Aufgaben und schließen Sie diese ab. Initiieren sie die schnellste Integration neuer Mitglieder in das Team. Nutzen Sie die Leistungsverbesserungspotentiale. Tragen Sie der multikulturellen Wechselbeziehungen Rechnung. Den Änderungs- oder der Wissensmanagementprozess bei Bedarf einbeziehen.

Wo liegen die Herausforderungen?

Ein Team arbeitet effizient, wenn keine großen internen Differenzen bestehen. Jedes neue Teammitglied beginnt hinsichtlich seiner Positionierung im Team von vorne, daher braucht es Zeit, bis alles sich festlegt. Diese Zeit sollte minimiert werden. Je größer der Zusammenhalt des Teams, desto besser seine Leistungen. Doch nur projektzielorientierte Teams sind effizient – verborgene Motive eines Teams mit hohem Zusammenhalt können katastrophale Auswirkungen haben. Dies muss zweifellos vermieden werden.

Was entscheidet über den Erfolg?

Organisieren und führen Sie zügig Teambildungsaktivitäten durch, unterstützen Sie multikulturelles Wissen und die Zunahme gegenseitiger Toleranz, bemühen Sie sich um die Fokussierung des Teams auf die Projektziele.

Prozess

Versuchen Sie zunächst alle anstehenden Angelegenheiten abzuschließen, bevor Sie eine neue oder veränderte Rolle annehmen. Initiieren sie den Teambildungsprozess jedes Mal, wenn ein neues Mitglied dem Team beitritt. Arbeiten Sie als nächstes sorgfältig an der Teamleistung und den multikulturellen Aspekten. Schlagen Sie Änderungen vor, halten Sie Erkenntnisse fest und führen Sie den Prozess (Abb. 22:00-1) periodisch durch.

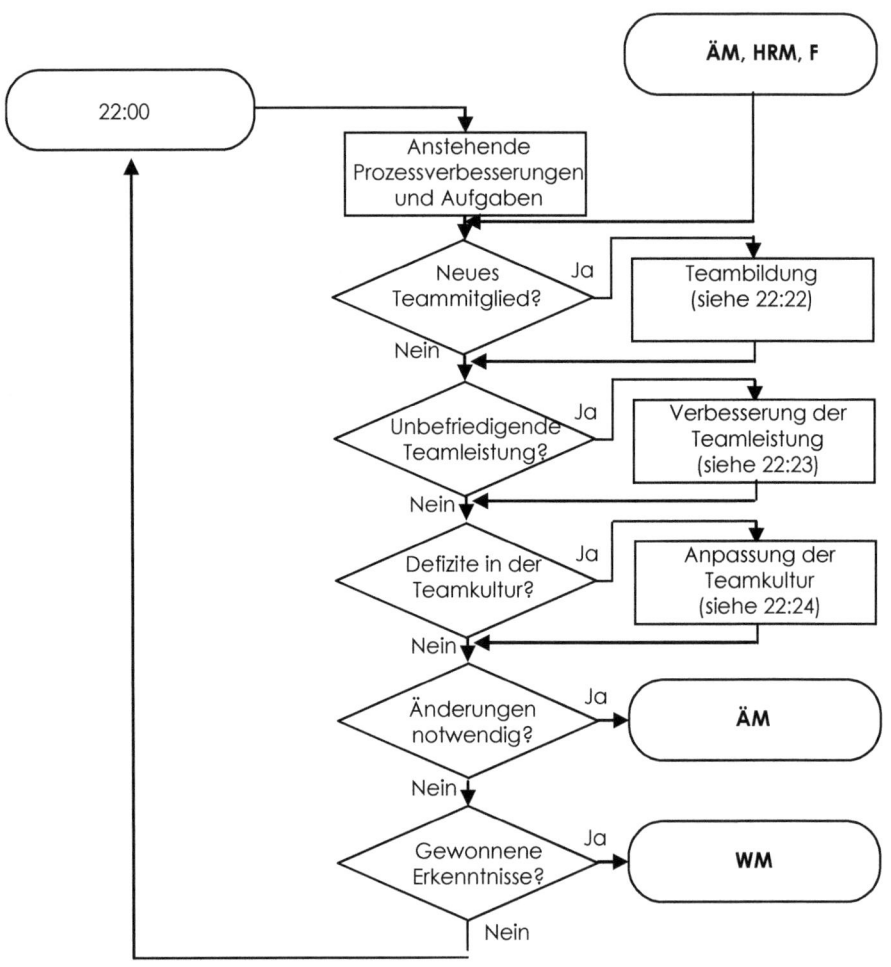

Abb. 22:00-1 Ablauf des Teammanagements

22:10 Ziel des Teammanagements TM

Das Ziel des Teammanagements TM ist es, die Effektivität einer Gruppe zu maximieren, gemessen anhand der folgenden Kriterien:

- Teamleistung
- Zufriedenheit der Teammitglieder
- Zufriedenheit der Kunden
- Verbesserung eines Prozesses
- Arbeitsatmosphäre in der Gruppe
- Teamintegration

Die Zufriedenheit der Kunden wird im Prozess des Qualitätsmanagements gemessen, die der Teammitglieder im Prozess des Human Ressource Managements. Die Evaluation beider wird im Prozess der Gesamtprozessbewertung GPB durchgeführt – all dies wurde in den vorangegangenen Kapiteln dieses Buches bereits erläutert.

22:20 Methoden

In der ISO 21500:2012 Norm sind die Teamleistungen im Rahmen zweier Prozesse behandelt (ISO 21500:2012 2012):

- 4.3.18 Entwickle das Projektteam (engl. Develop Project Team) und
- 4.3.20 Manage das Projektteam (engl. Manage Project Team)

Die Teilprozesse der Integration neuer Mitarbeiter in ein Projektteam wie auch der kulturellen Auswirkungen und der daher erforderlichen Anpassungen finden in der Norm keine explizite Beachtung.

HERMES 5 widmet dem Teammanagement ganze zwei Zeilen: „Kick-off-Sitzung mit Beteiligten durchführen und Projektkultur gestallten" sowie „Projektmitarbeitende führen und die Zielorientierung sichern" in der dem Projektleiter zugewiesenen Aufgabe „Projekt führen und kontrollieren" (Mourgue d'Algue et al. 2013). Die vorhergehende Beschreibung der Grundidee dieser Aufgabe lässt darauf schließen, dass primär auf die Fortschrittskontrolle im Sinne des Prozesses 10:00 Management von Ergebnis, Termin und Kosten ETKM und nicht auf die Teameffektivität abzielt. Damit ist das Teammanagement – so wie es im Fortgang verstanden wird – in HERMES 5 nicht abgedeckt.

22:21 Soziale Netwerke, Gruppe und Team

Menschen brauchen ein soziales Umfeld, um zu funktionieren. Die Art, wie wir uns in unserem sozialen Umfeld bewegen, bestimmt, ob wir durch soziale Netwerke verbundene Individuen sind, in der Gruppe arbeiten oder uns einem Team anschließen.

TCI – Themenzentriertes Interaktionsmodell

Ein angemessenes Mittel für diese Differenzierung bietet das Themenzentrierte Interaktionsmodell (Cohn 1975, 2009).

In diesem Modell liegt der Fokus persönlicher Orientierung entweder auf persönlichen Themen („Ich"), auf Interaktion mit anderen („Wir") oder einem gemeinsamen Ziel („Es"). Gedanklich wird die Umwelt sowohl in einer engen wie auch in einer weitergehenden Bedeutung einbezogen, während jede der Perspektiven Berücksichtigung findet (siehe Abb. 22:00-2).

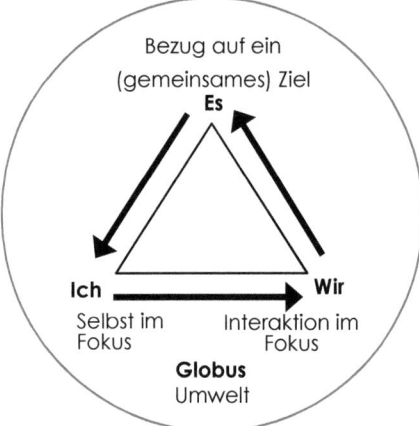

Abb. 22:00-2 TCI – Themenzentriertes Interaktionsmodell (Cohen 1975, 2009)

Diese Denkweise hat eine bestimmte Auswirkung: Während der Fokussierung auf das „Ich" wird das Denken als „Wir" beeinflusst. Dieses Denken als „Wir" führt zu einem gemeinsamen Ziel und leitet die Aufmerksamkeit auf „Es", welches wiederum auf unsere egozentrierte Orientierung zurückwirkt.

Diese Differenzierung erlaubt es uns, unsere soziale Einbindung zu bestimmen.

Soziale Netzwerke

Soziale Netzwerke sind lose aufgebaute Verbindungen, die primär den individuellen „Ich"-Zielen dienen. Man kann passiv handeln (z. B. als Projektmanager im lokalen Telefonbuch aufgelistet werden) oder aktiv (Clubs, Partnersuche oder soziale Netzwerke im Internet, wie Facebook (www.facebook.com)). Charakteristisch für diesen Status sind fehlende gemeinsame Ziele sowie eine fehlende gemeinsame Verantwortung.

Gruppen

Individuen mit einem gemeinsamen Hintergrund (sozial, national, ethnisch) bilden eine Gruppe. Bestimmte Formen direkter Interaktion innerhalb eines längeren Zeitraums charakterisieren die Gruppe (Denisow 1999). Die gegenseitige Abhängigkeit zwingt zur Rücksichtnahme auf den „Wir"-Aspekt (z. B. die Nutzung öffentlicher Verkehrsmittel). Der hierdurch entstandene Zusammenhalt der sozialen Gruppe kann gering sein (zufällige Mitreisende) oder hoch (normalerweise durch ein Ereignis ausgelöst, das zum Entstehen eines bestimmten, wichtigen gemeinsamen Ziels führt – und Teambildung zur Konsequenz hat!). Formale Gruppen bilden eine Struktur, informelle Gruppen eine sichtbare Gruppenkultur. Letztere weist für gewöhnlich ein hohes Maß an Zusammenhalt auf, welcher sehr einflussreich sein kann sowohl hinsichtlich der Unterstützung als auch der Behinderung des Projektmanagements (Gruppendenken in Kapitel 00:00 Konfliktmanagement KFM).

Team

Wenn die Identifikation mit einem gemeinsamen Ziel bzw. die Ausrichtung des Fokus auf dieses Ziel im individuellen Denken vorherrschend werden, kommen wir bei „Es" an – der charakteristische Faktor eines Teams. Ziele müssen SMART sein (spezifisch, messbar, ausführbar, relevant, termingebunden, siehe Kapitel 07:00 Zielverwirklichungsmanagement ZVM). Der durch die Orientierung an einem gemeinsamen Ziel bestimmte Zusammenhalt des Teams trägt maßgeblich zur Teameffizienz bei (22:25 Teamleistung). Weitere Charakteristika eines Teams sind gemeinsame Werkzeuge und eine geteilte Verantwortung für das Erreichen der Ziele, was normalerweise zu einer engagierten und im besten Fall komplementären Wahrnehmung der Rollen führt. Auf diesem Weg werden persönliche Ziele („Ich") vom „Es" beeinflusst. Tabelle 22:00-1 fasst die Charakteristika der erwähnten sozialen Beziehungen zusammen.

Tabelle 22:00-1 Soziale Beziehungen gemäß der Kategorisierung des TCI-Modells

Nr.	Eigenschaften	Soziales Netzwerk	Gruppe	Team
1	Vorherrschend	„Ich"	„Wir"	„Es"
2	Ziele	Individuell, nicht übereinstimmend	Individuell, übereinstimmend	Gemeinsam
3.	Rollen	Keine	Zufällig	Feststehend
4.	Beziehungen	Keine	Zufällig	Feststehend

5.	Aktivitäten	Individuell, nicht übereinstimmend	Passiv, abwartend	Koordiniert, fokussiert
6.	Verantwortung	Für die eigenen Aktivitäten	Individuell in der Gruppe	Gemeinsam für gemeinsame Ziele

22:22 Integrationsphasen im Team

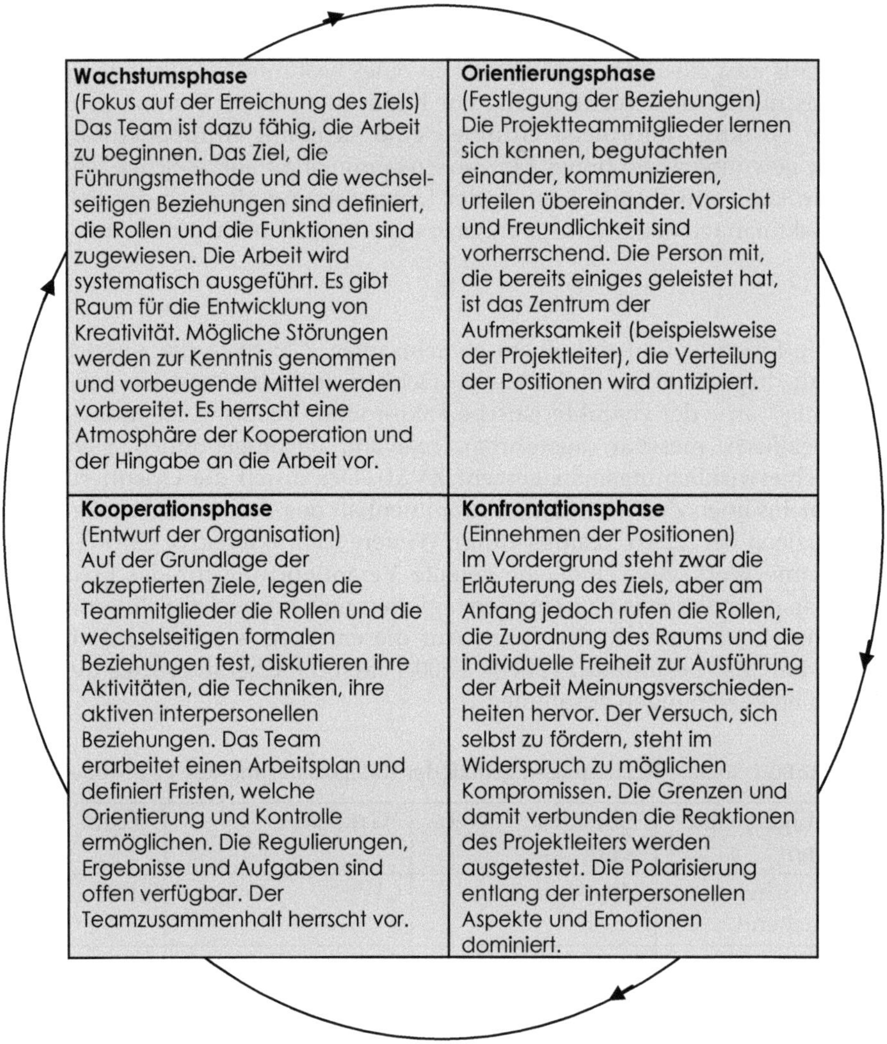

Wachstumsphase
(Fokus auf der Erreichung des Ziels)
Das Team ist dazu fähig, die Arbeit zu beginnen. Das Ziel, die Führungsmethode und die wechselseitigen Beziehungen sind definiert, die Rollen und die Funktionen sind zugewiesen. Die Arbeit wird systematisch ausgeführt. Es gibt Raum für die Entwicklung von Kreativität. Mögliche Störungen werden zur Kenntnis genommen und vorbeugende Mittel werden vorbereitet. Es herrscht eine Atmosphäre der Kooperation und der Hingabe an die Arbeit vor.

Orientierungsphase
(Festlegung der Beziehungen)
Die Projektteammitglieder lernen sich kennen, begutachten einander, kommunizieren, urteilen übereinander. Vorsicht und Freundlichkeit sind vorherrschend. Die Person mit, die bereits einiges geleistet hat, ist das Zentrum der Aufmerksamkeit (beispielsweise der Projektleiter), die Verteilung der Positionen wird antizipiert.

Kooperationsphase
(Entwurf der Organisation)
Auf der Grundlage der akzeptierten Ziele, legen die Teammitglieder die Rollen und die wechselseitigen formalen Beziehungen fest, diskutieren ihre Aktivitäten, die Techniken, ihre aktiven interpersonellen Beziehungen. Das Team erarbeitet einen Arbeitsplan und definiert Fristen, welche Orientierung und Kontrolle ermöglichen. Die Regulierungen, Ergebnisse und Aufgaben sind offen verfügbar. Der Teamzusammenhalt herrscht vor.

Konfrontationsphase
(Einnehmen der Positionen)
Im Vordergrund steht zwar die Erläuterung des Ziels, aber am Anfang jedoch rufen die Rollen, die Zuordnung des Raums und die individuelle Freiheit zur Ausführung der Arbeit Meinungsverschiedenheiten hervor. Der Versuch, sich selbst zu fördern, steht im Widerspruch zu möglichen Kompromissen. Die Grenzen und damit verbunden die Reaktionen des Projektleiters werden ausgetestet. Die Polarisierung entlang der interpersonellen Aspekte und Emotionen dominiert.

Abb. 22:00-3 Phasen der Teamintegration

Wenn das Projektteam sich zum ersten Mal trifft oder ein neues Mitglied dem Team beitritt, beginnt der Prozess der Gruppendynamik (Tuckman 1965).

Der Prozess beginnt mit der Orientierungsphase (Forming), in der jedes Mitglied die anderen kennenlernt, durchläuft die Konfrontationsphase (Storming), in der die soziale Hierarchie festgelegt wird, danach erlaubt die Kooperationsphase (Norming) – Zuteilung der Rollen – schließlich die Wachstumsphase (Performing) (siehe Abb. 22:00-3).

Ein Jahrzehnt später erweiterte derselbe Autor den Zyklus um die Auflösungsphase (Adjourning) – wenn einerseits ein Teammitglied das Team verlässt, müssen die restlichen Mitglieder sich neu ordnen oder andererseits wird das Team aufgelöst (Tuckman und Jensen 1977). Das Team löst sich auf, wenn das Projekt abgeschlossen ist oder abgebrochen wird. In anderen Fällen führt dies zu sofortigen Veränderungen im Prozess des Organisationsmanagements, wo die Rollen neu ausgearbeitet werden müssen oder im Prozess des HRM, wo neue Rolleninhaber gesucht werden. Die Auflösung ist eher ein mit der Person, die das Team verlässt, verbundener Effekt, daher ist es sinnvoll, dies im Kontext persönlicher Auswirkungen und entstehender informeller Gruppen zu betrachten (typisch sind beispielsweise Alumnivereine, Veteranenvereine usw.). Somit sind die Auswirkungen der Auflösungsphase im laufenden Projekt durch andere Prozesse abgefangen, die Auflösungsphase des Projektteams ist mit dem Projektende in geeigneter Form verbunden. Dies geht allerdings über den Gegenstand dieses Buches hinaus. Im Folgenden wird also das Vier-Phasen-Modell angewandt.

22:23 Teambildungsprozess

Orientierungsphase

Die Orientierungsphase verläuft relativ glatt und ist dennoch entscheidend für die weitere Teamentwicklung. Sie wird durch die erste Teamzusammenstellung oder durch ein neues Teammitglied ausgelöst. Die Entwicklung von Beziehungen wird primär durch die Atmosphäre gegenseitigen Vertrauens begünstigt, die die Entfaltung der individuellen Persönlichkeit erlaubt. Das Vertrauen wird wiederum mit dem möglichst breiten sich kennen lernen in diversen beruflichen und privaten Bereichen aufgebaut. Dazu werden beispielsweise Steckbriefe, gemeinsames Klettern, diverse Übungen und weitere Techniken eingesetzt, welche unter der „Johari-Fenster"-Technik im Unterkapitel 22:31 näher betrachtet werden.

Konfrontationsphase

In den meisten Fällen ist es unmöglich, das Ende der Orientierungsphase und den Anfang der Konfrontationsphase klar zu unterscheiden. Wir können nur auf der Grundlage einiger Indizien zum Urteil gelangen, dass die Konfrontationsphase begonnen hat, nämlich wenn sich im Zuge der ersten Rollen- und Aufgabenverteilungen Probleme bemerkbar machen. Die Konfrontationsphase kann lange dauern, wenn sie nicht beschleunigt wird mittels bewusster und zielorientierter Moderation vom Projektmanager oder von der für den HRM-Prozess verantwortlichen Person.

Nur wenn das „Alpha-Tier" im Team feststeht und alle anderen ihre Position in der sozialen Hierarchie des Teams gefunden haben, gilt die Konfrontationsphase als abgeschlossen. Sollten eines oder mehrere Teammitglieder die Wachstumsphase mental nicht erreichen, ob vor oder nach persönlichen Änderungen, dann fällt das ganze Team in die Konfrontationsphase zurück.

Kooperationsphase

Der üblicherweise hohe Zusammenhalt, der in der Kooperationsphase erreicht wird, führt in den meisten Fällen zu Veränderungen: im Organisationsmanagement, im HRM, der Konfliktlösungskultur des KFM oder der Kommunikationsregeln. Es ist für ein Projekt durchaus dienlich, den Antrieb des Teams zu akzeptieren und dementsprechend die OM-Strukturen und HRM-Aufgaben anzupassen, so dass die Strukturen auf diesem Wege ein hohes Maß an Effizienz erreichen können.

Wachstumsphase

Je schneller die Wachstumsphase erreicht wird, desto höher ist die tatsächliche Teamleistung. Wir erkennen diese Phase im Prozess der Teamentwicklung anhand folgender Indizien:

- Teammitglieder kommunizieren offen und direkt
- Jegliche Kritik ist konstruktiv und unpersönlich
- Alle Teammitglieder akzeptieren einander gegenseitig
- Keine großen Konflikte liegen vor
- Eine Atmosphäre des gegenseitigen Vertrauens herrscht vor
- Es lässt sich keine Hierarchie im Zusammenhang mit Entscheidungen keine Teamhierarchie erkennen
- Jegliche Probleme werden zusammen behandelt und gelöst
- Entscheidungen werden gemeinsam getroffen
- Jeder Erfolg ist ein Teamerfolg

Trotzdem unterliegt auch ein bestens funktionierendes Team unterschiedlichen Einflüssen, die eine negative Auswirkung auf den Teamgeist haben können, so dass – wenn nicht vorhergesehen und mit angemessenen Maßnahmen entgegengewirkt wird – das Team in die Konfrontationsphase zurückfallen kann:

- Ablehnung einer Idee, da sie „nicht hier entstanden ist"
- Ablehnung externer, insbesondere wichtiger negativer, gesunder Kritik
- Türhüter-Effekt: nur ein Teammitglied kommuniziert mit der externen Welt, auch in Situationen, wo dies unnötig ist, was die Teamleistung mindert
- Isolierung des ganzen Teams von der externen Welt und Anwendung von Informationsfiltern in Hinsicht auf bestimmte Ziele und Techniken
- Unzufriedene Teammitglieder entwickeln sich zu Mr. „Nein"
- Ausschließen von Individuen und Mobbing (Denisow 1999)

Der Teambildungsprozess wird in Abb. 22:00-4 wiedergegeben.

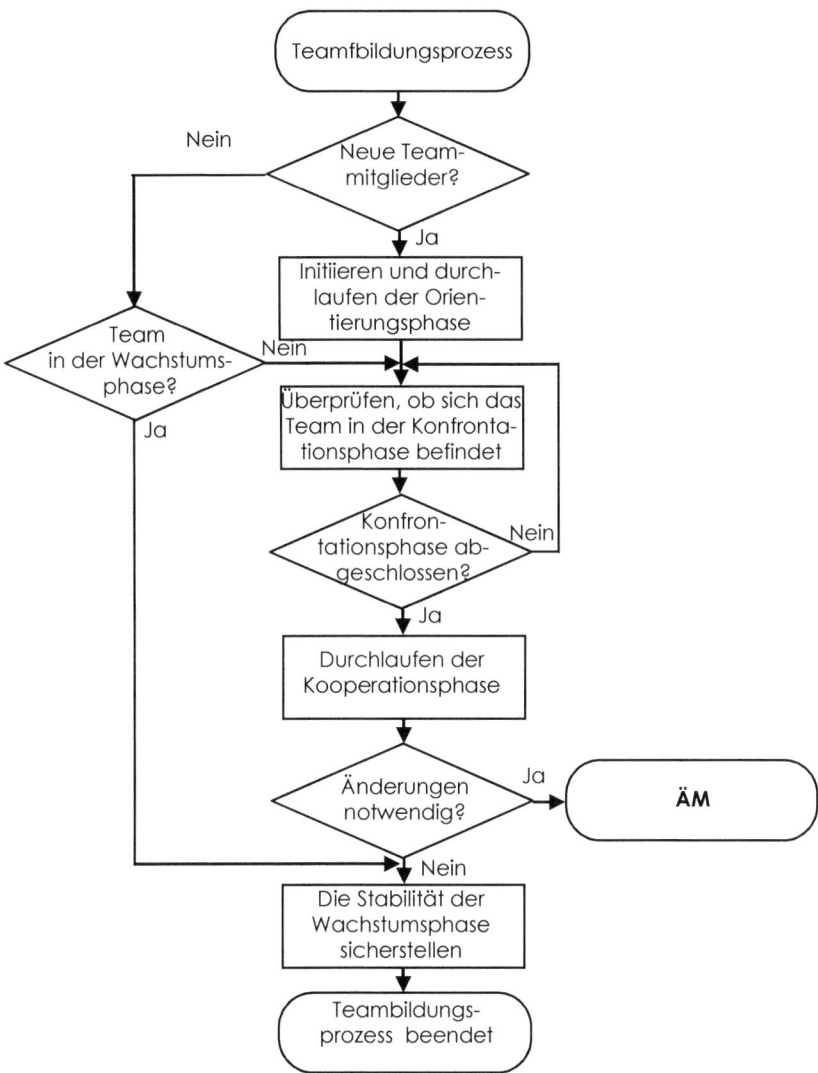

Abb. 22:00-4 Ablauf der Teambildung im Teammanagement

22:24 Teambildende Maßnahmen

Kennzeichen der Teamleistung

Teams werden gebildet, da Teams effizienter als Individuen sind: sie sind flexibler und nutzen individuelle Fähigkeiten effizienter. „Team" steht für: Zusammen schafft jeder mehr.

Zunächst wird eine Leistungsevaluation im Management von Ergebnissen, Terminen und Kosten durchgeführt. Die Gesamtleistung, welche auch finanziell nicht messbare Kriterien umfasst, wird in 18:00 Gesamtprojektbewertung GPB evaluiert. Die individuelle Leistung wird im Prozess des 20:00 Human Ressource Managements HRM evaluiert. Die Resultate der unterschiedlichen Prozesse werden gesammelt. Die Gründe für Abweichungen bei den Leistungen können allerdings nicht in jedem Fall identifiziert werden.

Im Teammanagement werden die Leistungen und das Leistungspotential auf der Grundlage von Verhaltensindikatoren evaluiert.

Effektive Teams:
- Kennen ihre Stärken und setzen diese effektiv um
- Verteilen Rollen und Aufgaben entlang der Stärken der Teammitglieder
- Ein starker Teamführer hält die hohe Motivation seines Teams aufrecht
- Die Teammitglieder vertrauen einander
- Das Team verfolgt ein gemeinsames Ziel mit maximalem Engagement
- Interne und externe Kommunikation sind offen und effizient
- Probleme werden gemeinsam gelöst
- Die externe und interne Unterstützung ist gut

Ineffektive Teams weisen Defizite bei einem oder mehreren dieser Punkte auf, zusätzlich kann folgendes beobachtet werden:
- Aufgaben werden nicht den Fähigkeiten entsprechend zugeteilt
- Mehrere Teammitglieder versuchen dieselbe Aufgabe zu lösen, schwirige Aufgaben bleiben ungelöst
- Keine klare Aufgabenzuteilung
- Eine Person (nicht unbedingt der Projektmanager) bemächtigt sich der Autorität, während andere sich mitziehen lassen

Die Resultate der Evaluation lösen eine Reihenfolge an Prozessen aus, wie Abb. 22:00-5 zeigt. Die Verhaltensindikatoren können auf ein höheres Leistungspotential hinweisen. In diesem Fall müssen die Leistungsindizien neu untersucht werden und die Produktivitätskriterien entweder erhöht oder – aus welchem Grund auch immer – das entdeckte Potential für den Einsatz in Notsituationen gewahrt werden. Ganz ähnlich ist die Situation, wenn das Team die erwartete Leistung erbringt. Der Bedarf zur neuerlichen Untersuchung der Verhaltensindikatoren ist in diesem Fall nicht so groß, dennoch von Nutzen.

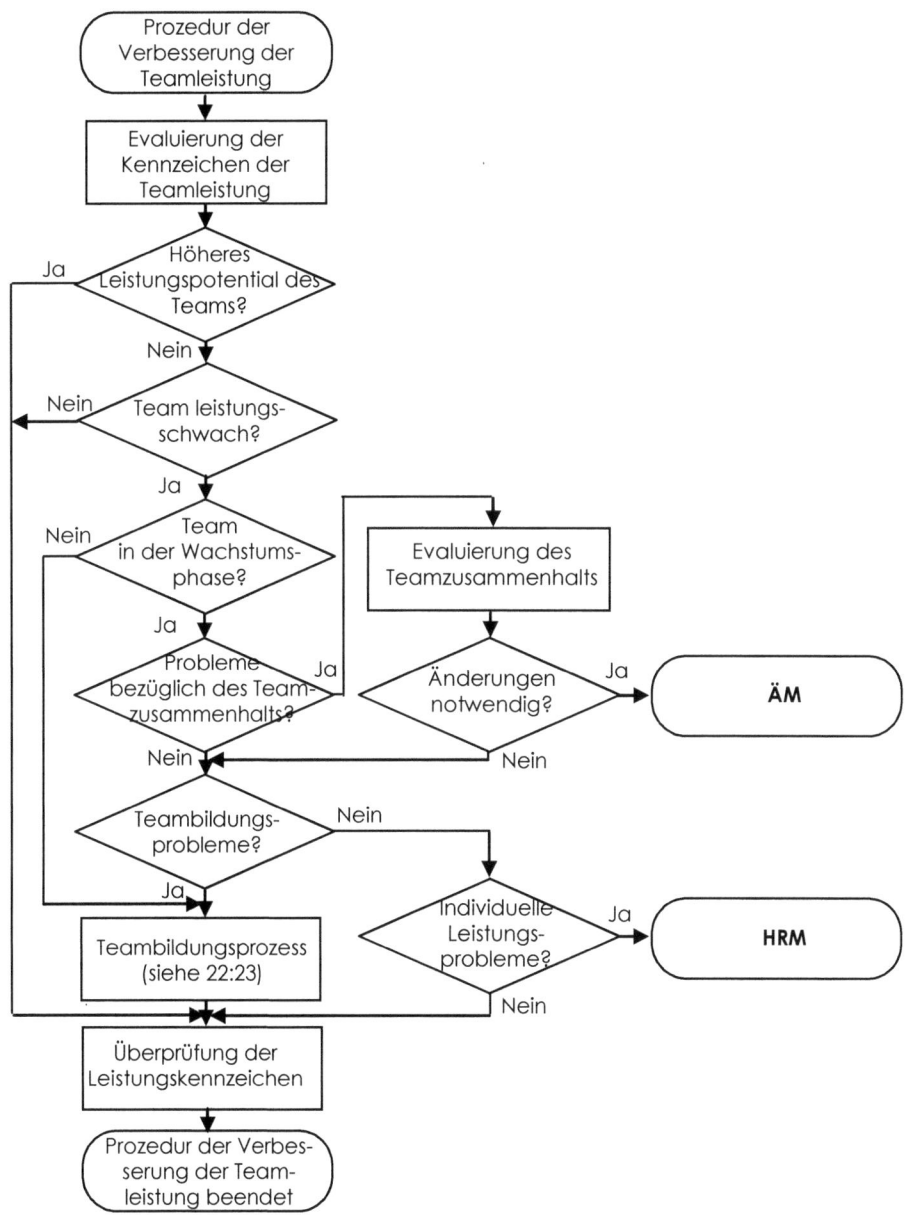

Abb. 22:00-5 Verbesserung der Teamleistung

Teameffizienz in den Phasen der Teambildung

Teameffizienz (Tuckman und Jensen 1977) variiert in den unterschiedlichen Phasen der Teambildung (siehe Abb. 22:00-6). Daher muss das Maß der erwarteten Teamleistung der jeweiligen Phase angepasst werden.

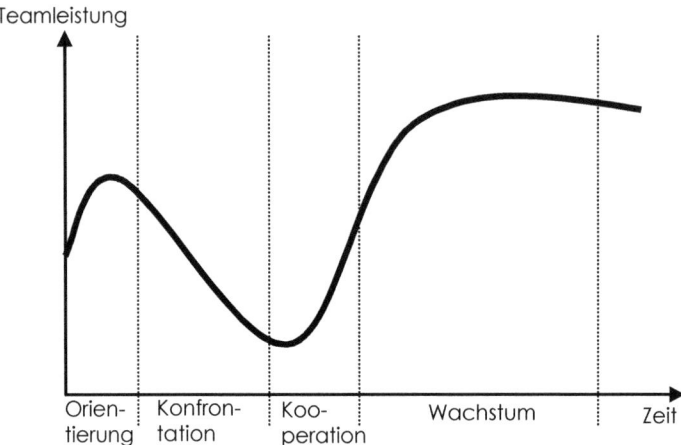

Abb. 22:00-6 Teamleistung in unterschiedlichen Teambildungsphasen (Tuckman und Jensen 1977).

Auswirkungen des Zusammenhalts auf die Teameffizienz

Wenn das Team in der Ausführungsphase keine Leistungen erbringt, könnte das am Teamzusammenhalt liegen. Lakhanpal (Lakhanpal 1993) gelangt nach der Analyse von 31 Projekten zu dem Ergebnis, dass neben der persönlichen Leistungseffizienz und Erfahrung eben der Zusammenhalt der primäre Grund für Abweichungen in der Teamleistung ist.

Wenn der primäre Faktor für den Zusammenhalt der Mitglieder soziale Bindung ist, werden die Projektziele sekundär und aus dem Team wird eine wie oben beschriebene Gruppe mit negativer Wirkung auf die Teamleistung.

Zielorientierter Zusammenhalt hat eine entscheidende Auswirkung.

Die Ziele des Teams können mit den Projektzielen übereinstimmen, sie können jedoch auch gänzlich abweichen, z. B. durch die sozialen Bedürfnisse der Gruppenmitglieder. Oftmals bilden sich unter solchen Bedingungen informelle Gruppen, die eine negative Auswirkung auf das Projekt haben. Die Auswirkung von abweichenden Zielen kann unterschiedlich sein: ein hoher Zusammenhalt führt bei abweichenden Zielen zum Produktivitätsverlust, obwohl dies langsamer passiert als vergleichsweise die Auswirkung des Zusammenhalts auf die Produktivität im dem Fall, dass die Ziele übereinstimmen (siehe Abb. 22:00-7).

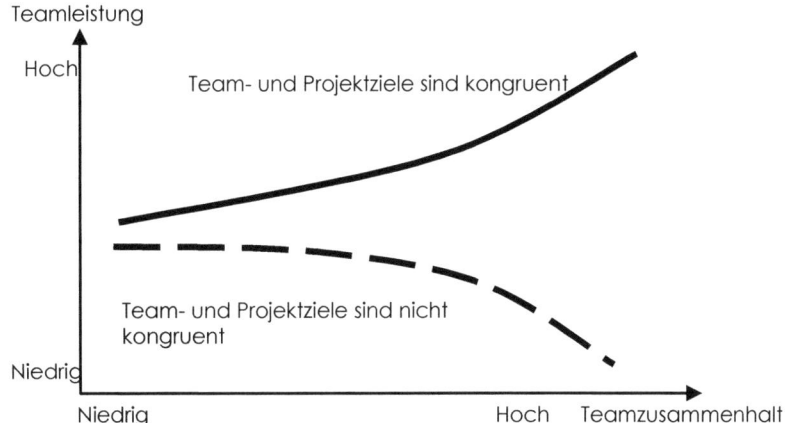

Abb. 22:00-7 Auswirkung des Zusammenhalts auf die Produktivität bei übereinstimmenden und abweichenden Zielen

Zusammenhalt virtueller Teams

Die Leistung wird durch Verluste individueller Produktivität beeinflusst, sowie von sekundären Auswirkungen des Widerstandes gegenüber Führungswechseln und dem, was mit dem Effekt des „Gruppendenkens" beschrieben werden könnte: Teile des Teams formulieren und folgen informellen Zielen bis hin zur vollständigen Kontraproduktivität (Janis 1982). Insbesondere virtuelle Teams, deren Mitglieder an unterschiedlichen Orten arbeiten, sind gefährdet.

Geht man von übereinstimmenden Zielen aus, ist es vernünftig am höchstmöglichen Teamzusammenhalt zu arbeiten durch:
- Eine homogene Organisationsstruktur
- Eine konservative und restriktive Haltung gegenüber Änderungen in der organisatorischen Struktur – es sei denn, sie sind gerechtfertigt
- Förderung einer häufigen Interaktion der Teammitglieder
- Sicherung einer durchgehenden Präsenz der Ziele
- Möglichkeit für das Team zwischenzeitliche Erfolge zu feiern

22:25 Veränderungen in der Teamkultur

Die Tatsache, dass Migration, internationale Projekte und multinationale Teams heutzutage üblich sind, stellt einen Faktor dar, der Einfluss auf die Teamleistung hat: kulturelle Differenzen. Ein Händeschütteln in Europa gegenüber der Verbeugung in Asien, deutsche Pünktlichkeit gegenüber südeuropäischem „so gegen diese Uhrzeit" – die Beispiele sind zahlreich.

Kultur ist ein System gemeinsamer Normen, Ansichten, Werte und Traditionen, welche bestimmte Gruppen von Menschen verbinden und das Gefühl einer einzigartigen Identität erzeugen. Hofstede und Hofstede (Hofstede und Hofstede 2005) nennen dies Gedankenprogrammierung. In Projekten treffen gemeinsame Ziele auf verschiedenartiges Denken.

Die Unterschiedlichkeit des Denkens bestimmt die Wahrnehmung der Situation und des Umfeldes sowie das Handeln, was wiederum die Teamleistungen beeinflusst. Sowohl die Phasen der Teambildung als auch der Teamzusammenhalt werden durch den Einfluss der Kultur tangiert. Individuelle Leistungen werden im Prozess des HRM anders evaluiert. Der individuelle kulturelle Hintergrund des Teammitglieds beeinflusst seine Teilnahme an jedem der Projektausführungsprozesse. Um eine optimale Teamleistung zu erzielen, muss man sich gegenüber anderen Denkweisen öffnen und manchmal unverständliche Reaktionen nachvollziehen können.

Die belgische Firma CU-Factor (CU-Factor 2013) entwickelte ein Klassifikationssystem für die Evaluierung kultureller Wirkungen auf Projekte, die auf der Analyse kultureller Auswirkungen in allen europäischen Ländern basiert.

Die vier Differenzierungskriterien sind:

- Kulturelle Einflüsse (Arbeitszeiten, Kleiderordnung, Kleiderrelevanz, Pünktlichkeit, Gewohnheiten bezüglich des Mittag- und Abendessens, Geschenke)
- Kommunikation (Sprache, Stil, Ausdrucksweise, Begrüßung, generelle Wahrnehmung)
- Organisatorische Strukturen (Organisation, Orientierung des Managements an Zielen oder Menschen, Rolle der Netzwerke, Flexibilität der Anpassung)
- Kooperationsstil (Geschwindigkeit der Entwicklung des Vertrauens, Grundlage und Form des Entscheidens, Rolle von Regeln, Umgang mit Partnern, Handhabung von Unsicherheiten)

Die kulturellen Einflüsse und Kommunikationsangewohnheiten können innerhalb von kurzer Zeit beherrscht werden, sobald wir diesen Dingen unsere Aufmerksamkeit schenken. Es sollte angemerkt werden, dass Sprache nicht nur aus Grammatik und Stil besteht, sondern auch aus Idiomen und ganzen Phrasen, die verstanden werden müssen. „Morgen" bedeutet für einen Spanier nicht unbedingt, dass es sich dabei um den nächsten Tag handelt.

Zwei Dimensionen an kulturellen Eigenschaften definieren die Herangehensweise für organisatorische Strukturen. Hofstede und Hofstede (Hofstede und Hofstede 2005) definieren diese als:

- Machtdistanz
- Individualismus (versus Kollektivismus)

Die kulturelle Eigenschaft der Machtdistanz bestimmt die Reaktionen gegenüber gemeinsamen Aufgaben und der Führung des Projektmanagers. Ein Kollege aus Thailand wird es schwierig finden, in sich verändernden Teams zu arbeiten – er bevorzugt eine klare Entscheidungshierarchie. Ein Schweizer wird nicht zögern, die höchste Kompetenz vom Projektmanager zu fordern und seine Entscheidungen öffentlich zu hinterfragen. Generell gilt: Je größer die Distanz zwischen sozialen Klassen innerhalb einer Kultur ist, desto mehr wird eine autoritäre und hierarchische Form des Entscheidens erwartet.

Die zweite Dimension definiert das Wertesystem und die Verantwortung. Westliche Kulturen – Nordamerika ist hier das beste Beispiel – legen Wert auf persönliche Verantwortung und persönlichen Gewinn. Hingegen neigt man in Italien oder Asien zur kontrollierten oder frei angenommenen Präferenz für Teamorientierung in Hinsicht auf Handeln und Verantwortung: bis zu einem bestimmten Grad eine italienische und eine asiatische Tugend.

Morris und Peng folgern, dass die kollektiv orientierten Chinesen einen höheren Nutzen bezüglich ihrer Fähigkeit zur Problemlösung aufweisen (Morris und Peng 1994). Also können wir, abhängig von den kulturellen Hintergründen, ein Individuum in ein gemeinschaftlich arbeitendes Umfeld setzen oder wir können – oder müssen gar – einem Team aus Indien Aufgabenbündel zuteilen.

Im Allgemeinen gilt: Um eine höhere Effizienz des Teams zu erreichen, soll das kulturelle Erbe aller Teammitglieder kennengelernt und das Wissen um die Relativität von Kulturen in einer unvoreingenommenen Weise angewendet werden. Für jedes Projektteammitglied soll den richtigen Weg gefunden werden – dann wird auch das Team die Leistung erbringen.

22:30 Techniken und Werkzeuge

22:31 Das Johari-Fenster

Der Name des Johari-Fensters ist abgeleitet von den Namen seiner Erfinder Joseph Luft und Harry Ingham (Luft und Ingham 1955). Es definiert den Bereich der für uns und für andere bekannten Aktivitäten, was in den in Abb. 22:00-8 dargestellten vier Kombinationen resultiert:

	Einem selbst bekannt	Einem nicht selbst bekannt
Anderen bekannt	**A** Bereich öffentlicher Aktivität (Öffentliche Person)	**B** Bereich unbewusster Aktivität
Anderen nicht bekannt	**C** Bereich der Vermeidung und des Verbergens (Privatperson)	**D** Bereich unbekannter Aktivität

Abb. 22:00-8 Das Johari-Fenster

Die Erfinder bereiteten einen Fragebogen mit 56 Adjektiven vor, von denen bis zu sechs ausgewählt werden können, um die eigene Persönlichkeit zu beschreiben. Eine nähere Analyse zeigt eine Beziehung zum im bereits in Kapitel 20:00 präsentierten MBTI. Das Johari-Fenster wird zur Beschleunigung der Orientierungsphase im Teambildungsprozess angewandt. Das Ziel der Gruppenentwicklung ist die Vergrößerung des Bereichs A, wo wir und andere wissen, was wir tun und warum wir auf diese Art handeln. Und gleichzeitig besteht das Ziel in der Verringerung der Bereiche B und C. Im Rahmen der Gruppenentwicklung gibt es nur wenige Möglichkeiten der Verringerung des Bereichs D. Die Entwicklung sollte aktiv vom Projektmanager unterstützt werden (siehe Abb. 22:00-9).

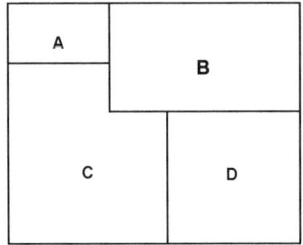
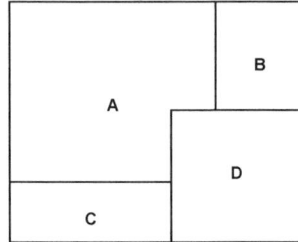

Abb. 22:00-9 Das Johari-Fenster zu Beginn (links) und später (rechts)

22:32 Maßnahmen bezüglich der Teamintegration

Beobachtung

Die Beobachtung von Teammitgliedern ist eine gut geeignete Methode, um die Erkenntnisse bezüglich der informellen Rollenannahmen sowie des Verhaltens bestimmter Teammitglieder oder ihres Potentials für die Integration in ihre gegenwärtigen oder zukünftigen Teams zu sammeln. Dies setzt jedoch eine hohe soziale Kompetenz und viel Erfahrung des Beobachters voraus. Da es während der Beobachtung nur möglich ist, die Geschehnisse von außen zu beobachten, ist es empfehlenswert, die Ergebnisse mit einer dritten Person aus dem Inneren des Projektteams oder von außerhalb des Teams zu überprüfen. Eine indirekte Prüfung der Erkenntnisse durch eine dritte Person kann die Objektivität der Auswertung erhöhen.

Auftakttreffen (Kick-off Meeting)

Das Auftakttreffen ist ein guter Start, um das gegenseitige sich kennen lernen der Projektmitarbeiter zu fördern. Wenn alle oder einige der zukünftigen Teammitglieder einander zum ersten Mal treffen, wird die Orientierungsphase eingeleitet. Die kulturellen Eigenschaften und Arbeitspräferenzen der Projektteammitglieder können effizient mit den Techniken wie etwa der Technik des Johari-Fensters, den Metaplan für persönliche Präsentationen oder informelle Meetings erfolgreich eruiert werden. Gepaart mit der Initiierungsphase des Projekts (siehe Kapitel 07:00 Zielverwirklichungsmanagement ZVM) kann die Grundlage für die bestmögliche Motivation gelegt werden, um gemeinsam die Projektziele anzustreben.

Basierend auf dem Wissen über informelle Rollen im Team sollten gemeinsame Workshops, Schulungen und Meetings geplant und durchgeführt werden. Das Ziel dieser Aktivität ist es, Teamintegration mittels direkter Kontakte im Team zu ermöglichen, was in letzter Konsequenz zur Realisierung der Prozesse führt, die in die Teamintegration eingebettet sind: Orientierungs-, Konfrontations-, Kooperations- und Wachstumsphase. Abhängig von der Phase und gegenwärtiger Tätigkeiten des Teams können unterschiedliche Formen gemeinsamer Aktivitäten im Vordergrund stehen.

Workshops

Während der Workshops wird auf die Umsetzung der festgelegten Projektziele hingearbeitet. Die Teamintegration wird hier zunächst von aufgabenbedingter Interaktion zwischen einzelnen Teammitgliedern unterstützt und wird eher unbewusst ausgeführt. Wenn das Team sich in einer frühen Entwicklungsphase befindet, sind die informellen Rollen von Teilnehmern noch nicht eingenommen worden. Diese entwickeln sich allerdings in eine bestimmte Richtung, etwa durch Verwendung bestimmter Wörter, durch Ausführung bestimmter Handlungen usw. In einer späteren Phase der Teambildung jedoch sind die informellen Rollen schon eingenommen und können sogar einen starken Einfluss auf die Verteilung der formalen Rollen ausüben, was in den meisten Fällen vorteilhaft für das Projekt ist.

Schulungen

Ziel der Schulungen ist es im Allgemeinen die Projektteammitglieder mit den notwendigen Fähigkeiten oder dem notwendigen Wissen auszustatten, um die zukünftigen projektbezogenen Aufgaben auszuführen. Einerseits erlaubt dies, den Prozess der Teamintegration unbewusst zu durchlaufen. Andererseits können insbesondere Schulungen zu einer bewussten Fokussierung auf unterschiedliche Elemente der Teamintegration beitragen und so bewusst das Verständnis für die Prozesse der Teamintegration erweitern. Auf diesem Wege wird aus der früheren unbewussten Erfahrung der Teamintegration der Gegenstand bewusster Interaktion zwischen einzelnen Projektteammitgliedern. So ist es möglich nicht nur das erworbene Wissen, sondern auch das gegenseitige Verständnis zu verbessern.

Informelle Treffen außerhalb der Arbeitszeit

Die informellen Treffen des Projektteams außerhalb der Arbeitszeit können unabhängig von sachlich bedingten Interaktionen stattfinden. Die Projektmitarbeiter treffen sich mehr oder weniger freiwillig in ihrer Freizeit, um zusammen Sport zu treiben oder kulturellen Aktivitäten beizuwohnen usw. Diese Aktivitäten sind an sich nicht im Einzelnen wichtig. Wichtig ist, dass jeder im Projektteam sich daran beteiligen kann und die Aktivität sich mehr oder weniger mit den Interessen des

Einzelnen deckt. Für die weitere Entwicklung der Teamintegration ist jedoch ein Minimum an Interaktion während dieser Aktivitäten notwendig. Wenn das Team sich in einer späteren Phase der Integration befindet, können im Bedarfsfall auch Personen eingeladen werden, die den Projektmitarbeitern nahestehen.

Verhaltensregeln im Team (Projekt Charta)

Insbesondere in den Anfangsphasen der Teamintegration ist es von Nutzen, im Team sogenannte Verhaltensregeln für beispielsweise die Workshops auszuarbeiten. Diese Regeln werden auf Flipcharts notiert und während der Meetings an einem sichtbaren Ort aufgehängt. Auf diesem Weg sind sie alle den Teilnehmern stets präsent. Auch wenn die Regeln verstanden und die damit verbundenen Angelegenheiten gut bekannt sind, lohnt es sich trotzdem, sie kurz zusammenzufassen. Zu den Regeln gehören etwa grundlegende Konversationsregeln, wie z. B. die Fähigkeit einander die jeweilige Position erläutern zu können, sachliche Kritik zu üben und nicht persönlich zu kritisieren oder die Kenntnis um persönliche Angelegenheit nicht außerhalb des Teams zu kommunizieren. Im Fall der Verletzung der vereinbarten Verhaltensregeln soll das Projektteam als Ganzes auf die vereinbarten Regeln hinweisen. Damit wird ein Gerechtigkeitsgefühl erzeugt. Die Offenheit und Direktheit haben hierbei eine nachhaltige Wirkung (siehe Abb. 22:00-10).

Abb. 22:00-10 Partnerurkunde für die Teamintegration

Integrationsveranstaltungen

Ursprünglich für militärische Schulungen und der Entwicklungscamps für das Buddy-System (wie etwa das der Ranger School der U. S. Army) konzipiert, entwickelten sich stufenweise weniger harte Varianten für das Topmanagement und sind heute auch für finanziell weniger potente Teams verfügbar. Überlebenscamps, Paintballcamps oder Bergsteigen sind gute Beispiele hierfür. Im Buddy-System sind die Leistungen jedes einzelnen von der Unterstützung eines anderen Teammitglieds abhängig. Damit werden Vertrauen und gegenseitiges Kennenlernen erheblich gefördert. Weniger beanspruchend sind gemeinsame Spiele und Teamübungen in mehr oder weniger gewohnter Umgebung: im Unternehmen, in einem naheliegenden Restaurant, auf dem Fußballfeld um die Ecke. Eine exzellente Quelle in dieser Hinsicht bieten Gellert und Nowak (Gellert und Nowak 2010).

Andere Arten gemeinsamer Integrationsveranstaltungen sind Geschehnisse außerhalb des alltäglichen Lebens der Teammitglieder wie z. B. gemeinsame Teilnahme an einem Konzert eines Weltstars, ein Meisterschaftsspiel oder ein Galadinner.

22:40 Vorlagen

22:41 Projektmanagementbezogene Dokumente

Die Orientierungsphase wird von der folgenden nach Gellert ausgearbeiteten Checkliste ergänzt (Gellert und Nowak 2010):

Tabelle 22:00-2 Checkliste für die Orientierungsphase

Nr.	Checkliste für die Orientierungsphase	Status?
1	Erwartungen der Teammitglieder erfüllt?	
1.1.	Was passiert nun?	
1.2.	Wo sind die anderen?	
1.3.	Wo ist mein Platz?	
1.4.	Was wird meine Aufgabe sein?	
1.5.	Wer ist der Projektmanager und wie arbeitet er?	
1.6.	Wie sehen die allgemeinen Arbeitsbedingungen aus?	
1.7.	Welche Regeln gibt es hier?	
1.8.	Werden meine Erwartungen erfüllt?	
1.9.	Was erwarten die anderen?	

22:00 Teammanagement TM

2	**Aufgaben des Projektmanagers**	
2.1.	Relevante Informationen über das Projekt liefern	
2.2.	Klare Struktur sichern (Allgemeines, Zeit, behandelte Gegenstände)	
2.3.	Ursprünge und Ziele des gemeinsamen Projekts erklären	
2.4.	Im Projektteam notwendige Kompetenzen skizzieren	
2.5.	Sich um eine freundliche Atmosphäre kümmern	
2.6.	Raum für das notwendige Maß an persönlicher Distanz schaffen	
2.7.	Anfänglichen Widerstand mit Respekt behandeln	
2.8.	Situation gegen Abwertung der Handlungen sichern	
2.9.	Vertrauen in die Fähigkeiten und Kompetenzen des Teams ausdrücken	
3	**Praktische Teamaktivitäten**	
3.1.	Moderierte Kontaktaufnahme zwischen kleineren Gruppen und Paaren	
3.2.	Aktivitäten zur Entwicklung des "Wir"-Gefühls im Team	
3.3.	Aktivitäten im Zusammenhang mit dem Projektthema	
3.4.	Möglichkeit Ängste, Bedürfnisse und Erwartungen auszudrücken, ohne sie rechtfertigen zu müssen	
3.5.	Teammitglieder entscheiden selbst über den Grad der Offenheit	
3.6.	Nähere Betrachtung des Projektmanagers und seines Stils	
3.7.	Im Team ein Bedürfnis nach Spiel, Motivation und Vertrauen ermöglichen	
4	**Mögliche Hindernisse**	
4.1.	Teammitglieder distanzieren sich und aktivieren Verteidigungsmechanismen	
4.2.	Einige Teammitglieder dominieren und schüchtern die restlichen ein	
4.3.	Energie wird für Selbstverteidigung anstatt für Teamleistungen verbraucht	
4.4.	Eine Atmosphäre der Passivität und symbiotischer Erwartungen verbreitet sich	
Endergebnis: Projekt Charta erreicht?		

22:42 Produktbezogene Dokumente

Eine gute Einstufungsmöglichkeit für das Leistungspotential bietet eine Übung von Francis und Young, zitiert nach Gellert und Nowak (Gellert und Nowak 2010):

Tabelle 22:00-3 Beispielübung

Team zu verkaufen
1 Beschreibung der Situation
Das Team wird als eine Abteilung eines großen Unternehmens in einem möglicherweise verwandten Geschäftsbereich angenommen. Das Unternehmen steckt in Schwierigkeiten. Am Vortag hatte der Abteilungsleiter ein Meeting mit seinem Vorgesetzten, der darüber informierte, dass sich das Unternehmen in einer kritischen Situation befindet und sein Fortbestand gefährdet ist. Unter diesen Bedingungen kann das Management nur zwei Lösungen für die Abteilung des Teams in Betracht ziehen: 1. Die Abteilung wird geschlossen und die Aufgaben werden an ein externes Unternehmen vergeben   2. Die Dienstleistungen der Abteilung werden auf dem freien Markt angeboten und das Unternehmen deckt nur 50 % der Kosten der Abteilung   Dem Vorgesetzten sind die schwierige Situation auf dem Markt und die starke Konkurrenz bekannt, trotzdem schätzt er die Chancen der Abteilung hoch ein, auf dem freien Markt als Profitcenter zu überleben. Er erlaubt es der Abteilung, bei Bedarf zusätzliches Fachwissen als Gemeinkosten der Abteilung zu erwerben. Der Abteilungsleiter und sein Team haben sechs Monate Zeit, um einen überzeugenden Geschäftsplan auszuarbeiten und das Profitcenter zu starten.
2 Aufgaben
Das Team als Ganzes oder in kleinen Gruppen erarbeitet die folgenden Aspekte: – Analyse der Fähigkeiten und des Fachwissens, welches auf dem freien Markt angeboten werden könnte   – Evaluierung der Defizite hinsichtlich der Fähigkeiten und des Fachwissen des gegenwärtigen Teams und Entscheidung darüber, ob diese Defizite innerhalb des Teams oder extern ausgeglichen werden sollen   – Welche Schritte in einem Zeitraum unternommen werden sollen, um die Stärken des Teams zu festigen.   – Materialien und Produktpräsentation des Verkaufs für potentielle Kunden entwerfen.   – Erfahrungen dieser Übung zusammenfassen und überprüfen, welche Fähigkeiten des Teams nun tatsächlich gestärkt werden können, welche Fähigkeiten fehlen und was in dieser Hinsicht getan werden kann. Die Ergebnisse sollten notiert werden.

> **3   Verbesserungspotential der Teamleistung**
> Die Resultate der Eigenevaluation jedes Teams sammeln. Die Auswirkungen in Erwägung ziehen und über das weitere Vorgehen entscheiden.

22:50 Phasenaufgaben und -ergebnisse

22:51 Initiierungsphase

Aufgaben:
- Die Übung „Team zu verkaufen" (22:42) mit dem Kernteam durchexerzieren

Ergebnisse:
- Skizze der Fähigkeiten und Bewertung des Fachwissens des Kernteams

22:52 Planungsphase

Aufgaben:
- Anhand der Indizien schätzen, in welcher Teambildungsphase das Team sich befindet
- Kulturelle Unterschiede im Team identifizieren
- Aktivitäten zur Beschleunigung des Teambildungsprozesses initiieren
- Entscheiden, in welcher Teambildungsphase das Team sich zum Ende der Planungsphase befindet

Ergebnisse:
- Teambildungsphase identifiziert
- Teammitgliedern gemeinsamer kultureller Hintergrund bewusst
- Teambildung beschleunigt
- Projekt Charta skizziert und von Teammitgliedern unterzeichnet

22:53 Umsetzungsphase

Aufgaben:
- Sich bei jeder personellen Änderung im Team um eine sorgfältige Einleitung der Teambildungsphasen kümmern
- Erkennen, wenn das Team in die Konfrontationsphase zurückfällt und daran arbeiten, dass der Zyklus so schnell wie möglich durchlaufen wird
- Kennzeichen der Teamleistung evaluieren und angemessen handeln
- Grad des Zusammenhalts im Team evaluieren
- Gelegentlich die Übung „Team zu verkaufen" (22:42) mit dem Team durchgehen

Ergebnisse:
- Prozess der Teambildung aktiv und gesteuert
- Faktoren der Teamleistung evaluiert und angemessene Maßnahmen ergriffen
- Teamzusammenhalt mit positiver Auswirkung auf das Projekt erreicht
- Teammitglieder profitieren durch die wechselseitigen kulturellen Differenzen und können jedes Individuum optimal einsetzen

22:54 Abschluss- und Evaluationsphase
Aufgaben:
- Dieselben wie in der Umsetzungsphase
- Das Team für die Verschiebungsphase vorbereiten

Ergebnisse:
- Dieselben wie in der Umsetzungsphase
- Alumnibeziehungen eingeleitet
- Letzte Schlussfolgerungen für das Wissensmanagement ausgearbeitet

Literaturverzeichnis

Cohn, R. C. (1975, 2009): Von der Psychoanalyse zur Themenzentrierten Interaktion. Von der Behandlung einzelner zur einer Pädagogik für alle, Stuttgart.

CU-Factor (2013): Toolbox, http://www.cu-factor.com/tool-box/doing-business-in-austria/overview, Zugriff am 14. Februar 2013.

Denisow, K. (1999): Soziale Strukturen, Gruppen und Team, in: Rationalisierungskuratorium der Deutschen Wirtschaft e. V. (Hrsg.): Projektmanagement Fachmann, Band 1, Eschborn, S. 339-366.

Gellert, M./Nowak, C. (2010): Teamarbeit-Teamentwicklung-Teamberatung. Ein Praxisbuch für die Arbeit in und mit Teams, Heidelberg.

Hofstede, G./Hofstede, G. J. (2005): Cultures and Organisations. Software of the Mind, New York.

ISO 21500:2012 (2012): Guidance on Project Management, ICS 03.100.40, Genf.

Janis, I. L. (1982): Groupthink. Psychological Studies of policy decisions and fiascos, Boston.

Lakhanpal, B. (1993): Understanding the Factors Influencing the Performance of Software Development Groups. An Exploratory Croup-Level Analyse, in: Information and Software Technology, Jg. 35, S. 468-471.

Luft, J/Ingham, H. (1955): The Johari window. A graphic model of interpersonal awareness, Los Angeles.

Morris, M. W./Peng, K. (1994): Culture and Cause. American and Chinese Attributions for Social and Physical Events, in: Journal of Personality and Social Psychology, Jg. 67, S. 949-971.

Mourgue d'Algue, H. et al. (2013): HERMES 5. Projektmanagementmethode für alle Projekte. Referenzhandbuch, Bern.

Tuckman, B. W. (1965): Developmental Sequence in Small Groups, in: Psychological Bulletin, Jg. 63, S. 384-399.

Tuckman, B. W./Jensen, M. A. C. (1977): Stages of Small Groups Development Revisited, in: Group and Organisational Studies, Jg. 2, S. 419-427.

00:00 Konfliktmanagement KFM

Kurze Übersicht

Worum geht es?

Druck im Projekt, unterschiedliche Persönlichkeiten und Reorganisationen führen häufig zu Konflikten im Team. Im Zentrum des Konfliktmanagements (KFM) steht das Bemühen, entstehende Konflikte so früh wie möglich zu entdecken, zu lösen und präventive Maßnahmen für die Zukunft einzuleiten.

Wer ist gefordert?

Es ist ratsam, die Teammitglieder zu evaluieren und den am besten passenden als künftigen Moderator für Konfliktlösungen auszuwählen. Die zweite Option bieten externe Stakeholder. Die letzte und in Krisensituationen einzige Lösung sind professionelle Psychologen.

Welche Bedeutung hat der Prozess?

Konflikte polarisieren das Schicksal des Projekts. Sie können die Leistung vorübergehend steigen lassen, sind aber meistens kontraproduktiv und entwickeln sich bis hin zu einer lähmenden Krise. Eine gute Vorbereitung ermöglicht rechtzeitiges Handeln und dies mildert mögliche negative Auswirkungen.

Wie geht man vor?

Schließen Sie ausstehende Prozessverbesserungen und Aufgaben ab. Prüfen Sie, ob Konfliktsymptome auftreten und seien Sie offen für Hinweise. Gehen Sie jeden Konflikt mit Bedacht an. Ziehen Sie in einer Krisensituation einen professionellen Psychologen hinzu. Lernen Sie aus ihren Erfahrungen und legen Sie präventive Maßnahmen für die Zukunft fest. Beziehen Sie bei Bedarf das Änderungs- oder das Wissensmanagement ein.

Wo liegen die Herausforderungen?

Es erfordert viel Zeit und Energie, bis alle Konfliktauslöser und die Konfliktlösungen allseitig anerkannt werden. Bevor die sachlichen Probleme gelöst werden können, müssen jedoch zuerst die Emotionen überwunden werden.

Was entscheidet über den Erfolg?

Wählen Sie einen für alle Konfliktparteien akzeptablen Moderator aus, bevorzugt innerhalb des Teams. Nur ein kooperativer Ansatz beider Parteien funktioniert faktisch in Projekten. Konfliktlösung nimmt viel Zeit in Anspruch – dies muss berücksichtigt werden. Eine vereinbarte Lösung sollte mit einem Kontrolldatum versehen werden. Nach einer Vereinbarung unbedingt mit anderen vorzugsweise angenehmen Gedanken ablenken.

00:00 Konfliktmanagement KFM

Prozess

Versuchen sie zunächst alle bevorstehenden Probleme zu lösen und insbesondere die Anwendung von Maßnahmen zur Prävention und Konfliktaufdeckung abzuschließen, bevor Sie die Lage im Team evaluieren. Sollte es sich als notwendig erweisen, dann leiten Sie den Konfliktlösungsprozess und, wenn die Probleme so weit gehen, Krisenlösungen ein. Lernen Sie aus den Erfahrungen und legen Sie neue Maßnahmen zur Prävention und Aufdeckung fest. Schlagen Sie Änderungen vor, halten Sie das Wissen fest und wiederholen Sie den Prozess periodisch.

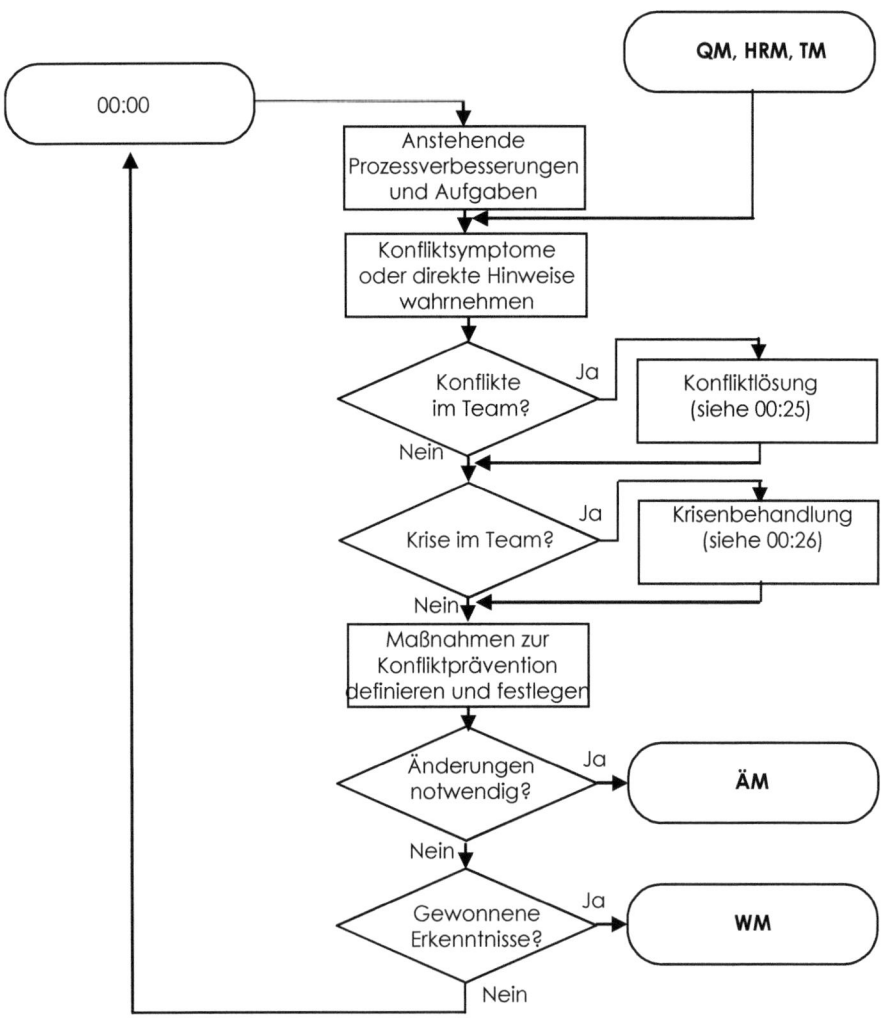

Abb. 00:00-1 Ablauf des Konfliktmanagements

00:10 Ziel des Konfliktmanagements KFM

Das Ziel des Konfliktmanagements ist eine möglichst frühe Wahrnehmung von Konflikten und von Konfliktpotential, eine sorgfältige Reaktion auf die Konflikte mittels der Anwendung geeigneter Methoden und die Ausarbeitung präventiver Maßnahmen, um die Entstehung neuer Konflikte zu unterbinden.

00:20 Methoden

Dem Prozess des Konfliktmanagements wird, außer einer Randbemerkung im Prozess:

- 4.3.18 Entwickle das Projektteam (engl. Develop Project Team),

wonach in einem Projekt frühzeitig die Regeln des annehmbaren Verhaltens zwecks Konfliktminimierung ausgearbeitet werden sollen, kaum eine Relevanz beigemessen (ISO 21500:2012 2012). Dies trifft auch auf HERMES 5 zu. Außer der Feststellung, dass die „unterschiedliche Interessen und Erwartungen zu bedeutenden Konflikten, die den Projekterfolg gefährden, führen können" wird in keinem Modul auf die Konfliktbehandlung eingegangen (Mourgue d'Algue et al. 2013).

Gemäß der profunden Erfahrung des Autors gibt es kaum ein Projekt, in dem Konflikte nicht auftreten, was für eine eingehende Betrachtung und für die Bereitstellung geeigneter Methoden und Werkzeuge, die im Fortgang behandelt werden, spricht.

00:21 Definition des Konflikts und Indizien für einen Konflikt

Ein Konflikt entsteht, wenn die Handlungen einer Person die Handlungsspielräume einer anderen Person begrenzen oder signifikant behindern (Triebe und Wittstock 1999; Verma 1996).

Demnach hat ein Konflikt folgende Merkmale:

- Die Präsenz mindestens zweier Konfliktparteien
- Keine Möglichkeit für eine Übereinkunft hinsichtlich der Handlungstendenzen
- Keine Möglichkeit für eine Übereinkunft hinsichtlich des Verhaltens

Die folgenden allgemeinen Symptome können auf Konflikte in einem Team hindeuten (Triebe und Wittstock 1999; Antons 2011):

- Mangelnde Geduld im Umgang miteinander

- Ideen werden in Frage gestellt, ehe sie vollständig formuliert werden können
- Teammitglieder können bezüglich ihrer Pläne und Vorschläge zu keinem Kompromiss gelangen
- Die Argumentation ist sehr lebhaft und von Emotionen erfüllt
- Es gibt Konfliktparteien, niemand ist offen für einen Kompromiss
- Negative Äußerungen über andere Menschen und ihre Leistungen
- Keine Übereinkunft bezüglich eines gemeinsamen Standpunktes möglich
- Mitglieder werfen einander fehlendes Verständnis vor
- Meinungen anderer werden missverstanden und/oder verdreht wiedergegeben
- Im Team herrscht eine von Misstrauen geprägte Atmosphäre

00:22 Potentielle Konfliktursachen

Tabelle 00:00-1 kombiniert das Konfliktpotential in Organisationen nach Triebe und Wittstock (Triebe und Wittstock 1999) mit projektspezifischen Ursachen (in der Tabelle hervorgehoben) nach Gray und Larson (Gray und Larson 2007):

Tabelle 00:00-1 Konfliktpotentiale in einer Organisation

Quelle	Beispiele
Identität	Soziale Rolle einer Organisation, Mission, Sinn und Ziele, Muster, grundlegende Werte, Image.
Strategie	Langzeitstrategie, Unternehmenspolitik, Leitmotive, Pläne, **Prioritäten**
Struktur	Die Prinzipien der Struktur, Hierarchie im Managementprozess, **administrative Prozeduren**, Stellen in der Linienstruktur und die Positionen im Management, zentrale und dezentralisierte Stellen.
Menschen, Gruppen, Atmosphäre	**Interpersonales**, Wissen und Fähigkeiten des Teams, **unterschiedliche Persönlichkeiten**, Einstellung, Beziehungen, Managementstil, informelle Gruppenbildung, Rollen, Macht und Konflikte, Atmosphäre am Arbeitsplatz und im Projektteam.
Spezifische Funktionen, Gremien	Aufgaben, Kompetenzen und Verantwortung, Inhalt von Aufgaben, Gruppen und Projektteams, Koordinierung.
Prozesse, Abläufe	**Prozesse** und **Zeitpläne** der Aufgabenumsetzung, Informations-, Entscheidungs-, Planungs- und Lenkungsprozesse.

Ressourcen	**Human Ressources (Arbeitskraft), Budget**
Physische Mittel	**Technische Ressourcen**, Instrumente, Telefon, Computer, Maschinen, Material, Möbel, Räume, Grundstück, finanzielle Maßnahmen.

Auch wenn die Einstufung der Ursachen mit der Erfahrung aus der Praxis des Autors nicht unbedingt übereinstimmt, so sind letztlich die hervorgehobenen Ursachen tatsächlich die häufigsten. Die neueste Untersuchung von Gray und Larson (Gray und Larson 2007) deutet auf die Unterschiede in den Projektphasen hin, wie in Abb. 00:00-2 dargestellt.

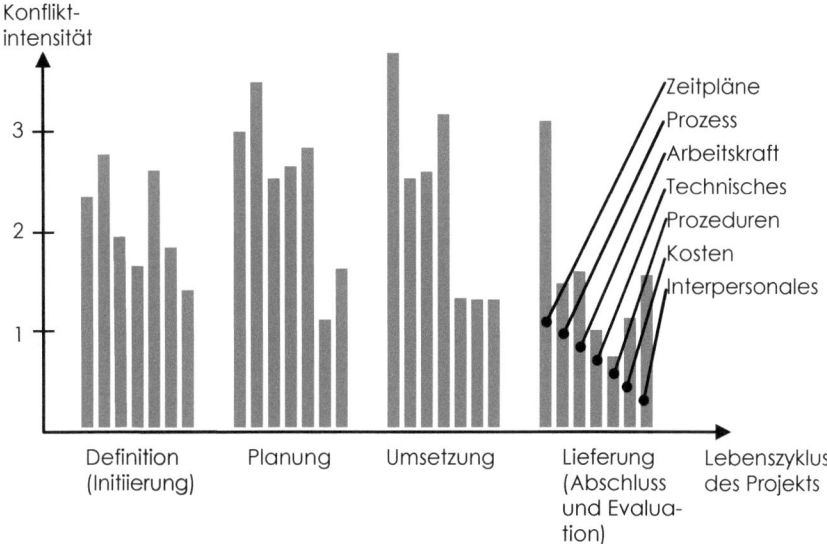

Abb. 00:00-2 Konfliktursachen nach Gray und Larson (Gray und Larson 2007)

Wir beobachten, dass die Zeitpläne die häufigste respektive die zweithäufigste Konfliktquelle darstellen. Dies wird ebenso von Spiess und Felding bestätigt (Spiess und Felding 2008). Also sind eine gute Planung und das Einbeziehen des Teams in die Planung ein sinnvolles Mittel der Konfliktprävention im Projekt.

Die Klassifikation von Konfliktursachen bei den beteiligten Parteien erlaubt es dem Projektmanager, den Teammitgliedern und dem Moderator von Anfang an den richtigen Ansatz zur Konfliktlösung zu wählen.

Wir können zwischen folgenden Konflikttypen unterscheiden:

- Intrapersonaler Konflikt, den eine Person mit sich selbst hat (zerrissen von gegensätzlichen persönlichen Zielen) und der Versuch, diesen im Team auszutragen
- Interpersonaler Konflikt zwischen zwei Individuen im Team

- Intrateamkonflikt, wenn aufgrund von Gruppierungen gegensätzliche Fraktionen innerhalb des Projektteams entstehen
- Interteamkonflikt zwischen dem Projektteam und beispielsweise einem rivalisierenden Team im Unternehmen oder der Konkurrenz

In den meisten Fällen sind es *interpersonale Konflikte*, die gelöst werden müssen. *Intrateamkonflikte* sind komplex und enden in den meisten Fällen in einer Krise (siehe Unterkapitel 00:26 Management von Krisensituationen). *Interteamkonflikte* sind subtil – sie können für eine gewisse Zeit gehandhabt werden, der negative Einfluss wiegt früher oder später jedoch schwerer als die Vorteile einer Rivalität und verlangt einen komplexen externen Ansatz zur Lösung des Konflikts. *Intrapersonale Konflikte* können an das HRM delegiert werden.

Glasl (Glasl 2004) entwickelte ein Konfliktmodell, das auf drei Ebenen von Konfliktdynamiken basiert:

- Ebene 1: „win-win": Beide Parteien können gewinnen
- Ebene 2: „win-lost": Es gibt einen klaren Gewinner und
- Ebene 3: „lost-lost": Keiner kann nunmehr tatsächlich gewinnen

Werden sie nicht angesprochen, entwickeln sich Konflikte von einem Konflikt der Ebene 1 bis hin zur Ebene 3, die als Krise angesehen werden kann. Ebene 1 bietet die beste Option, um eine Konfliktlösung noch zu erreichen. Auf Ebene 2 versucht der jeweilige Partner den anderen von seinen Argumenten zu überzeugen und ist sich sicher, im Recht zu sein. Dies schränkt die Optionen für eine gemeinsame Lösung sehr ein. Die Konflikte, welche diese Ebene erreichen, verlangen nach einem professionellen Konfliktlösungsmoderator.

Zusammenfassend können in Hinsicht auf die Dynamiken von Glasl nur Konflikte der Ebene 1 vom Team selbst gelöst werden.

00:23 Auswirkungen der Konflikte auf die Leistung

Verma (Verma 1996) unterscheidet relativ eindeutig zwischen drei zeitlich abgrenzbaren Sichtweisen hinsichtlich der Wirkung von Konflikten auf die Teamleistung:

- „klassische Sichtweise", wenn wir die negative Auswirkung des Konflikts auf die Leistung als eine Funktion monotonen Absterbens betrachten. Diese Perspektive war bis in die 1940er Jahre vorherrschend.
- „behavioristische Sichtweise", die in den 1970er Jahren aufgegeben wurde und die die positiven sowie negativen Wirkungen eines Konflikts anerkennt, jedoch dazu rät, die Intensität der Konflikte im Team zu minimieren und die
- „interaktionistische Sichtweise", nach Verma ein relativ langer Zeitraum zunehmender Leistung, während zugleich auch das Konfliktniveau zunimmt. Die Kreativität erhöht sich in dieser Phase und die Parteien klären ihre Positionen.

Die strenge Zeitaufteilung von Verma scheint vom Zweck abgeleitet zu sein. Die „interaktionistische Sichtweise" der positiven Wirkung von Konflikten wurde schon von Mary Parker Follet behandelt, die dafür plädierte, den Konflikt für sich arbeiten zu lassen, in ihrer zweiten Vorlesung über die psychologischen Grundlagen des Geschäftsmanagements, vorgetragen vor dem Bureau of Personnel Administration conference group in New York im Jahre 1925 (Graham 1995, 2003).

Gellert und Nowak (Gellert und Nowak 2010) widersprechen Verma und nähern sich den Konflikten von der behavioristischen Sichtweise her. Nach der Auffassung dieser Autoren können Konflikte eine positive Auswirkung haben, jedoch nur bei geringer Konfliktintensität und nur für einen kurzen Zeitraum. Dies ist die sog. „Wettbewerbsphase" (siehe Abb. 00:00-3). Bald darauf beginnt eine „Gleichgewichtsphasephase", in der das Team weiterhin Leistung erbringt, jedoch nur für eine sehr begrenzte Zeit. Dies kann der Fall sein, wenn wir uns z. B. in der letzten Projektphase befinden und es nur eine Frage von Tagen ist, bis das Projekt abgeschlossen und das Projektteam aufgelöst wird. In der Realität beginnt bald darauf die auf die Leistung negativ wirkende „Kriegsphase" und ohne Gegenmaßnahmen verschlechtert sich die Leistung bis hin zur finalen Krise. Beziehungen zerbrechen, das Team ist unwillig, sich auf gemeinsam durchgeführte Unternehmungen einzulassen, die Kommunikation bricht ab, Gruppendenken, statische Ansichten und Gewalt entwickeln sich.

Infolgedessen widerspricht der Autor Verma und befürwortet die „behavioristische Sichtweise" von Gellert und Nowak als weiterhin richtig. Ferner wird demnach eher die Konfliktüberwindung – und zwar so rasch wie möglich – befürwortet, als sich stattdessen der Versuchung einer möglichen Leistungssteigerung während „Wettbewerbsphase" auszuliefern.

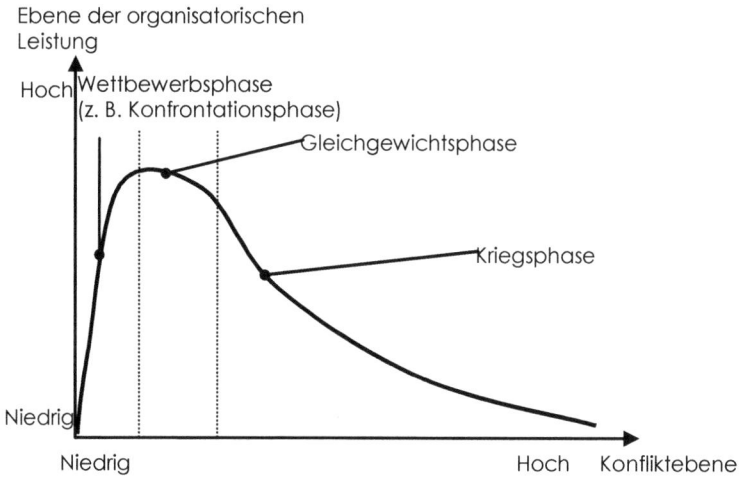

Abb. 00:00-3 **Wirkung von Konflikten auf die organisatorischen Leistungen des Teams**

00:24 Methoden der Konfliktlösung

Konflikte entstehen auf der Grundlage von persönlichen Werten, Überzeugungen, Interessen und werden schnell emotional. Im Umgang mit einem Konflikt müssen zunächst die emotionalen Probleme gelöst werden, dann müssen die Interessen und zum Schluss die Überzeugungen und Werte angesprochen werden.

Zwei Aspekte bestimmen unseren Ansatz:
- Strategien, denen die Konfliktparteien in der Konfliktphase und während der einleitenden Phase des Lösungsansatzes folgen
- Der von den Parteien gewählte Stil der Konfliktlösung

Es empfiehlt sich, den Projektmanager als eine Partei in Betracht zu ziehen, was auch oftmals geschieht, und daher von Anfang an einen geeigneten Moderator zwischen den übrigen Teammitgliedern zu suchen.

Während in der üblichen Praxis des Projektmanagements die sichtbaren Strategien nur die der Entscheidungsträger sind und im besten Fall auch intuitiv ein externer Eingriff in Betracht gezogen wird (beispielsweise durch die Projektsponsoren oder die externen Stakeholder), wird hier unter erfolgreichem Projektmanagement verstanden, dass im selben Ausmaß die Strategien des Projektmanagers ebenso wie auch die seiner Gegner (etwa Teammitglieder oder Projektvorgesetzte) integriert werden.

Der Projektmanager kann zwischen den folgenden Strategien wählen:
- Kooperationsstrategie oder
- Konfrontationsstrategie

Dies gilt auch für seine Gegner. Auch sie können wählen zwischen:
- Der Strategie der Kooperation oder
- Der Strategie der Konfrontation

Die resultierende Kombination aller dieser Strategien wird in Abb. 00:00-4 dargestellt. Im diesem Beispiel sind die möglichen Resultate für den Projektmanager, der zu entscheiden hat, mit hellen Smileys und die seiner Gegner mit dunklen Smileys gekennzeichnet. Mögliche Gewinne werden durch die Anzahl Smileys ausgedrückt. Die maximale Zahl an zu vergebenden Smileys beträgt in jedem Feld sechs. Wenn etwa der Projektmanager die Kooperationsstrategie wählt und sein Gegner die Konfrontationsstrategie, gewinnt der Projektmanager zwei Smileys und sein Gegner vier, also beträgt die Gesamtanzahl der Smileys sechs. Die Wahl der Konfrontationsstrategie scheint auf den ersten Blick den höchsten Gewinn für den Projektmanager zu versprechen. Bedauerlicherweise ist dies eine Illusion. Der Projektmanager muss Ziele erreichen und dies setzt legt die Prioritäten für die zukünftige Zusammenarbeit fest: Ein Projektmanager, der immer Kompromisse eingeht, wird geringere Ergebnisse liefern.

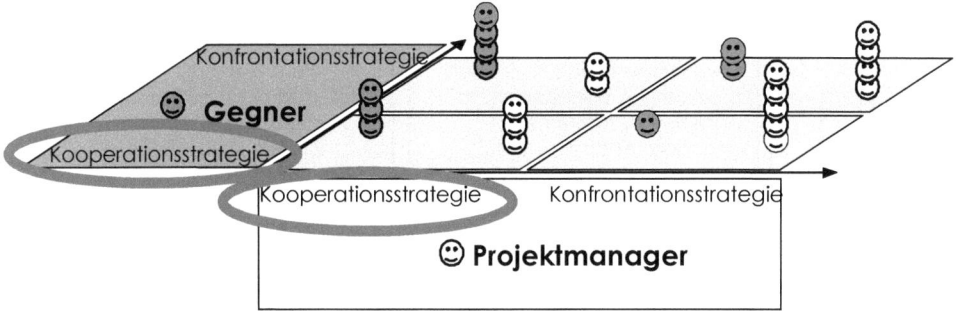

Abb. 00:00-4 Konfrontations- und Kooperationsstrategie

Die einzig vernünftige und erfolgreiche Strategie im Projektmanagement ist die beidseitige Kooperationsstrategie. Projekte sind naturgemäß innovativ und teilweise unvorhersehbar. Ein Verlierer hat früher oder später die Gelegenheit zur Vergeltung – eine Situation, die freilich eskalieren wird. Wenn beide Seiten die Strategie der Kooperation wählen, dann gibt keiner gänzlich nach und beide teilen das Erfolgsgefühl.

Dies führt uns direkt zur Wahl der in der Abb. 00:00-5 dargestellten möglichen Stile, welche bei der Konfliktlösung oft Anwendung finden (Triebe und Wittstock 1999):

Die Vermeidung ist von Nutzen, wenn die Angelegenheit von geringerer Wichtigkeit, trivial für uns ist und wir beabsichtigen, die Situation zu beruhigen. Dies ist jedoch zeitlich begrenzt (Gleichgewichtsphase).

Wenn sich die Dinge nicht mehr vermeiden lassen, können wir zur Anpassung oder zur Machtausübung schreiten.

Die Anpassung ist von Nutzen, wenn uns bekannt ist, dass die eigenen Argumente zu schwach sind, um unsere Absichten durchzusetzen, wenn uns die Dinge weniger wichtig sind als unserem Gegner, wenn wir die Dinge bewahren wollen und darüber hinaus einen guten Teamgeist, Harmonie und die Möglichkeit des selbstständigen Lernens entwickeln wollen.

Machtausübung ist eine Notwendigkeit, wenn wir unter einem enormen Zeitdruck stehen, um weitreichende Entscheidungen zu treffen oder wenn wir unbeliebte Entscheidungen wie Budgetkürzungen oder Entscheidungen hinsichtlich leistungsschwacher Personen zu fällen haben.

Man kann Kompromisse schließen (Stil im Sinne von Triebe und Wittstock), wenn Angelegenheiten wichtig sind, jedoch beide Seiten emotional sehr stark gebunden sind an prinzipiell unvereinbare Ziele, wir unter Zeitdruck stehen und sich die Mühe nicht lohnt. Dies ist ein vermittelnder Stil vor dem der Machtausübung oder der Zusammenarbeit.

00:00 Konfliktmanagement KFM

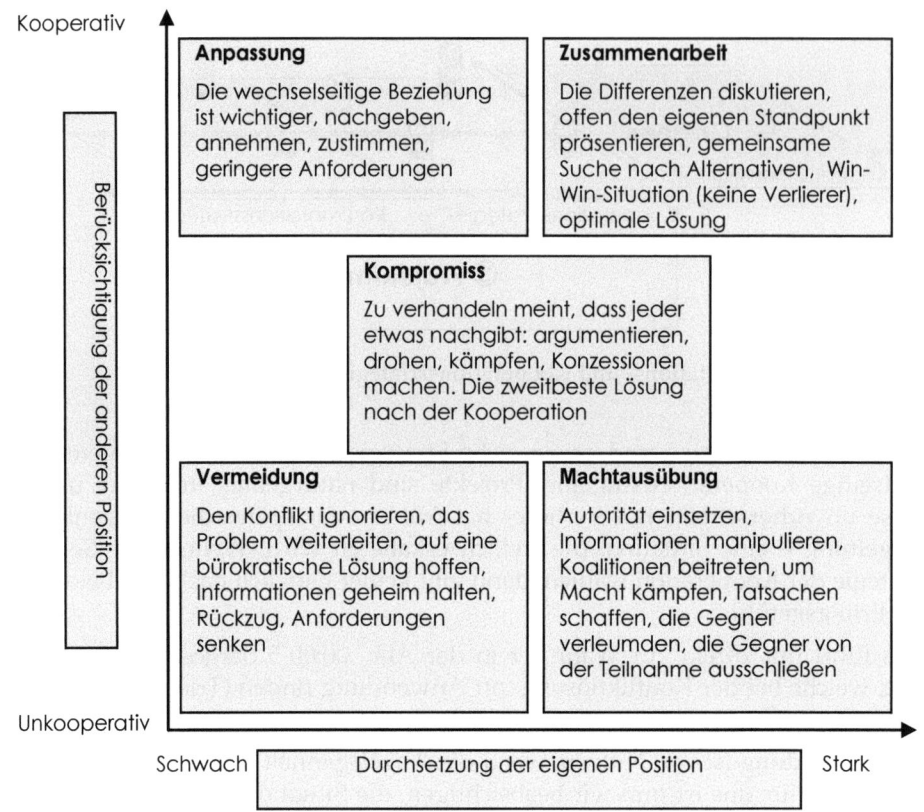

Abb. 00:00-5 Stile der Konfliktlösung (Triebe und Wittstock 1999)

Zuletzt und mit Blick auf die Kooperationsstrategie, zeitigt der Stil Zusammenarbeit die besten, nachhaltigsten Resultate. Die gleichwertigen wichtigen Ziele beider Parteien werden integriert, beide Parteien sehen die Ergebnisse als eigenen Gewinn an.

00:25 Konfliktlösungsprozedur

Konfliktlösung ist nie eine Prozedur mit schnellem Ablauf, sondern ein intensiver, erschöpfender, aus vielen Schritten bestehender Prozess, der Stunden und Tage dauert (Abb. 00:00-6). Der Ablauf hier folgt Triebe und Wittstock (Triebe und Wittstock 1999).

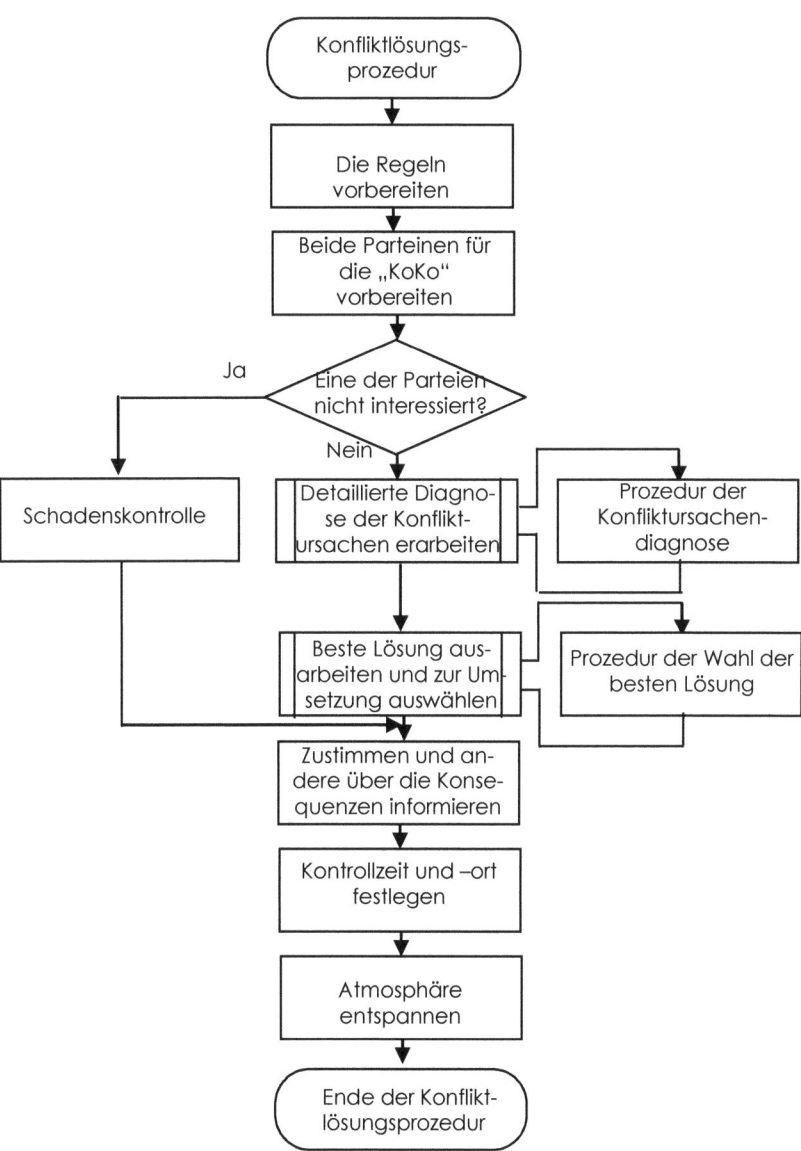

Abb. 00:00-6 Ablauf der Konfliktlösung

Jede der Konfliktebenen verlangt nach einer Lösung (Spiess und Felding 2008), wie in Tabelle 00:00-2 dargestellt:

Tabelle 00:00-2 Konfliktebenen und erreichte Ziele

Nr.	Ebene	Inhalt	Ansatz	Ziel
1	Instrumental	Handfeste Angelegenheiten wie Methoden, Prozeduren und Strukturen	Problemlösung (siehe 12:20 PBM)	Lösung
2	Interesse	Verteilung von Ressourcen wie Geld, Zeit, Arbeit und Raum	Verhandlungen	Übereinkunft
3	Wert	Politische, religiöse, moralische Werte	Dialog	Gegenseitiges Verständnis
4	Persönlich	Identität, Selbstbewusstsein, Loyalität, Ablehnung	Dialog	Gegenseitiges Verständnis

Wir folgern, dass während die Konflikte der ersten Ebene ins Problemmanagement umgelenkt werden können, die Ebenen 2, 3 und insbesondere 4 Gegenstand des Konfliktmanagements sind.

1. Vorbereitung der Regeln und Parteien

Zunächst muss die Person gewählt werden, die die Konflikte moderiert. Wenn diese Rolle schon während des HRM- oder des TM-Prozesses festgelegt wurde, kann dies die Spannungen senken. Sollte der Projektmanager Teil des Konflikts sein, kann er nicht die moderierende Person sein. Der ausgewählte Moderator bzw. die ausgewählte Moderatorin bereitet die Regeln der Konfliktlösung für alle involvierten Personen vor. Er bzw. sie kann die weiter unten in diesem Kapitel erläuterten Techniken wählen (siehe 00:31 Techniken zur Prävention von Konflikten). Nach einer solchen sorgfältigen Vorbereitung kontaktiert die moderierende Person beide Parteien und lässt sie getrennt die Situation, frühere Lösungsversuche und ihre Erwartungen hinsichtlich der Zukunft beschreiben. Jeder Partei sollte nahegelegt werden, die folgenden Positionen aufzugeben (Lee 2006):

- Gedankenlesen: jemandes Motivation, Agenda oder Intention erraten zu wollen, beispielsweise „Ich weiß was er möchte – er wird es nie kriegen, solange ich hier bin".
- Wahrsagerei: vorgefertigte Vorhersagen über die Zukunft, beispielsweise „Es wäre katastrophal für alle, wenn er seinen Willen durchsetzt".
- Selbstgerechtem Ärger frönen: Empörung basierend auf Vermutungen und Raten, beispielsweise „Wie kann er zehn Jahre meiner Arbeit entwerten, dadurch das er das tut?!"

Beide Parteien sollten motiviert werden, einen Vorteil in der gemeinsamen Konfliktlösung zu finden (Ebene 1, „win-win") und beide sollen „KoKo" probieren: die Kooperative Kompromisslösung als Weg zur kooperativen Zusammenarbeit.

Im dem Fall, dass eine der Parteien dazu tendiert, einer alternativen Strategie oder einem alternativen Stil zu folgen, ersetzt die Schadenskontrolle die Konfliktdiagnostik und die Lösungswahl. Die Situation der Ebene 2 („win-lose") tritt ein. Der Konflikt wird in diesem Fall bloß verschoben, Gegenstand eines Machtspiels oder er führt zur Krise.

2. Diagnose der Konfliktursachen

Unter den Regeln des beiderseitigen kooperativen und zumindest auf einen Kompromiss (wenn schon nicht direkt auf die Zusammenarbeit) ausgerichteten Ansatzes werden beide Seiten dazu ermutigt, im Rahmen eines gemeinsamen Meetings ihre jeweilige Beurteilung der Situation und der Konfliktursachen zum Ausdruck zu bringen (siehe Abb. 00:00-7).

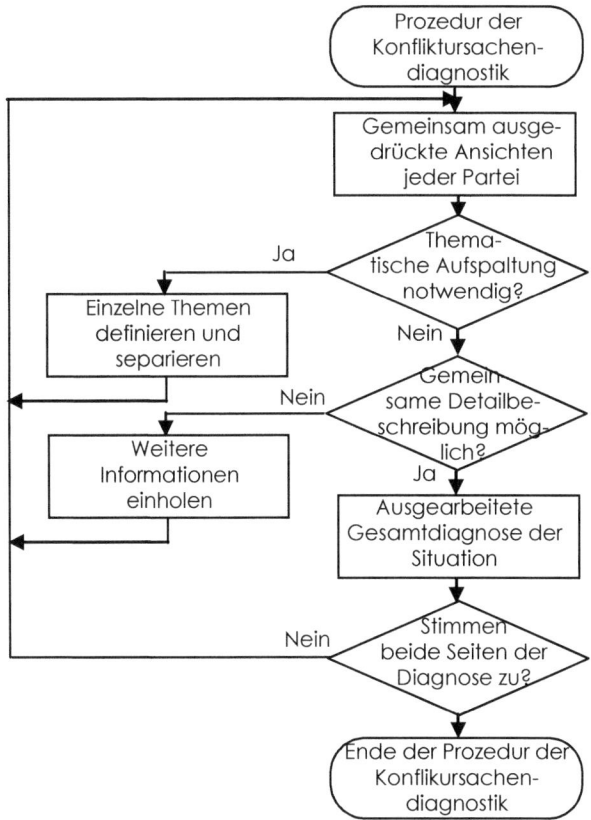

Abb. 00:00-7 Ablauf der Diagnose der Konfliktursachen

Die Anwesenheit des Moderators stellt sicher, dass beide Parteien dieselben Sichtweisen vertreten, die in den individuellen Gesprächen mit dem Moderator vertreten worden sind. Wenn einzelne Themen differenziert behandelt werden müssen (beispielsweise mag jemand es nicht, in einem Büro zu arbeiten, weil ihm sowohl der Arbeitsplatz wie auch etwa die Klimaanlage und andere Personen im Raum missfallen), dann muss jeder Aspekt separat behandelt werden. Wenn ein vollständiges Bild entstanden ist und beide Parteien diesem zustimmen, dann ist die Diagnose der Konfliktursachen abgeschlossen.

3. Vorbereitung der Lösung

Die Ausarbeitung der Lösung beginnt mit einer ersten Skizze möglicher Lösungen und den Wegen ihrer Umsetzung. Sollten nicht ausreichend Informationen vorhanden sein, um unterschiedliche Herangehensweisen zu evaluieren, soll die Ablaufschleife wiederholt werden, bis ein klarer Vergleich möglich ist. Anschließend wird die endgültige Lösung ausgewählt und es wird evaluiert, ob diese für alle Parteien akzeptabel ist. Die Prozedur wird so lange wiederholt, bis eine Übereinkunft erreicht wird. Und das kann sehr viel Zeit in Anspruch nehmen ... (siehe Abb. 00:00-8).

4. Stabilisierung der Lösung

Die Lösung und der Weg, diese zu erreichen, ist eine Sache – eine ganz andere Sache dagegen sind die Konsequenzen, die in meisten Fällen für das Verhalten der involvierten Konfliktparteien folgen. Also müssen alle Konsequenzen sorgfältig mit beiden Parteien evaluiert werden, und nur wenn das Kontrolldatum und der Ort feststehen, entsteht für alle Beteiligten ein Bewusstsein über die Konsequenzen der Übereinkunft.

Der ganze in diesem Kapitel erläuterte Prozess kann viel Zeit in Anspruch nehmen und ist mit freilich erschöpfend für alle Beteiligten. Die Akzeptanz am Schluss reizt die Toleranz aus und die Resultate sind fragil. Daher ist ein Themenwechsel zur Entspannung der Atmosphäre der wichtigste Faktor für die Stabilisierung der erreichten Ergebnisse. Der Moderator sollte sich über die Hobbys, gegenwärtige Interessen und angenehme Ereignisse im Privatleben der Parteien informieren und das Gespräch nach der Vereinbarung des Kontrolltermins und -orts sofort in diese Richtung lenken (Fleischer 1990; Cadle und Yeates 2008)

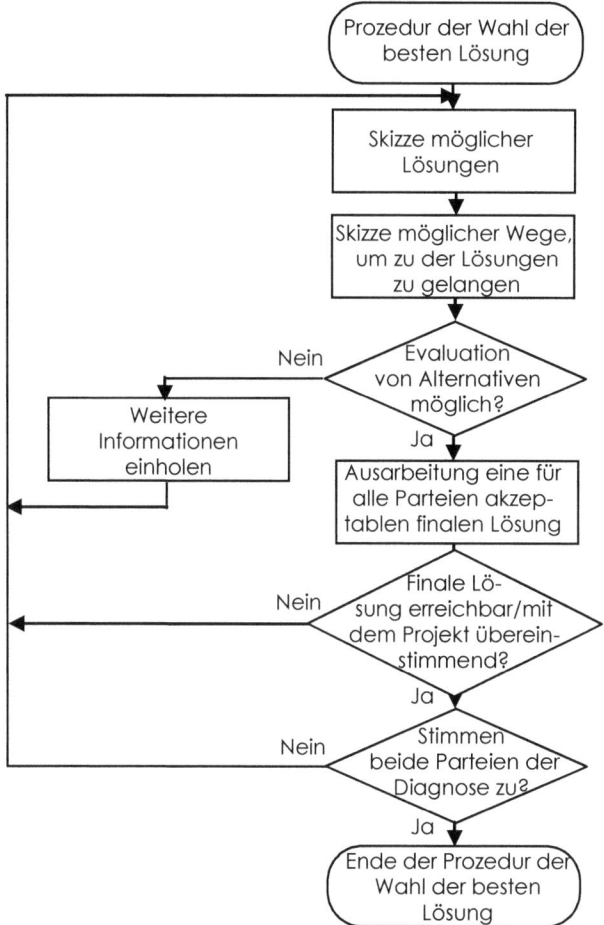

Abb. 00:00-8 Auswahlverfahren für die beste Lösung

00:26 Management von Krisensituationen

Krisensituationen sind Konflikte, die das Gefühl von Hoffnungslosigkeit vertiefen (siehe Abb. 00:00-9). Ungelöste Konflikte können zu einer Krise heranwachsen und das ganze Team lähmen (Triebe und Wittstock 1999).

Symptome einer Krisensituation

Eine Krise im Team kann anhand eines oder mehrerer der folgenden Symptome erkannt werden:

- Blockade von Neuerungen (gebunden an eine strikte Hierarchie, ineffiziente Rollenverteilung, Prozeduren und Menschen)
- Tabuthemen

00:00 Konfliktmanagement KFM

- Zu bürokratische Regulierungen, die Konflikte zu vermeiden versuchen
- Teammitglieder, die ihre Unzufriedenheit ausdrücken, werden zum Schweigen gezwungen

Lösung einer Krisensituation

Eine Lösung ist ohne Hilfe nicht mehr zu erreichen – das Team muss an diesem Punkt einen externen Krisenmanager hinzuziehen.

Veränderungen im Projektteam sind unvermeidbar. Die Alternativen müssen evaluiert und mit denjenigen besprochen werden, die das Projekt finanzieren (Projektsponsoren oder Kunden), ehe sie weitergereicht werden.

Abb. 00:00-9 Ablauf der Krisenbehandlung

00:27 Konfliktprävention

Wie man Konflikte verhindert

Die beste Konfliktlösung und Krisenvermeidung besteht darin, die Symptome und die ersten Signale wahrzunehmen, sofort zu handeln, und die Situation sich nicht so weit entwickeln zu lassen. Allgemein können wir aber leider das neuerliche Auftreten von Konflikten nur vermeiden, nachdem sie bereits aufgetreten sind. Fallstudien wie die von Spiess und Felding (Spiess und Felding 2008) helfen dabei, von den Erfahrungen anderer zu profitieren. Bracken et al. betrachten Partnerschaften als wesentliche Methode, um die Entstehung von Konflikten zu vermeiden. Da die Projektziele die Teaminteressen erweitern, gibt es eine gute Chance, dass eine Fokussierung auf gemeinsame Interessen die Teammitglieder miteinander verbindet (siehe 22:20 Methoden), was effektiv zur Konfliktprävention beiträgt (Bracken et al. 1998).

Den Umstand bedenkend, dass Pläne und Termine die wichtigsten Quellen für Konflikte in jeder Projektphase sind, folgern Spiess und Felding nicht überraschend, dass eine gut ausgearbeitete Planung und Zeitplanung gute präventive Maßnahmen sind (Spiess und Felding 2008).

Glasl und Ballreich nähern sich dem systematisch an, durch Fokussierung von Aktivitäten und Teambildungsprozessen unter Berücksichtigung des Aspekts der Persönlichkeit (Glasl und Ballreich 2004).

Die systematische Konfliktprävention ist auf den folgenden Ebenen praktikabel:

- Intrapersonale Ebene: die Personen tatsächlich in das Projekt involvieren, sich ihren persönlichen Bedürfnissen nähern, die Eignung für das Team bewerten (siehe Kapitel 20:00 Human Ressource Management HRM, Abschnitte zu MBTI und Belbin), die Sachebene fokussieren (siehe 06:00 Führung F und Kapitel 08:00 Organisationsmanagement OM)
- Interpersonale Ebene: Unterstützung der Orientierungs- und Konfrontationsphase mit fundiertem interpersonalem Coaching, Förderung von Ehrlichkeit, Vertrauen und Offenheit (Seifert 2003).
- Prozedurale Ebene: Gute Effekte werden in Teams erreicht, wenn der Projektleiter von jemandem begleitet wird, der den Problemen des Human Ressource Management Aufmerksamkeit schenkt.
- Metaebene: Die Teammitglieder sollten sich gegenseitig ermutigen, aus der gegenwärtigen Situation zu lernen und die Anpassung auf jeder Ebene zu üben. Dies korrespondiert mit der Änderungskultur im Team. Das Metalernen und die Metakommunikation bieten jedem Teammitglied einen Einblick in die Position anderer, erweitern das gegenseitige Verständnis und senken das Konfliktpotential (Glasl und Ballreich 2004).

Prävention durch Exklusion mancher Gruppen oder frühzeitiger Warnungssysteme wird von Matthies empfohlen (Matthies 2000), wird jedoch nicht als besonders effektiv angesehen wegen der üblicherweise kleinen Projektteams und des innovativen Charakters von Projekten.

00:00 Konfliktmanagement KFM

00:30 Techniken und Werkzeuge

Prävention ist die beste Herangehensweise bei Konflikten. Die Techniken der Teambeobachtung und Workshops werden in diesem Kapitel nur grob behandelt. Der Fokus wird auf die grundlegende Technik für Konfliktlösung, PACTAR (Spanisch für „verhandeln, übereinkommen") gelegt. Auf Basis von PACTAR können Feedback, konstruktive Diskussionen und/oder Verhandlungen durchgeführt werden. Feedback und Verhandlungen werden hier unter dem Gesichtspunkt ihres Nutzens für die Konfliktlösung betrachtet. Feedback und Verhandlungen als Kommunikationsmittel werden im Kapitel 02:00 Kommunikationsmanagement KOM behandelt.

00:31 Techniken zur Prävention von Konflikten

Beobachtung

Ein effizienter Weg zur Entdeckung potenzieller Konflikte oder um Information bezüglich des Konfliktpotentials zu sammeln ist die Beobachtung von Teammitgliedern.

Ein erfahrener, sozial kompetenter Mitarbeiter (der nicht der Projektmanager sein muss) kann Konfliktsymptome in einem Team in seiner frühen Entwicklungsphase erkennen (siehe 00:21). Ein Bewusstsein für Konfliktursachen (siehe 00:22) hilft dabei, die Aufmerksamkeit auf bestimmte Symptome zu lenken und damit das Konfliktpotential in Projektteam frühzeitig zu identifizieren.

Workshops

Es gibt zweierlei Workshops und Schulungen für das Konfliktmanagements:
- Workshops und Schulungen zur Vermeidung von Konfliktsituationen
- Workshops und Schulungen zur Handhabung von Konflikten

Bereits das Bewusstsein für potentielle Konfliktursachen hilft dem Team, der Vermeidung von Konflikten mehr Aufmerksamkeit zu widmen.

Workshops und Schulungen, die die Handhabung von aufgetretenen Konflikten zum Inhalt haben, wecken bei den Teammitgliedern den Wunsch, nicht in solche Auseinandersetzung verwickelt zu werden. Zudem ist das in diesen Workshops erworbene Wissen nützlich, um, wenn die Notwendigkeit dazu gegeben sein sollte, erfolgreich Konfliktlösungen herbeizuführen.

00:32 PACTAR

PACTAR ist ein aus den Anfangsbuchstaben der Bereiche bestehendes Akronym, welche im Rahmen der Lösung von Konfliktsituationen in Erwägung gezogen und umgesetzt werden sollten:

- P für Prioritäten (Priorities)
- A für Einstellung (Attitude)
- C für Durchführung (Conduct)
- T für Denken (Thinking)
- A für Ansatz (Acumen)
- R für Auflösung (Resolution)

Die Reihenfolge wird durch das aussagekräftige Akronym vorgegeben und spiegelt nicht unbedingt die Logik des Vorgehens, gleichwohl widerspricht sie ihr auch nicht.

Die umfangreichen Literaturquellen darüber, was beobachtet werden sollte und welche Techniken dabei zum Einsatz komme sollten, scheint eher die individuellen Ansichten des jeweiligen Autors widerzuspiegeln und ist weniger das Ergebnis irgendeines systematischen oder deduktiven Prozesses (Spiess und Felding 2008; Gellert und Nowak 2010.; Glasl und Ballreich 2004; Triebe und Wittstock 1999; Seifert 2003; Van Slyke 1999; Bracken et al. 1998). Wann auch immer die Liste guter und allerdings nicht in einem Zusammenhang stehender Vorschläge die Zahl neun überschreitet (sieben plus/minus zwei, Miller 1956; oder sogar weniger, so reduzieren neuere Untersuchungen die Zahl auf drei oder vier Elemente (Farrington 2011)), überschreitet dies zugleich die kognitive Kapazität unseres Kurzzeitgedächtnisses und unsere Fähigkeit damit umzugehen, wodurch die guten Ratschläge fruchtlos sind. Ein Akronym aus sechs Bereichen sollte dem Anwender helfen, den Konfliktlösungsprozess erfolgreich zu navigieren und zu einer nachhaltigen Lösung führen.

P = Prioritäten

Konflikte entstehen zwischen Menschen. Deren unvereinbare Zielsetzungen, aus denen sich die persönlichen Prioritäten ergeben, führen zu Konflikten, daher sollte dieses Problem zuerst gelöst werden. In der Wahrnehmungshierarchie blockieren die Emotionen die Rationalität, also nur wenn die Emotionen abgebaut werden können, können die Interessen und die persönlichen Werte angesprochen werden.

Die goldenen Regeln für Prioritäten sind:

- Persönliche Angelegenheiten haben Priorität vor anderen Angelegenheiten
- Emotionen haben Priorität vor Interessen und Werten

A = Einstellung (Attitude)

Ein erfolgreicher Ansatz zur Konfliktlösung erfordert, dass beide Konfliktparteien wie auch der Moderator eine positive und konstruktive Einstellung im Sinne von Eric Berne („Ich bin O. K. – Du bist O. K.") teilen (Berne 1964, 1996). Ein Bonmot für diesen Ansatz besagt: „Ich glaube, ich kann es tun und ich denke, andere können es auch".

Die goldenen Regeln sind diesem Ansatz entnommen:

- Mir geht es gut, dir geht es gut

- Meine Einstellung ist die eines Siegers
- Wir streben eine „win-win"-Lösung (Ebene 1) für alle an
- Wir sind gleichberechtigt
- Jeder ist so, wie er ist
- Jeder ist autonom
- Jeder hat das Recht auf seine eigenen Meinungen, eigenen Bedürfnisse und Gefühle
- Jeder ist verantwortlich für sich selbst
- Jeder ist aufrichtig und verhält sich korrekt
- Jeder kann Fehler machen und hat das Recht, sich zu ändern
- Jeder ist genauso wichtig wie ich selbst
- Jeden offen und respektvoll behandeln
- Auf jegliche Vergleiche verzichten
- Konstruktive Kritik, nicht erniedrigen

C = Durchführung (Conduct)

Die Dynamik der Konfliktlösung bedarf einer permanenten Kontrolle der Situation. Die Beachtung der goldenen Regeln durch alle Teilnehmer inklusive des Moderators fördert den erfolgreichen Verlauf des Konfliktlösungsprozesses. Der Moderator als verantwortlicher für den Verlauf der Situationsentwicklung soll primär die folgenden goldenen Regeln verinnerlichen:

- Sobald ein Konflikt entdeckt worden ist, darauf reagieren
- Einander direkt ansprechen
- Erwachsener-zu-Erwachsener-Dialoge ermutigen (Transaktionsanalyse, Kapitel 02:00 Kommunikationsmanagement KOM)
- Gegenseitiges positives Feedback fördern
- Indirekte, den Konflikt verstärkende Faktoren meiden
- Gemischte Emotionen vermeiden

T = Denken (Thinking)

Die Denkgewohnheiten entstehen aus der Regel des effektiven Dialogs: Sich die Perspektive eines anderen zu Ihrer eigenen Wahrheit machen und es mit seinen Augen sehen (Tischner zitiert von Bozejewicz, 2006). Gellert und Nowak modifizierten den Ansatz von Peschanel (Gellert und Nowak 2010) und fügten diesem die Metaperspektive der Beurteilung hinzu, wodurch sie über die zwei gegensätzlichen Perspektiven hinausgehen und die Situation von einer dritten, neutralen und unabhängigen Perspektive aus bewerten. Die Fähigkeit, auf einer Metaebene zu denken, ist sehr anstrengend und im alltäglichen Leben nicht üblich. Der Autor selbst wurde von seinem Trainer häufig dazu ermutigt: „Treten Sie beiseite und betrachten Sie die Situation von außen. Verläuft es wirklich so, wie Sie möchten?". Hierdurch lernt man. Der Moderator hat die Verantwortung, beide Gegner dazu zu ermutigen, zumindest einen Blick auf den Konflikt von beiden Positionen aus zu werfen.

Die goldenen Regeln sind:
- Denken Sie „Ich": Was sind Ihre wirklichen Ziele? Trägt der Konflikt dazu bei, um sie zu erreichen?
- Denken Sie „Du": Was sind seine Ziele? Wie trägt der Konflikt dazu bei, um sie zu erreichen?
- Denken Sie „Meta": Arbeiten beide Seiten auf ihre Ziele hin? Welche Wirkungen hat dies auf das Team, das Projekt und den Kunden?

A = Ansatz (Acumen)

Im Jahre 1979 begann der Lehrstuhl für Verhandlungsführung der Harvard University eine Serie von Workshops, die heute das Harvard-Projekt genannt wird und in deren Rahmen eine Reihe von Regeln entwickelt wurden. Diese sind von Fischer et al. veröffentlicht worden und wurden zehn Jahre später überarbeitet (Fisher et al. 1981, 1991). Gellert und Nowak (Gellert und Nowak 2010) vereinfachten diese Methode, indem sie dazu rieten, sich in ihrem Rahmen auf die Motive zu konzentrieren. Seitdem werden die Originalregeln als schärfere Formulierungen des zielgerichteten Ansatzes zitiert, präzisiert durch die explizite Nennung des gemeinsamen Aufwandes für das Ziel einer gemeinsamen Konfliktlösung und der Ausarbeitung von Optionen. Die letzten Regeln der Harvard-Methode hinsichtlich der Normen werden als Teil der internationalen Konfliktlösungswege angesehen und werden daher oft in diesem Zusammenhang zitiert (z. B. Sobbing, 2010).

Die goldenen Regeln für den zielgerichteten Ansatz sind:
- Verhandeln Sie nicht über die Position
- Trennen Sie den Menschen vom Problem
- Konzentrieren Sie sich auf Interessen, nicht auf Positionen
- Setzen Sie Ziele gemeinsam und entwickeln Sie Optionen für den wechselseitigen Vorteil

R = Auflösung (Resolution)

Jede der Parteien erachtet ihre Regeln als die richtigen. Durch die Suche nach objektiven Normen wird eher die Akzeptanz der Resultate von beiden Seiten gewonnen. Dies ist die letzte Regel der oben erläuterten Harvard-Methode. Auch aus der Harvard-Methode stammt eine weitere, die Lösung betreffende Regel: der Wiederkehr eines Konfliktes Aufmerksamkeit zu widmen. Wenn das, was scheinbar gelöst worden ist, nicht zur Zusammenarbeit der Parteien führt, dann ist zweifellos die wahre Konfliktursache noch nicht gefunden – wir kehren zurück zum Punkt Null und müssen erneut den gesamten Weg der Konfliktlösung angehen.

Zuletzt sollten, um entlang der oben vorgestellten Methode zu handeln und die Lösung zu festigen, alternative, angenehme Gedanken verbreitet werden.

Die goldenen Regeln für die Auflösung sind die folgenden:
- Darauf bestehen, dass das Resultat auf objektiven Normen basiert
- Wiederkehr bedeutet, dass die wirklichen Ursachen noch unentdeckt sind

- Eine Übereinkunft ist ein Grund zur Freude

00:33 Feedback im Konfliktmanagement

Feedback unterstützt die Klärung der Konfliktursachen und beschleunigt die Evaluation möglicher Alternativen während der Suche nach Konfliktlösungen. Auf Basis von PACTAR sollten die Parteien folgendes tun:

- Alles was stört erläutern, Beispiele bieten
- Feedback anbieten und akzeptieren
- Darauf achten, dass immer nur eine Person spricht
- Kritik direkt ausdrücken
- Klare Meinungen, Fakten und Problemformulierungen
- Keine Gerüchte, Beschwerden oder Vermutungen
- Aktives Zuhören

Aktives Zuhören, nachstehend sorgfältiger als Teil effizienter Kommunikation vorgestellt (siehe Unterkapitel 02:30), ist aus der Sicht von Van Slyke der Schlüssel zur erfolgreichen Lösung (Van Slyke 1999). Van Slyke dehnt das Konzept des Zuhörens bis zur Analyse der eigenen Herangehensweise aus – dies wurde hier schon unter PACTAR behandelt.

00:34 Konstruktiver Disput

Die Auseinandersetzungen zwischen den Parteien können in einem Disput gelöst werden, in dessen Rahmen beiden Parteien ihre Ansichten präsentieren. Während Verhandlungen bestimmte Ziele haben und ein Element des Feilschens aufweisen, kann ein Disput ohne wirkliche Änderungen der Positionen oder direkten Vorteil enden. Er klärt grundsätzlich die Blickwinkel und die Positionen beider Seiten, was zum besseren, wechselseitigen Verständnis für die Handlungen führt. Ein Disput ist nur bei Konflikten niedriger Ebenen effektiv, wenn sie noch in ihrer Anfangsphase sind. Burgess und Burgess (Burgess und Burgess 1996), Triebe und Wittstock (Triebe und Wittstock 1999), Seiler (Seiler 2003) und Lee (Lee 2006) erweitern PACTAR für einen Disput um die folgenden Regeln:

- Jeder Disput hat einen Anfang, soll aber ebenso ein klares, akzeptables Ende haben
- Es soll schrittweise vorgegangen werden, die Probleme sollen zerlegt werden
- Kurz- und langzeitige Erfolgsmaßnahmen sollen in Betracht gezogen werden
- Erwecken Sie das Bewusstsein eines unvermeidbaren „win-lost" im Falle eines Misserfolgs
- Arbeiten Sie kreativ, jenseits der festgeschriebenen Regeln und Pflichten
- Fragen Sie im Zweifelsfall jemanden, dessen Urteil Sie in Bezug auf die Situation vertrauen

- Erhöhen Sie Ihr Konto des guten Willens
- Interagieren Sie positiv abseits der Konfliktthemen

00:35 Verhandlungen

Eine Verhandlung ist eine Dialogform zwischen zwei Parteien, die auf eine Klärung der Unterschiede bezüglich der Auffassungen und Werte abzielt und eventuell zu Vorteilen für beide Seiten führt. Auch wenn der Konflikt mit einem immateriellen Missverständnis beginnt, ist der Erfolg einer erfolgreichen Lösung wahrscheinlicher, wenn der Vorteil für beide Parteien formuliert wird. Die auf klaren Grundsätzen beruhende Verhandlung (Fischet et al. 1981, 1991), verstanden als Verhandeln um den wechselseitigen Vorteil, kann nahezu zwischen jeder Partei und auch auf höheren Konfliktebenen geführt werden: auf der Ebene zwei („win-lost") oder der Ebene drei („lost-lost" = Krise). Im Sinne von PACTAR sollten folgende Regeln beachtet werden:

- Bereiten Sie folgendes vor: Ziele, Handeln, Alternativen, Strategien und Ergebnisse
- Kennen Sie ihr BATNA (Best Alternative To a Negotiated Alternative = beste Alternative zu einem geplanten Verhandlungsziel)
- Arbeiten Sie holistisch
- Akzeptieren Sie kreative Lösungen bzw. arbeiten Sie solche aus
- Schaffen Sie Vertrauen
- Unterstützen Sie positive und unterdrücken Sie negative Emotionen
- Nehmen Sie Rücksicht auf kulturelle Unterschiede, Unterschiede im Denken, in der Zeit

00:40 Vorlagen

00:41 Projektmanagementbezogene Dokumente

Eine gute Vorbereitung für die Konfliktlösung beinhaltet die Ausarbeitung einer Strategie. Wir evaluieren unsere Vorteile und die möglichen Vorteile unseres Gegenspielers in jeder Kombination der Kooperations- und Konfrontationsstrategien. Die Ergebnisse werden schriftlich in Tabelle 00:00-3 dargestellt:

Tabelle 00:00-3 Beispiel

Entscheidung über Strategien basierend auf der Ergebnisanalyse	
Gegner: _____	

Ergebnisse im Falle einer Konfrontationsstrategie des Gegners	Sein Gewinn Mein Gewinn	Sein Gewinn Mein Gewinn
Ergebnisse im Falle einer Kooperationsstrategie des Gegners	Sein Gewinn Mein Gewinn	Sein Gewinn Mein Gewinn
	...im Falle meiner Kooperation	...im Falle meiner Konfrontation

00:42 Produktbezogene Dokumente

Ein Beispiel für Notizen aus dem Konfliktlösungsprozess und für Kontrolldaten dokumentiert den Fortschritt in der Konfliktlösung.

Tabelle 00:00-4 Beispiel

Stichworte für Konfliktidentifikation	
0	Informationen über das Dokument
Teilnehmer, Protokollant, Datum, Empfänger	
1	Konfliktparteien
Information über Partner, dritte Parteien, die am Konflikt teilnehmen (Konfliktintern sowie -extern) müssen festgehalten werden.	
2	Konfliktursache
Die Ursachen für den Konflikt sowie dessen Rahmenbedingungen, in welchen der Konflikt stattgefunden hat, sollten notiert werden.	

3	**Ergebnisse einer gemeinsamen Klärung der Ursachen**
Die Resultate der Identifizierung oben in Punkt 1 sollen analysiert werden. Ebenso sollte Platz für Rollen und Teilnehmer geschaffen werden sowie für ihre Aufgaben mit dem entsprechenden Bereich ihrer Verantwortung und Kompetenz, ihrer Persönlichkeit und Situation im Team.	
4	**Evaluierte Alternativlösungen und die ausgewählte Lösung**
Unterschiedliche, gemeinsam evaluierte Alternativen und die in Übereinstimmung mit den in den Konflikt involvierten angewandten Maßnahmen zur Konfliktlösung sollten dokumentiert werden.	
5	**Kontrolle**
Wenn Maßnahmen ergriffen wurden, sollte zu einem späteren Zeitpunkt ihr Nutzen für die Problemlösung und der dadurch erzielte Erfolg kontrolliert werden. Sollte sich herausstellen, dass die Maßnahmen für die Konfliktlösung nicht ausreichend sind oder das Resultat unbefriedigend ist, sollten die Maßnahmen selbst kontrolliert werden. Wählen Sie neue Maßnahmen oder erweitern Sie sie.	
6	**Gewinne für das Projekt**
Die Gewinne für das Projekt, die aus den ergriffenen Maßnahmen resultieren, sollten präzise beschrieben werden.	
7	**Vorgehensweisen und nächste Schritte**
Hier sollten die begleitenden Handlungen aufgelistet werden, die notwendig sind, um die ergriffenen Maßnahmen und die Handlungen der Konfliktparteien zu fördern. Genaue Kontrollzeiten für die Evaluation der Ergebnisse sollten festgelegt werden.	

00:50 Phasenaufgaben und -ergebnisse

00:51 Initiierungsphase

Aufgaben:
- System für die Konflikterkennung im Projekt aufbauen
- Prozess der Konfliktlösung definieren
- Zukünftigen Moderator für Konfliktlösungsprozesse im Team auswählen
- Sicherstellen, dass das Kernteam allen Prozessen zustimmt

Ergebnisse:
- Plan des Konfliktmanagements
- Akzeptierte Prozessen und Moderator des Projektmanagements

00:52 Planungsphase

Aufgaben:

- Sicherstellen, dass die Teammitglieder die Projektprozesse, -pläne und -zeitpläne vollständig verstehen und akzeptieren
- Schulung zur Konflikterkennung und -lösung durchführen
- Ursachen und Indizien potentieller Konflikte beobachten
- Versuchen, entstehende Konflikte so früh wie möglich zu lösen
- Änderungen vorstellen (unter Bezugnahme auf ein Produkt und einen Prozess), um ähnliche Konflikte in Zukunft zu vermeiden
- Andere Konfliktpräventionsmaßnahmen anwenden, zusätzlich zu solchen, die zu Änderungen führen

Ergebnisse:

- Projektprozesse, Pläne und Zeitpläne haben die Zustimmung aller Teammitglieder erhalten
- Teammitglieder auf die Handhabung und Prävention von Konflikten vorbereitet
- Änderungsanträge resultierend aus Konfliktlösungen eingereicht
- Gewonnene Erkenntnisse dem Wissensmanagement zugeführt

00:53 Umsetzungsphase

Aufgaben:

- Dieselben wie in der Planungsphase
- Sich um Beseitigung der Ursachen möglicher Konflikte kümmern

Ergebnisse:

- Dieselben wie in der Planungsphase

00:54 Abschluss- und Evaluationsphase

Aufgaben:

- Dieselben wie in der Umsetzungsphase
- Sich um Beseitigung der Ursachen möglicher Konflikte kümmern
- Abschließende Überprüfung vergangener Konflikte durchführen

Ergebnisse:

- Dieselben wie in der Umsetzungsphase
- Gesamtevaluation der Ergebnisse des Konfliktmanagementprozesses im Projekt erstellt
- Allgemeine Schlussfolgerungen an das Wissensmanagement weitergeleitet
- Positive Gefühle aller Teammitglieder in Hinsicht auf erfolgreich gehandhabte Konflikte im Team erreicht

Literaturverzeichnis

Antons, K. (2011): Praxis der Gruppendynamik, Göttingen.

Berne, E. (1964,1996): Games People Play. The Psychology of Human Relationships, New York.

Bozejewicz W., (2006): Tischner: poglądy filozoficzno-antropologiczne: szkice, Warschau.

Bracken, G. et al. (1998): Conflict Management Handbook, Washington.

Burgess, G./Burgess, H. (1996): Characteristics of More Constructive Approaches to Intractable Conflicts, Boulder.

Cadle, J./Yeates, D. (Hrsg.) (2008): Project Management for Information Systems, Englewood Cliffs.

Farrington, J. (2011): From the Research. Myths Worth Dispelling. Seven plus or minus two, in: Performance Improvement Quarterly, Jg. 23, S. 113-116.

Fisher, R. et al. (1981, 1991): Getting to Yes. Negotiating agreement without giving in, New York.

Fleischer, T. (1990): Zur Verbesserung der sozialen Kompetenz von Lehrern und Schulleitern, Baltmannsweiler.

Gellert, M./Nowak, C. (2010): Teamarbeit-Teamentwicklung-Teamberatung. Ein Praxisbuch für die Arbeit in und mit Teams, Heidelberg.

Glasl, F.(2004): Konfliktmanagement. Ein Handbuch für Führungskräfte, Beraterinnen und Berater, Bern/Stuttgart.

Glasl, F./Ballreich, R. (2004): Team and Organisational Development as Means for Conflict Prevention and Resolution, Berlin.

Graham, P. (1995, 2003): Mary Parker Follet Prophet of Management. A Celebration of Writings from the 1920s, Boston.

Gray, C. F./Larson, E.W. (2007): Project Management. The Managerial Process, New York.

ISO 21500:2012 (2012): Guidance on Project Management, ICS 03.100.40, Genf.

Lee, D. (2006): How to Set the Stage For a Constructive Conversation. What to Do Before You Ever Say a Word, in: The Employment Times, 28.05.2006.

Matthies, V. (2000): Krisenprevention. Vorbeugen ist besser als Heilen, Opladen.

Miller, G. A. (1956): The magic number seven plus or minus two. Some limits on our capacity to process information, in: Psychological Review, Jg. 63, S. 81-97.

Mourgue d'Algue, H. et al. (2013): HERMES 5. Projektmanagementmethode für alle Projekte. Referenzhandbuch, Bern.

Seifert, J. (2003): Moderation und Kommunikation. Gruppendynamik und Konfliktmanagement in moderierten Gruppen, Offenbach.

Seiler, S. (2003): Konflikte erkennen, überwinden und verhindern, in: io new management, Heft 7-8/2003, S. 52-58.

Spiess, W./Felding, S. (2008): Conflict Management in Project Management. Strategies, Methods, Checklists and Case Studies, Heidelberg.

Triebe, J. K./Wittstock, M. (1999): Konfliktmanagement, in: Rationalisierungskuratorium der Deutschen Wirtschaft e. V. (Hrsg.): Projektmanagement Fachmann, Band 1, Eschborn, S. 441-466

Wittstock, M./Triebe J.K., (1999) Soziale Wahrnehmung, in: Rationalisierungskuratorium der Deutschen Wirtschaft e. V. (Hrsg.): Projektmanagement Fachmann, Band 1, Eschborns, S. 273-293.

Van Slyke, E. J. (1999): Listening to conflict. Finding Constructive Solutions to Workpalce Disputes, New York.

Verma, V. K. (1996): Human Resource Skills for the Project Manager, Newtown Square.

Sobbing, T. (2010): Warum scheitern Vertragsverhandlungen? Ein politischer und ökonomisch-juristischer Vergleich, Hamburg.

02:00 Kommunikationsmanagement KOM

Kurze Übersicht

Worum geht es?

Alle wissenschaftlichen Erkenntnisse, alle praktischen Erfahrungen unterstreichen, dass Kommunikation der wichtigste Prozess von allen ist und kommunikative Fähigkeiten im Team für den Projekterfolg entscheidend sind. ISO 21500 widmet der Kommunikation sogar drei Prozesse. Der Prozess des Kommunikationsmanagements behandelt diesen Aspekt.

Wer ist gefordert?

Kommunikation ist die Aufgabe des Projektleiters, jedoch kann er diese zumindest teilweise an ein talentiertes Teammitglied delegieren.

Welche Bedeutung hat der Prozess?

Einer der wesentlichen Gründe für Misserfolge im Projekt ist mangelhafte Kommunikation. Die besten Spezialisten hängen vom Input anderer Teammitglieder ab. Der Kunde kann besänftigt werden, indem Verzögerungen auf die richtige Art erklärt werden. Die meisten Konflikte sowie schlechte Teamleistungen können mittels ausreichender Kommunikation vermieden werden.

Wie geht man vor?

Überprüfen Sie anstehende Prozessverbesserungen sowie Aufgaben und schließen Sie diese ab. Überprüfen Sie die Kommunikation im Team. Passen Sie das Netzwerk oder die Schulung der Teammitglieder an. Überprüfen Sie die Rollen, leiten Sie die Änderungs- und Wissensmanagementanträge weiter.

Wo liegen die Herausforderungen?

80 % der Kommunikation ist nonverbal, der größte Teil davon unbewusst. Die Persönlichkeiten aller Stakeholder ergeben unterschiedliche Wahrnehmungen der versendeten und empfangenen Nachrichten. Änderungsanträge an HRM und OM und ein beträchtlicher Aufwand des Projektleiters sind die Folge.

Was entscheidet über den Erfolg?

Nehmen Sie sich Zeit, um die Persönlichkeiten und Wahrnehmungstypen in ihrem Team zu analysieren, ihre Kommunikationsfähigkeiten zu verbessern und die Organisation den informellen Rollen anpassen. Schenken Sie den Stakeholdern Aufmerksamkeit. Übernehmen sie in schwierigen Fällen die Verantwortung – Sie sind wahrscheinlich der beste, um solche Fälle zu lösen.

02:00 Kommunikationsmanagement KOM

Prozess

Wie bei den meisten Prozessen müssen zunächst anstehende Probleme behandelt werden, bevor die Teamkommunikation evaluiert werden kann. Wenn nötig, dann müssen Änderungen im Kommunikationsnetzwerk sowie Schulungen begonnen werden. Spezielle Kommunikationssituationen fordern den Projektleiter heraus. Zuletzt sollen auch Änderungsanträge, und Wissensinhalte sachgerecht weitergeleitet werden. Der Prozess kann von Änderungen, Problemen oder Integrationsprozessen ausgelöst werden.

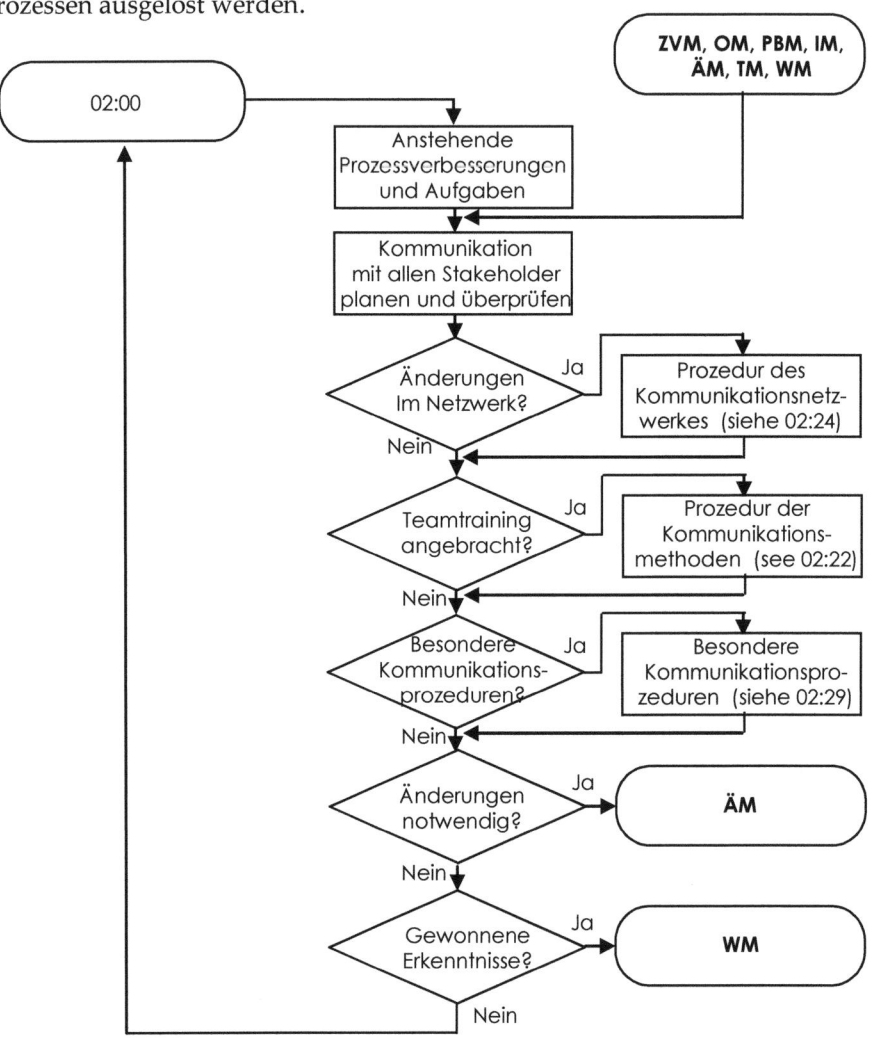

Abb. 02:00-1 Ablauf des Kommunikationsprozesses (KOM)

02:10 Ziel des Kommunikationsmanagements KOM

Das Ziel des Kommunikationsmanagements ist es, einen effektiven und effizienten Informationsfluss innerhalb der internen und externen Projektstrukturen zu gewährleisten, mit dem alleinigen Ziel, eine erfolgreiche Projektrealisierung zu unterstützen. Dies umfasst den schlichten Informationsfluss und das Marketing.

02:20 Methoden

Bedeutung der Kommunikation in Projekten

Es ist eine Projekteigenschaft, dass ein Projektteam nur für die begrenzte Zeit der Projektdauer zusammengestellt wird. Normalerweise kennen die Teammitglieder einander nicht und es bestehen keine Kommunikationsmuster, während der Projektmanager in großen, komplexen Projekten 88 % seiner Zeit mit dem Kommunizieren verbringt (Holt 2008/2013).

Pinto und Slevin sehen Kommunikation als ein Schlüsselelement der Umsetzung einer Projektstrategie in Taktiken und schließlich ihrer erfolgreichen Umsetzung (Pinto und Slevin 1988). Die Evaluation von IT-Finanzierungsaufgaben von Bull in Großbritannien zeigte, dass der Zusammenbruch der Kommunikation in 57 % der Fälle die Ursache des Scheiterns von Projekten war (IT-Cortex 2013). Nach Skaik ist mangelhafte Kommunikation die Ursache von 75 % der Misserfolge in der Baubranche in den Golfstaaten (Skaik 2010/2013). Salleh untersuchte und befragte Projektpartner in einem Bauprojekt in Brunei und fand heraus, dass Kommunikation der wesentliche Grund für Misserfolge war (Salleh 2009). Anderson betrachtet Kommunikation als einen der drei wichtigsten Gründe für Projektmisserfolge (Anderson 2010, 2013). Nach Thamhain (Thamhain 2004) ist Kommunikation der wichtigste Antrieb für die Leistung des Teams.

Wir ziehen daraus den Schluss, dass Kommunikation im Projektmanagement der Schlüsselfaktor für Erfolg ist.

Kommunikation in ISO 21500:2012

ISO 21500:2012 (ISO 21500:2012 2012), die sehr sparsam mit den dem Faktor Mensch gewidmeten Prozessen umgeht, widmet 3 volle Prozesse der Kommunikation: 4.3.38 Planen der Kommunikation, 4.3.39 Bereitstellen von Informationen und 4.3.40 Kommunikationsmanagement. Der Prozess 4.3.38 „Planen der Kommunikation" wird als Folgeprozess der Aufwand und Kostenschätzung gesehen – dies ist eine Schwachstelle in der Norm. Kommunikation verursacht einen erheblichen Aufwand und ist für den Projektleiter mit entsprechenden Kosten verbunden, d. h.

dieser Aufwand sollte bereits in der „Aufwand und Kostenplanung" berücksichtig werden.

Ganz ähnlich wird die „Informationsbereitstellung" (Prozess 4.3.39) als Folge der Lieferantenauswahl (Prozess 4.3.36) und/oder des Stakeholdermanagements (Prozess 4.3.10) in der Prozessgruppe Umsetzung definitiv zu sehr eingeschränkt. Die Beschreibung dieses Prozesses gibt korrekt die Gesamtbedürfnisse aller Stakeholder während aller Projektphasen wieder – also auch bei der Initiierung und bei der Planung.

Der letzte Kritikpunkt gilt dem Prozess des Kommunikationsmanagements nach ISO21500:2012. Es wird in der Gruppe der Kontrollprozesse eingebunden und in eine Schleife über Arbeits- (Prozess 4.3.5) und Änderungskontrolle (Prozess 4.3.6) geschlossen. Die Nutzung der Kommunikation als Mittel zur Projektzielumsetzung (z. B. Anwenderschulungen oder Motivationsseminare) wird im Text zwar genannt, aber in den Prozessabläufen so nicht dargestellt.

Der in diesem Kapitel vorgestellte Prozess verbindet alle Prozessphasen: die von der Initiierung bis hin zum Abschluss und zur Evaluation auszuführenden Kommunikationsleistungen, die inhaltlich voll den in den Normen genannten Aufgaben entsprechen und integrierend dem gleichen methodischen Ansatz folgen.

Kommunikation in HERMES 5

Der Kommunikation, der doch hinsichtlich des Projekterfolges eine ausgesprochen große Bedeutung zukommt, wurde in HERMES 5 nicht gerade viel Aufmerksamkeit gewidmet. Immerhin aber wird zumindest in einer von insgesamt 64 Aufgaben der Projektleiter zur Planung und Umsetzung der Kommunikation mit den Stakholdern aufgefordert (Mourgue d'Algue et al. 2013). Ergebnisse sind keine vorgesehen: Der Kommunikationsplan, welcher die Kommunikationsziele und -maßnahmen enthält, wird als Teil des Projektmanagementplans verstanden.

02:21 Kommunikationsmodelle für das Projektteam

Kommunikation im Projekt fokussiert sich auf zwei Personen. Daher wird sie interpersonal oder dyadisch genannt. In einem Team kommuniziert jeder mit jedem, also ergeben sich ([N x (N-1)] / 2) Kombinationen interpersonaler dyadischer Beziehungen. Öffentlicher Verbreitung der Informationen an anonyme Empfänger wird nicht als ein primäres Kommunikationsmittel im Team angesehen und daher nicht in diesem Buch behandelt.

In einem Projekt mit weitergehender sozialer Wirkung, wo eine solche breite Kommunikationsnotwendigkeit aufkommen mag, wird dem Leser empfohlen, sich mit der entsprechenden Literatur auseinander zu setzen.

Ebenso liegt intrapersonale Kommunikation außerhalb des Rahmens dieses Buches – der reflexive Teil dessen wird im Kapitel 04:00 Selbstmanagement SM behandelt.

Wir erkennen die Rolle phatischer Kommunikation (Smalltalk) in der Orientierungsphase des Teams und bei ersten Treffen der Stakeholder an, dennoch schließen wir diese sowie intime Kommunikation im Weiteren aus.

Somit betrachten wir schließlich die Kommunikation im Projekt als Prozess zwischen Sender und Empfänger (siehe Abb. 02:00-2).

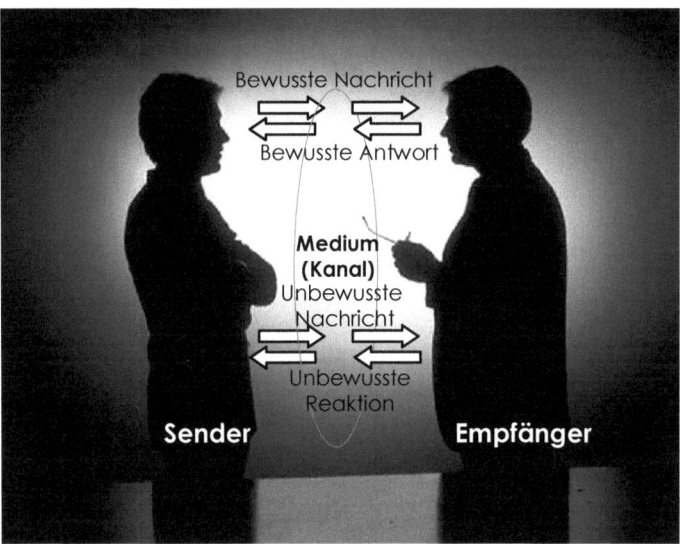

Abb. 02:00-2 Kommunikationsmodell für das Projektteam

Das ursprüngliche unidirektionale (auch linear genannte) Modell von Shannon und Weaver (Shannon und Weaver 1949), das sowohl bei der interpersonalen Kommunikation wie auch in der Telekommunikationsindustrie angewandt wird, ist 1954 um die bidirektionalen Kommunikation von Osgood erweitert worden und entwickelte sich somit zum transaktionellen Modell, wo beide Parteien simultan Sender und Empfänger sind (Ervin und Osgood 1954). Im selben Jahr positionierte Schramm dieses Modell auf den Erfahrungshintergrund Sender/Empfänger (Schramm 1954). Berlo definierte 1960 die Attribute des Kommunikationskanals (Medium) unter Bezugnahme auf die menschlichen Sinne (visuell, audiell, kinästhetisch, olfaktorisch und gustatorisch) (Berlo 1960). Verma (Verma 1996) definierte die Quellen in Schramms Erfahrung als Unterschiede in der Wahrnehmung von Wörtern, Kultur, Urteilen, Werten, Emotionen und Persönlichkeiten. Manche Autoren unterscheiden zwischen Intellekt und Emotionen (Jenni 2001), was nach Auffassung des Autors die Rolle von Urteilen und Werten herabsetzt. In einer anderen Sichtweise wird zwischen verbaler und nonverbaler Kommunikation differenziert (Mehrabian 1972, 2009), was gleichwohl unbestreitbar relevant ist, aber wieder nicht wirklich die interpersonale dyadische transaktionelle Kommunikation reflektiert.

Das in diesem Buch verwendete Modell lehnt sich an Hymnes Konzept bewusster und unbewusster Kommunikation (Hymnes 1964) an. Der Empfänger mit seinem Hintergrundwissen versendet laut Verma bewusste verbale und nonverbale Nachrichten, welche der Empfänger mit seinem Erfahrungsfeld wahrnimmt. Beide Seiten integrieren Kodierung (Sender) und Dekodierung (Empfänger) und gebrauchen bewusst ein Medium, durch welches der Kommunikationskanal zwischen den beiden entsteht.

Gleichzeitig mit dem bewussten Beginn des Nachrichtenaustausches beginnen beide Seiten eine unkontrollierte, unbewusste Kommunikation: beide im verbalen Teil (z. B. die Verwendung des Gehörsinns, wenn eine Person unbewusst seine Tonlage erhöht) und im nonverbalen Teil (Gestik, olfaktorische Wirkungen).

Das Medium und der Kanal können von Geräuschen gestört werden – bewusste und unbewusste Nachrichten können verzerrt empfangen werden (Passiert es nicht doch recht häufig, dass unser Partner die Nachricht trotz unserer Absichten und vorbereiteter Rede falsch versteht?)

Des Weiteren wird die interpersonale dyadische Kommunikation eher als Nachrichtenaustausch zwischen dem Sender und dem Empfänger und weniger als ein Informationsfluss gesehen. Information ist eine Kette von Zeichen, die zum Großteil kontextfrei sind (siehe Kapitel 16:21). Mehrere solcher Ketten sind notwendig, um dem Empfänger einen plausiblen Inhalt zu vermitteln. Diese Ketten bilden eine Nachricht.

Kommunikation geschieht in Einheiten – jede dieser Einheiten beinhaltet Information, welche eingekapselt ist in den anfänglichen und abschließenden Signalen und welche beides kombiniert, die bewusst und die unbewusst versandten Nachrichten.

Wir fassen das Modell der Projektteamkommunikation wie folgt zusammen:

1. Sender
- Initiiert den Kommunikationsprozess
- Wählt das Medium aus und bereitet seine Nachricht für den Empfänger vor
- Versendet bewusst und unbewusst direkte und kodierte Nachrichten

2. Empfänger
- Empfängt und dekodiert die Nachrichten und indem er deren Wahrnehmung bestätigt (bewusst und/oder unbewusst), eröffnet er den Kommunikationskanal
- Nimmt bewusste und unbewusste Nachrichten wahr und setzt diese mit seinen kognitiven Fähigkeiten auf Grundlage seiner eigenen Erfahrungen zur empfangenen Gesamtnachricht zusammen

3. Kanal/Medium
- Verbindung zwischen Sender und Empfänger
- Wird für bewusste und unbewusste Kommunikation genutzt
- Unterliegt Störungen und Verzerrungen wegen beispielsweise des Umfelds
- Es gibt unterschiedliche Mittel der Kommunikation, wie z. B. gesprochene oder geschriebene Sprache
- Hat unterschiedliche, mit den menschlichen Sinnen verwandte Attribute, wie visuell, audiell, kinästhetisch, olfaktorisch und gustatorisch

4. Nachricht
- Die Qualität der eingehenden Information hängt von unterschiedlichen Faktoren ab, wie z. B. von der Präzision des Transfers oder den Störungen im Kanal
- Das gewählte Kommunikationsmedium wirkt sich auf die Wahrnehmung der Nachricht aus (präzise Sprache, klare Handschrift, eindeutige Äußerungen usw.)
- Die empfangene Gesamtnachricht ist eine kognitive Kombination aus:
  – Der bewusst versandten Nachricht
  – Der unbewusst versandten Nachricht
  – Der Erfahrung des Empfängers

5. Reaktion
- Die Reaktion besteht aus einer bewussten Antwort und einer unbewussten Reaktion
- Es ist möglich, dass eine vollständig angekommene Nachricht falsch interpretiert wird
- Die Reaktion des Empfängers zeigt, ob die Nachricht angekommen ist sowie in welcher Form und wie sie interpretiert worden ist
- Der Empfänger teilt dem Sender mit, wie sein Verhalten wahrgenommen, verstanden und interpretiert worden ist
- Rückmeldungen spiegeln die Gedanken und Gefühle des Empfängers wider

02:22 Dynamisches Modell der Transaktionsanalyse

Unsere Art von Kommunikation basiert auf der Schramm-Erfahrung mit unterschiedlichen Quellen von Verma, wie Persönlichkeit, Werten, Urteilen. Eric Berne konzipierte eine Integrationstheorie, welche die Verhaltensanalyse mit einer psychologischen Sichtweise kombiniert: die Transaktionsanalyse (TA) (Berne 1961, 2001). Die TA basiert auf dem Konzept von „Ego" („Ich") – der menschlichen Persönlichkeit, welche Emotionen, Urteile sowie Verhalten kombiniert und eine umfassende Methode bietet, um die Interaktion zwischen Menschen zu evaluieren.

Das „Ego" kann sich nach der Transaktionsanalyse (TA) in einer der drei folgenden Zustände befinden:

- Kind Ich-Zustand: das Verhalten wird vom Auswendiglernen interner Geschehnisse wie Emotionen und Gefühlen geleitet, in Bezug zur externen Erfahrung, bis zum Alter von ungefähr fünf Jahren. Dementsprechend kann das Kind gehorsam oder protestierend sein, unabhängig von der Anpassung. So ruft ein Kind etwa nach Hilfe, wenn es verletzt ist.
- Eltern Ich-Zustand: Gesammelte Erfahrungen aus externen Geschehnissen bringen jemanden dazu, Geschehnisse und Personen auf Grundlage dieser Erfahrungen zu beurteilen und sich entlang solcher Erfahrungen und gelernter Regeln zu verhalten. Eltern tendieren dazu entweder skeptisch (vergleicht alles mit Normen, Regeln, kennt immer einen besseren Weg, z. B. das Messer rechts halten und die Gabel links) oder sehr besorgt (kümmern sich, auch wenn dies nicht mehr notwendig ist, wie z. B. Eltern, die den Haushalt ihrer über 50 Jahre alten Kinder führen) zu sein. Eltern denken nicht darüber nach, dass etwa jemand Linkshänder ist oder dass Kinder besser auf das Leben vorbereitet sind, wenn man sie zuweilen sich selbst überlässt.
- Erwachsener Ich-Zustand: Der Erwachsene im Kind wird geboren, wenn es ungefähr ein Jahr alt wird und aus seinen eigenen Erfahrungen zu lernen beginnt. Ein Erwachsener evaluiert einerseits die gelernten und beobachteten Erfahrungen, andererseits die Emotionen. In anderen Worten evaluiert der Erwachsene die Daten des Elternteils sowie des Kindes und fasst sie im Kontext der gegenwärtigen Situation zusammen. Daher wird es als ein Zwischenstadium des Eltern Ich-Zustandes und Kind Ich-Zustandes wahrgenommen.

Wenn der Sender nun die Kommunikation beginnt, sendet er einen Stimulus von einem bestimmten Zustand aus, die einen bestimmten Zustand des Empfängers anspricht. Die Antwort ist eine transaktionale Reaktion.

Der einfachste Beispielfall ist ein Sender im Erwachsenen Ich-Zustand, der den Empfänger ebenfalls im Erwachsenen Ich-Zustand adressiert. Die Reaktion erfolgt auf derselben Ebene: Erwachsener Ich-Zustand zu Erwachsenem Ich-Zustand.

Sollte eine Seite eine asymmetrische Art der Adressierung auswählen und die andere Seite auf diese antworten, ist die Situation ebenso stabil (siehe Abb. 02:00-3). Auf einem solchen komplementären Austausch basierende Kommunikation kann ohne Störungen ausgeführt werden (Berne 1964, 1996).

Eine schwierigere Situation ergibt sich, wenn eine oder beide Parteien kreuzende Transaktionen auswählen (siehe Abb. 02:00-4).

Kreuzende Transaktionen signalisieren einen auftretenden Konflikt – in den meisten Fällen bricht die Kommunikation ab.

Die Komplexität nimmt zu, wenn sich die soziale Kommunikationsebene von der psychologischen unterscheidet. Unsere unbewusste Kommunikation ist in großem Maße für diese Dichotomie verantwortlich, dies kann jedoch auch bewusste Absicht einer der Parteien sein (siehe Abb. 02:00-5).

02:20 Methoden

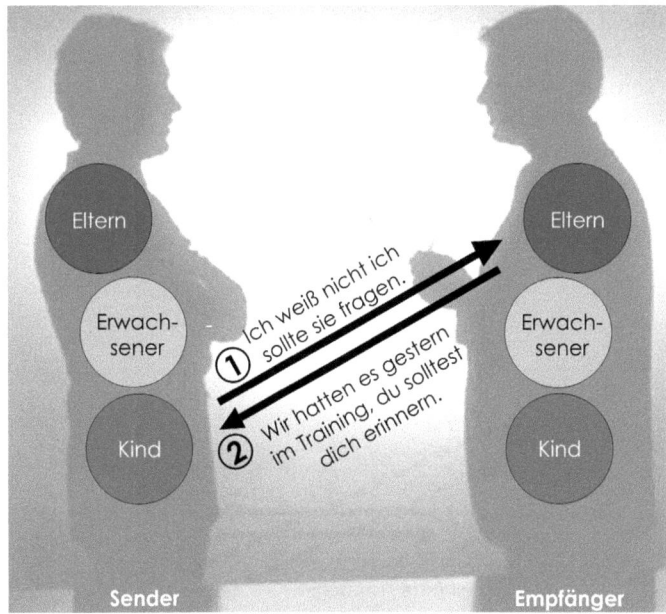

Abb. 02:00-3 Komplementäre Transaktionen in der transaktionellen Analyse (TA)

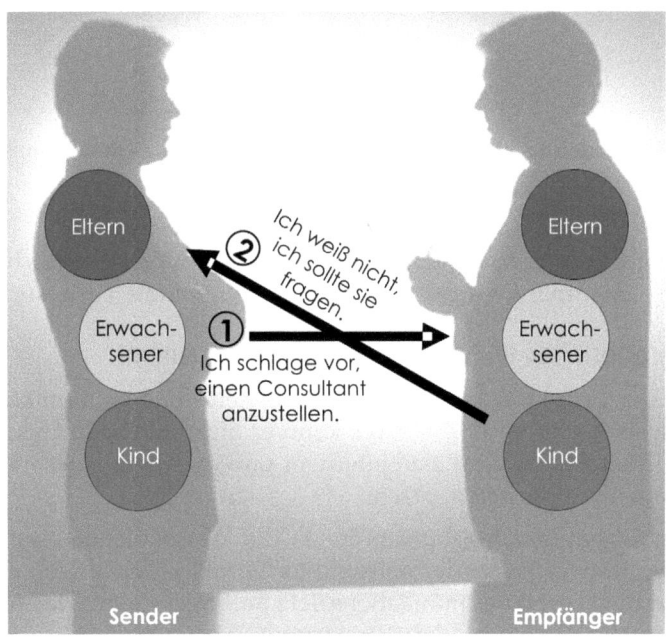

Abb. 02:00-4 Kreuzende Transaktionen in der TA

02:00 Kommunikationsmanagement KOM

Der Sender drückt der anderen Seite durch Adressierung seiner Nachricht Bestätigung aus – der sogenannte „Strich" in Bernes Theorie. Der „Strich" kann positiv oder negativ sein, jedoch ist der „Hunger nach Bestätigung" laut Berne für Kommunikation zwischen Erwachsenen notwendig (Berne 1964, 1996) und dies ist sogleich das Produktivste im Projektumfeld.

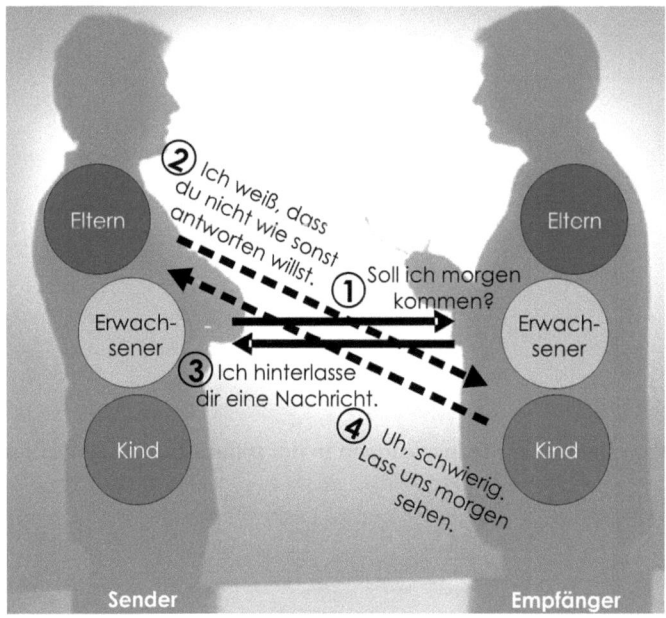

Abb. 02:00-5 Soziale (einfach) und psychologische (gestrichelt) Transaktionslinien in der TA

Persönliche Egogramme nach Jack Dusey sind durch unterschiedliche Quellen zu erhalten, wie z. B. http://www.psyquo.com/EN/Egogramme/Egogramme.html.

02:23 Senderprioritäten im Kommunikationsmanagement

Sogar wenn der Projektmanager 100 % seiner Zeit der Kommunikation widmen würde (tatsächlich sind es 88 % – s. o.), kann er nicht alle Bedürfnisse nach Information und jeden Bedarf nach teaminternem und externem Marketing zufriedenstellen, also muss er Prioritäten setzen.

Oberste Priorität hat das Projektteam. Ihnen die Informationen zu liefern, die sie zum Arbeiten brauchen und die notwendige Vermarktung unpopulärer Arbeitsstellen sollten die Hauptkommunikationsziele im Projekt sein. Die zweitwichtigste Gruppe bilden die Anwender der Projektprodukte. Sie beeinflussen die Meinung der Projektsponsoren und können über das Schicksal des Projekts entscheiden, indem sie die Produkte schlicht nicht verwenden. Erst dann sollte die drittwichtigste Gruppe, die der Projektsponsoren, berücksichtigt werden – sie werden von den Anwendern, aber auch von einflussreichen Personen in ihrem direkten sozialen Umfeld beeinflusst. Diese einflussreichen Personen sollten die vierte Priorität für den Projektmanager sein. Sind die Bedürfnisse der oben aufgelisteten Gruppen zufriedengestellt, kann der Projektmanager sich den Personen widmen, die er namentlich kennt (sie könnten das Projekt eines Tages beeinflussen, haben also fünfte Priorität) und schließlich den anonymen Empfängern (es ist zwar nett, eine Internetseite für das Projekt zu erstellen, dies hilft dem Projekt aber eigentlich nicht dabei, die Projektziele zu erreichen) (siehe Abb. 02:00-6).

Abb. 02:00-6 Prioritäten im Kommunikationsmanagement

Jede dieser Gruppen und jeder dieser Fälle verlangen nach einer engagierten, zielorientierten, bewussten Kommunikationsmethode und den geeigneten Techniken.

02:24 Sendernetzwerk

Im besten Fall folgt die Kommunikation im Projekt exakt der im Organisationsprozess entworfenen Strukturen. Dennoch geschieht dies tatsächlich nie vollständig. Und zwar aus folgenden Gründen:
- Auch die beste Rollenbesetzung mit sorgfältig ausgewählten Persönlichkeiten kann die Dynamik der Teamentwicklung und die endgültigen informellen Rollen, welche die die Kommunikation beeinflussen, nicht vorhersehen
- Die effizientesten Teams streben ein freies Kommunikationsnetzwerk zwischen den Teammitgliedern entlang der Bedürfnisse, professioneller Kompetenz und persönlicher Präferenzen an
- Kunden oder Partner fügen dem Team neue Mitglieder hinzu – der ganze Prozess der Teamintegration beginnt erneut und eine neue Rollenzuteilung findet statt

Ein Beispiel, zitiert nach Lundgren (Lundgren 2005/2013), zeigt eine Konstellation nach dem Unterschreiben des Vertrags. Zwei Angestellten des Kunden (SL Projektleiter und AO Grafikdesigner) treten dem Team bei, welches in zwei autonomen, kleineren Teams arbeitete. Die Teammitglieder benahmen sich entlang ihrer primären (fett) und sekundären Rollen nach Belbin (siehe Kapitel 20:00 Human Ressource Management HRM, Unterkapitel 20:26). Eine hervorragend funktionierende Kommunikation ist mit einem Herz markiert, eine gute mit einer Sonne und eine nichtfunktionierende mit Wolken. Solange die Teams autonom arbeiten, d. h. es keinen direkten Kontakten gibt, funktioniert alles bestens. Wenn nun eine Organisationsoptimierung stattfindet und beide Gruppen zusammengelegt werden, entstehen Friktionen in den direkten interpersonalen Kontakten (Abb. 02:00-7).

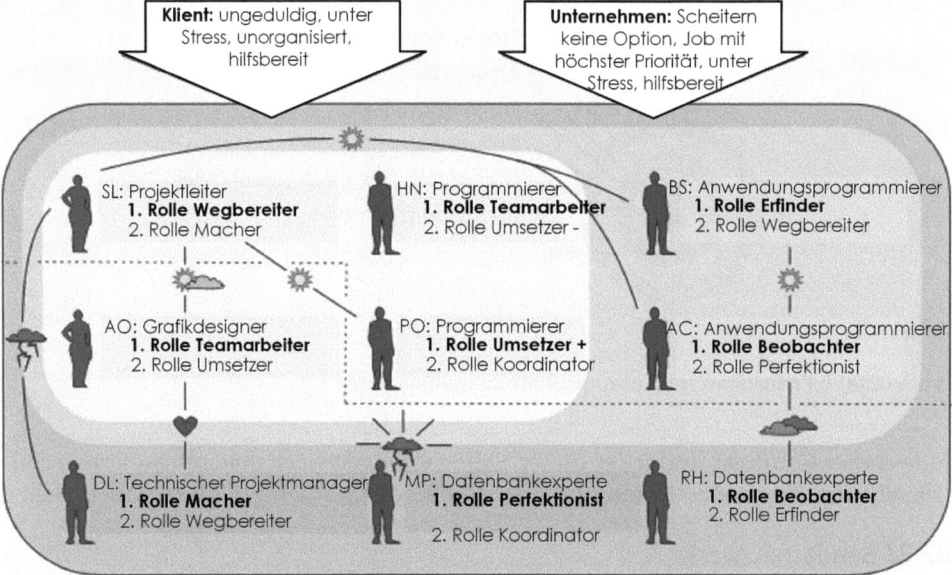

Abb. 02:00-7 Kommunikationspräferenzen (Lundgren 2005/2013)

In Hinsicht auf das oben dargestellte sollte der Sender bei der Bestimmung seines Kommunikationsnetzwerks die folgenden Strategien befolgen:

– Die funktionale Wechselbeziehung zwischen Sender und Empfänger ist schwach (im Beispiel in Abb. 02:00-7 ist es die Kommunikation zwischen dem Projektleiter (SL Projektleiter) und dem Datenbankexperte (RH Datenbankexperte)). In diesem Fall sollte der unidirektionale, lineare (Shannon und Weaver) Informationsfluss mit dem effizientesten Medium gewählt werden. Vom Empfänger wird erwartet, dass er den Erhalt der Nachricht bestätigt. Eine Übereinkunft bezüglich des Inhalts wird nicht erreicht. Die Gruppendynamik kann vernachlässigt werden. Ein Beispiel hierfür sind an den Vorgesetzten weitergereichte Meetingprotokolle (etwa vom Datenbankexperten an den Projektleiter).

- Die funktionale Wechselbeziehung ist stark und für das Projektschicksal relevant. Beide Parteien müssen zu einer Übereinkunft bezüglich des inhaltlichen Verständnisses gelangen. Die wechselseitige Kommunikation muss bestens funktionieren. Das Osgood-Schramm-Berlo-Verma-Modell sollte in Betracht gezogen werden, um das beste Verständnis und gute Verhandlungsresultate zu erzielen. Im oben angeführten Beispiel sollte der Projektleiter (SL Projeleiter) mit dem technischen Projektleiter (DL Technischer Projektleiter) gut kommunizieren können. Dies wird jedoch durch die informellen Rollen der beider wesentlich beeinträchtigt.
- Der Sender adressiert eine größere Gruppe von Teammitgliedern, um bestimmte Handlungen festzulegen (so setzt z. B. der Projektleiter (SL Projektleiter) die Sitzungstermine aller Projektteilnehmer fest). Die Empfänger müssen dem Sender nicht zustimmen, jedoch sollten ihre Handlungen den Erwartungen des Senders entsprechen. Die unbewussten Reaktionen des Empfängers sind irrelevant.

02:25 Medienkanaltypen

Die Attribute eines Medienkanals im Modell von Berlo nehmen Bezug auf menschliche Sinne. Beim Adressieren an den Empfänger kann der Sender einen oder mehrere der folgenden Sinne bewusst verwenden oder unbewusst preisgeben:

- Visueller Typ (Sehen): Visuelle Präsentation ist der effizienteste Weg. Die Vorbereitung von graphischen Präsentationen sowie die Arbeit mit Diagrammen, Tabellen, Skizzen, Modellen usw. verhelfen zur besten Wahrnehmung. Auch das Aussehen und Verhalten des Senders wird hier wahrgenommen.
- Audieller Typ (Hören): Auditive Typen registrieren die gehörte Information, rekonstruieren und speichern sie mit großer Leichtigkeit. Es ist effektiv, persönliche Informationen in Form von persönlicher Unterhaltung und Diskussion zu präsentieren. Benutzen sie Musik oder Geräuschassoziationen, um Ihre Nachricht zu verstärken.
- Kinästhetischer Typ (Fühlen): Es ist sehr reizvoll, Informationen mittels Handeln zu vermitteln. Indem wir einen Arm um den kinästhetischen Typen legen, fördern wir seine Akzeptanz, insofern wir in seiner sozialen Intimsphäre angenommen worden sind (siehe Unterkapitel 02:26 Umfeld des Medienkanals, kulturelle Auswirkung).

Die drei obigen Wahrnehmungstypen kommen am häufigsten vor. Dennoch kann der Empfänger Merkmale anderer Wahrnehmungstypen aufweisen, welche für gewöhnlich dann auch die sorgfältige Auswahl anderer Maßnahmen erfordern:

- Gustatorischer Typ (Geschmackssinn): Nicht zufällig sind in vielen Meetings Süßigkeiten auf dem Tisch. In vielen Kulturen beginnt jede geschäftlich Verhandlung mit einer Mahlzeit. Wir reagieren auf Geschmack und angenehme Assoziationen fördern unsere Nachricht.

- Olfaktorischer Typ (Geruchssinn): Wir können mit Hygiene und Einsatz von Düften viel erreichen aber auch mit einem vorhergehenden Knoblauchgericht den Empfänger in seiner Wahrnehmung unserer Nachrichten empfindlich beeinträchtigen.

02:26 Umfeld des Medienkanals, kulturelle Auswirkung

Das Umfeld des Medienkanals ist eine Externalisierung der Kulturen des Senders und des Empfängers. Die sozialen Aspekte werden in Kapitel 22:00 Teammanagement Unterkapitel 22:25, Anpassung Teamkultur, behandelt. Eine Auswirkung auf die interpersonale Kommunikation haben folgende Ebenen:

- Kontextuelle Ebene (das, was unsere Nachricht übermittelt). Die Bedeutung der Nachricht wird in persönliche, situative, kulturelle Kontexte eingebettet. Die Nachricht kann sämtliche Informationen beinhalten, wie dies von z. B. Deutschschweizern bevorzugt praktiziert wird, oder nur Hinweise, die sich im Kontext verbergen, wie dies bei Japanern üblich ist (Cardon 2008). Der Einfluss des Geschlechts bestimmt die wechselseitige Wahrnehmung der Nachricht (Bull 2002).
- Verfahrensbezogene Ebene (die Art, wie wir die Unterhaltung führen). An dieser Stelle ein Beispiel von Morris und Peng (Morris und Peng 1994): Amerikaner bevorzugen es, Dispute durch Prozeduren wie Schlichtung oder dem Schiedsspruch einer dritten Partei zu lösen. Chinesen sehen Kommunikation als einen endlosen Interpretationsprozess und bevorzugen Prozeduren, in denen zwei Disputanten eine Übereinkunft durch einen Kompromiss erzielen, z. B. Vermittlung oder Verhandlung.
- Soziotechnische Ebene (Sprache und angewandte Maßnahmen). Abgesehen von den offensichtlichen Variationen in linguistischen Gruppen hat die Interpretationskultur einen viel stärkeren Einfluss auf die direkte und indirekte Kommunikation – so gibt es im Japanischen beispielsweise 16 Ausweichmanöver, um nicht „Nein" sagen zu müssen (Yum 1988). So beeinflusst etwa die kontextuelle Konditionierung der Japaner im Vergleich zur Kontextpräferenz der westlichen Kulturen direkt das Interesse der Japaner, Joysticks und virtuelle Realitätsoberflächen zu verwenden, anstatt eine romanische Tastatur zu benutzen (nebst offensichtlicher Zeichenbegrenzungen) (Ess 1999).
- Räumliche Dimension (wie wir auf physische Distanz zwischen Sender und Empfänger reagieren). Hall (Hall 1966) formulierte eine auf physiologischen Reaktionen basierende Nähetheorie, welche in der Analyse räumlicher Wahrnehmung bei interkultureller Kommunikation eine besondere Relevanz erhielt. Die persönlichen Räume von Hall sind folgende:
    i. Intim (perkutan), reserviert für engen Freundschaften und Intimbeziehungen
    ii. Persönlich (peropersonell), ausgewählte Bekannte werden akzeptiert

iii. Sozial und konsultativ (extrapersonell), am angenehmsten für interpersonelle Kommunikation und neue Bekanntschaften
iv. Öffentliche, unpersönliche und anonyme distanzierte Kommunikation

Die ursprünglich von Hall definierten Grenzen betragen dementsprechend 30 Zentimeter, 1,2 Meter, 3,66 Meter und 7,62 Meter. Beaulieu (Beaulieu 2009) setzt diese Entfernungen in Relation zur kulturellen Gruppe. Angelsachsen, gefolgt von Asiaten, brauchen den größten persönlichen Freiraum, wobei Südländer und Lateinamerikaner am wenigsten persönlichen Freiraum benötigen. Es ist in dieser Hinsicht nicht überraschend, dass ein Amerikaner die Sozialisierung eines Lateinamerikaners als Invasion der persönlichen Sphäre betrachten könnte.

02:27 Transitionsmodell des Empfängers

Dem Sender muss bewusst sein, dass ein Empfänger, der keine Nachricht erwartet, zunächst einige Phasen von kurzer Dauer durchlaufen muss, bevor er sich auf den Empfang unserer Nachricht konzentrieren kann. Nach Schulz von Thun (Schulz von Thun et al. 1981/2001) reagiert der Empfänger auf vier Ebenen, die, wenn sie einmal freigegeben worden sind, für die Zeit der Kommunikation offen bleiben.

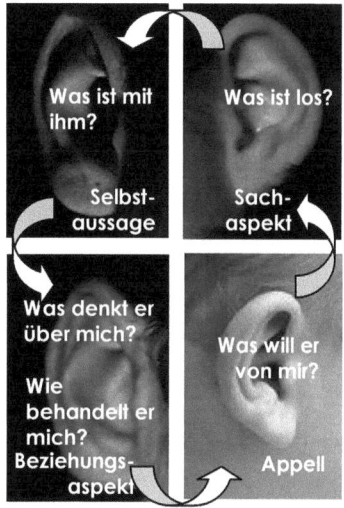

- Sachebene: der Fokus ist auf Daten, Fakten, Inhalt gerichtet
- Selbstkundgabe: versteckter oder direkter Bezug zum Sender
- Beziehungsseite: zeigt die Beziehung zwischen Autor und Empfänger. Wird von ausgewählten Ausdrucksformen, Intonation und anderen nonverbalen, begleitenden Signalen gespiegelt
- Appell: der Autor möchte eine bestimmte Handlung beim Empfänger hervorrufen

Abb. 02:00-8 Das Vier-Ohren-Modell von Schulz von Thun (Schulz von Thun et al. 1981/2001)

Das Vier-Ohren-Modell wird in Abb. 02:00-8 dargestellt.

02:28 Verzerrungen der empfangenen Information

Obwohl die Nachricht vom Sender über den Kanal beim Empfänger ankommt, kann die Wahrnehmung des Empfängers verzerrt werden, auch wenn der Kanal erfolgreich etabliert worden ist. Dies kann durch folgendes geschehen:

- Reduktion (Leugnung)
- Fehldeutung (Projektion, Verdrängung)
- Generalisierung (Versachlichung)

Die Begriffe in Klammern stammen von Flannes und Levin (Flannes und Levin 2005).

Reduktion (Leugnung) kommt vor, wenn wir absichtlich oder unbewusst eine Nachricht ganz oder teilweise ablehnen, da sie unerwünscht ist. Wenn Symptome der Ablehnung wahrnehmbar werden, müssen Gegenmaßnahmen ergriffen werden: Erneuerung der Nachricht, organisatorische Veränderungen, Konfliktlösung.

Eine Fehldeutung kann absichtlich oder unbewusst sein, abhängig vom Stil des Managements: ist der Stil autoritär, gehen wir eher davon aus, dass das Team die Ansichten teilt, ohne dies zu überprüfen. Im kooperativen Umfeld erlaubt ein zügiges und lebhaftes Feedback das, was Flannes und Levin „Projektion" nennen, unter Kontrolle zu halten. Andere Formen der Fehldeutung kommen vor, wenn eine Nachricht unter dem Einfluss von starken emotionalen Vorurteilen interpretiert wird, die mit den Gründen der Nachricht nichts zu tun hat oder von ihnen ausgelöst worden ist. Verdrängte Gefühle können die aufrichtigsten Absichten abwehren.

Generalisierung oder Versachlichung ist eine häufige Konsequenz des hektischen Lebens eines Projektmanagers. Er neigt dazu, den Prozess der Nachrichtenbearbeitung zu beschleunigen, indem er die Quelle, das Thema oder den Sender nach seinen eigenen Kategorien definiert und so entgleiten die relevantesten Nuancen der Nachricht seiner Wahrnehmung.

02:29 Besondere Kommunikationsprozeduren

Wenige Fälle erfordern die direkte Kommunikation der für den Prozess verantwortlichen Person: Wenn mehr als interpersonale Kommunikation einbezogen ist, z. B. bei weitgehender Stakeholder-Information über neueste Probleme im Projekt oder komplizierte Änderungen bei der geplanter Integration. Bei diesen besonderen und voraussichtlich notwendigen fortgeschrittenen Kommunikationstechniken und -methoden – die außerhalb des Rahmens dieses Buches liegen – können wirtschaftlich nur eine oder zwei Personen aus dem Projektteam beteiligt werden, was dem restlichen Team erlaubt, sich auf die Vorzüge solcher Kommunikationstechniken zu konzentrieren. In den meisten Fällen sind das der Projektleiter und der Kommunikationsverantwortliche im Projekt.

02:30 Techniken und Werkzeuge

Die unten präsentierten Techniken sind für den Austausch exakter Informationen sowie für Marketingzwecke anwendbar und werden als ausreichend für das Projektmanagement angesehen.

02:30 Techniken und Werkzeuge

Die spezifischen psychologischen und soziologischen Techniken des Marketings sind in einem Team, wo Zuversicht und Vertrauen herrschen, unangemessen und werden hier daher nicht behandelt.

02:31 Sender-MBTI-orientierte Kommunikation

Bei der Kommunikation müssen Teammitglieder Differenzen ihrer Persönlichkeiten handhaben. Tabelle 02:00-1 bietet einen Überblick über empfohlene Methoden und Techniken im Umgang mit spezifischen Typen von MBTI-Ebenen (siehe auch Kapitel 20:00 Human Ressource Management HRM, Unterkapitel 20:23) nach Flannes und Levin (Flannes und Levin 2005). Eine detaillierte Beschreibung kann in dieser Quelle nachgelesen werden.

Tabelle 02:00-1 Empfohlene Kommunikation gemäß der Extreme der MBTI-Ebenen nach Flannes und Levin (Flannes und Levin 2005).

Extreme der Ebene	Empfohlene Art der Kommunikation
Extrovertiert	Treffen Sie sich persönlich, um laut zu denken.
Introvertiert	Helfen Sie dabei, diese Person aus der Reserve zu locken, danach geben Sie ihr Zeit, um Ihre Nachricht privat zu reflektieren.
Sensorisch	Präsentieren Sie handfeste Tatsachen, Beispiele, Daten und reale Erfahrungen, um ein Argument vorzutragen.
Intuitiv	Bieten sie eine Übersicht über das „Gesamtbild", präsentieren Sie für Ihre Diskussion wesentliche Konzepte.
Denkend	Stellen Sie Argumente vor, die einer rationalen Faktenanalyse ansprechen; wirken sie auf den „Kopf" ein.
Fühlend	Sprechen Sie mehr aus dem „Herzen", benutzen Sie Aussagen die Werten und Entscheidungen aus dem Bauch heraus adressieren.
Urteilend	Seien Sie ordentlich beim präsentieren Ihrer Nachricht und führen Sie die Diskussion in Richtung einer Lösung und eines Abschlusses.
Wahrnehmend	Erlauben Sie eine Diskussion mit offenem Ende, bleiben Sie in Hinsicht auf die Absichten flexibel.

02:32 Visualisierungstechniken

Visualisierung ist die räumlich-visuelle Präsentation von Informationen, die vom visuellen Wahrnehmungssystem eines Mensches bearbeitet werden sollen (Scheiter et al. 2009). Mit der Visualisierung kann sparsam umgegangen werden, da räumliche Eigenschaften im Bild enthalten sind (denken Sie an die bekannte anonyme Aussage: „Ein Bild sagt mehr als tausend Worte"), dieses drückt so mehr Informationen mit weniger Symbolen aus, ist spezifischer und weniger arbiträr, übermittelt also folglich die Information effizienter und effektiver (Scheiter et al. 2009; Gilbert 2005). Baggett argumentiert im Rahmen seiner Buschigkeitshypothese (Baggett 1984), dass aus visuellen Repräsentationen gewonnenes Wissen im menschlichen Gedächtnis besser zugänglich ist, da die Neuronen im Gehirn in diesem Fall mehr Verknüpfungen mit anderen Neuronen im semantischen Netzwerk erzeugen. Diese These wird von Scheiter, Wiebe und Holsanova unterstützt, wonach visuelle Informationen parallel bearbeitet werden können und der Kognitionsprozess dementsprechend beschleunigt werden kann (Scheiter et al. 2009).

Erfolgreiche Visualisierung:

1. **Wählen Sie den Zweck der Visualisierung aus:**

Dekorativ, Affekt, Ersetzen oder Verstärken der realen Welt, Struktur, Repräsentation, Interpretation oder Transformation (unterschiedliche Präsentation einer ansonsten festgelegten These). Scheiter, Wiebe und Holsanova (Scheiter et al. 2009)

2. **Wählen Sie die Struktur:**

Überblick, Vergrößerung und Filter, danach Details nach Bedarf (Schneiderman 1996)

3. **Denken Sie an die Wahrnehmungsfähigkeit des Empfängers:**

3-4 Elemente können gleichzeitig im menschlichen Kurzzeitgedächtnis behalten werden (Farrington 2011)

4. **Wählen Sie unterstützende Maßnahmen für ihre Absichten aus:**

Benutzen Sie echte Fotos, wenn Assoziationen gesucht werden, benutzen Sie Modelle für die Stimulierung der Vorstellungskraft, benutzen Sie Grafiken und Diagramme, um die Struktur zu illustrieren.

5. **Denken Sie an die Auffassungskraft der Augen des Empfängers:**

Entwerfen Sie ihre visuelle Präsentation unterschiedlich für das Selbststudium (30-50cm Abstand von einem 20-Zoll 1728x2050 Pixel Monitor) und für eine Vorlesung für ein Publikum von 500 Personen (20 Meter Abstand von einer Leinwand von einem Durchmesser von 5 Metern).

6. **Definieren Sie die Semantik Ihrer Visualisierung:**

Entwickeln Sie und wenden Sie durchgehend eine Logik bei der Visualisierung an: Grün für Anmerkungen, Rot für Schlussfolgerungen, neue Kapitel in Überschriften usw.

Für die letzten 55 Jahre wurde die sogenannte Lernpyramide den National Training Laboratories zugeordnet, obwohl sie dahin nicht verfolgt werden kann (Magennis und Farrell 2005). Die Lernpyramide stuft visuelle Nachrichten gegenüber den verbalen (mithilfe von Wörtern übermittelt) als überlegen ein. Verschiedene Ableitungen davon, wie z. B. bei Grimm (Grimm 2003), weisen auf eine höhere Erinnerungsrate von visueller Kommunikation im Vergleich zur verbalen Kommunikation hin. Diese intuitiv erwartungsgemäßen Resultate haben noch keine Bestätigung in wissenschaftlichen Untersuchungen gefunden. Visuelle Sinne verlangen höhere kognitive Fähigkeiten, um die Bedeutung zu assoziieren, indem mehrere Gehirngebiete beteiligt werden (Scheiter et al. 2009). Linda Silverman (Silverman 2002) nimmt an, dass Denkgewohnheiten in der Bevölkerung ungefähr wie in Abb. 02:00-9 gezeigt verteilt sind (beide Extreme visuell-räumlich und sequentiell (Worte) 25-30 %, der Rest: beide ambivalent). Es gibt visualisierende-verbalisierende Ebenen kognitiver Stile. Jede von diesen bringt bei bestimmten Aufgaben bessere Leistungen (Scheiter et al. 2009). Vessey formulierte die Hypothese, wonach beide Fähigkeiten in ihrer Leistung bei Problemlösungen relevant und komplementär sind (Vessey 1991).

Visuell-räumliche Lerner	Ambivalente visuelle-räumliche und sequentiell-verbale Lerner	Sequentiell-verbale Lerner
Weniger als 30 %	Ca. 45 %	Ca. 25 %

Abb. 02:00-9 Verbreitung der kognitiven Stile nach Silbermann (Silbermann 2002)

Es kann gefolgert werden, dass obwohl Visualisierung eine wichtige und in vielen Fällen hilfreiche Kommunikationstechnik ist, die Verbalisierung nicht weniger relevant ist und dass in einem effizienten Projektmanagement beide beherrscht werden sollten.

02:33 Verbalisierungstechniken

Die Effektivität der Verbalisierung kann laut Scheiter et al. zweierlei Ursachen zugeordnet werden (Scheiter et al. 2009):

- Das Wort erhält seine Bedeutung durch konventionelles oder kulturelles Erbe, daher wird im Kontext des Umfelds und der Wirkung des Mediums/des Kanals des Empfängers gedacht, was mehr Information erzeugt als nur übermittelte verbale Gedanken. Dennoch verlangt es nach einer höheren Kapazität an Assoziationen im Gedächtnis.
- Kognitive Gehirnprozesse sind einfacher, da die Wörter die mit ihnen assoziierende Bedeutung direkt adressieren, im Gegenteil zu visuellen Akzentuierungen, wo die Interpretation des Bildes beteiligt ist.

Im Projekt erlaubt die Verbalisierung der Kommunikation eine zielorientierte Optimierung. Bei höchst kontextsensibler Information, z. B. im Wissensmanagement und im Änderungsmanagement können wir Abkürzungen und Referenzen auf einige Geschehnisse im Projekt benutzen, wobei im Dokumentationsmanagement und Integrationsmanagement ein anderer, breiterer Kontext mit präzisen, vollständigen Beschreibungen erforderlich ist.

Verbalisierung umfasst zwei Aspekte:
- Schriftliche Kommunikation (Briefe, E-Mails, Berichte, SMS, Chats). Die Ausdrucksfähigkeit ist wegen der fehlenden Stimme begrenzt (Intonation, Farbe usw.)
- Mündliche Kommunikation, gesprochene Worte, welche eine expressivere und einfachere Stimmungsübertragung erlauben.

Pinnwandmoderation

Die schriftliche Form ist geeignet, um passive Teammitglieder zu aktivieren (Grimm 2003). Bei der Pinnwandmoderation (Kapitel 07:00 Zielverwirklichungsmanagement ZVM, Unterkapitel 07:32 Strukturierungstechniken und Kapitel 20:00 Human Ressource Management HRM, Unterkapitel 20:32 Anforderungsprofil) kann ein introvertiertes, schüchternes Teammitglied sich zum Ausdruck bringen und möglicherweise zu einer wichtigen Lösung im Projekt beitragen.

Mündliche Kommunikation wird in den folgenden Kapiteln näher behandelt.

02:34 Mündliche Kommunikation: Kontrollierter Dialog

Ein Dialog (Hellriegel und Slocum 2007) ist ein Prozess, in dem Menschen ihre Abwehrhaltung aufgeben, um einen freien Fluss der Erforschung ihrer eigenen Annahmen und Ansichten sowie denen der anderen zu ermöglichen. Zu einem Dialog gehört folgendes:

- das Stellen von Fragen, um zu lernen
- das Suchen nach einer gemeinsamen Bedeutung
- Integration vielfältiger persönlicher Perspektiven
- Enthüllung und Untersuchung von Annahmen

Durchsetzungsfähiger Ausdruck der eigenen Auffassung

Ein durchsetzungsfähiger, selbstsicherer Ausdruck der eigenen Ansichten mit gleichzeitiger Akzeptanz der Ansichten anderer erzeugt eine vertrauliche, gemeinsame Basis wechselseitiger interpersoneller Beziehungen im Projekt.

Kontrollierter Dialog

Kontrollierter Dialog (Pabst-Weinschenk 2004) ist eine Technik, bei der der Empfänger zunächst zusammenfasst, wie und was er der Nachricht des Senders entnommen hat, bevor er mit dem Thema fortfährt.

Ein Kontrollierter Dialog erlaubt es, sich auf das Thema zu konzentrieren sowie die Menge persönlicher Bemerkungen zu verringern. Dies ist sehr nützlich, wenn linguistische oder kulturelle Differenzen den Nachrichten eine variierende Interpretation aufzwingen und wenn deswegen Missverständnisse in Bezug auf persönliche oder projektbezogene Themen vorkommen.

Konstruktiver Disput

Ein Eckstein eines erfolgreichen kontrollierten Dialogs ist es, dass keine der Seiten als Verlierer dasteht. Daher ist es eine geeignete Technik für konstruktive Dispute (Kapitel 00:00 Konfliktmanagement KFM, Unterkapitel 00:34).

02:35 Mündliche Kommunikation: Verhandlungen

Wir haben Verhandlungen als eine Technik für erfolgreiche Konfliktlösung behandelt (siehe Kapitel 00:00 Konfliktmanagement KFM, Unterkapitel 00:35). Vom Aspekt der Kommunikation aus gesehen handelt es sich um einen interaktiven Prozess, der zwischen zwei oder mehr Gesprächspartnern stattfindet, wann immer eine Person etwas von einer anderen haben möchte, aber diese Person nicht unbedingt gewillt ist, dies ohne Bedingungen abzugeben (Sethi und Adhikari 2010). Indem die Anzahl verhandelter Themen limitiert wird, wird damit zum Erfolg beigetragen. Verhandlungen können bis zu einem gewissen Grad auch schriftlich stattfinden. Alle anderen Kommunikationstechniken können simultan angewandt werden.

02:36 Mündliche Kommunikation: Moderation

Ein Projektteam muss häufig unterschiedliche Probleme lösen, indem es diese bespricht. Eine effiziente Diskussion hat direkten Einfluss auf die Endresultate sowie die Atmosphäre im Team. Daher wird diese Technik hier eingehender behandelt.

Moderation ist von einer dritten Person geleitete, systematische, strukturierte Kommunikation sowie eine offene Prozedur zur Vorbereitung, Leitung und Nachbereitung des Kommunikationsprozesses, Entscheidungen und Problemlösungen auf eine spezifische Art, die allgemeine Akzeptanz erlaubt und qualitativ hochwertige Projektprodukte mit sich bringt (Edmüller und Wilhelm 2009). Dies kann erzielt werden, wenn der Moderator die Diskussion anhand des festgelegten Meetingziels leitet. Dennoch sollte der Moderator es vermeiden, Lösungen vorzuschlagen. Er soll der Gruppe dazu verhelfen, ihre Ideen vorzugsweise bei einem Brainstorming zu entwickeln, die zur Verfügung stehenden finanziellen Mittel zu nutzen und damit auch die gemeinsame Bildung weiter zu vertiefen. Der Moderator kann verschiedene Techniken anwenden, welche hiermit vollständig unterstützt werden:

- Visualisierung (mittels Tabellen, Diagrammen)
- Technik der Formulierung und des Stellens von Fragen

02:00 Kommunikationsmanagement KOM

- Die 30-Sekunden-Regel (keiner der Teilnehmer darf länger als 30 Sekunden sprechen, um Monologe zu vermeiden, die vom Thema ablenken)
- Schnelle Reflexion (jeder Teilnehmer trägt eine kurze Bewertung der Situation bei); diese Technik kann z. B. am Ende einer Diskussion angewandt werden, um das Meeting zu reflektieren.

Der Moderator kann, indem er seine eigenen Erfahrungen einsetzt, die Diskussion auf folgende Weise leiten:

- Fragen anstatt Aussagen
- Gesprächsleitung in Übereinstimmung mit dem Gruppencharakter, Flexibilität und unter Bezugnahme auf bestimmte Situationen
- Leiten der Diskussionen, wobei der Gruppe erlaubt wird, die Handlungsrichtung zu bestimmen
- Rücksichtnahme auf nonverbale Signale

Tabelle 02:00-2 fasst die Aufgaben zusammen, welche vom Moderator während des Meetings umgesetzt werden müssen. Die Tabelle zeigt deutlich, dass der Moderator keine Probleme behandelt, sondern sich auf den Arbeitsprozess konzentriert.

Tabelle 02:00-2 Aufgaben des Moderators im Meeting

Phase eines Meetings	Aufgaben des Moderators
Vorbereitung eines Meetings	Ziele des Meetings festlegen
	Zum Erreichen dieser Ziele notwendige Zeitaufteilung festlegen
	Koordinierung der Ziele und des Zeitplans
Beginn eines Meetings	Kennenlernen und „ice-breaking"
	Vorstellung des Themas, Wiederholung der Ziele und des Zeitplans, optional eine gemeinsame Vorbereitung der Ziele
	Festlegen der während des Meetings geltenden Regelungen (siehe Kapitel 00:00 Konfliktmanagement)
	Anregung der Diskussionsteilnahme (Präsentation eines Problems und Analyse der Situation)
Diskussionsleitung während des Meetings	Gesprächsleitung und Erteilen des Wortes
	Einhalten der Spielregeln, Objektivität
	Verfolgen der Diskussion

02:30 Techniken und Werkzeuge

	Im Falle einer umstrittenen Meinung Konflikt nicht zulassen
	Probleme, welche aus unterschiedlichen Gründen nicht berührt worden sind, betonen
	Bestimmte Themen erneut ansprechen
	Durchgehende Zusammenfassung der Diskussion, um stillen, jedoch aufmerksamen Personen die Teilnahme am Gespräch zu ermöglichen
	Verbale Betonung vitaler Elemente
	Moderation der Untersuchung möglicher Problemursachen
	Erläuterung von Bedeutungen für die Teilnehmer
	Moderation möglicher Unternehmungen oder Einführung von Umgangsregeln
	Moderation der Evaluation möglicher Lösungen
	Mögliche Wirkung auf die gegenwärtigen Ziele erwerben
Abschließen des Meetings	Zügige Projektreflexion
	Andere Formen der Moderation
	Optional das Beruhigen von Gemütern und Emotionen
Material vom Meeting vorbereiten	Vorbereitung wesentlicher und sofort verfügbarer Materialien bezüglich des Meetingabschlusses
	Bewertung der eigenen Arbeit: Was war im Moderationsprozess erfolgreich? Was war problematisch?

Sehr oft begegnen wir im Projekt kontraproduktiven Haltungen. Tabelle 02:00-3 bietet eine Ansicht der möglichen Einstellungen des Moderators oder des Projektleiters in einer solchen Situation.

Tabelle 02:00-3 Verhaltensmöglichkeiten gegenüber schwierigen Diskussionspartnern

Situation	Verhaltensmöglichkeiten
Streitsüchtiges Teammitglied	Sorgfältig zuhören und akkurat reagieren. Die Beherrschung beim Beantworten provokativer Fragen nicht verlieren. Solche Fragen sollten an die Gruppe geleitet oder ignoriert werden.

Teammitglied stellt endlos Fragen	Listig, möchte den Moderator als unwissend darstellen. Verlieren Sie ihre Beherrschung nicht, leiten Sie die Frage der Gruppe zur Untersuchung weiter.
Teammitglied mit "Nein"-Einstellung	Sie können hilfreich sein, wenn sie anerkannt und ihr Wissen und ihre Erfahrungen angewandt werden.
Allwissendes Teammitglied	Wir sollten auf die Integration des Teammitglieds in der Gruppe abzielen, indem wir ihm eine Position anbieten.
Schüchternes Teammitglied	Ihn direkt um seine Meinung bitten.
Gefühlloses Teammitglied	Zeigt kein Interesse. Wir können es versuchen, ihn persönlich anzusprechen, indem wir Fragen stellen, die mit seinen Interessen und dem Rahmen seiner Arbeitsaufgaben übereinstimmen.
Hochmütiges Teammitglied	Sehr sensibel gegenüber Kritik. Die Reaktionsregel lockern.
Gesprächiges Teammitglied	Unterbrechen Sie die Rede mit dem Hinweis auf den Diskussionsverlauf und die Meetingziele (die 30-Sekunden-Regel!). Fügen Sie eine kurze Zusammenfassung hinzu, damit die anderen den Faden nicht verlieren.
Ruhiges Teammitglied	Lohnt sich, zu akzeptieren. Wir sollten ein solches Teammitglied direkt ansprechen, indem wir eine kurze Zusammenfassung bieten und nach seiner Meinung fragen. So können die gewichtigen Argumente der Gesprächsteilnehmer überprüft und umgesetzt werden.
Konkurrenten	Wir sollten zwischen ihnen vermitteln. Eine gute Methode ist es, widersprüchliche Ansichten zu klären. Dennoch sollten wir gleichzeitig den Zeitplan und die Gruppenatmosphäre im Blick behalten. Es ist ratsam, andere Mitglieder in die Diskussion einzubeziehen, um andere Meinungen zu erhalten. Dies trägt normalerweise auch zur Entspannung bei.

02:37 Nonverbale Kommunikation (Körpersprache)

Es wurde zum Gemeinwissen, was Schachner, Shaver und Mikulincer formulierten: Nonverbale Kommunikation spielt eine wesentliche Rolle für die Weitergabe von Information (Schachner et al. 2005). Freilich evaluierten sowohl Birdwhistell (Crocett 2007; Milszus und Rohwedder 2003) als auch Mehrabian (Mehrabian 1972, 2009) die gesprochenen (mündlichen) und nichtausgesprochenen Teile der Kommunikation:

1. Birdwhistell:
- 35 % der Nachricht werden in der Kommunikation von der mündlichen Rede übertragen
- 65 % werden nonverbal übertragen

2. Mehrabian:
- 7 % der Nachricht werden im gesprochenen Wort übertragen
- 38 % von paralinguistischen Kanälen, d. h. Stimmlage, Lautstärke und anderen Aspekten der Art des Sprechens
- 55 % von der Mimik

Es wäre also korrekt, wenn wir vom nichtgesprochenen, nichtmündlichen Teil der Kommunikation sprechen. Im konventionellen Sinne kennt man dies jedoch als „nonverbal" oder Kommunikation mittels „Körpersprache", daher nehmen auch wir diese Begriffe an, um den Großteil der Information zu bezeichnen, die vom unausgesprochenen Teil der Nachricht übertragen wird. Beide können bewusst genutzt werden oder unserem unbewussten Verhalten entspringen.

 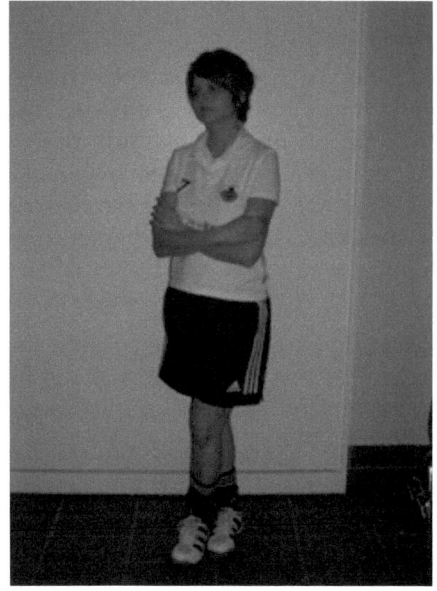

Abb. 02:00-10 Nachrichten gegenüber offenen und geschlossenen Persönlichkeiten

Die nonverbale Kommunikation reicht über unsere Mimik und paralinguistischen Kanäle hinaus und umfasst die meisten Eigenschaften, die mit Körper und Sprache zu tun haben, zum Beispiel:

- Mimik (registrieren wir innerhalb von 1/15 Sekunden)
- Augenkontakt (deutet bei der Kommunikation auf Interesse hin)
- Gestik (drückt Gefühle, persönliche Organisation aus)
- Körperhaltung, Bewegung, Körperdistanz (Beziehungen)
- Stimmtyp (Klarheit, Ton, Lautstärke, Tempo, Rhythmus und Dialekt, deuten auf Demographik)

Abb. 02:00-10 zeigt dieselbe Person in zwei Positionen: die linke – entspannt – ist offen, um unsere Nachricht zu empfangen, die rechte – mit gekreuzten Beinen und Armen – wird höchstwahrscheinlich nicht akzeptieren, was wir versuchen, zu sagen.

02:38 Aktives Zuhören

Aktives Zuhören erlaubt dem Sender sowie dem Empfänger zu überprüfen, ob die versandte Nachricht den Empfänger bewusst, unbewusst, verbal und nonverbal genau entlang der Intentionen des Senders erreicht hat. Hier werden der formale Inhalt der Nachricht und die emotionale Seite bewusst, unbewusst, verbal und nonverbal zusammen wahrgenommen. Emotionen und Sinne begleiten die intendierte Nachricht.

Um die Nachricht tatsächlich richtig zu interpretieren, müssen Sender und Empfänger sich vollständig auf die Unterhaltung konzentrieren sowie gegenseitigen Respekt, Aufmerksamkeit und Einverständnis gegenüber den Positionen und Begründungen des anderen zeigen. Aktives Zuhören ist der Inbegriff des Zustands, in dem man die Welt für eine kurze Zeit durch die Augen des Gesprächspartners wahrnimmt. Wir können gegen einen bestimmten Standpunkt nicht argumentieren, ohne ihn zu verstehen. Daher ist es wichtig, sich um aktives Zuhören zu bemühen (Schulz von Thun et al. 1981/2001; Cadle und Yeates 2008; Schachner et al. 2005).

Der Empfänger setzt den Sender darüber in Kenntnis, wie die Nachricht ihn erreicht und welchen Eindruck sie hinterlassen hat. Auf diesem Wege kann jedes Missverständnis sofort geklärt werden und Unterhaltung kann die Vorzüge fokussieren.

Die beim aktiven Zuhören angewandten Feedbacktechniken werden im folgenden Unterkapitel vorgestellt.

02:39 Feedback

Der Begriff Feedback stammt aus dem Bereich des Automatendesigns, wo Ausgangssignale in einer Schleife für Kontrollzwecke zurückgeschickt werden. Die Geschichte beginnt schon vor Christus, jedoch können wir nicht festlegen, wann die erste Feedbackschleife angewandt worden ist. Ebenso ist die erste Anwendung von Feedback in interpersonaler Kommunikation, Thema dieses Unterkapitels, nicht aufgezeichnet worden. Barbour schreibt dies Norbert Weiner und El-Wood Murray um das Jahr 1950 zu (Barbour 2003).

Feedback im hier verfolgten Sinne ist eine bewusste Reaktion auf jemandes Aktivität und vermittelt die intellektuelle und emotionale Nachricht.

Die Wahrnehmung des emotionalen Teils der Nachricht hängt von der gegenwärtigen Wechselbeziehung zwischen Sender und Empfänger ab. Ein positives Feedback kann auf eine positive Entwicklung der gegenwärtigen Kommunikation abzielen, in der beide Gesprächspartner einbezogen sind oder auf Änderungen (korrektives Feedback). Um konstruktiv zu sein, sollte ein Feedback folgende Merkmale aufweisen (Hellriegen und Slocum 2007, Barbour 2003):

- Ist eher spezifisch als allgemein
- Eher deskriptiv als bewertend
- Effektiv, wenn die Bedürfnisse sowohl des Senders als auch des Empfängers berücksichtigt werden
- Gegeben zu einem Zeitpunkt, an dem der Empfänger bereit zu sein scheint, es zu akzeptieren (eher eine Bitte als eine Auferlegung)
- Umfasst nicht alle möglichen Differenzen, sondern die Probleme, die der Empfänger sofort behandeln kann
- Wird vom Empfänger bestätigt, falls so wahrgenommen wie vom Sender beabsichtigt
- Basiert auf Vertrauen und einem ethischen Ansatz (gemäß dem internen Wertesystem des Senders)

Das Selbstbewusstsein und der Selbstschutz des Feedbackempfängers lösen mehrere Verteidigungsmechanismen aus (Blockaden), welche vom Verhalten der Feedback gebenden Person verursacht werden können: Bewertung, Versuch, zu kontrollieren, angedeutete Überlegenheit, Sicherheit, versteckte Strategie, Abstand (Barbour 2003). Mit höchster Wahrscheinlichkeit wird der Empfänger das Feedback grundlegend akzeptieren, wenn der Empfänger die Ich-Form benutzt. Dies betont die persönliche Beziehung des Senders zum Thema und die persönliche Perspektive. Man tut eher einer Person einen Gefallen als einer anonymen Gesellschaft. Im Falle von Blockaden kann ein „Habe ich etwas übersehen?" dem Gesprächspartner erlauben, seine Unsicherheiten zu teilen. Die Basistechniken des Feedbacks werden in den folgenden Abschnitten behandelt:

Umschreibung

Die Paraphrasierung (gr. Para = nahe zu, in der Nähe, phraseïn = sprechen, reden) oder Umschreibung ist eine Neufassung der verstandenen Bedeutung der empfangenen verbalen Nachricht in einer anderen Form, üblicherweise mit eigenen Worten.

Die Umschreibung dient der Klärung und beinhaltet weder Interpretation noch Schlussfolgerungen des Empfängers. Sie kann hilfreich sein, wenn wir uns nicht sicher sind, ob die Nachricht richtig verstanden wurde oder wenn wir einige Aspekte betonen oder in den Fokus der Unterhaltung rücken wollen.

Eine typische Umschreibung beginnt mit:

- Wenn ich dich richtig verstanden habe...
- Hast du gesagt, dass...

Spiegeln (Bestätigung der Interpretation von erhaltenen Nachrichten)

Beim Spiegeln (Jarmakowski 2008) fassen wir alle bewussten und unbewussten vom Sender empfangenen Nachrichten zusammen und beschreiben, wie wir vor allem seine Emotionen und Gefühle wahrnehmen. Diese Technik ist nützlich, wenn wir das Gefühl haben, dass dem Sender nicht bewusst ist, dass in unserer Wahrnehmung die unbewusst übermittelten Emotionen und Gefühle von den bewusst ausgedrückten Absichten abweichen. Mittels des Spiegelns signalisieren wir dem Sender, dass seine Emotionen uns wichtig sind.

Typische Redewendungen beim Spiegeln beginnen mit:
- Du scheinst damit zufrieden zu sein...
- Habe ich damit recht, dass heute nicht dein Tag ist...

Verbalisierung von Emotionen und Gefühlen

Wir verbalisieren die Emotionen des Empfängers, wenn das Problem auf der emotionalen Seite des Empfängers zu liegen scheint. Verbalisierung als Feedback erlaubt es, sowohl die Emotionen des Senders als auch die des Empfängers zu überprüfen (Diagonescu 2010). Dies trägt effektiv zur Verbesserung der Stimmung und zur Rückkehr zu den Grundprinzipien des Feedbacks bei (Zech et al. 2004).

Eine typische Verbalisierung von Emotionen beginnt mit:
- Mir gefällt diese Lösung und ich verstehe nicht, warum sie dir nicht gefällt...

02:40 Vorlagen

02:41 Projektmanagementbezogene Dokumente

Die effiziente Kommunikation hängt von der erfolgreichen Identifikation des Senders und des Empfängers ab, die für die analysierte Person am relevantesten sind. Im folgenden Beispiel werden die Beziehungen des Projektmanagers (Ebene 0) zu seinem direkten Vorgesetzten (Ebene +1, gemäß der in Kapitel 08:00 Organisationsmanagement OM festgelegten Projektorganisation) und zu seinen direkten Untergebenen (Ebene -1) gründlich analysiert. Alle nach MBTI und Belbin primären und sekundären Rollen werden analysiert und die Umsetzbarkeit der Kooperation zwischen dem Projektmanager und dem Rolleninhaber wird in der Spalte „Coo?" evaluiert. Das bevorzugte Medium (Telefon, E-Mail, Meeting) wird zusammen mit der bevorzugten Interaktionszeit erläutert. Bevorzugte Phrasen folgen der MBTI/Belbin-Typenidentifikation, Besonderheiten in der Kommunikation werden in der Spalte „Spezielles" vermerkt.

Tabelle 02:00-4 Beispiel der Analyse von Kommunikationsansätzen

Bewertung des Kommunikationsnetzwerks								Datum	
								Projektphase	
Ebene	Rolle	Name des Inhabers	MBTI		Belbin		Bevorzugtes Medium		Bevorzugte Phrasen	Spezielles
			Typ	Coo?	Typ	Coo?	Typ	Zeit		
+1	Linienvorgesetzter									
0	Projektmanager									
-1	Untergebener 1									
-1	Untergebener ...									

02:42 Produktbezogene Dokumente

Die Ressourcen eines Projekts sind limitiert. Die optimale Zuteilung der personellen und finanziellen Ressourcen zur Ausführung der notwendigen Kommunikationsaufgaben verlangt nach einem konzeptuellen Ansatz. Mögliche Ergebnisse können in der Vorlage gemäß Tabelle 02:00-5 erfasst werden:

Tabelle 02:00-5 Beispiel

Kommunikationskonzept	
0	Zusammenfassung
1	Zweck des Dokuments
2	Ansatz für die Kommunikation: Vision und Mission
3	Zielempfänger der Kommunikation
4	Empfänger
4.1	Verantwortlicher Sender
4.2	Kommunikationsmedien, Kanäle, Empfängerumfeld

4.3 Geplante Inhalt der Nachrichten
4.4 Zeitplan
4.5 Budget
4.6 Kontrollstelle

02:50 Phasenaufgaben und -ergebnisse

02:51 Initiierungsphase

Aufgaben:
- Identifikation und Optimierung der Kommunikation im Kernteam
- Kommunikationsschulungen des Kernteams

Ergebnisse:
- Kernteam in Kommunikationsmethoden und -techniken geschult
- Vorläufige Kommunikationskanäle im Kernteam festgelegt

02:52 Planungsphase

Aufgaben:
- Evaluierung und Anpassung der Kommunikationspräferenzen aller Teammitglieder entlang der Projektorganisationsbeziehungen
- Identifikation der Kommunikationsansätze in Bezug auf externe Stakeholder
- Ausarbeitung des Kommunikationskonzepts
- Planung der Kommunikation
- Vorschläge an das HRM für Kommunikationsschulungen
- Dem Konzept entsprechende Erfüllung der Kommunikationsbedürfnisse
- Einrichten der Beobachtung der Kommunikationsleistung
- Evaluierung und erste Schlussfolgerungen hinsichtlich der Kommunikationsleistung

Ergebnisse:
- Kommunikationskonzept ausgearbeitet und überprüft
- Kommunikationsplan ausgearbeitet und überprüft
- Teamorganisation für beste Kommunikation optimiert
- Team in Kommunikationsmethoden und -techniken geschult
- Dem Konzept entsprechende Kommunikationsbedürfnisse abgedeckt
- Beobachtung der Kommunikation in Betrieb

02:53 Umsetzungsphase

Aufgaben:

- Kommunikation gemäß dem Konzept ausgeübt
- Evaluierung der Effizienz der Kommunikation
- Evaluierung der Kommunikationsleistungen
- Durchführen von Schulungen, um die Schwachpunkte der Kommunikation zu eliminieren
- Änderungsanträge für organisatorische Anpassungen ausarbeiten
- Kommunikationskonzept überprüfen und anpassen

Ergebnisse:

- Alle Stakeholder mit der Projektkommunikation zufrieden
- Aktualisiertes Kommunikationskonzept
- Teamkommunikation optimiert
- Kommunikationsschwächen der Teammitglieder eliminiert
- Schlussfolgerungen der Kommunikationsevaluierung verfügbar

02:54 Abschluss- und Evaluationsphase

Aufgaben:

- Kommunikationsfokus auf Anwender, Sponsoren und relevante Stakeholder optimiert
- Kommunikation auf die praktikabelste Art ausgeführt
- Abschließende Evaluierung der Kommunikationseffizienz

Abschließende Evaluierung der Kommunikationsleistung

Ergebnisse:

- Erwartungen von Anwendern, Sponsoren und relevanten Stakeholdern erfüllt
- Evaluierung der Projektkommunikation abgeschlossen

Literaturverzeichnis

Anderson, L. (2010, 2013): Top Three Causes of Project Failure, http://www.projectsmart.co.uk/top-three-causes-of-project-failure.html, Zugriff am 6. Februar 2013.

Baggett, P. (1984): Role of temporal overlap of visual and auditory material in forming dual media associations, in: Journal of Educational Psychology, Jg. 76, S. 408-417.

Barbour, A. (2003): Interpersonal Feedback. Origins and Applications, Annual Meeting of Western States Communication Association, Salt Lake City 14.–18. February 2003.

Beaulieu, C. M. J. (2006): Intercultural Study of Personal Space. A Case Study, in: Journal of Applied Social Psychology, Jg. 34, S. 794-805.

Berlo, D. K. (1960): The process of communication. An introduction to theory and practice, Austin.

Berne, E. (1964/1996): Games people play. The psychology of human relationships, New York.

Berne, E. (1961, 2001): Die Transaktionsanalyse in der Psychotherapie, Padeborn.

Bull, P. (2002): Communication Under the Microscope. The Theory and Practice of Microanalysis, London.

Cadle, J./Yeates, D. (Hrsg.) (2008): Project Management for Information Systems, Englewood Cliffs.

Cardon, P. W. (2008): A Critique of Hall's Contexting Model. A Meta Analysis of Literature on Intercultural Business and Technical Communication, in: Journal of Business and Technical Communication, Jg. 22, S. 399-428.

Crocett, R. O. (2007): The 21st Century Meeting, in: Business Week, 26.02.2007.

Diagonescu, M. (2010): Emphatic Communication, Romania.

Edmüller, A./Wilhelm, T. (2009): Moderation, Freiburg.

Ervin, S. M./Osgood, C. E. (1954): Second language learning and bilingualism. In: C. E. Osgood und F. Sebeok (Hrsg.): Psycholinguistics, S. 139-146.

Ess, C. (1999): Cultural Attitudes Towards Technology and Communication. New Directions of Research in Computer-Mediated Communication, in: AI and Society, Jg. 13, S. 329-340.

Farrington, J. (2011) From the Research. Myths Worth Dispelling. Seven plus or minus two, in: Performance Improvement Quarterly, Jg. 23, S. 113-116.

Flannes, W. S./Levin, G. (2005): Essential People Skills for Project Managers, Wien.

Gilbert, J. K. (2005): Visualization. A metacognitive skill in science and science education, in: J. K. Gilbert (Hrsg.): Visualization in Science Education, Amsterdam, S. 9-27.

Grimm, E. (2003): Spezielle Kommunikationssituationen, in: Rationalisierungskuratorium der Deutschen Wirtschaft e. V. (Hrsg.): Projektmanagement Fachmann, Band 1, Eschborn, S. 467-490.

Hall, E. T. (1966): The hidden dimension, New York.

Hellriegel, D./Slocum, J. W. Jr., (2007): Organisational Behavior, Mason.

Holt, B. R. (2008/2013): The Project Communication Plan - Save Your Project From Failure, Ezine Articles, http://ezinearticles.com/?The-Project-Communication-Plan---Save-Your-Project-From-Failure&id=1407147, Zugriff am 6. Februar 2013.

Hymes, D. (1964): Introduction. Towards ethnographies of communication, in: American Anthropologist, Jg. 66, S. 1-34.

ISO 21500:2012 (2012): Guidance on Project Management, ICS 03.100.40, Genf.

IT-Cortex (2013): www.it-cortex.com/ Stat_Failure_Cause.htm, Zugriff am 6. Februar 2013.

Jarmakowski, T. (2008): Skrypt dla uczestnikow kursu 3A10 Podstawy Komunikcji Interpersonalnej, Wyd. Uniwersytet Lodz.

Literaturverzeichnis

Jenny, B. (2001): Projektmanagement in der Wirtschaftsinformatik, Zürich.

Lundgren, S. (2005/2013): Group Dynamics and Project Management, http://www.cse.chalmers.se/research/group/idc/ituniv/kurser/05/gg/docs/groups_projects_05.ppt, Zugriff am 6. Februar 2013.

Magennis, S./Farrell, A. (2005): Teaching and Learning Activities. Expanding the repertoire to support student learning, in: G. O'Neill et al. (Hrsg.): Emerging Issues in the Practice of University Learning and Teaching, Dublin, S. 45-53.

Mehrabian, A. (1972, 2009): Nonverbal Communication, Piscataway.

Milszus, W./Rohwedder, A. (2003): Kommunikation, in: Rationalisierungskuratorium der Deutschen Wirtschaft e. V. (Hrsg.): Projektmanagement Fachmann, Band 1, Eschborn, S. 295-316.

Morris, M.W./Peng, K. (1994): Culture and Cause. American and Chinese Attributions for Social and Physical Events, in: Journal of Personality and Social Psychology, Jg. 67, S. 949-971.

Mourgue d'Algue, H. et al. (2013): HERMES 5. Projektmanagementmethode für alle Projekte. Referenzhandbuch, Bern.

Osgood, C. E. (1954): Second Language Learning and Bilingualism, in: Journal of Abnormal and Social Psychology, Jg. 49, S. 139-146.

Pabst-Weinschenk, M. (Hrsg.) (2004): Grundlagen der Sprechwissenschaft und Sprecherziehung, München.

Pinto, J./Slevin, D. (1988): Critical success factors across the project life cycle, in: Project Management Journal, Jg. 19, S. 67-75.

Salleh, R. (2009): Critical Success Factors of Project Management for Brunei Construction Projects. Improving Project Performance, Brisbane.

Schachner, D. et al. (2005): Patterns of Nonverbal Behavior and Sensivity in the Context of Attachment Relations, in: Journal of Nonverbal Behavior, Jg. 29, S. 141-169.

Schramm, W. (1954): How Communication Works, in: W. Schramm (Hrsg.): The Process and Effects of Mass Communication, Urbana, S. 13-17.

Shannon, C. E./Weaver, W. (1949): The Mathematical Theory of Communication, Urbana.

Scheiter, K. et al. (2009): Theoretical and Instructional Aspects of Learning with Visualizations in Cognitive Effects of Multimedia Learning, Herhey.

Schneiderman, B. (1996): The Eyes Have It. A Task by Data Type Taxonomy for Information Visualizations. Proceedings of the 1996 IEEE Symposium on Visual Languages, Los Alamitos.

Schulz von Thun, F. et al. (1981/2001): Miteinander Reden. Kommunikationspsychologie für Führungskräfte, Reinbek bei Hamburg.

Sethi, A./Adhikari, B. (2010): Business Communication, New Delhi.

Shannon, C. E./Weaver W (1949): The Mathematical Theory of Communication, Band 1, Urbana-Champaign.

Silverman, L. K. (2005): Upside-Down Brilliance. The Visual Spatial Learner, Maria J. Krabbe Foundation for Visual Thinking, Driebergen, The Netherlands, 22nd November 2005.

Skaik, S. H. (2010/2013): Leading Causes of project failures in region, Construction Industry, Project Management, May 10,2010, http://cmguide.org/archives/2233, Zugriff am 6. Februar 2013.

Thamhain H. J. (2004): Linkages of Project environment to performance: lessons for team leadership, in: International Journal of Project Management, Jg. 22, S. 533-564.

Verma, V. K. (1996): Human Resource Skills for the Project Manager, Newtown Square.

Vessey, I. (1991): Cognitive Fit. A Theory-Based Analysis of the Graphs Versus Tables Literature, in: Decision Sciences, Jg. 22, S. 219-240.

Yum, O. J. (1988): The Impact of Confucianism on Interpersonal Relationships and Communication Patterns in East Asia, in: Communication Monographs, Jg. 55, 374-388.

Zech, E. et al. (2004): Social Sharing of Emotion, Emotional Recovery, and Interpersonal Aspects, in: P. Phillippot und R. S. Feldman (Hrsg.): The regulation of emotion, Mahwah, S. 157-185.

04:00 Selbstmanagement SM

Kurze Übersicht

Worum geht es?

Der Projektmanager verfügt über eigene materielle und immaterielle Ressourcen (kognitiv und geistig). Ihre ausgewogene Verwendung entscheidet über die Effizienz seiner Handlungen und wird von intrinsischer Motivation, Werten und Zielen bestimmt. Sein Selbstmanagement wirkt sich auf seine Handlungen und auch auf die Handlungen anderer aus.

Wer ist gefordert?

Der Projektmanager selbst muss sich um seinen eigenen Prozess, der verknüpft ist mit seinen persönlichen inneren Werten und seiner Motivation, kümmern.

Welche Bedeutung hat der Prozess?

Der Projektmanager ist stets im Fokus der Aufmerksamkeit aller Stakeholder. Seine Werte werden hinterfragt und seine Handlungen beurteilt. Seine Motivation wirkt sich auf seine Effektivität aus und beeinflusst ebenso das Team. Eine ausgewogene geistige und intellektuelle Persönlichkeit sowie eine sorgfältige Verwendung der zur Verfügung stehenden materiellen Ressourcen verleihen seinen Entscheidungen zwangsläufig Glaubwürdigkeit.

Wie geht man vor?

Überprüfen Sie anstehende Prozessverbesserungen und Aufgaben und schließen diese ab. Passen Sie bei Bedarf ihre Werte und Ziele an, bauen Sie Ihre intrinsische Motivation auf. Evaluieren Sie ihre Stärken und Schwächen, ihre Lebenseinstellung, ihre emotionale und kognitive Wahrnehmung und ergreifen Sie ggf. korrigierende Maßnahmen. Überprüfen Sie Ihr Zeitmanagement, ihre Stressverfassung und physische Fähigkeiten in Hinblick auf Ihre Arbeit. Nehmen Sie Anpassungen vor, wo dies notwendig ist. Leiten Sie die Änderungs- und Wissensmanagementanträge weiter.

Wo liegen die Herausforderungen?

Selbstreflexion und die Entwicklung einer kohärenten Persönlichkeit sind eine Herausforderung. Da unsere Werte sich über Jahre entwickeln, ist es schwierig, sie zu ändern – können Ziele, Motivation und persönliche Ressourcen ausbalanciert und in Einklang mit den Erwartungen des Teams und der Stakeholder gebracht werden?

Was entscheidet über den Erfolg?

Seien Sie sich selbst gegenüber aufrichtig und nehmen Sie sich Zeit für Selbstreflexion. Passen Sie ihre Werte denen des Teams und der Stakeholder an. Handeln Sie schlüssig. Richten Sie Ihre Handlungen an ihren persönlichen Schlussfolgerungen aus.

04:00 Selbstmanagement SM

Prozess

Zunächst werden die anstehenden Prozessverbesserungen und Aufgaben erledigt. Änderungsanträge oder ein zufälliges Ereignis initiieren dann die Überprüfung der persönlichen Werte, Ziele, der intrinsischen Motivation, der materiellen und intellektuellen Ressourcen. Erscheint es angemessen, so sollten geeignete Modifikationen erfolgen. Teilen Sie ihre Schlussfolgerungen mit anderen: mittels des Änderungs- oder des Wissensmanagements.

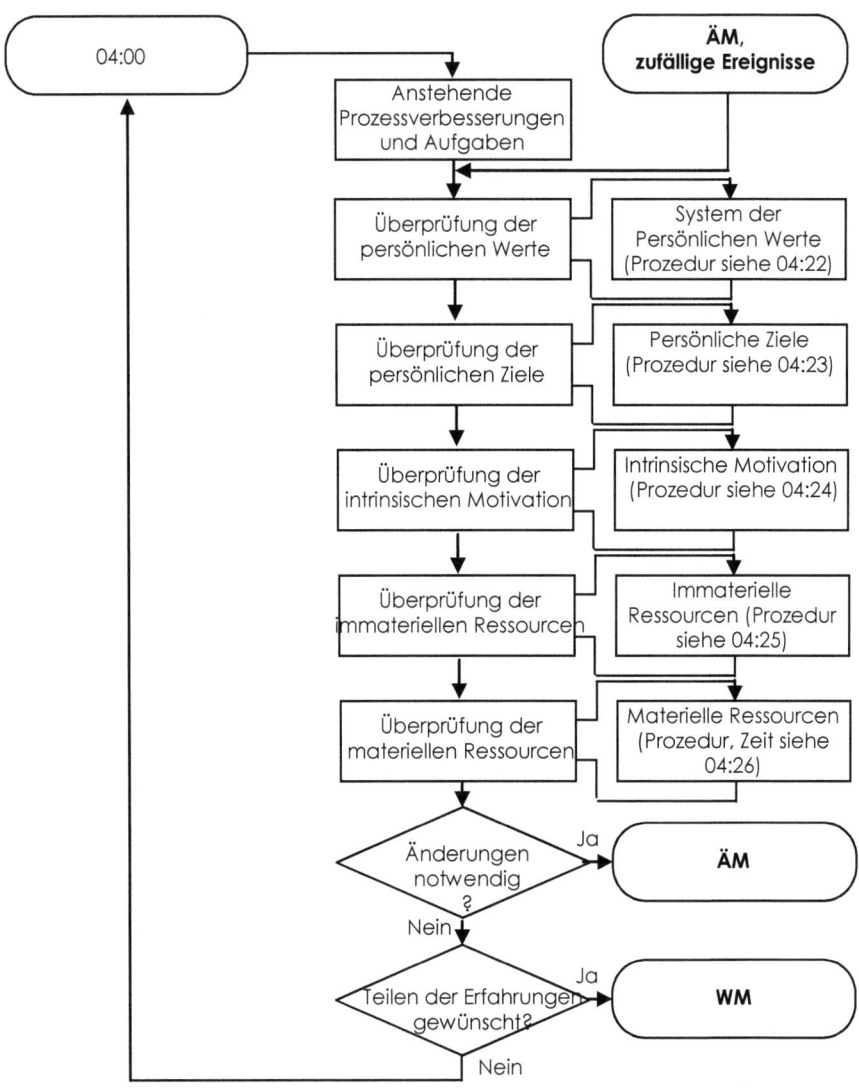

Abb. 04:00-1 Ablauf des Selbstmanagements

04:10 Ziel des Selbstmanagements SM

Das Ziel des Selbstmanagements ist es, die Zufriedenheit mit der Arbeit und dem alltäglichen Lebens durch ein wirksames Management der Entwicklung der eigenen Persönlichkeit und der eigenen Ressourcen unter Berücksichtigung der eigenen Stärken und Schwächen zu steigern. Die Balance zwischen Arbeit und dem alltäglichen Leben wird zuweilen auch mit dem aus dem Englischen Ausdruck der „Work and Life Balance" bezeichnet.

04:20 Methoden

ISO 21500:2012 wie auch HERMES 5 widmen dem eigentlichen Schlüsselerfolgsfaktor, der Persönlichkeit des Projektleiters, keine Beachtung (ISO 21500:2012 2012, Mourgue d'Algue et al. 2013).

Wie im Fortgang deutlich wird, beeinflusst das Selbstmanagement des Projektleiters maßgeblich sein Projekt. Daher werden der Prozess wie auch die methodische Hilfsmittel weiter unten angemessen betrachtet.

04:21 Kette der Wechselbeziehungen von Persönlichkeitsentitäten

Nach Ryckman ist die Persönlichkeit eine dynamische und organisierte Ansammlung von Charakteristika, die eine Person aufweist und die auf einzigartige Art seine Kognition, seine Motivation und sein Verhalten in unterschiedlichen Situationen beeinflusst (Ryckman 2008). Mit der Absicht einer möglichst breiten Auslegung dieser Definition wird hier hypothetisch von der direkten Wirkung der Persönlichkeitsentitäten (wie die in Abb. 04:00-2 dargestellt) ausgegangen (Entität von mittellateinisch Entitas = Dasein, Einheit, Größe, Welt) (Duden 2013).

Die Ziel-Handlungs-Theorie von Heckhausen und Kühl (Heckhausen und Kühl 1985) platziert Ziele im Zentrum und betrachtet Werte ausschließlich im Verbund mit den Zielen (Wünschen) und nicht als absoluten, ursprünglichen Antrieb. In unserem Modell sind in Bedürfnisse übersetzte Wünsche und Intentionen zu Motivation gesteigert. Die Fähigkeiten werden in den Einsatz von immateriellen Ressourcen (kognitive und geistige Fähigkeiten und Einstellungen) und physischen Ressourcen (Begabung und Zeit) geteilt. Dieser Ansatz wird von Banduras innovativem Blickwinkel auf das Sozialverhalten des Menschen unterstützt: Der Mensch als Agent lässt durch sein Handeln willentlich Dinge geschehen (Bandura 2001). Banduras Agenten umfassen alle im Folgenden behandelten Entitäten einer Persönlichkeit.

Jede der Entitäten, auf die eingewirkt wird, gibt der wirkenden Entität ein Feedback, welche zu Änderungen in der wirkenden Entität führen kann (wir passen beispielsweise unsere Ziele in Abhängigkeit vom Prozess des Aufbaus unserer Motivation an). Außer dieser direkten Wirkung gibt es verschiedene indirekte Wirkungen, z. B. die des Wertesystems auf den Einsatz der immateriellen Ressourcen oder der Handlungen (Rokeach 1973). Nichtsdestotrotz kann dies in den Aufbauprozess der Motivation einbezogen werden, um die Wechselbeziehungen zu vereinfachen. Der Autor ist sich des ausstehenden Beweises für diese Hypothese bewusst, dennoch wird ihre Folgerichtigkeit später in diesem Kapitel bewertet und weitestgehend empirisch belegt.

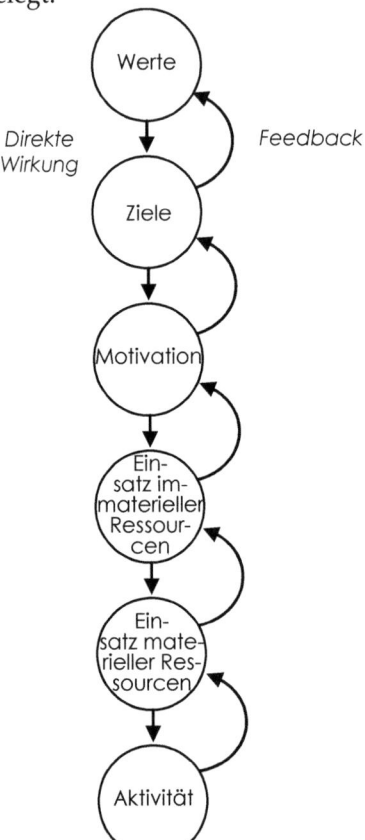

Abb. 04:00-2 Kette der Wechselbeziehungen von Persönlichkeiten

04:22 System persönlicher Werte

Persönliche Werte

Werte bestimmen die Ethik einer Person. Wenn diese mit dem Umfeld übereinstimmen, definiert dies die Moral des Individuums (siehe 20:00 Human Ressource

Management HRM, Unterkapitel 20:23 Rekrutierung und Evaluation). Ein Wert wird in diesem Buch als dauerhafte Überzeugung betrachtet, wonach ein spezifischer Verhaltensmodus oder ein Endzustand des Daseins persönlich oder sozial einem entgegen gesetzten Modus oder Dasein vorzuziehen ist (Rokeach 1973).

Werteklassifizierung nach Rokeach

Die Werteklassifizierung nach Rokeach (Rokeach Values Survey RVS) unterscheidet zwischen zwei Wertetypen:

- 18 +/- 2 Zielwerte sind unabhängige Endzustände des Daseins, die eine Person anstrebt (z. B. komfortables Leben, Weisheit). Diese werden aus eigenem Willen verfolgt.
- 36 Instrumentalwerte, die 18 wichtigsten davon sind Verhaltensmodi. Beispiele sind „ambitioniert (hart arbeitend, ehrgeizig)" oder „ehrlich (aufrichtig, wahrhaftig)". Rokeach legt nahe, dass Instrumentalwerte dabei helfen, Zielwerte zu erreichen.

Wertesystem

Diese große Zahl an Werten erfordert eine gewisse Ordnung, die von Rokeach (ebd.) und anderen (z. B. Schwartz (Schwartz 1992), Hofstede und Hofstede (Hofstede und Hofstede 2005) bereits versuchsweise formuliert worden ist. Rokeach definiert diese Ordnung als ein Wertesystem, das auf bevorzugten Verhaltensmodi und Endzuständen des Daseins entlang der kontinuierlichen oder relativen Wichtigkeit der Werte basiert.

Ein klar strukturiertes persönliches Wertesystem hilft inmitten von Ungewissheit zu entscheiden – und Ungewissheit ist ein immanentes Merkmal jedes Projekts.

Integraler Humanismus

Bei der Wahl eines individuellen Wertesystems scheinen die Ideale des integralen Humanismus, initiiert von Allport (Allport 1955) und Rogers (Rogers 1961, 1995), von besonderen Bedeutung zu sein. Rogers hebt die Selbstakzentuierung hervor: Ein frei handelndes Individuum ohne externe Begrenzungen seiner eigenen Ideale, Ansichten und Träume handelt am besten. Diese Haltung ist gerade die, welche in Projekten bevorzugt und angestrebt ist. Max Scheler (Scheler 1994) klassifizierte die Ziel- und Instrumentalwerte von Rokeach anhand von fünf hierarchischen Ebenen: hedonistisch (am niedrigsten), utilitaristisch, vital, geistig und absolut (am höchsten). Hauser (Hauser 2004) und Batson (Batson et al. 1993) unterstützen das Konzept von Allport, wonach es eine positive Wechselbeziehung zwischen der intrinsischen Frömmigkeit (absolute Ebene von Scheler) und mentaler Gesundheit gibt – ein weiterer positiver Beitrag zu einem erfolgreichen Selbstmanagement.

Integraler Humanismus basiert auch auf drei ethischen Prinzipien, welche wiederum vorteilhaft (02:00 Kommunikation KOM, Unterkapitel 02:20 Methoden) oder sogar zwingend notwendig (06:00 Führung F, Unterkapitel 06:22 Initiierung von Führung) für das Projektmanagement sind (Lent 2012):

- Bedingungslose Akzeptanz einer anderen Person, grundlegend für das Teammanagement und für die Kommunikation
- Bedingungslose und völlig offene Empathie
- Authentizität in interpersonalen Beziehungen

Charta der Ethik

Die meisten Geschäftsethiken reichen höchstens bis zur Ebene drei in der Wertehierarchie von Scheler, beispielsweise die EU- oder die PMI-Charta der Ethik (EU 2013, PMI 2013), und überlassen die zwei oberen Kategorien der persönlichen Entwicklung des Individuums. Die hochgradig divergierenden individuellen Wertesysteme erfordern einen fundamentalen Referenzpunkt (Marianski 2007), der die Integration von Teamwerten erlaubt, was zum moralischen Verhalten der Teammitglieder führt. Geteilte Werte (gemeinsame Werte) führen nachgewiesenermaßen zu höheren Leistungen in der Organisation als vergleichsweise in Organisationen mit differenzierten Wertesystemen, sogar in denen mit einem höheren Nettogewinn (Kouzes und Posner 2008). Die absolute Kategorie von Scheler (Überzeugungen, höhere Autoritäten) bietet hier eine mögliche Erklärung.

04:23 Persönliche Ziele

Integrale Persönlichkeiten mit einem klaren Wertesystem und einer Reihe elaborierter eigener ethischen Prinzipien setzen kohärente und – im Falle, dass die eigene Ethik der Ethik des Umfeld entspricht – weitgehend akzeptierte Ziele. Sheldon und Elliot (Sheldon und Elliot 1998) haben nachgewiesen, dass die Ziele, die ein Individuum sich selbst setzt, mit einer höheren Wahrscheinlichkeit erreicht werden als im Vergleich dazu die von außen gesetzten Zielen. Daher ist es für eine ausgewogene Persönlichkeit wichtig, eigene, sorgfältig gewählte Ziele zu setzen.

Wann sind Ziele sorgfältig gewählt?

Kriterien für persönliche Projekte

Einige der neueren Trends in der Psychologie sehen die Persönlichkeit als eine Zusammenfügung unterschiedlicher persönlicher Projekte (Little 2007). Daher müssen die Ziele jenen SMART-Kriterien entsprechen, die wir auch für die Projektziele anwenden (spezifisch, messbar, ausführbar, relevant, termingebunden; 07:00 Zielverwirklichungsmanagement, Unterkapitel 07:21 Zielsetzung und Ziele des Projekts). Darüber hinaus sollten sie dem dreifachen A entsprechen:

- Ambitioniert – um Ihre persönliche Entwicklung zu lenken
- Anpassungsfähig – die Realität könnte Änderungen erfordern
- Anerkennend – entlang der von der das Ziel setzenden Person gewählten Kriterien

Ambitionierte Ziele führen nach Mone und Baker (Mone und Baker 1992) zu höherer Leistung im Vergleich zu einfachen Zielen oder Zielen nach dem Motto „tu dein Bestes". Die Anpassungsfähigkeit von Zielen ist zweischneidig – einerseits sollten sie fest und perspektivisch erreichbar sein, andererseits sind Projekte und unser persönliches Leben gekennzeichnet durch Ungewissheit, wodurch immer auch ein Kurswechsel erforderlich sein könnte (z. B. bei grundlegenden Veränderungen im Privatleben). Also ist die Anpassungsfähigkeit zu verstehen als bewusste und gut fundierte Fähigkeit.

Die Anerkennung von erreichten Zielen ist der wichtigste Faktor, der zu nachhaltiger Motivation beiträgt. Rohweder und Milusz (Rohweder und Milusz 2003) verstehen Anerkennung als Teil eines ausgewogenen glücklichen Lebens:

- Tun Sie jeden Tag etwas, was sie glücklich macht (Anerkennung)
- Tun Sie jeden Tag etwas, was Sie den gesetzten Zielen näher bringt
- Tun Sie jeden Tag etwas, was die geleistete Arbeit ausgleicht (Sport, Hobbys, Familie, Freunde)

Der letzte Punkt dieser Aufzählung ist in Hinsicht auf ein ausgewogenes Leben besonders wichtig. Die positive Wirkung auf unser psychisches Wohlbefinden, auf unsere Einstellung zur Arbeit und zur Familie zahlt sich durch erhöhte Leistung und ein allgemeines Harmoniegefühl im Leben aus (Rantanen et al. 2011). Mittlerweile stimmen auch Psychologie, Wirtschaft und Wissenschaft darin überein, dass die geistige, emotionale und intellektuelle Seite unseres Lebens, basierenden auf unseren Werten, Zielen, persönlichen immateriellen und materiellen Ressourcen, ausgewogen sein sollten (z. B. Cobauch und Schwerdtfeger 2005). Die Suche nach Gleichgewicht könnte uns zu entgegen gesetzten und nicht weniger ambitionierten Zielen in ästhetischer Perspektive führen – das Gefühl von Schönheit (Caproni 1997).

Ambitionierte Ziele, welche den eigenen Leistungen nicht entsprechen, können zu ernsthaften psychischen Problemen führen (Ward und Eisler 1987). Dem wirkt eine gute und ehrliche Evaluation des eigenen Potentials entgegen. Das Potential wird von Stärken und Möglichkeiten gegeben, wird aber ebenso von Schwächen und Gefahren begrenzt. Mittels der SWOT-Analyse (siehe Unterkapitel 04:31 Beurteilung der eigenen Werte) können wir unser Potential einschätzen und vernünftige, aber dennoch ambitionierte Ziele setzen.

Kohärenz und Kongruenz der Ziele

Sheldon und Kaiser (Sheldon und Kaiser 1995) weisen nach, dass kohärente und kongruente Ziele Voraussagen bezüglich der Gesundheit, dem Wohlbefinden, der Vitalität und dem Engagement ermöglichen. Persönliche Ziele sind nach ihrer Definition kohärent, wenn sie eine wechselseitig positive Wirkung haben oder zu höher liegenden Zielen beitragen. Sie sind kongruent, wenn sie von einem Individuum konsequent verfolgt werden.

Gut gewählte intrinsische Ziele

Nahe Ziele haben eine höhere Wertigkeit, Potenz und daher Erreichbarkeit, da ihre Wahrscheinlichkeit und Zweckdienlichkeit höher sind (Snow und Jackson 1994). Daher weisen gut gewählte intrinsische Ziele folgende Eigenschaften auf:

- Entsprechen dem dreifachen A und SMART
- Sind eingebettet in eine Hierarchie von Etappenzielen, die jeweils in einer Perspektive zur Erreichung der nachfolgenden kumulierten Etappenzielen beitragen (z. B. das Erreichen der Fähigkeiten komplexe Projekte zu leiten wird durch Praxisgewinn mit einfacheren Projekten und Schulungen im Personalmanagementbereich ermöglicht)
- Strukturiert und gemäß SWOT unterteilt in nahe und ferne Ziele (z. B. das heutige Meeting versus langfristige Karrierepläne, Abb. 04:00-3)

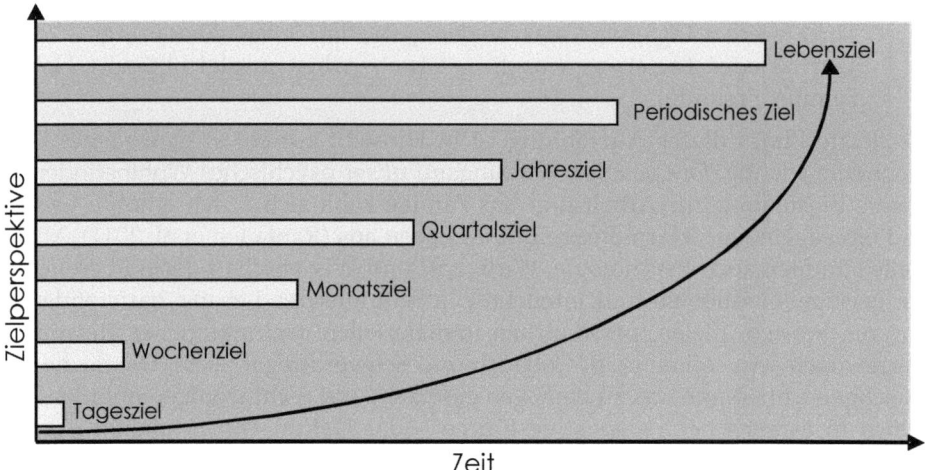

Abb. 04:00-3 Zielperspektiven (Rohwedder und Milszus 2003)

04:24 Intrinsische Motivation

Zusammenhang zwischen Zielen, Verhalten und intrinsischer Motivation

Intrinsische Motivation ist eine innere selbstständige Energie, die für Handlungen zum Einsatz kommt, die mit der Erwartung zukünftiger Ergebnisse, welche den Organismus belohnen, verknüpft sind. Unser Wunsch, Kompetenz und Selbstbestimmung zu gewinnen, wirkt sich auf die intrinsische Motivation positiv aus und ist daher direkt bezogen auf die Erfüllung unserer Bedürfnisse (kombinierte Theorien, Ryan 2011; Deci und Ryan 1985; Ryan und Deci 2000). Der Genuss und die Erregung, die durch kompetente und autonome Handlung erfahren werden, sind die Belohnung für ein intrinsisch motiviertes Verhalten. Dies rückt die Wahltheorie von Glasser ins Blickfeld (Glasser 1998), nach welcher jegliches Verhalten zielgerichtet sei. Nicht notwendigerweise vernünftig oder angebracht aus der Sicht anderer, aber doch auf die eine oder andere Art für uns lohnend.

Kriterien intrinsischer Motivation

Wir bauen intrinsische Motivation auf, indem wir unsere bereits in unserem Wertesystem positionierten Ziele entlang der folgenden fünf inneren Bedürfnisse bewerten (Ervin 2004):

- Überleben und Sicherheit
- Liebe und Zugehörigkeit
- Macht und Sinn
- Freiheit und Neuheit
- Vergnügen

Es ist an dieser Stelle anzumerken, dass die Zielbewertung über die Maslowsche oder Herzbergsche Bedürfnishierarchie hinausgeht (siehe Kapitel 20:00 Human Ressource Management HRM, Unterkapitel 20:23 Rekrutierung und Evaluation).

Gelingt es uns, unsere fernen und nahen Ziele anzupassen und dabei möglicherweise jedes der obigen Bedürfnisse nach Ervin mit erreichbaren Ergebnissen zu befriedigen, erhöht sich unsere intrinsische Motivation.

Der Projektmanager genießt normalerweise einen höheren Autonomiegrad. Dies erleichtert die Selbstbestimmung und beeinflusst die intrinsische Motivation auf positive Art (Enzle et al. 1996).

Nachweislich, wirkt sich extrinsische Motivation auf die intrinsische (u. a. Ryan 2011, Ryan und Deci 2000; Beswick 2013) Motivation aus. Die extrinsischen, dem Projektleiter zur Verfügung stehenden Motivationsfaktoren werden im nächsten Kapitel ausgeführt (siehe 06:00 Führung F, Unterkapitel 06:20 Methoden).

In diesem, dem Selbstmanagement gewidmeten Kapitel, wird bewusst nur unkontrollierte, persönliche (intrinsische) Motivation als Vermittler zwischen den persönlichen Zielen und dem Einsatz der zu ihrer Umsetzung benötigten persönlichen Ressourcen gesehen. Die Umsetzung beginnt mit immateriellen Ressourcen.

04:25 Immaterielle persönliche Ressourcen

Entscheidungsprozess als kybernetisches System dritter Ordnung

Immaterielle persönliche Ressourcen sind Ressourcen, die im kognitiven Prozess der Entscheidungsfindung und in unserem sozialen Verhalten genutzt werden (siehe Abb. 04:00-4). Der Schlüssel zur Entscheidungsfindung ist ein in unserem Denken entwickeltes mentales Modell unterschiedlicher Situationen. Dieses Modell basiert auf eigenen Erfahrungen, umfasst externe Informationen und wird von Emotionen und intrinsischer Motivation konditioniert. Eigene Erfahrungen schließen die Rückkoppelungsschleife des kybernetischen Systems unseres Denkens.

Direkte Wirkung auf das mentale Modell haben unser Wertesystem, unsere Ziele und persönliche Eigenschaften, welche ebenso die folgenden Schritte des Entscheidens beeinflussen.

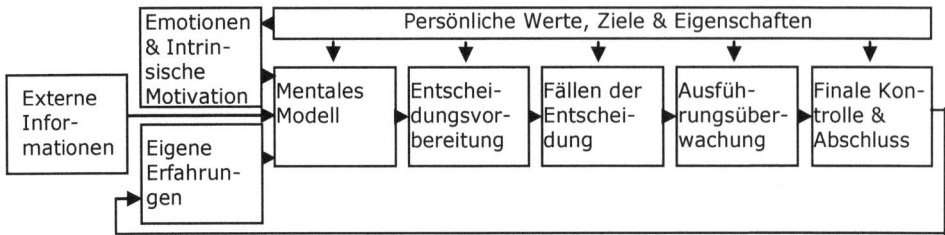

Abb. 04:00-4 Immaterielle persönliche Ressourcen im Prozess der Entscheidungsfindung

Mentales Modell

Das mentale Modell stellt gelernte oder trainierte Situationen dar, welche eine gewisse Ähnlichkeit mit der Situation haben, vor die sich derjenige, der zu entscheiden hat, gestellt sieht und hat folgende Eigenschaften:

- Relevanz (gegeben durch die Ähnlichkeit)
- Überzeugung
- Vielfalt

Je vielfältiger und relevanter die Modelle sind, desto überzeugter entscheiden wir. Die Risiken werden verringert und die Qualität der Entscheidung verbessert.

Die vollständigen Wechselbeziehungen im mentalen Modell werden in Abb. 04:00-5 dargestellt (NATO RTO technischer Bericht TR-SAS-050 2007).

Obwohl sich Projekte voneinander unterscheiden, ist es möglich, ein übereinstimmendes mentales Modell zu entwerfen. Wir können vielfältige und relevante Teilmodelle (z. B. Analyse von Ergebnissen, Terminen und Kosten) entwickeln und mit der Vorbereitung der Entscheidung beginnen.

Die Vorbereitung der Entscheidung umfasst nach Bandura Absicht (Ergebnis von Werten, Zielen und Motivation) und Vorsorge (Referenzen und Erwartung des mentalen Modells) (Bandura 2011).

Entscheidungsfähigkeit

Das Treffen von Entscheidungen verlangt von uns die Fähigkeit zu:

- Analysieren
- Synthetisieren
- Kritisch zu bewerten

Die Entwicklung dieser Fähigkeiten, oft auch kritisches Denken genannt (u. a. King 2005/2013), ist im Projektmanagement grundlegend. Wegen der individuellen Natur von Projekten und unvorhersehbaren Ereignissen (Banduras Zufall) verlangt die richtige Entscheidung im Projekt eine gründliche Analyse der Situation, sofortige Synthese mit dem Vergangenen, dem Umfeld sowie mit vorangegangenen

Überlegungen und abschließend eine kritische Bewertung möglicher Ergebnisse und Risiken.

Moralische Standards, die auf persönlichen Werten und Ethik basieren, üben hier einen regulierenden Einfluss aus (Bandura 2001).

Die Verfolgung der Umsetzung (Banduras Selbstwirksamkeit) sowie Endkontrolle und Abschluss (Banduras Selbstreflexivität) bauen die höchste Fähigkeit des Projektmanagers auf, die Ergebnisse der getroffenen Entscheidung zu reflektieren und kritisch zu überprüfen und auf eine geeignete Art die eigenen Erfahrungen zu formen. Dies gibt dem mentalen Modell Feedback für Anpassungen.

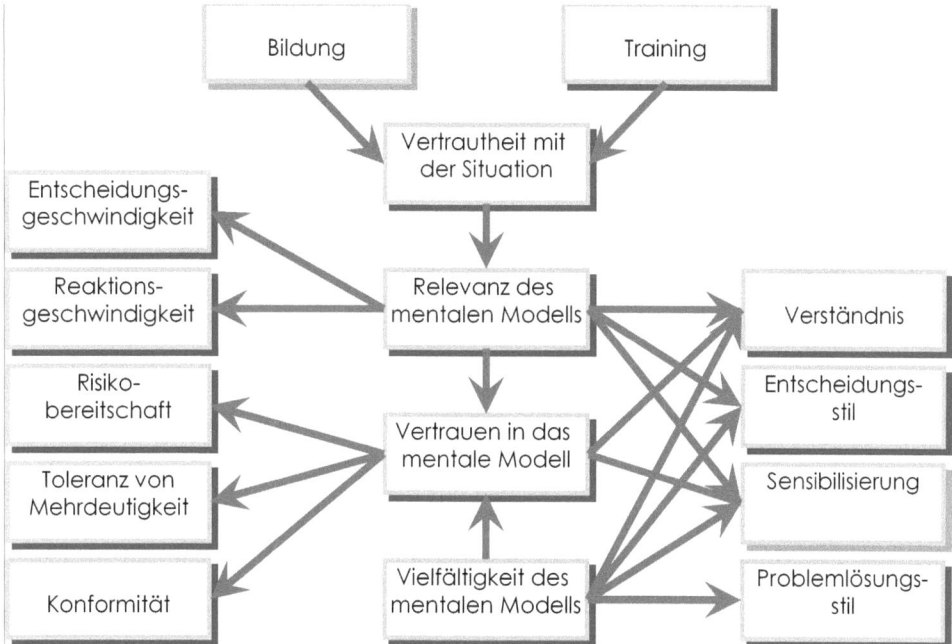

Abb. 04:00-5 Wechselbeziehungen des mentalen Modells

Neurolinguistisches Programmieren (NLP)

Das Feedback ist auch ein Teil des neurolinguistischen Programmierens (NLP) (Tossey und Mathison 2003). Die kognitiven Assoziationen in unseren Gedanken werden als linguistische Ketten ausgedrückt. Wir werden dazu ermutigt, unser Verhalten anzupassen (Feedback), bis wir die erwarteten Ergebnisse erreichen (Prädikat der Absicht). Beim NLP wird das mentale Modell sofort eingesetzt und so lange modifiziert, bis die Endergebnisse erreicht worden sind. Obwohl es einfach klingt, erwiesen sich die Anwendung und der praktische Einsatz als schwierig und es wurde zum Gegenstand einiger Kritik (Einspruch und Formann 1985). Daher wird dieses Konzept in diesem Buch nicht weiter verfolgt.

Einfluss der persönlichen Einstellung auf die Entscheidungsfindung

Unsere Einstellung übt einen Einfluss auf die Entwicklung unserer Persönlichkeit sowie auf die Effektivität der Entscheidungsfindung aus.

Auf Grundlage der Vorarbeit von Thomas Harris formulierte Eric Berne vier Einstellungstypen, die auf einer Kombination von positiven/negativen Einstellungen gegenüber sich selbst und anderen basieren (Harris 1969; Berne 2004). Die erstrebenswerteste Einstellung des Projektmanagers ist die „+/+"-Einstellung: „Mir geht es gut/Ich bin zufrieden/Ich mache meine Sache richtig – Dir geht es gut/Du bist zufrieden/Du machst deine Sache richtig." (engl. „I am OK – You are OK"). Diese konstruktive, gutmütige Einstellung:

- verzichtet auf Vergleiche
- behandelt andere offen und respektvoll
- betrachtet andere als ebenso wichtig wie sich selbst
- kritisiert auf eine konstruktive, nicht erniedrigende Art
- ist die Einstellung eines Siegers

Franklin Ernst beschrieb Bernes Einstellungen im sogenannten OK-Gehege (Ernst 1971). Jeweils zwei Dimensionen: „Ich" und „Du" weisen zwei Richtungen: „OK" und „Nicht-OK" aus.

Ernst argumentiert, dass wir uns in unserem täglichen Verhalten stets zwischen allen Einstellungen bewegen. Mittels einer Skalierung der Richtungen können wir lediglich die Verteilung unserer persönlichen Energie in Form eines Korrelogramms und damit die Präferenzen unserer Einstellung zum Ausdruck bringen (siehe Abb. 04:00-6).

Auf dem Korrelogramm von Ernst setzen wir die Positionen im Leben ein (Psyquo b 2013). Die Linien drücken unsere Orientierung hinsichtlich bestimmter Positionen aus. Das dunkle Viereck ist die durchschnittliche Position, die wir im Leben einnehmen. Das Individuum im Beispiel in Abb. 04:00-6 verhält sich auf eine positive, gut ausgewogene Art, mit einer positiven Einstellung gegenüber anderen und einer guten Wirkung auf das Umfeld, ist ausgerichtet auf Problemlösungen, akzeptiert allgemeine Regeln, verliert in emotionalen Situationen nicht die Beherrschung und hat einen guten Sinn für Humor – eine äußerst willkommene Lebensposition für Projektmanager, denen Erfolg in ihrem Arbeits- und Privatleben von Bedeutung ist.

Die OKheit/Nicht-OKheit kann nicht unter ideographischen (spezifische Fälle und einzigartige Eigenschaften oder funktionierende Individuen (Turvey 2008)) oder phänomenologischen (private Denkweise, nicht unbedingt in Bezug zur objektiven Realität (Lazarus und Folkman 1984)) Aspekten untersucht werden (Boholst 2002). Boholst identifizierte die zwei Faktoren „Ich" und „Du" als dominierend gegenüber dem zugrundeliegenden OK/nicht OK. Diese im Beispiel in Abb. 04:00-6 verwendete Skala ist relativ und muss mit einem möglichst breiten Sample kalibriert werden. Daher ist es beim Testen der eigenen Lebensposition ratsam, sich die Kalibrierungsgrundlage des Tests anzueignen.

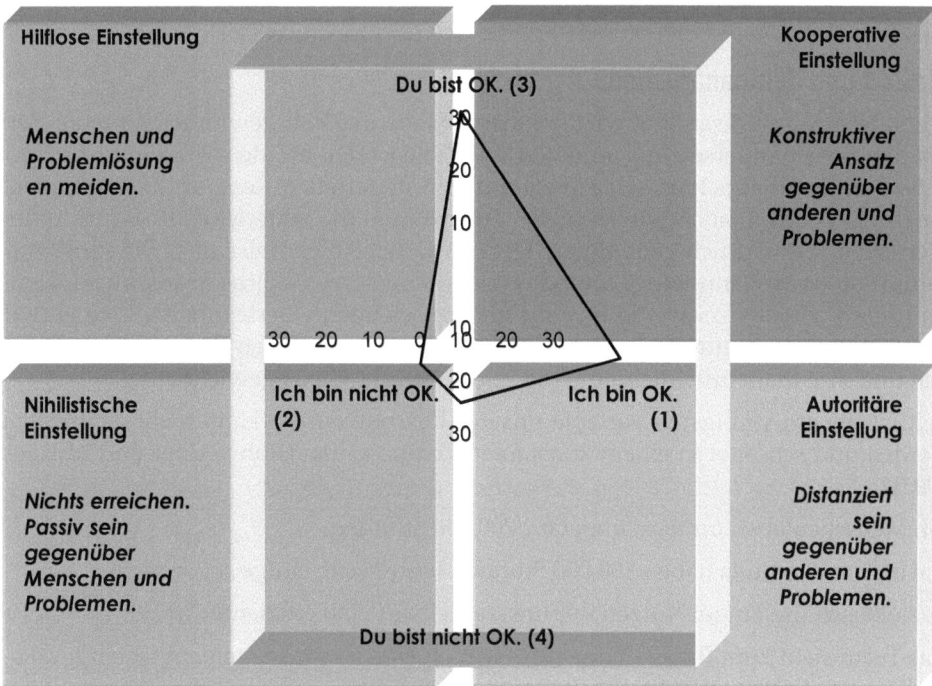

Abb. 04:00-6 Korrelogramm der „Ich bin OK – Du bist OK" Einstellung. (*) Lebenspositionen (Psyquo b 2013)

Wir fassen dieses Unterkapitel wie folgt zusammen:

Ein ausgeglichenes Selbstmanagement konzentriert sich bezüglich der immateriellen Ressourcen auf die Verbesserung mentaler Modelle, auf das kritische Denken, auf moralische Standards und auf eine kooperative „Ich bin OK. – Du bist OK." Einstellung.

04:26 Materielle persönliche Ressourcen

Entscheidungsprozess

Die persönlichen materiellen Ressourcen umfassen unsere physische Konstitution und Kondition, die im Laufe der Zeit genutzt werden.

Die materiellen Ressourcen sind ebenso individuell wie die immateriellen (Forsyth 2007; Brügge 2011). Eine gut ausgewogene physische Kondition ist für die allgemeine Ausgewogenheit von Arbeit und Privatleben wichtig. Ein müdes (überarbeitetes) Teammitglied neigt eher zu Fehlern; ein gestresster Manager lehnt wahrscheinlicher einen vernünftigen Vorschlag ab. Mittels der SWOT-Analyse können wir feststellen, ob unsere physischen Fähigkeiten und Fertigkeiten den gegenwärtigen Anforderungen unserer Stelle entsprechen und demnach angemessen handeln.

Die Zeit und Zeitmanagement

Besondere Aufmerksamkeit wird an dieser Stelle der Zeit gewidmet. Obwohl Zeit für die Auseinandersetzung mit Werten, Zielen oder für den Kognitionsprozess notwendig ist, betrachten wir sie als mit den materiellen Ressourcen verbunden. Bei jeder Aktivität, auch intellektueller Art, werden die materiellen Ressourcen des Menschen in Anspruch genommen. Denken wir beispielsweise über die Projektorganisation nach, dann wird zumindest ein Teil unseres Gehirns beansprucht. Konzentrieren wir uns zeitweilig nur auf unsere geistigen Überlegungen, können wir ggf. nichts anderes tun. Daher ist Zeit mit unseren materiellen Ressourcen verbunden und ihre Inanspruchnahme wirkt sich auf unser Gleichgewicht aus.

Zeit ist die am wenigsten variable unserer Ressourcen: sie kann nicht angehalten werden und schreitet in einem konstanten Tempo voran (Rohwedder und Milszus 2003).

Ein Menschenleben umfasst ungefähr 700.000 Stunden.

Die meisten von uns haben 200.000 Stunden hinter sich, einige sogar mehr...

Es stellt sich die Frage: Nutzen wir unsere Zeit auf eine effiziente Art?

Das Team sieht zum Projektleiter auf – sein eigenes Zeitmanagement ist ein Indikator für seine Fähigkeiten im Projektmanagement.

Mehrere Autoren bieten Anleitungen für ein erfolgreiches Zeitmanagement an, nur um einige neuere zu nennen (Brügge 2011; Alexander und Dobson 2009; Forsyth 2007; Mancini 2007). Allen Ansätzen, inklusive dem des Nonkonformisten Ralph Brügge, ist zweierlei gemeinsam:

- Die Analyse des gegenwärtigen Zeitmanagements und
- Ein personenorientierter Ansatz.

Die vorgeschlagenen Mittel dagegen variieren. Ihre Synthese, die vom Autor seit mehreren Jahren in unterschiedlichen Kulturen praktiziert wird, umfasst folgendes:

1. Analyse der gegenwärtigen Zeitnutzung
   - Analyse der täglichen Praxis
   - Identifikation der Zeitdiebe
   - Evaluierung des Stresspotentials
2. Identifikation des Verbesserungspotentials
   - Klassifikation der Aktivitäten anhand der eigenen Prioritäten

- Identifikation der Verteilung der eigenen physiologischen Leistungsfähigkeit über 24 Stunden
- Definition des persönlichen Gleichgewichts zwischen Arbeit und Privatleben
- Auswahl und Anpassung der Aktivitäten/des Zeitfensters
- Ausscheiden der gewählten Aktivitäten
3. Persönlicher Optimierungsvertrag
    - Festlegen der eigenen Ziele und Prioritäten
    - Festlegen der notwendigen Handlungen und Fristen
    - Optimale Verteilung der Zeit/Aktivitäten während des Tages
    - Festlegen von Kontrollzeitpunkten

Analyse der gegenwärtigen Zeitnutzung

Die Analyse unseres Alltags erlaubt es uns, das Potential der Optimierung der Zeitnutzung zu identifizieren. Die Analyse hat drei Ebenen:

a) Was sind unsere gegenwärtigen Prioritäten?
b) Wo liegen diejenigen sozialen Pflichten, die nicht einfach zu ändern sind?
c) Die „10 %" Defizite (Rohwedder und Milszus 2003)

Geeignete Techniken werden im Unterkapitel 04:36 10 %-Regel der Unzulänglichkeit erläutert.

Zeitdiebe sind aufgezwungene Aktivitäten, welche unseren Zielen nicht dienen, dennoch unsere Zeit stehlen: kurze Unterhaltungen mit dem Vorgesetzten, Verkaufsanrufe, irrelevante Dringlichkeiten.

Der letzte Analysegegenstand ist das Stresspotential. Stress ist eine unspezifische Reaktion unseres Körpers auf interne oder externe Umstände, die zusätzliche Anstrengung erfordern: Herzfrequenz, Atemfrequenz, Muskelspannung, Stoffwechsel und Blutdruck erhöhen sich (Davis 2008). Stress ist subjektiv, d. h. jeder reagiert anders auf unterschiedliche Stressoren. In der Stressbewertung werden drei Phasen unterschieden: Herausforderungs-, Bedrohungs- und Schadens-/Verlustphase (Lazarus und Folkman 1984). Abb. 04:00-7 zeigt die Stressbewertung bezogen auf unsere Leistungen als Funktion der steigenden Arbeitsbelastung.

Geringfügige Stresserhöhungen, meist wegen höherer Belastung, beeinflussen unsere Effizienz unter normalen Umständen auf positive Weise bis zu dem Punkt, an dem Müdigkeit die Oberhand gewinnt. Wir erreichen unsere Höchstleistung. Die Erschöpfung beginnt mit jeder zusätzlichen Belastung durch Stressoren und verringert unsere Leistung bis hin zum Punkt der Erkrankung – an diesem Punkt gibt es kein Zurück mehr. Burnout, psychischer Zusammenbruch und mehrere Monate in Therapie können folgen. Ein klares Wertesystem dient als Abwehr: Creswell et al. (Creswell et al. 2005) wiesen nach, dass die Selbstbestätigung von Werten eine positive Wirkung auf die Stressabwehr hat.

Stresssymptome und -ursachen werden im Unterkapitel 04:39 Stresssymptome und Stressoren beschrieben.

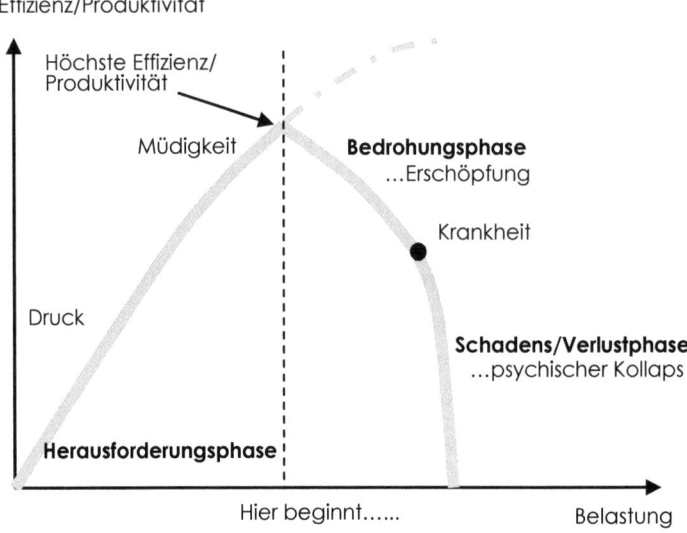

Abb. 04:00-7 Auswirkungen von Stress auf die Effizienz und die Produktivität (Knoblauch, 1991)

04:30 Techniken und Werkzeuge

04:31 Beurteilung der eigenen Werte

Werteklassifizierung nach Rokeach

In der Evaluation persönlicher Wertesysteme basiert die Mehrheit an Inventaren auf der Werteklassifizierung nach Rokeach (RVS), die oben im Unterkapitel 04:22 System persönlicher Werte behandelt wurde (Kahle und Valette-Florence 2012, Chen 2009, Asendorpf 2007, Baker 2002 und weitere) Durch die Festlegung einer exakten Reihenfolge, welche Werte wichtig und welche weniger wichtig sind, erhalten wir einen Leitfaden zur Bewertung unserer Ziele. Beispiele für Ziel- und Instrumentalwerte laut der RVS werden in den Tabellen 04:00-1 und 04:00-2 gegeben:

Tabelle 04:00-1 Werteklassifizierung nach Rokeach: Zielwerte (Rokeach 1973)

Zielwerte		
Nr.	Kriterium	Beschreibung
1	Ein komfortables Leben	Ein Leben in Wohlstand
2	Gleichberechtigung	Bruderschaft, gleiche Möglichkeiten für alle
3	Ein aufregendes Leben	Ein stimulierendes, aktives Leben
4	Geborgenheit in der Familie	Sich um Nahestehende kümmern
5	Freiheit	Unabhängigkeit und Wahlfreiheit
6	Gesundheit	Physisches und mentales Wohlergehen
7	Innere Harmonie	Befreiung von inneren Konflikten
8	Reife Liebe	Sexuelle und geistige Intimität
9	Staatliche Sicherheit	Schutz vor Angriffen
10	Vergnügen	Ein genießbares, gemächliches Leben
11	Erlösung	Gerettet sein, ewiges Leben
12	Selbstrespekt	Selbstwertgefühl
13	Gefühl von Erfüllung	Ein dauerhafter Beitrag
14	Soziale Anerkennung	Respekt und Bewunderung
15	Wahre Freundschaft	Enge Kameradschaft
16	Weisheit	Ein reifes Verständnis des Lebens
17	Eine friedvolle Welt	Eine von Krieg und Konflikten befreite Welt
18	Eine schöne Welt	Schönheit der Natur und der Künste

Tabelle 04:00-2 Werteklassifizierung nach Rokeach: Instrumentalwerte (Rokeach 1973)

Instrumentale Werte		
Nr.	Kriterium	Beschreibung
1	Ambitioniert	Fleißig und ehrgeizig
2	Aufgeschlossen	Unvoreingenommen
3	Fähig	Kompetent, effektiv

4	Sauber	Ordentlich und aufgeräumt
5	Tapfer	Tritt für seine Ansichten ein
6	Versöhnlich	Bereit, anderen zu verzeihen
7	Hilfsbereit	Arbeitet für das Wohl anderer
8	Ehrlich	Aufrichtig und wahrhaftig
9	Einfallsreich	Wagemutig und kreativ
10	Unabhängig	Selbstverantwortlich, selbstgenügsam
11	Intellektuell	Intelligent und reflektierend
12	Logisch	Konsistent, rational
13	Liebevoll	zugeneigt und zärtlich
14	Loyal	Freunden oder der Gruppe treu
15	Gehorsam	Pflichtbewusst, respektvoll
16	Höflich	Wohlgesittet, mit guten Manieren
17	Verantwortungs-bewusst	Zuverlässig, vertrauenswürdig
18	Kontrolliert	Zurückhaltend, diszipliniert

04:32 Evaluierung der eigenen Ziele
Kriterien der Zielevaluierung

In Anlehnung an Emmons und Kaiser (1996) können diverse Ziele anhand von vier Perspektiven bewerten werden:

- Finanzielle Vorteile:
    Zeigt direktes Einkommen durch das Erreichen dieses Ziel an
- Emotionen/Gefühle:
    Zeigt an, wie aufregend es ist, dieses Ziel zu erreichen
- Wirkung:
    Zeigt an, in welchem Ausmaß dieses Ziel hilfreich ist und das Erreichen anderer Ziele unterstützt
- Erreichbarkeit
    Bezeichnet die Chancen und die einmalige oder dauerhafte Möglichkeit, das Ziel zu erreichen

Die resultierenden exemplarischen Bewertungen werden in Abb. 04:00-8 dargestellt.

04:30 Techniken und Werkzeuge

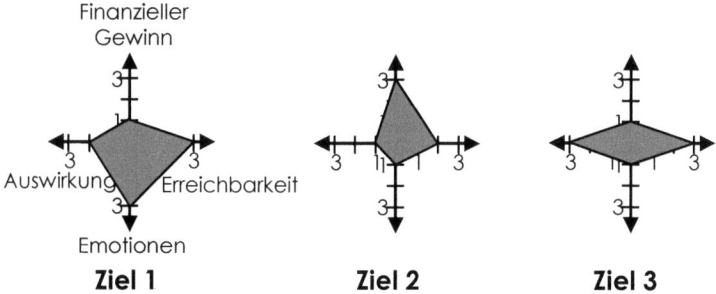

Abb. 04:00-8 Zielbewertung

Ziel 1 bietet ein hohes Maß an Emotionen an und ist erreichbar. Ziel 2 ist rein finanziell orientiert mit einer gewissen Möglichkeit, es zu erreichen. Ziel 3 ist sehr hilfreich für andere Ziele und sehr wahrscheinlich zu erreichen.

04:33 Beurteilung der eigenen intrinsischen Motivation
Inventar der intrinsischen Motivation

Ryan und seine Kollegen der University of Rochester entwickelten das Inventar der intrinsischen Motivation (IMI), um subjektive Erfahrungen in Hinsicht auf Zielaktivitäten zu messen (Ryan 2011).

Alle Fragen müssen mit Werten RV zwischen 1 (überhaupt nicht) und 7 (sehr viel) beantwortet werden. Die mit R markierten Fragen sind umgekehrt: der Ergebniswert folgt aus der Differenz zwischen den Antworten RV deduziert vom Wert 8. Das Gesamtergebnis ist relativ – der Schwellenwert kann so festgelegt werden, dass die Ebene der intrinsischen Motivation beurteilt werden kann. Die Tabellen 04:00-3 bis 04:00-8 beinhalten die Variablen (Faktoren) von Ryans IMI.

Tabelle 04:00-3 Ryan IMI: Interesse/Genuss (Ryan 2011)

Nr.	Interesse/Genuss Variablen (Faktor)	Wert RV 1-7	Ergebnis
1	Ich habe diese Aktivität sehr genossen	RV1	= RV1
2	Diese Aktivität hat Vergnügen bereitet	RV2	= RV2
3	Diese Aktivität war langweilig (R)	RV3	= 8 - RV3
4	Diese Aktivität konnte meine Aufmerksamkeit überhaupt nicht fesseln (R)	RV4	= 8 - RV4
5	Ich würde diese Aktivität als sehr interessant beschreiben	RV5	= RV5

6	Diese Aktivität war für mich ziemlich genussvoll	RV6	= RV6
7	Während dieser Aktivität dachte ich darüber nach, wie sehr ich sie genieße	RV7	= RV7
Gesamtpunktzahl: Interesse/Genuss			= ΣRV1-7

Tabelle 04:00-4 Ryan IMI: wahrgenommene Kompetenz (Ryan 2011)

Nr.	wahrgenommene Kompetenz Variablen (Faktor)	Wert RV 1-7	Ergebnis
1	Ich denke, ich bin ziemlich gut in dieser Aktivität	RV1	= RV1
2	Ich denke, diese Aktivität gut gemacht zu haben im Vergleich zu anderen	RV2	= RV2
3	Nachdem ich mit dieser Aktivität eine Weile beschäftigt war, fühle ich mich ziemlich kompetent	RV3	= RV3
4	Ich bin mit meiner Leistung bei dieser Aufgabe zufrieden	RV4	= RV4
5	Ich war bei dieser Aktivität ziemlich geschickt	RV5	= RV5
6	Ich konnte diese Aktivität nicht gut ausführen (R)	RV6	= 8 - RV6
Endergebnis: wahrgenommene Kompetenz			= ΣRV1-6

Tabelle 04:00-5 Ryan IMI: Mühe/Wichtigkeit (Ryan 2011)

Nr.	Mühe/Wichtigkeit Variablen (Faktor)	Wert RV 1-7	Ergebnis
1	Ich habe mir damit sehr viel Mühe gegeben	RV1	= RV1
2	Ich habe mir bei dieser Aktivität nicht sehr viel Mühe gegeben (R)	RV2	= 8 - RV2
3	Ich habe mir bei dieser Aktivität sehr viel Mühe gegeben	RV3	= RV3
4	Es war mir wichtig, die Aufgabe gut zu erledigen	RV4	= RV4
5	Ich habe nicht viel Energie hineingesteckt (R)	RV5	= 8 -RV5
Endergebnis: Mühe/Wichtigkeit			= ΣRV1-5

Tabelle 04:00-6 Ryan IMI: Druck/Spannung (Ryan 2011)

Nr.	Druck/Spannung Variablen (Faktor)	Wert RV 1-7	Ergebnis
1	Ich war während der Aktivität überhaupt nicht nervös (R)	RV1	= 8 - RV1
2	Ich war während der Aktivität sehr angespannt	RV2	= RV2
3	Ich war während der Aktivität sehr entspannt (R)	RV3	= 8 - RV3
4	Ich war während der Aktivität nervös	RV4	= RV4
5	Ich fühlte mich während der Aktivität unter Druck	RV5	= RV5
Endergebnis: Druck/Spannung			= ΣRV1-5

Tabelle 04:00-7 Ryan IMI: Wert/Nützlichkeit (Ryan 2011)

Nr.	Variablen: wahrgenommene Wahlmöglichkeit (Faktor)	Wert RV 1-7	Ergebnis
1	Ich glaube, ich hatte die Wahl diese Aktivität auszuführen	RV1	= RV1
2	Ich fühlte, dass es nicht meine eigene Wahl war diese Aufgabe auszuführen (R)	RV2	= 8 - RV2
3	Ich hatte keine Wahl bezüglich dieser Aufgabe (R)	RV3	= 8 - RV3
4	Ich fühlte mich, als ob ich dies tun musste (R)	RV4	= 8 - RV4
5	Ich führte diese Aktivität aus, da ich keine Wahl hatte (R)	RV5	= 8 - RV5
6	Ich führte diese Aktivität aus, da ich es wollte	RV6	= RV6
7	Ich führte diese Aktivität aus, da ich es musste (R)	RV7	= 8 - RV7
Endergebnis: wahrgenommene Wahlmöglichkeit			= ΣRV1-7

Tabelle 04:00-8 Ryan IMI: Bezug (Ryan 2011)

Nr.	Bezogenheit Variablen (Faktor)	Wert RV 1-7	Ergebnis
1	Ich fühle eine Distanz gegenüber dieser Person (R)	RV1	= 8 - RV1
2	Ich bezweifle ernsthaft, dass ich mit dieser Person jemals Freundschaft schließen werde (R)	RV2	= 8 - RV2
3	Ich fühle, dass ich dieser Person wirklich vertrauen kann	RV3	= RV3
4	Ich würde gerne häufiger mit dieser Person kommunizieren	RV4	= RV4
5	Ich bevorzuge es, zukünftig nicht mit dieser Person zu kommunizieren (R)	RV5	= 8 - RV5
6	Ich glaube nicht, dass ich dieser Person vertrauen kann (R)	RV6	= 8 - RV6
7	Ich würde Freundschaft schließen, wenn ich öfter mit dieser Person kommunizieren würden	RV7	= RV7
8	Ich fühle mich dieser Person nahe	RV8	= RV8
Gesamtergebnis:			= ΣRV1-8

04:34 Beurteilung des persönlichen psychischen Energiefokus

Es gibt drei gut bekannte Werkzeuge, um den Fokus persönlicher Energie, die unsere Haltung gegenüber dem Leben und anderen gegenüber bestimmt, zu beurteilen.

Test der Lebensposition

Dieser Test positioniert unsere psychische Energie in zwei Dimensionen: „Ich bin OK/Ich bin nicht OK" und „Du bist OK/Du bist nicht OK" und kann auf einem Korrelogramm, wie oben im Unterkapitel 04:25 dargestellt, abgebildet werden. Abbildung 04:00-9 zeigt ein Beispielergebnis des Tests nach Psyquo (Psyquo b 2013). Der dunkle Pfeil in der Mitte steht für die relative Orientierung, der Stern für die durchschnittliche Lebenspositionierung.

04:30 Techniken und Werkzeuge

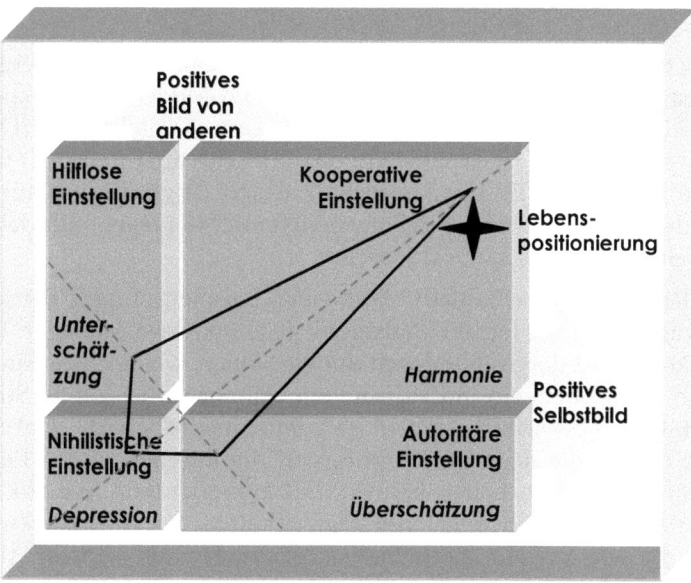

Abb. 04:00-9 Ergebnisse des Tests der Lebenspositionierung (Psyquo b 2013)

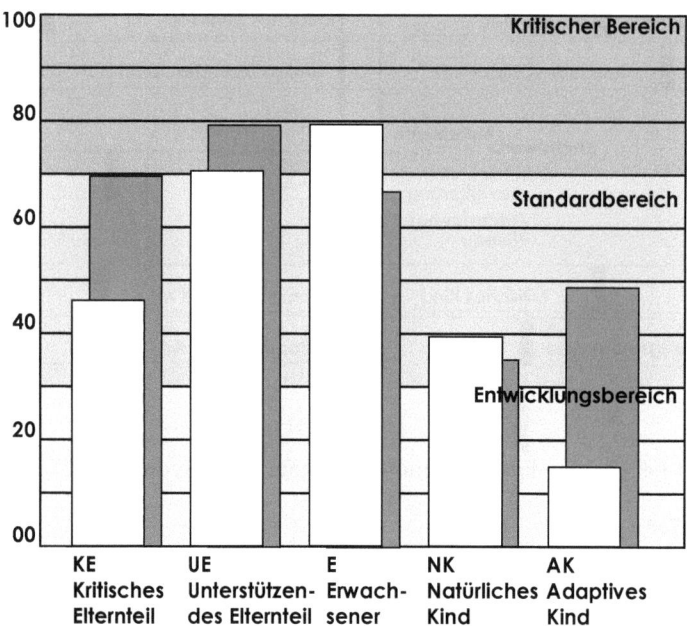

Abb. 04:00-10 Beispiel für Testergebnisse des Egogramms

Egogramm

Nach Dusey teilt ein Individuum seine Zeit und seine psychische Energie in variierendem Ausmaß den Ich-Zuständen von Bernes TA-Modell (Transaktionsanalyse) zu (siehe 02:00 Kommunikationsmanagement, Unterkapitel 02:22) (Dusey 1977). Der erwachsene Zustand ist zweigeteilt: das kritische Elternteil (KE) und das unterstützende Elternteil (UE). Der kindliche Zustand ist geteilt in natürliches Kind (NK) und adaptives Kind (AK). Ein Fragebogen mit 143 Fragen hilft dabei, unseren Fokus für Zeit und Energie zu positionieren.

Abbildung 04:00-10 (weiße Säulen) bildet einen Beispieltest nach Patrick Wagners Tests ab (Wagner 2013). Heinzel analysierte 4000 deutsche Manager. Der Median in Abb. 04:00-10 wird dargestellt durch dunkle Säulen. Die höchste Säule stellt den Zustand dar, in welchem ein Individuum am wahrscheinlichsten in Stresssituationen handelt. Eine Abweichung von +/- 15 vom Standardbereich zeigt Extreme an, welche eine dominante negative Wirkung auf die interpersonalen Relationen zu anderen Teammitgliedern haben können. Ein Energogramm verstärkt die unterschiedlichen positiven und negativen Eigenschaften der fünf Ich-Zustände. Ein Beispiel für die von Psyquo stammenden Testergebnissen wird in Abb. 04:00-11 dargestellt:

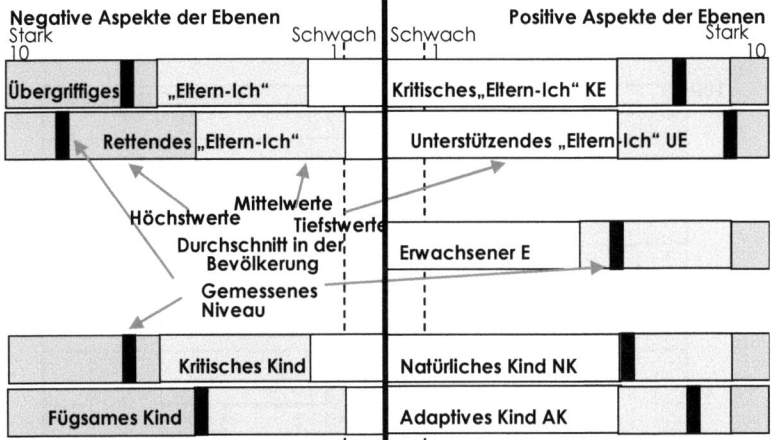

Abb. 04:00-11 Beispiel der Energogramm-Testergebnisse (Psyquo c 2013)

04:35 SWOT-Analyse

Unsere Chancen, die richtigen Ziele zu setzen, erhöht sich mit der Umsetzung unserer Stärken („S") und der Ausnutzung unserer Möglichkeiten („O"), die Schwächen („W") erhöhen das Risiko, während die Gefahren („T") Faktoren darstellen, die das Erreichen des Ziels verhindern. Abb. 04:00-12 stellt ein Beispiel für SWOT dar (Furugori 2013).

04:30 Techniken und Werkzeuge

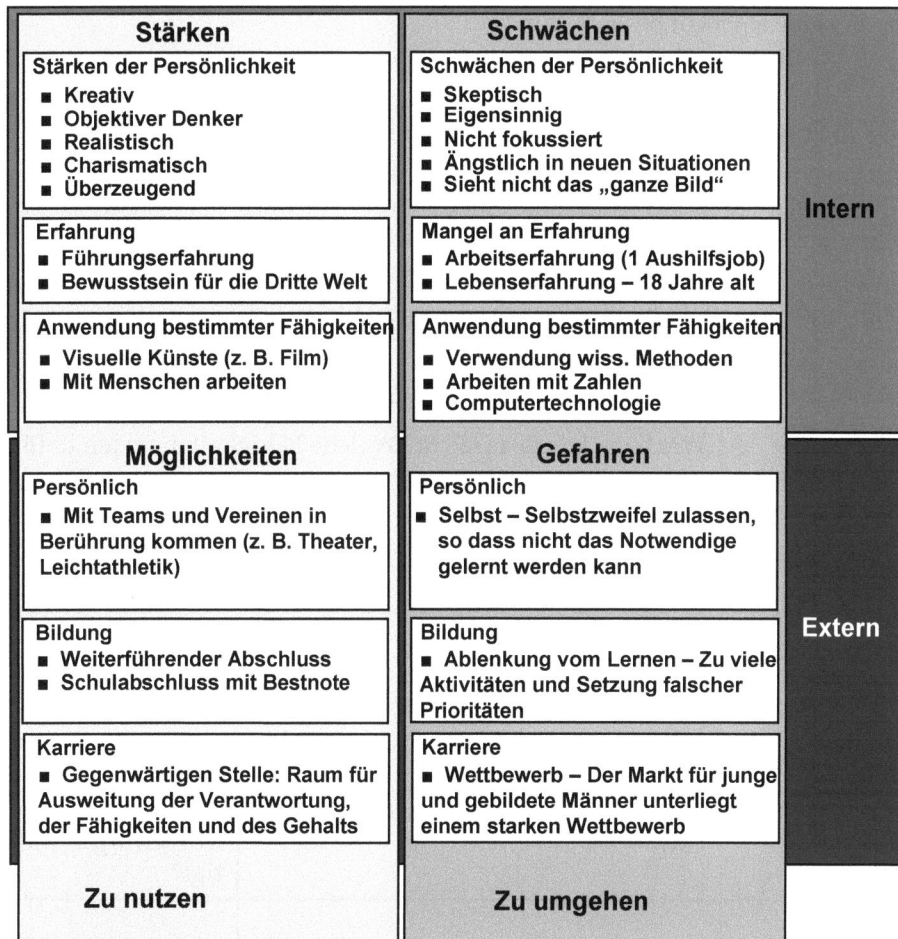

Abb. 04:00-12 Beispiel einer SWOT-Analyse (Furugori 2013)

Um objektive und stimmungsunabhängige Bewertungen zu erreichen, muss die Analyse von Stärken und Schwächen periodisch durchgeführt werden. Ehrliche und verbindliche Antworten auf die Fragen mit positiver und negativer Polarisierung, welche sich auf die einzelnen SWOT-Profile beziehen, helfen bei der Positionierung eines Individuums (Rohwedder und Milszus 2003).

Fragen mit positiver Polarisierung:
- Was bin ich bereit zu tun?
- Was kann ich gut?
- Was schätzen andere Menschen an mir?

Fragen bezüglich der negativen Polarisierung können genauso hilfreich sein:

- Was tue ich nicht besonders gerne?
- Worin bin ich schlecht?
- Wo traten Konflikte auf?

SWOT in Form der Analyse der eigenen Erfolgs- und Misserfolgsbilanz

Kritisch bei SWOT ist die Auswahl der Kriterien: Sie sind im obigen Beispiel und bei den Fragen von Rohwedder und Milszus unterschiedlich, sollten aber in Übereinstimmung mit den gewählten persönlichen Ziele formuliert werden.

Als Alternative bietet sich die in Tabelle 04:00-9 dargestellte Analyse der eigenen Erfolgs- und Misserfolgsbilanz (Rohwedder und Milszus 2003):

Tabelle 04:00-9 SWOT Erfolg-Misserfolg-Bilanz (Rohwedder und Milszus 2003)

Meine wichtigsten Erfolge und Errungenschaften	Wie habe ich sie erreicht? Welche Fähigkeiten waren dafür notwendig?	
1.		
2.		
3.		
4.		
....		
Meine größten Misserfolge	Welche Fähigkeiten fehlten in diesem Fall?	Wie habe ich den Misserfolg bewältigt?
1.		
2.		
3.		
4.		
...		

Feedbackmeinungen

Die dritte Form der SWOT-Analyse stellt ein ehrliches und verständliches Feedback von jemandem dar, dem wir vertrauen und der unsere Werte, Ziele und unseren Alltag in ausreichendem Maße kennt. Dies kann ein Trainer, Freund oder Verwandter sein. Die in Kapitel 00:00 Konfliktmanagement KFM erläuterten Regeln von PACTAR (siehe Unterkapitel 00:32 PACTAR) und Feedback (siehe 00:33 Feedback im Konfliktmanagement) können an dieser Stelle ebenfalls hilfreich sein.

04:36 10 %-Regel der Unzulänglichkeit
Analyse der Aktivitäten und der Zeit

Eine interessante Technik der Beurteilung (egal, ob wir die Zeit nun bestmöglich nutzen oder nicht) stammt von Rohwedder und Milszus (Rohwedder und Milszus 2003):

Zunächst sollten die typischen Tagesaktivitäten minutiös aufgeschrieben werden, inklusive ihrer Anfangs- und Endzeit sowie ihrer Dauer (siehe Tabelle 04:00-10).

Als Nächstes soll jede Aktivität wie folgt beurteilt werden:

- War die entsprechende Aktivität notwendig?

    Sollten sich mehr als 10 % der Aktivitäten als unnötig erweisen, bedeutet dies, dass die Aufgaben schlecht zugeteilt oder ihre Prioritäten falsch gesetzt wurden.

- War der für diese Aktivität benötigte Zeitraum angemessen?

    Wenn der Zeitaufwand für die Aktivitäten um 10 % oder mehr von dem abweicht, was wir für angemessenen halten, sollten wir die Gründe dafür ausfindig machen und geeignet reagieren. Die Ursachen umfassen z. B. falsche Einschätzung bezüglich der notwendigen Zeit, der Arbeitstechniken oder der Selbstdisziplin.

- War die Leistung sinnvoll (zielorientiert)?

    Wenn mehr als 10 % der Leistungen nicht unseren Zielen entsprechen, dann sollte der Planungs- und Organisationsprozess korrigiert werden.

- War die Wahl der Frist angemessen?

    Wenn die Wahl der Frist sich bei mehr als 10 % der Fälle als falsch erweist, dann sollte die Planung und Zeitverteilung erneut analysieren werden.

Diese 10 %-Regel der Unzulänglichkeit erweitern wir auf zwei Ereignisse, welche über einen längeren Zeitraum, d. h. eine Woche oder einen Monat, auftreten können:

- Gibt es in Ihrem Zeitplan Unterbrechungen mit negativer Auswirkung?

    Sollte mehr als 10 % der Gesamtzeit wegen ungeplanter und nicht zielorientierter Veranstaltungen verloren gehen (Ihr Vorgesetzter möchte mit Ihnen plaudern, die Kostenabteilung verlangt nach Erklärungen usw.), sollten Sie diese ausdrücklich ablehnen.

- Gibt es in Ihrem Zeitplan Zeitdiebe?

    Zeitdiebe sind diejenigen Aktivitäten, die zu unseren Zielen nichts beitragen. Wenn mehr als 10 % der Gesamtzeit solchen Aktivitäten gewidmet worden ist, ist eine Verhaltensänderung ratsam: ablehnen, verlegen, Häufigkeit des Auftretens verringern, es verhindern oder darauf verzichten.

Knoblauch (Knoblauch 1991) schreibt bis zu 28 % der Zeitverluste Unterbrechungen und Zeitdieben zu.

04:37 Prioritäten festlegen

Die folgenden Ansätze der Festlegung von Prioritäten sind praktikabel:
1. Entscheidung nach Dringlichkeit und Wichtigkeit
2. Entscheidung nach Gewinn
3. Entscheidung nach dem Gewinn-Aufwand-Verhältnis
4. Entscheidung nach Relevanz/verfügbarer Zeit

Der erste Ansatz wird Präsident Dwight D. Eisenhower zugeschrieben. Er wird oft folgendermaßen zitiert: „Wichtiges ist selten dringend, und Dringendes ist selten wichtig" – der Autor konnte die Originalquelle hierfür nicht identifizieren (Badiru 2009; Rohwedder and Milszus 2003; Seiwert 2005). Da dieser Ansatz weitgehend als Eisenhower-Prinzip bezeichnet wird, wird diese Bezeichnung in diesem Buch auch weiter verwendet.

Eisenhower-Prinzip

Eisenhower teilte ein leeres Blatt Papier in vier Bereiche ein (siehe Abb. 04:00-13) und teilte Aufgaben nach ihrer Dringlichkeit und Wichtigkeit zu:

- Bereich A:

    Dringende und wichtige Aufgaben, die sofort ausgeführt werden müssen

- Bereich B:

    Wichtige, nicht dringende Aufgaben. Eine Frist für ihre Ausführung liegt fest, und die Aufgaben werden fristgerecht ausgeführt oder entsprechend weitergeleitet.

- Bereich C:

    Umfasst Aufgaben mit einer geringeren Wichtigkeit als die der Aufgaben der Bereiche A und B, die aber dennoch dringend sind. Diese Aufgaben sollen an jemandem delegiert werden, um unsere Zeit für die Ausführung der wichtigen Aufgaben der Bereiche A und B zu sparen.

- Bereich D:

    Aufgaben, die weder wichtig noch dringend sind. Ihre Ausführung sollte in Frage gestellt werden. Sollte sich erweisen, dass sie ausgeführt werden müssen, sollten sie an jemandem weitergegeben werden. Wenn es möglich ist, sollten wir sie aufgeben werden und es sollten die notwendigen organisatorischen Vorkehrungen getroffen werden, um das Auftreten solcher Aufgaben zu reduzieren.

Die den Aufgaben der jeweiligen Bereiche zugeteilte Zeit für die Ausführung soll in Hinsicht auf die individuellen Ziele folgende Prioritäten berücksichtigen: Der größte Anteil soll den Aufgaben des Bereichs A gewidmet werden, gefolgt von der gleichmäßigen Zeitzuteilung für die Bereiche B und C. Dem Bereich D sollte so wenig Zeit wie möglich zukommen.

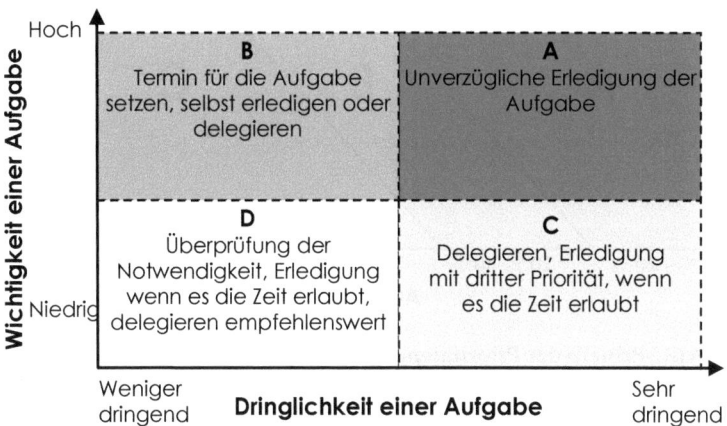

Abb. 04:00-13 Eisenhower-Prinzip der Zuteilung von Aufgabenprioritäten

Pareto-Prinzip

Der zweite Ansatz wird Vilfredo Pareto zugeschrieben, der 1906 die Verteilung von Reichtum in Italien evaluierte und zum Ergebnis gelangte, wonach 80 % des Reichtums in Italien 20 % der Menschen gehört. Dieses Prinzip wurde 1940 vom amerikanischen Geschäftsmann Joseph Juran als die 80:20-Regel für qualitative Herstellung eingeführt (Tracy 2010). In der Automobilherstellung erbringen 20 % der Ausstattungsmöglichkeiten des Fahrzeugs 80 % des Umsatzes, während die restlichen Möglichkeiten zusammen 20 % erbringen. Also ist das Kriterium für die Festlegung von Prioritäten der erwartete Gewinn. Wir fangen mit der am meisten Gewinn bringenden Aktivität an, bis 20 % des Aufwandes erreicht sind. Alles, was über diesen Wert hinausgeht, wird voraussichtlich weniger Gewinn bringen, als die Aktivitäten in der ersten Gruppe.

ABC-Prinzip

Eine Ableitung vom 80:20-Pareto-Prinzip ist die ABC-Kategorisierung. Hierbei bringen 15-20 % des Aufwandes 70-80 % des Gewinns ein (A-Klasse). Die restlichen 80 % des Aufwandes werden in die zwei Klassen B und C aufgeteilt. In der Klasse B erbringen 20-40 % des Aufwandes in den meisten Fällen 20-40 % des Gewinns, während in der Klasse C bis zu 65 % des Aufwandes weniger als 5 % des Gewinns einbringt (Oakland 2008). Abb. 04:00-14 illustriert diesen Fall:

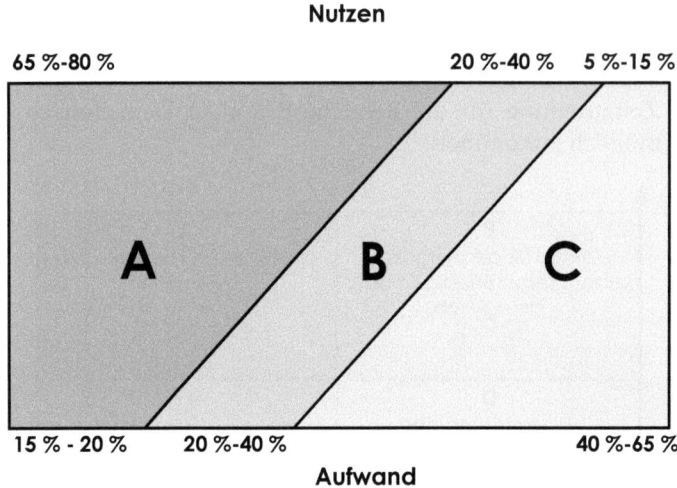

Abb. 04:00-14 ABC-Prinzip der Prioritätenzuweisung

Relevanz/verfügbare Zeit

Auf welchem Weg auch immer wir Prioritäten zuweisen und folglich die Relevanz einer Aktivität bestimmen, bleibt die Frage, welchen absoluten Zeitaufwand wir jedem Bereich und jeder Klasse zuweisen.

Der Projektmanager sieht sich oft mit unerwarteten Ereignissen und ungeplanten, aber dennoch wichtigen und gewinnbringenden Aktivitäten konfrontiert.

Basierend auf der gegenwärtigen Praxis erwies sich die folgende Heuristik als effektiv:

- Planen Sie zunächst nicht mehr als 60 % der Zeit entlang der ausgewählten Prioritäten ein
- Planen Sie einen Zeitpuffer von 20 % für unvorhersehbare Aktivitäten
- Nutzen Sie bis zu 20 % der Zeit für relevante, aber ungeplante Aktivitäten

04:38 Individuelle physiologische Tagesleistung

Die tägliche physiologische Leistung eines Menschen wird von zwei Uhren kontrolliert:

Von der Schlaf- und Wachuhr sowie der physiologischen Uhr, welche unter anderem unsere Körpertemperatur kontrolliert (Kroemer et al. 2010). Normalerweise folgt unser Tagesrhythmus beiden: Die Temperatur wird während des Wachseins erhöht und während des Schlafes verringert. Verwirrung entsteht bei z. B. Nachtschichten oder Nachtflügen in eine andere Zeitzone – die physische Leistung variiert demnach. Diejenigen, die 8-9 Stunden geschlafen haben, können für die nächsten 15-16 Stunden arbeiten, während diejenigen mit einem Schlafpensum von 5-6 an diesem Punkt ein Nickerchen genießen sollten.

Unsere individuelle physiologische Leistung ist unterschiedlich. Wenige von uns haben eine monotone physiologische Leistung, die meisten erreichen während des ganzen Tags zwei Leistungsspitzen. Knoblauch (Knoblauch 1991) rät dazu, die eigene physiologische Tageskurve als Fähigkeit zu bewerten, nach der Leistungen zwischen 50 % (Schlaf) der eigenen Durchschnittsleistung und 150 % (Spitzenleistungsfähigkeit) liegen. (siehe Abb. 04:00-15).

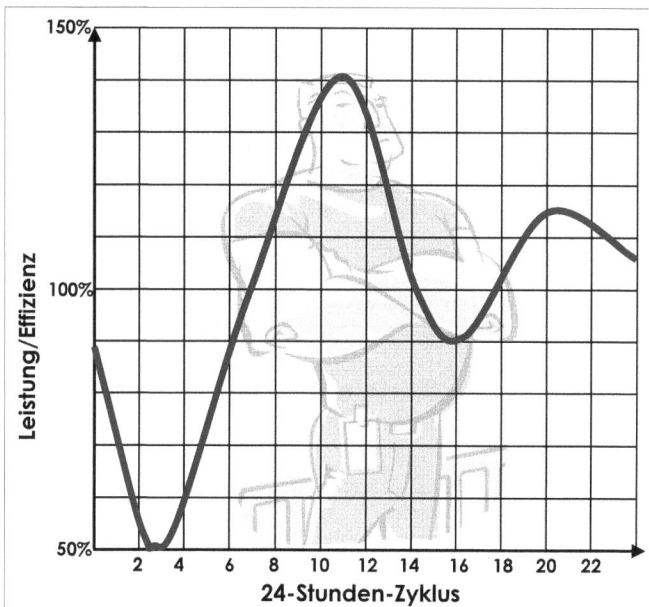

Abb. 04:00-15 Individuelle physiologische Tagesleistung

04:39 Stresssymptome und Stressoren
Skala der sozialen Neuanpassungen SRRS

Auf der Grundlage fundierter Untersuchungen entwickelten Holmes und Rahe eine Skala (Skala der Sozialen Neuanpassungen „Social Readjustment Rating Scale SRRS") mit 43 Stress verursachenden und sich auf Wahrscheinlichkeit von Krankheiten auswirken Ereignissen. Tabelle 04:00-10 gibt die SRRS Skala wieder. (Holmes und Rahe 1967; zitiert nach Shumaker 2010). Die Werte des entsprechenden Ereignisses können markiert und in Ihre Auswertung kopiert werden, wenn sie innerhalb der letzten 12 Monate passiert sind. Tabelle 04:00-11 zeigt die entsprechende Wahrscheinlichkeit von Krankheit innerhalb der nächsten 24 Monaten laut der Statistik von Holmes und Rahe an.

Tabelle 04:00-10 Bewertungsskala sozialer Neuanpassung (Holmes und Rahe 1967)

Nr.	Ereignis (Stressor)	Wert	Ihr Ergebnis
1	Tod des Ehepartners	100	
2	Scheidung	73	
3	Trennung der Ehe	65	
4	Haft im Gefängnis oder einer anderen Institution	63	
5	Tod eines nahen Familienmitglieds	63	
6	Größere persönliche Verletzung oder Erkrankung	53	
7	Heiraten	50	
8	Entlassung	47	
9	Versöhnung mit dem Ehepartner	45	
10	Ruhestand	45	
11	Schwerwiegende Veränderung des Gesundheitszustandes eines Familienmitglieds	44	
12	Schwangerschaft	40	
13	Probleme im Sexualleben	39	
14	Neues Familienmitglied	39	
15	Größere geschäftliche Neuanpassungen	39	
16	Größere Veränderung der finanziellen Lage	38	
17	Tod eines engen Freundes	37	
18	Veränderung der Arbeitsbranche	36	
19	Größere Zunahme der Anzahl an Streitigkeiten mit dem Ehepartner	35	
20	Einlösen eines Darlehens oder einer Hypothek	31	
21	Zwangsvollstreckung einer Hypothek oder eines Darlehens	30	
22	Größere Änderung der Verantwortung an der Arbeitsstelle	29	
23	Ein Kind verlässt das Haus	29	

24	Probleme mit den Schwiegereltern	29
25	Herausragende persönliche Errungenschaften	28
26	Ehepartner beginnt oder beendet die Arbeitstätigkeit	26
27	Beginn oder Ende der Ausbildung	26
28	Größere Veränderung der Lebensumstände	25
29	Revision persönlicher Gewohnheiten	24
30	Ärger mit dem Vorgesetzten	23
31	Größere Änderungen der Arbeitsumstände	20
32	Änderung des Wohnorts	20
33	Änderung der Schule	20
34	Größere Änderung bezüglich Typ/Umfang der Erholung	19
35	Größere Änderung bezüglich kirchlicher Aktivitäten	19
36	Größere Änderung bezüglich sozialer Aktivitäten	18
37	Einlösen eines Darlehens für größere Haushaltsgeräte	17
38	Größere Änderung der Schlafgewohnheiten	16
39	Größere Änderung der Anzahl der Familientreffen	15
40	Größere Änderung der Essgewohnheiten	15
41	Urlaub	13
42	Weihnachten	12
43	Kleinere Gesetzeswidrigkeiten (Strafzettel usw.)	11

Tabelle 04:00-11 Wahrscheinlichkeit von Krankheit während der nächsten 24 Monate nach Holmes und Rahe

Stresswert	=	Wahrscheinlichkeit von Krankheit während der nächsten 24 Monate
150 – 199	=	37 % Wahrscheinlichkeit
200 – 299	=	51 % Wahrscheinlichkeit
300 und höher	=	79 % Wahrscheinlichkeit

Hinsichtlich der Ergebnisse und der Relevanz der SRRS-Skala könnten neuere Entwicklungen in der Psychologie und Neuropsychiatrie sowie neue Techniken Anpassungen in der SRRS erfordern. Kälin und Küng entwickelten ihre eigene Stressskala und untersuchten dies 2006/07 in der Schweiz (Kälin und Küng 2008). Dennoch gibt es kein Werkzeug, das so weitgehend angewandt und akzeptiert wird wie die SRRS, weswegen dieses Buch sie beinhaltet.

Smith (Smith 2008) sieht den Bereich von 40-70 Stresspunkten als den optimalen Bereich zum Arbeiten an. Es wird allerdings eingeräumt, dass der Bereich 80-100 Punkten zu größeren Nachwirkungen führen kann, die sich auf unseren normalen Alltag und unsere Gesundheit auswirken.

04:40 Vorlagen

04:41 Projektmanagementbezogene Dokumente

Analyse der täglichen Aktivitäten und der benötigten Zeit

In der exemplarischen Vorlage in Tabelle 04:00-12 (Rohwedder und Milszus 2003) wird die Aktivität Nr. 1 als unnötig und zur falschen Zeit ausgeführt bewertet. Also wird in den Spalten „War es notwendig" und „Wurde es zur richtigen Zeit getan?" unter der Dauer der Aktivität Nr. 1 „Nein" notiert. Aktivität Nr. 3 wird als unnötig und von unangemessener Dauer angesehen. Folglich wird in den entsprechenden zwei Spalten „Nein" notiert. Aktivität Nr. 2 wurde nicht richtig ausgeführt und dies wird entsprechend notiert. Für jede Aktivität, die auf die richtige Art, zur richtigen Zeit und mit der angemessenen Zeitdauer durchgeführt worden ist, wird in der entsprechenden Spalte ein „Ja" verzeichnet.

Tabelle 04:00-12 Analyse der täglichen Aktivitäten und der dafür notwendigen Zeit

Nr.	Aktivität	Beginn	Ende	Dauer	War es notwendig?		War die Dauer gerechtfertigt?		Wurde es auf die richtige Art getan?		Wurde es zur richtigen Zeit getan?	
					Ja	Nein	Ja	Nein	Ja	Nein	Ja	Nein
1		$t_{1Beginn}$	t_{1Ende}	$t_{D1} = t_{1Emd} - t_{1Begin}$		$T_{N1} = t_{D1}$						$T_{S1} = t_{D1}$
2		$T_{2Beginn}$	T_{2Ende}	$t_{D2} = t_{2Emd} - t_{2Begin}$	Ja					$T_{R2} = t_{D2}$		
3		$T_{3Beginn}$	T_{3Ende}	$t_{D3} = t_{3Emd} - t_{3Begin}$		$T_{N3} = t_{D3}$		$T_{D3} = t_{D3}$				

04:40 Vorlagen

...	...	...	...	...				
i		$T_{4Beginn}$	T_{iEnde}	$t_{Di} = t_{iEmd} - t_{iBegin}$				
...	...	...	...	...				
	Gesamt			$\Sigma_v tD_v$	$\Sigma_v TN_v$	$\Sigma_v TD_v$	$\Sigma_v TR_v$	$\Sigma_v TS_v$
	10 % Schwelle				$\dfrac{\Sigma_v TN_v}{\Sigma_v tD_v}*100\%$	$\dfrac{\Sigma_v TD_v}{\Sigma_v tD_v}*100\%$	$\dfrac{\Sigma_v TR_v}{\Sigma_v tD_v}*100\%$	$\dfrac{\Sigma_v TS_v}{\Sigma_v tD_v}*100\%$

Nachdem alle Aktivitäten evaluiert wurden, wird das Ergebnis für die Spalten „Dauer" und „Nein" berechnet. Die Beziehung von „Nein" zur gesamten Zeit, multipliziert mit 100 %, gibt uns den Wert, der ober- oder unterhalb der Schwelle von 10 % liegt.

Analyse von Unterbrechungen und Zeitdieben

Eine weitere Sicht auf die verwendete Zeit wird in Tabelle 04:00-13 dargestellt. Eine Schätzung hilft dabei, das Optimierungspotential zu identifizieren (Rohwedder und Milszus 2003).

Tabelle 04:00-13 Analyse der Ursachen für Unterbrechungen der Arbeit

Unterbrechung verursacht von:	Person, die die Unterbrechung oder den Zeitdiebstahl verursacht hat		Schlussfolgerung:
	Unterbrechungen und Zeitdiebstahl verursacht von anderen Personen	Selbst verursachte Unterbrechungen und Zeitdiebstähle	Vermeiden der Unterbrechung / Minimierung der Unterbrechung / Vermeiden der Unterbrechung nicht möglich
Ungeplantes Telefonat			
Durchgehen von E-Mails			
Zufällige Unterhaltung			
Besucher			
Mitarbeiter			
Vorgesetzter			
Unvorhersehbare Frist			

Anfrage		
Kollision von Fristen		
Ungeplantes Meeting		
Unvorhersehbare Arbeit		
...		

Analyse der eigenen Einstellung zur Arbeit

Die in Tabelle 04:00-14 dargestellte Analyse mit einigen Beispielen an Arbeitsstilen kann bei der Bewertung der Konsequenzen unseres Arbeitsstils und des Optimierungspotentials hilfreich sein (Rohwedder und Milszus 2003).

Tabelle 04:00-14 Analyse der eigenen Einstellung zur Arbeit

Ich	Ja	Nein	Negative Auswirkung		
			Oft	Nie	Selten
...bevorzuge eine Vielfalt an Aufgaben					
...setze kurzzeitige Fristen					
...kann mit unerwarteten Anforderungen umgehen					
...kümmere mich auch um zweitrangige Probleme					
...ordne Aufgaben nach Zielen					
...toleriere Abweichungen vom Plan					
...gebe dem Einfluss von Prioritäten nach					
...					

04:42 Produktbezogene Dokumente

Ein Projektmanager der beabsichtigt, die eigene Leistung mittels bewusster Entwicklung des TA-Konzepts sowie der Definition und Analyse von Zeit und Aktivitäten zu verbessern, sollte mit sich selbst einen Vertrag abschließen.

Der Vertrag sollte folgendes umfassen (siehe Tabelle 04:00-15):

Tabelle 04:00-15 Mein persönlicher Vertrag

Mein persönlicher Vertrag	
Nr.	Inhalt
1	Allgemeines, Datum der Aktualisierung, Version
2	Zweck des Dokuments...
3	Meine drei wichtigsten Werte...
4	Meine zwei Schlüsselziele nach AAA und Smart sind...
5	Ich möchte Folgendes in meinem Leben verbessern...
6	Um meine Ziele zu erreichen und mein Leben zu verbessern, kann ich folgendes unternehmen....
7	Die folgenden Stärken und Möglichkeiten unterstützen meine geplanten Aktivitäten....
8	Die folgenden Schwächen, Gefahren, Vorurteile, Gewohnheiten und Muster sind für meine geplanten Aktivitäten kontraproduktiv...
9	Die folgenden persönlichen Eigenschaften meines Kind-Egos sind für meine geplanten Aktivitäten kontraproduktiv... (Interesse an Aktivitäten, die meine Ziele nicht unterstützen)
10	Ich kann mich auf die Unterstützung folgender Personen verlassen ...
11	Beim Verfolgen meiner geplanten Aktivitäten könnte ich mich ändern. Die folgenden Änderungen könnten von anderen bemerkt werden ...
12	Sollte ich Hindernissen begegnen, insbesondere in Form einer Person, werde ich wie folgt handeln ...
13	Falls ich Hilfe von anderen benötige, gehe ich folgendermaßen vor...
14	Falls es mir nicht gelingt, diesen Vertrag zu befolgen, werde ich...
15	Das schlimmste Szenario, falls ich meine Ziele nicht erreiche, ist ...
16	In Hinsicht auf das oben beschriebene, bei der Überprüfung von Drohungen, fühle ich, dass ...
17	Folglich entscheide ich mich für....
18	Unter Berücksichtigung sämtlicher Umstände überprüfe und verbessere ich schließlich meine AAA SMART Ziele folgendermaßen...
	.... Datum Unterschrift

04:50 Phasenaufgaben und -ergebnisse

04:51 Initiierungsphase

Aufgaben:
- Identifikation der eigenen Werte, Ziele, Motivation, eigener immaterieller und materieller Ressourcen

Ergebnisse:
- Eigene Werte und Ziele festgelegt, Motivation, immaterielle und materielle Ressourcen identifiziert

04:52 Planungsphase

Aufgaben:
- Neubewertung der eigenen Werte und Ziele
- Neubewertung der eigenen Motivation, immaterieller und materieller Ressourcen
- Erste Annäherung der Identifikation notwendiger Aktivitäten
- Ausarbeitung des persönlichen Vertrags
- Festlegung der Kontrollzeitpunkte
- Erkenntnisse für Änderungs- und Wissensmanagement definieren, wenn dies notwendig erscheint

Ergebnisse:
- Eigene Werte und Ziele festgelegt, Motivation sowie materielle und immaterielle Ressourcen bestätigt
- Erste Liste notwendiger Aktivitäten
- Persönlicher Vertrag ausgearbeitet und unterschrieben
- Änderungs- und Wissensmanagementerkenntnisse eingereicht

04:53 Umsetzungsphase

Aufgaben:
- Zeitmanagement
- Evaluation der Resultate geplanter Aktivitäten
- Neubewertung der eigenen Motivation, immaterieller und materieller Ressourcen
- Überprüfung und, falls notwendig, Anpassung des persönlichen Vertrags
- Input für Änderungs- und Wissensmanagement definieren, wenn dies notwendig erscheint

Ergebnisse:

- Zumindest einige periodische Analysen des eigenen Zeitmanagements
- Zumindest eine Evaluation der Ergebnisse geplanter Aktivitäten
- Neubewertung der eigenen Motivation, immaterieller und materieller Ressourcen abgeschlossen
- Persönlicher Vertrag überprüft und, falls notwendig, angepasst
- Erkenntnisse für Änderungs- und Wissensmanagement eingereicht

04:54 Abschluss- und Evaluationsphase

Aufgaben:

- Dieselben wie in der Umsetzungsphase und zusätzlich:
- Abschließende Evaluation der Zweckmäßigkeit unternommener Handlungen
- Evaluation der Ergebnisse des Zeitmanagements
- Abschließende Evaluation des persönlichen Vertrags
- Formulierung der gewonnenen Erkenntnisse für den zukünftigen persönlichen Bedarf

Ergebnisse:

- Dieselben wie in der Umsetzungsphase und zusätzlich:
- Letzte Schlussfolgerungen zur Zweckmäßigkeit unternommener Handlungen
- Ergebnisse zur Evaluation des Zeitmanagements
- Ergebnisse zur Evaluation der Realisierung des persönlichen Vertrags
- Gewonnene persönliche Erkenntnisse formuliert

Literaturverzeichnis

Alexander, R./Dobson, M. S. (2009) Real-World Time Management, New York.

Allport, G. (1955): Becoming. Basic Considerations for a Psychology of Personality, New Haven.

Asendorpf, J. B. (2007): Psychologie der Persönlichkeit, Heidelberg.

Badiru, D. (2009): Getting Things Done Through Project Management, Bloomington.

Baker, S. (2002): The impact of PCT and Laddering on Values Research, in: D. Partington (Hrsg.): Essential Skills for Management Research, London.

Bandura, A. (2001): Social Cognitive Theory. An Agentic perspective, in: Annual Reviews in Psychology, Jg. 52, S. 21-41.

Batson, C. D. et al.(1993): Religion and the Individual. A Social-Psychological Perspective, New York.

Beswick, D.(2013):, Management implications of the interaction between intrinsic motivation and extrinsic rewards, http://www.beswick.info/psychres/management.htm, Zugriff am 6. Februar 2013.

Boholst, F. A. (2002): A Life Position Scale, in: Transactional Analysis Journal, Jg. 32, S. 28-32.

Brügge, K. U. (2011): Planting the Impatience. The gift of transformative Metaphor in Three Easy Steps, Alresford.

Caproni, P. (1997): Work/Life Balance. You Can't Get There from Here, in: Journal of Applied Behavioral Science, Jg. 33, S. 280-218.

Chen, S. X. (2009): Harmony, in: S. J. Lopez (Hrsg.): The Encyclopedia of Positive Psychology, Singapore, S. 464-467.

Cobaugh, H. M./Schwerdtfeger S. (2005): Work-Life-Balance. So bringen Sie Ihr Leben (wieder) ins Gleichgewicht, Frankfurt am Main.

Creswell, J. D. et al. (2005): Affirmation of personal values buffers neuroendocrine and psychological stress responses, in: Psychological Science, Jg. 16, S. 846-851.

Davis, M. (2008): The Relaxation and Stress Reduction Workbook, Sydney.

Deci, E. L./Ryan, R. M. (1985): Intrinsic Motivation and Self-Determination in human behavior, New York.

Duden (2013): http://www.duden.de/Rechtschreibung/Entitaet, Zugriff am 6. Februar 2013.

Dusay, J. M. (1977): Egograms. How I See You and You See Me, New York.

Einspruch, E. L./Formann, B. D. (1985): Observations concerning research literature on neuro-linguistic programming, in: Journal of Counseling Psychology, Jg. 32, S. 589-596.

Emmons, R. A./Kaiser, H. A. (1996): Goal orientation and emotional well-being. Linking goals and affect through the self, in: L. L. Martin und A. Tesser (Hrsg.): Striving and Feeling. Interactions Among Goals, Affect, and Self-Regulation, New York, S. 494-508.

Enzle, M. E. et al. (1996): Cross-task Generalization of Intrinsic Motivation effects, in: Canadian Journal of Behavioural Science, Jg. 28, S. 19-26.

Ernst, F. H. Jr. (1971): The OK Corral. Grid for Get-On-With, in: Transactional Analysis Journal, Jg. 1, S. 231-240.

Erwin, J. C. (2004): Classroom of Choice. Giving Students What They Need and Getting What You Want, Alexandria.

EU (2013): http://cordis.europa.eu/fp7/ethics_en.html, Zugriff am 6. Februar 2013.

Forsyth, P. (2007): Successful Time Management, London.

Glasser, W. (1998): Choice Theory, New York.

Furugori K., (2013): SWOT, Katarina Furugori's Blog, http://blogs.ubc.ca/katrinafurugori/2010/09/26/thats-swot-im-talkin-about/, Zugriff am 6. Februar 2013.

Harris, T. A. (1967): I'm OK, You're OK, New York.

Literaturverzeichnis

Hauser, J. (2004): Vom Sinn des Leidens. Die Bedeutung systemtheoretischer, existenzphilosophischer und religiösspiritueller Anschauungsweisen für die therapeutische Praxis, Würzburg.

Heckhausen, H./Kühl, J. (1985): From Wishes to Action. The dead ends and shortcuts on the long way to action, in: M. Frese und J. Sarini (Hrsg.): Goal-directed Behavior. Psychological Theory and Research on Action, Hillsdale, S. 134-160.

Heinzel, H. (2007): Zielwirksam führen aus transaktionsanalytischer Sicht. Das Führungsmosaik, Renningen.

Hofstede, G./Hofstede, G. J. (2005): Cultures and Organisations. Software of the Mind, New York.

Holmes, T. H./Rahe, R. H. (1967): The Social Readjustment Rating Scale, London.

ISO 21500:2012 (2012): Guidance on Project Management, ICS 03.100.40, Genf.

Kahle, L. R./ Valette-Florence, P. (2012): Marketplace Lifestyles in an Age of Social Media. Theory and Methods, New York.

Kälin, W./Küng, R. (2008): Arbeit-Stress-Wohlbefinden. Überprüfung der Checkliste von Stressnostress.ch: „Stress-Signale, Stress-Ursachen und Folgerungen". Gesamtbericht der Ergebnisse einer Befragung bei verschiedenen Schweizerischen Unternehmen Januar bis Juni 2007, Bern.

King, C. (2005/2013): Critical Thinking for Managers: A Manifesto, http://changethis.com/17.CriticalThinking, Zugriff am 6. Februar 2013.

Knoblauch, J. (1991): Berufsstress ade!, Wuppertal.

Kouzes, J. M./Posner, B. Z. (2008): The Leadership Challenge, San Francisco.

Kroemer, K. H. E. et al. (2010): Engineering Physiology. Bases of Human Factor Engineering/Ergonomics, New York.

Lazarus, R. S./Folkman, S. (1984): Stress, appraisal and coping, New York.

Lent, B. (2012): Rola wartości humanizmu integralnego w prowadzeniu projektów (Role of integral Humanism values in project management), in: Contemporary Management Quarterly. The Journal of Scientific Community and Business Leaders, Heft 2/2012, S. 42-50.

Little, B. R. (2007): Prompt and Circumstance. The generative Contexts of Personal Projects Analysis, in: B. R. Little et al. (Hrsg.): Personal project pursuit. Goals, action, and human flourishing, Mahwah, S. 3-49.

Mancini, M. (2007): Time Management. 24 Techniques to Make Each Minute Count at Work, New York.

Mariański, J. (2007): Nowoczesność, ponowoczesność: społeczeństwo obywatelskie w Europie Środkowej i Wschodniej, Lublin.

Mone, M. A./Baker, D. D. (1992) A social-cognitive, attributional model of personal goals. An empirical evaluation, in: Motivation and emotion, Jg. 16, S. 297-321.

Mourgue d'Algue, H. et al. (2013): HERMES 5. Projektmanagementmethode für alle Projekte. Referenzhandbuch, Bern.

NATO RTO Technical Repport TR-SAS-050 (2007): Exploring New Command and Control Concepts and Capabilities, Neuilly-sur-Seine Cedex.

Oakland, J. S. (2008): Statistical process control, Oxford.

PMI (2013): Project Management Institute, Code of Ethics and Professional Conduct, http://www.pmi.org/en/About-Us/Ethics.aspx, Zugriff am 6. Februar 2013.

Psyquo (2013)a: Egogram, URL: http://www.transactional-analysis.info/Egogramme/Egogramme.php, Zugriff am 6. Februar 2013.

Psyquo (2013)b: Life position, URL: http://www.transactional-analysis.info/Positions/Positions.php, Zugriff am 6. Februar 2013.

Psyquo (2013)c: Life position, URL: http://www.transactional-analysis.info/Energogramme/Energogramme.php, Zugriff am 6. Februar 2013.

Rantanen J. et al. (2011): Introducing Theoretical Approaches to Work-Life Balance and Testing a New Typology Among Professionals, in: S. Kaiser et al. (Hrsg.): Creating Balance? International Perspectives on the Work-Life Integration of Professionals, Heidelberg, S. 27-46.

Rokeach, M. (1973): The Nature of Human Values, New York.

Rohwedder, A./Milszus, W. (2003): Selbstmanagement, in: Rationalisierungskuratorium der Deutschen Wirtschaft e. V. (Hrsg.): Projektmanagement Fachmann, Band 1, Eschborn, S. 391-414

Rogers, C. (1961, 1995): On Becoming a Person. A Therapist's View of Psychotherapy, New York.

Ryan, M.R. (2011): Intrinsic Motivation Inventory (IMI), http://www.psych.rochester.edu/SDT/measures/IMI_description.php, Zugriff am 16. April 2011.

Ryan, M. R./Deci E. L. (2000) Intrinsic and Extrinsic Motivations. Classic Definitions and New Directions, in: Contemporary Educational Psychology, Jg. 25, S. 54-67.

Ryckman, R. M.(2008): Theories of Personality, Belmont.

Scheler, M. (1994), Schriften zur Anthropologie, Stuttgart.

Schwartz, S. H. (1992): Universals in the Context and Structure of Values. Theoretical Advances and Empirical tests in 20 countries, in: Advances in Experimental Social Psychology, Jg. 25, S. 1-65.

Seiwert, L. (2005): Das neue 1*1 des Zeitmanagements, München.

Sheldon, K. M./Elliot, A. J. (1998): Not All Personal Goals are Personal: Comparing Autonomous and Controlled Reasons for Goals as Predictors of Effort and Attainment, in: Personality and Social Psychology Bulletin, Jg. 24, S. 546-557.

Sheldon, K. M./Kaiser, T. (1995): Coherence and congruence. Two aspects of personality integration, in: Journal of Personality and Social Psychology, Jg. 68, S. 531-543.

Shumaker, G. (2010): Common to Man, Maitland.

Smith, Z. (2008): De-stress Now! Your Personal Program for Reducing Stress, Adelaide.

Snow, R. E./Jackson, D. N.(1994): Individual Differences in Co-nation. Selected Constructs and Measures, in: H. F. O'Neil und M. Jr. Drillings (Hrsg.): Motivation Theory and Research, Hillsdale, S. 1-37.

Tossey, P./Mathison, J. (2003): Neuro-linguistic Programming and Learning Theory. A response, in: The curriculum Journal, Jg. 14, S. 371-378.

Literaturverzeichnis

Tracy, B. (2010): How the Best Leaders Lead. Proven Secrets to Getting the Most Out of Yourself and Others, New York.

Turvey, B. E. (2008): Criminal Profiling. An Introduction to Behavioral Evidence Analysis, London.

Wagner, P. (2013): Egogramtest, http://www.patrickwagner.de/Egogramm/Programm.htm, Zugriff am 6. Februar 2013.

Ward, C. H./Eisler, R. M. (1987): Type A behavior, achievement striving, and a dysfunctional self-evaluation system, in: Journal of Personality and Social Psychology, Jg. 53, S. 318-326.

06:00 Führung F

Kurze Übersicht

Worum geht es?

Der Projektmanager ist derjenige, der die Ergebnisse liefert. Er braucht sein Team sowie die Unterstützung der anderen Stakeholder, um dies zu erreichen. Durch Führung bekommt er alle an Bord.

Wer ist gefordert?

Der Projektmanager ist derjenige, der die Verantwortung trägt, dennoch können in vielen Fällen auch andere Teammitglieder die Führung übernehmen.

Welche Bedeutung hat der Prozess?

Projekte sind einzigartig und daher sind Risiken und Ungewissheit vorherbestimmt. Alle Stakeholder und Teammitglieder erwarten vom Projektmanager die notwendige Kompetenz und Führung für einen erfolgreichen Projektabschluss.

Wie geht man vor?

Lösen Sie zunächst anstehende Probleme. Dann evaluieren Sie die aktuelle Situation und arbeiten Sie die angemessene Führungsstrategie aus. Stellen Sie das Engagement des Teams sicher und handeln Sie, um mit dem Team die Ergebnisse zu liefern. Leiten Sie die Änderungs- oder das Wissensmanagementanträge weiter.

Wo liegen die Herausforderungen?

Aus einer holistischen kybernetischen Sicht auf Führung bestimmt die Beziehung mit dem Team und den Stakeholdern das Schicksal des Projekts und des Projektleiters. Zweckmäßig ist eine kontinuierliche Anpassung des Führungsstils an das Verhalten der Teammitglieder. Der Projektleiter muss gleichzeitig Manager und Führer sein, und eine Balance zwischen linearen und nichtlinearen Systemen finden, um die Ergebnisse zu liefern. Die soziale Verantwortung verlangt von Ihnen, dass Sie die Entwicklung der Führungsqualitäten Ihrer Teammitglieder zu Ihrem Anliegen machen.

Was entscheidet über den Erfolg?

Seien sie kompetent, profund und authentisch. Zeichnen Sie mit Erfolg ganze Bild und entwickeln Sie erfolgreich Führungsstrategien. Seien Sie im Umgang mit Menschen einfühlsam, um sie und damit letztlich ihr Engagement zu gewinnen. Passen Sie ihren Führungsstil ihrem dynamischen Verhalten an. Entwickeln Sie Ihre sinnorientierte Intelligenz und nehmen Sie bei intuitiven Entscheidungen Risiken in Kauf.

06:00 Führung F

Prozess

Periodisch die anstehenden Aufgaben zuerst prüfen. Danach oder auch von anderen Prozessen angestoßen den Führungsprozess, gefolgt vom Engagement des Teams, aktivem Handeln und der Gewährleistung der Lieferung wahrnehmen. Die Änderungsvorschläge oder gewonnenen Erkenntnisse sollen in den Prozess des Änderungsmanagement (ÄM) und/oder Wissensmanagements (WM) weitergeleitet werden.

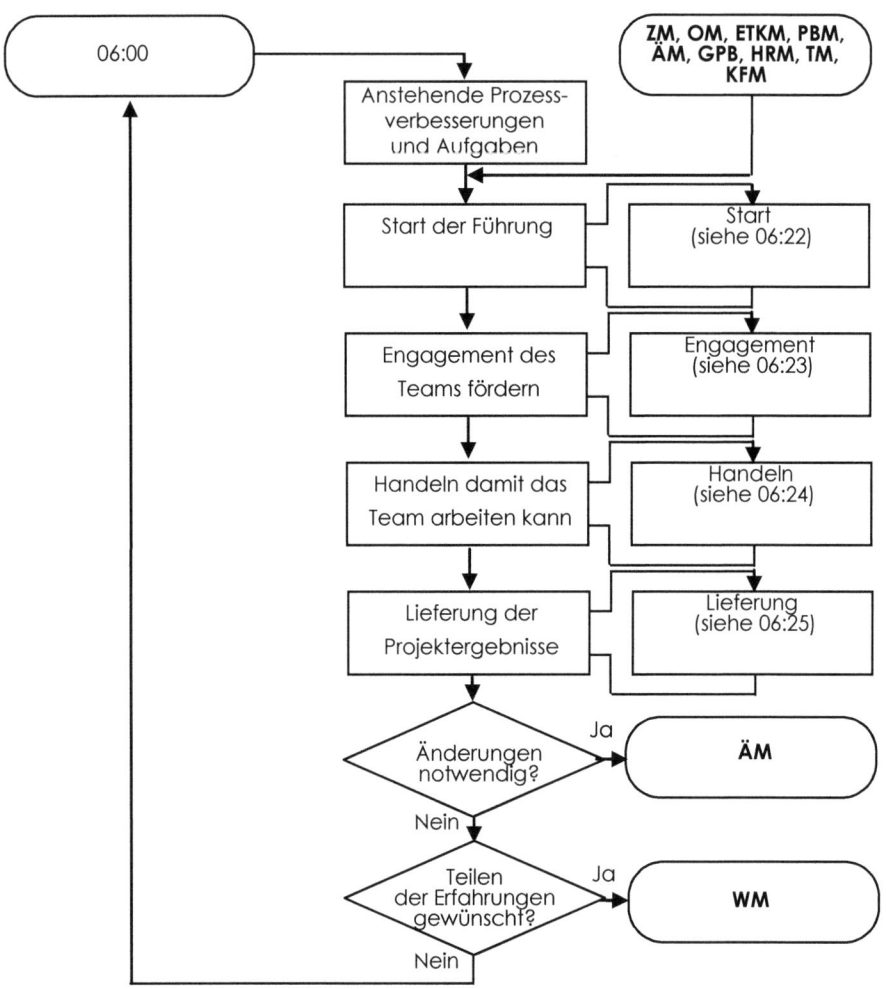

Abb. 06:00-1 Ablauf der Führung

06:10 Ziel der Führung F

Das Ziel der Führung ist die Hervorbringung und Gestaltung wechselseitiger Beziehungen mit allen Projektstakeholdern – den Teammitgliedern insbesondere – mit dem Ziel der erfolgreichen Erfüllung der Projektziele.

06:20 Methoden

Wie im Fall des Selbstmanagements SM widmet ISO 21500:2012 auch dem zweiten Schlüsselerfolgsfaktor, den Führungsaufgaben des Projektleiters, keine Beachtung (ISO 21500:2012 2012). Es wird zwar im Prozess 4.3.18 Projektteamentwicklung ganz allgemein davon gesprochen, dass dieser Prozess die Teammotivation und -leistung stärken solle, allerdings werden alle weiteren Aspekte der Teamführung wie Teamorientierung auf ein gemeinsames Ziel, die Wirkung durch Persönlichkeit oder die Ausrichtung auf die Lieferung in der Norm nicht angesprochen.

Ferner wird bei der Betrachtung von HERMES 5 deutlich, dass dort zwar Durchgehend von „Führung" die Rede ist, bei näherer Betrachtung jedoch mit dem dort verwendeten Begriff eher „Verwaltung" als „Führung" gemeint ist (Mourgue d'Algue et al. 2013). Es werden primär die administrativen Prozesse des Controllings, des Qualitäts- und des Risikomanagements und nicht die Motivation und der Teamzusammenhalt angesprochen.

Nachfolgend werden jene Faktoren der Führung, welche einerseits in der einschlägigen Literatur genannt werden (siehe hier weiter unten) und anderseits nach Ansicht des Autors entscheidend für den Erfolg sind, angemessen betrachtet. So stehen die Wirkung der Persönlichkeit, der Prozess wie auch methodische Hilfsmittel im Vordergrund.

06:21 Das Führungsmodell

Die meisten Führungstheorien betrachten Führung als einen unidirektionalen Prozess, in dem der Projektleiter seine Teammitglieder sozial beeinflusst (z. B. Verma 1996; Fielder 2005; Avolio 2004).

Wenige erkennen, dass es sich eher um eine wechselseitige, sich dynamisch entwickelnde Beziehung handelt und dass der Projektleiter zunächst Leistungsrahmen schaffen und danach das Team für sich gewinnen muss (dyadische Theorien). Der Projektleiter soll sein Verhalten durchgehend der Teamentwicklung anpassen und das Projektschicksal in Richtung auf eine erfolgreiche Lieferung der Projektergebnisse lenken.

Die Situations- bzw. Kontingenztheorie von Fiedler bettet die klassischen Verhaltenskombination Aufgabe-Beziehung in den Kontext der Situation ein (Fielder 2005; Cragan et al. 2009). Das situative Führungsmodell von Hersey und Blanchard setzt (statisch) den Führungsstil zur „Entwicklungsebene" der Teammitglieder in Bezug (Hersey et al. 2007). Wenige Theorien berücksichtigen die Dynamik entstehender Führung und der dynamischen Wechselbeziehung zwischen dem Führenden und seiner Gefolgschaft (Adair 2010); siehe hierzu auch: Implizite Führungstheorie (Hogg 2001).

Verschiedenen verhaltensorientierte Theorien demonstrieren eine statische Wahrnehmung von Ereignissen: die transformationalen und transaktionalen Theorien von Bass (Egan et al. 1995), die funktionale Theorie von Hackman und Walton, die Stiltheorie von White und Lippet, die Theorie des sozialen Stils von Blake und Mouton, die X-, Y- und später Z-Theorie von McGregor sowie die Machttheorie von French und Raven (Cragan et al. 2009).

Funktionale Theoretiker (Hackman und Walton 1986) sehen den Projektleiter als Diener der Teambedürfnisse, übersehen jedoch den Aspekt der Zweckhaftigkeit des Ganzen.

Vielversprechend, jedoch auch auf eine punktuelle Wirkung eingeschränkt wie im Falle der funktionalen Theoretiker, ist das Normative Entscheidungsmodell von Vroom-Yetton Jago. Hier werden für die Entwicklung von verhaltensbezogenen Empfehlungen für den Projektleiter verschiedene dynamische Faktoren des Teams berücksichtigt (Vroom und Jago 1988).

Am nächsten zur zeitgenössischen Führungswahrnehmung scheint die Pfad-Ziel-Theorie von Robert House zu stehen (House 1996). In diesem Ansatz verhält sich der effektive Führer komplementär zu seinem Umfeld und trägt so dazu bei, eventuelle Defizite hinsichtlich der Fähigkeiten auszugleichen.

Das im Fortgang des Buches entwickelte kybernetische Modell basiert auf der holistischen Theorie (Best 2011/2013), welche die oben genannten Theorien in die prozeduralen (dynamischen) Entwicklungsphasen der Führung integriert, welche zum Teil, bezogen auf Kommunikation, von Cragan et al. behandelt werden (Cragan et al. 2009). Im Zusammenhang mit später behandelten Sachverhalten werden weitere Theorien, z. B. die holistische oder die Machttheorien, vorgestellt. Das vorgeschlagene Vier-Phasen-Führungsmodell LEAD (engl. Lead/Engage/Act/Deliver) ähnelt den vier Phasen des Realisierungsmodells des Rubicon-Projkts (siehe 07:00 Zielverwirklichungsmanagement ZVM). Wir unterscheiden folgende Phasen:

- L = Start
    (Initiierung der Projektführung)
- E = Engagement
    (Motivation und Einbindung des Projektteams)
- A = Handeln
    (Führung im Projektalltag)

- D = Lieferung (von Ergebnissen)
  (Gewährleistung der Projektergebnisse gemäß den Zielen der Gesamtprojektbewertung)

06:22 Initiierung von Führung
Führung und Paul Gauguin

Methodische Führung ist ein vorbereitetes, bewusstes Verhalten. Inspiriert durch ein Bild von Paul Gauguin (siehe Abb. 06:00-2) suchen wir in der Führung die Antworten auf folgende Fragen:
- Wo kommen wir her?
- Was sind wir?
- Wo gehen wir hin?

Abb. 06:00-2 Wo kommen wir her? Was sind wir? Wo gehen wir hin? („D'où Venons Nous / Que Sommes Nous / Où Allons Nous", Öl auf Leinwand, 139,1 × 374,6 cm, Museum of Fine Arts, Tompkins Collection – Arthur Gordon Tompkins Fund, 36.270 Boston, Foto © 2012 Museum of Fine Arts in Boston, Gauguin 1897-1898)

"Wo kommen wir her?"

Diese Frage bezieht sich auf zwei Gebiete:

1. Die Projektziele und
2. Den Kontext, in dem das Projekt geplant worden ist.

Die Korrektheit zukünftiger, oftmals unverzüglich zu treffender Entscheidungen hängt nachhaltig von einem profunden, korrekten Wissen über das Projekt ab. Die Vollständigkeit ist kritisch für die Mission (Redcliff 2009). Der Projektmanager muss sich um eine profunde Erfassung von Informationen bemühen, um über die notwendigen, richtigen Angaben zu verfügen (Verma 1996).

Das Gesamtbild

Das sogenannte Gesamtbild, welches sowohl die Inhalte der Aufgaben sowie die organisatorischen, technischen, menschlichen und umfeldbezogenen Projektkontexte umfasst, führt zum besseren Verständnis des Projekthintergrunds (Cragan et al. 2009). Insbesondere sollte der Projektmanager seine Teammitglieder evaluieren (Eigenschaften der Gefolgschaft) (House 1996; Cragan et al. 2009).

Die nächste Frage lautet:

„Was sind wir?"

Die Antwort hat mehrere relevante Komponenten.

Fünf Basismächte

Die Machttheorie von French und Raven unterscheidet fünf Basismächte, auf welche der soziale aktive Teilnehmer der Gesellschaft (Projektleiter) im Umgang mit den individuellen Teammitgliedern zurückgreifen kann (French und Raven 2001):

- Belohnungsmacht (der Projektleiter kann Belohnungen vermitteln)
- Zwangsmacht (der Projektleiter kann Strafen vermitteln)
- Legitimationsmacht (Legitimität der Verhaltensvorschriften)
- Referentenmacht (soziale Wirkung auf die Teammitglieder)
- Expertenmacht (Wahrnehmung des Sachverstandes des Leiters)

Der Projektmanager genießt in den meisten Fällen a priori die Autorität der Legitimation (Cragan et al. 2009). Das Team setzt seine belohnende oder strafende Macht während der Projektlaufzeit stets voraus. Eine fundierte Analyse der Gefolgschaft (sprich: des Teams) durch den Projektleiter ermöglicht die Differenzierung in Anwendung dieser beiden Mächte in Bezug auf die einzelnen Teammitglieder und Vorbereitung der optimal wirkenden Werkzeuge.

Projektmanager, die von Vorgesetzen bestimmt werden, müssen eine nachweisbare Erfolgsbilanz vorweisen können und über genügend Wissen verfügen, um sich beim Projektteam und weiteren Stakeholdern die Expertenmacht im Projektmanagement erarbeiten zu können. Neue Projektleiter erwerben die Wahrnehmung ihrer Expertise mittels einer relativen Wissensbewertung durch die Gefolgschaft (Cragan et al. 2009). Meistens sind dies gewöhnliche Menschen, welche in außergewöhnlichen Situationen persönliches Potential aktivieren, was andere davon überzeugt, ihnen zu folgen (Munroe 1999).

Referentenmacht

Der Schlüssel zum Erfolg ist die Referentenmacht – die bevorzugte Wahrnehmung des Projektleiters durch Projektteammitglieder (Cragan et al. 2009).

Authentizität

Führung ist soziale Interaktion zwischen dem Projektleiter und seiner Gefolgschaft. Lee nennt dies einen gemeinsam erzeugten Raum, eine Beziehung der Egos der involvierten Personen (Lee und Roberts 2010). Um sich erfolgreich zu engagieren, muss der Führer selbstsicher und zuverlässig sein, sein Wort halten (Verma 1996) und authentisch sein. Für Peterson und Seligmann ist ein Projektleiter authentisch, wenn er seine Absichten und Verpflichtungen mit emotionaler Aufrichtigkeit vertritt (Peterson und Seligman 2004). Authentizität ist leider weder ein stabiler statischer noch ein endgültiger Zustand: Sie unterliegt sozialer Interaktion und ist ein permanentes, dynamisches Streben. Es ist eine Herausforderung für den Projektleiter, den Wandel zu erkennen. Dies bringt uns zur sozialen Authentizität: Ein Verhalten das tatsächlich der Notwendigkeit der Situation entspricht und auf andere Personen, den Kontext und die Wirkung des Projektleiters auf die Teammitglieder eingestellt ist (Lee und Roberts 2010). Die positive Wirkung der Authentizität auf das Arbeitsverhalten der Teammitglieder und ihr Engagement ist von Walumbwa et al. nachgewiesen worden (Walumbwa et al. 2010).

Der authentische Projektleiter ist den Projektzielen verpflichtet und verfolgt seine Mission mit Leidenschaft (Nash 2004). Daher bietet die vorherrschend auf Transformation ausgerichtete Führung mehr Chancen, diese Einstellung zu entwickeln, als das naturgemäß eher transaktionale Managementprofil des Projektmanagers (Egan et al. 1995). In der Taxonomie von Wong sind Manager die Wächter, während die Führertypen zu den Idealisten und Kunsthandwerker gehören (Wong 2007).

Der Projektmanager, der rationale Typ nach Wong, muss gleichzeitig Management- und Führungsqualitäten ausweisen. Jedes dieser Profile zieht eine andere Rolle nach sich (siehe Tabelle 06:00-1) und dadurch einen anderen Fokus (siehe Tabelle 06:00-2). Daher, auch wenn wir vom Projektmanagement sprechen, gibt die Bezeichnung „Projektleiter" eher die hier geforderten Qualitäten der erfolgreichen Projektführung wieder.

Tabelle 06:00-1 Rollen des Projektleiters nach Verma (Verma 1996)

Projektmanagement	Projektführung
Planung und Kostenplanung	Vision und Richtung festlegen
Team organisieren	Teamarbeit inspirieren
Rollenbesetzung	Teammitglieder koordinieren
Überprüfen der Ergebnisse	Motivation und Unterstützung

Da persönliche Eigenschaften unser Verhalten beeinflussen (siehe 04:00 Selbstmanagement SM, Unterkapitel 04:20 Methoden), kann der Projektleiter die Wahrnehmung seiner Authentizität, Hingabe und Leidenschaft nur in einem bestimmten Grad kontrollieren. Die Verantwortung für die richtige Gewichtung zwischen Projektmanagement und Projektführung, für die Wahrnehmung des Projektleiters durch das Projektteam und für die Projektzielerreichung liegt bei dem Vorgesetzten während der Wahl des Rolleninhabers. Innovative, forschende Projekte brauchen eher den projektführungsorientierten Projektleiter, während sich für ein Bauprojekt eher der managementorientierter Rolleninhaber empfiehlt. Dies kann sich auch während des Projektzyklus ändern: Die Projektführungsqualitäten sind eher bei der Initiierung und Planung von Vorteil, während das Projektmanagement bei der Umsetzung und dem Abschluss gefragt ist (Verma 1996).

Tabelle 06:00-2 Fokus des Projektleiters, nach Verma (Verma 1996)

Fokus des Managers:	Fokus des Führers:
Ziele	Vision
Wahl eines vorgegebenen Weges	Den richtigen Weg suchen
Die Sachen richtig machen	Die richtigen Sachen machen
Kürzerer Zeitraum	Längerer Zeitraum
Prozeduren	Regelungen
Administration	Zielgerichtetes Handeln
Regelkonformität	Stellt die Regeln in Frage
Wartung und Wiederherstellung	Entwicklung
Organisation und Struktur	Menschen
Autokratie	Demokratie
Wann und wie vorgeben	Was und warum erläutern
Kontrollieren	Anleiten
Begrenzen	Ermöglichen
Abgrenzen, vorhersehen	Kreativität und Innovation
Imitation	Erschaffung/Erfindung
Konsistenz	Flexibilität
Risiken vermeiden	Risiken als Chancen
Untergrenze	Obergrenze

Bennis fasste es passend zusammen: Der Manager macht es richtig, der Führer tut das Richtige (Bennis 2009).

Zwei-Führer-Ansatz

Die Dichotomie von Führer und Manager kann durch Aufspaltung der Aufgaben in zwei komplementäre Rollen auf elegante Weise gelöst werden: Eine eng an Führung orientierte und eine auf exzellentes Management fokussierte Person. Miller und Watkins argumentieren, dass dieser Zwei-Führer-Ansatz nicht nur sehr effektiv ist, sondern ebenso die sozialen Bedürfnisse in der Unternehmensstruktur zufriedenstellt (Miller und Watkins 2007). Die vom Autor des Buches gewonnenen Erfahrungen unterstützen diese These. Thomas et al. haben es auf den Punkt gebracht: brillante Führung ist kein Ersatz für ein starkes Management, es ergänzt dieses (Thomas et al. 2006).

Die letzte (aber nicht unwichtige) Frage zu Beginn der Startphase der Führung lautet:

„Wo gehen wir hin?"

Die Orientierung an der Zukunft und die Entwicklung von Visionen sind Ecksteine der Projektführung (Radcliff 2010; Flannes und Levin 2005; Verma 1996). Das Gesamtbild, das der Projektleiter sich zu Beginn seiner Wirkung erarbeitet hatte, dient ihm nun zur Entwicklung und Formulierung der richtigen Projektvision (Flannes und Levin 2005). Die richtige Projektvision ist der Erfüllung der Ziele gewidmet und zieht das Wissen um das Gesamtbild in Betracht. Die resultierende Strategie ist nicht nur in Hinsicht auf die Projektziele und die gewonnen Erkenntnisse optimiert, sondern berücksichtigt auch individuelle Präferenzen beim Führungsstil sowie die Fähigkeiten und Lebenserfahrung des Projektleiters (Verma 1996).

Es ist die Aufgabe des Projektleiters, Ziele zu setzen und diese innerhalb des Projektteams zu koordinieren, sobald die Strategie feststeht (Kinicki et al. 2011/2013; Nash 2004). Selbst eigentlich mitreißende Ziele werden nur dann verfolgt, wenn der Projektleiter gegenüber den Teammitgliedern überzeugend die Ziele zu begründen vermag (Verma 1996).

Nach der Formulierung des Gesamtbildes, der Vision und Strategie sowie der Ziele kann die nächste Phase des Führungsprozesses angegangen werden.

06:23 Engagement

Engagement

Projektteammitglieder nehmen Rollen ein und bringen sich innerhalb der integralen Grenzen ihrer Persönlichkeit und ihrer Rolle physisch, kognitiv und emotional in variierendem Ausmaß ein (Kahn 1990). Der Begriff „Engagement" wurde von der Gallup Organisation auf Grundlage ihrer Untersuchung des Verhaltens von Arbeitskräften geprägt (Buckingham und Coffman 1999) und erst später um eine emotionale Komponente erweitert. Die Untersuchung von Shondrick et al. (Shondrick et al. 2010) weist darauf hin, dass diese emotionale Komponente, welche im episodischen Kurzgedächtnis wurzelt, für die Wahrnehmung des Projektleiters und für das Engagement bedeutsamer ist als die rationalen Überlegungen im semantischen Gedächtnis. Das bedeutet, dass der Projektleiter durch das Erzeugen positiver Emotionen eine höhere Chance hat, das Engagement des Teammitgliedes zu gewinnen, als wenn er dies mit Hilfe von logischer Argumentation versucht. Ohne dabei das rationale Denken aus dem Blick zu verlieren entwickelt sich dieser emotionale Teil vom Engagement als Eigenschaft zum Engagement als persönlicher Zustand und wird, gekonnt katalysiert durch den Projektleiter, zum finalen Engagement als Verhalten, wodurch das Teammitglied vollständig zu den Projektzielen beiträgt. Abb. 06:00-3 zeigt diese Beziehungen nach Macey und Schneider (Macey und Schneider 2008).

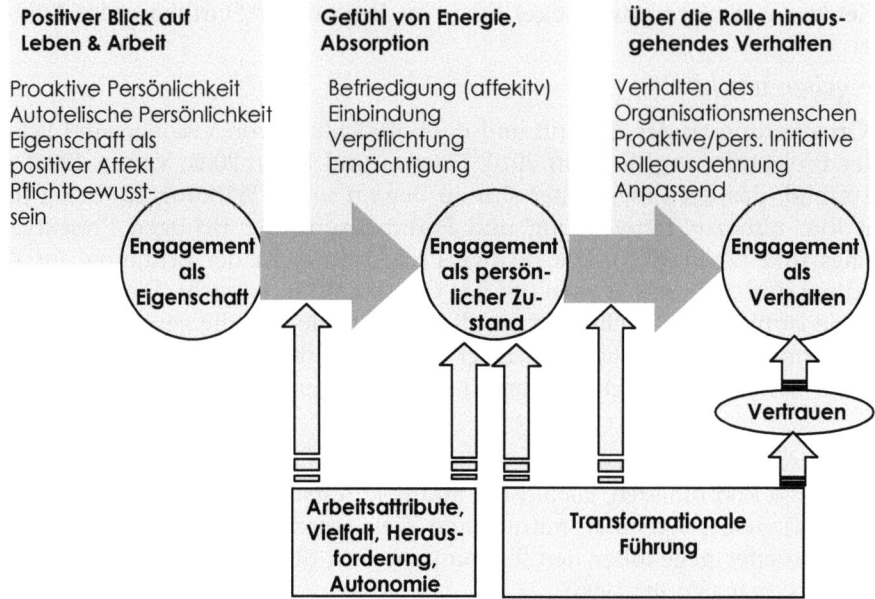

Abb. 06:00-3 Prozess des Engagemententwicklung (Macey und Schneider 2008)

Das Engagement als persönlicher Zustand und dann als Verhalten können am besten durch Anwendung einer auf der Interaktion zwischen dem Projektleiter, den Teammitgliedern und dem Umfeld basierenden, holistischen Führung erreicht werden.

Voraussetzungen einer holistischen Führung

Eine holistische Führung basiert auf den folgenden sieben Voraussetzungen (Best 2011/2013):

- Erfolgreiche Ergebnisse resultieren aus einer entwicklungsbezogenen Orientierung
- Die gesündeste und produktivste Entwicklung basiert auf Zusammenarbeit
- Die Führungseinheit formt den Kontext der Zusammenarbeit
- Die Kernführungseinheit ist das Individuum, welches jeden Stakeholder in einem Projekt zum Führer innerhalb seiner eigenen Einflusssphäre macht
- Das intrinsische Verlangen nach einem bedeutsamen Ziel legt nahe, dass jedes Individuum sein ganzes Potential abrufen möchte

- Eine holistische Zusammenarbeit verlangt nach Respekt gegenüber dem Selbstbestimmungsrecht jedes Stakeholders im Projekt
- Die Ausführung der Selbstbestimmung in einer Art, die das ganze Potential des Individuums realisiert, resultiert aus einem iterativen Prozess, der unterstützt werden muss

Dieser holistische Ansatz ist teils auch in dyadischen und teamorientierten Konzepten implementiert (Team- oder geteilte Führung – Pearce und Conger 2003; Carson et al. 2007).

Der Projektleiter, der mit der Legitimationsmacht ausgestattet ist, ermöglicht dem Team die Zielerreichung durch proaktive Vermittlung und Gewährleistung der notwendigen Ressourcen (Flannes und Levin 2005; Verma 1996) und ist der soziale Architekt des Arbeitsklimas im Projekt (Verma 1996). Er inspiriert das Team und weckt Selbstvertrauen und Zuversicht (Nash 2004). In dieser Funktion stärkt er sein Team. Diejenigen Teammitglieder, die in die Entscheidungsfindung eingebunden sind, entwickeln eine höhere Leistungsfähigkeit (Avolio 2004; Avolio et al. 2004). Omoto et al. verstehen Motivation als eine Vorstufe persönlichen Engagements (Omoto et al. 2010). Der Projektmanager kann und soll in seiner führenden Rolle die Motivation der Teammitglieder beeinflussen (Flannes und Levin 2005).

Motivation des Führers

Die Untersuchung von Seiler et al. wurde in der Schweiz durchgeführt und kürzlich auf andere Länder ausgedehnt. Im Rahmen dieser Untersuchung wurden die folgenden extrinsischen Motivationsfaktoren für der Projektleiter und der Projektteammitglieder identifiziert (Seiler et al. 2012):

- Ein klares Verständnis davon, was zu tun ist
- Arbeiten in einem von Vertrauen geprägten Umfeld
- Arbeiten mit Individuen, die den Willen haben Ergebnisse zu erreichen
- Klare Projektziele
- Sichtbare Arbeitsergebnisse
- Zugang zu allen notwendigen Informationen
- Möglichkeit zu Entscheidungen beizutragen
- Möglichkeit eigene Fähigkeiten und Fertigkeiten anzuwenden
- Bei gegenwärtigen Projekten Fortschritte erkennen
- Teil eines zusammenhängenden, unterstützenden Teams sein

Die obigen Ergebnisse bestätigen die Überlegungen dieses Kapitels. Ein Projektleiter kann das psychische Engagement positiv beeinflussen, indem er sich auf Emotionen konzentriert, ein zusammenhängendes und unterstützendes Team bildet, eine von Vertrauen geprägte Atmosphäre schafft, anspruchsvolle Aufgaben erteilt und die Teammitglieder stärkt. Er kann das Engagement aller Stakeholder bewirken, indem er organisatorische Maßnahmen für einen effektiven Arbeitsbeitrag und die für den Job notwendigen Ressourcen sicherstellt.

06:24 Handeln

Führung ist Handeln, keine Position. Dieses Zitat, welches Donald H. McGannon der die Westinghouse Broadcasting Corporation führte und als Präsident der National Urban League diente, zugeschrieben wird, pointiert sehr treffend der Sinn von Führung (u. a. Adair 2007).

Die fünf Basismächte: Belohnungsmacht, Zwangsmacht, Legitimationsmacht, Referentenmacht und Expertenmacht (s. o. Unterkapitel 06:22 Initiierung von Führung) können aus jemandem möglicherweise einen guten Manager machen, aber nie einen Führer. Dies muss sich der Projektleiter durch sein Handeln erarbeiten.

Zu Handeln bedeutet sich im regelmäßigen Austausch mit dem Projektteamumfeld und den Teammitgliedern zu engagieren.

Kybernetisches Führungsmodell

Der Geist einer holistischen Führung wird am besten im kybernetischen Führungsmodell gespiegelt (Kinicki et al. 2011/2013).

In diesem Modell dient das Verhalten der Teammitglieder (Untergebene) als Feedback für die Führungshandlungen. Ein reflektiertes Bewusstsein (Lee und Roberts 2010) ermöglicht die Analyse und Interpretation eigener Handlungen des Projektleiters, die zu korrigierenden Handlungen führen und somit die kybernetische Schleife schließen (siehe Abb. 06:00-4).

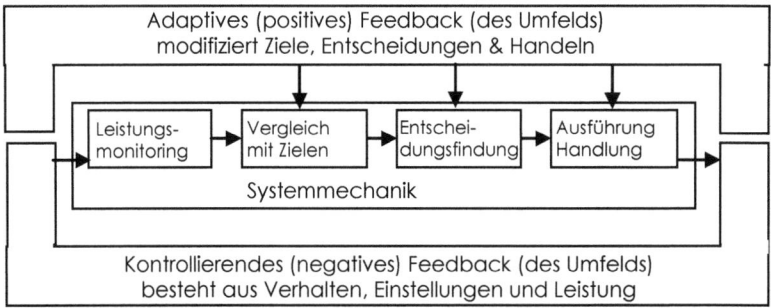

Abb. 06:00-4 Kybernetisches Führungsmodell (Kinicki et al. 2011/2013)

Die situativen (umfeldbedingten) Variablen beeinflussen die Ziele und die Erwartungen ebenso wie das Feedback der Teammitglieder. Den Umstand in Erinnerung rufend, wonach Werte Ausgangspunkt für von Ziele und die Erwartungen sind, entsteht so das Modell des Selbstmanagements eines Projektleiters (siehe Abb. 06:00-2 und Unterkapitel 04:22 oben).

Die besondere Wechselbeziehung, welche zwischen dem Projektleiter und dem Team entsteht (Projektleiter-Teammitglied-Wechselbeziehung, engl. Leader-Member-Exchange LMX (Grauen und Uhl-Bien 1995)) ist geprägt durch den individuelle Führungsstil, die Präferenzen, Fähigkeiten und Erfahrungen des Projektleiters.

Führungsraster von Blake und Mouton

Die Wirkung der Orientierung des Führers auf die Menschen, des Projektleiters primär auf das Team und die Projektziele, wurde von Blake und Mouton analysiert (Blake und Mouton 1968). Sie konstruierten eine zweidimensionale Matrix: einerseits für die Fokussierung des Managers auf die Produktion, anderseits für die Orientierung auf die Mitarbeiter. Beide Dimensionen wurden mit einer Skala zwischen 1 (am niedrigsten) und 9 (am höchsten) versehen. Sie bezeichnen dies als Führungsraster (siehe Abb. 06:00-5).

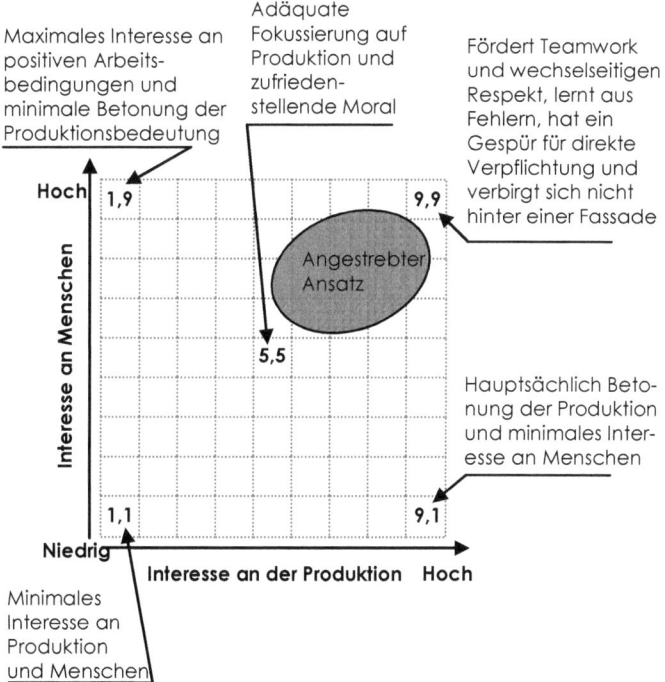

Abb. 06:00-5 Führungsraster von Blake und Mouton mit angestrebten Ansatz (Bock 2007; Kälin und Küng 2008)

Blake und Mouton evaluierten 716 Manager einer Organisation und wiesen nach, dass die Karriereentwicklung mit der Fokussierung des Managers verknüpft ist: die erfolgreichsten Manager waren diejenigen, die sich in hohem Maße für Produktion (korrespondierend mit den Projektzielen) und gleichermaßen für Menschen

(Projektteammitglieder) interessierten (9,9-Werte). Danach folgten diejenigen, die klar der Produktion den Vorrang gegeben haben (9,1-Werte) (Kälin und Küng 2008; Bock 2007). Die Erkenntnisse von Blake und Mouton bestätigen die Zweckmäßigkeit des angestrebten androgynen Ansatzes der holistischen Führung eines Projektleiters, wie in Abb. 06:00-5 dargestellt.

Egogramme der Persönlichkeiten im Führungsraster

Die persönliche Fokussierung auf die Produktion oder auf die Menschen kann nur zum Teil bewusst kontrolliert werden. Die individuelle Einstellung, wiedergegeben in den Egogrammen der Transaktionsanalyse TA (siehe Kapitel 04:24 Intrinsische Motivation), bestimmt weitestgehend unser bevorzugtes Interesse (Abb. 06:00-6) (Bock 2007).

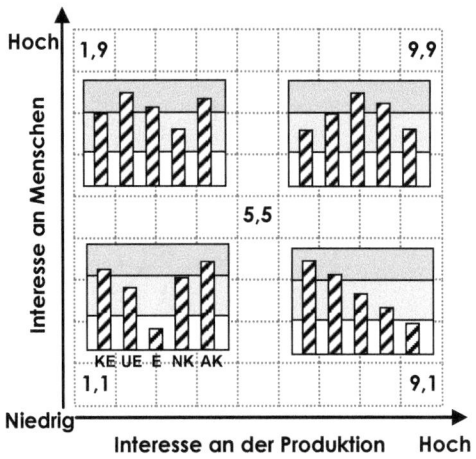

KE, UE, E, NK, AK: siehe Kapitel 04:34

Abb. 06:00-6 Egogramme von Persönlichkeiten im Führungsraster (Bock 2007)

Führungsstile nach Hersey und Blanchard

Hersey und Blanchard (Hersey et al. 2007) entwickelten ein dreidimensionales Modell der Führungseffektivität, in welchem das Verhalten des Projektleiters determiniert wird von der Aufgabe und der Einstellung der Teammitglieder. Ursprünglich definierten beide Autoren die Einstellung der Teammitglieder als Reife der Unterstützer, bestehend aus der Fähigkeit ambitionierte, jedoch erreichbare Ziele festzulegen, der Fähigkeit und Bereitschaft Verantwortung zu übernehmen sowie aus dem notwendigen Wissen und der notwendigen Erfahrung (Hersey und Blanchard 1977, 1982). In späteren Konzepten wich die Reife zugunsten der Entwicklungsebenen.

Abhängig von der Teamentwicklungsphase bewegt sich der Projektleiter zwischen aufgaben- und beziehungsbezogener Orientierung (siehe Abb. 06:00-7).

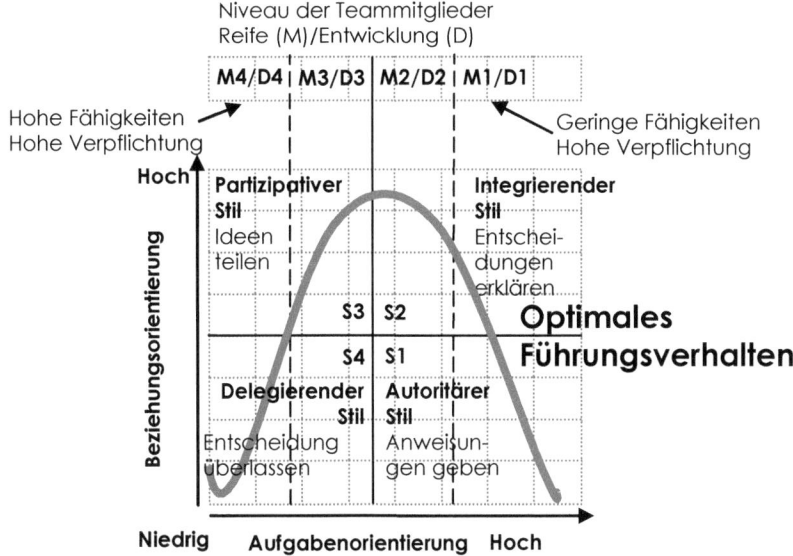

Abb. 06:00-7 Situative Führungsstile von Hersey und Blanchard (Hersey und Blanchard 1977, 1982)

Der Projektleiter fängt im neuen Team mit weniger Hingabe und Fähigkeiten beim autoritären Stil S1 an: Er definiert die Rollen und klärt, wer, was, wie, wann und wo.

Mit der Entwicklung der Teamfähigkeiten (und laut Hersey und Blanchard der sinkenden Bereitschaft) kann der Projektleiter zum integrativen Stil S2 fortschreiten: In einer beidseitigen Kommunikation wird hier versucht, die Entscheidungen zu erläutern. Eine weitere positive Entwicklung des Teams erlaubt es dem Team die Entscheidung zu überlassen, wie die Aufgabe erledigt werden soll. Der Projektleiter kann sich in diese Phase auf die Beziehungen konzentrieren (partizipativer Stil S3). Zuletzt, wenn eine große Kompetenz und eine hohe Leistungsmotivation erreicht sind, kann das Team selbständig ohne Beteiligung des Projektleiters entscheiden. Der Projektleiter kann sich auf das Überwachen beschränken (delegierender Stil S4).

Blake und Mouton versus Hersey und Blanchard

Im Modell von Blake und Mouton ist der beste Projektleiter gleichzeitig aufgaben- und personenorientiert, während der Projektleiter im Modell von Hersey und Blanchard einen situativen Stil pflegt, welcher sich abhängig vom Reifegrad (Entwicklungsgrad) des Teams ändert. Ein Nachweis, wonach der dynamisch sich ändernde Projektleitungsstil erfolgreicher sein kann, ist noch ausstehend. Auf jeden Fall sind die Anforderungen nach Hersey und Blanchard höher als die im Modell von Blake und Mouton, welches hier als ein zweckmäßiges, minimales Anforderungsprofil an einen Projektleiter angesehen wird.

Verhaltensmodell von Lewin, Lippitt und White

Levin, Lippitt und White entwickelten ein Verhaltensmodell mit drei Ansätzen der Führung von Teammitgliedern: autoritär (stimmt mit Herseys und Blanchards S1 überein), demokratisch (kombiniert S2 und S3) und das Laissez-faire-Verhalten, welches mit S4 übereinstimmt (Lewin et al. 1939). Die Relevanz der Untersuchung von Lewin, Lippitt und White liegt im Nachweis einer Wechselwirkung zwischen dem Team und aggressivem individuellem Verhalten (Reaktion auf den autoritären Stil). Dies sollte der Projektleiter bei der Orientierung am Modell von Hersey and Blanchard berücksichtigen.

Führungsmodelle der US-Armee

Literatur und Praxis bieten auch weitere Führungsmodelle. Als besonders relevant wird hier das Feldhandbuch der amerikanischen Armee bewertet (US Army, The Center for Army Leadership 2004). Das Modell begrenzt die führerzentrierte Führung der dirigierenden Führerschaft (autoritärer Stil) zugunsten der teamorientierten Führung, wodurch die Stärkung des Teams zu größerer Zufriedenheit führt, aber die Wahrnehmung des Führers als kompetenter Mitwirkender abnimmt. Dort, wo die amerikanische Armee dem Modell von Hersey und Blanchard folgt, werden zwei andere Stile eingeführt: transformational (konzentriert sich auf Inspiration und Änderung) und transaktional (Belohnungen und Strafen) mit dem Hinweis, dass sich ein guter Anführer (Projektleiter) nach den Erfordernissen der Situation auch zwischen diesen zwei Stilen bewegen müsse. Der Gedanke der Änderung ist die Basis der Änderungskultur (N3), die Nash als einen Schlüsselfaktor für erfolgreiche Projekte sieht (NASH 2004). Da Änderungen den Projekten immanent sind, ist es wichtig für das Projektteam, Änderungen zu antizipieren und effizient zu handhaben. Dies scheint im Modell der amerikanischen Armee gut aufgefangen zu werden.

06:25 Liefern von Ergebnissen

Der Projektleiter ist dazu „verdammt" Ergebnisse zu liefern. Er ist für die Ergebnisse verantwortlich und ist mit der notwendigen Macht ausgestattet, um Resultate zu erreichen. Drei Aspekte stehen in dieser Phase im Vordergrund:

- Sinnvolles Problem- und Risikomanagement
- Stakeholdermanagement
- Soziale Verantwortung für den Aufbau der Führungsfähigkeiten bei Projektteammitgliedern, die Schulung und das Mentoring der Teammitglieder

Wir erinnern uns, dass Projektmanagement in diesem Buch als aus mehreren Prozessen bestehend beschrieben wird (s. o. Kapitel Einführung). Management ist nach Kaplan die Optimierung der Prozesse und ihrer Effektivität (Kaplan und

Norton 1996). Dies ist eine relativ vorhersehbare und gut bekannte Prozedur. Projekte aber selbst sind per Definition einzigartig und zumindest zum Teil unvorhersehbar, was verschiedene unerwartete Probleme nach sich zieht. Die umfassende Problemlösung durch die Entwicklung von Ideen und deren Evaluation und letztlich Umsetzung, oblieg dem Projektleiter (Cragan et al. 2009; Shondrick et al. 2010).

Der einmalige Charakter eines Projekts verursacht Diskontinuität und Änderungen. Ein Projektleiter arbeitet am Rande des Chaos. Es wird von ihm erwartet, dass er innerhalb von kürzester Zeit komplexe Sachverhalte mit einem hohen Grad an Ungewissheit erfolgreich und im Sinne des Projektes handhaben kann (siehe Abb. 06:00-8).

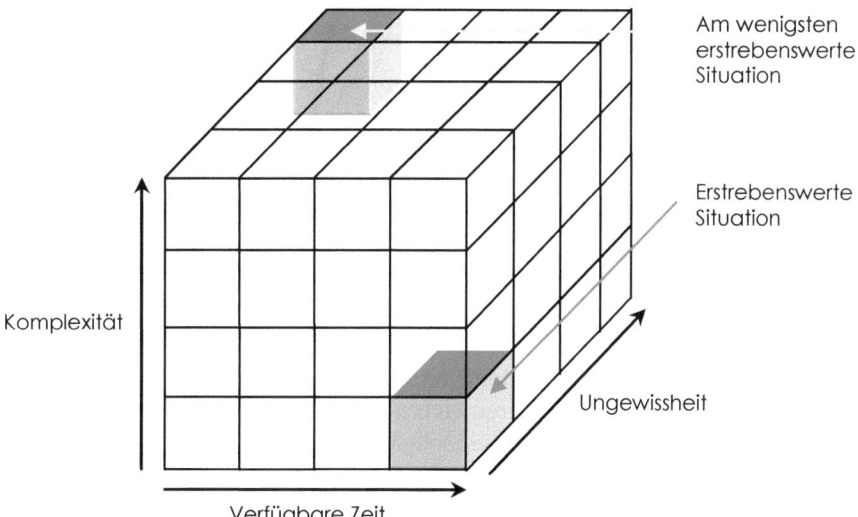

Abb. 06:00-8 Antriebe der Entscheidungen des Projektleiters (NATO RTC Technical Repport TR-081 2004)

Lineare und nichtlineare Systeme

Da Projekte von Menschen durchgeführt werden, können sich auch die leichtesten Aufgaben zu komplexen Managementproblemen entwickeln. Kommt noch Zeitdruck hinzu, ist eine Stresssituation unvermeidbar. Im oben geschilderten kybernetischen Führungsmodell (s. o. Unterkapitel 06:24 Handeln) werden die Beziehungen teils als lineare und teils and nichtlineare Systeme dargestellt. Singh und Singh (Singh und Singh 2002) sehen den Projektleiter als permanent balancierend zwischen linearen Systemen (Management im Sinne von Kaplan und Norton) und nichtlinearen Systemen, die im Chaos und bei hoher Komplexität effektiver sind.

Gell-Mann definiert Komplexität durch der Umfang der zur Beschreibung erforderlichen Menge (Gell-Mann 1994). Das Chaos (Unordnung) und die perfekte

Ordnung lassen sich sehr knapp beschreiben. Dazwischen befinden sich die komplexen Systeme.

Manager sehen ihre Aufgabe in der Handhabung linearer Systeme und versuchen Komplexität mittels stärkerer negativer Feedbackschleifen zu bewältigen (indem sie z. B. die Frequenz der Fortschrittskontrolle erhöhen) (siehe Abb. 06:00-9).

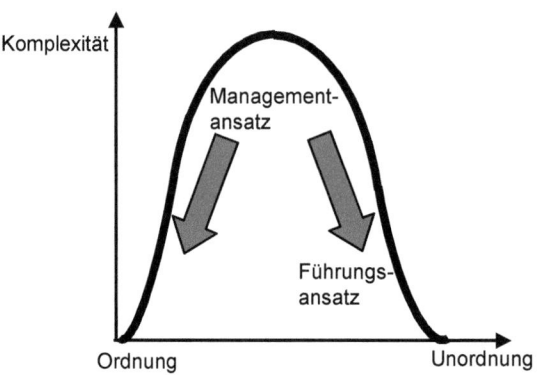

Abb. 06:00-9 Komplexität nach Gell-Mann (Gell-Mann 1994)

Die Projektleiter, deren Fokus auf der Handhabung von der Unsicherheit in nichtlinearen Systemen liegt, konzentrieren sich auf positives Feedback im Kinicki Modell. Sie lassen das System für eine Zeit selbstständig laufen oder destabilisieren es absichtlich, um Erfahrungen bezüglich des Gleichgewichts oder der Widerstände gegen Änderungen zu sammeln. Das adaptive Lernen erlaubt es den Projektleitern, eine kognitive Intuition zu entwickeln (Bousquet 2009). Diese Balancierung am Rande des Chaos wird von vielen Autoren als die erfolgreichste Strategie angesehen, um mit nichtlinearen Systemen umzugehen (Bousquet 2009; Kaufmann 1955; Singh und Singh 2002). Der Autor dieses Buches teilt aufgrund seiner in der Praxis gewonnenen Erfahrungen diese Ansicht vollumfänglich.

Es Bedarf eines Bewusstseins für den Kontext und die Beziehungen, sogar schon einer Antizipation ihrer Möglichkeit, um solche komplexen, nichtlinearen Systeme zu handhaben, was letztlich wesentlich für den Projekterfolg sein kann. Lineare Systeme fokussieren sich auf quantitative Analyse und Projektkontrolle, wodurch die Fähigkeit zur Wahrnehmung von unscheinbaren Abweichungen und zufälligen Ereignissen limitiert wird, was erklären könnte, warum gegenwärtige Projekte nicht besser als vor 10 oder 20 Jahren gemanagt werden.

Ebenso lenken die für den Alltag eines jeden Projekts typischen Stresssituationen unsere Aufmerksamkeit eher auf Problemlösungen als auf eine systematische Entwicklung von Verständnis, Evaluation von Alternativen und Risikoanalyse in den Projekten. Wir handeln zumeist sofort und spontan, ohne unsere Annahmen oder die Implikationen unserer Handlungen in Frage zu stellen.

Diese Reaktion resultiert aus unserer auf der sinnorientierter Intelligenz basierender Fähigkeit angesichts der Konfrontation mit nichtlinearen Systemen die richtigen und nicht immer logisch nachvollziehbaren Entscheidungen zu treffen.

Sinnorientierte Intelligenz

Thomas und Mengel führten das Konzept der sinnorientierter Intelligenz (Sense Making Intelligence SQ) ein, die notwendig ist für systemische Lösungen in Situationen, die als Chaos erscheinen (Ungewissheit), und in der Tat nichtlineare Systeme sind (Thomas und Mengel 2008). SQ kann nicht ohne intellektuelle Intelligenz IQ, die eine Person als Experten auszeichnet, und emotionaler Intelligenz EQ, die einen Manager aus dem Experten macht, erreicht werden (siehe Abb. 06:00-10). Die kognitiven Fähigkeiten (IQ) unterstützen die Selbstwahrnehmung. Goleman sieht die Selbstwahrnehmung als einen Eckstein für die emotionale Intelligenz (EQ) (Goleman 1997). EQ ist verantwortlich für die Selbstachtung sowie für die Empathie und das Mitgefühl für andere. Sowohl Selbstwahrnehmung als auch Selbstachtung sind für eine Selbstregulierung notwendig (Silverthorne 2013).

Zuletzt ist es die sinnorientierter Intelligenz SQ, welche auf den IQ und EQ aufbaut, die aus der Sicht des Autors eine für einen Projektleiter absolut notwendige Fähigkeit darstellt: die Führungsfähigkeit.

Der zweite Teil der Lieferung von Ergebnissen ist die Handhabung der Projektstakeholder mit sofortiger (höheres Management) und indirekter (Politik) Wirkung auf das Projekt (Verma 1996; Leatherman 2008). Es sind die Entscheidungsfindung und die Steuerung der Managementprozesse im Projekt – vor allem des Kommunikationsmanagements –, mittels derer die Zielgruppen erfolgreich beeinflusst werden können.

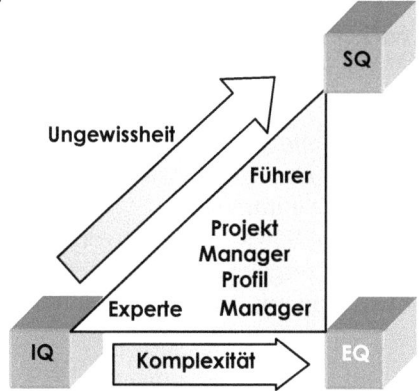

Abb. 06:00-10 Sinnorientierte Intelligenz SQ von Thomas und Mengel (Thomas und Mengel 2008)

Teamschulungen und Mentoring

In den Verantwortungsbereich eines Projektleiters im Rahmen seiner Führungstätigkeit gehören auch die Schulung und die Entwicklung der Führungsfähigkeiten der Teammitglieder. Durch die Entwicklung der Führungsfähigkeiten der Teammitglieder, durch das Coaching anderer im Rahmen der Personalentwicklung, durch Mentoring, wo Unterstützung notwendig ist, durch an persönlichen Werten orientierter Führung beweist der Projektleiter außergewöhnliche Reife und soziale Orientierung (Leatherman 2008; Flames und Levin 2005).

Gesamtprojektbewertung der Führung

Zusammenfassend bestätigt der Führungsprozess in einem Projekt die Relevanz der vier Perspektiven der Gesamtprojektbewertung GPB: die Kundenperspektive (Teammitglieder und externe Stakeholder), die finanzielle Perspektive (Projektgrenzen), die Prozessperspektive (optimale Führungsprozesse) und die Entwicklungsperspektive (persönliche Selbstreflexion).

06:30 Techniken und Werkzeuge

Eine Untersuchung der Statistics Solutions ergab, dass zehn verschiedene Instrumente für die Evaluation der Führungsqualitäten einer Person am häufigsten angewandt werden (Statistics Solutions 2013). Einige ausgewählte, nach Ansicht des Autors die wirksamsten Werkzeuge, werden in diesem Kapitel vorgestellt.

06:31 Inventar der Führungspraktiken

LPI – Inventar der Führungspraktiken (Leadership Practices Inventory LPI)

Kouzes und Posner entwickelten eine verständliche Führungspraktikeninventar LPI (Kouzes und Posner 2008; Kouzes und Posner 2013). Die LPI 360 besteht aus zwei Teilen:

- LPI Selbst: eine individuelle Selbsteinschätzung des Projektleiters mit 30 Fragen, die Antworten werden gemäß einer 10-Punkte-Häufigkeitsskala angegeben (1= fast nie, 10 = fast immer).
- LPI Beobachter: Ebenso die Bewertung 30 diverser Faktoren durch fünf bis zehn Vorgesetzten und Untergebe des Projektleiters, die eine von ihnen geteilte Erfahrung im Umgang mit dem zu evaluierenden Projektleiter bereitstellen.

Die 30 Faktoren umfassen fünf Praktiken:

- Modellhaft vorgehen
- Geteilte Vision inspirieren
- Die Prozesse und die Aufgabe herausfordern

- Anderen das Handeln ermöglichen
- Das Herz von anderen ermutigen

Diese Kriterien erlauben eine Evaluierung des Führungsprozesses im Projekt. Sie werden in Unterkapitel 06:42 als Beispiel für die Projektergebnisse aufgelistet.

06:32 Multifaktorieller Führungsfragebogen

Multifaktorieller Führungsfragebogen von Bass und Avolio

Bass und Avolio entwickelten einen Fragebogen, der in der kurzen Version 45 Fragen und in der langen Version 63 Fragen umfasst. Er basiert auf dem in Unterkapitel 06:21 vorgestellten transformationalen/transaktionalen Modell (Bass und Avolio 2013). Dieses Werkzeug bewertet die Fähigkeiten des Projektleiters und die Effektivität seines Verhaltens in Bezug auf seinen individuellen Erfolg und den Erfolg der Organisation (hier: das Projekt). Der Fragebogen beinhaltet neun Faktoren und ist eine Überarbeitung des ursprünglichen 6-Faktoren-Modells. Die Antworten sind gemäß einer 5-Punkte-Likert-Typ-Skala zu geben:

- Belohnung in außerordentlichen Situationen
- Intellektuelle Stimulation
- Management nach Ausnahmen (passiv)
- Management nach Ausnahmen (aktiv)
- Laissez-faire-Führung
- Idealisierter Einfluss (Verhalten)
- Idealisierter Einfluss (zugeschrieben)
- Inspirierende Motivation
- Individuelle Überlegungen

Zum Bedauern des Autors kann der vollständige Fragebogen nicht veröffentlicht werden, da dieser nur individuell erworben werden kann. Aus diesem Grund kann an dieser Stelle auch keine weitere Referenz angegeben werden.

06:33 Inventar der Motivationsfaktoren

MFI (Motivational Factor Inventory) von Seiler, Lent, Pinkowska, Pinazza

Das Inventar der Motivationsfaktoren von Seiler, Lent, Pinkowska und Pinazza (MFI) umfasst 47 Fragen und unterscheidet zwischen sechs Dimensionen (Seiler et al. 2012):

- Interpersonelle Interaktion
- Aufgaben
- Generelle Arbeitsbedingungen
- Unterstützung des Stelleninhabers durch Vorgesetzte und durch sein Unternehmen
- Persönliche Entwicklung
- Kompensation

Tabellen 06:00-3 bis 06:00-8 geben die Faktoren nach Seiler et al. an (Seiler et al. 2012). Die Evaluation folgt den sechs Ebenen der Likert-Typ-Skala sowohl für die persönliche Wahrnehmung als auch für die gegenwärtig vorgefundenen Erfahrungen im Unternehmen.

Tabelle 06:00-3 Interpersonale Interaktion (Seiler et al. 2012)

Nr.	Dimension der Interpersonale Interaktionen	Motivationsfaktor
1	Interpersonale Interaktion mit dem Team	Arbeiten mit enthusiastischen Menschen
2		Arbeiten mit Menschen, die den Willen besitzen, Ergebnisse zu erzielen
3		Teil eines zusammenhängenden, unterstützenden Teams sein
4		Arbeiten in einem Team, dass fähig ist, schwierige Situationen zu handhaben
5		Teilen von gemeinsamen Projektzielen im Team
6	Interpersonale Interaktion mit dem Vorgesetzten	Gute Beziehung mit dem Vorgesetzten
7		Vorgesetzte sind offen für Änderungen
8		Frei sein von destruktiver/störender Führung
9		In einer fairen Art für meine Arbeit verantwortlich sein
10		Erfahrung von Unterstützung und Ermutigung in professionellen Aspekten
11	Interpersonale Interaktion, generelle Aspekte	Erfahrung der Unterstützung durch die Projektleiter und Linienmanagern in meinem Unternehmen
12		Erfahrung eines guten Kommunikationsflusses
13		Erfahrung von Loyalität (in jeglicher Beziehung)
14		Arbeiten in einem vertrauensvollen Umfeld
15		Erwerb von Anerkennung für meinen Arbeitsaufwand
16		Direkter Kontakt zu Kunden
17		Respekt als Fachmann genießen

Tabelle 06:00-4 Aufgaben (Seiler et al. 2012)

Nr.	Dimension: Aufgabe	Motivationsfaktor
1	Übereinstimmung der Aufgabe mit beruflicher Eignung und Einstellung	Arbeit an wichtigen Aufgaben
2		Möglichkeit, eigene Fähigkeiten und Fertigkeiten anzuwenden
3		Vielfalt der Arbeit
4		Beitrag für die Gesellschaft
5	Klare Aufgaben, Ziele und Ergebnisse	Fortschritte beim gegenwärtigen Projekt erkennen
6		Identifizierbare Arbeitsergebnisse produzieren
7		Klares Verständnis der Aufgaben
8		Klare Projektziele

Tabelle 06:00-5 Allgemeine Arbeitsbedingungen (Seiler et al. 2012)

Nr.	Dimension: Allgemeine Arbeitsbedingungen	Motivationsfaktor
1	Ressourcen	Notwendige finanzielle Ressourcen erhalten, um die Aufgabe zu erfüllen
2		Notwendige Personalressourcen erhalten
3		Zugang zu allen benötigten Informationen
4		Das Unternehmen unterstützt die richtige Balance zwischen Arbeitsbelastung und Privatleben
5	Arbeitsumfeld	Arbeitsumfeld auf dem letzten Stand der Technik
6		Adäquater Arbeitsplatz (Büro, Platz)
7	Sicherheit	Eine sichere Stelle
8		Eine stabile Langzeitbeschäftigung
9	Prozesse	Adäquate administrative Prozesse
10		Adäquate Organisationsregeln und -richtlinien

Tabelle 06:00-6 Unterstützung des Stelleninhabers durch Vorgesetzte und sein Unternehmen (Seiler et al. 2012)

Nr.	Dimension Unterstützung des Stelleninhabers durch Vorgesetzte und sein Unternehmen	Motivationsfaktor
1		Möglichkeit zu Entscheidungen beizutragen
2		Autorität um wichtige Entscheidungen zu treffen
3		Möglichkeit die Handlungen der Abteilungen oder der Organisation zu beeinflussen
4		Möglichkeit Rollen und ihre Besetzung in meinem Projektteam zu beeinflussen

Tabelle 06:00-7 Persönliche Entwicklung (Seiler et al. 2012)

Nr.	Dimension: Persönliche Entwicklung	Motivationsfaktor
1	Übereinstimmung der Aufgabe mit beruflicher Eignung und Einstellung	Möglichkeit für weitere Ausbildung
2		Möglichkeit für Beförderung und Karriere im Unternehmen
3		Möglichkeit Erfahrungen zu gewinnen
4		Möglichkeit für persönliches Wachstum

Tabelle 06:00-8 Kompensation (Seiler et al. 2012)

Nr.	Dimension Kompensation	Motivationsfaktor
1		Vollständige leistungsbasierte Kompensation
2		Materielle Belohnungen jenseits der Erwartungen
3		Adäquate Gesamtkompensation
4		Nichtmaterielle Belohnungen

Diese von den Autoren in der Schweiz unter ICT-Projektleitern und Projektteammitgliedern durchgeführte Studie zeigt auf, dass eine interessante Aufgabe, ein zusammenhängendes, zielorientiertes Team, das die notwendigen Ressourcen erhält und die Möglichkeit hat, wichtige Entscheidungen zu beeinflussen, die wichtigsten Motivatoren sind (Seiler et al. 2012).

06:34 ACE-Selbstreflexion
ACE-Selbstreflexion des Projektleiters von Lee und Roberts

Die ACE-Selbstreflexion ist ein Prozess, der initiiert wird durch eine Handlung (engl. Action), damit verbundene Kognition (engl. Cognition) hervorruft und Reflexion über die daraus resultierenden eigenen Emotionen (engl. Emotions, zusammen: Action-Cognition-Emotion ACE) nach sich zieht.

Für Lee und Roberts liegt authentische Führung in der Qualität des Bewusstseins und der Ebene reflexiven und integrativen Wahrnehmens, welche die sinnorientierte Intelligenz eines Projektleiters prägen (Lee und Roberts 2010). Ein Beispiel für die ACE-Selbstreflexion wird in Tabelle 06:00-9 gegeben (Lee und Roberts 2010).

Tabelle 06:00-9 Beispiel für eine ACE-Selbstreflexion (Lee und Roberts 2010)

ACE Beispiel		
Absicht: *Was soll erreicht werden?* Eine produktivere Arbeitsbeziehung mit Charles entwickeln	**Ergebnis:** *Was ist das gegenwärtige Ergebnis?* Konfrontation, danach Distanz	
	Limitierend	**Ermöglichend**
Aktion: *Welche Verhaltensweise wird für diese Absicht angewandt?*	Ruhig, gleichmäßig, logisch Ablehnende Aussagen Schwachstellen exponieren Schnelles Reden wie Gewehrfeuer	Zeit zum Reden auswählen Eine gemeinsame Basis finden Fragen stellen eher denn Lösungen finden Leichte, weitläufige, nuancierte Rede
Kognition: *Welche Gedanken, Einstellungen und Ansichten über die eigene Person und andere bestehen in Hinsicht auf diese Absicht?*	„Sie respektieren mich nicht" (Erwartung von Ablehnung) „Ich werde es ihnen zeigen" Schwarz-Weiß-Denken	„Sie schätzen mein Wissen" „Ich bin gut im Finden von Lösungen" „Es ist interessant, meine Impulse und Reaktionen wahrzunehmen und über die von anderen nachzudenken"

Emotion: Welche Gefühle bezüglich der eigenen Person und anderen bestehen in Hinsicht auf diese Absicht?	Ärger und Missgunst Verlangen nach Wertschätzung	Das Verlangen danach eine Wirkung zu haben Freude an einer sinnvollen gemeinsamer Perspektive
Effektivität: *In welchem Maße ist dieses ACE-Muster erfolgreich? (Wo liegt die Lücke zwischen Absichten und Ergebnissen?)* Der "limitierende" Ansatz verursacht Abstand von Charles und schwächt die Beziehung innerhalb der Abteilung		
Änderungen: *Welche Änderungen müssen getan werden, um die beabsichtigen Ergebnisse effektiver zu erreichen? Erwägen Sie Änderungen der Handlungen, der Kognition und der Emotionen.* Nehmen Sie sich die Zeit zum Üben bewusster Aufmerksamkeit (siehe Unterkapitel 06:35), um eine besseres Verständnis für die Kognition und die Emotionen der eigenen Person sowie auch anderer zu gewinnen. Führen sie die „ermöglichenden" Handlungen durch.		

06:35 Bewusste Aufmerksamkeit

Bewusste Aufmerksamkeit (engl. Mindfulness)

Kabat-Zinn, der Pionier der bewussten Aufmerksamkeit, definiert diese als „aufmerksam sein auf eine besondere Art: beabsichtigt, in der Gegenwart und unvoreingenommen" (Kabat-Zinn 1994). William W. George und weitere Führungskräfte übertragen dies auf Führung: Als einen Zustand vollständiger Präsenz, mit einem Bewusstsein für sich und andere sowie der Sensibilität für die eigenen Reaktionen auf Stresssituationen (Gonzales 2012).

Auf bewusster Aufmerksamkeit basierende Interventionen

Aufmerksamkeitsbasierte Interventionen (engl. Mindfulness Based Interventions MBI) wurden ursprünglich zur Stressminderung (engl. Mindfulness Based Stress Reduction MBSR) verwendet und bietet Techniken und Werkzeuge der Entwicklung eines Bewusstseins in den vier Grundbereichen der bewussten Aufmerksamkeit (Mahā Sattipaṭṭhāna Sutta: Besinnung auf den Körper, auf die Gefühle, auf das Bewusstsein und auf der Dharmas (mentaler Zustand der Reflexion über eigene Sinne und über eigenes Verlangen) (Cullen 2011/2013; Silananda 1990, 2002). Diese reflexive Dimension kann nicht mit einer einzigen Handlung entwickelt werden, es handelt sich hierbei eher um eine Serie von Maßnahmen zur Entwicklung von bewusster Aufmerksamkeit, wie Schulungen, Fokussierung, Meditation, Mentales Training und Techniken der Vorstellungskraft. Ein weiteres Beispiel neben dem oben zitierten Modell von Gonzales (Gonzales 2012) für ein reflexives Metamodell der Führung, Azonische Führung genannt, wurde von Liska, Ster und Schulte veröffentlicht (Liska et al. 2013).

06:40 Vorlagen

06:41 Projektmanagementbezogene Dokumente

Eine der Herausforderungen im gegenwärtigen Projektmanagement ist die virtuelle Teamführung. Pauleen schlug eine Vorbereitung der Zusammenarbeit in drei Schritten vor (Pauleen 2004):
- Einschätzung der gegenwärtigen Situation
- Definition der Zielebene der Beziehungen
- Entwurf der Umsetzungsstrategie

Ein Schema zur Einschätzung der gegenwärtigen Situation wird in Tabelle 06:00-10 dargestellt.

Tabelle 06:00-10 Führungsprozessinitiierung: Einschätzung der gegenwärtigen Situation bei der virtuellen Teamleitung

Person, die den Führungsprozess initiiert...		
Der Hub (Verbindungsperson zu den anderen Projektteammitgliedern).........		
1. Einschätzung der gegenwärtigen Situation		
Nr.	Kriterium	Erfüllung
	Das Gesamtbild	
1	Projektziel/ persönliches Ziel	
2	Eigenschaften des Teammitglieds	
2.1	MBTI-Persönlichkeit	
2.2	Belbin-Persönlichkeit	
2.3	Relevante Erfahrungen	
2.4	Fähigkeiten	
2.5	Hintergrund	
2.6	Werte	
2.7	Persönliche Motivatoren	
3	Organisatorische Grenzen	
3.1	Organisatorische und diplomatische Schwierigkeiten	
3.2	Schwierigkeiten bei den HR-Richtlinien	

3.3	Wirtschaftliche Barrieren	
3.4	Schwierigkeiten bei ICT-Richtlinien	
3.5	Schwierigkeiten bei Sicherheitsrichtlinien	
3.6	Schwierigkeiten bei WM (Wissen-)-Richtlinien	
4	**Grenzen im Bereich des Faktors Mensch**	
4.1	Kulturelle Grenzen	
4.2	Vertrauen und Glaubwürdigkeit	
4.3	Unterschiede in der Zeitzone	
4.4	Bevorzugter Kontaktzeitpunkt	
4.5	Bevorzugter Kommunikationsstil	
4.6	Bevorzugte Kommunikationstechnik	
5	**Technische Grenzen**	
5.1	Verfügbare Kommunikationstechnik	
5.2.	Schwierigkeiten bei Richtlinien der Kommunikationstechnik	
	Mächte	
6	Verfügbare Mächte B/Z/L/R/E, (siehe 06:22 Initiierung von Führung)	

Der erweiterte Ansatz umfasst die Identifikation die relevanten Probleme in der Führungsprozessinitiierung und wird in den Tabellen 06:00-11 (Zielebenen der Beziehungen mit Projektteammitgliedern) und 06:00-12 (Strategie der Entwicklung von Beziehungen mit Projektteammitgliedern) dargestellt.

Tabelle 06:00-11 Führungsprozessinitiierung (Fortsetzung): Zielebenen der Beziehungen mit Projektteammitgliedern in der virtuellen Teamführung

Person, die den Führungsprozess initiiert...		
Der Hub (Verbindungsperson zu den anderen Projektteammitgliedern)..........		
2. Zielebene der Beziehung		
Nr.	Kriterium	Erfüllung
	Sehr gute zwischenmenschliche Beziehungen	
7	**Aufgabe**	
7.1	Ist die Projektaufgabe komplex?	

8	Grenzen	
8.1	Werden mehrere Grenzen überschritten?	
9	**Vertrauen**	
9.1	Besteht Potential zur Vertrauensentwicklung?	
	Durchschnittliche zwischenmenschliche Beziehungen	
10	**Effektives Verständnis**	
10.1	Besteht Potential zum Mitteilen vertraulicher Informationen?	
10.2	Können individuelle Bedürfnisse beiderseits erfüllt werden?	
	Sehr eingeschränkte zwischenmenschliche Beziehungen	
11	**Minimales Verständnis**	
11.1	Sind sämtliche Kontaktdaten bekannt?	
11.2	Funktioniert die Kommunikation in beide Richtungen?	

Tabelle 06:00-12 Führungsprozessinitiierung (Fortsetzung): Strategie in der Startphase der virtuellen Teamleitung

Person, die den Führungsprozess initiiert..		
Der Hub (Verbindungsperson zu den anderen Projektteammitgliedern)...........		
3. Erstellen der Strategie		
Nr.	Kriterium	Erfüllung
	Entwicklung einer Vision	
12	**Meine Vision der Zusammenarbeit**	
12.1.	Welche Vision passt zu meinen Zielen?	
	Entwicklung virtueller Beziehungen	
13	**Kommunikationskanäle:** **Zweckmäßigkeit/Zeit/Ergebnisse**	
13.1	Persönliches Treffen	
13.2	Schriftliche Kommunikation	

13.3	Telefon	
13.4	E-Mails	
13.5	Soziale Plattformen	
14	**Nachrichten**	
14.1	Welche Nachrichten nur bei persönlichen Treffen?	
14.2	Welche Nachrichten in anderer Form?	
	Feedback	
15	**Sammeln und evaluieren von Feedbacks**	
15.1	Mein Feedback für das Projektteammitglied?	
15.2	Feedback des Projektteammitglieds an mich?	

06:42 Produktbezogene Dokumente

Die Evaluierung nach dem Inventar der Führungspraktiken LPI (siehe Unterkapitel 06:31) erlaubt die Evaluierung der Leistungen des Projektleiters in jeder einzelnen Führungspraktik und einen Vergleich zum Durchschnitt. Tabelle 06:00-13 gibt die Bewertungskriterien und die erwarteten Führungspraktiken nach Kouzes und Posner wieder (Kouzes und Posner 2013).

Tabelle 06:00-13 Die LPI, rekonstruiert aus einem Beispielmuster, Copyright 2004 James M. Kouzes und Barry Z. Posner (Kouzes und Posner 2013)

Nr.	Gegenstand	Führungspraktik	Selbst 1-10	Andere 1-10
1	Gibt persönlich ein Beispiel dafür, was erwartet wird	Modell stehen		
2	Spricht über zukünftige, unsere Arbeit beeinflussende Trends	Inspirieren		
3	Sucht Herausforderungen zum Testen der Fähigkeiten	Herausfordern		
4	Entwickelt kooperative Beziehungen	Ermöglichen		
5	Lobt Menschen für gute Arbeit	Ermutigen		
6	Stellt Einhaltung abgesprochener Normen sicher	Modell stehen		
7	Beschreibt ein verlockendes Zukunftsbild	Inspirieren		

8	Fordert heraus, neue Ansätze zu probieren	Herausfordern		
9	Hört sich aktiv verschiedene Standpunkte an	Ermöglichen		
10	Drückt Zuversicht hinsichtlich der Fähigkeiten der Menschen aus	Ermutigen		
11	Bleibt Versprechen und Verpflichtungen treu	Modell stehen		
12	Ersucht andere, sie seinen Zukunftsträume zu teilen	Inspirieren		
13	Sucht extern nach innovativen Wegen für Verbesserungen	Herausfordern		
14	Behandelt Menschen mit Achtung und Respekt	Ermöglichen		
15	Belohnt Menschen kreativ für ihren Beitrag	Ermutigen		
16	Fragt nach Feedback der Wirkung seiner Handlungen auf Menschen	Modell stehen		
17	Zeigt anderen, wie ihre Interessen zu realisieren sind	Inspirieren		
18	Fragt: „Was können wir daraus lernen?"	Herausfordern		
19	Unterstützt Entscheidungen anderer	Ermöglichen		
20	Anerkennung für Menschen, die geteilten Werten treu bleiben	Ermutigen		
21	Erzeugt Konsens hinsichtlich der Unternehmenswerte	Modell stehen		
22	Malt das „Gesamtbild" der Gruppenambitionen	Inspirieren		
23	Sichert, dass Ziele, Pläne und Meilensteine festgelegt werden	Herausfordern		
24	Lässt Menschen die Wahl, wie sie ihre Arbeit erledigen	Ermöglichen		
25	Findet Wege, um Errungenschaften zu feiern	Ermutigen		

26	Hat eine klare Führungsphilosophie	Modell stehen		
27	Spricht mit Überzeugung über die Bedeutung von Arbeit	Inspirieren		
28	Experimentiert und geht Risiken ein	Herausfordern		
29	Sichert die Entwicklung der Menschen in ihrer Arbeit	Ermöglichen		
30	Gibt Teammitgliedern Wertschätzung und Unterstützung	Ermutigen		

06:50 Phasenaufgaben und -ergebnisse

06:51 Initiierungsphase

Aufgaben:

- Führungsprozess initiieren
- Holistische Herangehensweise entwickeln
- Engagement der Teammitglieder erreichen

Ergebnisse:

- Das Gesamtbild formuliert und die 5 Führungsmächte gefestigt
- Führungsstrategie ausgearbeitet
- Projektteammitglieder in den Führungsprozess eingebunden

06:52 Planungsphase

Aufgaben:

- Überprüfung der Führungsstrategie
- Positionierung der Management- und Führungsaktivitäten
- Kybernetisches Führungsmodell entwickelt
- Führungsstil bewusst ausgewählt
- Erste Übungen in ACE, Selbsreflexion und bewusster Aufmerksamkeit
- Änderungs- und das Wissensmanagementanträge, wenn angebracht, ausformuliert

Ergebnisse:

- Führungsstrategie überprüft
- Management- und Führungsaktivitäten identifiziert
- Führungsstil ausgewählt

- Ersten ACE-Bericht ausgearbeitet
- Kybernetisches Führungsmodell ausgearbeitet
- Änderungs- und Wissensmanagementanträge weitergeleitet

06:53 Umsetzungsphase

Aufgaben:

- Handeln entlang der ausgewählten Strategie, Handlungen, des ausgewählten Führungsstils
- Feedback der kybernetischen Führung wirksam umgesetzt
- Mindestens eine ACE Selbstreflexion durchgeführt
- Änderungs- und das Wissensmanagementanträge, wenn angebracht, ausformuliert

Ergebnisse:

- Team vollständig motiviert und bringt Leistungen
- Mindestens ein ACE-Bericht ausgearbeitet
- Änderungs- und Wissensmanagementanträge weitergeleitet

06:54 Abschluss- und Evaluationsphase

Aufgaben:

- Dieselben wie in der Umsetzungsphase, und zusätzlich
- Sinnorientierte Intelligenz entwickelt
- Unbeliebte Entscheidungen zeitig getroffen
- Endlieferung der Projektergebnisse sichergestellt
- Entwicklung der Führungsfähigkeiten bei Projektteammitgliedern zumindest eingeleitet
- Formulierung der gewonnenen Erkenntnisse für die zukünftige Verwendung

Ergebnisse:

- Dieselben wie in der Umsetzungsphase, und zusätzlich
- Alle für die Lieferung von Ergebnissen notwendigen Entscheidungen getroffen und Handlungen ausgeführt
- Abschließende Folgerungen über die Zweckmäßigkeit der ausgeführten Handlungen
- Ergebnisse der GPB-Evaluation der eigenen Führung vorliegend
- Gewonnene Erkenntnisse ausformuliert

Literaturverzeichnis

Adair, R. (2010): The Psychological Distance within the Dynamics of the Leader/Follower Relationship, in: Leadership Review, Jg. 10, S. 27-38.

Avolio, B. J. et al. (2004) Transformational leadership and organizational commitment. Mediating role of psychological empowerment and moderating role of structural distance, in: Journal of Organizational Behavior, Jg. 25, S. 951-968.

Avolio, B. J. (2004): Why great leadership demands self-awareness, self-regulation – and sometimes, self-sacrifice, Interview, in: G. Brever und B. Sanford: The best of the Gallup Management Journal 2001-2007, Washington.

Bass, B. M./Avolio, B. J. (2013): http://www.mindgarden.com/products/mlqc.htm, Zugriff am 15. Februar 2013.

Bennis, W. (2009): On Becoming a Leader, Philadelphia.

Best, K. C. (2011/2013): Holistic Leadership. A Model for Leader-Member Engagement and Development, The Journal of Value Based Leadership, Jg. 4, http://www.valuesbasedleadershipjournal.com/issues/vol4issue1/holistic_leadership.php, Zugriff am 6. Februar 2013.

Blake, R. R./Mouton, J. S. (1968): The Managerial Grid. Key Orientations for Achieving Production through People, Houston.

Bock, H. (2007): Kommunikationsstile, -muster, -strategien, Kapitel 2 (unveröffentlichtes Manuskript), Dresden.

Bousquet, A. (2009): Scientific Way of Warfare. Order and Chaos on the Battlefields of Modernity, New York.

Buckingham, M./Coffman, C. (1999): First, break all the rules. What the world's greatest managers do differently, New York.

Carson, J. B. et al. (2007): Shared Leadership in Teams. Investigation of Antecedent Conditions and Performance, in: Academy of Management Journal, Jg. 50, S. 1217-1234.

Cragan, J. F. et al. (2009): Communication in Small Groups. Theory, Process, Skills, Boston.

Cullen, M. (2011/2013): Mindfulness-Based Interventions: An Emerging Phenomenon, in: Mindfulness Journal, Springer Science and Business Media, 2011, DOI 10.1007/s12671-011-0058-1, www.margaretcullen.com/.../MBI-An_Emerging_Phenomenon_Margaret_Cullen.pdf, Zugriff 24. Februar 2013

DeMarco, T./Lister, T. (1999) Peopleware. Productive Projects and Teams, New York.

Egan, R. F. C. et al. (1995): Putting Transactional & Transformational Leadership into Place, in: Journal of Leadership & Organisational Studies, Jg. 2, S. 100-123.

Flannes, W. S./Levin, G. (2005): Essential People Skills for Project Managers, Wien.

Literaturverzeichnis

Fiedler, F. (2005): Contingency Theory of Leadership, in: J. B. Miner (Hrsg.): Organizational Behavior 1. Essential Theories of Motivation and Leadership, New York, S. 232-255.

French, J. R. P./Raven, B. (2001): The Base of Social Power, in: I. G. Asherman und S. V. Asherman (Hrsg.): The Negotiation Source Book, Armherst, S. 61-74.

Gell-Mann, M. (1994) The Quark and the Jaguar. Adventures in the Simple and the Complex, London.

Goleman, D. (1997): Emotional Intelligence, New York.

Gonzales, M. (2012): Mindful Leadership. The 9 Ways to Self-Awareness, Transforming Yourself, and Inspiring Others, Mississauga.

Grauen, G. B./Uhl-Bien, M. (1995): Relationship-based approach to leadership. Development of leader-member exchange (LMX) theory of leadership over 25 years. Applying a multi-level multi-domain perspective, in: The Leadership Quarterly, Jg. 6, S: 219-247.

Hackman, R./Walton, R. (1986) Leading Groups in Organizations, in: P. Goodman (Hrsg.): Designing Effective Work Groups, San Francisco, S. 72-119.

Hersey, P. et al. (2007): Management of Organizational Behavior. Leading Human Resources, Englewood Cliffs.

Hogg, M. A. (2001): A Social Identity Theory of Leadership, in: Personality and Social Psychology Review, Jg. 5, S. 184-200.

House, R. J. (1996): Path-goal theory of leadership: Lessons, legacy, and a reformulated theory, in: Leadership Quarterly, Jg. 7, S. 323-352.

ISO 21500:2012 (2012): Guidance on Project Management, ICS 03.100.40, Genf.

Kabat-Zinn, J. (1994): Wherever you go, there you are. Mindfulness Meditation in Everyday Life, New York.

Kahn, W. A. (1990): Psychological Conditions of Personal Engagement and Disengagement at Work, in: The Academy of Management Journal, Jg. 33, S. 692-724.

Kälin, W./Küng, R. (2008): Arbeit-Stress-Wohlbefinden, Überprüfung der Checkliste von Stressnostress.ch: „Stress-Signale, Stress-Ursachen und Folgerungen", Gesamtbericht der Ergebnisse einer Befragung bei verschiedenen Schweizerischen Unternehmen Januar bis Juni 2007, Bern.

Kaplan, S./ Norton, D. P. (1992): The Balanced Scorecard-Measures that Drive Performance, in: Harvard Business Review, Jg. 70, S. 71-79.

Kaufmann, S. (1955): At Home in the Universe. The Search for Law of Self-Organization and Complexity, London.

Kinicki, A.J. et al. (2011/2013): A Multilevel Systems Model of Leadership, Journal of Leadership & Organizational Studies March 17, 2011, http://jlo.sagepub.com/content/18/2/133.full.pdf+html, Zugriff am 6. Februar 2013.

Kouzes, J. M./Posner, B.Z. (2008): The Leadership Challenge, San Francisco.

Kouzner, J. M./ Posner, B. Z. (2013) Leadership Practices Inventory. Pfeiffer, Zürich. http://www.lpionline.com/ images /360_sample_report.pdf, Zugriff am 15. Februar 2013.

Leatherman, R. W. (2008) Quality Leadership Skills. Standards of Leadership Behavior, Amherst.

Lee, G./Roberts, I. (2010): Coaching for authentic Leadership, in: J. Passmore (Hrsg): Leadership Coaching. Working with Leaders to Develop Elite Performance, London, S. 17-34.

Lewin, K. et al. (1939): Patterns of aggressive behavior in experimentally created „social climates", in: Journal of Social Psychology, Jg. 10, S. 271-299.

Liska, G. et al. (2013): Azonic Leadership. A reflective meta-model of Leadership, http://www.iff.ac.at/oe/media/documents/Paper_16_liska_Ster_Schulte.pdf, Zugriff am 6. Februar 2013.

Macey, W./Schneider, B. (2008): The meaning of Employee Engagement, in: Industrial and Organizational Psychology, Jg. 1, S. 3-30.

Miller, G. A./Watkins, M. D. (2007): The leadership team. complementary strengths or conflicting agendas?, in: Harvard Business Review, Jg. 85, S. 90-98.

Mourgue d'Algue, H. et al. (2013): HERMES 5. Projektmanagementmethode für alle Projekte. Referenzhandbuch, Bern.

Munroe, M. (1999): Becoming A Leader. Everyone Can Do It, Lanham.

Nash, S. (2004): Vision, Leadership in Project Management 2005 v1, Project Management Institute (PMI), Newtown Square.

NATO RTO Technical Report TR-081 (2004): NATO Code of Best Practice for Command and Control Assessment, RTO TECHNICAL REPORT TR-081 SAS-026, Neuilly-sur-Seine.

Omoto A. M. et al. (2010): Personality and Motivational Antecedents of Activism and Civic Engagement, in: Journal of Personality, Jg. 78, S. 1703-1734.

Pauleen, D. J. (2004): An Inductively Derived Model of Leader-Initiated Relationship Building with Virtual Team Members, in: Journal of Management Information Systems, Jg. 20, S. 227-256.

Pearce, C. L./Conger J. A. (2003): Shared leadership. Reframing the hows and whys of leadership, Thousand Oaks.

Peterson C./Seligman, M. E. P. (2004): Character Strengths and Virtues. A handbook and classification, New York.

Radcliff, S. (2010): Leadership. Plain and Simple, Harlow.

Radcliff, S. (2009): On Becoming a Person. A Therapist's View of Psychotherapy, Englewood.

Seiler, S. et al. (2012): An integrated Model of Factors Influencing Project Managers' Motivation – Findings from a Swiss Survey, in: International Journal of Project Management, Jg. 20, S. 60-72.

Shondrick, S.J. et al. (2010): Developments in implicit leadership theory and cognitive science. Applications to improving measurement and understanding alternatives to hierarchical leadership, in: The Leadership Quarterly, Jg. 21, S. 959-979.

Silananda, U. (1990, 2002): The Four Foundations of Mindfulness, Somerville.

Silverthorne, S. (2013): Mindful Leadership: When Easts Meets West, Interview with W. W. George, Harvard Business School Working Knowledge, A First Look at Faculty Research, September 7, 2010, http://hbswk.hbs.edu/item/6482.html, Zugriff am 6. Februar 2013

Singh, H./Singh, A. (2002): Principles of complexity and chaos theory in project execution: a new approach to management cost engineering, Cost Engineering, Jg. 44, S. 23-32.

Statistics Solutions (2013): http://www.statisticssolutions.com/ resources/directory-of-survey-instruments, Zugriff, 6. Februar 2013

Thomas, J./Mengel, T. (2008): Preparing project managers to deal with complexity – Advanced project management education, in: International Journal of Project Management, Jg. 26, S. 304-315.

Thomas, M. et al. (2006): The complete CEO. The executive's guide to consistent peak performance, Chichester.

Verma, V. K. (1996): Human Resource Skills for the Project Manager, Newtown Square.

Vroom, V. H./Jago, A. G. (1988): The new leadership. Managing participation in organizations, Englewood Cliffs.

Walumbwa, F. O. et al. (2010): Psychological processes linking authentic leadership to follower behaviours, in: The Leadership Quarterly, Jg. 21, S. 901-914.

Wong, Z. (2007): Human Factors in Project Management. Concepts, Tools and Techniques for inspiring Teamwork and Motivation, San Francisco.

Index

A
ABC 253
  -Prinzip 485
  -Analyse 209, 218, 240
Abschluss 20, 40
Abschluss und Bewertungsphase 40
Abkommen über das öffentliche
  Beschaffungswesen 122
ACAT 232
ACE 525
Action-Cognition-Emotion 525
Administrative Prozesse 12
Agile Modelle 44
Aktivitäten/Rollen-Modell 46
Änderung 26, 88, 221, 247
Änderungs-
  managementprozess 247
  antrag 249
  antragssteller 249
Andragogisch XI
Androgyner Ansatz 8, 514
Apollo–Syndrom 347
Aristoteles 349
Assoziationenorientiert 291
Audiell 427
Audit 192
Auftakttreffen 386
Auftraggeber 80, 159, 231
Aufwand 36, 48, 50, 58, 62, 150, 170, 239, 255
Ausschreibungsverfahren 113
  - offenes 123
  - selektives 123
  - eingeschränktes 123
  - elektronisches 123
Ausschreibungs-
  managementteam 124
  zeitplan 217
Auswirkung 148, 207, 218, 227, 239, 373, 384, 400, 436, 475
Auswirkungen des Projekt-
  managements 5
Authentizität 462, 507
Azonische Führung 526

B
Ballpark-Schätzung 50
Bandura 459
BATNA 417
Behavioristische Sichtweise 400
Belbins Taxonomie 354
Benchmarking 196
Beobachter 9, 330, 386, 520
Bereitstellen von Informationen 425
Berne 413, 429, 468, 480
Beschaffungs-
  prozess 116
  plan 115, 117, 120
  ziele 118, 119
Beschwerde 128, 130, 331, 416
Best 504
  - Alternative To a Negotiated
    Alternative 417
  - Practices 95
  - Value 125
Beste Angebot 125
Beta
  -Prozess 59
  -Verfahren 57, 253
  -Verteilung 58
Bewährte Praktiken 95

Index

Bewertung 60, 95, 104, 146, 151, 182, 211, 216, 227, 319, 343, 451, 465, 472, 488, 520
Bewuste Nachricht 428
Big Five 346
Big Three 346
Black-Box-Test 159
Blake und Mouton 504,513
Brain-
  writing 54
  storming 53, 99, 189, 215, 236 ,443
Buddy-System 389
Buschigkeitshypothese 440

C
CAB 250
Change 247
  - Advisory Board 250
  - Management Board 247, 249
  - Request 254
Checkliste 119, 149, 160, 192, 214, 237, 329, 389
CMB 247
CMMI 32, 132, 184, 190, 266
COCOMO 61
Controlling 93, 182, 186, 236, 503
Cost Performance Index 155
CPI 155
Critical Ratio 157
CU-Faktor 384

D
Das Gesamtbild 439, 506, 509, 527, 531
Delphi 61, 136, 154, 216, 236, 295
DeMarco und Lister VII, 339
Deming 187
Denisow 353, 375
Dienstleistungsvereinbarungen 269
DIN 69901:2009-01 2, 29, 32
Diskursives Verfahren 54
Disput 416, 436, 443
DMAIC 133
DMS 306, 311, 316

Dokumentations-
  managementsystem 306, 311, 316
  manager 87, 261, 305, 311
Drei „P" 362
Dyadische
  - Beziehung 426
  - Konzepte 511
  - Theorien 503
Dynamische Systeme 9

E
Earned-Value-Analyse 152, 157
Effektivität 79, 86, 95, 98, 106, 273, 292, 312, 325, 341, 373, 441, 457, 468, 514, 516, 521, 526
Effizienz VII, 1, 17, 19, 44, 79, 85, 102, 105, 124, 233, 247, 285, 296, 309, 330, 343, 358, 378, 453, 471
Egogram 432, 479, 480, 514
Energogram 480
Einführung 41, 196, 251, 263, 265
Einführungs-
  begleiter 266
  manager 267
  prozess 265
Einwirkungsrisiko 229
Einzigartigkeit eines Projektes 2, 79, 284
Eisenhower–Prinzip 484
Eisernes Dreieck 28, 31, 148, 152, 249
Eltern Ich-Zustand 430, 480
Empfänger 139, 289, 309, 426, 428, 433, 434, 437, 441, 442, 448
Empfindlichkeitsanalyse 218
Endprodukt 1, 28, 29, 39, 145
Ereignis-Knoten-Darstellung 57
Ergebnis 1, 2, 4, 8, 28, 29, 35, 38, 42, 45, 49, 69, 82, 96, 101, 135, 147, 187, 291, 307, 324, 426, 466, 505, 516, 519, 523
Erwachsenen Ich-Zustand 430, 479
Erwartungswertprinzip 173
ETKM-Berichte 147
EU-Charta der Ethik 462
EVA 157

Evaluationsperspektiven 320
Externalisierung 285, 288, 436

F
Faktor Mensch 13, 15, 61, 189, 207, 230, 339, 362
- betreffende Prozesse 15
Fallbackszenarien 267
Fertigstellungs-
  grad 167
  wert 150, 154, 167
Floorwalker 266
Forming 377
Fragebogen 101, 213, 329, 361, 386, 480, 521
Fragebogen zur Analyse einer Stelle 101
Funktionale Wechselbeziehung 434
Führungsspanne 86, 92

G
GANTT-Diagramm 59
Gauguin 505
Generalunternehmer 116
Geschäftsprozess 46, 82, 149, 263, 265, 307
GPA 122, 123
Gray und Larson 398
Grobe Größeneinschätzung 50
Große Pyramide 1
Gruppendynamik 377, 434
Gustatorisch 427, 435

H
Hall 436
Handbuch 193, 282, 296, 300
HERMES VII, 28, 34, 41, 44, 52, 79, 83, 101, 115, 148, 185, 207, 227, 249, 263, 283, 307, 321, 343, 373, 397, 426, 459, 503
Harvard-Methode 415
Hersey und Blanchard 504, 514, 516
HL 346
Hofstede 384, 461
Holistisch 417, 504, 510

Human
- Ressource 92, 341, 343, 344, 358, 363
- Ressource Management 15, 341
- Ressource Management System 344
- Kapital 344
Humanismus 350, 461

I
I am OK–You are OK 486
Ich bin O. K.–Du bist O. K. 413, 469, 478
IDEA Konzept 5
Indikatoren 52, 68, 155, 229, 320
Individualismus 384
Initiierung 9, 10, 20, 27, 36, 39, 50, 186, 250, 264, 267, 307, 504, 527
Integrations- und Migrationskonzept 275
Integrationsprozess 265, 274, 424
Integrationstest 43, 264
Intelligenz 347, 519, 525
Interaktion 521
Interaktionistische Sichtweise 400
Internalisierung 285, 290
Interpersonale Kommunikation 436, 438
Interpersonelle Kommunikation 427, 436, 448
Interview 212, 274, 329, 346, 361
Intrinsische Motivation 11, 39, 97, 345, 350, 356, 458, 461, 463, 464, 465, 475, 510, 514
Inventar
- der Führungspraktiken 520, 530
- der intrinsischen Motivation 475
- der Motivationsfaktoren 521
ISO 20000 190, 249
ISO 21500:2012 2, 9, 11, 17, 20, 27, 32, 40, 47, 50, 62, 79, 83, 92, 101, 115, 147, 183, 190, 207, 227, 249, 263, 283, 307, 321, 343, 373, 397, 425, 459, 503
IST-Kosten 150, 167
ITIL 33, 184, 190, 249, 266, 298
IT-Projektmanagement 4

Index

J
Johari Fenster-Technik 347, 385

K
Kanal/Medium 429
Kants Pflichtethik 349
Kaplan und Norton 321, 322, 326, 517
Kardinalskala 121, 136
Kategorischer Imperativ 349
Kausalitätstheorie von Heckhausen 350
Kennzahlen 150, 157, 166, 171, 196, 271, 333
- system 237, 252
- verfahren 157
Kick-off 373, 386
Kind Ich-Zustand 430
Kinästhetische 427, 429, 435
Klassische Sichtweise 400
Knowledge Tree 295
Kollektivismus 384
Kombination 285, 289
Kommunikations-
  management 426, 432
  netzwerk 433, 451
Komplexe Systeme 8
Komplexität 517
Konfiguration 248, 250
Konflikt-
  aufdeckung 396
  erkennungssystem 419
  lösung 399, 402, 405, 407, 412, 418
  parteien 397, 402, 408, 413
  potentiale 186, 343, 397, 398, 411
  prävention 396, 399, 410
  symptome 396, 412
Konfrontations-
  phase 376, 377, 388
  strategie 402, 417
Kontextuelle Ebene 436
Kontrollprozesse 10, 426
Kooperationsphase 376
Korrelogramm 486

Kosten-Nutzen
- Analyse 26, 51, 62, 68, 238
- Verhältnis 239, 249, 268
Kosten-
  effizienz 155
  trendanalyse 167, 170, 237
Körpersprache 212, 446
Krisensituationen 355, 400, 409
Kritisches Denken 466
Kultur 1, 86, 91, 99, 324, 327, 331, 383, 427, 435, 470
Kulturelle Einflüsse 384
Kybernetik 8, 11
- dritter Ordnung 11
- erster Ordnung 11
- zweiter Ordnung 9, 11
Kybernetische Systeme 8, 17
Kybernetisches
- Führungsmodell 512
- Modell 8

L
LEAD 504
Leadership Practices Inventory 520
Leistungsbeschreibung 119
Lent Projekt Management Uhr 12
Lernpyramide 441
L-Timer 11, 16, 47, 230, 293, 301, 321, 362
- System 12
Lieferant 14, 114, 116, 126, 188, 426
Lineare Systeme 517
LPI 520

M
Macht-
  distanz 384
  theorie 504, 506
Make or buy 67, 118, 120, 127
Managementmethode VIII, 7, 42
Mary Parket Follet 2
Maslowsche Bedürfnishierarchie 348, 468
Maturity 95, 184, 197
Maximax-Regel 172

MBTI® IX, 346, 386, 439, 450, 527
- Präferenzen 347
Meilenstein 36, 49, 149, 152, 161, 193, 531
- orientierte Planung 49
Meilenstein-Trendanalyse 150, 161, 237
Mentales Modell 11, 465, 466
Messbare Kosten 126
Metaplan 359, 386
Methode 3, 4, 7, 12, 16, 19
Methode 635 54
MFI 521
Migration 158, 262, 266, 383
Migrationsmanager 87, 267
Mindfulness 526
Mindmapping 211, 216
Minimax-Regel 172
Mobbing 376
Moralischer Perfektionismus 349
Morphologischer Kasten 54, 189
Motivational Factor Inventory 521
Multifaktorieller Führungsfragebogen 251
Myers-Briggs 346, 353

N
Nachricht 428, 429, 434, 437, 442, 447, 450
Naturrechtstheorie 349
NEAT 90, 94
Negatives Feedback 512
Nichtlineare Systeme 517
Nominalskala 136
Nonaka und Takeuchi 282
Norming 377
Notfall- und Ausnahmeszenarien 274

O
OCEAN 346
OK-Gehege 468
Ordinalskala 121, 136
Orientierungsphase 376, 386, 411, 427
Ölfaktorisch 427, 429, 436

P
PACTAR 412
Pareto-Prinzip 485
PAQ 101
Performing 377
Persönlichkeitsentität 98, 459
PERT 57
Pessimismus-Optimismus-Regel 172
Pfad-Ziel-Theorie 504
Phatische Kommunikation 427
Physiologische Uhr 486
Planen der Kommunikation 307, 425
Planung 9, 13, 16, 20, 28, 35, 39, 41, 49, 69, 119, 154, 186, 194, 228, 233, 270, 358, 399, 426, 483
Plato 349
PMI-Charta der Ethik 462
PMO 82, 93, 282, 296
Position Analysis Questionnaire 101
Positives Feedback 414, 449, 451, 418
Prävention 15, 396, 406, 411
Preisspektrum 157
Prinzipiencharta 87, 388
ProModel 170
Produkt 2, 28, 29, 34, 81, 105, 200, 251, 263, 273, 309
Produkt-
integration 264, 270
immanentes Risiko 230
struktur 34, 55, 71, 85, 118
Produktlebenszyklus 120, 125
Projekt
- Charta 388
- Governance 3
- immanentes Risiko 229
- mit hoher Komplexität 3
Projekt-
aufsicht 81, 83
auftrag 27, 33, 36, 41, 69
ausschuss 81, 83, 186
ergebnis X, 4, 28, 29, 119, 150, 154, 182, 193, 249, 265, 284, 309, 321, 326, 503, 521
lebenszyklus 4, 20, 119, 132

leitungsprinzipien 81, 87
organisation 91, 95, 100, 105, 183, 192, 288, 331, 450, 470
plan 27, 36, 39, 59, 69, 115, 129, 154, 194, 210, 227
review 190, 193
rolle 100, 104, 345, 364
simulator 171
sponsor 1, 51, 62, 80, 87, 89, 97, 116, 263, 358, 363, 402, 410, 432
stakeholder 2, 4, 15, 31, 79, 80, 91, 98, 102, 182, 258, 343, 503, 519
struktur 6, 26, 34, 39, 46, 89, 104, 425
strukturplan 35, 36, 40, 48, 55, 91, 228
umfeld 2, 9, 82, 209, 231, 236, 432
ziel 3, 14, 26, 29, 33, 37, 50, 55, 62, 91, 99, 117, 120, 147, 151, 166, 206, 216, 284, 297, 316, 324, 349, 382, 411, 433, 462, 503, 507, 509, 513, 522
Projektgetriebene Wirtschaft 2
Projektleiter 5, 11, 60, 80, 83, 86, 89, 97, 115, 147, 185, 194, 207, 227, 249, 321, 343, 373, 411, 424, 434, 459, 465, 503, 506, 512, 520
- auf Seiten des Zulieferers X
- auf Seiten des Abnehmers X
Project Management Office 82
Projektleiterinnen XI
Projektmanagement 3, 4, 8, 32, 60, 147, 187, 326, 343, 360, 403, 425, 466, 507
Projektmanagement-
  büro 82, 93, 124, 282, 296
  handbuch 28, 192, 193, 297
  methode 12
Prozessgruppen 9, 40, 115
Prozessoptimierung 1, 15, 321, 325
Prüfen 150, 199, 218, 249
PSP 35, 39, 48, 55
Push-in-option 312
Putnam Myers Schätzung 61
Pygmalion-Effekt 350

Q
QA-Plan 189
QM
- System 183
- Richtlinien 182, 185

QS
- Plan/Pläne 200
- Prüfung 190
- Maßnahmen 198
Qualitäts-
controlling 182, 186
kontrolle 183
sicherung 183, 187
sicherungsplan 189
manager 184
Quantifiziertes Projektziel 29

R
Reaktion 86, 376, 397, 429, 471, 516
Ressource 2, 10, 15, 27, 35, 38, 48, 79, 92, 107, 195, 228, 275, 325, 341, 373, 399, 458, 465, 512, 523
RIASEC® 346
Richtlinien 3, 32, 117, 166, 181
Ringelmann-Effekt 91
Risiken des Projektmanagements 6
Risiko 63, 120, 125, 218, 227, 267, 292, 325, 480
Risiko-
  bewertung 64, 171, 226, 227, 237
  identifikation 227, 236
  identifizierung 39
  minderung 232
  potenzial 218, 228, 229, 239, 363
  verlagerung 232
  vermeidung 232
Rolleninhaber 99, 102, 257, 342, 345, 350, 356, 450, 508
ROM 50
Rough Order of Magnitude 50
Rubikon Meta-Modell 39
Rückkopplungsschleife 12, 465

Index

S
Schattenrechnung 166, 253
Schedule Performance Index 154
Scheler 350, 461
Schlaf- und Wachuhr 486
Schulung 56, 149, 265, 272, 287, 314, 365, 387, 417, 424, 464, 516, 520, 526
Schwellenwert 122, 129, 151, 229, 237, 475
SCRUM 44
Sechs „W" 6
SECI-Modell 285
Sender 427, 428, 432, 439, 448
Service Level Agreements 269
Sharepoint 295
Six Sigma 184
Skala der sozialen Neuanpassungen 487
SLA 269
SMART 29, 31, 34, 38, 50, 375, 462, 493
Sokrates 349
Soziale Beziehungen 375
Sozialisierung 285, 291, 437
Soziotechnische Ebene 436
SPI 154, 157
SRRS 487
Standish Group 7
Stile der Konfliktlösung 404
Storming 377
Stresstest 271
Studierende XI
Superuser 273
Systeme zur Risikoerkennung 237
Systemik 11, 17
Systemmechanik 8, 512
Systemumgebungen 15, 269

T
Taylor 80, 85
Team-
effizienz 343, 375, 382
mitglied 34, 46, 83, 86, 88, 91, 98, 124, 186, 283, 294, 313, 325, 330, 347, 373, 386, 398, 411, 425, 433, 442, 445, 480, 503, 506, 512

Technische Spezifikationen 119
Terminplan 34, 48, 59, 147, 166
Testen 149, 159, 272, 469, 530
Themenzentriertes Interaktionsmodell 374
TopSim 170
Total Quality Management 188
TQM 188
Transaktionsanalyse 414, 239, 480, 514
Transaktionelles Modell 427
Tranformational 504, 510, 516, 521
Transaktional 430, 504, 507, 516, 521
Transaktionen 430
Tuckman 377, 382
Tugendethik 349
Türhütter-Effekt 378

U
Umsetzung 8, 14, 20, 42, 46, 117, 188, 255, 267, 307, 399, 426
Unbewusste Nachricht 428
Unterbrechungen 483, 491
Ursachen-Wirkungs-Graph 160
Utilitarismus 349

V
Validierung 43, 47, 149, 167, 187, 265, 307
VBDM 346
Verfahren zur Kapitalbedarfsrechnung 63
Verfahrensbezogene Ebene 436
Vergabeverfahren 124
Verhaltensindikatoren 380
Verhältnis der Kosten 125
Vertrags-
durchführung 115, 132
management 116, 132
theorie 349
vorschlag 132
Visuell 288, 427, 435, 440
Von Foerster 9
Vortransaktionskosten 126

545

Vorgesetzte 6, 83, 89, 124, 361, 444, 450, 471, 520
V-Modell 42, 150, 270

W
Wachstumsphase 376
Wahrscheinlichkeit 58, 67, 79, 217, 228, 229, 236, 489
Wartungs- und Supportmanager 266
Wasserfallmodell 18, 41, 50, 56, 69, 102, 307
WBS 27, 43
Werteklassifizierung nach Rokeach 461, 472
White-Box-Test 160, 270
Wiener 8
Wiki 295, 312
„win-win" 400, 407, 414
Work Breakdown Structure 34, 307
Workshop 215, 236, 272, 289, 387, 412, 415
World Trade Organisation (WTO) 122

X
X-Y-Z Theorien 504

Z
Zeit- und Terminbewertung 146
Zeitdiebe 470, 483, 491
Zeiteffizienz 154
Ziel-
vorgaben 26, 28, 40, 53, 177, 183
werte 29, 119, 320, 461
Zusammenhalt 371, 375, 382
Zweifaktorentheorie von Herzberg 348

MIX
Papier aus verantwortungsvollen Quellen
Paper from responsible sources
FSC® C105338

If you have any concerns about our products,
you can contact us on
ProductSafety@springernature.com

In case Publisher is established outside the EU,
the EU authorized representative is:
**Springer Nature Customer Service Center GmbH
Europaplatz 3, 69115 Heidelberg, Germany**

Printed by Libri Plureos GmbH
in Hamburg, Germany